༄། །ལྷོ་ཁ་གྲོང་ཁྱེར་གྱི་བོད་ཡིག་གནའ་དཔེ་ཡོངས་བཤེར་དཀར་ཆག །
山南市藏文古籍普查目录

ལྷོ་ཁ་གྲོང་ཁྱེར་རིག་གནས་(རིག་དངོས་)ཅུས་ཀྱིས་བསྒྲིགས།
山南市文化（文物）局编著

བོད་ལྗོངས་མི་དམངས་དཔེ་སྐྲུན་ཁང་།
西藏人民出版社

图书在版编目（CIP）数据

山南市藏文古籍普查目录：藏文/山南市文化（文物）局编著. —拉萨：西藏人民出版社，2019.2
ISBN 978-7-223-06192-6

Ⅰ.①山… Ⅱ.①山… Ⅲ.①古籍–图书目录–山南地区–藏语 Ⅳ.①Z838

中国版本图书馆CIP数据核字(2019)第033822号

山南市藏文古籍普查目录

主　　编　多　吉
责任编辑　巴桑旺庆
封面设计　格桑罗布
责任印制　扎西桑珠
版式设计　巴桑旺庆
出版发行　西藏人民出版社（拉萨市林廓北路20号）
印　　刷　深圳市精彩印联合印务有限公司
开　　本　280×140　1/24
印　　张　30.75
字　　数　400千
版　　次　2019年2月第1版
印　　次　2019年2月第1次印刷
印　　数　01–2,000
书　　号　ISBN978-7-223-06192-6
定　　价　80.00元

༄༅། །ལྷོ་ཁ་གྲོང་ཁྱེར་གྱི་བོད་ཡིག་གནའ་དཔེ་ཡོངས་བཤེར་དཀར་ཆག

གཙོ་སྒྲིག་པ།　རྡོ་རྗེ།
རྩོམ་སྒྲིག་འགན་འཁུར་བ།　པ་སངས་དབང་ཆེན།
མདུན་ཤོག་མཛེས་འཆོས་པ།　སྐལ་བཟང་ནོར་བུ།
པར་འདེབས་འགན་འཁུར་བ།　བཀྲ་ཤིས་བསམ་གྲུབ།
པར་གཞི་སྒྲིག་བཟོ་བ།　པ་སངས་དབང་ཆེན།
དཔེ་སྐྲུན་འགྲེམས་སྤེལ་ཚན་པ།　བོད་ལྗོངས་མི་དམངས་དཔེ་སྐྲུན་ཁང་།（ལྷ་ས་གླིང་སྐོར་བྱང་ལམ་སྒོ་ཨང་20པ།）
པར་འདེབས་ཚན་པ།　ཧྲིན་ཀྲིན་གྲོང་ཁྱེར་སྤུས་ལེགས་ཚོན་པར་མཉམ་འབྲེལ་པར་འདེབས་ཚད་ཡོད་ཀུང་སི།
དེབ་ཚད།　280×140　1/24
པར་ཤོག　30.75
ཡིག་གྲངས།　ཁྲི་40
པར་གཞི།　2019ལོའི་ཟླ་2པར་པར་གཞི་1བསྒྲིགས།
པར་ཐེངས།　2019ལོའི་ཟླ་2པར་པར་ཐེངས་1བཏབ།
པར་གྲངས།　01-2,000
དཔེ་རྟགས།　ISBN978-7-223-06192-6
རིན་གོང་།　སྒོར་80.00

སྔོན་འགྲོའི་གཏམ།

སྐྱེ་བོ་ཀུན་གྱིས་ཤེས་གསལ་ལྟར། ལྷོ་ཁ་ནི་བོད་རིགས་དང་བོད་ཀྱི་རིག་གནས་ཀྱི་འབྱུང་རྩ་ཞིག་ཡིན་སྟབས། དེར་གནའ་རབས་ཀྱི་འཛུགས་སྐྲུན་དང་མཁར་ཤུལ་སོགས་ཆེས་མང་བ་སྟེ། ཕོ་བྲང་ལ་སྔ་བ་ཡུམ་བུ་བླ་མཁར་ནས་དགོན་སྡེ་ལ་སྔ་བ་བསམ་ཡས། འཕྲུལ་གྱི་བང་སོའི་ཁྲི་ཚོགས་སོགས་ཚད་མར་ལོ་རྒྱུས་རིང་ཞིང་རིག་གནས་ཕུན་སུམ་ཚོགས་པོ་ལྡན་ཡོད། དེ་དག་གིས་བོད་ཀྱི་རིག་གནས་ལོ་རྒྱུས་ཀྱི་ཆུ་ཀླུང་རིང་པོའི་ནང་དུ་གནས་བབ་གལ་ཆེན་བཟུང་ཡོད་པ་སྟེ། བོད་མི་ཕ་སྤྲེའུ་དང་མ་བྲག་སྲིན་འདུས་པ་ལས་བྱུང་བའི་ལོ་ངོ་སྟོང་ལྷག་གི་ཞལ་རྒྱུན་དེ་ནི་དུས་རབས་19པའི་དབྱིན་ཇིའི་ཚན་རིག་མཁས་ཅན་ཏར་ཝུན་གྱིས་འགྲོ་བ་མིའི་རིགས་ཀྱི་བྱུང་བ་བརྗོད་པའི་རིག་པ་དང་མ་གྲོས་གཅིག་མཐུན་ཞིང་། དེང་གི་ལྷོ་ཁ་གྲོང་ཁྱེར་གྱི་ས་གནས་སྲིད་གཞུང་ཆགས་ཡུལ་དེ་ཡང་རིག་གནས་ཀྱི་གཞི་འདུས་ཆེ་བའི་སྤྲེའུས་རྩེད་མོ་རྩེད་པའི་གནས་རྩེད་ཐང་དུ་ཆགས་པ་མ་ཟད། གནའ་རབས་བོད་ཀྱི་ལོ་རྒྱུས་ཐོག་ལྷོ་ཁའི་ཁུལ་དུ་སྙན་གྲགས་ཅན་གྱི་སྐྱེས་བུ་གནམ་གྱིས་ས་བཀབ་པ་ལྟ་བུ་ཡང་མི་ཉུང་བ་ཞིག་བྱོན་སྦྱོང་ཡོད་པ་སྟེ། འཕྲུལ་བློན་མཛངས་མི་བདུན་དང་སད་མི་བདུན་སོགས་དང་། དེ་ཕྱུད་པའི་ད་དུང་བོད་ཀྱི་ལོ་རྒྱུས་སྨྲ་བའི་དབང་པོ་ཁུ་སྟོན་བརྩོན་འགྲུས་གཡུང་དྲུང་དང་དཔའ་བོ་གཙུག་ལག་འཕྲེང་བ། འགོས་ལོ་གཞོན་ནུ་དཔལ་དང་གྲྭ་ནང་སྐྱེས་བུ་བཅོ་བརྒྱད། ལྷོ་བྲག་གྲུབ་ཆེན་བརྒྱད་ཅུ་སོགས་བོད་ཀྱི་ལོ་རྒྱུས་ཐོག་སྙན་གྲགས་ཅན་གྱི་སྐྱེས་བུ་མི་ཉུང་བ་ཞིག་བྱོན་ཡོད་ཙ་ན་ལྷོ་ཁ་ནི་བྱིན་གྱིས་རླབས་པའི་གནས་ཡུལ་ཁྱད་འཕགས་ཅན་ཞིག་ཡིན་པར་སེམས། ལྷག་དོན་དུ་ལྷོ་ཁའི་ཁྱད་འཕགས་ཀྱི་ས་གཞིས་ཆགས་སྟངས་དང་དད་པ་སྐྱོ་ངས་མེད་པའི་སྦྱིན་བདག་དང་སྒོ་གསུམ་ཐང་ཆད་འབྲི་བའི་ཡིག་པའི་ཤེས་རབ་ལས་འབྱུངས་པའི་མཚར་སྡུག་འོད་སྟོང་འབར་བའི་ཡར་ཀླུངས་རིག་གནས་དང་སྣ་མང་ཕུན་སུམ་ཚོགས་པའི་གནའ་དཔེ་དག་གིས་འགྲོ་བ་མིའི་རིགས་ཀྱི་རིག་གནས་ལ་ཡིད་སེམས་འགུག་པའི་ཞིའུ་གསར་པ་ཞིག་ཀྱང་བརྩམས་ཡོད་སྙམ།

ལྷོ་ཁ་ནི་བཙན་པོའི་ཁྲིམས་གཞིས་དང་རིག་གནས་གཞི་འདུས་ཆེ་བ། གནའ་དཔེ་ཕུན་སུམ་ཚོགས་ཤིང་ཉར་ཚགས་ཀྱི་ཚན་པ་མང་བའི་ས་ཁུལ་ཞིག་ཡིན་གཤིས། ལྷོ་ཁ་གྲོང་ཁྱེར་སྲིད་གཞུང་གིས་རིག་གནས་ཞབས་བཞག་སྲུང་སྐྱོབ་ལ་ཆེས་མཐོང་གཟིགས་སྐྱོང་གནང་སྟེ། སྤྱི་ལོ་2010ལོར་བོད་ཡིག་གནའ་དཔེ་སྲུང་སྐྱོབ་ཀྱི་འཆར་གཞི་བཏིང་ནས་བློ་བརྟན་འགྱུར་མེད་ཀྱི་སྒོ་ནས་མྱུར་སྐྱོབ་དང་སྲུང་སྐྱོབ་ཙ་དོན་རྒྱུན་འཁྱོངས་བྱས་ཏེ། གནའ་དཔེ་ཡོངས་བཤེར་དང་སྲུང་སྐྱོབ། ཉམས་གསོ་དང་ལེགས་སྒྲིག་ཆེད་ལས་མི་སྣ་གསོ་སྐྱོང་སོགས་ཀྱི་ལས་ཀ་རིམ་པ་སྤེལ་བ་དང་། སྤྱི་ལོ་2012ལོར་ལྷོ་ཁ་རིག་གནས(རིག་དངོས)ཅུས་ཀྱིས་དངོས་སུ་མི་སྣ་སྒྲིག་འཛུགས་བྱས་ཏེ་དུས་ཡུན་བསྒང་བྱ་ལྔ་ཙམ་གྱི་ནང་དུ་དཀའ་ངལ་དུ་མ་ཁྱད་དུ་བསད་དེ། རང་སྐྱོང་ལྗོངས་ཀྱི་གནའ་དཔེ་སྲུང་སྐྱོབ་ལྟེ་གནས་ཀྱི་རེ་བ་ལྟར། གྲོང་ཁྱེར་གྱི་རྫོང་བཅུ་གཉིས་ཀྱི་མངའ་ཁོངས་སུ་ཡོད་པའི་ཉར་ཚགས་གྲངས་འབོར་དང་ཆོས་ལུགས་གྲུབ་མཐའ་མི་འདྲ་བའི་དགོན་སྡེ་100ལྷག་ཙམ་དང་། གྲོང་ཁྱེར་རྗེན་རྫས་བཤམས་མཛོད་ཁང་བཅས་ལ་གནའ་དཔེ་ཡོངས་བཤེར་དང་ཐོ་འགོད་བྱེད་པའི་ལས་ཀ་སྤེལ་ནས། གནའ་དཔེ་ཁྲིན་སྟོང་ལ་ཉེ་བ་ཞིག་ཡོངས་བཤེར་ཐོ་འགོད་བྱེད་ཐུབ་པ་བྱུང་ཡོད། དེ་དག་གི་གནའ་དཔེའི་རིན་ཐང་ངོས་ནས་འཆད་ན་ཡང་འབྲི་རྫས་མི་འདྲ་བ་སྣེ་གྲོ་ག་ཤིང་ཤུན་དང་རྫ་རིང་། ཅོང་དང་བོད་ཤོག་སོགས་ཀྱི་སྟེང་དུ་ཆོས་ལུགས་དང་ལོ་རྒྱུས། སྐད་བརྡ་དང་གསོ་རིག་གནམ་རིག་སྐར་རྩིས་སོགས་ཀྱི་ནང་དོན་མི་འདྲ་བའི་གནའ་དཔེ་དང་། གནའ་དཔེའི་སྤར་གཞི་ཡང་བྲིས་སྤར་གཉིས་ལས། དུས་རབས་9-10པའི་ཡིག་མཁན་གྱིས་འབྲི་བཞེངས་བསྐྲུངས་པའི་བཙན་པོའི་བླ་འབུམ་དང་། དུས་རབས་11པའི་ནང་དུ་ཕྱོན་པའི་ཡིག་མཁན་སླན་གྲགས་ཅན་གྲ་ཤོད་དང་། ཀ་ཁྲུང་དང་། སུམ་པ་གནོད་སྦྱིན། དམྱལ་གྱི་མཁས་དམ། གྲ་དོལ་གཞུང་དང་ཨེ་པའི་ཡིག་མཁན་སོགས་ཀྱིས་འབྲི་བཞེངས་བསྐྲུངས་པའི་གནའ་དཔེ་ཕྱུས་ལེགས་དང་། གཞན་སྐྱེ་བོ་ཕལ་པའི་མཐོང་ཐོས་སུ་མ་འགྱུར་བའི་སྤར་མ་སྔ་གྲས་དུས་རབས་13པའི་ཏོར་སྤར་མ་དང་དུས་རབས་14པའི་ཤེལ་དཀར་སྤར་མ། དུས་རབས་16པའི་གོང་དཀར་སྤར་མ་སོགས་འབྲི་སྤར་ངོས་ཚོད་དཀའ་བའི་སྤར་མ་གཙོགས་ཆེན་དང་། ཕྱིས་བྱུང་གི་སྤར་མ་དུས་རབས་19པའི་ཞོལ་སྤར་མ་སོགས་སྣ་མང་ཕུན་སུམ་ཚོགས་པོ་མཇལ་རྒྱུ་ཡོད། གནའ་དཔེ་དེ་དག་གི་དཔེ་གཟུགས་ངོས་ནས་བརྗོད་ན་གླེགས་བམ་གཟུགས་དང་ལྟེབས་མགོ་མ། ལྟེབ་འགྲིག་མ་དང་ཤོག་དྲིལ་སོགས་ཡུལ་དུས་ཀྱི་ཁྱད་ཆོས་མངའ་བའི་གནའ་དཔེ་རྩ་ཆེན་རྒྱ་ཆེའི་གློག་པ་པོའི་མིག་ཡིད་རྣ་བའི་དགའ་སྟོན་དུ་སྣང་།

ལྡོ་ཁའི་གནའ་དཔེ་ཡོངས་བཤེར་གྱི་སྐབས་ཤེས་རྟོགས་བྱུང་བའི་གནའ་དཔེ་གཙིགས་ཆེན་ལག་པའི་སོར་མོ་ནང་དུ་བཀུག་སྟེ་བགྲངས་ཐབས་བྲལ་ཙང་། སྔར་ལས་ལྷག་པའི་སྒོ་ནས་གནའ་དཔེའི་རིན་ཐང་སྟོག་འདོན་ཐུབ་ཆེད། ཡུལ་དུས་ཀྱི་ཁྱད་ཆོས་ལྡན་པའི་གནའ་དཔེ་གཙིགས་ཆེན་ཁ་ཤས་འདེར་དཔར་རིས་ཀྱི་ལམ་ནས་སྤྱན་འདྲེན་ཞུ་རྒྱུ་དང་། ནང་དོན་ཐད་ནས་བོད་ཀྱི་གནའ་བོའི་ས་སྐྱེས་རྗེ་སྐྱེས་ཆོས་ལུགས་དང་རིག་གནས། དམངས་སྲོལ་བཅས་ཀྱི་ཞིབ་འཇུག་ཐད་ལ་དཔྱད་གཞིའི་རིན་ཐང་ཤིན་ཏུ་ཆེ་བའི་དཀའ་ཐང་འབུམ་པ་ཆེ་ནས་ཐོན་པའི་བོན་གྱི་དཔེ་རྙིང་དང་། གནའ་དཔེ་བྲིས་བཤུའི་ལམ་ལུགས་ཐད་ཞིབ་འཇུག་རིན་ཐང་ཆེ་བ་ཏུན་ཧོང་གི་བྲག་ཕུག་ནས་རྙེད་པའི་ཤེར་ཕྱིན་གྱི་འབྲི་བཤུས་ཁྱད་ཆོས་སོགས་དང་གཙུ་ཁ་རང་འགྲིག་ལྷ་བུར་སོང་བའི་གྱོ་མཁར་ཆོས་སྡེའི་བཙན་པོའི་བླ་འབུམ་སོགས་ཡིན། ལྷག་དོན་དུ་གྱོ་མཁར་ནས་བཙན་པོའི་བླ་འབུམ་ཐོན་པ་ལས་བོད་ལྗོངས་ཀྱི་མངའ་ཁོངས་ནས་བོད་བཙན་པོའི་སྐབས་ཀྱི་གནའ་དཔེ་མ་རྙེད་པའི་ལོ་རྒྱུས་ཀྱི་སྟོང་ཆ་ཡང་བསྐངས་ཐུབ་པ་བྱུང་ཡོད་པ་མ་ཟད། ལྡོ་ཁ་ནི་བོད་མིའི་བྱུང་ས་དང་བཙན་པོའི་ཁྲིམས་གཞིས་ཡིན་པའི་དཔང་རྟགས་ཀྱང་ཤུགས་ལ་མངོན། སྤར་མའི་ངོས་ནས་ད་དུང་རྒྱ་གསུམ་གྱི་ལྷ་སྡིངས་དགོན་ནས་ཐོ་འགོད་ཐུབ་པའི་ཧོར་སྤར་མ་ལས་བོད་ཀྱི་གནའ་དཔེ་སྤར་མའི་ལག་རྩལ་ལོ་རྒྱུས་དེ་ཡང་ལོ་ངོ་300ལྷག་སྔ་སྐྱུར་ཐུབ་པ་བྱུང་བ་དང་། རྒྱ་བོད་རིག་གནས་བརྗེ་རེས་ཐད་ལ་ཡང་བཙན་པོའི་བླ་འབུམ་དང་དུས་རབས་12པའི་ཀོང་ཤོག་སྙིང་དུ་ཧོང་ཏུན་སྣག་ཚོས་འབྲི་བཞེངས་བཏབ་པའི་ཐོན་ཀེ་ཏུའི་ཤེར་ཕྱིན་སོགས་ལས་བོད་ཡིག་གནའ་དཔེ་ཡང་རྒྱ་བོད་མི་རིགས་དབར་གྱི་རིག་གནས་བརྗེ་རེས་ཀྱི་ཤེས་རིག་སྙིང་བཅུད་ཅིག་ཡིན་པ་ཡང་ཤུགས་སུ་རྟོགས།

ང་ཚོས་འདས་ཟིན་པའི་ལོ་རྒྱུས་ལ་ཕྱིར་མིག་བལྟ་སྐབས་བོད་བཙན་པོའི་སྐབས་ཀྱི་དཀར་ཆག་ཆེན་པོ་གསུམ་སྟེ་འཕང་ཐང་མ་དང་མཆིམས་ཕུ་མ། ལྡན་དཀར་མ་བཅས་ནི་ལྡོ་ཁའི་ཁུལ་དུ་ལེགས་སྒྲིག་བྱས་པའི་དཀར་ཆག་ཞིག་ཡིན་པར་མངོན་ཞིང་། བཙན་པོའི་སྐབས་ཀྱི་དཀར་ཆག་ཆེན་པོ་གསུམ་གྱིས་བོད་བཙན་པོའི་སྐབས་ཀྱི་གསུང་རབ་བསྒྱུར་སྲོལ་དང་གསུང་རབ་ཀྱི་ནང་དོན། གྲངས་འབོར་སོགས་ཀྱི་ཐད་ལ་ཞིབ་འཇུག་གི་དཔྱད་གཞི་རྩ་ཆེན་ཞིག་མཁོ་འདོན་ཐུབ་ཡོད། དཀར་ཆག་ནི་བོད་ཀྱི་གསུང་རབ་ལ་ཞིབ་འཇུག་དང་ལེགས་སྒྲིག་གི་ཐབས་ལམ་གཙོ་བོ་ཞིག་དང་། ང་ཚོས་གནའ་དཔེ་ཆོས་རྩིག་བྲག་རི་མ་ལྟ་བུར་བདེ་བླག་ཏུ་འཇུག་ཐུབ་པ་ལག་ཆ་དང་། ངེས་རིག་པའི་གནས་མཐའ་དག་ལ་ཞིབ་

འཇུག་བྱ་རྒྱུར་ཕན་ནུས་ཆེན་པོ་ཡོད་པ་སྟེ། བོད་ཀྱི་གསུང་རབ་སྒྲ་བ་དུང་དཀར་བློ་བཟང་འཕྲིན་ལས་མཆོག་གིས་ཀྱང་དཔེ་དེབ་འདི་ནི་མི་རིགས་ཀྱི་ཤེས་རིག་གི་སྙིང་བཅུད་དང་དཀར་ཆག་ནི་མི་རིགས་ཤེས་རིག་གི་བང་མཛོད་ལ་འཇུག་པའི་ལྡེ་མིག་ལྟ་བུ་ཞིག་ཡིན་ཞེས་གསུངས་པར་ཡང་ཐུགས་མད། དེས་ན་ལྷོ་ཁའི་རིག་གནས་ཅུས་ཀྱིས་གནས་ཚུལ་དེ་དག་ལ་དམིགས་ནས་གནའ་དཔེ་ཡོངས་བཤེར་གྱི་དཀར་ཆག་འདི་ཉིད་བོད་རྒྱ་ཤན་སྦྱར་གྱི་རྣམ་པའི་ཐོག་ནས་དཔེ་སྐྲུན་ཞུས་པ་ཡིན།

མདོར་ན། ད་ཐེངས་ཞིབ་འཇུག་སྒྲིག་བྱས་པའི་ལྷོ་ཁའི་གནའ་དཔེ་ཡོངས་བཤེར་གྱི་དཀར་ཆག་བོད་རྒྱ་ཤན་སྦྱར་མ་དཔར་རིས་ཀྱིས་སྤྲས་པ་དེས་གཅིག་ནས་ལྷོ་ཁའི་གནའ་དཔེའི་ཉར་ཚགས་ཀྱི་གྲངས་འབོར་དང་གནས་སྟངས་རྟོགས་པ་མ་ཟད། གཉིས་ནས་ལྷོ་ཁའི་གནའ་དཔེ་ཡོངས་བཤེར་གྱི་གྲུབ་འབྲས་ཤིག་ཀྱང་སྤྱན་འབུལ་ཞུས་པ་ཡིན་ལ། གསུམ་ནས་བོད་རང་སྐྱོང་ལྗོངས་གནའ་དཔེ་སྲུང་སྐྱོབ་ལྟེ་གནས་དང་ལྷོ་ཁའི་རིག་གནས་ཅུས་མཉམ་ལས་བྱས་པའི་འབྲས་བུ་ཞིག་ཀྱང་ཡིན། དེ་ལས་ཀྱང་རིན་ཐང་ཆེ་བ་ཞིག་ནི་རྒྱ་ཆེའི་གནའ་དཔེའི་ཕྱག་ལས་གནང་མཁན་དག་ལ་ཕྲར་ན་མེད་པའི་རིན་ཐང་ཅན་གྱི་དཔྱད་གཞི་ཞིག་སྤྱན་འབུལ་ཞུས་པར་སེམས་སོ། །

ལྷོ་ཁ་གྲོང་ཁྱེར་རིག་གནས་(རིག་དངོས་)ཅུས་ཀྱིས།
2018ལོའི་ཟླ་ཚེས་བཟང་པོར།

前言

众所周知，山南是藏民族之宗、藏文化之源。山南的古建筑和遗址众多，从最早的宫殿到最大的古墓群，再到最古老的寺庙，都有着悠久的历史、丰富的文化内涵及深厚的文化底蕴，因而在西藏文化中有着举足轻重的地位。据有关史料记载，藏族起源古代猕猴变人之说便发生在山南市政府所在地——泽当镇，泽当在藏语中的意思为“猴子玩耍的坝子”，这种几千年流传下来的传说与19世纪中叶英国科学家达尔文的“进化论”不谋而合，颇见神奇。在西藏历史上，山南曾涌现出不下百余人的名臣、知名学者，以及历代吐蕃赞普和“七良臣”、“吐蕃七觉士”名垂千古，同时山南还养育出如库敦·尊追永忠、巴俄·祖拉陈瓦、郭洛·迅努白等闻名于世的史学家和扎囊的13大学者、洛扎的80名大成就者等名垂青史的众多杰出人物，可谓人杰地灵。山南以她博大的胸怀和聪明才智创造出了丰富多彩的雅砻文化和浩如烟海的古代典籍文献，为人类文明谱写了一段美丽动人的篇章。

山南作为吐蕃故都和文化大区，古籍藏量大、存放点多、内容丰富。山南市政府高度重视文化保护遗产工作，于2010年正式启动“西藏古籍保护计划”，坚持以抢救和保护山南文化遗产为宗旨，陆续开展了古籍普查登记，古籍保护、修复和整理利用、人才培养等做了一系列工作。2012年以来，山南市文化局（市文物局）正式组织古籍普查人员利用五年多的时间，按自治区古籍保护中心的要求，对全市12个县（区）藏量不同、教派不同的100多座寺庙（拉康）和博物馆等古籍收藏单位进行了古籍普查登记和拍摄书影工作。其间共普查到了千余函古籍，从典籍文献学角度而言，文献缮造的材质有兽皮、桦树皮、金石以及藏纸；内容包罗万象，涉及宗教、历史、地理、语言文字、文学、藏医学、天文历算、哲学等；文献版本有写本和刻本两种，其中写本文献大多为雕本印刷未盛行前，9-10世纪藏文书法家，以不同风格书法缮写的“般若波罗密多经”为主的典籍文献和11世纪闻名于世的藏族书法大师扎秀、噶琼、孙巴杰及聂·克当和哎赤体大师等缮写的精美绝伦的藏文典籍文献，琳琅满目，卷帙浩繁。另外刻本方面，有以往学者无人知晓的13世纪元代刻本、15世纪定日喜噶刻本、16世纪贡嘎刻本、卡多衮色刻本以及隆子·佳玉刻本等珍贵文献以及当代广为人知的19世纪拉萨雪刻本文献等，比比皆是。这些典籍文献装帧除传统的梵夹装之外，还有缝绘装、经折装、卷轴装等富有时代和地域特征的装帧形式琳琅满目，弥足珍贵。

山南市古籍普查中，所发现的珍贵典籍文献不胜枚举，为了进一步挖掘山南市古籍文献的价值，列举了一些具有代表性的文献。从内容方面看，措美县噶当蚌巴钦发现的较为独特的苯教文献，对早期本土宗教和文化、民俗等研究方面提供了一手资料；从写经方面看，隆子县仲嘎曲德寺所藏的吐蕃时期缮写的"般若波若密多经"被学界称为"吐蕃御经"，而此次发现的佛教典籍文献与80年代国内外学界轰动的敦煌藏经洞发现的文献"般若波若蜜多经"的缮写字体及格式，甚至板框及抄经生的姓氏都如出一辙。"吐蕃御经"的发现不仅填补了在西藏自治区境内吐蕃时期纸质文献的历史空白，同时也印证了山南是"吐蕃故都"和"藏族溯源"的美誉；从版本方面说，曲松县拉顶寺发现了藏文元代刻本文献。就文献版本学角度而言，此次古籍普查中发现元代刻本的文献实物，将藏族雕版印刷出现的时间提前了近三百年；从藏汉文化交流方面看，此次发现的"吐蕃御经"和12世纪缮写的吐蕃赞普后裔阿达·衮聂经部工布纸上、有汉地墨缮写成的《般若波罗密多经》等珍贵文献的尾跋题记等诸多方面，折射出这些藏文典籍文献是藏汉文化交流的智慧结晶。

沿着历史回顾吐蕃时期编纂的典籍文献目录：《旁唐目录》、《钦普目录》、《丹噶目录》皆为地处古代山南编纂。吐蕃《三大目录》对古代吐蕃典籍文献译经制度、典籍文献内容和藏量等方面研究，提供了不可多得的资料。现山南市把已普查的全部数据编纂成目录。目录是从事藏族古代文献研究和整理的主要方法之一，正因为有了目录，我们才不至于对浩如烟海的古代典籍文献不知所措、望而却步。文献目录，可以指导读书治学，可以"辨章学术，考镜源流"，还有助于从事其他的文献工作。藏族著名的文献学家东嘎·洛桑赤列教授在《目录学》中讲："图书是人类知识的结晶，而目录是开放人类知识的钥匙，假如没有钥匙，吾人就不易得其门而入。"山南市文化局基于这种目的，将普查到的数据编纂成藏汉合璧目录问世。

总而言之，此次整理编纂的藏汉合璧的山南古籍普查目录，既摸清了山南古籍收藏的现状和藏量，而且展示了山南市古籍普查保护工作的成果。同时也是西藏自治区古籍保护中心和山南市文化局（市文物局）合作的成果，更难能可贵的是为广大藏文古籍文献工作者提供了前所未有的珍贵资料。

山南市文化（文物）局

2018年7月1日

དཀར་ཆག 目录

མཚོ་སྨད་རྫོང་། 措美县

མཚོ་སྣ་རྫོང་། 措那县

གོང་དཀར་རྫོང་། 贡嘎县

ལྷུན་རྩེ་རྫོང་། 隆子县

ལྷོ་བྲག་རྫོང་། 洛扎县

སྣེ་གདོང་རྫོང་། 乃东县

འཕྱོངས་རྒྱས་རྫོང་། 琼结县

ཆུ་གསུམ་རྫོང་། 曲松县

ཟངས་རི་རྫོང་། 桑日县

གྲ་ནང་རྫོང་། 扎囊县

གྲོང་ཁྱེར་དངོས་མང་བཤམས་སྟོན་ཁང་། 市博物馆

མཚོ་སྨད་རྫོང་། 措美县

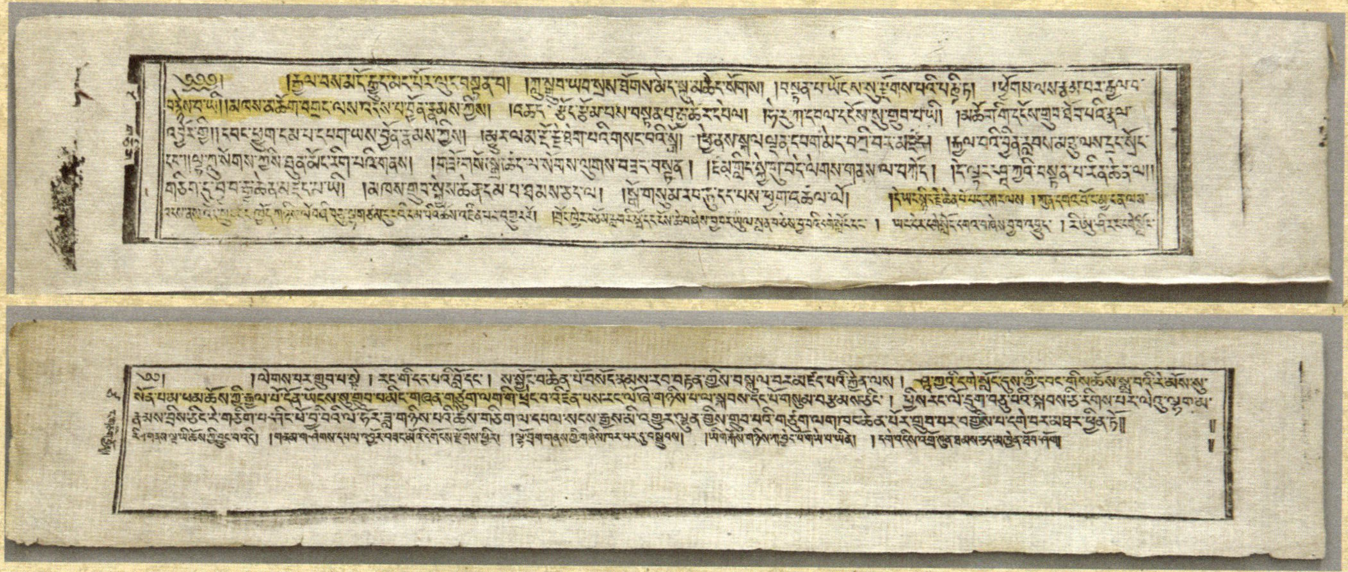

དུས་རབས་17-18པའི་མཚོ་སྨད་གནས་གཞིའི་སྤར་མ་དེབ་ཐེར་སྔོན་པོ།

17-18 世纪措美乃西刻本青史

ལྷོ་ཁ་ས་ཁུལ་མཚོ་སྨད་རྫོང་སྒྲུབ་སྡེ་དགོན།

山南地区措美县卓德寺

540000-0000001

༄། །འཕགས་པ་ཤེས་རབ་ཀྱི་ཕ་རོལ་ཏུ་ཕྱིན་པ་བརྒྱད་སྟོང་པ། །

པོད་གཅིག གསེར་བྲིས་མ། དབུ་ཅན། ཡིག་ཕྲེང་དྲུག་ཅན། གླེགས་བམ། ཤོག་རྒྱ། ཞེང་64.2cm×དཀྱུས་13.9cm སྣེ་ཐིག་རྒྱ། ཞེང་57.1cm×དཀྱུས་7.4cm

般若波罗蜜多经八千颂

1函 蓝靛纸金写本 乌金体 6行 梵夹装 开本：宽64.2cm×高13.9cm 版框：宽57.1cm×高7.4cm

540000-0000002

༄། །འཕགས་པ་ཤེས་རབ་ཀྱི་ཕ་རོལ་ཏུ་ཕྱིན་པ་བརྒྱད་སྟོང་པ། །

རྒྱ་གར་གྱི་མཁན་པོ་ཤཱཀྱ་སེ་ན་དང་ཛྙཱ་ན་སིདྡྷི་དང་ཞུ་ཆེན་གྱི་ལོ་ཙཱ་བ་བན་དེ་དྷརྨ་ཏཱ་ཤཱི་ལ་ལ་སོགས་པས་བསྒྱུར་ཅིང་ཞུས་ཏེ་གཏན་ལ་ཕབ།

པོད་གཅིག ཡ་སྟོད་ཤམ་བུ་མཁར་སྤར་མ། དབུ་ཅན། ཡིག་ཕྲེང་བརྒྱད་ཅན། གླེགས་བམ། ཤོག་རྒྱ། ཞེང་62.7cm×དཀྱུས་20.1cm སྣེ་ཐིག་རྒྱ། ཞེང་57.3cm×དཀྱུས་10cm

般若波罗蜜多经八千颂

天竺学者释迦塞纳、加纳悉地、西藏译师达磨达希拉等译

1函 雅堆香蒲卡刻本刻本 乌金体 8行 梵夹装 开本：宽62.7cm × 高20.1cm 版框：宽57cm × 高10cm

540000-0000003

༄། །ཕྱག་རྒྱ་ཆེན་པོ་ལྷན་ཅིག་སྐྱེས་སྦྱོར་གྱི་སྔོན་འགྲོའི་ཁྲིད་ཡིག་ཟབ་རྒྱས་ཆོས་ཀྱི་རྒྱ་མཚོ་ཆེན་པོ་ནས་སྙིང་པོ་ཡེ་ཤེས་ཀྱི་ནོར་བུ་འདྲེན་པར་བྱེད་པའི་གྲུ་ཆེན་ཞེས་བྱ་བ་བཞུགས་སོ། །

པོད་གཅིག སྤར་མ། དབུ་ཅན། ཡིག་ཕྲེང་དྲུག་ཅན། གླེགས་བམ། ཤོག་རྒྱ། ཞེང་43cm×དཀྱུས་8.8cm སྒོ་ཤིག་རྒྱ། ཞེང་37.7cm×དཀྱུས་5.7cm

大手印和合生起先行教言·深教大海智取宝舟

1函 刻本 乌金体 6行 梵夹装 开本：宽43cm × 高8.8cm 版框：宽37.7cm × 高5.7cm

540000-0000004

༄། །མི་འཁྲུག་པའི་གཟུངས་ཆོག་ཐར་པའི་ལྕགས་ཀྱུ་ཞེས་བྱ་བ་བཞུགས་སོ། །

སྤར་འདི་རྒྱལ་གྱི་ཤྲཱི་ནེའུ་སྟེང་དུ་བཞུགས། བདེ་ཆེན་ཆོས་འཁོར་གྱི་གསུང་རྒྱུན་ལྟར་བཀོད་པའོ། །

པོད་གཅིག སྤར་མ། དབུ་ཅན། ཡིག་ཕྲེང་ལྔ་ཅན། གླེགས་བམ། ཤོག་རྒྱ། ཞེང་39.4cm×དཀྱུས་8cm སྒོ་ཤིག་རྒྱ། ཞེང་29cm×དཀྱུས་5.8cm

释迦阿閦佛密咒仪轨解脱之钩

1函 杰·希纳顶刻本（拉堆·聂让刻本） 乌金体 5行 梵夹装 开本：宽39.4cm × 高8cm 版框：宽29cm × 高5.8cm

540000-0000005

༄། །བར་དོའི་ཆོས་བཤད་ཐར་པ་མཆོག་གི་སྒྲོན་ཁྲིད་དུ་འཇུག་པའི་སྒོ་ཆེན་ཞེས་བྱ་བ་བཞུགས་སོ། །

ཀུ་སུ་ལི་བུདྡྷའི་མིང་ཅན་གྱིས་ཤྲཱི་རྒོད་ཚང་རི་ཁྲོད་དུ་བྲིས་པའོ། །སྤར་འདི་ཤྲཱི་ནེའུ་སྟེང་དུ་བཞུགས།

པོད་གཅིག སྤར་མ། དབུ་ཅན། ཡིག་ཕྲེང་ལྔ་ཅན། གླེགས་བམ། ཤོག་རྒྱ། ཞེང་39.4cm×དཀྱུས་8cm སྒོ་ཤིག་རྒྱ། ཞེང་29cm×དཀྱུས་5.8cm

讲授阴间法入解脱圣城之门

孤沙利氏善造 杰・希纳顶

1函 杰・希纳顶刻本（拉堆・捏让刻本） 乌金体 5行 梵夹装 开本：宽42cm × 高15.5cm 版框：宽28cm × 高5.5cm

ལྷོ་ཁ་ས་ཁུལ་མཚོ་སྨད་རྫོང་སྙོའི་ལྕོག་དགོན།

山南地区措美县牟悟觉寺

540000-0000001

༄། །འཕགས་པ་ཤེས་རབ་ཀྱི་ཕ་རོལ་ཏུ་ཕྱིན་པ་བརྒྱད་སྟོང་པ། །

པོད་གཅིག བྲིས་མ། དབུ་ཅན། ཡིག་ཕྲེང་བདུན་ཅན། གླེགས་བམ། ཤོག་གྲུ། ཞེང་66.2cm×དཀྱུས་22cm སྙེ་ཤིག་གྲུ། ཞེང་56.1cm×དཀྱུས་11.2cm

般若波罗蜜多经八千颂

1函 写本 乌金体 7行 梵夹装 开本：宽66.2cm × 高22cm 版框：宽56.1cm × 高11.2cm

540000-0000002

༄། །གུ་ རུ་ཆོས་དབང་གི་ལུགས་ཙ་གསུམ་དྲིལ་སྒྲུབ་ལས་བྱང་ལེའུ་གསུམ་པ་ཆ་ཚང་བཞུགས་སོ། །

པོད་གཅིག བྲིས་མ། དཔེ་ཚུགས། ཡིག་ཕྲེང་ལྔ་ཅན། གླེགས་བམ། ཤོག་གྲུ། ཞེང་42.9cm×དཀྱུས་6.1cm སྙེ་ཤིག་གྲུ། ཞེང་27.7cm×དཀྱུས་2.7cm

古茹曲旺正理之三根密集羯磨仪轨第三章节

1函 写本 柏簇体 5行 梵夹装 开本：宽42.9cm × 高6.1cm 版框：宽27.7cm × 高2.7cm

ལྷོ་ཁ་ས་ཁུལ་མཚོ་སྨད་རྫོང་སྨད་ལྡོག་དགོན་ཐུབ་བསྟན་སྟོན་གྲགས་ཀྱི་ཉར་ཚགས།

山南地区措美县牟悟觉寺土登念扎收藏

540000-0000001

༄། །ཞི་ཁྲོ་ན་རག་དོང་སྤྲུག་གི་ཆོ་ག་ཆ་ཚང་བཞུགས་སོ།།

པོད་གཅིག བྲིས་མ། དཔེ་ཚུགས། ཡིག་བྲིད་དྲུག་ཅན། གླེགས་བམ། ཤོག་གྱི། ཞེང་34.1cm×དཀྱུས་7.7cm སྣེ་ཤིག་གྱི། ཞེང་29.5cm×དཀྱུས་4.8cm

静怒地狱灭除仪轨全集

1函 写本 柏簇体 6行 梵夹装 开本：宽34.1cm × 高7.7cm 版框：宽29.5cm × 高4.8cm

དུས་རབས་17-18པའི་གསེར་དངུལ་སྦྱིལ་མའི་གསུང་རབ་བྲིས་མ།

17-18 世纪金银汁缮写古籍

ལྷོ་ཁ་ས་ཁུལ་མཚོ་སྣ་རྫོང་སྙེའོ་ལྗོག་དགོན་ཤེས་རབ་རྒྱ་མཚོའི་ཉར་ཚགས།

山南地区措美县牟悟觉寺西热加措收藏

540000-0000001

༄། །ཨོ་རྒྱན་གུ་རུ་པདྨ་འབྱུང་གནས་ལ་གསོལ་བ་འདེབས་པ་གུ་རུ་ཉིད་ཀྱི་ཞལ་ལུང་ཞིུ་བདུན་པ་བར་ཆད་ལམ་སེལ་རྗེ་འབངས་ཉེར་ལྔ་གཏེར་སྟོན་བརྒྱ་རྩའི་གསོལ་འདེབས་སྨོན་ལམ་བཅས་བཞུགས་སོ། །

པོད་གཅིག སྤར་མ། དབུ་ཅན། ཡིག་ཕྲེང་ལྔ་ཅན། གླེགས་བམ། ཤོག་རྒྱ། ཞེང་33.1cm×དཀྱུས་7.4cm སྙེ་ཐིག་རྒྱ། ཞེང་25.3cm×དཀྱུས་5.3cm

莲花生大师亲自缮造消除危难及二十五师徒、百名掘藏大师祈愿

1函 刻本 乌金体 5行 梵夹装 开本：宽33.1cm×高7.4cm 版框：宽25.3cm×高5.3cm

ལྷོ་ཁ་ས་ཁུལ་མཚོ་སྣ་རྫོང་བཀྲ་ཤིས་ཆོས་གླིང་དགོན།

山南地区措美县扎西曲林寺

540000-0000001

༄། །བཀྲ་ཤིས་ཆོས་གླིང་དགོན་གཉེར་ཚང་ཆེན་མོའི་སྒྲོད་དེབ་ཕྱུན་ཚོགས་འདོད་དགུའི་མེ་ལོང་ཞེས་བྱ་བ་བཞུགས་སོ། །

པོད་གཅིག བྲིས་མ། དཔེ་ཚུགས། ཡིག་ཕྲེང་དྲུག་ཅན། ལྟེབས་མགོ་མ། ཤོག་རྒྱ། ཞེང་48.4cm×དཀྱུས་16.3cm སྙེ་ཐིག་རྒྱ། ཞེང་31.5cm×དཀྱུས་9.6cm

扎西曲林寺库藏文物交接书

1函 写本 柏簇体 6行 缝绘装 开本：宽48.4cm×高16.3cm 版框：宽31.5cm×高9.6cm

540000-0000002

༄། །མེ་གླང་ས་ཟླའི་གཟའ་ཚེས་དགེ་བའི་ཉིན་བཀྲ་ཤིས་ཆོས་གླིང་མགོན་ཁང་ནོར་བུ་མཐོང་གྲོལ་གྱི་ཕྱག་དེབ་གསར་སྒྲུན་བཀོད་པ།།

པོད་གཅིག སྤར་མ། དབུ་ཅན། ཡིག་ཕྲེང་ལྔ་ཅན། གླེགས་བམ། ཤོག་ཀྱུ། ཞེང་48cm×དཀྱུས་16.2cm སྣེ་ཐིག་ཀྱུ། ཞེང་32.4cm×དཀྱུས་9.5cm

火牛年扎西曲林寺现见宝解脱护法殿新编手册

1函 刻本 乌金体 5行 梵夹装 开本：宽48cm × 高16.2cm 版框：宽32.4cm × 高9.5cm

དུས་རབས་13-14པའི་གསེར་བྲིས་ཤེར་ཕྱིན་བརྒྱད་སྟོང་པ།

13-14 世纪金汁缮写般若波罗蜜多经八千颂

ལྷོ་ཁ་ས་ཁུལ་མཚོ་སྨད་རྫོང་བཀྲ་ཤིས་ཆོས་གླིང་དགོན་ཉི་མ་བློ་བཟང་གི་ཉར་ཚགས།

山南地区措美县扎西曲林寺尼玛洛桑个人收藏

540000-0000001

༄། །འཕགས་པ་ཤེས་རབ་ཀྱི་ཕ་རོལ་ཏུ་ཕྱིན་པ་རྡོ་རྗེ་གཅོད་པ་ཞེས་བྱ་བ་ཐེག་པ་ཆེན་པོའི་མདོ། །

པོད་གཅིག གསེར་བྲིས་མ། དབུ་ཅན། ཡིག་ཕྲེང་ལྔ་ཅན། གླེགས་བམ། ཤོག་རྒྱ། ཞེང་32.2cm×དཀྱུས་9.9cm སྣེ་ཐིག་རྒྱ། ཞེང་27.6cm×དཀྱུས་6.4cm

大般若波罗蜜多经第九会

1函 金汁写本 乌金体 5行 梵夹装 开本：宽32.2cm × 高9.9cm 版框：宽27.6cm × 高6.4cm

540000-0000002

༄། །སྡེ་བརྒྱད་གདོན་འཚེ་བཟློག་པའི་ཁྲག་སྐམ་བཞུགས་སོ། །

པོད་གཅིག བྲིས་མ། དཔེ་ཚུགས། ཡིག་ཕྲེང་བཞི་ཅན། ལྷེབས་མགོ་མ། ཤོག་རྒྱ། ཞེང་25.2cm×དཀྱུས་8.8cm སྣེ་ཐིག་རྒྱ། ཞེང་21.4cm×དཀྱུས་4.7cm

八部息灾老鹳筋

1函 写本 柏族体 4行 缝绘装 开本：宽25.2cm × 高8.8cm 版框：宽21.4cm × 高4.7cm

540000-0000003

༄། །རྒྱལ་ཆེན་སྐུ་ལྔ་དང་འཚེར་ལུང་སྤྲུལ་ལྷ་སྐྱིའི་གསོལ་མཆོད་བཞུགས་སོ། །

པོད་གཅིག བྲིས་མ། དཔེ་ཚུགས། ཡིག་ཕྲེང་ལྔ་ཅན། གླེགས་བམ། ཤོག་རྒྱ། ཞེང་29.6cm×དཀྱུས་7.9cm སྣེ་ཐིག་རྒྱ། ཞེང་26.4cm×དཀྱུས་3.5cm

五大护法和赤龙杰护法神等祷祀

1函 写本 乌金体 5行 梵夹装 开本：宽29.6cm × 高7.9cm 版框：宽26.4cm × 高3.5cm

540000-0000004

༄། །ལྷ་བསངས་བཀྲ་ཤིས་འཁྱིལ་པ་དང་དགྲ་ལྷ་ཆེ་དགུ་བཅས་བཞུགས་སོ། །

པོད་གཅིག བྲིས་མ། དབུ་ཅན། ཡིག་ཕྲེང་བདུན་ཅན། གླེགས་བམ། ཤོག་རྒྱ། ཞེང་28.8cm×དཀྱུས་9.3cm སྣེ་ཐིག་རྒྱ། ཞེང་24.3cm×དཀྱུས་6.3cm

吉祥煨桑仪轨及诸战神祷祀

1函 写本 乌金体 7行 梵夹装 开本：宽28.8cm × 高9.3cm 版框：宽24.3cm × 高6.3cm

540000-0000005

༄། །སྡེ་བརྒྱད་གནོད་འཚེ་བཟློག་པའི་ཁྲག་སྐེམ་བཞུགས་སོ། །

པོད་གཅིག བྲིས་མ། དཔེ་ཚུགས། ཡིག་ཕྲེང་དྲུག་ཅན། གླེགས་བམ། ཤོག་རྒྱ། ཞེང་23.8cm×དཀྱུས་8.5cm སྣེ་ཐིག་རྒྱ། ཞེང་20cm×དཀྱུས་4.4cm

八部息灾老鹳筋

1函 写本 柏簇体 6行 梵夹装 开本：宽23.8cm × 高8.5cm 版框：宽20cm × 高4.4cm

ལྷོ་ཁ་ས་ཁུལ་མཚོ་སྨད་རྫོང་བཀྲ་ཤིས་ཆོས་གླིང་དགོན་ཐུབ་བསྟན་དགེ་ལེགས་ཀྱི་ཉར་ཚགས།

山南地区措美县扎西曲林寺土登格列个人收藏

540000-0000001

༄། །རྒྱལ་གསོལ་ཁྱེར་བདེ། །

པོད་གཅིག བྲིས་མ། དཔེ་ཚུགས། ཡིག་ཕྲེང་ལྔ་ཅན། ལྟེབས་མགོ་མ། ཤོག་རྒྱ། ཞེང་29.3cm×དཀྱུས་7.9cm སྣེ་ཐིག་རྒྱ། ཞེང་24.7cm×དཀྱུས་4.4cm

护法神祷祀易持

1函 写本 柏簇体 5行 缝绘装 开本：宽29.3cm × 高7.9cm 版框：宽24.7cm × 高4.4cm

ལྷོ་ཁ་ས་ཁུལ་མཚོ་སྨད་རྫོང་གྲྭ་དམར་དགོན།

山南地区措美县扎玛寺

540000-0000001

༄༅། །འཕགས་པ་ཤེས་རབ་ཀྱི་ཕ་རོལ་ཏུ་ཕྱིན་པ་སྟོང་ཕྲག་བརྒྱ་པ། །

པོད་གཅིག བྲིས་མ། དབུ་ཅན། ཡིག་ཕྲེང་བརྒྱད་ཅན། གླེགས་བམ། ཤོག་རྒྱ། ཞེང་69cm×དཀྱུས་28cm སྣེ་ཐིག་རྒྱ། ཞེང་60cm×དཀྱུས་11.5cm

般若波罗蜜多经十万颂

1函 写本 乌金体 8行 梵夹装 开本：宽69cm × 高28cm 版框：宽60cm × 高11.5cm

540000-0000002

༄༅། །འཕགས་པ་ཤེས་རབ་ཀྱི་ཕར་རོལ་ཏུ་ཕྱིན་པ་བརྒྱད་སྟོང་པ། །

པོད་གཅིག བྲིས་མ། དབུ་ཅན། ཡིག་ཕྲེང་བདུན་ཅན། གླེགས་བམ། ཤོག་རྒྱ། ཞེང་67.9cm×དཀྱུས་12.3cm སྣེ་ཐིག་རྒྱ། ཞེང་60.2cm×དཀྱུས་10cm

般若波罗蜜多经八千颂

1函 写本 乌金体 7行 梵夹装 开本：宽67.9cm × 高12.3cm 版框：宽60.2cm × 高10cm

ལྷོ་ཁ་ས་ཁུལ་མཚོ་སྨད་རྫོང་བྱང་ཆུབ་གླིང་དགོན།

山南地区措美县强久林寺

540000-0000001

༄། །འཕགས་པ་ཤེས་རབ་ཀྱི་ཕ་རོལ་ཏུ་ཕྱིན་པ་བརྒྱད་སྟོང་པ། །

རྒྱ་གར་གྱི་མཁན་པོ་ཤཱཀྱ་སེ་ན་དང་། ཛྙཱ་ན་སི་དྡྷི་དང་། ཞུ་ཆེན་གྱི་ལོ་ཙཱ་བ་བན་དེ་དྷརྨ་ཏཱ་ཤཱི་ལ་སོགས་པས་བསྒྱུར་ཅིང་ཞུས་ཏེ་གཏན་ལ་ཕབ།

པོད་གཅིག བྲིས་མ། དབུ་ཅན། ཡིག་ཕྲེང་བདུན་ཅན། གླེགས་བམ། ཤོག་ཀྱུ། ཞེང་67cm×དཀྱུས་22.3cm སྙེ་ཤིག་ཀྱུ། ཞེང་57.2cm×དཀྱུས་10.3cm

般若波罗蜜多经八千颂

天竺学者释迦塞纳、加纳悉地、西藏译师达磨达希拉等译

1函 写本 乌金体 7行 梵夹装 开本：宽67cm×高22.3cm 版框：宽57.2cm×高10.3cm

540000-0000002

༄། །འཕགས་པ་ཤེས་རབ་ཀྱི་ཕ་རོལ་ཏུ་ཕྱིན་པ་བརྒྱད་སྟོང་པ། །

པོད་གཅིག གསེར་བྲིས་དང་བྱུར་བྲིས། དབུ་ཅན། ཡིག་ཕྲེང་བརྒྱད་ཅན། གླེགས་བམ། ཤོག་ཀྱུ། ཞེང་67.2cm×དཀྱུས་23.8cm སྙེ་ཤིག་ཀྱུ། ཞེང་55cm×དཀྱུས་12.8cm

般若波罗蜜多经八千颂

1函 金汁写本 乌金体 8行 梵夹装 开本：宽67.2cm×高23.8cm 版框：宽28cm×高12.8cm

ལྷོ་ཁ་ས་ཁུལ་མཚོ་སྨད་རྫོང་ལྷ་བོ་དགོན།

山南地区措美县拉沃寺

540000-0000001

༄། །གཟུངས་འདུས། །

པོད་གཅིག སྤར་མ། དབུ་ཅན། ཡིག་ཕྲེང་དྲུག་ཅན། གླེགས་བམ། ཤོག་གྲྭ། ཞེང་53cm×དཀྱུས་15.5cm སྣེ་ཐིག་གྲྭ། ཞེང་41.7cm×དཀྱུས་9.9cm

陀罗尼集

1函 刻本 乌金体 6行 梵夹装 开本：宽53cm × 高15.5cm 版框：宽41.7cm × 高9.9cm

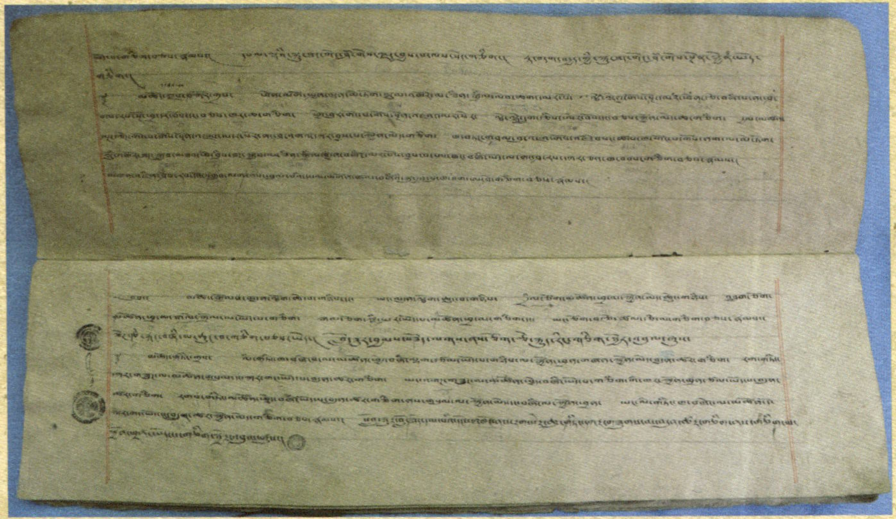

540000-0000002

༄། །འཕགས་པ་ཤེས་རབ་ཀྱི་ཕ་རོལ་ཏུ་ཕྱིན་པ་སྙིང་པ་ཚིགས་སུ་བཅད་པ། །

པོད་གཅིག སྤར་མ། དབུ་ཅན། ཡིག་ཕྲེང་བདུན་ཅན། གླེགས་བམ། ཤོག་རྒྱ། ཞེང་53.7cm×དཀྱུས་15.5cm སྣེ་ཤིག་རྒྱ། ཞེང་35.7cm×དཀྱུས་8.1cm

佛说佛母宝法藏般若波罗蜜多心经

1函 刻本 乌金体 7行 梵夹装 开本：宽53.7cm × 高15.5cm 版框：宽35.7cm × 高8.1cm

540000-0000003

༄། །གཙུག་ཏོར་རྣམ་རྒྱལ་མའི་གཟུངས་བཞུགས་སོ། །

པོད་གཅིག སྤར་མ། དབུ་ཅན། ཡིག་ཕྲེང་བརྒྱད་ཅན། གླེགས་བམ། ཤོག་རྒྱ། ཞེང་42cm×དཀྱུས་15.5cm སྣེ་ཤིག་རྒྱ། ཞེང་28cm×དཀྱུས་5.5cm

尊胜佛母陀罗尼经

1函 刻本 乌金体 7行 梵夹装 开本：宽42cm × 高15.5cm 版框：宽28cm × 高5.5cm

540000-0000004

༄། །ཞིམ་ཡིག་ཆོས་སྐྱོང་གི་བཀའ་རྒྱ་མ་བཞུགས་སོ། །

པོད་གཅིག བྲིས་མ། དབུ་ཅན། ཡིག་ཕྲེང་བདུན་ཅན། གླེགས་བམ། ཤོག་རྒྱ། ཞེང་60cm×དཀྱུས་12.6cm སྣེ་ཤིག་རྒྱ། ཞེང་48.7cm×དཀྱུས་8.8cm

护法神秘籍

1函 写本 乌金体 7行 梵夹装 开本：宽60cm × 高12.6cm 版框：宽48.7cm × 高8.8cm

540000-0000005

༄། །གྲུབ་ཆེན་རིན་པོ་ཆེ་ཕྱག་རྡོར་བའི་བཀའ་འབུམ་ལས་ཕྱིའི་རྣམ་ཐར་བདུད་རྩི་ཕྲེང་བ་སོགས་བཞུགས་སོ། །

པོད་གཅིག གསེར་བྲིས་དང་བྲུར་བྲིས། དབུ་ཅན། ཡིག་ཕྲེང་དྲུག་ཅན། གླེགས་བམ། ཤོག་ཀྱུ། ཞེང་60cm×དཀྱུས་12.6cm སྙེ་ཤིག་ཀྱུ། ཞེང་48.7cm×དཀྱུས་8.8cm

大成就者持金刚文集之大师外传

1函 金汁写本 乌金体 6行 梵夹装 开本：宽60cm × 高12.6cm 版框：宽48.7cm × 高8.8cm

དུས་རབས་17པའི་གསུང་རབ་མཐིང་ཤོག་གསེར་བྲིས།

17 世纪金汁缮写文献

540000-0000006

༄། །རྗེ་བཙུན་སྒྲོལ་དཀར་ཡིད་བཞིན་འཁོར་ལོའི་ཚེ་སྒྲུབ་ཁྲིད་པར་ཅན་བཞུགས་སོ། །

པོད་གཅིག བྲིས་མ། དབུ་ཅན། ཡིག་ཕྲེང་དྲུག་ཅན། གླེགས་བམ། ཤོག་རྒྱ། ཞེང་60cm×དཀྱུས་12.6cm སྣེ་ཤིག་རྒྱ། ཞེང་48.7cm×དཀྱུས་8.8cm

至尊白度母如意轮长寿圣修法

1函 写本 乌金体 6行 梵夹装 开本：宽60cm × 高12.6cm 版框：宽48.7cm × 高8.8cm

540000-0000007

༄། །འཆི་མེད་ཚེ་སྒྲུབ་དབང་ཆོག་དོན་གསལ་སྒྲོན་མེ་བཞུགས་སོ། །

པོད་གཅིག བྲིས་མ། དབུ་ཅན། ཡིག་ཕྲེང་བདུན་ཅན། གླེགས་བམ། ཤོག་རྒྱ། ཞེང་60cm×དཀྱུས་12.6cm སྣེ་ཤིག་རྒྱ། ཞེང་48.7cm×དཀྱུས་8.8cm

长寿修法加持仪轨明灯

1函 写本 乌金体 7行 梵夹装 开本：宽60cm × 高12.6cm 版框：宽48.7cm × 高8.8cm

ལྷོ་ཁ་ས་ཁུལ་མཚོ་སྨད་རྫོང་གི་ཀུ་རྗེ་ཁང་།

山南地区措美县哲古觉康拉康

540000-0000001

༄། །འཕགས་པ་ཤེས་རབ་ཀྱི་ཕ་རོལ་ཏུ་ཕྱིན་པ་བརྒྱད་སྟོང་པ། །

པོད་གཅིག བྲིས་མ། དབུ་ཅན། ཡིག་ཕྲེང་བརྒྱད་ཅན། གླེགས་བམ། ཤོག་རྒྱ། ཞེང་71.1cm×དཀྱུས་20.2cm སྣེ་ཤིག་རྒྱ། ཞེང་62.3cm×དཀྱུས་9.9cm

般若波罗蜜多经八千颂

1函 写本 乌金体 8行 梵夹装 开本：宽71.1cm × 高20.2cm 版框：宽62.3cm × 高9.9cm

ལྷོ་ཁ་ས་ཁུལ་མཚོ་སྨད་རྫོང་གི་ཀུ་རྡོ་ཁང་ཚོས་དབང་དགྲ་འདུལ་གྱི་ཉར་ཚགས།

山南地区措美县哲古觉康拉康曲旺占堆收藏

540000-0000001

༄༅། །སྲིད་པ་བར་དོའི་ངོ་སྤྲོད་ཀྱི་ལྷན་ཐབས༔ དབྱངས་སྙན་ལྷའི་སྒྲན་རྡེ་བཞུགས་སོ།།

པོད་གཅིག ཤྲིས་མ། དབུ་ཅན། ཡིག་ཕྲེང་ལྔ་ཅན། གླེགས་བམ། ཤོག་རྒྱ། ཞེང་33.5cm×དཀྱུས་10.1cm སྣེ་ཐིག་རྒྱ། ཞེང་23.2cm×དཀྱུས་7.1cm

阴间介绍补充·天神妙音

ny函 写本 乌金体 5行 梵夹装 开本：宽33.5cm × 高10.1cm 版框：宽23.2cm × 高7.1cm

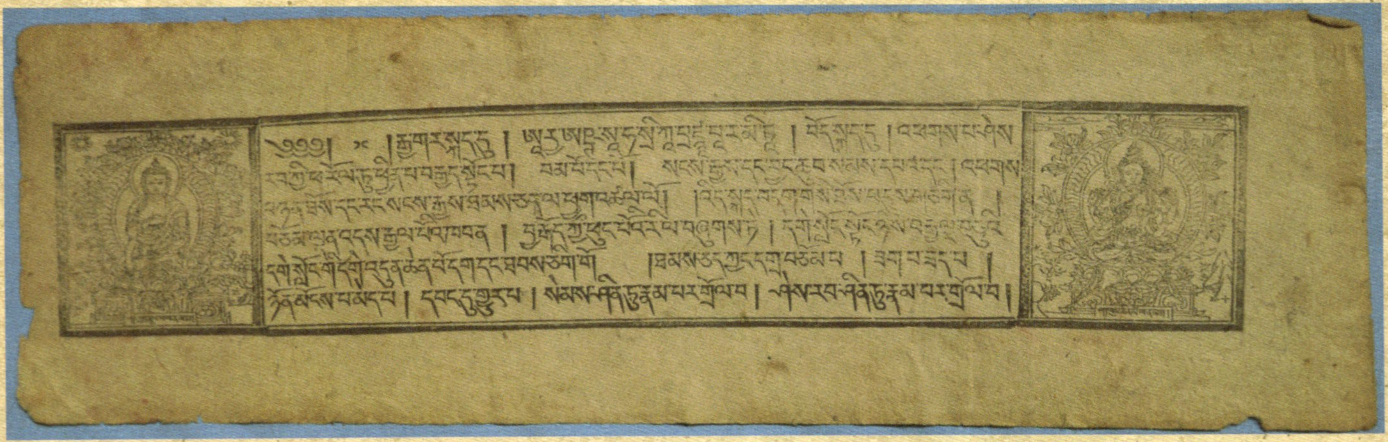

དུས་རབས་18པའི་ཡར་སྟོད་ཤམ་བུ་མཁར་གྱི་སྤར་མ་ཤེར་ཕྱིན།

18 世纪雅堆香布卡刻本般若波罗蜜多经

༄། །བར་དོའི་གསོལ་འདེབས་བཞུགས་སོ། །

བོད་གཅིག　ཟིས་མ། དབུ་ཅན། ཡིག་ཟེར་ལྷ་ཅན། གླེགས་བམ། ཤོག་གྲངས། ཞེང་33.5cm×དཀྱུས་10.1cm　སྙེ་ཐིག་གྲངས། ཞེང་23.2cm×དཀྱུས་7.1cm

阴间祈愿

d函　写本　乌金体　5行　梵夹装　开本：宽33.5cm × 高10.1cm　版框：宽23.2cm × 高7.1cm

༄། །བར་དོ་ངོ་སྤྲོད་བཞུགས་སོ། །

བོད་གཅིག　ཟིས་མ། དབུ་ཅན། ཡིག་ཟེར་ལྷ་ཅན། གླེགས་བམ། ཤོག་གྲངས། ཞེང་33.5cm×དཀྱུས་10.1cm　སྙེ་ཐིག་གྲངས། ཞེང་23.2cm×དཀྱུས་7.1cm

阴间介绍

17 n函　写本　乌金体　5行　梵夹装　开本：宽33.5cm × 高10.1cm　版框：宽23.2cm × 高7.1cm

540000-0000002

༄། །ཟབ་ཆོས་ཞི་ཁྲོ་དགོངས་པ་རང་གྲོལ་ལས་ངོ་སྤྲོད་མཐོང་བ་རང་གྲོལ་གྱི་གཞིའི་འོད་གསལ་ངོ་སྤྲོད་ཀྱི་ལྷན་ཐབས་བཞུགས་སོ། །

བོད་གཅིག　ཟིས་མ། དབུ་ཅན། ཡིག་ཟེར་ལྷ་ཅན། གླེགས་བམ། ཤོག་གྲངས། ཞེང་33.4cm×དཀྱུས་10.1cm　སྙེ་ཐིག་གྲངས། ཞེང་29.5cm×དཀྱུས་5.2cm

至深教法静怒正理自解之阴间介绍补充

1函　写本　乌金体　5行　梵夹装　开本：宽33.4cm × 高10.1cm　版框：宽29.5cm × 高5.2cm

540000-0000003

༄། །པད་མ་བཀའ་ཐང་བསྡུས་པ། །

པོད་གཅིག བྲིས་མ། དབུ་ཅན། ཡིག་ཕྲེང་ལྔ་ཅན། གླེགས་བམ། ཤོག་རྒྱ། ཞེང་25.7cm×དཀྱུས་7.3cm སྣེ་ཐིག་རྒྱ། ཞེང་21.4cm×དཀྱུས་3.9cm

莲花生略传

1函 写本 乌金体 5行 梵夹装 开本：宽25.7cm×高7.3cm 版框：宽21.4cm×高3.9cm

540000-0000004

༄། །བཏགས་གྲོལ་ཕུང་པོ་རང་གྲོལ་ལས་དོན་བསྡུས་རང་གྲོལ་སྙིང་པོ་བཞུགས་སོ། །

པོད་གཅིག གསེར་བྲིས་དང་སྣག་བྲིས། དབུ་ཅན། ཡིག་ཕྲེང་དྲུག་ཅན། གླེགས་བམ། ཤོག་རྒྱ། ཞེང་33.2cm×དཀྱུས་10.1cm སྣེ་ཐིག་རྒྱ། ཞེང་29.8cm×དཀྱུས་5.1cm

捆解自身自解之自解要义

g函 写本 乌金体 6行 梵夹装 开本：宽33.2cm×高10.1cm 版框：宽29.8cm×高5.1cm

540000-0000005

༄། །སངས་རྒྱས་བཅོམ་ལྡན་འདས་ཀྱིས་བཀའ་ལས་བཏུས་པའི་གཟུངས་སྔགས་བྱིན་ཆེ་བ་སོགས་བྱིན་རླབས་ནོར་བུའི་གཏེར་མཛོད་ཅེས་བྱ་བ་བཞུགས་སོ། །

པོད་གཅིག སྤར་མ། དབུ་ཅན། ཡིག་ཕྲེང་ལྔ་ཅན། གླེགས་བམ། ཤོག་རྒྱ། ཞེང་28.4cm×དཀྱུས་8cm སྣེ་ཐིག་རྒྱ། ཞེང་20cm×དཀྱུས་3.9cm

佛语之陀罗尼经等加持宝库

1函 刻本 乌金体 5行 梵夹装 开本：宽28.4cm×高8cm 版框：宽20cm×高3.9cm

540000-0000006

༄༅། །པདྨ་གླིང་པས་མཛད་པའི་ཐོས་གྲོལ་གྱི་གསོལ་འདེབས་བཞུགས་སོ།།

པོད་གཅིག སྤར་མ། དབུ་ཅན། ཡིག་ཕྲེང་ལྔ་ཅན། གླེགས་བམ། ཤོག་གྲྭ། ཞེང་33.2cm×དཀྱུས་10.1cm སྣེ་ཐིག་གྲྭ། ཞེང་29.1cm×དཀྱུས་5.8cm

白玛林巴大师造阴间解脱祈愿

1函 刻本 乌金体 5行 梵夹装 开本：宽33.2cm×高10.1cm 版框：宽29.1cm×高5.8cm

དུས་རབས་16-17པའི་ཤེར་ཕྱིན་གསེར་བྲིས་མཛད་བྱང་།

16-17世纪金汁写本文献题记

ལྷོ་ཁ་ས་ཁུལ་མཚོ་སྨད་རྫོང་ལྷས་སྟེང་དགོན།
山南地区措美县古堆乡拉顶寺

540000-0000001

༄། །འཕགས་པ་ཤེས་ཀྱི་ཕ་རོལ་ཏུ་ཕྱིན་པ་བརྒྱད་སྟོང་པ།།

པོད་གཅིག མཚལ་སྤར། དབུ་ཅན། ཡིག་ཕྲེང་ལྔ་ཅན། གླེགས་བམ། ཤོག་རྒྱ། ཞེང་71.8cm×དཀྱུས་22.6cm སྣེ་ཤིག་རྒྱ། ཞེང་59.5cm×དཀྱུས་9.7cm

般若波罗蜜多经八千颂

1函 朱印 乌金体 5行 梵夹装 开本：宽71.8cm × 高22.6cm 版框：宽59.5cm × 高9.7cm

ལྷོ་ཁ་ས་ཁུལ་མཚོ་སྨད་རྫོང་དཀའ་ཐང་འབུམ་པ་དགོན།
山南地区措美县嘎塘崩巴齐寺

540000-0000001

༄། །བོན་གྱི་དཔེ་རྙིང་ཕྱིས་མ་སྣ་ཚོགས།།

པོད་གཅིག བྲིས་མ། དབུ་ཅན་དང་དཔེ་ཚུགས། ཡིག་ཕྲེང་ལྔ་ཅན། གླེགས་བམ། ཤོག་རྒྱ། ཞེང་42cm×དཀྱུས་15.5cm སྣེ་ཤིག་རྒྱ། ཞེང་28cm×དཀྱུས་5.5cm

苯教文献

1函 写本 乌金体和柏簇体 5行 梵夹装 开本：宽42cm×高15.5cm 版框：宽28cm×高5.5cm

540000-0000002

༄༅། །འཕགས་པ་ཤེས་རབ་ཀྱི་ཕ་རོལ་ཏུ་ཕྱིན་པ་བརྒྱད་སྟོང་། །

པོད་གཅིག བྲིས་མ། དབུ་ཅན། ཡིག་ཕྲེང་དགུ་ཅན། གླེགས་བམ། ཤོག་གྲྭ། ཞེང་66.4cm×དཀྱུས་18.7cm སྣེ་ཐིག་གྲྭ། ཞེང་59.6cm×དཀྱུས་12.8cm

般若波罗蜜多经八千颂

1函 写本 乌金体 9行 梵夹装 开本：宽66.4cm×高18.7cm 版框：宽59.6cm×高12.8cm

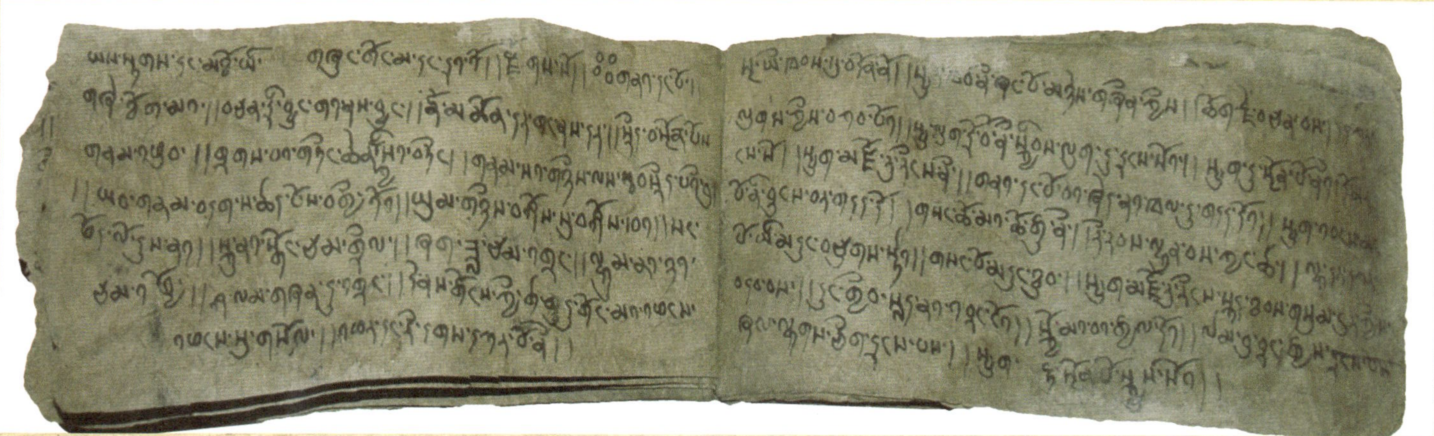

དུས་རབས་9-10པའི་བོན་གྱི་དཔེ་རྙིང་གཏེར་ཤུལ་དཀར་ཐང་འབུམ་ཆེ་ནས་ཐོན་པ།

9-10 世纪苯教文献出土于噶唐蚌巴钦

མཚོ་སྨད་རྫོང་ཁུལ་གྱི་ས་འོག་ནས་ཐོན་པའི་གནའ་དཔེ།

措美县出土文献

མཚོ་སྣ་རྫོང་། 措那县

འཁྲུམ་ཤ་སྒྲོ་ཅན།
早期古籍文献装具 - 皮囊

ལྷོ་ཁ་ས་ཁུལ་མཚོ་སྣ་རྫོང་སྒོ་རར་ཤང་སྒོ་རར་དགོན།
山南地区措那县觉拉乡觉拉寺

540000-0000001

༄། །རྗེའི་ཞལ་གཟིགས་ལྟར་སངས་རྒྱས་སུམ་ཅུ་སོ་ལྔའི་སྐུ་མདོག་ཕྱག་མཚན་སོགས་གནས་བརྟན་བཟང་སྐྱོངས་པས་ཡི་གེར་བཀོད་པ་བཞུགས་སོ། །

པོད་གཅིག བྲིས་མ། དབུ་ཅན་དང་ཚུགས་མ་འཁྱུག། ཡིག་ཕྲེང་བརྒྱད་དང་བཅུ་ཅན། ལྷེབས་མགོ་མ། ཤོག་ཁྲ། ཞེང་31.5cm×དཀྱུས་12.2cm སྣེ་ཤིག་ཁྲ། ཞེང་27.3cm×དཀྱུས་8cm

宗喀巴大师亲见三十五尊佛身色及手持等·乃丹桑炯记录

1函 写本 乌金体和草写体 10行 缝绘装 开本：宽31.5cm × 高12.2cm 版框：宽27.3cm × 高8cm

540000-0000002

༄། །བྱ་རྒྱུད་ལ་བརྟེན་པའི་སྨྱུང་གནས་ཀྱི་ཆོ་ག་བཞུགས་སོ། །

པོད་གཅིག བྲིས་མ། དཔེ་ཚུགས། ཡིག་ཕྲེང་དྲུག་ཅན། གླེགས་བམ། ཤོག་ཁྲ། ཞེང་41.9cm×དཀྱུས་9.1cm སྣེ་ཤིག་ཁྲ། ཞེང་34.2cm×དཀྱུས་4.1cm

依事续禁食斋仪轨

1函 写本 柏簇体 6行 梵夹装 开本：宽41.9cm × 高9.1cm 版框：宽34.2cm × 高4.1cm

540000-0000003

༄། །ཆོས་ཉན་ཚུལ་སོགས་དང་མཐུན་མོང་སྔོན་འགྲོའི་ཁྲིད་དང་མཐུན་མོང་མ་ཡིན་པའི་སྐབས་ཁྲིད་བཅས་ཐར་པའི་ལམ་དགྲི་ཞེས་བྱ་བ་བཞུགས་སོ། །

པོད་གཅིག བྲིས་མ། ཚུགས་མ་འཁྱུག། ཡིག་ཕྲེང་ལྔ་ཅན། ལྷེབས་མགོ་མ། ཤོག་ཁྲ། ཞེང་32.4cm×དཀྱུས་12cm སྣེ་ཤིག་ཁྲ། ཞེང་26.2cm×དཀྱུས་8.2cm

闻法及先行教诲解脱之道

1函 写本 草写体 5行 缝绘装 开本：宽32.4cm×高12cm 版框：宽26.2cm×高8.2cm

540000-0000004

༄། །ཐུགས་རྗེ་ཆེན་པོ་ནམ་མཁའི་རྒྱལ་པོའི་སྙན་བརྒྱུད་ཡིད་བཞིན་ནོར་བུའི་ལས་བྱང་བཞུགས་སོ།།

བོད་གཅིག བྲིས་མ། དབུ་ཅན། ཡིག་ཕྲེང་ལྔ་ཅན། གླེགས་བམ། ཤོག་རྒྱ། ཞེང་30.9cm×དཀྱུས་7cm སྣེ་ཐིག་རྒྱ། ཞེང་23cm×དཀྱུས་3.3cm

大慈悲观音虚空王耳传如意宝羯磨仪轨

1函 写本 乌金体 5行 梵夹装 开本：宽30.9cm×高7cm 版框：宽23cm×高3.3cm

540000-0000005

༄། །མཚོ་རྒྱལ་རྣམ་པར་ཐར་པ་བཞུགས་སོ།།

བོད་གཅིག བྲིས་མ། དབུ་ཅན། ཡིག་ཕྲེང་ལྔ་ཅན། གླེགས་བམ། ཤོག་རྒྱ། ཞེང་30.3cm×དཀྱུས་8.2cm སྣེ་ཐིག་རྒྱ། ཞེང་26.3cm×དཀྱུས་4.3cm

空行母措杰传记

1函 写本 乌金体 5行 梵夹装 开本：宽30.3cm×高8.2cm 版框：宽26.3cm×高4.3cm

540000-0000006

༄། །གནམ་ས་གཉིས་ཀྱི་ཆོ་ག་ནག་འགྲོས་སུ་བཀོད་པ་བཞུགས་སོ།།

བོད་གཅིག བྲིས་མ། དབུ་ཅན། ཡིག་ཕྲེང་བཞི་ཅན། གླེགས་བམ། ཤོག་རྒྱ། ཞེང་30.1cm×དཀྱུས་5.9cm སྣེ་ཐིག་རྒྱ། ཞེང་25.8cm×དཀྱུས་3cm

天地仪轨诠释

1函 写本 乌金体 4行 梵夹装 开本：宽30.1cm × 高5.9cm 版框：宽25.8cm × 高3cm

540000-0000007

༄། །ངལ་བསོས་རྒྱལ་ཆེན་རྣམ་སྲས་ལ་བརྟེན་པའི་འབུམ་གསོལ་གྱི་ཆོ་ག་བསམ་འཕེལ་གཏེར་ཆེན་ཞེས་བྱ་བ་བཞུགས་སོ།།

པོད་གཅིག བྲིས་མ། དབུ་ཅན། ཡིག་ཕྲེང་དྲུག་ཅན། གླེགས་བམ། ཤོག་གྲུ། ཞེང་31.2cm×དཀྱུས་7.8cm སྣེ་ཐིག་གྲུ། ཞེང་25.1cm×དཀྱུས་5cm

依多闻天宝瓶灌顶仪轨如意宝

1函 写本 乌金体 6行 梵夹装 开本：宽31.2cm × 高7.8cm 版框：宽25.1cm × 高5cm

540000-0000008

༄། །རིག་འཛིན་སངས་རྒྱས་གླིང་པའི་གཏེར་བྱོན་ཚེ་སྒྲུབ་ཉི་ཟླ་ཁ་སྦྱོར་གྱི་ལས་ཚོགས་ལས་འཆི་བསླུའི་ཆོ་ག་ཆེ་ཟད་འཁྱུད་མ་ཞེས་བྱ་བ་བཞུགས་སོ།།

 པོད་གཅིག བྲིས་མ། དཔེ་ཚུགས། ཡིག་ཕྲེང་ལྔ་ཅན། གླེགས་བམ། ཤོག་གྲུ། ཞེང་32cm×དཀྱུས་7.8cm སྣེ་ཐིག་གྲུ། ཞེང་26.5cm×དཀྱུས་5.5cm

仁增桑杰林巴掘藏之长寿日月和合业集的赎命仪轨精要

1函 写本 柏簇体 5行 梵夹装 开本：宽32cm × 高7.8cm 版框：宽26.5cm × 高5.5cm

540000-0000009

༄། །མདོས་ཀྱི་ལས་དྲུག་ཆོ་ག་སློབ་དཔོན་པདྨས་མཛད་པ་བཞུགས་སོ།།

པོད་གཅིག བྲིས་མ། ཚུགས་མ་འཁྱུག ཡིག་ཕྲེང་ལྔ་ཅན། གླེགས་བམ། ཤོག་གྲུ། ཞེང་31.5cm×དཀྱུས་9.3cm སྣེ་ཐིག་གྲུ། ཞེང་27cm×དཀྱུས་6.5cm

莲花生大师缮造灵器六业仪轨

1函 写本 草写体 5行 梵夹装 开本：宽31.5cm × 高9.3cm 版框：宽27cm × 高6.5cm

540000-0000010

༄། །ཙ་རྒྱུད་ཀྱི་སྙིང་པོ་ཀྱེ་རྡོ་རྗེའི་ཆོ་ག་རྒྱས་པ་བཞུགས་སོ།།

པོད་གཅིག བྲིས་མ། དཔེ་ཚུགས། ཡིག་ཕྲེང་དྲུག་ཅན། གླེགས་བམ། ཤོག་རྒྱ། ཞེང་41.7cm×དཀྱུས་9.4cm སྣེ་ཐིག་རྒྱ། ཞེང་39cm×དཀྱུས་7cm

根续要义呼金刚仪轨详论

1函 写本 柏簇体 6行 梵夹装 开本：宽41.7cm × 高9.4cm 版框：宽39cm × 高7cm

540000-0000011

༄། །མཁའ་འགྲོ་སྤྱི་གཏོར་དང་འབྱུང་པོ་སྤྱི་གཏོར་བཅས་བཞུགས་སོ།།

པོད་གཅིག བྲིས་མ། དཔེ་ཚུགས། ཡིག་ཕྲེང་དྲུག་ཅན། གླེགས་བམ། ཤོག་རྒྱ། ཞེང་41.3cm×དཀྱུས་8.9cm སྣེ་ཐིག་རྒྱ། ཞེང་38.8cm×དཀྱུས་6.9cm

空行及魔鬼供食仪轨

1函 写本 柏簇体 6行 梵夹装 开本：宽41.3cm × 高8.9cm 版框：宽38.8cm × 高6.9cm

ལྷོ་ཁ་ས་ཁུལ་མཚོ་སྣ་རྫོང་སྒོ་རར་ཤང་བཀྲ་ཤིས་མཐོང་སྨོན་དགོན།

山南地区措那县觉拉乡扎西通门寺

540000-0000001

༄། །འཕགས་པ་ལྷའི་བུ་བློ་གྲོས་རབ་གནས་ཀྱིས་ཞུས་པ་ཞེས་བྱ་བ་ཐེག་པ་ཆེན་པོའི་མདོ།།

པོད་གཅིག སྤར་མ། དབུ་ཅན། ཡིག་ཕྲེང་བདུན་ཅན། གླེགས་བམ། ཤོག་རྒྱ། ཞེང་67cm×དཀྱུས་17.5cm སྣེ་ཐིག་རྒྱ། ཞེང་57.6cm×དཀྱུས་11.2cm

大宝积经善住意天子会第三十六

1函 刻本 乌金体 7行 梵夹装 开本：宽67cm×高17.5cm 版框：宽57.6cm×高11.2cm

༄། །འཕགས་པ་ཤེས་རབ་ཀྱི་ཕ་རོལ་ཏུ་ཕྱིན་པ་སྟོང་ཕྲག་བརྒྱ་པ། །

བོད་གཅིག སྤར་མ། དབུ་ཅན། ཡིག་ཕྲེང་བདུན་ཅན། གླེགས་བམ། ཤོག་ཀྱུ། ཞེང་67cm×དཀྱུས་17.5cm སྣེ་ཐིག་ཀྱུ། ཞེང་57.6cm×དཀྱུས་11.2cm

般若波罗蜜多经十万颂

1函 刻本 乌金体 7行 梵夹装 开本：宽67cm × 高17.5cm 版框：宽57.6cm × 高11.2cm

540000-0000002

༄། །འཕགས་པ་ཤེས་རབ་ཀྱི་ཕ་རོལ་ཏུ་ཕྱིན་པ་སྟོང་ཕྲག་བརྒྱ་པ། །

བོད་གཅིག བྲིས་མ། དབུ་ཅན། ཡིག་ཕྲེང་བདུན་ཅན། གླེགས་བམ། ཤོག་ཀྱུ། ཞེང་69cm×དཀྱུས་21.5cm སྣེ་ཐིག་ཀྱུ། ཞེང་10.5cm×དཀྱུས་8.8cm

般若波罗蜜多经十万颂

1函 写本 乌金体 7行 梵夹装 开本：宽69cm × 高21.5cm 版框：宽10.5cm × 高8.8cm

540000-0000003

༄། །འཕགས་པ་ཤེས་རབ་ཀྱི་ཕ་རོལ་ཏུ་ཕྱིན་པ་སྟོང་ཕྲག་བརྒྱ་པ། །

བོད་གཅིག བྲིས་མ། དབུ་ཅན། ཡིག་ཕྲེང་བདུན་ཅན། གླེགས་བམ། ཤོག་ཀྱུ། ཞེང་69.4cm×དཀྱུས་21.6cm སྣེ་ཐིག་ཀྱུ། ཞེང་59cm×དཀྱུས་10cm

般若波罗蜜多经十万颂

n函 写本 乌金体 7行 梵夹装 开本：宽69.4cm × 高21.6cm 版框：宽59cm × 高10cm

540000-0000004

༄། །འཕགས་པ་ཤེས་རབ་ཀྱི་ཕ་རོལ་ཏུ་ཕྱིན་པ་སྟོང་ཕྲག་བརྒྱ་པ། །

བོད་ཡིག བྲིས་མ། དབུ་ཅན། ཡིག་ཕྲེང་བདུན་ཅན། གླེགས་བམ། ཤོག་གྲུ། ཞེང་68.5cm×དཀྱུས་21.5cm སྣེ་ཐིག་གྲུ། ཞེང་56.3cm×དཀྱུས་10cm

般若波罗蜜多经十万颂

1函 写本 乌金体 7行 梵夹装 开本：宽68.5cm × 高21.5cm 版框：宽56.3cm × 高10cm

540000-0000005

༄། །པདྨ་བཀའ་ཐང་། །

བོད་ཡིག བྲིས་མ། དབུ་ཅན། ཡིག་ཕྲེང་དྲུག་ཅན། གླེགས་བམ། ཤོག་གྲུ། ཞེང་48.5cm×དཀྱུས་13cm སྣེ་ཐིག་གྲུ། ཞེང་42.5cm×དཀྱུས་8.2cm

莲花生大师传记

1函 写本 乌金体 6行 梵夹装 开本：宽48.5cm × 高13cm 版框：宽42.5cm × 高8.2cm

540000-0000006

༄། །བཤགས་པ་ཐམས་ཅད་ཀྱི་རྒྱུད་དྲི་མ་མེད་པའི་རྒྱལ་པོ་ཞེས་བྱ་བ་བཞུགས་སོ། །

བོད་ཡིག གསེར་བྲིས་མ། དབུ་ཅན། ཡིག་ཕྲེང་ལྔ་ཅན། གླེགས་བམ། ཤོག་གྲུ། ཞེང་68.5cm×དཀྱུས་21.5cm སྣེ་ཐིག་གྲུ། ཞེང་56.3cm×དཀྱུས་10cm

皆忏悔续无尘王

1函 金汁写本 乌金体 5行 梵夹装 开本：宽68.5cm × 高21.5cm 版框：宽56.3cm × 高10cm

540000-0000001

༄།། འཕགས་པ་འདུས་པ་ཆེན་པོ་རིན་པོ་ཆེ་ཏོག་གི་གཟུངས་ཞེས་བྱ་བ་ཐེག་པ་ཆེན་པོའི་མདོ།།

པོད་གཅིག བྲིས་མ། དབུ་ཅན། ཡིག་ཕྲེང་དྲུག་ཅན། གླེགས་བམ། ཤོག་གྲྭ ཞེང་46cm×དཔྱངས་14.8cm སྣེ་ཐིག་གྲྭ ཞེང་37.8cm×དཔྱངས་8.9cm

宝星陀罗尼经

k函 写本 乌金体 6行 梵夹装

开本：宽46cm × 高14.8cm 版框：宽37.8cm × 高8.9cm

540000-0000002

༄། །ལྷ་འདྲེ་བཀའ་ཡི་ཐང་ཡིག་ཅེས་བྱ་བ་བཞུགས་སོ།།

པོད་གཅིག གསེར་བྲིས་དང་སྣག་བྲིས་མ། དབུ་ཅན། ཡིག་ཕྲེང་དྲུག་ཅན། གླེགས་བམ། ཤོག་གྲྭ ཞེང་57cm×དཔྱངས་18.2cm སྣེ་ཐིག་གྲྭ ཞེང་47cm×དཔྱངས་11.3cm

五部遗教之神鬼遗教

1函 金汁写本和墨汁写本 乌金体 6行 梵夹装 开本：宽57cm × 高18.2cm 版框：宽47cm × 高11.3cm

༄། །དཀར་ཆག་མཐོང་བ་མཐུན་ཐོར་ཞེས་བྱ་བ་བླ་མ་དམ་པའི་གསུང་རྒྱུན་མ་ཉམས་ཞེས་བྱ་བ་བཞུགས་སོ།།

པོད་གཅིག བྲིས་མ། དབུ་ཅན། ཡིག་ཕྲེང་བཅུ་ཅན། གླེགས་བམ། ཤོག་གྲྭ ཞེང་57cm×དཔྱངས་18.2cm སྣེ་ཐིག་གྲྭ ཞེང་47cm×དཔྱངས་11.3cm

闻法・上师传承

1函 写本 乌金体 10行 梵夹装 开本：宽57cm × 高18.2cm 版框：宽47cm × 高11.3cm

540000-0000003

༄། །རྒྱལ་པོ་བཀའ་ཡི་ཐང་ཡིག་བཞུགས་སོ། །

བོད་གཅིག དངུལ་བྲིས་དང་སྣག་བྲིས་མ། དབུ་ཅན། ཡིག་ཕྲེང་གསུམ་ཅན། གླེགས་བམ། ཤོག་ཀྱུ། ཞེང་56.8cm×དཀྱུས་18.4cm སྣེ་ཐིག་ཀྱུ། ཞེང་46cm×དཀྱུས་8.5cm

五部遗教之国王遗教

1函 银汁和墨汁写本 乌金体 3行 梵夹装 开本：宽56.8cm × 高18.4cm 版框：宽46cm × 高8.5cm

540000-0000004

༄། །བཙུན་མོ་བཀའ་ཐང་ཞེས་བྱ་བ་བཞུགས་སོ། །

བོད་གཅིག དངུལ་བྲིས་དང་སྣག་བྲིས་མ། དབུ་ཅན། ཡིག་ཕྲེང་གསུམ་ཅན། གླེགས་བམ། ཤོག་ཀྱུ། ཞེང་56.5cm×དཀྱུས་18.6cm སྣེ་ཐིག་ཀྱུ། ཞེང་44.6cm×དཀྱུས་8.3cm

五部遗教之妃子遗教

1函 银汁和墨汁写本 乌金体 3行 梵夹装 开本：宽56.5cm × 高18.6cm 版框：宽44.6cm × 高8.3cm

540000-0000005

༄། །ལོ་པཎ་བཀའ་ཡི་ཐང་ཡིག་ཅེས་བྱ་བ་བཞུགས་སོ། །

བོད་གཅིག དངུལ་བྲིས་དང་སྣག་བྲིས་མ། དབུ་ཅན། ཡིག་ཕྲེང་ལྔ་ཅན། གླེགས་བམ། ཤོག་ཀྱུ། ཞེང་55.6cm×དཀྱུས་8.3cm སྣེ་ཐིག་ཀྱུ། ཞེང་45.6cm×དཀྱུས་6.3cm

五部遗教之译师遗教

1函 银汁和墨汁写本 乌金体 5行 梵夹装 开本：宽55.6cm × 高8.3cm 版框：宽45.6cm × 高6.3cm

540000-0000006

༄། །བློན་པོ་བཀའི་ཐང་ཡིག་བྱ་བ་བཞུགས་སོ། །

པོད་གཅིག དངུལ་བྲིས་དང་སྣག་བྲིས་མ། དབུ་ཅན། ཡིག་ཕྲེང་ལྔ་ཅན། གླེགས་བམ། ཤོག་རྒྱ། ཞེང་56.7cm×དཀྱུས་18.2cm སྣེ་ཐིག་རྒྱ། ཞེང་45.5cm×དཀྱུས་5.5cm

五部遗教之大臣遗教

1函 银汁和墨汁写本 乌金体 5行 梵夹装 开本：宽56.7cm × 高18.2cm 版框：宽45.5cm × 高5.5cm

540000-0000008

༄། །སྐྱབས་འགྲོ། །

པོད་གཅིག བྲིས་མ། དཔེ་ཚུགས། ཡིག་ཕྲེང་དགུ་ཅན། ལྟེབས་མགོ་མ། ཤོག་རྒྱ། ཞེང་12.3cm×དཀྱུས་29cm སྣེ་ཐིག་རྒྱ། ཞེང་22.8cm×དཀྱུས་8.2cm

皈依

1函 写本 柏簇体 9行 缝绘装 开本：宽12.3cm × 高29cm 版框：宽22.8cm × 高8.2cm

ལྷོ་ཁ་ས་ཁུལ་མཚོ་སྣ་རྫོང་མཁར་ལྷག་ཤང་ཞི་བོ་དགོན།

山南地区措那县卡达乡西午寺

540000-0000001

༄། །འཕགས་པ་དྲི་མེད་བཤགས་རྒྱུད་བཞུགས་སོ། །

པོད་གཅིག བྲིས་མ། དབུ་ཅན། ཡིག་ཕྲེང་དྲུག་ཅན། གླེགས་བམ། ཤོག་རྒྱ། ཞེང་40cm×དཀྱུས་8.1cm སྣེ་ཐིག་རྒྱ། ཞེང་11.8cm×དཀྱུས་5.5cm

维摩诘所说经

1函 写本 乌金体 6行 梵夹装 开本：宽40cm × 高8.1cm 版框：宽11.8cm × 高5.5cm

540000-0000002

༄༅། །དྲི་མ་མེད་པའི་རྒྱལ་པོ་བཤགས་རྒྱུད་བཞུགས་སོ།།

བོད་གཅིག བྲིས་མ། དབུ་ཅན། ཡིག་ཕྲེང་ལྔ་ཅན། གླེགས་བམ། ཤོག་རྒྱ། ཞེང་31.2cm×དཀྱུས་9.6cm སྣེ་ཐིག་རྒྱ། ཞེང་26.8cm×དཀྱུས་5cm

维摩诘所说经

1函 写本 乌金体 5行 梵夹装 开本：宽31.2cm × 高9.6cm 版框：宽26.8cm × 高5cm

540000-0000003

༄༅། །ཕྱག་ན་རྡོ་རྗེ་བདག་སྐྱེད་བུམ་སྒྲུབ་བཞུགས་སོ།།

བོད་གཅིག བྲིས་མ། དཔེ་ཚུགས། ཡིག་ཕྲེང་བདུན་ཅན། གླེགས་བམ། ཤོག་རྒྱ། ཞེང་35.9cm×དཀྱུས་8.8cm སྣེ་ཐིག་རྒྱ། ཞེང་30.1cm×དཀྱུས་4.7cm

持金刚我生宝瓶修法

1函 写本 柏簇体 7行 梵夹装 开本：宽35.9cm × 高8.8cm 版框：宽30.1cm × 高4.7cm

540000-0000004

༄༅། །ཀློང་ཆེན་སྙིང་གི་ཐིག་ལེ་ལས་སྔོན་འགྲོ་དྲན་པ་ཉེར་གཞག་ངག་འདོན་ཁྲིགས་སུ་སྡེབས་པ་རྣམ་མཁྱེན་ལམ་བཟང་བཞུགས་སོ།།

བོད་གཅིག བྲིས་མ། དབུ་ཅན། ཡིག་ཕྲེང་ལྔ་ཅན། གླེགས་བམ། ཤོག་རྒྱ། ཞེང་24.7cm×དཀྱུས་7.5cm སྣེ་ཐིག་རྒྱ། ཞེང་22.2cm×དཀྱུས་4.7cm

隆庆心要之先行正法念住诵文·遍知之良道

1函 写本 乌金体 5行 梵夹装 开本：宽24.7cm × 高7.5cm 版框：宽22.2cm × 高4.7cm

540000-0000005

༄། །རི་བོ་ཏ་ལའི་སྨོན་ལམ་བཞུགས་སོ། །

བོད་གཅིག བྲིས་མ། དབུ་ཅན། ཡིག་ཕྲེང་ལྔ་ཅན། གླེགས་བམ། ཤོག་ཀྱ། ཞེང་27.5cm×དཀྱུས་8.6cm སྣེ་ཐིག་ཀྱ། ཞེང་24.5cm×དཀྱུས་5.3cm

普陀神山祈愿

1函 写本 乌金体 5行 梵夹装 开本：宽27.5cm × 高8.6cm 版框：宽24.5cm × 高5.3cm

540000-0000006

༄། །འཕགས་པ་བཟང་པོ་སྤྱོད་པའི་སྨོན་ལམ། །

བོད་གཅིག བྲིས་མ། དབུ་ཅན། ཡིག་ཕྲེང་ལྔ་ཅན། གླེགས་བམ། ཤོག་ཀྱ། ཞེང་42.8cm×དཀྱུས་13cm སྣེ་ཐིག་ཀྱ། ཞེང་34.9cm×དཀྱུས་5.9cm

普贤菩萨行愿赞

1函 写本 乌金体 5行 梵夹装 开本：宽42.8cm × 高13cm 版框：宽34.9cm × 高5.9cm

540000-0000007

༄། །བོན་གྱི་ཡིག་རྙིང་། །

བོད་གཅིག བྲིས་མ། དཔེ་ཚུགས། ཡིག་ཕྲེང་བདུན་ཅན། གླེགས་བམ། ཤོག་ཀྱ། ཞེང་24.5cm×དཀྱུས་8.5cm སྣེ་ཐིག་ཀྱ། ཞེང་20.5cm×དཀྱུས་4.8cm

苯教文献

1函 写本 柏簇体 7行 梵夹装 开本：宽24.5cm × 高8.5cm 版框：宽20.5cm × 高4.8cm

540000-0000008

༄། །སྤྱན་རས་གཟིགས་ཀྱི་གསོལ་འདེབས་བཞུགས་སོ། །

པོད་གཅིག བྲིས་མ། དབུ་ཅན། ཡིག་ཕྲེང་ལྔ་ཅན། གླེགས་བམ། ཤོག་གྲྭ། ཞེང་17.6cm×དཀྱུས་7.8cm སྣེ་ཤིག་གྲྭ། ཞེང་15.1cm×དཀྱུས་5cm

观音菩萨祈愿

1函 写本 乌金体 5行 梵夹装 开本：宽17.6cm × 高7.8cm 版框：宽15.1cm × 高5cm

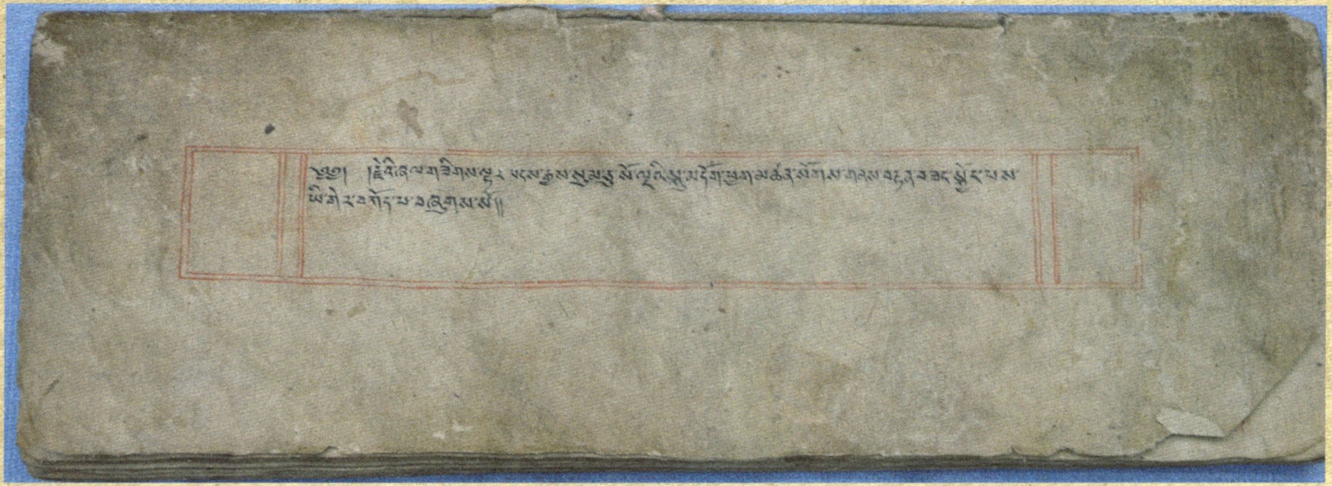

དུས་རབས་18པའི་གསུང་རབ་དཔེ་གཟུགས་ལྷེབ་མགོ་མ།

18 世纪缝绘装

540000-0000009

༄། །གཡུང་དྲུང་གསལ་བྱེད་བཞུགས་སོ།།

པོད་གཅིག བྲིས་མ། དབུ་ཅན། ཡིག་ཕྲེང་བདུན་ཅན། གླེགས་བམ། ཤོག་རྒྱ། ཞེང་22cm×དཀྱུས་8.7cm སྣེ་ཐིག་རྒྱ། ཞེང་18.5cm×དཀྱུས་5.2cm

永忠教法

1函 写本 乌金体 7行 梵夹装 开本：宽22cm × 高8.7cm 版框：宽18.5cm × 高5.2cm

540000-0000010

༄། །བག་མའི་སྟ་ཆོག་དང་སྐྱབས་འགྲོ་བཞུགས་སོ།།

པོད་གཅིག བྲིས་མ། དབུ་ཅན། ཡིག་ཕྲེང་བདུན་ཅན། གླེགས་བམ། ཤོག་རྒྱ། ཞེང་25.2cm×དཀྱུས་7.4cm སྣེ་ཐིག་རྒྱ། ཞེང་22cm×དཀྱུས་4.5cm

嫁娶等各种婚庆仪轨及祈愿

1函 写本 乌金体 7行 梵夹装 开本：宽25.2cm × 高7.4cm 版框：宽22cm × 高4.5cm

540000-0000011

༄། །དམ་ཚིག་ཉམས་ཆག་ཐམས་ཅད་སྐོང་བའི་རྒྱུད་བཤགས་པ་ཐམས་ཅད་དྲི་མ་མེད་པའི་རྒྱལ་པོ་ཞེས་བྱ་བ་བཞུགས་སོ།།

པོད་གཅིག བྲིས་མ། དབུ་ཅན། ཡིག་ཕྲེང་དྲུག་ཅན། གླེགས་བམ། ཤོག་རྒྱ། ཞེང་38.6cm×དཀྱུས་10.4cm སྣེ་ཐིག་རྒྱ། ཞེང་32.1cm×དཀྱུས་5.2cm

回生一切渝盟续忏悔无垢王

1函 写本 乌金体 6行 梵夹装 开本：宽38.6cm × 高10.4cm 版框：宽32.1cm × 高5.2cm

540000-0000012

༄། །དཀར་ཆག་ཚིགས་ཀྱི་སྒྲོན་མེ་ལས་ལྡེ་དར་རྒྱལ་མོའི་དར་ཁ་གཅིག་བཞུགས་སོ། །

པོད་གཅིག བྲིས་མ། དབུ་ཅན། ཡིག་ཕྲེང་དགུ་ཅན། གླེགས་བམ། ཤོག་རྒྱ། ཞེང་41.3cm×དཀྱུས་13.3cm སྣེ་ཐིག་རྒྱ། ཞེང་31.3cm×དཀྱུས་8.3cm

目录诗偈明灯之杰达杰姆

1函 写本 乌金体 9行 梵夹装 开本：宽41.3cm × 高13.3cm 版框：宽31.3cm × 高8.3cm

540000-0000013

༄། །དཀར་ཆག་གསལ་བའི་མེ་ལོང་བཞུགས་སོ། །

པོད་གཅིག བྲིས་མ། དབུ་ཅན། ཡིག་ཕྲེང་བརྒྱད་ཅན། གླེགས་བམ། ཤོག་རྒྱ། ཞེང་65.4cm×དཀྱུས་16.6cm སྣེ་ཐིག་རྒྱ། ཞེང་49.9cm×དཀྱུས་9.8cm

目录明镜

1函 写本 乌金体 8行 梵夹装 开本：宽65.4cm × 高16.6cm 版框：宽49.9cm × 高9.8cm

540000-0000014

༄། །རྒྱ་ནག་སྐག་བཟློག་ཅེས་བྱ་བའི་གཟུངས་བཞུགས་སོ། །

པོད་གཅིག བྲིས་མ། དབུ་ཅན། ཡིག་ཕྲེང་ལྔ་ཅན། གླེགས་བམ། ཤོག་རྒྱ། ཞེང་45.4cm×དཀྱུས་11.1cm སྣེ་ཐིག་རྒྱ། ཞེང་41.1cm×དཀྱུས་5cm

汉地历算之铲除年灾月难陀罗尼

1函 写本 乌金体 5行 梵夹装 开本：宽45.4cm × 高11.1cm 版框：宽41.1cm × 高5cm

540000-0000015

༄༅། །བསྟན་བཅོས་བཻཌཱུར་དཀར་པོའི་ནང་ལྷུར་ཀེག་རྩིས་དང་གཤིན་རྩིས་སྐོར་རྣམས་བཞུགས་སོ།།

པོད་གཅིག བྲིས་མ། དཔེ་ཚུགས། ཡིག་ཕྲེང་བཅུ་གཉིས་ཅན། གླེགས་བམ། ཤོག་གྲྭ། ཞེང་33cm×དཀྱུས་12cm སྣེ་ཐིག་གྲྭ། ཞེང་26.7cm×དཀྱུས་8cm

白琉璃之灾难及死丧卜算

1函 写本 柏簇体 12行 梵夹装 开本：宽26.7cm × 高8cm 版框：宽26.7cm × 高8cm

540000-0000016

༄༅། །འཕགས་པ་ནོར་བུ་བཟང་པོའི་བ་གླང་གིས་ནད་ཞི་བྱ་བའི་གཟུངས།།

པོད་གཅིག བྲིས་མ། དབུ་ཅན། ཡིག་ཕྲེང་དྲུག་ཅན། གླེགས་བམ། ཤོག་གྲྭ། ཞེང་43.3cm×དཀྱུས་11.7cm སྣེ་ཐིག་གྲྭ། ཞེང་35.4cm×དཀྱུས་6.2cm

佛说宝贤陀罗尼经

1函 写本 乌金体 6行 梵夹装 开本：宽43.3cm × 高11.7cm 版框：宽35.4cm × 高6.2cm

540000-0000017

༄༅། །བོན་གྱི་ཆོ་ག།

པོད་གཅིག བྲིས་མ། དབུ་ཅན། ཡིག་ཕྲེང་བཞི་ཅན། གླེགས་བམ། ཤོག་གྲྭ། ཞེང་23.3cm×དཀྱུས་6.7cm སྣེ་ཐིག་གྲྭ། ཞེང་20.6cm×དཀྱུས་3.4cm

苯教仪轨

1函 写本 乌金体 4行 梵夹装 开本：宽23.3cm × 高6.7cm 版框：宽20.6cm × 高3.4cm

540000-0000018

༄༅། །སྟོང་ཆེན་མོ་རབ་ཏུ་འཇོམས་པ་ཞེས་བྱ་བའི་མདོ། །

པོད་གཅིག གསེར་འབྲི་དང་སྣག་ཚ་བྲིས་མ། དབུ་ཅན། ཡིག་ཕྲེང་བཞི་ནས་དྲུག་ཅན། གླེགས་བམ། ཤོག་རྒྱ། ཞེང་45.6cm×དཀྱུས་13.9cm སྣེ་ཤིག་རྒྱ། ཞེང་38.7cm×དཀྱུས་7.5cm

佛说守护大千国土经

1函 金汁写本和墨汁写 乌金体 4–6行 梵夹装 开本：宽45.6cm × 高13.9cm 版框：宽38.7cm × 高7.5cm

ལྷོ་ཁ་ས་ཁུལ་མཚོ་སྣ་རྫོང་ཆུ་རྡོ་མ་ཤང་ཤེལ་མང་དགོན།

山南地区措那县曲卓玛乡兴玛寺

540000-0000001

39 **༄༅། །དཔལ་མགོན་ལྕམ་དྲལ་གྱི་བཤགས་པ་བཞུགས་སོ། །**

པོད་གཅིག བྲིས་མ། དཔེ་ཚུགས། ཡིག་ཕྲེང་ལྔ་ཅན། གླེགས་བམ། ཤོག་རྒྱ། ཞེང་38.3cm×དཀྱུས་6.9cm སྣེ་ཤིག་རྒྱ། ཞེང་35.5cm×དཀྱུས་3.5cm

吉祥姊妹护法神忏悔

1函 写本 柏簇体 5行 梵夹装 开本：宽38.3cm × 高6.9cm 版框：宽35.5cm × 高3.5cm

540000-0000002

༄༅། །བླ་མ་མཆོད་པའི་ཆོ་ག་བྱིན་རླབས་བདུད་རྩིའི་ཆར་འབེབས་ལས་བདུད་རྩིའི་ཆུ་རྒྱུན་ཞེས་བྱ་བ་བཞུགས་སོ། །

པོད་གཅིག བྲིས་མ། དབུ་ཅན། ཡིག་ཕྲེང་དྲུག་ཅན། གླེགས་བམ། ཤོག་རྒྱ། ཞེང་42.7cm×དཀྱུས་7.9cm སྣེ་ཤིག་རྒྱ། ཞེང་32.2cm×དཀྱུས་5.5cm

供上师仪轨及加持甘露水流

1函 写本 乌金体 6行 梵夹装 开本：宽42.7cm × 高7.9cm 版框：宽32.2cm × 高5.5cm

540000-0000003

༄། །དཔལ་རྟ་མགྲིན་གསང་སྒྲུབ་ཀྱི་ལས་སྦྱོང་འདོད་དགུའི་ཆར་འབེབས་མ་འབྲིང་པོ་བཞུགས་སོ།།

པོད་གཅིག བྲིས་མ། དབུ་ཅན། ཡིག་ཕྲེང་ལྔ་ཅན། གླེགས་བམ། ཤོག་རྒྱ། ཞེང་32.6cm×དཀྱུས་8.5cm སྣེ་ཐིག་རྒྱ། ཞེང་24.2cm×དཀྱུས་7.2cm

吉祥马头明王密修羯磨·如意雨露中篇

1函 写本 乌金体 5行 梵夹装 开本：宽32.6cm × 高8.5cm 版框：宽24.2cm × 高7.2cm

540000-0000004

༄། །བསྟན་པ་རྒྱས་པའི་བདེན་ཚིག་ལྷོ་ཕྱོགས་དྲི་བཞོན་ཞེས་བྱ་བ་བཞུགས་སོ།།

པོད་གཅིག བྲིས་མ། ཚུགས་མ་འཁྱུག། ཡིག་ཕྲེང་ལྔ་ཅན། གླེགས་བམ། ཤོག་རྒྱ། ཞེང་24.1cm×དཀྱུས་7.9cm སྣེ་ཐིག་རྒྱ། ཞེང་20.5cm×དཀྱུས་4.8cm

盛佛教真谛南部之风

1函 写本 草写体 5行 梵夹装 开本：宽24.1cm × 高7.9cm 版框：宽20.5cm × 高4.8cm

540000-0000005

༄། །དམ་ཅན་སྡེ་མདུན་གྱི་བསྐང་གསོ་བསྡུས་པ་བཞུགས་སོ།།

པོད་གཅིག བྲིས་མ། དབུ་ཅན། ཡིག་ཕྲེང་ལྔ་ཅན། གླེགས་བམ། ཤོག་རྒྱ། ཞེང་34.6cm×དཀྱུས་6.5cm སྣེ་ཐིག་རྒྱ། ཞེང་29.7cm×དཀྱུས་5.4cm

七部护法神酬补集

1函 写本 乌金体 5行 梵夹装 开本：宽34.6cm × 高6.5cm 版框：宽29.7cm × 高5.4cm

540000-0000006

༄། །གསོལ་འདེབས་སྐོར་བཞུགས་སོ།།

པོད་གཅིག བྲིས་མ། དབུ་ཅན། ཡིག་ཕྲེང་ལྔ་ཅན། གླེགས་བམ། ཤོག་རྐྱ། ཞེང་32.3cm×དཀྱུས་8.5cm སྙེ་ཤིག་རྐྱ། ཞེང་30.1cm×དཀྱུས་4.8cm

祈愿文

1函 写本 乌金体 5行 梵夹装 开本：宽32.3cm × 高8.5cm 版框：宽30.1cm × 高4.8cm

540000-0000007

༄། །རྒྱགས་ཧན་ལྷ་བསང་།།

པོད་གཅིག བྲིས་མ། དབུ་ཅན། ཡིག་ཕྲེང་དྲུག་ཅན། ལྟེབས་མགོ་མ། ཤོག་རྐྱ། ཞེང་32.9cm×དཀྱུས་11.1cm སྙེ་ཤིག་རྐྱ། ཞེང་24.5cm×དཀྱུས་5.7cm

送神香火仪轨

1函 写本 乌金体 6行 缝绘装 开本：宽32.9cm × 高11.1cm 版框：宽24.5cm × 高5.7cm

540000-0000008

༄། །རྒྱགས་ཧན་ལྷ་བསང་།།

པོད་གཅིག བྲིས་མ། དབུ་ཅན། ཡིག་ཕྲེང་དྲུག་ནས་བཅུ་ཅན། ལྟེབས་མགོ་མ། ཤོག་རྐྱ། ཞེང་32.9cm×དཀྱུས་11.1cm སྙེ་ཤིག་རྐྱ། ཞེང་24.5cm×དཀྱུས་5.7cm

送神香火仪轨

1函 写本 乌金体 6–10行 缝绘装 开本：宽32.9cm × 高11.1cm 版框：宽24.5cm × 高5.7cm

540000-0000009

༄། །ཇོ་མོ་བཀྲིས་ཚེ་རིང་མའི་གཡང་འགུགས་པའི་ཆོ་ག་འདོད་དགུའི་ཆར་འབེབས་བཞུགས་སོ།།

པོད་གཅིག བྲིས་མ། དཔེ་ཚུགས། ཡིག་ཕྲེང་ལྔ་ཅན། གླེགས་བམ། ཤོག་གྲུ། ཞེང་41.6cm×དཀྱུས་13.4cm སྙི་ཐིག་གྲུ། ཞེང་36.6cm×དཀྱུས་8.5cm

觉姆次仁玛女神招财仪轨如意雨露

1函 写本 柏簇体 5行 梵夹装 开本：宽41.6cm×高13.4cm 版框：宽36.6cm×高8.5cm

540000-0000010

༄། །སྒྲོལ་མའི་ཆོ་ག།

པོད་གཅིག བྲིས་མ། དབུ་ཅན། ཡིག་ཕྲེང་བདུན་ཅན། གླེགས་བམ། ཤོག་གྲུ། ཞེང་29.1cm×དཀྱུས་9.6cm སྙི་ཐིག་གྲུ། ཞེང་24.7cm×དཀྱུས་6.3cm

度母仪轨

1函 写本 乌金体 7行 梵夹装 开本：宽29.1cm×高9.6cm 版框：宽24.7cm×高6.3cm

540000-0000011

༄། །བདུད་འདུལ་གྱི་སྒྲུབ་ཐབས་བཞུགས་སོ།།

པོད་གཅིག བྲིས་མ། དཔེ་ཚུགས། ཡིག་ཕྲེང་དྲུག་ཅན། གླེགས་བམ། ཤོག་གྲུ། ཞེང་38.4cm×དཀྱུས་8.1cm སྙི་ཐིག་གྲུ། ཞེང་32.9cm×དཀྱུས་5.9cm

降魔修法

1函 写本 柏簇体 6行 梵夹装 开本：宽38.4cm×高8.1cm 版框：宽32.9cm×高5.9cm

540000-0000011

༄། །བ་རི་ལོ་ཙཱ་བས་མཛད་པའི་བརྒྱ་བཞིའི་ཆོ་ག་ཞེས་བྱ་བ་ནག་འགྲོས་སུ་བཀོད་པ་བཞུགས་སོ། །

བོད་གཅིག བྲིས་མ། དཔེ་ཚུགས། ཡིག་ཕྲེང་བདུན་ཅན། གླེགས་བམ། ཤོག་གྲྭ། ཞེང་32.3cm×དཀྱུས་12.4cm སྙེ་ཐིག་གྲྭ། ཞེང་28cm×དཀྱུས་7cm

巴日大译师造四百禳灾仪轨诠释

1函 写本 柏簇体 7行 梵夹装 开本：宽32.3cm×高12.4cm 版框：宽28cm×高7cm

540000-0000013

༄། །མཁའ་སྤྱོད་མའི་ཚོགས་མཆོད་བཞུགས་སོ། །

43 བོད་གཅིག བྲིས་མ། དཔེ་ཚུགས། ཡིག་ཕྲེང་ལྔ་ཅན། གླེགས་བམ། ཤོག་གྲྭ། ཞེང་38.6cm×དཀྱུས་6.8cm སྙེ་ཐིག་གྲྭ། ཞེང་33cm×དཀྱུས་3cm

至尊纳茹卡曲大师十号仪轨

1函 写本 柏簇体 5行 梵夹装 开本：宽38.6cm×高6.8cm 版框：宽33cm×高3cm

540000-0000014

༄། །དཔལ་ཀུན་རིག་གི་རས་བྲིས་ལ་བརྟེན་པའི་ཆོ་ག་གཞན་ཕན་མཐའ་ཡས་ཞེས་བྱ་བ་བཞུགས་སོ། །

བོད་གཅིག བྲིས་མ། དབུ་ཅན། ཡིག་ཕྲེང་དྲུག་ཅན། གླེགས་བམ། ཤོག་གྲྭ། ཞེང་42.1cm×དཀྱུས་7.3cm སྙེ་ཐིག་གྲྭ། ཞེང་35.8cm×དཀྱུས་3.5cm

依具德普明大日如来布画仪轨利他

1函 写本 乌金体 6行 梵夹装 开本：宽42.1cm×高7.3cm 版框：宽35.8cm×高3.5cm

540000-0000015

༄། །བཏགས་གྲོལ་ཡིད་བཞིན་ནོར་བུ་བཞུགས་སོ། །

པོད་གཅིག བྲིས་མ། དབུ་ཅན། ཡིག་ཕྲེང་བདུན་ཅན། གླེགས་བམ། ཤོག་རྒྱ། ཞེང་23cm×དཀྱུས་7.7cm སྣེ་ཤིག་རྒྱ། ཞེང་20.4cm×དཀྱུས་6.3cm

解脱如意宝

1函 写本 乌金体 7行 梵夹装 开本：宽23cm × 高7.7cm 版框：宽20.4cm × 高6.3cm

540000-0000016

༄། །བསྐང་གསོ། །

པོད་གཅིག བྲིས་མ། དཔེ་ཚུགས། ཡིག་ཕྲེང་གསུམ་ཅན། གླེགས་བམ། ཤོག་རྒྱ། ཞེང་30cm×དཀྱུས་6.9cm སྣེ་ཤིག་རྒྱ། ཞེང་27.3cm×དཀྱུས་3.2cm

酬补仪轨

1函 写本 柏簇体 3行 梵夹装 开本：宽30cm × 高6.9cm 版框：宽27.3cm × 高3.2cm

540000-0000017

༄། །རྡོ་རྗེ་སློབ་དཔོན་ལ་ཞབས་བརྟན་འབུལ་ཚུལ་ཕན་བདེའི་འོད་དཀར་ཞེས་བྱ་བ་བཞུགས་སོ། །

པོད་གཅིག བྲིས་མ། དབུ་ཅན། ཡིག་ཕྲེང་བདུན་ཅན། ལྷེབས་མགོ་མ། ཤོག་རྒྱ། ཞེང་22.2cm×དཀྱུས་10.2cm སྣེ་ཤིག་རྒྱ། ཞེང་18.1cm×དཀྱུས་6.6cm

供奉金刚上师长寿仪轨利乐之光

1函 写本 乌金体 7行 缝绘装 开本：宽22.2cm × 高10.2cm 版框：宽18.1cm × 高6.6cm

540000-0000018

༄། །ཞིང་མང་དགོན་པའི་འཆམ་ཡིག །

པོད་གཅིག བྲིས་མ། དབུ་ཅན། ཡིག་ཕྲེང་ལྔ་ཅན། གླེགས་བམ། ཤོག་རྒྱ། ཞེང་29.1cm×དཀྱུས་9.3cm སྣེ་ཐིག་རྒྱ། ཞེང་24.7cm×དཀྱུས་4.8cm

兴玛寺跳神曲谱

1函 写本 乌金体 5行 梵夹装 开本：宽29.1cm × 高9.3cm 版框：宽24.7cm × 高4.8cm

540000-0000019

༄། །གསེར་མདོ་དམ་པར་བུམ་པ་འབུལ་བའི་ཕྱག་དཔེ་བཞུགས་སོ། །

པོད་གཅིག བྲིས་མ། དཔེ་ཚུགས། ཡིག་ཕྲེང་ལྔ་ཅན། གླེགས་བམ། ཤོག་རྒྱ། ཞེང་30.1cm×དཀྱུས་6.8cm སྣེ་ཐིག་རྒྱ། ཞེང་27cm×དཀྱུས་3.5cm

金光经灌宝瓶

1函 写本 柏簇体 5行 梵夹装 开本：宽30.1cm × 高6.8cm 版框：宽27cm × 高3.5cm

540000-0000020

༄། །རྡོ་རྗེ་ལྷ་མོ་ནམ་མཁའི་གོས་ཅན་མ་བཞུགས་སོ། །

པོད་གཅིག བྲིས་མ། དབུ་ཅན། ཡིག་ཕྲེང་ལྔ་ཅན། ལྷེབས་མགོ་མ། ཤོག་རྒྱ། ཞེང་24.2cm×དཀྱུས་8.6cm སྣེ་ཐིག་རྒྱ། ཞེང་21.7cm×དཀྱུས་4.7cm

金刚佛姆虚空藏

1函 写本 乌金体 5行 缝绘装 开本：宽24.2cm × 高8.6cm 版框：宽21.7cm × 高4.7cm

540000-0000021

༄། །འཕགས་པ་གསེར་འོད་དམ་པའི་མདོ། །

པོད་གཅིག བྲིས་མ། དབུ་ཅན། ཡིག་ཕྲེང་བཞི་ཅན། གླེགས་བམ། ཤོག་ཀྱ། ཞེང་25.4cm×དཀྱུས་7cm སྣེ་ཐིག་ཀྱ། ཞེང་21cm×དཀྱུས་3.5cm

圣金光明经

1函 写本 乌金体 4行 梵夹装 开本：宽25.4cm × 高7cm 版框：宽21cm × 高3.5cm

540000-0000022

༄། །ཆོས་སྐྱོང་རྒྱལ་པོ་སྐུ་ལྔའི་གསོལ་མཆོད་ཅེས་བྱ་བ་བཞུགས་སོ། །

པོད་གཅིག བྲིས་མ། དབུ་ཅན། ཡིག་ཕྲེང་ལྔ་ཅན། གླེགས་བམ། ཤོག་ཀྱ། ཞེང་23.2cm×དཀྱུས་7.8cm སྣེ་ཐིག་ཀྱ། ཞེང་19.5cm×དཀྱུས་4.5cm

五大护法神祷祀

1函 写本 乌金体 5行 梵夹装 开本：宽23.2cm × 高7.8cm 版框：宽19.5cm × 高4.5cm

ལྷོ་ཁ་ས་ཁུལ་མཚོ་སྣ་རྫོང་ཆུ་རྡོ་མ་ཤང་ཆོས་སྡེ་དགོན།

山南地区措那县曲卓玛乡曲德寺

540000-0000001

༄། །མ་གཅིག་གྲུབ་པའི་རྒྱལ་མོ་ལུགས་ཀྱི་ཚེ་དཔག་མེད་ཀྱི་ཆོ་ག་ཞེས་བྱ་བ་བཞུགས་སོ། །

པོད་གཅིག བྲིས་མ། དབུ་ཅན། ཡིག་ཕྲེང་ལྔ་ཅན། ལྷེབས་མགོ་མ། ཤོག་ཀྱ། ཞེང་26.5cm×དཀྱུས་10.3cm སྣེ་ཐིག་ཀྱ། ཞེང་22.8cm×དཀྱུས་7cm

玛吉拉准正理之无量寿佛仪轨

1函 写本 乌金体 5行 缝缋装 开本：宽26.5cm × 高10.3cm 版框：宽22.8cm × 高7cm

540000-0000002

༄། །འཇམ་དཔལ་མཚན་བརྗོད། །

བོད་གཅིག བྲིས་མ། དཔེ་ཚུགས། ཡིག་ཕྲེང་ལྔ་ཅན། གླེགས་བམ། ཤོག་ཀྱུ། ཞེང་15.6cm×དཀྱུས་4.6cm སྣེ་ཐིག་ཀྱུ། ཞེང་13.6cm×དཀྱུས་2.5cm

文殊菩萨名赞

1函 写本 柏簇体 5行 梵夹装 开本：宽15.6cm × 高4.6cm 版框：宽13.6cm × 高2.5cm

540000-0000003

༄། །གཏོར་མ་བརྒྱ་རྩ་བཞུགས་སོ། །

བོད་གཅིག བྲིས་མ། དཔེ་ཚུགས། ཡིག་ཕྲེང་ལྔ་ཅན། ལྟེབས་མགོ་མ། ཤོག་ཀྱུ། ཞེང་20.9cm×དཀྱུས་8cm སྣེ་ཐིག་ཀྱུ། ཞེང་16.5cm×དཀྱུས་5.8cm

一百零八团食子仪轨

1函 写本 柏簇体 5行 缝绘装 开本：宽20.9cm × 高8cm 版框：宽16.5cm × 高5.8cm

540000-0000004

༄། །བྱིན་རླབས་དངོས་གྲུབ་ཆར་འབེབས། །

བོད་གཅིག བྲིས་མ། དབུ་ཅན། ཡིག་ཕྲེང་དགུ་ཅན། ལྟེབས་མགོ་མ། ཤོག་ཀྱུ། ཞེང་16.6cm×དཀྱུས་9cm སྣེ་ཐིག་ཀྱུ། ཞེང་12.7cm×དཀྱུས་6.8cm

加持悉地降雨

1函 写本 乌金体 9行 缝绘装 开本：宽16.6cm × 高9cm 版框：宽12.7cm × 高6.8cm

ལྷོ་ཁ་ས་ཁུལ་མཚོ་སྣ་རྫོང་ཆུ་རྡོ་མ་ཤང་དགེ་དཔལ་དགོན།
山南地区措那县曲卓玛乡格白寺

540000-0000001

༄། །ཀླུ་གཏོར་གདེངས་ཅན་འདོད་འཇོ་ཞེས་བྱ་བ་བཞུགས་སོ། །

པོད་གཅིག བྲིས་མ། དབུ་ཅན། ཡིག་ཕྲེང་ལྔ་ཅན། གླེགས་བམ། ཤོག་རྒྱ། ཞེང་22.1cm×དཀྱུས་8cm སྣེ་ཐིག་རྒྱ། ཞེང་19.8cm×དཀྱུས་4.5cm

祭龙王仪轨如意

1函 写本 乌金体 5行 梵夹装 开本：宽22.1cm × 高8cm 版框：宽19.8cm × 高4.5cm

540000-0000002

༄། །དགེ་སློང་གཞོན་ནུ་རབ་གསལ་བཞུགས་སོ། །ལྷ་མོ་དབྱངས་ཅན་མའི་བསྟན་བཅོས་བཞུགས་སོ། །

པོད་གཅིག བྲིས་མ། དཔེ་ཚུགས། ཡིག་ཕྲེང་བདུན་ཅན། ལྟེབས་མགོ་མ། ཤོག་རྒྱ། ཞེང་25.3cm×དཀྱུས་7.4cm སྣེ་ཐིག་རྒྱ། ཞེང་21.2cm×དཀྱུས་5cm

比丘逊努绕色传记及妙音仙女格言

1函 写本 柏簇体 7行 缝绘装 开本：宽25.3cm × 高7.4cm 版框：宽21.2cm × 高5cm

540000-0000003

༄། །རྫོགས་པ་ཆེན་པོ་ཀློང་ཆེན་སྙིང་ཐིག་གི་སྔོན་འགྲོའི་ངག་འདོན། །

འཇིགས་མེད་འཕྲིན་ལས་ཀྱིས་བྲིས།

པོད་གཅིག བྲིས་མ། དབུ་ཅན། ཡིག་ཕྲེང་ལྔ་ཅན། གླེགས་བམ། ཤོག་རྒྱ། ཞེང་21cm×དཀྱུས་7cm སྣེ་ཐིག་རྒྱ། ཞེང་15.9cm×དཀྱུས་4.2cm

大圆满隆庆心要先行诵文

1函 写本 乌金体 5行 梵夹装 开本：宽21cm × 高7cm 版框：宽15.9cm × 高4.2cm

540000-0000004

༄། །བྱེད་མཁོའི་འབྲས་རྩིས་བླང་དོར་གསལ་བ་བཞུགས་སོ། །

པོད་གཅིག བྲིས་མ། དཔེ་ཚུགས། ཡིག་ཕྲེང་བརྒྱད་ཅན། ལྡེབས་མགོ་མ། ཤོག་ཀྱུ། ཞེང་26cm×དཀྱུས་10cm སྣེ་ཐིག་ཀྱུ། ཞེང་22.3cm×དཀྱུས་6.1cm

常用历算取舍明晰

1函 写本 柏簇体 8行 缝绘装 开本：宽26cm × 高10cm 版框：宽22.3cm × 高6.1cm

540000-0000005

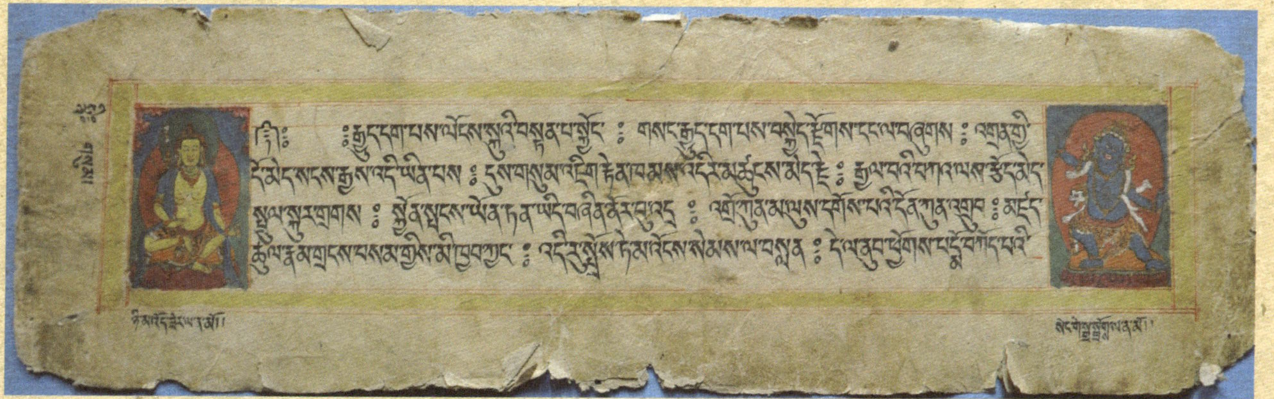

དུས་རབས་18པའི་གསུང་རབ་བྲིས་མའི་དབུ་ཞབས་ལྷ་སྐུ།

18 世纪写本文献扉页画像

༄། །སྤར་མེའི་འབྲས་བུ།།
པོད་གཅིག བྲིས་མ། དབུ་ཅན། ཡིག་ཕྲེང་དྲུག་ཅན། གླེགས་བམ། ཤོག་གྲྭ། ཞེང་26.9cm×དཀྱུས་7.2cm སྙེ་ཐིག་གྲྭ། ཞེང་24.6cm×དཀྱུས་4.1cm

八卦九宫历算

1函 写本 乌金体 6行 梵夹装 开本：宽26.9cm × 高7.2cm 版框：宽24.6cm × 高4.1cm

540000-0000006

༄། །གསོལ་འདེབས་སྨོན་ལམ།།
ཟ་ཧོར་གྱི་བཙུན་སྦྱར། ཡི་གེ་པ་ནི་རིག་བྱེད་འཛིན་པ་མཐར་རྒྱས་པ་བློ་བཟང་དབང་པོ།
པོད་གཅིག བྲིས་མ། དབུ་ཅན། ཡིག་ཕྲེང་ལྔ་ཅན། ལྡེབས་མགོ་མ། ཤོག་གྲྭ། ཞེང་25.8cm×དཀྱུས་11.4cm སྙེ་ཐིག་གྲྭ། ཞེང་22.5cm×དཀྱུས་6.9cm

祷祀祈愿文

阿旺洛桑加措造阿旺王布笔授

1函 写本 乌金体 5行 缝绘装 开本：宽25.8cm × 高11.4cm 版框：宽22.5cm × 高6.9cm

540000-0000007

༄། །དགྲ་ལྷའི་དཔང་བསྟོད་ལྷ་བསང་།།
པོད་གཅིག བྲིས་མ། དཔེ་ཚུགས། ཡིག་ཕྲེང་ལྔ་ཅན། ལྡེབས་མགོ་མ། ཤོག་གྲྭ། ཞེང་29.2cm×དཀྱུས་10.9cm སྙེ་ཐིག་གྲྭ། ཞེང་23.7cm×དཀྱུས་7.4cm

战神礼赞煨桑仪轨

1函 写本 柏簇体 5行 缝绘装 开本：宽29.2cm × 高10.9cm 版框：宽23.7cm × 高7.4cm

540000-0000008

༄༅། །དཀོན་མཆོག་རྗེས་སུ་དྲན་པའི་མདོ་བཞུགས་སོ།།

བོད་གཅིག བྲིས་མ། དཔེ་ཚུགས། ཡིག་ཕྲེང་བདུན་ཅན། ལྟེབས་མགོ་མ། ཤོག་རྒྱ། ཞེང་28.4cm×དཀྱུས་9.7cm སྣེ་ཐིག་རྒྱ། ཞེང་24.1cm×དཀྱུས་6.7cm

随念三宝经

1函 写本 柏簇体 7行 缝绘装 开本：宽28.4cm×高9.7cm 版框：宽24.1cm×高6.7cm

540000-0000009

༄༅། །སྨོན་ལམ།།

བོད་གཅིག བྲིས་མ། དཔེ་ཚུགས། ཡིག་ཕྲེང་ལྔ་ཅན། གླེགས་བམ། ཤོག་རྒྱ། ཞེང་23.5cm×དཀྱུས་6cm སྣེ་ཐིག་རྒྱ། ཞེང་18.5cm×དཀྱུས་3.5cm

祈愿文

1函 写本 柏簇体 5行 梵夹装 开本：宽23.5cm×高6cm 版框：宽18.5cm×高3.5cm

540000-0000010

༄༅། །གསང་ཡེ་ཞེགས་ཚོགས་སྒོ་ནས་ཁ་འབར་མ་དཀར་མོའི་འཆི་བསླུའི་གླུད་གཏོར་བཞུགས་སོ།།

བོད་གཅིག བྲིས་མ། དབུ་ཅན། ཡིག་ཕྲེང་ལྔ་ཅན། ལྟེབས་མགོ་མ། ཤོག་རྒྱ། ཞེང་25.1cm×དཀྱུས་6.8cm སྣེ་ཐིག་རྒྱ། ཞེང་22.3cm×དཀྱུས་4.2cm

依密乘修法之焰口母替死仪轨

1函 写本 乌金体 5行 缝绘装 开本：宽25.1cm×高6.8cm 版框：宽22.3cm×高4.2cm

540000-0000011

༄། །གནམ་སྒོ་དང་ས་སྒོ་བསྡམས་པའི་གཏོར་ཆོག་བཞུགས་སོ།།

བོད་གཅིག བྲིས་མ། དབུ་ཅན། ཡིག་ཕྲེང་དྲུག་ཅན། གླེགས་བམ། ཤོག་གྲུ། ཞེང་31.7cm×དཀྱུས་8.9cm སྣེ་ཐིག་གྲུ། ཞེང་26.7cm×དཀྱུས་5.1cm

天地之门供食子仪轨

1函 写本 乌金体 6行 梵夹装 开本：宽31.7cm × 高8.9cm 版框：宽26.7cm × 高5.1cm

540000-0000012

༄། །གཏོར་ནག་མཚན་མ་འདྲ་བཟོ་བཞུགས་སོ།།

བོད་གཅིག བྲིས་མ། དབུ་ཅན། ཡིག་ཕྲེང་ལྔ་ཅན། གླེགས་བམ། ཤོག་གྲུ། ཞེང་31.5cm×དཀྱུས་9cm སྣེ་ཐིག་གྲུ། ཞེང་27.3cm×དཀྱུས་5cm

食子模板

1函 写本 乌金体 5行 梵夹装 开本：宽31.5cm × 高9cm 版框：宽27.3cm × 高5cm

540000-0000013

༄། །དཔལ་ལྡན་ལྷ་མོའི་ཚེ་རིང་མཆེད་ལྔའི་བསྐང་བ་ཡིད་བཞིན་ནོར་བུ་ཞེས་བྱ་བ་བཞུགས་སོ།།

བོད་གཅིག བྲིས་མ། དཔེ་ཚུགས། ཡིག་ཕྲེང་དྲུག་ཅན། གླེགས་བམ། ཤོག་གྲུ། ཞེང་21.1cm×དཀྱུས་7.2cm སྣེ་ཐིག་གྲུ། ཞེང་18.5cm×དཀྱུས་4.8cm

吉祥天母之长寿五姊妹酬补仪轨如意宝

1函 写本 柏簇体 6行 梵夹装 开本：宽21.1cm × 高7.2cm 版框：宽7.2cm × 高4.8cm

540000-0000014

༄༅། །བསྐང་བ་དངོས་སྒྲུབ་རོལ་མཚོ་ལས་མཆོད་པའི་བྱིན་རླབས་དང་སྨན་རག་གཏོར་གསུམ་བྱིན་རླབས་དམ་ཅན་རྣམས་ཀྱི་ཚོ་ག་བཞུགས་སོ།།

བོད་གཅིག བྲིས་མ། དཔེ་ཚུགས། ཡིག་ཕྲེང་ལྔ་ཅན། གླེགས་བམ། ཤོག་རྒྱ། ཞེང་21.8cm×དཀྱུས་8.5cm སྣེ་ཤིག་རྒྱ། ཞེང་17.3cm×དཀྱུས་5.2cm

酬补悉地之海供奉加持及药酬谢、施食子仪轨

1函 写本 柏簇体 5行 梵夹装 开本：宽21.8cm×高8.5cm 版框：宽17.3cm×高5.2cm

540000-0000015

༄༅། །གཙུག་ལག་སྐོང་བཅེ་གསོལ་མཆོད་སྤྱི་ཆིངས་བྱ་ཚུལ་ཤི་གསོན་སྤར་སྨེའི་འགྲེལ་བཤད།།

བོད་གཅིག བྲིས་མ། དཔེ་ཚུགས། ཡིག་ཕྲེང་བརྒྱད་ཅན། གླེགས་བམ། ཤོག་རྒྱ། ཞེང་33cm×དཀྱུས་14.7cm སྣེ་ཤིག་རྒྱ། ཞེང་26.6cm×དཀྱུས་9.2cm

祖拉孔子祷祀总论之生死八卦诠释

1函 写本 柏簇体 8行 梵夹装 开本：宽33cm×高14.7cm 版框：宽26.6cm×高9.2cm

540000-0000016

༄༅། །རྒྱུགས་བཙན་ལྷ་བསང་།།

བོད་གཅིག བྲིས་མ། དཔེ་ཚུགས། ཡིག་ཕྲེང་དྲུག་ཅན། ལྷེབས་མགོ་མ། །ཤོག་རྒྱ། ཞེང་30.4cm×དཀྱུས་12.1cm སྣེ་ཤིག་རྒྱ། ཞེང་25.3cm×དཀྱུས་7.7cm

送神香火仪轨

1函 写本 柏簇体 6行 缝绘装 开本：宽30.4cm×高12.1cm 版框：宽25.3cm×高7.7cm

540000-0000017

༄། །ཐུགས་རྗེ་ཆེན་པོ་བདེ་གཤེགས་ཀུན་འདུས་ཀྱི་སྒྲུབ་ཐབས་ཆོག་ཁྲིད་ཟབ་ལམ་གསལ་བའི་ཉིན་བྱེད་བཞུགས་སོ། །

པོད་གཅིག བྲིས་མ། དཔེ་ཚུགས། ཡིག་ཕྲེང་བརྒྱད་ཅན། ལྟེབས་མགོ་མ། ཤོག་རྒྱ། ཞེང་30.1cm×དཀྱུས་7.5cm སྣེ་ཤིག་རྒྱ། ཞེང་26.4cm×དཀྱུས་5cm

大慈悲如来藏修法仪轨讲义至深光耀

1函 写本 柏簇体 8行 缝绘装 开本：宽30.1cm × 高7.5cm 版框：宽26.4cm × 高5cm

540000-0000018

༄། །སྤར་སྨེའི་རྩིས་གཞུང་། །

པོད་གཅིག བྲིས་མ། ཚུགས་མ་འཁྱུག ཡིག་ཕྲེང་དགུ་ཅན། ལྟེབས་མགོ་མ། ཤོག་རྒྱ། ཞེང་23.5cm×དཀྱུས་7.7cm སྣེ་ཤིག་རྒྱ། ཞེང་19.5cm×དཀྱུས་3.6cm

八卦及九宫历算

1函 写本 草写体 9行 缝绘装 开本：宽23.5cm × 高7.7cm 版框：宽19.5cm × 高3.6cm

540000-0000019

༄། །ཟབ་ལམ་བདེ་གཤེགས་ཀུན་འདུས་ཀྱི་སྦྱིན་སྲེག་གི་ཆོ་ག་འདོད་དོན་མྱུར་འགྲུབ་ཅེས་བྱ་བ་བཞུགས་སོ། །

པོད་གཅིག བྲིས་མ། དཔེ་ཚུགས། ཡིག་ཕྲེང་བདུན་ཅན། གླེགས་བམ། ཤོག་རྒྱ། ཞེང་30.3cm×དཀྱུས་7.7cm སྣེ་ཤིག་རྒྱ། ཞེང་27.4cm×དཀྱུས་4.6cm

深道如来藏火供仪轨之念诵速成

1函 写本 柏簇体 7行 梵夹装 开本：宽30.3cm × 高7.7cm 版框：宽27.4cm × 高4.6cm

540000-0000020

༄། །ཐུགས་རྗེ་ཆེན་པོ་བདེ་གཤེགས་ཀུན་འདུས་ཀྱི་ཚོགས་ཁྲིད་ཟབ་ལམ་གསལ་བའི་ཉིན་བྱེད་བྱ་བ་བཞུགས་སོ། །

པོད་གཅིག བྲིས་མ། རྩུགས་མ་འཁྱུག། ཡིག་ཕྲེང་དྲུག་ཅན། གླེགས་བམ། ཤོག་རྒྱ། ཞེང་29.2cm×དཀྱུས་8.7cm སྣེ་ཐིག་རྒྱ། ཞེང་24.6cm×དཀྱུས་5cm

大慈悲如来藏修法仪轨至深光耀

1函 写本 草写体 6行 梵夹装 开本：宽29.2cm × 高8.7cm 版框：宽24.6cm × 高5cm

540000-0000021

༄། །ཁྲོ་རྡོར་གཏུམ་པོའི་དུག་སྦྱོངས་གདོན་འགྲོལ་གྱི་ལག་ལེན་བདུད་རྩི་ཐིགས་པ་བཞུགས་སོ། །

55 པོད་གཅིག བྲིས་མ། དཔེ་ཚུགས། ཡིག་ཕྲེང་ལྔ་ཅན། གླེགས་བམ། ཤོག་རྒྱ། ཞེང་28cm×དཀྱུས་7.2cm སྣེ་ཐིག་རྒྱ། ཞེང་24.1cm×དཀྱུས་4.2cm

怒金刚除毒邪实践甘露

1函 写本 柏簇体 5行 梵夹装 开本：宽28cm × 高7.2cm 版框：宽24.1cm × 高4.2cm

540000-0000022

༄། །ཆོ་ག་ཕྱག་ལེན་བཞུགས་སོ། །

པོད་གཅིག བྲིས་མ། དཔེ་ཚུགས། ཡིག་ཕྲེང་ལྔ་ཅན། གླེགས་བམ། ཤོག་རྒྱ། ཞེང་30.7cm×དཀྱུས་7.5cm སྣེ་ཐིག་རྒྱ། ཞེང་26.6cm×དཀྱུས་4.3cm

仪轨实践

1函 写本 柏簇体 5行 梵夹装 开本：宽30.7cm × 高7.5cm 版框：宽26.6cm × 高4.3cm

540000-0000023

༄། །ཐུགས་ཐིག་ལས་ཚོགས་ཕུར་པའི་ཚོག་འཁྲིགས་སྒྲགས་ཆོག་མ་བཞུགས་སོ། །

བོད་གཅིག ཡིས་མ། དབུ་ཅན། ཡིག་ཕྲེང་ལྔ་ཅན། གླེགས་བམ། ཤོག་གྲངས། ཞེང་28.6cm×དཀྱུས་7.1cm སྣེ་ཐིག་ཀྱི། ཞེང་25cm×དཀྱུས་4cm

心要业集撅仪轨

1函 写本 乌金体 5行 梵夹装 开本：宽28.6cm × 高7.1cm 版框：宽25cm × 高4cm

540000-0000024

༄། །ཞིགས་ལྡན་ལྷ་ཆེན་དབང་ཕྱུག་ཆེན་པོའི་ལས་བྱང་དཔག་བསམ་སྙེ་མ་བཞུགས་སོ། །

56 བོད་གཅིག ཡིས་མ། ཚུགས་མ་འཁྱུག། ཡིག་ཕྲེང་དྲུག་ཅན། གླེགས་བམ། ཤོག་གྲངས། ཞེང་30.2cm×དཀྱུས་7.6cm སྣེ་ཐིག་ཀྱི། ཞེང་26.6cm×དཀྱུས་4.6cm

大自在天羯磨如意藤

1函 写本 草写体 6行 梵夹装 开本：宽30.2cm × 高7.6cm 版框：宽26.6cm × 高4.6cm

540000-0000025

༄། །ཟ་བྱེད་རྡོ་རྗེ་མཁའ་འགྲོའི་སྦྱིན་སྲེག་བཞུགས་སོ། །

བོད་གཅིག ཡིས་མ། དབུ་ཅན། ཡིག་ཕྲེང་ལྔ་ཅན། གླེགས་བམ། ཤོག་གྲངས། ཞེང་25.5cm×དཀྱུས་7.2cm སྣེ་ཐིག་ཀྱི། ཞེང་21.4cm×དཀྱུས་4cm

色齐金刚空行火供仪轨

1函 写本 乌金体 5行 梵夹装 开本：宽25.5cm × 高7.2cm 版框：宽21.4cm × 高4cm

540000-0000026

༄། །བརྒྱ་བཞིའི་ཆོ་ག་འདོད་དོན་ལྷུན་གྲུབ་ཅེས་བྱ་བ་བཞུགས་སོ། །

འགྱུར་མེད་རྡོ་རྗེས་སྦྱར།

བོད་གཅིག བྲིས་མ། དབུ་ཅན། ཡིག་ཕྲེང་ལྔ་ཅན། གླེགས་བམ། ཤོག་རྒྱ། ཞེང་27.7cm×དཀྱུས་6.5cm སྣེ་ཤིག་རྒྱ། ཞེང་22cm×དཀྱུས་4cm

四百禳灾仪轨如意宝

1函 写本 乌金体 5行 梵夹装 开本：宽27.7cm × 高6.5cm 版框：宽22cm × 高4cm

540000-0000027

༄། །ཉི་གཞོན་མ་དང་དྲག་ཤུལ་དབང་པོའི་གསོལ་མཆོད་མདོར་བསྡུས་འགུགས་དབྱངས་དགྱེས་བྱེད་མ་བཞུགས་སོ། །

བོད་གཅིག བྲིས་མ། དབུ་ཅན། ཡིག་ཕྲེང་དྲུག་ཅན། ལྡེབས་མགོ་མ། ཤོག་རྒྱ། ཞེང་24.5cm×དཀྱུས་9.7cm སྣེ་ཤིག་རྒྱ། ཞེང་19.5cm×དཀྱུས་6.4cm

尼逊玛及扎雪旺布祈愿简略妙音

1函 写本 乌金体 6行 缝绘装 开本：宽24.5cm × 高9.7cm 版框：宽19.5cm × 高6.4cm

540000-0000028

༄། །གསེར་སྐྱེམས། །

བོད་གཅིག བྲིས་མ། དབུ་ཅན་དང་དཔེ་ཚུགས། ཡིག་ཕྲེང་ལྔ་དང་དྲུག་ཅན། ལྡེབས་མགོ་མ། ཤོག་རྒྱ། ཞེང་29.2cm×དཀྱུས་8.8cm སྣེ་ཤིག་རྒྱ། ཞེང་25.4cm×དཀྱུས་6.6cm

神饮

1函 写本 乌金体和柏簇体 5–6行 开本：宽29.2cm × 高8.8cm 版框：宽28.4cm × 高6.6cm

540000-0000029

༄། །ལྦ་བཅོས་ཤ་ལྷག་སྦུར་འཇོམས་ཞེས་བྱ་བ་བཞུགས་སོ།།

པོད་གཅིག བྲིས་མ། དཔེ་ཚུགས། ཡིག་ཕྲེང་དགུ་ཅན། གླེགས་བམ། ཤོག་རྒྱ། ཞེང་15cm×དཀྱུས་9.5cm སྣེ་ཐིག་རྒྱ། ཞེང་13cm×དཀྱུས་5cm

治瘿瘤

1函 写本 柏簇体 9行 梵夹装 开本：宽15cm × 高9.5cm 版框：宽13cm × 高5cm

540000-0000030

༄། །ཐུགས་རྗེ་ཆེན་པོའི་སྒྲུབ་ཐབས་བཞུགས་སོ།།

པོད་གཅིག བྲིས་མ། དཔེ་ཚུགས། ཡིག་ཕྲེང་དྲུག་ཅན། གླེགས་བམ། ཤོག་རྒྱ། ཞེང་25.9cm×དཀྱུས་9.5cm སྣེ་ཐིག་རྒྱ། ཞེང་22.2cm×དཀྱུས་5.8cm

58

观世音修法

1函 写本 柏簇体 6行 梵夹装 开本：宽25.9cm × 高9.5cm 版框：宽22.8cm × 高5.8cm

ལྷོ་ཁ་ས་ཁུལ་མཚོ་སྣ་རྫོང་ཆུ་རྡོ་མ་ཤང་རྒྱ་འོད་དགོན།

山南地区措那县曲卓玛乡塔嘎加卫寺

540000-0000001

༄། རྒྱ་འོད་དགོན་ཐུབ་བསྟན་རྣམ་རྒྱལ་གླིང་གི་ཆོས་བསྲུང་རྣམས་ཀྱི་གསོལ་མཆོད་བསྐངས་འཕྲིན་དམ་ཅན་དགྱེས་པའི་རིན་ཆེན་འཕྲེང་བ་བཞུགས་སོ།།

པོད་གཅིག བྲིས་མ། དཔེ་ཚུགས། ཡིག་ཕྲེང་དྲུག་ཅན། གླེགས་བམ། ཤོག་རྒྱ། ཞེང་29.2cm×དཀྱུས་8cm སྣེ་ཐིག་རྒྱ། ཞེང་25cm×དཀྱུས་7cm

嘉伟寺图丹郎杰林寺诸护法神祈愿酬补请托宝串

1函 写本 柏簇体 6行 梵夹装 开本：宽29.2cm × 高8cm 版框：宽25cm × 高7cm

540000-0000002

༄། །དཔལ་ལྡན་དམག་ཟོར་རྒྱལ་མོའི་གཏོར་འབུལ་བཞུགས་སོ།།

རི་པོ་བདེ་ཆེན་མཁན་ཆེན་ངག་དབང་བློ་བཟང་བསྟན་པའི་སྒྲོན་མེ་དཔལ་བཟང་པོས་མཛད།

པོད་གཅིག བྲིས་མ། དཔེ་ཚུགས། ཡིག་ཕྲེང་དྲུག་ཅན། གླེགས་བམ། ཤོག་རྒྱ། ཞེང་29.3cm×དཀྱུས་8.1cm སྙེ་ཤིག་རྒྱ། ཞེང་25.1cm×དཀྱུས་7.3cm

吉祥玛索杰母供食仪轨

1函 写本 柏簇体 6行 梵夹装 开本：宽29.3cm × 高8.1cm 版框：宽25.1cm × 高7.3cm

540000-0000003

༄། །སྲུ་ལྔའི་གསོལ་མཆོད་དམ་ཅན་དགྱེས་པའི་མཆོད་སྤྲིན་བཞུགས་སོ།།

པོད་གཅིག བྲིས་མ། དཔེ་ཚུགས། ཡིག་ཕྲེང་དྲུག་ཅན། གླེགས་བམ། ཤོག་རྒྱ། ཞེང་29.3cm×དཀྱུས་8.1cm སྙེ་ཤིག་རྒྱ། ཞེང་26.6cm×དཀྱུས་4.7cm

五大护法神祭祀护法喜悦供云

1函 写本 柏簇体 6行 梵夹装 开本：宽29.3cm × 高8.1cm 版框：宽26.6cm × 高4.7cm

540000-0000004

༄། །རྒྱ་འོད་དགོན་ཐུབ་བསྟན་རྣམ་རྒྱལ་གླིང་གི་སྲུང་མ་བསྲུང་ཨེ་ཀ་ཛ་ཊིའི་གསོལ་མཆོད་བསྐངས་འཕྲིན་འདོད་དོན་ལྷུན་གྲུབ་ཅེས་བྱ་བ་བཞུགས་སོ།།

པོད་གཅིག བྲིས་མ། དཔེ་ཚུགས། ཡིག་ཕྲེང་དྲུག་ཅན། གླེགས་བམ། ཤོག་རྒྱ། ཞེང་21.5cm×དཀྱུས་8.1cm སྙེ་ཤིག་རྒྱ། ཞེང་25.6cm×དཀྱུས་5cm

嘉伟寺图丹郎杰林寺诸护法神・啊噶杂第祭祀酬补请托如意宝

1函 写本 柏簇体 6行 梵夹装 开本：宽21.5cm × 高8.1cm 版框：宽25.6cm × 高5cm

540000-0000005

༄། །རྒྱལ་པོ་ཆེན་པོ་པེ་ཧར་གྱི་མཆོད་སྤྲིན་དགེ་ལེགས་འཕེལ།།

བོད་གཅིག བྲིས་མ། དཔེ་ཚུགས། ཡིག་ཕྲེང་དྲུག་ཅན། གླེགས་བམ། ཤོག་ཀྱུ། ཞེང་29.7cm×དཀྱུས་8.3cm སྣེ་ཤིག་ཀྱུ། ཞེང་26cm×དཀྱུས་5cm

大护法神白哈供云

1函 写本 柏簇体 6行 梵夹装 开本：宽29.7cm×高8.3cm 版框：宽26cm×高5cm

540000-0000006

༄། །རྒྱལ་གསོལ་དུས་གསུམ་རྒྱལ་བ་བཞུགས་སོ།།

བོད་གཅིག བྲིས་མ། དཔེ་ཚུགས། ཡིག་ཕྲེང་དྲུག་ཅན། གླེགས་བམ། ཤོག་ཀྱུ། ཞེང་29.7cm×དཀྱུས་8.1cm སྣེ་ཤིག་ཀྱུ། ཞེང་26.5cm×དཀྱུས་4.7cm

护法三胜王祭祀

1函 写本 柏簇体 6行 梵夹装 开本：宽29.7cm×高8.1cm 版框：宽26.5cm×高4.7cm

540000-0000007

༄། །གནོད་སྦྱིན་ཙིའུ་དམར་པོའི་གསོལ་མཆོད་དམ་ཅན་དགྱེས་པའི་སྤྲིན་ཕུང་བཞུགས་སོ།།

བོད་གཅིག བྲིས་མ། དཔེ་ཚུགས། ཡིག་ཕྲེང་དྲུག་ཅན། གླེགས་བམ། ཤོག་ཀྱུ། ཞེང་29.2cm×དཀྱུས་8.1cm སྣེ་ཤིག་ཀྱུ། ཞེང་26.6cm×དཀྱུས་5cm

药叉紫玛尔祭祀护法喜悦云集

1函 写本 柏簇体 6行 梵夹装 开本：宽29.2cm×高8.1cm 版框：宽26.6cm×高5cm

540000-0000008

༄། །གུ་རུ་པདྨ་འབྱུང་གནས་ཀྱི་སྐྱེས་རབས་རྣམ་པར་ཐར་པ་ཞེས་བྱ་བ་བཞུགས་སོ། །

བོད་གཅིག བྲིས་མ། གསེར་དངུལ་བྲིས་མ་དང་སྣག་ཚ་བྲིས་མ། ཡིག་ཕྲེང་དྲུག་ཅན། གླེགས་བམ། ཤོག་ཀྱུ། ཞེང་56.8cm×དཀྱུས་13.7cm སྣེ་ཤིག་ཀྱུ། ཞེང་49.5cm×དཀྱུས་8.8cm

莲花生大师传记

1函 写本 金银汁写本和墨汁写本 6行 梵夹装 开本：宽56.8cm × 高13.7cm 版框：宽49.5cm × 高8.8cm

540000-0000009

༄། །སྤར་ཁའི་སྐོར། །

བོད་གཅིག བྲིས་མ། ཚུགས་མ་འཁྱུག། ཡིག་ཕྲེང་དྲུག་ཅན། གླེགས་བམ། ཤོག་ཀྱུ། ཞེང་28cm×དཀྱུས་7.3cm སྣེ་ཤིག་ཀྱུ། ཞེང་24.3cm×དཀྱུས་4.7cm

八卦

1函 写本 草写体 6行 梵夹装 开本：宽28cm × 高7.3cm 版框：宽24.3cm × 高4.7cm

ལྷོ་ཁ་ས་ཁུལ་མཚོ་སྣ་རྫོང་མཚོ་སྣ་གྲོང་རྡལ་རྩེ་དགའ་ལྷུན་རབ་རྒྱས་གླིང་།

山南地区措那县措那镇孜甘旦绕杰林

540000-0000001

༄། །ཤེས་རབ་ཀྱི་ཕ་རོལ་ཏུ་ཕྱིན་པ་སྟོང་ཕྲག་བརྒྱ་པ། །

བོད་གཅིག བྲིས་མ། དབུ་ཅན། ཡིག་ཕྲེང་བདུན་ཅན། གླེགས་བམ། ཤོག་ཀྱུ། ཞེང་81.3cm×དཀྱུས་39.4cm སྣེ་ཤིག་ཀྱུ། ཞེང་62.5cm×དཀྱུས་14.4cm

般若波罗蜜多经十万颂

1函 写本 乌金体 7行 梵夹装 开本：宽81.3cm × 高39.4cm 版框：宽62.5cm × 高14.4cm

540000-0000002

༄། །ཤེས་རབ་ཀྱི་ཕ་རོལ་ཏུ་ཕྱིན་པ་སྟོང་ཕྲག་བརྒྱ་པ། །

པོད་གཅིག བྲིས་མ། དབུ་ཅན། ཡིག་ཕྲེང་བདུན་ཅན། གླེགས་བམ། ཤོག་རྒྱ། ཞེང་81.3cm×དཀྱུས་39.4cm སྙེ་ཐིག་རྒྱ། ཞེང་62.5cm×དཀྱུས་14.4cm

般若波罗蜜多经十万颂

1函 写本 乌金体 7行 梵夹装 开本：宽81.3cm×高39.4cm 版框：宽62.5cm×高14.4cm

540000-0000003

༄། །རྒྱུད། །

པོད་གཅིག བྲིས་མ། དབུ་ཅན། ཡིག་ཕྲེང་བརྒྱད་ཅན། གླེགས་བམ། ཤོག་རྒྱ། ཞེང་70.2cm×དཀྱུས་25.8cm སྙེ་ཐིག་རྒྱ། ཞེང་59.3cm×དཀྱུས་13cm

续部

1函 写本 乌金体 8行 梵夹装 开本：宽70.2cm×高25.8cm 版框：宽59.3cm×高13cm

བཻ་དཀར་གྱི་དབུ་ཤོག་ལྷ་སྐུ།

白琉璃扉页画像

540000-0000004

༄༅། །གཙང་མའི་ཀླུ་འབུམ་དཀར་པོ་ཞེས་བྱ་བ་གཡུང་དྲུང་ཐེག་པ་ཆེན་པོའི་མདོ།

པོད་གཅིག བྲིས་མ། དབུ་ཅན། ཡིག་ཕྲེང་ལྔ་ཅན། གླེགས་བམ། ཤོག་ཀྱུ། ཞེང་31.2cm×དཀྱུས་11.3cm སྣེ་ཐིག་ཀྱུ། ཞེང་28.7cm×དཀྱུས་6.5cm

苯教龙蚌噶布经·永忠大乘经

1函 写本 乌金体 5行 梵夹装 开本：宽31.2cm × 高11.3cm 版框：宽28.7cm × 高6.5cm

540000-0000005

༄༅། །བསིལ་བའི་ཚལ་ཆེན་མོའི་མདོ་བཞུགས་སོ།།

63 པོད་གཅིག བྲིས་མ། དབུ་ཅན། ཡིག་ཕྲེང་ལྔ་ཅན། གླེགས་བམ། ཤོག་ཀྱུ། ཞེང་35.1cm×དཀྱུས་12.6cm སྣེ་ཐིག་ཀྱུ། ཞེང་29.4cm×དཀྱུས་5.7cm

大乘清凉寒林经

1函 写本 乌金体 5行 梵夹装 开本：宽35.1cm × 高12.6cm 版框：宽29.4cm × 高5.7cm

540000-0000006

༄༅། །ཐམས་ཅད་ཀྱི་རྒྱུད་དྲི་མ་མེད་པའི་རྒྱལ་པོ་ཞེས་བྱ་བ་བཞུགས་སོ།།

པོད་གཅིག འབྲི་མ། དབུ་ཅན། ཡིག་ཕྲེང་ལྔ་ཅན། གླེགས་བམ། ཤོག་ཀྱུ། ཞེང་29.7cm×དཀྱུས་11.1cm སྣེ་ཐིག་ཀྱུ། ཞེང་26.5cm×དཀྱུས་5.8cm

维摩诘所说续部

1函 写本 乌金体 5行 梵夹装 开本：宽29.7cm × 高11.1cm 版框：宽26.5cm × 高5.8cm

540000-0000007

༄། །གསུང་སྔ་ཚོགས་དོ་མཚར་ཉམས་སུ་ལེན་པདེ་པ་རྣམས་བཞུགས་སོ། །

བོད་གཅིག འབྲི་མ། དབུ་ཅན། ཡིག་སྲིད་ལྔ་ཅན། གླེགས་བམ། ཤོག་གྲངས། ཞེང་32cm×དཀྱུས་9.5cm སྣེ་ཐིག་གྱི། ཞེང་26.4cm×དཀྱུས་5.6cm

各种教派修法简义

1函 写本 乌金体 5行 梵夹装 开本：宽32cm × 高9.5cm 版框：宽26.4cm × 高5.6cm

གསུང་རབ་བྲིས་མའི་ལྷེ་ལྷ།

写本文献插图

གོང་དཀར་རྫོང་། 贡嘎县

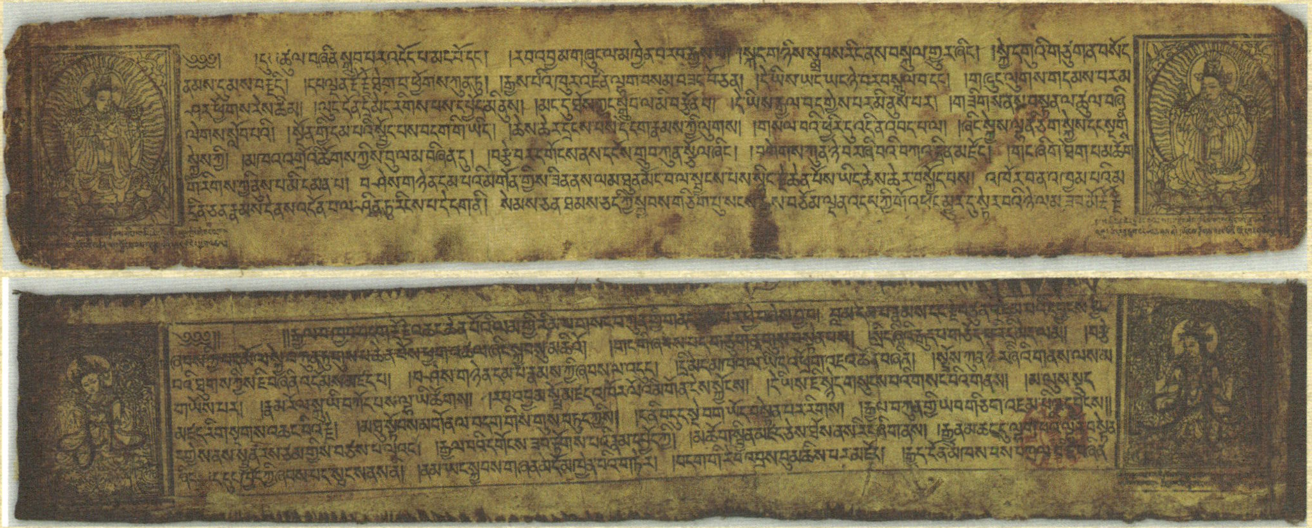

དུས་རབས་16པའི་གོང་དཀར་སྤར་མ་རྗེ་ཙོང་ཁ་པའི་སྔགས་རིམ་ཆེན་མོ།

16 世纪贡嘎刻本宗喀巴密宗道次第广论

ལྷོ་ཁ་ས་ཁུལ་གོང་དཀར་རྫོང་སྟག་ལུང་དགོན།

山南地区贡嘎县当隆寺

540000-0000001

༄། །རྒྱལ་པོ་ཕུང་སྲི་རྒྱལ་འདེབས་ཞེས་བྱ་བ་བཞུགས་སོ། །

པོད་གཅིག བྲིས་མ། ཚུགས་མ་འཁྱུག། ཡིག་ཕྲེང་བརྒྱད་ཅན། གླེགས་བམ། ཤོག་རྒྱ། ཞེང་29.9cm×དཀྱུས་8.3cm སྣེ་ཐིག་རྒྱ། ཞེང་27cm×དཀྱུས་4.9cm

破败魔障仪轨

1函 写本 草写体 8行 梵夹装 开本：宽29.9cm × 高8.3cm 版框：宽27cm × 高4.9cm

66 ལྷོ་ཁ་ས་ཁུལ་གོང་དཀར་རྫོང་བདེ་ཆེན་ཆོས་འཁོར་དགོན།

山南地区贡嘎县德庆曲果寺

540000-0000001

༄། །རྫོགས་པ་ཆེན་པོ་ཀློང་ཆེན་སྙིང་ཐིག་གི་སྔོན་འགྲོའི་ཁྲིད་ཡིག་ཀུན་བཟང་བླ་མའི་ཞལ་ལུང་ཞེས་བྱ་བ་བཞུགས་སོ། །

པོད་གཅིག བྲིས་མ། དཔེ་ཚུགས། ཡིག་ཕྲེང་དྲུག་ཅན། གླེགས་བམ། ཤོག་རྒྱ། ཞེང་39.8cm×དཀྱུས་8cm སྣེ་ཐིག་རྒྱ། ཞེང་34cm×དཀྱུས་3.8cm

大圆满隆庆心要先行导论 · 普贤上师言教

1函 写本 柏簇体 6行 梵夹装 开本：宽39.8cm × 高8cm 版框：宽34cm × 高3.8cm

540000-0000002

༄། །སྙན་བརྒྱུད་རྡོ་རྗེ་རྣལ་འབྱོར་མའི་ཚིགས་རྐང་བཞུགས་སོ། །

པོད་གཅིག བྲིས་མ། དཔེ་ཚུགས། ཡིག་ཕྲེང་དྲུག་ཅན། གླེགས་བམ། ཤོག་རྒྱ། ཞེང་46.6cm×དཀྱུས་6.3cm སྣེ་ཐིག་རྒྱ། ཞེང་41cm×དཀྱུས་3.5cm

耳传金刚瑜伽母诗偈

1函 写本 柏簇体 6行 梵夹装 开本：宽46.6cm × 高6.3cm 版框：宽41cm × 高3.5cm

540000-0000003

༄། །བླ་མ་དྲག་པོ་ཀེ་ལ་ཡའི་གསོལ་འདེབས་དང་མན་ངག་ཕྱོགས་སྒྲིགས་བཀླག་ཆོག་ཀུན་ཏུ་བཀོད་པ་གདན་ས་ཆེན་པོ་གསང་སྔགས་ཆོས་གླིང་གི་ཕྱག་བཞེས་ཇི་ལྟ་བ་འཁྲུལ་མེད་དུ་བཞུགས་སོ། །

པོད་གཅིག བྲིས་མ། དཔེ་ཚུགས། ཡིག་ཕྲེང་དྲུག་ཅན། གླེགས་བམ། ཤོག་རྒྱ། ཞེང་28.5cm × དཀྱུས་7.9cm སྣེ་ཐིག་རྒྱ། ཞེང་24cm × དཀྱུས་6.2cm

怒上师格拉雅祈愿及秘诀集诵 · 桑啊曲林寺正理实践

1函 写本 柏簇体 6行 梵夹装 开本：宽28.5cm × 高7.9cm 版框：宽24cm × 高6.2cm

540000-0000004

༄། །ཆོས་སྤྱོད་ཡིད་བཞིན་ནོར་བུ་ཞེས་བྱ་བ་བཞུགས་སོ། །

པོད་གཅིག བྲིས་མ། དཔེ་ཚུགས། ཡིག་ཕྲེང་དྲུག་ཅན། གླེགས་བམ། ཤོག་རྒྱ། ཞེང་39.5cm × དཀྱུས་8.2cm སྣེ་ཐིག་རྒྱ། ཞེང་32cm × དཀྱུས་4cm

法事如意宝

1函 写本 柏簇体 6行 梵夹装 开本：宽39.5cm × 高8.2cm 版框：宽32cm × 高4cm

540000-0000005

༄། །སྙན་བརྒྱུད་ཡིད་བཞིན་ནོར་བུ་བྱ་བ་བཞུགས་སོ།།

པོད་གཅིག བྲིས་མ། དཔེ་ཚུགས། ཡིག་ཕྲེང་བདུན་ཅན། གླེགས་བམ། ཤོག་གྲུ། ཞེང་41.3cm×དཀྱུས་6.4cm སྣེ་ཐིག་གྲུ། ཞེང་36.7cm×དཀྱུས་4.5cm

耳传如意宝

1函 写本 柏簇体 7行 梵夹装 开本：宽41.3cm×高6.4cm 版框：宽36.7cm×高4.5cm

540000-0000006

༄། །འདིར་དཔལ་ཡེ་ཤེས་ཀྱི་མགོན་པོའི་དབང་ཆོག་བདག་འཇུག་གཅེར་སྟོན་གྱི་ཟིན་བྲིས་རགས་ཙམ་བཞུགས་སོ།།

པོད་གཅིག བྲིས་མ། དཔེ་ཚུགས། ཡིག་ཕྲེང་བདུན་ཅན། གླེགས་བམ། ཤོག་གྲུ། ཞེང་39.5cm×དཀྱུས་7.9cm སྣེ་ཐིག་གྲུ། ཞེང་33.6cm×དཀྱུས་4.6cm

68 **吉祥益西护法神加持仪轨·自入笔录**

1函 写本 柏簇体 7行 梵夹装 开本：宽39.5cm×高7.9cm 版框：宽33.6cm×高4.6cm

540000-0000007

༄། །རྗེ་ཡོངས་འཛིན་དམ་པའི་བཀའ་འབུམ་རིན་པོ་ཆེའི་དཀར་ཆག་ཡོན་ཏན་གྱི་རྒྱན་རྣམ་པར་བཀོད་པའི་མེ་ལོང་ཞེས་བྱ་བ་བཞུགས་སོ།།

པོད་གཅིག བྲིས་མ། དཔེ་ཚུགས། ཡིག་ཕྲེང་ལྔ་ཅན། གླེགས་བམ། ཤོག་གྲུ། ཞེང་36.9cm×དཀྱུས་7.6cm སྣེ་ཐིག་གྲུ། ཞེང་31.9cm×དཀྱུས་4cm

经师文集目录知识宝蔓

1函 写本 柏簇体 5行 梵夹装 开本：宽36.9cm×高7.6cm 版框：宽31.9cm×高4cm

540000-0000008

༄། །ཀློང་ཆེན་སྙིང་གི་ཐིག་ལེ་ལས་གཅོད་ཡུལ་མཁའ་འགྲོའི་གད་རྒྱངས་ཞེས་བྱ་བ་བཞུགས་སོ། །

བོད་གཅིག བྲིས་མ། དཔེ་ཚུགས། ཡིག་ཕྲེང་བདུན་ཅན། ལྟེབས་མགོ་མ། ཤོག་རྒྱ། ཞེང་28.3cm × དཀྱུས་8.8cm སྙེ་ཐིག་རྒྱ། ཞེང་24cm × དཀྱུས་5cm

隆庆心要之能断空行笑声

1函 写本 柏簇体 7行 缝绘装 开本：宽28.3cm × 高8.8cm 版框：宽24cm × 高5cm

540000-0000009

༄། །འཕགས་པ་བསྐལ་པ་བཟང་པོ་ཞེས་བྱ་བ་ཐེག་པ་ཆེན་པོ་མདོ་བཞུགས་སོ། །

བོད་གཅིག སྤར་མ། དབུ་ཅན། ཡིག་ཕྲེང་བདུན་ཅན། གླེགས་བམ། ཤོག་རྒྱ། ཞེང་62.4cm × དཀྱུས་17.4cm སྙེ་ཐིག་རྒྱ། ཞེང་56.2cm × དཀྱུས་10cm

大乘贤劫经

1函 刻本 乌金体 7行 梵夹装 开本：宽62.4cm × 高17.4cm 版框：宽56.2cm × 高10cm

540000-0000010

༄། །དཔལ་ཡེ་ཤེས་མགོན་པོའི་སྒྲུབ་དཀྱིལ་དགུ་པ་སྒྲུབ་མཛད་ཆེན་མོའི་ཕྱག་རྒྱུན་ཟིན་བྲིས་བཞུགས་སོ། །

བོད་གཅིག བྲིས་མ། ཚུགས་མ་འཁྱུག། ཡིག་ཕྲེང་དྲུག་ཅན། གླེགས་བམ། ཤོག་རྒྱ། ཞེང་15.4cm × དཀྱུས་6.8cm སྙེ་ཐིག་རྒྱ། ཞེང་10.9cm × དཀྱུས་4.8cm

吉祥益西护法神修法坛城九品大修法者笔录

1函 写本 草写体 6行 梵夹装 开本：宽15.4cm × 高6.8cm 版框：宽10.9cm × 高4.8cm

15-16པའི་ཞེར་ཕྱིན་ཁྲིས་མ།

15-16 世纪大叶面般若

ལྷོ་ཁ་ས་ཁུལ་གོང་དཀར་རྫོང་བདེ་ཆེན་ཆོས་འཁོར་དགོན་དོན་རྒྱུད་ཡོན་ཏན་གྱི་ཉར་ཚགས།

山南地区贡嘎县德庆曲果寺顿觉云丹个人收藏

540000—0000001

༄། །འཕགས་པ་ཤེས་རབ་ཀྱི་ཕ་རོལ་ཏུ་ཕྱིན་པ་ཐེག་པ་ཆེན་པོའི་མདོ། །

བོད་གཅིག ཁྲིས་མ། དབུ་ཅན། ཡིག་བྲིང་ལྷ་ཅན། གླེགས་བམ། ཤོག་རྒྱ། ཞེང་21.3cm × དཀྱུས་7.1cm སྣེ་ཐིག་རྒྱ། ཞེང་6cm × དཀྱུས་4cm

波罗蜜多经

k函 写本 乌金体 5行 梵夹装 开本：宽21.3cm × 高7.1cm 版框：宽6cm × 高4cm

540000-0000002

༄། །བར་དོ་སྤྱིའི་དོན་ཐམས་ཅད་རྣམ་པར་གསལ་བར་བྱེད་པའི་དྲན་པའི་མེ་ལོང་ཞེས་བྱ་བ་བཞུགས་སོ། །

པོད་གཅིག ཕྲིས་མ། དཔེ་ཚུགས། ཡིག་ཕྲེང་བདུན་ཅན། ལྷེབས་མགོ་མ། ཤོག་ཀྱུ། ཞེང་29.4cm × དཀྱུས་8cm སྣེ་ཐིག་ཀྱུ། ཞེང་25.2cm × དཀྱུས་5.5cm

阴间总论如明镜

1函 写本 柏簇体 7行 缝绘装 开本：宽29.4cm × 高8cm 版框：宽25.2cm × 高5.5cm

540000-0000003

༄། །མདོས་དཔེ་སྣ་ཚོགས་ཀྱི་དཀར་ཆག་ནོར་བུའི་ཕྲེང་བ་བཞུགས་སོ། །

པོད་གཅིག ཕྲིས་མ། དཔེ་ཚུགས། ཡིག་ཕྲེང་ལྔ་ཅན། གླེགས་བམ། ཤོག་ཀྱུ། ཞེང་29cm × དཀྱུས་6.1cm སྣེ་ཐིག་ཀྱུ། ཞེང་23.5cm × དཀྱུས་3cm

各种灵气模板目录

1函 写本 柏簇体 5行 梵夹装 开本：宽29cm × 高6.1cm 版框：宽23.5cm × 高3cm

540000-0000004

༄། །སློབ་དཔོན་པདྨས་མཛད་པའི་མདོས་ཀྱི་ལེའུ་དགུ་པ་ཞེས་བྱ་བ་བཞུགས་སོ། །

པོད་གཅིག ཕྲིས་མ། དཔེ་ཚུགས། ཡིག་ཕྲེང་དྲུག་ཅན། གླེགས་བམ། ཤོག་ཀྱུ། ཞེང་32cm × དཀྱུས་7.3cm སྣེ་ཐིག་ཀྱུ། ཞེང་26cm × དཀྱུས་3.5cm

莲花生大师缮造灵器仪轨第九章

1函 写本 柏簇体 6行 梵夹装 开本：宽32cm × 高7.3cm 版框：宽26cm × 高3.5cm

540000－0000005

༄། །རོལ་དབྱངས།།

པོད་གཅིག བྲིས་མ། དཔེ་ཚུགས། གླེགས་བམ། ཤོག་རྒྱ། ཞེང་31.7cm × དཀྱུས་7.1cm སྣེ་ཐིག་རྒྱ། ཞེང་26.9cm × དཀྱུས་3.4cm

常用曲谱

1函 写本 柏簇体 梵夹装 开本：宽31.7cm × 高7.1cm 版框：宽26.9cm × 高3.4cm

540000－0000006

༄། །འཕགས་པ་སྒྲོལ་མར་གསོལ་འདེབས་མཎྜལ་བཞི་ཆོག་འདོད་དོན་ཡིད་བཞིན་འགྲུབ་པའི་ལྗོན་ཤིང་སྙིང་པོའི་འབྲས་བཏུས་བཞུགས་སོ།།

པོད་གཅིག བྲིས་མ། དཔེ་ཚུགས། ཡིག་ཕྲེང་བདུན་ཅན། གླེགས་བམ། ཤོག་རྒྱ། ཞེང་31.7cm × དཀྱུས་7.3cm སྣེ་ཐིག་རྒྱ། ཞེང་25.4cm × དཀྱུས་3.7cm

圣救度母祈愿四曼茶罗仪轨念诵·如意藤

1函 写本 柏簇体 7行 梵夹装 开本：宽31.7cm × 高7.3cm 版框：宽25.4cm × 高3.7cm

ལྷོ་ཁ་ས་ཁུལ་གོང་དཀར་རྫོང་སྟོང་རྭ་ཤང་སྒྲོག་ཆོས་ཕུག་ལྷ་ཁང་།

山南地区贡嘎县东拉乡果拉康、曲普拉康

540000－0000001

༄། །འཕགས་པ་ཤེས་རབ་ཀྱི་ཕ་རོལ་ཏུ་ཕྱིན་པ་རྡོ་རྗེ་གཅོད་པ་ཞེས་བྱ་བ་ཐེག་པ་ཆེན་པོའི་མདོ།།

པོད་གཅིག སྤར་མ། དབུ་ཅན། ཡིག་ཕྲེང་དྲུག་ཅན། གླེགས་བམ། ཤོག་རྒྱ། ཞེང་30.6cm × དཀྱུས་8.3cm སྣེ་ཐིག་རྒྱ། ཞེང་25.8cm × དཀྱུས་5.6cm

大般若波罗蜜多经第九会

1函 刻本 乌金体 6行 梵夹装 开本：宽30.6cm × 高8.3cm 版框：宽25.8cm × 高5.6cm

540000—0000002

༄། །ཀློང་ཆེན་སྙིང་གི་ཐིག་ལེ་ལས་གསོལ་གཞིན་གྱི་བསྔོ་བ་ཉི་མའི་འོད་ཟེར་དུས་མཐར་གདབ་པའི་སྨོན་ལམ་བཞུགས་སོ། །

པོད་གཅིག སྤར་མ། དབུ་ཅན། ཡིག་ཕྲེང་ལྔ་ཅན། གླེགས་བམ། ཤོག་གྲྭ ཞེང་30.8cm × དཀྱུས་8.3cm སྙེ་ཐིག་གྲྭ ཞེང་26.8cm × དཀྱུས་5.5cm

隆庆心要之生死回响光耀末劫祈愿

1函 刻本 乌金体 5行 梵夹装 开本：宽30.8cm × 高8.3cm 版框：宽26.8cm × 高5.5cm

540000—0000003

༄། །སྡེ་བརྒྱད་གསེར་སྐྱེམས་བཞུགས་སོ། །

པོད་གཅིག སྤར་མ། དབུ་ཅན། ཡིག་ཕྲེང་དྲུག་ཅན། གླེགས་བམ། ཤོག་གྲྭ ཞེང་26.6cm × དཀྱུས་8.4cm སྙེ་ཐིག་གྲྭ ཞེང་22cm × དཀྱུས་5.7cm

八部供饮仪轨

1函 刻本 乌金体 6行 梵夹装 开本：宽26.6cm × 高8.4cm 版框：宽22cm × 高5.7cm

540000—0000004

༄། །སྟག་ཤུན་གཟུངས་གྲིས་མ། །

པོད་གཅིག བྲིས་མ། དཔེ་ཚུགས། ཡིག་ཕྲེང་བདུན་ཅན། གླེགས་བམ།

桦树皮陀罗尼经

1函 写本 柏簇体 7行 梵夹装

གྲོ་ག་ཤིང་ཤུན་དཔེ་རྙིང་།
桦树皮文献

ལྷོ་ཁ་ས་ཁུལ་གོང་དཀར་རྫོང་སྟོད་ན་ཤང་སྐྱིད་ཆུང་བཀའ་འགྱུར་ལྷ་ཁང་།
山南地区贡嘎县东拉乡吉琼嘎久尔拉康

540000—0000001

༄༅། །ལོ་རི་རྒྱལ་པོའི་གསོལ་མཆོད་བཞུགས་སོ། །

པོད་གཅིག བྲིས་མ། དབུ་ཅན། ཡིག་ཕྲེང་དྲུག་ཅན། ལྟེབས་མགོ་མ།ཤོག་ཀྱུ། ཞེང་26.4cm × དཀྱུས་9.2cm སྙེ་ཤིག་ཀྱུ། ཞེང་22.7cm × དཀྱུས་6.5cm

洛日护法神祷祀

1函 写本 乌金体 6行 缝绘装 开本：宽26.4cm × 高9.2cm 版框：宽22.7cm × 高6.5cm

540000–0000002

༄། །སྐར་རྩིས།།

པོད་གཅིག སྤར་མ། དབུ་ཅན། ཡིག་ཕྲེང་བརྒྱད་ཅན། ལྷེབས་མགོ་མ།

ཤོག་གྲྭ ཞེང་30.8cm × དཀྱུས་7.9cm སྣེ་ཐིག་གྲྭ ཞེང་26cm × དཀྱུས་6.8cm

天文历算

1函 刻本 乌金体 8行 缝绘装

开本：宽30.8cm × 高7.9cm 版框：宽26cm × 高6.8cm

540000–0000003

༄། །སྐྱེས་བུ་ལོ་བཙན་མཆེད་ལྔའི་གསོལ་མཆོད་བརྒྱད་པ་བཞུགས་སོ།།

པོད་གཅིག བྲིས་མ། དཔེ་ཚུགས། ཡིག་ཕྲེང་བདུན་ཅན། གླེགས་བམ། ཤོག་གྲྭ ཞེང་29.8cm × དཀྱུས་8.1cm སྣེ་ཐིག་གྲྭ ཞེང་26.2cm × དཀྱུས་5cm

吉布洛赞五兄弟姊妹祷祀

1函 写本 柏簇体 7行 梵夹装 开本：宽29.8cm × 高8.1cm 版框：宽26.2cm × 高5cm

540000–0000004

༄། །རྗེ་བཙུན་མ་ཙིནྟ་མའི་ཙིའི་སྦྱངས་པའི་ཆོ་ག་ཐུགས་རྗེའི་ལྕགས་ཀྱུ་ཞེས་བྱ་བ་བཞུགས་སོ།།

པོད་གཅིག བྲིས་མ། དཔེ་ཚུགས། ཡིག་ཕྲེང་ལྔ་ཅན། གླེགས་བམ། ཤོག་གྲྭ ཞེང་34.4cm × དཀྱུས་8.8cm སྣེ་ཐིག་གྲྭ ཞེང་29.5cm × དཀྱུས་4cm

至尊度母之心忏悔仪轨·慈悲钩

ch函 写本 柏簇体 5行 梵夹装 开本：宽34.4cm × 高8.8cm 版框：宽29.5cm × 高4cm

540000−0000005

༄༅། །རྗེ་བཙུན་སེང་ལྡེང་ནག་སྒྲོལ་ཙིཏྟ་མཎྜའི་ཞི་བའི་སྦྱིན་སྲེག་སྒྲིབ་སྡིག་ལྟུང་བ་མུན་འཇོམས་པའི་ཉི་ཟེར་ཞེས་བྱ་བ་བཞུགས་སོ། །

པོད་གཅིག བྲིས་མ། དཔེ་ཚུགས། ཡིག་ཕྲེང་ལྔ་ཅན། གླེགས་བམ། ཤོག་རྒྱ། ཞེང་32.9cm × དཀྱུས་8.5cm སྣེ་ཐིག་རྒྱ། ཞེང་28cm × དཀྱུས་4cm

至尊檀木度母之心地曼荼罗静火供・铲除黑暗罪恶之光

1函 写本 柏簇体 5行 梵夹装 开本：宽32.9cm × 高8.5cm 版框：宽28cm × 高4cm

540000−0000006

༄༅། །རྗེ་བཙུན་སེང་ལྡེང་ནག་སྒྲོལ་གྱི་སྒྲུབ་འཕྲིན་ཙིཏྟ་མ་ཎི་ལ་འཕོ་བ་བཙན་ཐབས་འཚང་རྒྱ་བཞུགས་སོ། །

པོད་གཅིག བྲིས་མ། ཚུགས་མ་འཁྱུག ། ཡིག་ཕྲེང་ལྔ་ཅན། གླེགས་བམ། ཤོག་རྒྱ། ཞེང་34.7cm × དཀྱུས་9cm སྣེ་ཐིག་རྒྱ། ཞེང་29.9cm × དཀྱུས་5.3cm

至尊檀木度母修业之心人生灵

1函 写本 草写体 5行 梵夹装 开本：宽34.7cm × 高9cm 版框：宽29.9cm × 高5.3cm

540000−0000007

༄༅། །སྙིགས་མ་ལྔའི་དུས་ལ་འབྱུང་པོ་རྒྱལ་པོ་གསང་མདོས་དགྱེས་པའི་མཆོད་སྤྲིན་བཞུགས་སོ། །

པོད་གཅིག བྲིས་མ། དཔེ་ཚུགས། ཡིག་ཕྲེང་ལྔ་ཅན། གླེགས་བམ། ཤོག་རྒྱ། ཞེང་31.7cm × དཀྱུས་8.6cm སྣེ་ཐིག་རྒྱ། ཞེང་27.9cm × དཀྱུས་4.2cm

五浊世魔鬼之王煨桑灵气・喜悦供云

1函 写本 柏簇体 5行 梵夹装 开本：宽31.7cm × 高8.6cm 版框：宽27.9cm × 高4.2cm

540000−0000008

༄༅། །སྙིགས་མ་ལྔ་འབྱུང་བཞི་བཙན་མདོས་དགྱེས་པའི་མཆོད་སྤྲིན་བཞུགས་སོ།།

པོད་གཅིག བྲིས་མ། དཔེ་ཚུགས། ཡིག་ཕྲེང་ལྔ་ཅན། གླེགས་བམ། ཤོག་རྒྱ། ཞེང་32.4cm × དཀྱུས་9cm སྣེ་ཐིག་རྒྱ། ཞེང་27.9cm × དཀྱུས་4.5cm

五浊世及四大种之王灵气·喜悦供云

1函 写本 柏簇体 5行 梵夹装 开本：宽32.4cm × 高9cm 版框：宽27.9cm × 高4.5cm

540000−0000009

༄༅། །སློབ་དཔོན་པདྨས་མཛད་པའི་མདོས་ཀྱི་ཆོ་ག་ལེའུ་དགུ་པ་ཞེས་བྱ་བ་བཞུགས་སོ།།

པོད་གཅིག བྲིས་མ། དཔེ་ཚུགས། ཡིག་ཕྲེང་བརྒྱད་ཅན། གླེགས་བམ། ཤོག་རྒྱ། ཞེང་32.1cm × དཀྱུས་8.5cm སྣེ་ཐིག་རྒྱ། ཞེང་29cm × དཀྱུས་5.7cm

莲花生大师善造灵气仪轨第九章

1函 写本 柏簇体 8行 梵夹装 开本：宽32.1cm × 高8.5cm 版框：宽29cm × 高5.7cm

540000−0000010

༄༅། །སྤར་ཁའི་རོ་འདོད་སྒྱུར་བ་བཞུགས་སོ།།

པོད་གཅིག བྲིས་མ། དཔེ་ཚུགས། ཡིག་ཕྲེང་བརྒྱད་ཅན། གླེགས་བམ། ཤོག་རྒྱ། ཞེང་30cm × དཀྱུས་7.1cm སྣེ་ཐིག་རྒྱ། ཞེང་27.9cm × དཀྱུས་5.9cm

八卦

1函 写本 柏簇体 8行 梵夹装 开本：宽30cm × 高7.1cm 版框：宽27.9cm × 高5.9cm

540000−0000011

༄། །རྗེ་བཙུན་མ་ཙིནྟ་མ་ཎི་ལས་བདག་འཇུག་ཞིན་ཚུལ་སྡིག་ལྟུང་མུན་པ་འཇོམས་པའི་ཉི་ཟེར་བཞུགས་སོ། །

པོད་གཅིག བྲིས་མ། དབུ་ཚུགས། ཡིག་ཕྲེང་བདུན་ཅན། གླེགས་བམ། ཤོག་རྒྱ། ཞེང་48.2cm × དཀྱུས་7.9cm སྣེ་ཐིག་རྒྱ། ཞེང་41cm × དཀྱུས་5.8cm

至尊度母心之入我实践・铲除黑暗罪恶之光

1函 写本 柏簇体 7行 梵夹装 开本：宽48.2cm × 高7.9cm 版框：宽41cm × 高5.8cm

540000−0000012

༄། །རྗེ་བཙུན་སེང་ལྡེང་ནགས་སྒྲོལ་ཙིནྟ་མ་ཎིའི་ཞི་བའི་སྦྱིན་སྲེག་སྡིག་ལྟུང་བ་མོ་འཇོམས་པའི་ཉི་ཟེར་ཞེས་བྱ་བ་བཞུགས་སོ། །

པོད་གཅིག བྲིས་མ། དབུ་ཚུགས། ཡིག་ཕྲེང་ལྔ་ཅན། གླེགས་བམ། ཤོག་རྒྱ། ཞེང་50.9cm × དཀྱུས་7.9cm སྣེ་ཐིག་རྒྱ། ཞེང་47.7cm × དཀྱུས་6.2cm

至尊檀木度母之心地坛城静火供・铲除黑暗罪恶之光

1函 写本 柏簇体 5行 梵夹装 开本：宽50.9cm × 高7.9cm 版框：宽47.7cm × 高6.2cm

540000−0000013

༄། །རྗེ་བཙུན་མ་ཙིནྟ་མ་ཎིའི་སྦྱུང་བའི་ཆོ་ག་ཐུགས་རྗེའི་ལྕགས་ཀྱུ་ཞེས་བྱ་བ་བཞུགས་སོ། །

པོད་གཅིག བྲིས་མ། དབུ་ཚུགས། ཡིག་ཕྲེང་ལྔ་ཅན། གླེགས་བམ། ཤོག་རྒྱ། ཞེང་50.9cm × དཀྱུས་7.9cm སྣེ་ཐིག་རྒྱ། ཞེང་47.7cm × དཀྱུས་6.2cm

至尊度母心忏悔仪轨・慈悲钩

1函 写本 柏簇体 5行 梵夹装 开本：宽50.9cm × 高7.9cm 版框：宽47.7cm × 高6.2cm

540000—0000014

༄། །རྗེ་བཙུན་སེང་ལྡེང་ནགས་སྒྲོལ་ཙིནྟ་མ་ཎི་ཞི་དྲག་གི་སྔོན་འགྲོ་ལྷག་བསམ་རབ་དཀར་ཞེས་བྱ་བ་བཞུགས་སོ། །

བོད་གཅིག བྲིས་མ། དཔེ་ཚུགས། ཡིག་ཕྲེང་ལྔ་ཅན། གླེགས་བམ། ཤོག་རྒྱ། ཞེང་50cm×དཀྱུས་7.4cm སྣེ་ཤིག་རྒྱ། ཞེང་48cm×དཀྱུས་5.8cm

至尊檀木度母之心静怒先行虔诚之心

1函 写本 柏簇体 5行 梵夹装 开本：宽50cm×高7.4cm 版框：宽48cm×高5.8cm

540000—0000015

༄། །རྗེ་བཙུན་སེང་ལྡེང་ནགས་སྒྲོལ་ཙིནྟ་མ་ཎིའི་བླ་མའི་རྣལ་འབྱོར་བྱིན་རླབས་དཔལ་གཏེར་ཞེས་བྱ་བ་བཞུགས་སོ། །

བོད་གཅིག བྲིས་མ། དཔེ་ཚུགས། ཡིག་ཕྲེང་ལྔ་ཅན། གླེགས་བམ། ཤོག་རྒྱ། ཞེང་50.3cm×དཀྱུས་7.6cm སྣེ་ཤིག་རྒྱ། ཞེང་47.5cm×དཀྱུས་5.9cm

至尊檀木度母之心上师瑜伽加持宝藏

1函 写本 柏簇体 5行 梵夹装 开本：宽50.3cm×高7.6cm 版框：宽47.5cm×高5.9cm

540000—0000016

༄། །རྗེ་བཙུན་སེང་ལྡེང་ནགས་སྒྲོལ་ཙིནྟ་མ་ཎིའི་སྒྲུབ་ཐབས་ཀྱི་སྙིང་པོ་ཆུ་འབབས་སུ་བཀོད་པ་དངོས་གྲུབ་དཔལ་གཏེར་ཞེས་བྱ་བ་བཞུགས་སོ། །

བོད་གཅིག བྲིས་མ། དཔེ་ཚུགས་དང་ཚུགས་མ་འཁྱུག། ཡིག་ཕྲེང་ལྔ་ཅན། གླེགས་བམ། ཤོག་རྒྱ། ཞེང་49.9cm×དཀྱུས་7.8cm སྣེ་ཤིག་རྒྱ། ཞེང་47.8cm×དཀྱུས་5.8cm

至尊檀木度母之心修法精要河流加持宝藏

1函 写本 柏簇体和草写体 5行 梵夹装 开本：宽49.9cm×高7.8cm 版框：宽47.8cm×高5.8cm

540000-0000017

༄༅། །རྗེ་བཙུན་སེང་ལྡེང་ནགས་སྒྲོལ་ཙིཏྟ་མ་ཎི་ལས་ཚོགས་མཆོད་བདེ་ཆེན་དཔལ་གཏེར་ཞེས་བྱ་བ་བཞུགས་སོ།།

བོད་གཅིག ཁྲིས་མ། དཔེ་ཚུགས། ཡིག་ཕྲེང་ལྔ་ཅན། གླེགས་བམ། ཤོག་རྒྱ། ཞེང་50.8cm × དཀྱུས་7.7cm སྙེ་ཤིག་རྒྱ། ཞེང་47.7cm × དཀྱུས་5.7cm

至尊檀木度母之心会供法会极乐宝藏

1函 写本 柏簇体 5行 梵夹装 开本：宽50.8cm × 高7.7cm 版框：宽47.7cm × 高5.7cm

540000-0000018

༄༅། །རྗེ་བཙུན་མ་ཙིཏྟ་མ་ཎིའི་མདུན་བསྐྱེད་བཞུགས་སོ།།

བོད་གཅིག ཁྲིས་མ། དཔེ་ཚུགས་དང་ཚུགས་མ་འཁྱུག། ཡིག་ཕྲེང་ལྔ་ཅན། གླེགས་བམ། ཤོག་རྒྱ། ཞེང་50.3cm × དཀྱུས་7.3cm སྙེ་ཤིག་རྒྱ། ཞེང་47.4cm × དཀྱུས་5.7cm

至尊檀木度母之心往生

1函 柏簇体和草写体 5行 梵夹装 开本：宽50.3cm × 高7.3cm 版框：宽47.4cm × 高5.7cm

540000-0000019

༄༅། །ལྷ་བསངས་དགེ་ལེགས་འཆར་འབེབས་ངོ་མཚར་རིན་པོ་ཆེའི་འཕྲེང་བ་ཞེས་བྱ་བ་བཞུགས་སོ།།

བོད་གཅིག ཁྲིས་མ། དཔེ་ཚུགས། ཡིག་ཕྲེང་བདུན་ཅན། གླེགས་བམ། ཤོག་རྒྱ། ཞེང་31cm × དཀྱུས་11.8cm སྙེ་ཤིག་རྒྱ། ཞེང་28.6cm × དཀྱུས་9.1cm

煨桑妙善降雨宝串

1函 写本 柏簇体 7行 梵夹装 开本：宽31cm × 高11.8cm 版框：宽28.6cm × 高9.1cm

540000-0000020

༄། །དཔལ་ལྡན་ལྷ་མོ་དུད་པའི་སོལ་བ་ཅན་གྱི་མཆེད་ཆོག་མདོར་བསྡུས་ཆ་ཚང་བཞུགས་སོ། །

པོད་གཅིག ཁྲིས་མ། དཔེ་ཚུགས། ཡིག་ཕྲེང་ལྔ་ཅན། གླེགས་བམ། ཤོག་ཀྱུ། ཞེང་31.2cm × དཀྱུས་10.2cm སྣེ་ཐིག་ཀྱུ། ཞེང་29.2cm × དཀྱུས་7.9cm

吉祥天母堆穗玛姊妹仪轨简略

1函 写本 柏簇体 5行 梵夹装 开本：宽31.2cm × 高10.2cm 版框：宽29.2cm × 高7.9cm

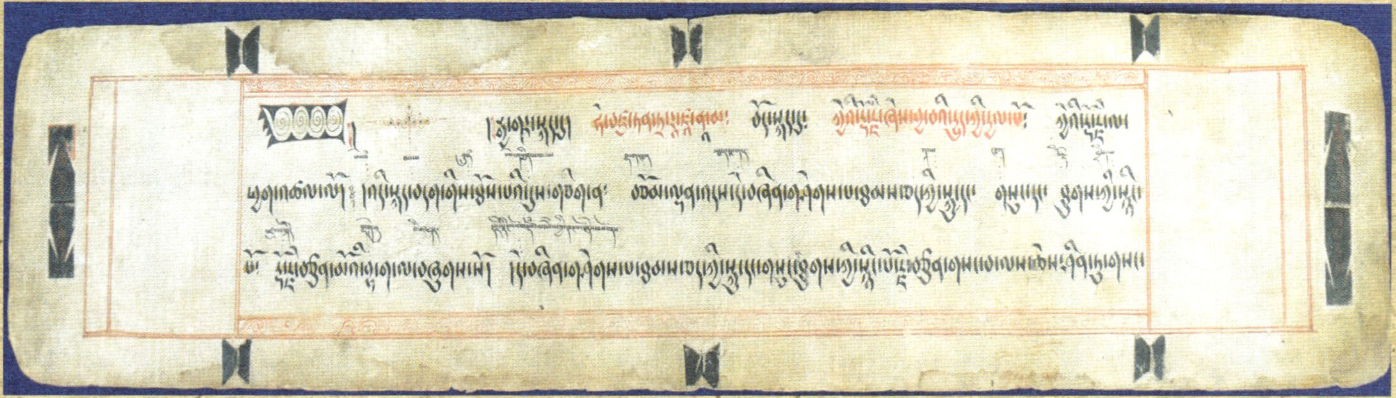

དུས་རབས་13པའི་གནའ་དཔེ་ཁྲིས་མ།

13 世纪写本文献

ལྷོ་ཁ་ས་ཁུལ་གོང་དཀར་རྫོང་གོང་དཀར་ཆོས་སྡེ་དགོན།

山南地区贡嘎县贡嘎曲德寺

540000—0000001

༄། །ཤེས་རབ་ཀྱི་ཕ་རོལ་ཏུ་ཕྱིན་པ་སྟོང་ཕྲག་བརྒྱ་པ། །

པོད་གཅིག བྲིས་མ། དབུ་ཅན། ཡིག་ཕྲེང་བརྒྱད་ཅན། གླེགས་བམ། ཤོག་རྒྱ། ཞེང་67.3cm × དཀྱུས་20.3cm སྣེ་ཤིག་རྒྱ། ཞེང་55.5cm × དཀྱུས་9.1cm

般若波罗蜜多经十万颂

1函 写本 乌金体 8行 梵夹装 开本：宽67.3cm × 高20.3cm 版框：宽55.5cm × 高9.1cm

540000—0000002

༄། །ཀྱཻའི་རྡོ་རྗེའི་རྒྱུད་ཀྱི་རྒྱལ་པོ་བཞུགས་སོ། །

པོད་གཅིག བྲིས་མ། དཔེ་ཚུགས། ཡིག་ཕྲེང་བཞི་ཅན། གླེགས་བམ།

ཤོག་རྒྱ། ཞེང་47cm × དཀྱུས་8cm སྣེ་ཤིག་རྒྱ། ཞེང་41.8cm × དཀྱུས་4.5cm

呼金刚密续王

1函 写本 柏簇体 4行 梵夹装 开本：宽47cm × 高8cm 版框：宽41.8cm × 高4.5cm

540000—0000003

༄། །དཔལ་རྡོ་རྗེ་གཞོན་ནུའི་སྒོ་ནས་ཕྱུང་སྲི་གནོན་པའི་མན་ངག་བཞུགས་སོ། །

པོད་གཅིག བྲིས་མ། དཔེ་ཚུགས། ཡིག་ཕྲེང་བདུན་ཅན། གླེགས་བམ། ཤོག་རྒྱ། ཞེང་32.1cm × དཀྱུས་8.4cm སྣེ་ཤིག་རྒྱ། ཞེང་28cm × དཀྱུས་5.1cm

吉祥多杰逊努破败魔障秘诀

1函 写本 柏簇体 7行 梵夹装 开本：宽32.1cm × 高8.4cm 版框：宽28cm × 高5.1cm

540000–0000004

༄། །ཀྱཻའི་རྡོ་རྗེའི་བསྐྱེད་རིམ་གྱི་ཁྲིད་ཡིག་རྗེ་བཙུན་གྲགས་པ་རྒྱལ་མཚན་གྱིས་མཛད་པ་བཞུགས་སོ།།

པོད་གཅིག བྲིས་མ། དཔེ་ཚུགས། ཡིག་ཕྲེང་བདུན་ཅན། གློགས་བམ། ཤོག་གྲྭ། ཞེང་67.3cm × དཀྱུས་20.3cm སྣེ་ཐིག་གྲྭ། ཞེང་55.5cm × དཀྱུས་9.1cm

至尊扎巴坚参缮造呼金刚生起次第导论

1函 写本 柏簇体 7行 梵夹装 开本：宽67.3cm × 高20.3cm 版框：宽55.5cm × 高9.1cm

540000–0000005

༄། །རྡོ་རྗེ་ཕུར་པའི་དབྱངས་ཀྱི་བརྗེད་བྱང་སེང་གེའི་ང་རོ་ཞེས་བྱ་བ་བཞུགས་སོ།།

པོད་གཅིག བྲིས་མ། དཔེ་ཚུགས། ཡིག་ཕྲེང་བཞི་ཅན། གློགས་བམ། ཤོག་གྲྭ། ཞེང་50.3cm × དཀྱུས་7.3cm སྣེ་ཐིག་གྲྭ། ཞེང་46.4cm × དཀྱུས་5.2cm

金刚撅仪轨曲谱备忘录・狮子吼

1函 写本 柏簇体 4行 梵夹装 开本：宽50.3cm × 高7.3cm 版框：宽46.4cm × 高5.2cm

540000–0000006

༄། །གུ་རུ་ཡོ་གའི་སྐོར།

པོད་གཅིག བྲིས་མ། དཔེ་ཚུགས། ཡིག་ཕྲེང་བཞི་ཅན། གློགས་བམ། ཤོག་གྲྭ། ཞེང་49.8cm × དཀྱུས་7.2cm སྣེ་ཐིག་གྲྭ། ཞེང་47.5cm × དཀྱུས་5.1cm

上师瑜伽

1函 写本 柏簇体 4行 梵夹装 开本：宽49.8cm × 高7.2cm 版框：宽47.5cm × 高5.1cm

ལྷོ་ཁ་ས་ཁུལ་གོང་དཀར་རྫོང་བྱང་ཐང་གྲོང་རྡལ་ཡེ་ཤེས་ཐབས་ལུང་གི་ཉར་ཚགས།

山南地区贡嘎县江塘镇益西塔龙个人收藏

540000－0000001

༄། །སྨད་ལས་ཟིན་བྲིས།

པོད་གཅིག བྲིས་མ། དཔེ་ཚུགས། ཡིག་ཕྲེང་བདུན་ཅན། གླེགས་བམ། ཤོག་རྒྱ། ཞེང་42.7cm × དཀྱུས་7cm སྡེ་ཐིག་རྒྱ། ཞེང་28.3cm × དཀྱུས་5.3cm

麦勒笔记

1函 写本 柏簇体 7行 梵夹装 开本：宽42.7cm × 高7cm 版框：宽28.3cm × 高5.3cm

540000－0000002

༄། །རྡོ་རྗེ་ཕུར་པའི་བསྐྱོད་ལས་དང་སྨད་ལས་ཀྱི་རྒྱུད་འདེབས་བཞུགས་སོ།།

པོད་གཅིག བྲིས་མ། དཔེ་ཚུགས། ཡིག་ཕྲེང་དྲུག་ཅན། གླེགས་བམ། ཤོག་རྒྱ། ཞེང་45.4cm × དཀྱུས་7.4cm སྡེ་ཐིག་རྒྱ། ཞེང་31.9cm × དཀྱུས་5.9cm

金刚撅堆勒、麦勒传承

1函 写本 柏簇体 6行 梵夹装 开本：宽45.4cm × 高7.4cm 版框：宽31.9cm × 高5.9cm

540000－0000003

༄། །དོན་ཞགས་ཀྱི་གཟུངས་རིངས་བཞུགས་སོ།།

པོད་གཅིག བྲིས་མ། དཔེ་ཚུགས། ཡིག་ཕྲེང་བཞི་ཅན། གླེགས་བམ། ཤོག་རྒྱ། ཞེང་41.8cm × དཀྱུས་6.9cm སྡེ་ཐིག་རྒྱ། ཞེང་37.9cm × དཀྱུས་5.1cm

佛说圣自在菩萨不空王秘密心陀罗尼经

1函 写本 柏簇体 4行 梵夹装 开本：宽41.8cm × 高6.9cm 版框：宽37.9cm × 高5.1cm

540000－0000004

༄༅། །རྡོ་རྗེ་རྣམ་འཇོམས་ཀྱི་སྒྲུབ་ཐབས་བུམ་ཆོག་རྗེས་གནང་གི་ཆོ་ག་དང་བཅས་པ་བཞུགས་སོ།།

ཤཱཀྱ་བཙུན་པ་དཀོན་ཅོག་ལྷུན་གྲུབ་ཀྱིས་ཨེ་ཝཾ་ཆོས་ལྡན་དུ་སྦྱར་བ།

པོད་གཅིག བྲིས་མ། དཔེ་ཚུགས། ཡིག་ཕྲེང་བདུན་ཅན། གླེགས་བམ། ཤོག་ཀྱུ། ཞེང་48.4cm × དཀྱུས་7.5cm སྣེ་ཐིག་ཀྱུ། ཞེང་41.1cm × དཀྱུས་5cm

金刚破除修法授宝瓶仪轨

1函 写本 柏簇体 7行 梵夹装 开本：宽48.4cm × 高7.5cm 版框：宽41.1cm × 高5cm

540000－0000005

༄༅། །རི་དགས་སྐྱིད་མཐོང་ལ་སོགས་པ་བཞུགས་སོ།།

པོད་གཅིག བྲིས་མ། དབུ་ཅན། ཡིག་ཕྲེང་དྲུག་ཅན། གླེགས་བམ། ཤོག་ཀྱུ། ཞེང་42cm × དཀྱུས་8.5cm སྣེ་ཐིག་ཀྱུ། ཞེང་35.4cm × དཀྱུས་5.5cm

道歌之悠闲的野兽

1函 刻本 乌金体 6行 梵夹装 开本：宽42cm × 高8.5cm 版框：宽35.4cm × 高5.5cm

540000－0000006

༄༅། །ཕྱག་ཆེན་ངོ་སྤྲོད་ལ་སོགས་པ་བཞུགས་སོ།།

པོད་གཅིག བྲིས་མ། དབུ་ཅན། ཡིག་ཕྲེང་དྲུག་ཅན། གླེགས་བམ། ཤོག་ཀྱུ། ཞེང་41.9cm × དཀྱུས་8.4cm སྣེ་ཐིག་ཀྱུ། ཞེང་35cm × དཀྱུས་5.4cm

道歌之阐释大手印

1函 写本 乌金体 6行 梵夹装 开本：宽41.9cm × 高8.4cm 版框：宽35cm × 高5.4cm

540000–0000007

༄། །འཇམ་དཔལ་དབྱངས་ཀྱི་བདག་བསྐྱེད།།

པོད་གཅིག བྲིས་མ། དཔེ་ཚུགས། ཡིག་ཕྲེང་དྲུག་ཅན། གླེགས་བམ། ཤོག་རྒྱ། ཞེང་43.4cm × དཀྱུས་7.4cm སྣེ་ཤིག་རྒྱ། ཞེང་36.8cm × དཀྱུས་4.5cm

文殊菩萨自生

1函 写本 柏簇体 6行 梵夹装 开本：宽4.3.4cm × 高7.4cm 版框：宽36.8cm × 高4.5cm

540000–0000008

༄། །ཚེ་དབང་འཇམ་ལུགས་ཀྱི་ཟུར་འདེབས་དངོས་གྲུབ་ཀུན་འབྱུང་བཞུགས་སོ།།

པོད་གཅིག བྲིས་མ། དཔེ་ཚུགས། ཡིག་ཕྲེང་དྲུག་ཅན། གླེགས་བམ། ཤོག་རྒྱ། ཞེང་46.7cm × དཀྱུས་7.5cm སྣེ་ཤིག་རྒྱ། ཞེང་38cm × དཀྱུས་4.9cm

长寿文殊菩萨祈愿神力之如意宝

1函 写本 柏簇体 6行 梵夹装 开本：宽46.7cm × 高7.5cm 版框：宽38cm × 高4.9cm

540000–0000009

༄། །ཐར་པར་འཇུག་པའི་གྲུ་བོ་ལམ་གསང་སྔགས་གསར་མའི་དཀའ་འགྲེལ་རིན་པོ་ཆེའི་གཏེར་མཛོད་བཞུགས་སོ།།

པོད་གཅིག བྲིས་མ། དབུ་ཅན། ཡིག་ཕྲེང་བདུན་ཅན། གླེགས་བམ། ཤོག་རྒྱ། ཞེང་50.2cm × དཀྱུས་9.5cm སྣེ་ཤིག་རྒྱ། ཞེང་43cm × དཀྱུས་5cm

入解脱之舟新密教难解宝藏

1函 写本 乌金体 7行 梵夹装 开本：宽50.2cm × 高9.5cm 版框：宽43cm × 高5cm

540000-0000010

༄། །སྔོན་འགྲོའི་རྩ་རྒྱུད་ངོ་མཚར་བླ་མའི་གསོལ་འདེབས་ཞེས་བྱ་བ་བཞུགས་སོ། །

བོད་གཅིག བྲིས་མ། དཔེ་ཚུགས། ཡིག་ཕྲེང་དྲུག་ཅན། གླེགས་བམ། ཤོག་རྐྱ། ཞེང་22.8cm×དཀྱུས་7.7cm སྣེ་ཐིག་རྐྱ། ཞེང་19.8cm×དཀྱུས་4.8cm

先行根续妙上师祈愿

1函 写本 柏簇体 6行 梵夹装 开本：宽22.8cm×高7.7cm 版框：宽19.8cm×高4.8cm

540000-0000011

༄། །མ་རིག་མུན་སེལ་ཉི་མའི་དཀྱིལ་འཁོར་བཞུགས་སོ། །

བོད་གཅིག བྲིས་མ། དཔེ་ཚུགས། ཡིག་ཕྲེང་བདུན་ཅན། གླེགས་བམ། ཤོག་རྐྱ། ཞེང་39.5cm×དཀྱུས་6.7cm སྣེ་ཐིག་རྐྱ། ཞེང་34.5cm×དཀྱུས་5.5cm

铲除无知阳光

1函 写本 柏簇体 7行 梵夹装 开本：宽39.5cm×高6.7cm 版框：宽34.5cm×高5.5cm

540000-0000012

༄། །དུས་བཟང་ཆོས་སྤྱོད་ཀྱི་ཟིན་བྲིས། །

བོད་གཅིག བྲིས་མ། དཔེ་ཚུགས། ཡིག་ཕྲེང་བདུན་ཅན། གླེགས་བམ། ཤོག་རྐྱ། ཞེང་39.2cm×དཀྱུས་6.8cm སྣེ་ཐིག་རྐྱ། ཞེང་35cm×དཀྱུས་5.4cm

黄道吉日佛事笔录

1函 写本 柏簇体 7行 梵夹装 开本：宽39.2cm×高6.8cm 版框：宽35cm×高5.4cm

540000-0000013

༄། །གཏོར་བཞི་བརྒྱ་ཚར་བཅས་ཀྱི་ཟིན་བྲིས་བཞུགས་སོ།།

པོད་གཅིག སྤར་མ། དབུ་ཅན། ཡིག་ཕྲེང་བདུན་ཅན། གླེགས་བམ། ཤོག་རྒྱ། ཞེང་50.2cm × དཀྱུས་9.5cm སྣེ་ཐིག་རྒྱ། ཞེང་43cm × དཀྱུས་5cm

四百禳灾仪轨笔录

1函 刻本 乌金体 7行 梵夹装 开本：宽50.2cm × 高9.5cm 版框：宽43cm × 高5cm

540000-0000014

༄། །བསྐང་མདོས་ཚོ་གའི་གཏོང་ལུགས་གོང་མའི་གསུང་རྒྱུན་ཤེལ་དཀར་མེ་ལོང་མཐོང་བ་ཡིད་ཀྱི་སྒྲོན་ལམ་བཞུགས་སོ།།

པོད་གཅིག བྲིས་མ། དཔེ་ཚུགས། ཡིག་ཕྲེང་བདུན་ཅན། གླེགས་བམ། ཤོག་རྒྱ། ཞེང་40.1cm × དཀྱུས་6.7cm སྣེ་ཐིག་རྒྱ། ཞེང་33.9cm × དཀྱུས་4.2cm

上师传承灵器仪轨清晰明镜

1函 写本 柏簇体 7行 梵夹装 开本：宽40.1cm × 高6.7cm 版框：宽33.9cm × 高4.2cm

540000-0000015

༄། །དཔལ་འཁོར་ལོ་སྡོམ་པའི་རྩ་བའི་སྔགས་སོགས་གཟུངས་སྔགས་ཕན་ཡོན་འགའ་བཞུགས་སོ།།

པོད་གཅིག བྲིས་མ། དཔེ་ཚུགས། ཡིག་ཕྲེང་བདུན་ཅན། གླེགས་བམ། ཤོག་རྒྱ། ཞེང་39.9cm × དཀྱུས་6cm སྣེ་ཐིག་རྒྱ། ཞེང་35.9cm × དཀྱུས་3.7cm

吉祥时轮陀罗尼经作用

1函 写本 柏簇体 7行 梵夹装 开本：宽39.9cm × 高6cm 版框：宽35.9cm × 高3.7cm

540000-0000016

༄། །གཟུངས་ཆེན་སྡེ་བཞི་སོགས་བཞུགས་སོ། །

པོད་གཅིག བྲིས་མ། ལཉྫ། ཡིག་ཕྲེང་དྲུག་ཅན། གླེགས་བམ། ཤོག་གྲུ། ཞེང་39.9cm × དཀྱུས་6.1cm སྙེ་ཐིག་གྲུ། ཞེང་35.6cm × དཀྱུས་3.7cm

金刚陀罗尼经（梵文）

1函 写本 天城体 6行 梵夹装 开本：宽39.9cm × 高6.1cm 版框：宽35.6cm × 高3.7cm

540000-0000017

༄། །རྫོགས་པ་ཆེན་པོ་ཀློང་ཆེན་སྙིང་ཐིག་གི་སྔོན་འགྲོའི་ཁྲིད་ཡིག་ཀུན་བཟང་བླ་མའི་ཞལ་ལུང་ཞེས་བྱ་བ་བཞུགས་སོ། །

པོད་གཅིག སྤར་མ། དབུ་ཅན། ཡིག་ཕྲེང་བདུན་ཅན། གླེགས་བམ། ཤོག་གྲུ། ཞེང་42.6cm × དཀྱུས་8.7cm སྙེ་ཐིག་གྲུ། ཞེང་33cm × དཀྱུས་4.8cm

大圆满隆庆心要之普贤上师言教

1函 刻本 乌金体 6行 梵夹装 开本：宽42.6cm × 高8.7cm 版框：宽33cm × 高4.8cm

540000-0000018

༄། །གསང་ཆེན་བླ་ན་མེད་པ་མཁའ་འགྲོའི་སྙིང་ཁྲག་ཅེས་བྱ་བ་བཞུགས་སོ། །

པོད་གཅིག བྲིས་མ། དབུ་ཅན། ཡིག་ཕྲེང་བདུན་ཅན། གླེགས་བམ། ཤོག་གྲུ། ཞེང་44.5cm × དཀྱུས་8.5cm སྙེ་ཐིག་གྲུ། ཞེང་36cm × དཀྱུས་4.6cm

无上密教之空行心要

1函 写本 乌金体 7行 梵夹装 开本：宽44.5cm × 高8.5cm 版框：宽36cm × 高4.6cm

540000—0000019

༄། །རྗེ་བཙུན་སྒྲོལ་མའི་སྒོ་ནས་བར་ཆད་བཟློག་པའི་མདོས་བཞུགས་སོ།།

པོད་གཅིག བྲིས་མ། དཔེ་ཚུགས། ཡིག་ཕྲེང་བདུན་ཅན། གླེགས་བམ། ཤོག་ཀྱུ། ཞེང་43.5cm × དཀྱུས་7.5cm སྣེ་ཐིག་ཀྱུ། ཞེང་35.5cm × དཀྱུས་4cm

圣救度母除灾难灵器仪轨

1函 写本 柏簇体 7行 梵夹装 开本：宽43.5cm × 高7.5cm 版框：宽35.5cm × 高4cm

540000—0000020

༄། །ཟབ་ལམ་བདེ་གཤེགས་འདུས་པ་ལས་འཆི་མེད་ལས་ཚོགས་འཆི་བསླུ་རྣམ་གསུམ་བཞུགས་སོ།།

པོད་གཅིག བྲིས་མ། དཔེ་ཚུགས། ཡིག་ཕྲེང་བདུན་ཅན། གླེགས་བམ། ཤོག་ཀྱུ། ཞེང་45.5cm × དཀྱུས་7cm སྣེ་ཐིག་ཀྱུ། ཞེང་42.5cm × དཀྱུས་5.2cm

深道如来集之长寿业集

1函 写本 柏簇体 7行 梵夹装 开本：宽45.5cm × 高7cm 版框：宽42.5cm × 高5.2cm

540000—0000021

༄། །ཡེ་ཤེས་མགོན་པོ་ཕྱག་བཞི་པའི་མཆོད་བསྟོད་འཕྲིན་ལས་མྱུར་གསལ་བཞུགས་སོ།།

པོད་གཅིག བྲིས་མ། ཚུགས་མ་འཁྱུག ཡིག་ཕྲེང་དྲུག་ཅན། གླེགས་བམ། ཤོག་ཀྱུ། ཞེང་46.6cm × དཀྱུས་7.8cm སྣེ་ཐིག་ཀྱུ། ཞེང་41.5cm × དཀྱུས་4.3cm

四臂益西护法神礼赞速成功德

1函 写本 草写体 6行 梵夹装 开本：宽46.6cm × 高7.8cm 版框：宽41.5cm × 高4.3cm

540000−0000022

༄། །དབྱངས་ཡིག །

བོད་གཅིག བྲིས་མ། དཔེ་ཚུགས། ཡིག་ཕྲེང་བདུན་ཅན། གླེགས་བམ། ཤོག་ཀྱུ། ཞེང་46.9cm × དཀྱུས་6.6cm སྙེ་ཤིག་ཀྱུ། ཞེང་42.8cm × དཀྱུས་4.7cm

呗谱

1函 写本 柏簇体 7行 梵夹装 开本：宽46.9cm × 高6.6cm 版框：宽42.8cm × 高4.7cm

540000−0000023

༄། །དཔལ་ཡེ་ཤེས་མགོན་པོའི་གསོལ་མཆོད་བཞུགས་སོ། །

བོད་གཅིག བྲིས་མ། དཔེ་ཚུགས། ཡིག་ཕྲེང་དྲུག་ཅན། གླེགས་བམ། ཤོག་ཀྱུ། ཞེང་46cm × དཀྱུས་7.5cm སྙེ་ཤིག་ཀྱུ། ཞེང་41.5cm × དཀྱུས་6.1cm

四臂益西护法神祷祀

1函 写本 柏簇体 6行 梵夹装 开本：宽46cm × 高7.5cm 版框：宽41.5cm × 高6.1cm

540000−0000024

༄། །དཔལ་རྡོ་རྗེ་ཕུར་པའི་དབྱངས་ཀྱི་ཐོ་ཡིག་རབ་ཏུ་གསལ་བ་བཞུགས་སོ། །

བོད་གཅིག བྲིས་མ། དཔེ་ཚུགས། ཡིག་ཕྲེང་ལྔ་ཅན། གླེགས་བམ། ཤོག་ཀྱུ། ཞེང་46.2cm × དཀྱུས་7.6cm སྙེ་ཤིག་ཀྱུ། ཞེང་41.5cm × དཀྱུས་6.4cm

圣金刚橛呗谱笔录明晰

1函 写本 柏簇体 5行 梵夹装 开本：宽46.2cm × 高7.6cm 版框：宽41.5cm × 高6.4cm

540000-0000025

༄། །དཔལ་ཡེ་ཤེས་མགོན་ཕྱག་བཞི་པའི་བསྐང་གསོ་འཕྲིན་ལས་མྱུར་མགྱོགས་ཞེས་བྱ་བ་བཞུགས་སོ།།

བོད་གཅིག ཁྲིས་མ། དཔེ་ཚུགས། ཡིག་བྲིང་དྲུག་ཅན། གླེགས་བམ། ཤོག་གྲངས། ཞེང་46.8cm × དཀྱུས་7.8cm སྣེ་ཐིག་རྒྱ། ཞེང་41.6cm × དཀྱུས་4.3cm

吉祥四臂益西护法神酬补功德速成

1函 写本 柏簇体 6行 梵夹装 开本：宽46.8cm × 高7.8cm 版框：宽41.6cm × 高4.3cm

540000-0000026

༄། །དཔལ་ལྷ་གཞོན་ནུའི་ལས་བྱང་འཕྲིན་ལས་རྒྱ་མཚོ་དང་མངོན་རྟོགས་ཀུ་ཤུན་ཏའི་ཆུ་རྒྱུན་ཁ་བསྐོངས་བཞུགས་སོ།།

92 བོད་གཅིག ཁྲིས་མ། དཔེ་ཚུགས། ཡིག་བྲིང་དྲུག་ཅན། གླེགས་བམ། ཤོག་གྲངས། ཞེང་46.6cm × དཀྱུས་7.8cm སྣེ་ཐིག་རྒྱ། ཞེང་48.5cm × དཀྱུས་4.5cm

吉祥拉逊努羯磨功德之海及现观呼伦达之水流补充

1函 写本 柏簇体 6行 梵夹装 开本：宽46.6cm × 高7.8cm 版框：宽48.5cm × 高4.5cm

540000-0000027

༄། །རྩེ་ལུགས་མགོན་བསྐོར་གྱི་དབྱངས་ཡིག་རིའུ་མིག་བཞུགས་སོ།།

བོད་གཅིག ཁྲིས་མ། དཔེ་ཚུགས། ཡིག་བྲིང་དྲུག་ཅན། གླེགས་བམ། ཤོག་གྲངས། ཞེང་45.7cm × དཀྱུས་7.6cm སྣེ་ཐིག་རྒྱ། ཞེང་41.5cm × དཀྱུས་6cm

孜派护法殿呗谱

1函 写本 柏簇体 6行 梵夹装 开本：宽45.7cm × 高7.6cm 版框：宽41.5cm × 高6cm

540000-0000028

༄། །རྡོ་རྗེ་ཕུར་པའི་སྐུད་རྫོངས་བཞུགས་སོ།།

པོད་གཅིག བྲིས་མ། དཔེ་ཚུགས། ཡིག་ཕྲེང་ལྔ་ཅན། གླེགས་བམ། ཤོག་གྱུ། ཞེང་39.6cm × དཀྱུས་6.7cm སྙེ་ཤིག་གྱུ། ཞེང་34.6cm × དཀྱུས་3.7cm

金刚橛抛替身品

1函 写本 柏簇体 5行 梵夹装 开本：宽39.6cm × 高6.7cm 版框：宽34.6cm × 高3.7cm

540000-0000029

༄། །གུ་རུ་ཆོས་ཀྱི་རིན་ཆེན་པའི་བཀའ་འབུམ་བཞུགས་སོ།།

བཙུན་པ་ཆོས་ཀྱི་རིན་གྱིས་སྦྱར་བའོ།།

པོད་གཅིག བྲིས་མ། དཔེ་ཚུགས། ཡིག་ཕྲེང་བདུན་ཅན། གླེགས་བམ། ཤོག་གྱུ། ཞེང་33.9cm × དཀྱུས་7.7cm སྙེ་ཤིག་གྱུ། ཞེང་29cm × དཀྱུས་4.5cm

上师曲杰仁青文集

1函 写本 柏簇体 7行 梵夹装 开本：宽33.9cm × 高7.7cm 版框：宽29cm × 高4.5cm

540000-0000030

༄། །ཕྱག་ན་རྡོ་རྗེའི་བདག་བསྐྱེད་བཞུགས་སོ།།

པོད་གཅིག བྲིས་མ། དབུ་ཅན། ཡིག་ཕྲེང་དྲུག་ཅན། གླེགས་བམ། ཤོག་གྱུ། ཞེང་43.2cm × དཀྱུས་7.9cm སྙེ་ཤིག་གྱུ། ཞེང་39.6cm × དཀྱུས་4.5cm

持金刚自生

1函 写本 乌金体 6行 梵夹装 开本：宽39.6cm × 高4.5cm 版框：宽39.6cm × 高4.5cm

540000−0000031

༄། །མགོན་པོ་ཚེ་དཔག་མེད་རས་ཆུང་ལུགས་ཀྱི་སྨིན་བྱེད་དབང་ལ་བརྟེན་པའི་ཚེ་སྒྲིང་ཐབས་བཞུགས་སོ། །

པོད་གཅིག བྲིས་མ། དཔེ་ཚུགས། ཡིག་ཕྲེང་དྲུག་ཅན། གླེགས་བམ། ཤོག་གྲྭ། ཞེང་42.6cm × དཀྱུས་7.1cm སྣེ་ཐིག་གྲྭ། ཞེང་37cm × དཀྱུས་5.3cm

依怙主长寿热穷派成熟法力之长寿法

1函 写本 柏簇体 6行 梵夹装 开本：宽42.6cm × 高7.1cm 版框：宽37cm × 高5.3cm

འདོན་ཏ་དབྱངས།

诵谱

540000-0000032

༄། །གཅོད་གདན་ཐོག་གཅིག་མའི་འཁྲིད་ཞྭ་ལུའི་བླ་བྲལ་བ་མཁྱེན་རབ་མཆོག་གྲུབ་ཀྱིས་མཛད་པ་བཞུགས་སོ། །

པོད་གཅིག བྲིས་མ། དབུ་ཚུགས། ཡིག་ཕྲེང་བདུན་ཅན། གླེགས་བམ། ཤོག་གྲུ། ཞེང་38.8cm × དཔངས་6.9cm རྨི་ཐིག་གྲུ། ཞེང་33.8cm × དཔངས་4.5cm

能断一坐讲授夏鲁大师钦饶曲珠造

1函 写本 柏簇体 7行 梵夹装 开本：宽38.8cm × 高4.5cm 版框：宽33.8cm × 高4.5cm

540000-0000033

༄། །དཔལ་ཀུན་ཏུ་བཟང་པོའི་འཆམ་ཡིག་ལྷའི་རོལ་གར་བཞུགས་སོ། །

པོད་གཅིག བྲིས་མ། དབུ་ཚུགས། ཡིག་ཕྲེང་ལྔ་ཅན། གླེགས་བམ། ཤོག་གྲུ། ཞེང་45.4cm × དཔངས་6.8cm རྨི་ཐིག་གྲུ། ཞེང་38.2cm × དཔངས་3.3cm

具德普贤跳神曲谱妙音

1函 写本 柏簇体 5行 梵夹装 开本：宽45.4cm × 高6.8cm 版框：宽38.2cm × 高3.3cm

ལྷོ་ཁ་ས་ཁུལ་གོང་དཀར་རྫོང་རྣམ་རྒྱལ་ཞོལ་ཤང་རྣམ་སར་གྲོང་ཚོ་གསུམ་པའི་ཡེ་ཤེས་ཀྱི་ཉར་ཚགས།

山南地区贡嘎县朗加雪乡朗当村3组益西个人收藏

540000-0000001

༄། །འཕགས་པ་ཤེས་རབ་ཀྱི་ཕ་རོལ་ཏུ་ཕྱིན་པ་རྒྱས་འབྲིང་བསྡུས་པ་སོགས་ཀྱི་སྙིང་པོ་བཞུགས་སོ། ། པོད་ཀ་པ།

པོད་གཅིག སྤར་མ། དབུ་ཅན། ཡིག་ཕྲེང་བདུན་ཅན། གླེགས་བམ། ཤོག་གྲུ། ཞེང་62cm × དཔངས་16.1cm རྨི་ཐིག་གྲུ། ཞེང་56.5cm × དཔངས་10.5cm

般若波罗蜜多经广中略精要

g函 刻本 乌金体 7行 梵夹装 开本：宽62cm × 高16.1cm 版框：宽56.5cm × 高10.5cm

540000−0000002

༄། །འཕགས་པ་ཤེས་རབ་ཀྱི་ཕ་རོལ་ཏུ་ཕྱིན་པ་རྒྱས་འབྲིང་བསྡུས་པ་སོགས་ཀྱི་སྙིང་པོ་བཞུགས་སོ།། པོད་ཁ་པ

པོད་གཅིག སྤར་མ། དབུ་ཅན། ཡིག་ཕྲེང་བདུན་ཅན། གླེགས་བམ། ཤོག་གྲྭ། ཞེང་62cm × དཀྱུས་15.8cm སྣེ་ཐིག་གྲྭ། ཞེང་56.5cm × དཀྱུས་11.5cm

般若波罗蜜多经广中略精要

k函 刻本 乌金体 7行 梵夹装 开本：宽62cm × 高15.8cm 版框：宽56.5cm × 高11.5cm

540000−0000003

༄། །འཕགས་པ་ཤེས་རབ་ཀྱི་ཕ་རོལ་ཏུ་ཕྱིན་པ་རྒྱས་འབྲིང་བསྡུས་པ་སོགས་ཀྱི་སྙིང་པོ་བཞུགས་སོ།། པོད་ག་པ

པོད་གཅིག སྤར་མ། དབུ་ཅན། ཡིག་ཕྲེང་བདུན་ཅན། གླེགས་བམ། ཤོག་གྲྭ། ཞེང་61.8cm × དཀྱུས་15.5cm སྣེ་ཐིག་གྲྭ། ཞེང་52.2cm × དཀྱུས་8cm

般若波罗蜜多经广中略精要

ga函 刻本 乌金体 7行 梵夹装 开本：宽61.8cm × 高15.5cm 版框：宽52.2cm × 高8cm

540000−0000004

༄། །འཕགས་པ་ཤེས་རབ་ཀྱི་ཕ་རོལ་ཏུ་ཕྱིན་པ་རྒྱས་འབྲིང་བསྡུས་པ་སོགས་ཀྱི་སྙིང་པོ་བཞུགས་སོ།། པོད་ང་པ

པོད་གཅིག སྤར་མ། དབུ་ཅན། ཡིག་ཕྲེང་བདུན་ཅན། གླེགས་བམ། ཤོག་གྲྭ། ཞེང་62cm × དཀྱུས་15.5cm སྣེ་ཐིག་གྲྭ། ཞེང་55.8cm × དཀྱུས་10.1cm

般若波罗蜜多经广中略精要

ng函 刻本 乌金体 7行 梵夹装 开本：宽62cm × 高15.5cm 版框：宽55.8cm × 高10.1cm

540000−0000005

༄། །མདོ་མངས་བཞུགས་སོ། །

པོད་གཅིག ཤར་མ། དབུ་ཅན། ཡིག་ཕྲེང་བདུན་ཅན། གླེགས་བམ། ཤོག་གྲྭ། ཞེང་65.3cm × དཀྱུས་9.9cm སྣེ་ཐིག་གྲྭ། ཞེང་54.5cm × དཀྱུས་3.5cm

经部

1函 刻本 乌金体 7行 梵夹装 开本：宽65.3cm × 高9.9cm 版框：宽54.5cm × 高3.5cm

540000−0000006

༄། །འཕགས་པ་བསྐལ་པ་བཟང་པོ་ཞེས་བྱ་བ་ཐེག་པ་ཆེན་པོའི་མདོ་བཞུགས་སོ། །

པར་འདི་ཆོས་འཁོར་དཔལ་གྱིས་ལྷ་སར་བཞུགས།

པོད་གཅིག ཤར་མ། དབུ་ཅན། ཡིག་ཕྲེང་བདུན་ཅན། གླེགས་བམ། ཤོག་གྲྭ། ཞེང་62.5cm × དཀྱུས་15.5cm སྣེ་ཐིག་གྲྭ། ཞེང་53cm × དཀྱུས་10cm

大乘贤劫经

1函 拉萨刻本 乌金体 7行 梵夹装 开本：宽62.5cm × 高15.5cm 版框：宽53cm × 高10cm

540000−0000007

༄། །རྫོགས་པ་ཆེན་པོ་ཀློང་ཆེན་སྙིང་ཐིག་གི་ཆོས་སྤྱོད་ཀྱི་སྐོར་བཞུགས་སོ། །

པོད་གཅིག ཤར་མ། དབུ་ཅན། ཡིག་ཕྲེང་དྲུག་ཅན། གླེགས་བམ། ཤོག་གྲྭ། ཞེང་39cm × དཀྱུས་8.9cm སྣེ་ཐིག་གྲྭ། ཞེང་26.8cm × དཀྱུས་6cm

大圆满隆庆心要法事论

1函 刻本 乌金体 6行 梵夹装 开本：宽39cm × 高8.9cm 版框：宽26.8cm × 高6cm

ལྷོ་ཁ་ས་ཁུལ་གོང་དཀར་རྫོང་རྣམ་རྒྱལ་ཞོལ་ཤང་རྣམ་ཐར་དགོན།

山南地区贡嘎县朗加雪乡朗当寺

540000–0000001

༄། །པདྨ་བཀའ་ཐང་།།

པོད་གཅིག སྤར་མ། དབུ་ཅན། ཡིག་ཕྲེང་བདུན་ཅན། གླེགས་བམ། ཤོག་རྒྱ། ཞེང་51cm × དཀྱུས་9cm སྣེ་ཐིག་རྒྱ། ཞེང་49.1cm × དཀྱུས་6.4cm

莲花生大师传记

1函 刻本 乌金体 6行 梵夹装 开本：宽51cm × 高9cm 版框：宽49.1cm × 高6.4cm

540000–0000002

༄། །འཕགས་པ་ཤེས་རབ་ཀྱི་ཕ་རོལ་ཏུ་ཕྱིན་པ་བརྒྱད་སྟོང་།།

པོད་གཅིག སྤར་མ། དབུ་ཅན། ཡིག་ཕྲེང་བདུན་ཅན། གླེགས་བམ། ཤོག་རྒྱ། ཞེང་61.5cm × དཀྱུས་16.5cm སྣེ་ཐིག་རྒྱ། ཞེང་56cm × དཀྱུས་10.8cm

般若波罗蜜多经八千颂

1函 刻本 乌金体 7行 梵夹装 开本：宽61.5cm × 高16.5cm 版框：宽56cm × 高10.8cm

540000–0000001

༄། །རྗེ་བཙུན་རྡོ་རྗེ་རྣལ་འབྱོར་མ་ན་རོ་མཁའ་སྤྱོད་ཀྱི་སྒྲུབ་ཐབས་ཐུན་མོང་མིན་པ་བདེ་ཆེན་ཉེ་ལམ་བཞུགས་སོ།།

པོད་གཅིག སྤར་མ། དབུ་ཅན། ཡིག་ཕྲེང་དྲུག་ཅན། གླེགས་བམ། ཤོག་གྲྭ། ཞེང་30cm × དཀྱུས་8cm སྣེ་ཐིག་གྲྭ། ཞེང་25.6cm × དཀྱུས་5.6cm

至尊金刚瑜伽母纳茹空行修法大乐捷径

1函 刻本 乌金体 6行 梵夹装 开本：宽30cm × 高8cm 版框：宽25.6cm × 高5.6cm

540000–0000002

༄། །བཅོམ་ལྡན་འདས་དཔའ་བོ་རྡོ་རྗེ་འཇིགས་བྱེད་སྒྲུབ་ཐབས་བཞུགས་སོ།།

པར་འདི་བཀྲ་ཤིས་ཆོས་གླིང་དུ་བཞུགས།

པོད་གཅིག སྤར་མ། དབུ་ཅན། ཡིག་ཕྲེང་དྲུག་ཅན། གླེགས་བམ། ཤོག་གྲྭ། ཞེང་29cm × དཀྱུས་8cm སྣེ་ཐིག་གྲྭ། ཞེང་25cm × དཀྱུས་5cm

释迦勇士大威德修法

1函 刻本 乌金体 6行 梵夹装 开本：宽29cm × 高8cm 版框：宽25cm × 高5cm

540000–0000003

༄། །བཅོམ་ལྡན་འདས་དཔའ་བོ་རྡོ་རྗེ་འཇིགས་བྱེད་སྒྲུབ་ཐབས་བཞུགས་སོ།།

པོད་གཅིག སྤར་མ། དབུ་ཅན། ཡིག་ཕྲེང་དྲུག་ཅན། གླེགས་བམ། ཤོག་གྲྭ། ཞེང་30.5cm × དཀྱུས་7.8cm སྣེ་ཐིག་གྲྭ། ཞེང་25cm × དཀྱུས་6cm

释迦勇士大威德修法

1函 刻本 乌金体 6行 梵夹装 开本：宽30.5cm × 高7.8cm 版框：宽25cm × 高6cm

540000−0000004

༄། །དཔལ་འཁོར་ལོ་སྡོམ་པའི་དཀྱིལ་འཁོར་གྱི་ལྷ་ཚོགས་བསང་མཆོད་འབུལ་ཚུལ་བདེ་ཆེན་ཕྱུ་གཡང་མྱུར་འགུགས་ཞེས་བྱ་བ་བཞུགས་སོ། །

བོད་གཅིག སྤར་མ། དབུ་ཅན། ཡིག་ཕྲེང་དྲུག་ཅན། གླེགས་བམ། ཤོག་གྲུ། ཞེང་29.9cm × དཀྱུས་8cm སྙེ་ཐིག་གྲུ། ཞེང་25cm × དཀྱུས་5.5cm

胜乐时轮坛城诸神火供仪轨极速招财引福

1函 刻本 乌金体 6行 梵夹装 开本：宽29.9cm × 高8cm 版框：宽25cm × 高5.5cm

540000−0000005

༄། །ལྟུང་བཤགས། །

བོད་གཅིག སྤར་མ། དབུ་ཅན། ཡིག་ཕྲེང་དྲུག་ཅན། གླེགས་བམ། ཤོག་གྲུ། ཞེང་29cm × དཀྱུས་7.8cm སྙེ་ཐིག་གྲུ། ཞེང་25.6cm × དཀྱུས་6cm

忏悔经

1函 刻本 乌金体 6行 梵夹装 开本：宽29cm × 高7.8cm 版框：宽25.6cm × 高6cm

540000−0000006

༄། །ཀླུ་འབུམ་དཀར་པོ་བཞུགས་སོ། །

བོད་གཅིག སྤར་མ། དབུ་ཅན། ཡིག་ཕྲེང་དྲུག་ཅན། གླེགས་བམ། ཤོག་གྲུ། ཞེང་24cm × དཀྱུས་8.2cm སྙེ་ཐིག་གྲུ། ཞེང་21.5cm × དཀྱུས་6cm

白龙蚌经

1函 刻本 乌金体 6行 梵夹装 开本：宽24cm × 高8.2cm 版框：宽21.5cm × 高6cm

540000-0000007

༄༅། །ཀླུ་འབུམ་ནག་པོ་བཞུགས་སོ།།

པོད་གཅིག སྤར་མ། དབུ་ཅན། ཡིག་ཕྲེང་དྲུག་ཅན། གླེགས་བམ། ཤོག་རྒྱ། ཞེང་24.5cm × དཀྱུས་6.5cm སྣེ་ཐིག་རྒྱ། ཞེང་21.5cm × དཀྱུས་6cm

黑龙蚌经

1函 刻本 乌金体 6行 梵夹装 开本：宽24.5cm × 高6.5cm 版框：宽21.5cm × 高6cm

540000-0000008

༄༅། །བྱང་ཆུབ་ལམ་གྱི་རིམ་པའི་གདམས་པ་ཟབ་མོ་རྣམས་ཚིགས་སུ་བཅད་པའི་སྒོ་ནས་ཉམས་སུ་ལེན་ཚུལ་དམ་ཆོས་བདུད་རྩིའི་སྙིང་པོ་ཞེས་བྱ་བ་བཞུགས་སོ།།

པོད་གཅིག སྤར་མ། དབུ་ཅན། ཡིག་ཕྲེང་དྲུག་ཅན། གླེགས་བམ། ཤོག་རྒྱ། ཞེང་35cm × དཀྱུས་6cm སྣེ་ཐིག་རྒྱ། ཞེང་30cm × དཀྱུས་5cm

菩提道次第广论教诲诗偈实践甘露要义

1函 刻本 乌金体 6行 梵夹装 开本：宽35cm × 高6cm 版框：宽30cm × 高5cm

540000-0000009

༄༅། །འདོད་ཁམས་བདག་མོ་མ་གཅིག་དཔལ་ལྷའི་གསེར་སྐྱེམས་བཞུགས་སོ།།

པོད་གཅིག སྤར་མ། དབུ་ཅན། ཡིག་ཕྲེང་དྲུག་ཅན། གླེགས་བམ། ཤོག་རྒྱ། ཞེང་24cm × དཀྱུས་7.5cm སྣེ་ཐིག་རྒྱ། ཞེང་16.2cm × དཀྱུས་5.3cm

欲界主玛吉白啦供饮仪轨

1函 刻本 乌金体 6行 梵夹装 开本：宽24cm × 高7.5cm 版框：宽16.2cm × 高5.3cm

540000-0000010

༄། །ལྟུང་བཤགས། །

པོད་གཅིག ཕྲར་མ། དབུ་ཅན། ཡིག་ཕྲེང་དྲུག་ཅན། གླེགས་བམ། ཤོག་གྲུ། ཞེང་26.8cm×དཀྱུས་8cm སྣེ་ཤིག་གྲུ། ཞེང་24cm×དཀྱུས་4.5cm

忏悔经

1函 刻本 乌金体 6行 梵夹装 开本：宽26.8cm×高8cm 版框：宽24cm×高4.5cm

ལྷོ་ཁ་ས་ཁུལ་རྒྱ་ཚ་རྫོང་དྭགས་ལྷ་སྒམ་པོ་དགོན།

山南地区加查县达拉岗布寺

540000-0000001

༄། །པདྨ་བཀའ་ཐང་། །

པོད་གཅིག ཕྲིས་མ། དཔེ་ཚུགས། ཡིག་ཕྲེང་བདུན་ཅན། གླེགས་བམ། ཤོག་རྒྱ། ཞེང་32.8cm×དཀྱུས་7.5cm སྣེ་ཐིག་རྒྱ། ཞེང་9.2cm×དཀྱུས་5.9cm

莲花生大师传

1函 写本 柏簇体 7行 梵夹装 开本：宽32.8cm×高7.5cm 版框：宽9.2cm×高5.9cm

540000-0000002

༄། །གཙུག་ལག་རྩིས་ཀྱི་སྐོར་རིན་ཆེན་སྤུངས་པ་ལས་ནག་རྩིས་སྐོ་བརྒྱ་འབྱེད་པའི་ལྡེ་མིག་བཞུགས་སོ། །

པོད་གཅིག ཕྲིས་མ། དཔེ་ཚུགས། ཡིག་ཕྲེང་དྲུག་ཅན། གླེགས་བམ། ཤོག་རྒྱ། ཞེང་41.8cm×དཀྱུས་6.3cm སྣེ་ཐིག་རྒྱ། ཞེང་31.4cm×དཀྱུས་4.3cm

天文历算宝集之入星命之门钥匙

1函 写本 柏簇体 6行 梵夹装 开本：宽41.8cm×高6.3cm 版框：宽31.4cm×高4.3cm

540000-0000003

༄། །སྐར་རྩིས་ཀྱི་ཐུག་དཔེ། །

པོད་གཅིག ཕྲིས་མ། དཔེ་ཚུགས། ཡིག་ཕྲེང་ལྔ་ཅན། ལྷེབ་མགོ་མ། ཤོག་རྒྱ། ཞེང་26.5cm×དཀྱུས་6.3cm སྣེ་ཐིག་རྒྱ། ཞེང་24cm×དཀྱུས་5cm

天文历算

1函 写本 柏簇体 5行 缝绘装 开本：宽26.5cm×高6.3cm 版框：宽24cm×高5cm

540000-0000004

༄། །སྤར་ཁའི་ཞལ་ཆེམས་གཤིན་རྩིས་མཐོང་གསལ་མེ་ལོང་བཞུགས་སོ།།

པོད་གཅིག བྲིས་མ། དཔེ་ཚུགས། ཡིག་ཕྲེང་བདུན་ཅན། གླེགས་བམ། ཤོག་གྲྭ། ཞེང་30cm×དཀྱུས་7.8cm སྣེ་ཐིག་གྲྭ། ཞེང་21.5cm×དཀྱུས་5.2cm

八卦之死伤卜算明镜

1函 写本 柏簇体 7行 梵夹装 开本：宽30cm×高7.8cm 版框：宽21.5cm×高5.2cm

540000-0000005

༄། །སྤར་ཁའི་གསལ་ཆེམས།།

པོད་གཅིག བྲིས་མ། དཔེ་ཚུགས། ཡིག་ཕྲེང་དྲུག་ཅན། ལྟེབས་མགོ་མ། ཤོག་གྲྭ། ཞེང་8.4cm×དཀྱུས་5.6cm སྣེ་ཐིག་གྲྭ། ཞེང་6.1cm×དཀྱུས་4.1cm

八卦之死伤卜算明镜

1函 写本 柏簇体 6行 缝绘装 开本：宽8.4cm×高5.6cm 版框：宽6.1cm×高4.1cm

540000-0000006

༄། །ཕུར་པ་རྡོ་རྗེ་གཞོན་ནུའི་རྒྱུན་ཁྱེར་ཐུགས་ཀྱི་ཐིག་ལེ་ཞེས་བྱ་བ་བཞུགས་སོ།།

པོད་གཅིག བྲིས་མ། དབུ་ཅན། ཡིག་ཕྲེང་ལྔ་ཅན། གླེགས་བམ། ཤོག་གྲྭ། ཞེང་20cm×དཀྱུས་5.9cm སྣེ་ཐིག་གྲྭ། ཞེང་15.7cm×དཀྱུས་3.9cm

金刚橛常用心要

1函 写本 乌金体 5行 梵夹装 开本：宽20cm×高5.9cm 版框：宽15.7cm×高3.9cm

540000-0000007

༄། །བཀའ་རྫོགས་པ་ཆེན་པོ་ཡང་ཟབ་དཀོན་མཆོག་སྤྱི་འདུས་ཀྱི་ལས་བྱང་གོ་གསལ་དུ་སྒྲིགས་པ་ཞེས་བྱ་བ་བཞུགས་སོ། །

པོད་གཅིག བྲིས་མ། དབུ་ཅན། ཡིག་ཕྲེང་ལྔ་ཅན། གླེགས་བམ། ཤོག་གྲྭ། ཞེང་19.8cm×དཀྱུས་5.8cm སྣེ་ཐིག་གྲྭ། ཞེང་10.3cm×དཀྱུས་4.2cm

大圆满之甚深宝集羯摩仪轨简编

1函 写本 乌金体 5行 梵夹装 开本：宽19.8cm×高5.8cm 版框：宽10.3cm×高4.2cm

540000-0000008

༄། །སྒྲོལ་དཀར་ཡིད་བཞིན་འཁོར་ལོའི་ཚེ་དབང་བསྒྲུར་ཆོག་འཆི་མེད་བུམ་བཟང་ཞེས་བྱ་བ་བཞུགས་སོ། །

པོད་གཅིག བྲིས་མ། དཔེ་ཚུགས། ཡིག་ཕྲེང་དྲུག་ཅན། གླེགས་བམ། ཤོག་གྲྭ། ཞེང་34.2cm×དཀྱུས་7.8cm སྣེ་ཐིག་གྲྭ། ཞེང་6.1cm×དཀྱུས་4.8cm

白度母如意轮长寿仪轨永生宝瓶

1函 写本 柏簇体 6行 梵夹装 开本：宽34.2cm×高7.8cm 版框：宽6.1cm×高4.8cm

540000-0000009

༄། །རྡོ་རྗེ་ཕག་མོ་མངོན་པར་འབྱུང་བའི་རྒྱུད་བཞུགས་སོ། །

རྒྱ་གར་གྱི་མཁན་པོ་ཛྙཱ་ན་ཀ་རའི་ཞལ་སྔ་ནས་དང་། །ཞུ་ཆེན་གྱི་ལོ་ཙྪ་བ་ཁྲ་སྟོན་དངོས་གྲུབ་ཀྱིས་བསྒྱུར་ཏེ་གཏན་ལ་ཕབ་པའོ། །

པོད་གཅིག གསེར་བྲིས་མ། དབུ་ཅན། ཡིག་ཕྲེང་དྲུག་ཅན། གླེགས་བམ། ཤོག་གྲྭ། ཞེང་33.5cm×དཀྱུས་7.5cm སྣེ་ཐིག་གྲྭ། ཞེང་21.6cm×དཀྱུས་5cm

金刚圣母现观续

1函 金汁写本 乌金体 6行 梵夹装 开本：宽33.5cm×高7.5cm 版框：宽21.6cm×高5cm

540000-0000010

༄༅། །དཔལ་ཀྱེའི་རྡོ་རྗེའི་རྒྱུད་ཀྱི་རྒྱལ་པོ་བརྟག་པ་གཉིས་པ་བཞུགས་སོ།།

རྒྱ་གར་གྱི་མཁན་པོ་གཱ་ཡ་དྷ་ར་དང་། དགེ་སློང་ཤཱཀྱ་ཡེ་ཤེས་ཀྱིས་བསྒྱུར་ཅིང་ཞུས་ཏེ་གཏན་ལ་ཕབ་པའོ།།

པོད་གཅིག གསེར་བྲིས་མ། དབུ་ཅན། ཡིག་ཕྲེང་ལྔ་ཅན། གླེགས་བམ། ཤོག་ཀྱུ། ཞེང་34cm×དཀྱུས་7.5cm སྣེ་ཐིག་ཀྱུ། ཞེང་24cm×དཀྱུས་5.1cm

吉祥呼金刚续王二论

1函 金汁写本 乌金体 5行 梵夹装 开本：宽34cm×高7.5cm 版框：宽24cm×高5.1cm

540000-0000011

༄༅། །དཔལ་ཀྱེའི་རྡོ་རྗེའི་རྒྱུད་ཀྱི་རྒྱལ་པོ་བརྟག་པ་གཉིས་པ་བཞུགས་སོ།།

པོད་གཅིག གསེར་བྲིས་མ། དབུ་ཅན། ཡིག་ཕྲེང་ལྔ་ཅན། གླེགས་བམ། ཤོག་ཀྱུ། ཞེང་34cm×དཀྱུས་7.5cm སྣེ་ཐིག་ཀྱུ། ཞེང་28.3cm×དཀྱུས་5.1cm

吉祥呼金刚续王之二论

1函 金汁写本 乌金体 5行 梵夹装 开本：宽34cm×高7.5cm 版框：宽28.3cm×高5.1cm

540000-0000012

༄༅། །སྐམ་སྤྲུལ་སྐུ་ཕྲེང་ལྔ་པའི་རྣམ་ཐར།།

པོད་གཅིག བྲིས་མ། དཔེ་ཚུགས། ཡིག་ཕྲེང་དྲུག་ཅན། གླེགས་བམ། ཤོག་ཀྱུ། ཞེང་38.2cm×དཀྱུས་6.8cm སྣེ་ཐིག་ཀྱུ། ཞེང་33.3cm×དཀྱུས་3.4cm

第五代岗布活佛传

1函 写本 柏簇体 6行 梵夹装 开本：宽38.2cm×高6.8cm 版框：宽33.3cm×高3.4cm

540000-0000013

༄། །ཟབ་ཆོས་དགོངས་པ་རང་གྲོལ་ལས་སྒྱུ་ལུས་མཆོད་སྦྱིན་གདན་ཐོག་གཅིག་པ་བཞུགས་སོ། །

པོད་གཅིག བྲིས་མ། དབུ་ཅན། ཡིག་ཕྲེང་བཞི་ཅན། གླེགས་བམ། ཤོག་རྒྱ། ཞེང་34.3cm×དཀྱུས་6.8cm སྙེ་ཐིག་རྒྱ། ཞེང་27.8cm×དཀྱུས་3.2cm

甚深教理自解之一坐幻身供施

1函 写本 乌金体 4行 梵夹装 开本：宽34.3cm×高6.8cm 版框：宽27.8cm×高3.2cm

540000-0000014

༄། །བཅོམ་ལྡན་འདས་དཔལ་རྡོ་རྗེ་འཇིགས་བྱེད་ཀྱི་བསྙེན་ཡིག་འཇམ་དཔལ་ཞལ་ལུང་དངོས་གྲུབ་ཆར་འབེབས་ཞེས་བྱ་བ་བཞུགས་སོ། །

པོད་གཅིག བྲིས་མ། དཔེ་ཚུགས། ཡིག་ཕྲེང་བདུན་ཅན། གླེགས་བམ། ཤོག་རྒྱ། ཞེང་52.3cm×དཀྱུས་9.6cm སྙེ་ཐིག་རྒྱ། ཞེང་40.1cm×དཀྱུས་6.1cm

释迦吉祥大威德金刚授具羯摩·文殊菩萨预言悉地降雨

1函 写本 柏簇体 7行 梵夹装 开本：宽52.3cm×高9.6cm 版框：宽40.1cm×高6.1cm

540000-0000015

༄༅། །བླ་མ་མཆོད་པའི་ཆོ་གའི་རྣམ་བཞག་རྒྱས་པར་བཤད་པའི་ཚིག་དོན་གསལ་བའི་སྒྲོན་མེ་ཞེས་བྱ་བ་བཞུགས་སོ། །

པོད་གཅིག བྲིས་མ། དབུ་ཅན། ཡིག་ཕྲེང་བདུན་ཅན། གླེགས་བམ། ཤོག་རྒྱ། ཞེང་54.4cm×དཀྱུས་9.1cm སྙེ་ཐིག་རྒྱ། ཞེང་41.1cm×དཀྱུས་6.9cm

供奉上师仪轨概论词义明灯

1函 写本 乌金体 7行 梵夹装 开本：宽54.4cm×高9.1cm 版框：宽41.1cm×高6.9cm

540000-0000016

༄། །དབུ་མ་འཇུག་པའི་དོན་རབ་ཏུ་གསལ་བ་ལེགས་བཤད་ཀྱི་སྙིང་པོ་ཞེས་བྱ་བ་བཞུགས་སོ། །

པོད་གཅིག བྲིས་མ། དཔེ་ཚུགས། ཡིག་ཕྲེང་བརྒྱད་ཅན། གླེགས་བམ། ཤོག་གྲྭ། ཞེང་57.4cm×དཀྱུས་8.7cm སྣེ་ཐིག་གྲྭ། ཞེང་51.6cm×དཀྱུས་6.1cm

入中观教理明晰佳言精要

1函 写本 柏簇体 8行 梵夹装 开本：宽57.4cm×高8.7cm 版框：宽51.6cm×高6.1cm

540000-0000017

༄། །རྗེ་བཙུན་མར་པའི་རྣམ་ཐར། །

པོད་གཅིག བྲིས་མ། དཔེ་ཚུགས། ཡིག་ཕྲེང་ལྔ་ཅན། གླེགས་བམ། ཤོག་གྲྭ། ཞེང་52.6cm×དཀྱུས་8cm སྣེ་ཐིག་གྲྭ། ཞེང་48.9cm×དཀྱུས་6.2cm

至尊玛尔巴传记

1函 写本 柏簇体 5行 梵夹装 开本：宽52.6cm×高8cm 版框：宽48.9cm×高6.2cm

540000-0000018

༄། །དབང་ཕྱུག་མའི་གཏོར་བཟློག་བཞུགས་སོ། །

པོད་གཅིག བྲིས་མ། དཔེ་ཚུགས། ཡིག་ཕྲེང་དྲུག་ཅན། གླེགས་བམ། ཤོག་གྲྭ། ཞེང་35.1cm×དཀྱུས་7.6cm སྣེ་ཐིག་གྲྭ། ཞེང་29.5cm×དཀྱུས་4.2cm

自在天供食与回遮仪轨

1函 写本 柏簇体 6行 梵夹装 开本：宽35.1cm×高7.6cm 版框：宽29.5cm×高4.2cm

540000-0000019

༄། །སྡོམ་གསུམ་རབ་དབྱེའི་སྤྱི་དོན་བསྟན་པའི་སྒྲོན་མེ་བཞུགས་སོ། །

བོད་གཅིག བྲིས་མ། དཔེ་ཚུགས། ཡིག་ཕྲེང་བཅུ་ཅན། གླེགས་བམ། ཤོག་ཀྱུ། ཞེང་48.1cm×དཀྱུས་8.1cm སྣེ་ཤིག་ཀྱུ། ཞེང་44.8cm×དཀྱུས་6.6cm

三律仪轨总论明灯

1函 写本 柏簇体 10行 梵夹装 开本：宽48.1cm×高8.1cm 版框：宽44.8cm×高6.6cm

540000-0000020

༄། །སྲུང་བ་ཟ་ཡིག་སོགས་ཕན་བྱེད་ཀྱི་མན་ངག་ཟ་དགུ་བསྡུས་པ་བཞུགས་སོ། །

བོད་གཅིག བྲིས་མ། དཔེ་ཚུགས། ཡིག་ཕྲེང་དྲུག་ཅན། གླེགས་བམ། ཤོག་ཀྱུ། ཞེང་26.2cm×དཀྱུས་7.3cm སྣེ་ཤིག་ཀྱུ། ཞེང་17cm×དཀྱུས་4.2cm

护身色益作用秘诀

1函 写本 柏簇体 6行 梵夹装 开本：宽26.2cm×高7.3cm 版框：宽17cm×高4.2cm

540000-0000021

༄། །ཡང་ཟབ་བདུད་རྩི་སྨན་གྱི་སྒྲུབ་པའི་ཆོག་ཟིན་མཐོང་བས་ཀུན་གྲོལ་བཞུགས་སོ། །

བོད་གཅིག བྲིས་མ། དཔེ་ཚུགས། ཡིག་ཕྲེང་བདུན་ཅན། གླེགས་བམ། ཤོག་ཀྱུ། ཞེང་37.5cm×དཀྱུས་8.3cm སྣེ་ཤིག་ཀྱུ། ཞེང་27.6cm×དཀྱུས་5.2cm

甚深甘露藏药配制仪轨见闻解脱

1函 写本 柏簇体 7行 梵夹装 开本：宽37.5cm×高8.3cm 版框：宽27.6cm×高5.2cm

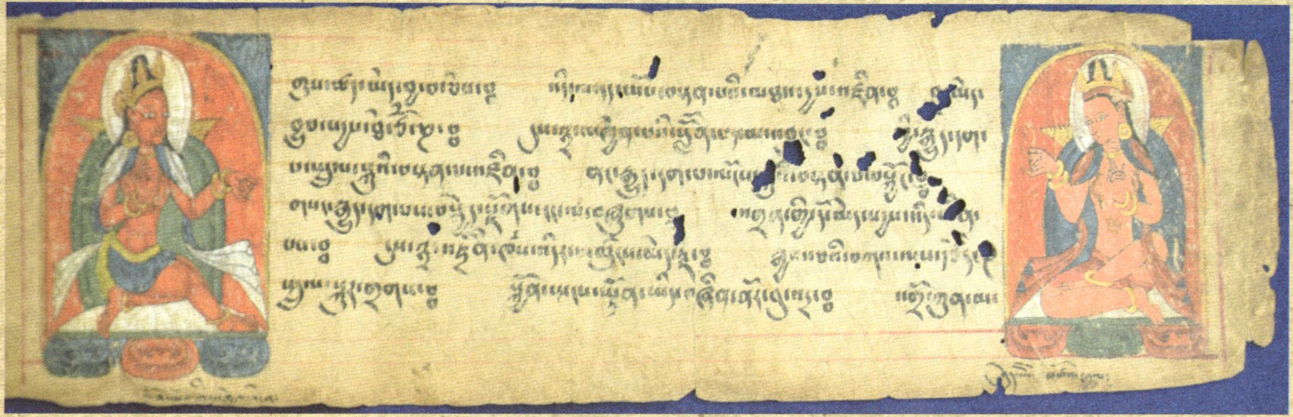

པད་མ་བཀའ་ཐང་གི་དབུ་ཞབས་ལྷ་སྐུ།

莲花生传扉页画像

540000-0000022

༄། །སྨན་སྒྲུབ་བརྒྱུད་འདེབས་བྱིན་རླབས་བཞུགས་སོ། །

བླ་བྲོལ་པ་འཛིགས་མེད་རྡོ་རྗེས་སྒྲུབ།

པོད་གཅིག བྲིས་མ། དབུ་ཅན། ཡིག་ཕྲེང་ལྔ་ཅན། གློགས་བམ། ཤོག་རྒྱ། ཞེང་38.6cm×དཀྱུས་8.2cm སྣེ་ཐིག་རྒྱ། ཞེང་31.2cm×དཀྱུས་4.7cm

炼丹传承加持

1函 写本 乌金体 5行 梵夹装 开本：宽38.6cm×高8.2cm 版框：宽31.2cm×高4.7cm

540000-0000023

༄། །སྨན་གྱི་གཅེས་བསྡུས་སྣ་ཚོགས་ནས་བྱུང་བའི་སྡེ་དགེའི་བླ་སྨན་གྱི་བསྒྱུ་ཁའི་ཆ་ཚད་ལེགས་པ་བཞུགས་སོ། །

པོད་གཅིག བྲིས་མ། དཔེ་ཚུགས། ཡིག་ཕྲེང་དགུ་ཅན། གླེགས་བམ། ཤོག་རྒྱ། ཞེང་44.3cm×དཀྱུས་7.8cm སྣེ་ཐིག་རྒྱ། ཞེང་37.3cm×དཀྱུས་6cm

藏药各种精华之德格御医配制标准

1函 写本 柏簇体 9行 梵夹装 开本：宽44.3cm×高7.8cm 版框：宽37.3cm×高6cm

540000-0000024

༄། །གཏར་དཔྱད་ཡིད་བཞིན་ནོར་བུ་དགོས་འདོད་ཕྲེང་བ་བཞུགས་སོ། །

པོད་གཅིག བྲིས་མ། དཔེ་ཚུགས། ཡིག་ཕྲེང་བརྒྱད་ཅན། ལྡེབས་མགོ་མ། ཤོག་རྒྱ། ཞེང་31.3cm×དཀྱུས་9.7cm སྣེ་ཐིག་རྒྱ། ཞེང་22.1cm×དཀྱུས་6.8cm

放血诊断如意宝串

1函 写本 柏簇体 8行 开本：宽31.3cm×高9.7cm 版框：宽22.1cm×高6.8cm

540000-0000025

༄། །སྨན་སྒྲུབ་སྐབས་མཆོད་གཏོར་བཞེངས་རྒྱུའི་ཐོ་གཞི་བཞུགས་སོ། །

པོད་གཅིག བྲིས་མ། དབུ་ཅན། ཡིག་ཕྲེང་ལྔ་ཅན། ལྡེབས་མགོ་མ། ཤོག་རྒྱ། ཞེང་30.6cm×དཀྱུས་15cm སྣེ་ཐིག་རྒྱ། ཞེང་26cm×དཀྱུས་12cm

炼藏药之时供食仪轨笔记

1函 写本 乌金体 5行 缝绘装 开本：宽30.6cm×高15cm 版框：宽26cm×高12cm

540000-0000026

༄། །འཕགས་པ་ཤེས་རབ་ཀྱི་ཕ་རོལ་ཏུ་ཕྱིན་པ་བརྒྱད་སྟོང་པ། །

པོད་གཅིག གསེར་བྲིས་མ། དབུ་ཅན། ཡིག་ཕྲེང་བདུན་ཅན། གླེགས་བམ། ཤོག་ཀྱུ། ཞེང་70cm×དཀྱུས་22.5cm སྙེ་ཤིག་ཀྱུ། ཞེང་58.2cm×དཀྱུས་9cm

般若波罗蜜多经八千颂

1函 金汁写本 乌金体 7行 梵夹装 开本：宽70cm×高22.5cm 版框：宽58.2cm×高9cm

ལྷོ་ཁ་ས་ཁུལ་རྒྱ་ཚ་རྫོང་ལྷ་སྡིང་ལྷ་ཁང་།

山南地区加查县拉顶拉康

540000-0000001

༄། །མགོན་དཀར་ཡིད་བཞིན་ནོར་བུ་རྒྱལ་ཆེན་རྣམ་ཐོས་སྲས་རྗེ་མོ་ཚེ་རིང་མཆེད་ལྔ་བཅས་ཀྱི་གཡང་ཆོག་དགོས་འདོད་ཆར་འབེབས་ཞེས་བྱ་བའི་ནོར་བུའི་རྗེ་ཤལ་བཞུགས་སོ། །

པོད་གཅིག བྲིས་མ། དབུ་ཅན། ཡིག་ཕྲེང་བདུན་ཅན། གླེགས་བམ། ཤོག་ཀྱུ། ཞེང་36cm×དཀྱུས་11cm སྙེ་ཤིག་ཀྱུ། ཞེང་30cm×དཀྱུས་6cm

护法神多闻天及觉母次仁眷属招财仪轨如意降雨

1函 写本 乌金体 7行 梵夹装 开本：宽36cm×高11cm 版框：宽30cm×高6cm

540000-0000002

༄། །དཔལ་འཁོར་ལོ་སྡོམ་པའི་དྲིལ་བུ་ལྷ་ལྔའི་སྒྲུབ་ཐབས་བདེ་ཆེན་དབང་གི་རྒྱལ་པོའི་བླ་བརྒྱུད་དང་བདག་མདུན་ཚོགས་མཆོད་བུམ་དབང་སྨོན་ལམ་ཤིས་བརྗོད་དང་བཅས་པ་མཁར་ཆོས་སྒྲིང་གི་ཕྱག་བཞེས་ལྟར་བཀོད་པ་བཞུགས་སོ། །

ཤཱཀྱའི་དགེ་སློང་བློ་བཟང་བསྐལ་བཟང་རྒྱ་མཚོས་སྦྱར།

པོད་གཅིག བྲིས་མ། དབུ་ཅན། ཡིག་ཕྲེང་བདུན་ཅན། གླེགས་བམ། ཤོག་གྲྭ། ཞེང་34.5cm×དཀྱུས་10cm སྣེ་ཐིག་གྲྭ། ཞེང་32cm×དཀྱུས་8cm

吉祥时轮派五神修法大乐王上师传承及自行法会坚持宝瓶颂诵

释迦比丘洛桑加措善造

1函 写本 乌金体 7行 梵夹装 开本：宽34.5cm×高10cm 版框：宽32cm×高8cm

540000-0000003

༄། །ལྟ་སྤྱོད་རྣམ་པར་དག་པས་དབེན་གནས་རི་བོ་ལྷ་སྙིང་དགོན་གྱིས་ཆོས་སྤྱོད་རབ་གསལ་བྱ་བ་བཞུགས་སོ། །

པོད་གཅིག བྲིས་མ། དབུ་ཅན། ཡིག་ཕྲེང་བདུན་ཅན། གླེགས་བམ། ཤོག་གྲྭ། ཞེང་33.5cm×དཀྱུས་11.6cm སྣེ་ཐིག་གྲྭ། ཞེང་26cm×དཀྱུས་8.5cm

见行观正理静地之日欧拉顶寺法事明晰

1函 写本 乌金体 7行 梵夹装 开本：宽33.5cm×高8.5cm 版框：宽26cm×高8.5cm

540000-0000004

༄། །དཔལ་གསང་བ་འདུས་པ་མི་བསྐྱོད་པའི་ཞི་བའི་སྦྱིན་སྲེག་གི་ཆོ་ག་ལག་ཏུ་བླང་བདེ་བ་བཞུགས་སོ། །

པོད་གཅིག བྲིས་མ། དབུ་ཅན། ཡིག་ཕྲེང་དྲུག་ཅན། གླེགས་བམ། ཤོག་རྒྱ། ཞེང་35cm×དཀྱུས་10cm སྣེ་ཤིག་རྒྱ། ཞེང་30cm×དཀྱུས་4cm

圣密集不动佛静火供仪轨

1函 写本 乌金体 6行 梵夹装 开本：宽35cm×高10cm 版框：宽30cm×高4cm

540000-0000005

༄། །རྒྱལ་བའི་བསྟན་སྲུང་ཆེན་པོ་མྱུར་མཛད་བཞུགས་སོ། །

 པོད་གཅིག བྲིས་མ། དཔེ་ཚུགས། ཡིག་ཕྲེང་ལྔ་ཅན། གླེགས་བམ། ཤོག་རྒྱ། ཞེང་43cm×དཀྱུས་10cm སྣེ་ཤིག་རྒྱ། ཞེང་39cm×དཀྱུས་7cm

佛教护法神速请

1函 写本 柏簇体 5行 梵夹装 开本：宽43cm×高10cm 版框：宽39cm×高7cm

540000-0000006

༄། །ཆོས་སྐྱོང་སྤྱིའི་བསྐང་བ་མཁར་ཆོས་ནོར་གྱི་ཕྱག་བཞེས་ལྟར་བཀླག་ཆོག་འདོན་བསྒྲིགས་ནག་པོ་འགྲོ་ཤེས་སུ་བཀོད་པ་བཞུགས་སོ། །

པོད་གཅིག བྲིས་མ། དབུ་ཅན། ཡིག་ཕྲེང་དྲུག་ཅན། གླེགས་བམ། ཤོག་རྒྱ། ཞེང་43cm×དཀྱུས་10.6cm སྣེ་ཤིག་རྒྱ། ཞེང་40.7cm×དཀྱུས་8.5cm

护法神酬补仪轨·卡曲诺实践理论

1函 写本 乌金体 6行 梵夹装 开本：宽43cm×高10.6cm 版框：宽40.7cm×高8.5cm

540000-0000007

༄། །དབྱངས་ཡིག།

བོད་གཅིག ཁྲིས་མ། དཔེ་ཚུགས། ཡིག་ཕྲེང་བཞི་ཅན། ལྷེབས་མགོ་མ། ཤོག་རྒྱ། ཞེང་8.2cm×དཀྱུས་16.9cm

呗谱

1函 写本 柏簇体 4行 缝绘装 开本：宽8.2cm×高16.9cm

540000-0000008

༄༅། །མགོན་དཀར་ཡིད་བཞིན་ནོར་བུ་རྒྱལ་ཆེན་རྣམ་སྲས་རྗེ་མོ་ཚེ་རིང་མཆེད་ལྔ་བཅས་ཀྱི་གཡང་ཆོག་དགོས་འདོད་ཆར་འབེབས་མ་ཞེས་བྱ་བའི་ནོར་བུའི་རྗེ་ཤལ་བཞུགས་སོ།།

བོད་གཅིག ཁྲིས་མ། དབུ་ཅན། ཡིག་ཕྲེང་བདུན་ཅན། གླེགས་བམ། ཤོག་རྒྱ། ཞེང་31.8cm×དཀྱུས་11.7cm སྣེ་ཐིག་རྒྱ། ཞེང་27.5cm×དཀྱུས་7.8cm

护法神多闻天及长寿姊妹招财如意降雨

1函 写本 乌金体 7行 梵夹装 开本：宽31.8cm×高11.7cm 版框：宽27.5cm×高7.8cm

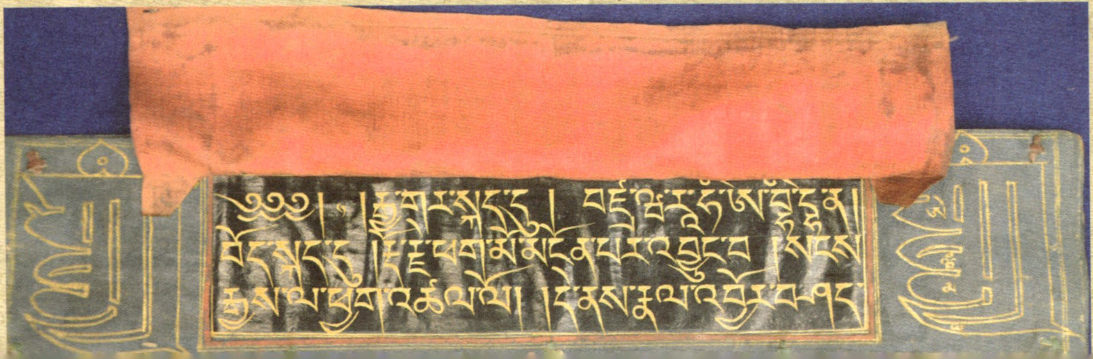

གནའ་དཔེའི་དབུ་ཤོག་ཞལ་ཁེབས།

古籍首叶护帘

540000-0000001

༄། །སེང་གེའི་གདོང་པ་ཅན་གྱི་མདོ།

པོད་གཅིག ཕྱར་མ། དབུ་ཅན། ཡིག་ཕྲེང་ལྔ་ཅན། ལྷེབས་མགོ་མ། ཤོག་རྒྱ། ཞེང་23cm×དཀྱུས་6.7cm སྣེ་ཐིག་རྒྱ། ཞེང་15.2cm×དཀྱུས་4.9cm

佛说狮子问经

1函 刻本 乌金体 5行 缝绘装 开本：宽23cm×高6.7cm 版框：宽15.2cm×高4.9cm

540000-0000002

༄། །དཔལ་ལྡན་དམག་ཟོར་རྒྱལ་མོའི་སྐྱེར་བསང་བྱ་ཚུལ་བཞུགས་སོ། །

པོད་གཅིག བྲིས་མ། དབུ་ཅན། ཡིག་ཕྲེང་དྲུག་ཅན། ལྷེབས་མགོ་མ། ཤོག་རྒྱ། ཞེང་29cm×དཀྱུས་11.8cm སྣེ་ཐིག་རྒྱ། ཞེང་26cm×དཀྱུས་7.9cm

吉祥玛苏杰母煨桑仪轨

1函 写本 乌金体 6行 缝绘装 开本：宽29cm×高11.8cm 版框：宽26cm×高7.9cm

540000-000003

༄། །འཕགས་པ་ཤེས་རབ་ཀྱི་ཕ་རོལ་ཏུ་ཕྱིན་པ་རྡོ་རྗེ་གཅོད་པ་ཞེས་བྱ་བའི་མདོ།།

རྒྱ་གར་གྱི་མཁན་པོ་ཤི་ལེན་དྲ་བོ་དྷི་དང་ཞུ་ཆེན་གྱི་ལོ་ཙཱ་བ་བན་དེ་ཡེ་ཤེས་སྡེས་སྒྱུར་བ་ཞུས་ནས་གཏན་ལ་ཕབ་པའོ།།

པོད་གཅིག བྲིས་མ། དབུ་ཅན། ཡིག་ཕྲེང་བཞི་ཅན། གླེགས་བམ། ཤོག་རྒྱ། ཞེང་24.3cm×དཀྱུས་7.5cm སྣེ་ཐིག་རྒྱ། ཞེང་21.2cm×དཀྱུས་4.7cm

大般若波罗蜜多经第九会

1函 写本 乌金体 4行 梵夹装 开本：宽24.3cm×高7.5cm 版框：宽21.2cm×高4.7cm

540000-0000004

༄། །ཟབ་མོ་རྟེན་འབྱུང་གསུང་བའི་སྒོ་ནས་བསྟོད་པ་ལེགས་བཤད་སྙིང་པོ་བཞུགས་སོ།།

པོད་གཅིག སྤར་མ། དབུ་ཅན། ཡིག་ཕྲེང་བཞི་ཅན། གླེགས་བམ། ཤོག་རྒྱ། ཞེང་24cm×དཀྱུས་7cm སྣེ་ཐིག་རྒྱ། ཞེང་20.2cm×དཀྱུས་5.3cm

缘起理赞

1函 刻本 乌金体 5行 梵夹装 开本：宽24cm×高7cm 版框：宽20.2cm×高5.3cm

540000-0000005

༄། །དཔལ་ལྡན་ལྷ་མོའི་སྐོང་བཤང་དང་བསྐང་བཤགས་ཚོགས་མཆོད་འབྲུགས་བསྐོངས་བཅས་བསྒྲུས་པ་བཞུགས་སོ།།

པོད་གཅིག བྲིས་མ། དབུ་ཅན། ཡིག་ཕྲེང་དགུ་ཅན། ལྟེབས་མགོ་མ། ཤོག་རྒྱ། ཞེང་27.2cm×དཀྱུས་19.7cm སྣེ་ཐིག་རྒྱ། ཞེང་23.5cm×དཀྱུས་5.6cm

吉祥天母煨桑、酬补、忏悔等仪轨集

1函 写本 乌金体 9行 缝绘装 开本：宽27.2cm×高19.7cm 版框：宽23.5cm×高5.6cm

སྣ་དཀར་རྩེ་རྫོང་། 浪卡子县

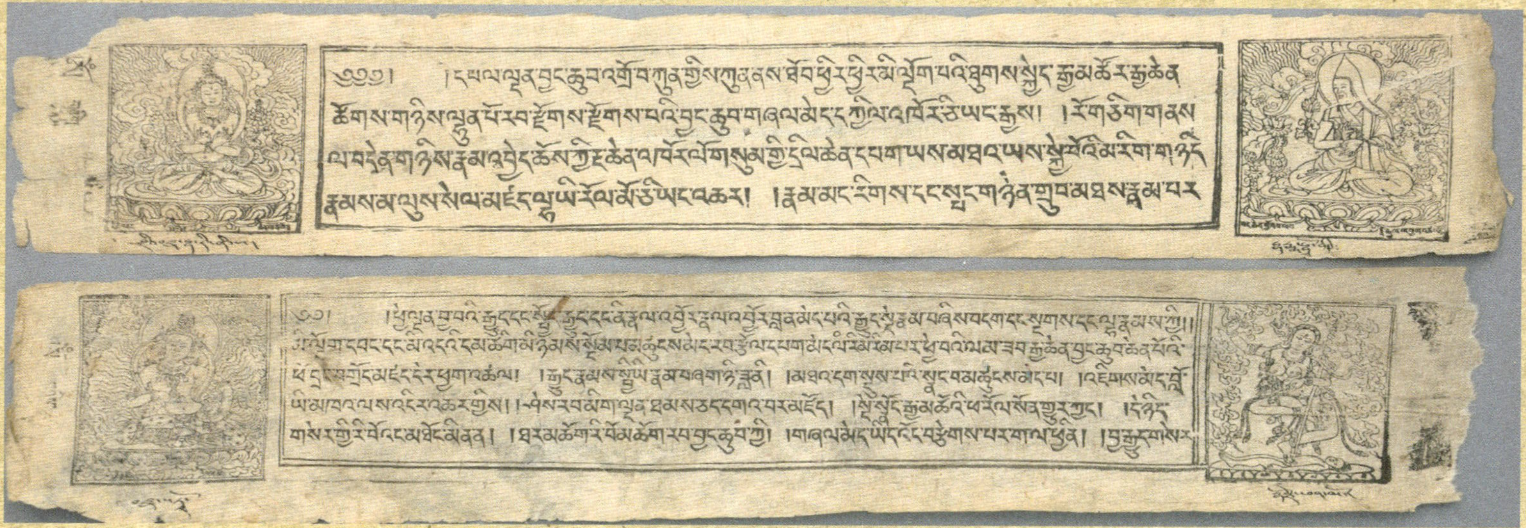

དུས་རབས་17-18པའི་སྣ་དཀར་རྩེའི་སྤར་མ་བོ་དོང་པཎ་ཆེན་གྱི་གསུང་།

17-18 世纪朗卡子刻本博东班庆文集

ལྷོ་ཁ་ས་ཁུལ་སྣ་དཀར་རྩེ་རྫོང་སྟག་ལུང་ཐར་གླིང་ཆོས་སྡེ་དགོན།

山南地区浪卡子县达隆塔尔林曲德寺

540000–0000001

༄། །བསོད་ནམས་སྟོབས་ཀྱི་རྟོགས་པ་བརྗོད་པ། །

མང་དུ་ཐོས་པའི་ལོ་ཙྪ་བ་ཤཱཀྱའི་དགེ་སློང་ཉི་མ་རྒྱལ་མཚན་དཔལ་བཟང་པོས་གཙུག་ལག་ཁང་ཆེན་པོ་དཔལ་ཐར་པ་གླིང་དུ་བསྒྱུར་ཅིང་ཞུས་ཏེ་གཏན་ལ་ཕབ་པའོ། །

པོད་གཅིག སྤར་མ། དབུ་ཅན། ཡིག་ཕྲེང་བདུན་ཅན། གླེགས་བམ། ཤོག་རྒྱ། ཞེང་61.5cm × དཀྱུས་17.1cm སྣེ་ཐིག་རྒྱ། ཞེང་57.4cm × དཀྱུས་10.8cm

佛本生传

多闻译师尼玛坚参译

1函 刻本 乌金体 7行 梵夹装 开本：宽61.5cm × 高17.1cm 版框：宽57.4cm × 高10.8cm

540000-0000002

༄། །སྟོང་ཆེན་པོ་རབ་ཏུ་འཇོམས་པ་ཞེས་བྱ་བའི་མདོ། །

པོད་གཅིག གསེར་དངུལ་བྲིས་མ། དབུ་ཅན། ཡིག་ཕྲེང་དྲུག་ཅན། གླེགས་བམ། ཤོག་རྒྱ། ཞེང་58cm×དཀྱུས་14.6cm སྣེ་ཐིག་རྒྱ། ཞེང་50.6cm×དཀྱུས་10cm

佛说守护大千国土经

1函 金银汁写本 乌金体 6行 梵夹装 开本：宽58cm × 高14.6cm 版框：宽50.6cm × 高10cm

540000－0000003

༄། །འཕགས་པ་ཤེས་རབ་ཀྱི་ཕ་རོལ་ཏུ་ཕྱིན་པ་རྡོ་རྗེ་གཅོད་པ་ཞེས་བྱ་བའི་མདོ། །

པོད་གཅིག གསེར་དངུལ་བྲིས་མ། དབུ་ཅན། ཡིག་ཕྲེང་བརྒྱད་ཅན། གླེགས་བམ། ཤོག་གྲངས། ཞེང་65.8cm × དཀྱུས་24.3cm སྣེ་ཐིག་གྲངས། ཞེང་56.9cm × དཀྱུས་11.6cm

大般若波罗蜜多经第九会

1函 金银汁写本 乌金体 8行 梵夹装 开本：宽65.8cm × 高24.3cm 版框：宽56.9cm × 高11.6cm

ལྷོ་ཁ་ས་ཁུལ་སྣ་དཀར་རྩེ་རྫོང་བཤད་སྒྲུབ་དར་རྒྱས་ཆོས་གླིང་དགོན།

山南地区浪卡子县协珠达杰曲林寺

540000－0000001

༄། །རྗེ་རང་བྱུང་རྡོ་རྗེས་མཛད་པའི་གཅོད་ཀྱི་ཚོགས་ལས་རིན་པོ་ཆེའི་ཕྲེང་བ་འདོན་བསྒྲིགས་བལྟས་མཆོག་ཏུ་བཀོད་པ་གཅོད་ཀྱི་ལུགས་སོར་བཞག་བཞུགས་སོ། །

པོད་གཅིག སྤར་མ། དབུ་ཅན། ཡིག་ཕྲེང་ལྔ་ཅན། གླེགས་བམ། ཤོག་གྲངས། ཞེང་43.3cm × དཀྱུས་8.3cm སྣེ་ཐིག་གྲངས། ཞེང་36.6cm × དཀྱུས་5.7cm

至尊让琼多杰造能断业集宝串

1函 刻本 乌金体 6行 梵夹装 开本：宽43.3cm × 高8.3cm 版框：宽36.6cm × 高5.7cm

540000－0000002

༄། །དཔལ་དེ་ཁོ་ན་ཉིད་འདུས་པའི་གསུང་རབ་ཀྱི་རྒྱ་མཚོ་ཆེན་པོ་ལས་འཇམ་དཔལ་གཤིན་རྗེའི་རྒྱུད་ནས་བསྟུས་པའི་ཞི་རྒྱས་དབང་དྲག་གི་སྦྱིན་བསྲེགས་ནག་པོ་འགྲོ་ཤེས་བཞུགས་སོ། །

པོད་གཅིག བྲིས་མ། དཔེ་ཚུགས་དང་ཚུགས་མ་འཁྱུག ། ཡིག་ཕྲེང་དྲུག་ཅན། གླེགས་བམ། ཤོག་གྲངས། ཞེང་32.7cm × དཀྱུས་9.3cm སྣེ་ཐིག་གྲངས། ཞེང་29.6cm × དཀྱུས་6.1cm

伯东大师文集之文殊阎王续静怒火供仪轨诠释

1函 写本 柏簇体和草写体 6行 梵夹装 开本：宽32.7cm × 高9.3cm 版框：宽29.6cm × 高6.1cm

540000-0000003

༄། །གཡང་འགུག་ཕུན་ཚོགས་བཀྲ་ཤིས་མ་བཞུགས་སོ།།

པོད་གཅིག བྲིས་མ། དཔེ་ཚུགས། ཡིག་ཕྲེང་དྲུག་ཅན། གླེགས་བམ། ཤོག་ཀྱུ། ཞེང་36.1cm × དཀྱུས་9.7cm སྣེ་ཐིག་ཀྱུ། ཞེང་30.1cm × དཀྱུས་5.2cm

招财引福经

1函 写本 柏簇体 6行 梵夹装 开本：宽36.1cm × 高9.7cm 版框：宽30.1cm × 高5.2cm

17-18པའི་གསེར་བྲིས།

17-18 世纪金汁写本文献

540000-0000004

༄། །བྱིན་མོང་བརྟེན་འབྲེལ་སྒྲིག་བྱེད་ལྷ་རྣམས་ཉམས་པའི་བསང་གི་ཆོ་ག་བདེ་ལེགས་ཀུན་འབྱུང་བཞུགས་སོ། །

པོད་གཅིག བྲིས་མ། དཔེ་ཚུགས། ཡིག་ཕྲེང་ལྔ་ཅན། གླེགས་བམ། ཤོག་ཀྱི། ཞེང་35.8cm × དཀྱུས་9.2cm སྣེ་ཐིག་ཀྱི། ཞེང་30.2cm × དཀྱུས་6cm

生缘起诸佛煨桑仪轨幸福之源

1函 写本 柏簇体 5行 梵夹装 开本：宽62.4cm × 高17.4cm 版框：宽56.2cm × 高10cm

ལྷོ་ཁ་ས་ཁུལ་སྣ་དཀར་རྩེ་རྫོང་བྲག་ར་དགོན།

山南地区浪卡子县扎热寺

540000-0000001

༄། །སྡིག་པ་ཐམས་ཅད་བཤགས་པའི་མདོ། །

པོད་གཅིག གསེར་བྲིས་མ། དབུ་ཅན། ཡིག་ཕྲེང་ལྔ་ཅན། གླེགས་བམ། ཤོག་ཀྱི། ཞེང་25.5cm × དཀྱུས་8.6cm སྣེ་ཐིག་ཀྱི། ཞེང་22.2cm × དཀྱུས་5.5cm

忏悔经

1函 金汁写本 乌金体 5行 梵夹装 开本：宽25.5cm × 高8.6cm 版框：宽22.2cm × 高5.5cm

540000-0000002

༄། །འཕགས་པ་ཤེས་རབ་ཀྱི་ཕ་རོལ་ཏུ་ཕྱིན་པ་རྡོ་རྗེ་གཅོད་པ་ཞེས་བྱ་བ་ཐེག་པ་ཆེན་པོའི་མདོ། །

པོད་གཅིག གསེར་བྲིས་མ། དབུ་ཅན། ཡིག་ཕྲེང་ལྔ་ཅན། གླེགས་བམ། ཤོག་ཀྱི། ཞེང་25.6cm × དཀྱུས་8.5cm སྣེ་ཐིག་ཀྱི། ཞེང་20.1cm × དཀྱུས་5.6cm

大般若波罗蜜多经第九会

1函 金汁写本 乌金体 5行 梵夹装 开本：宽25.6cm × 高8.5cm 版框：宽20.1cm × 高5.6cm

ལྷོ་ཁ་ས་ཁུལ་སྣ་དཀར་རྩེ་རྫོང་བསམ་ལྡིང་དགོན།

山南地区浪卡子县桑顶寺

540000-0000001

༄། །ཤེས་རབ་ཀྱི་ཕ་རོལ་ཏུ་ཕྱིན་པ་སྟོང་ཕྲག་ཉེར་ལྔ། །

པོད་གཅིག དངུལ་བྲིས་མ། དབུ་ཅན། ཡིག་ཕྲེང་བརྒྱད་ཅན། གླེགས་བམ། ཤོག་རྒྱ། ཞེང་69.8cm × དཀྱུས་26.5cm སྙེ་ཐིག་རྒྱ། ཞེང་61.5cm × དཀྱུས་10.1cm

般若波罗蜜多经两万五千颂

ng函 银汁写本 乌金体 8行 梵夹装 开本：宽69.8cm × 高26.5cm 版框：宽61.5cm × 高10.1cm

ལྷོ་ཁ་ས་ཁུལ་སྣ་དཀར་རྩེ་རྫོང་བསམ་ལྡིང་དགོན་གྱི་རྒྱལ་མཚན་ལྷུན་རྫོགས་ཀྱི་ཉར་ཚགས།

山南地区浪卡子县桑顶寺坚参伦都个人收藏

540000-0000001

༄། །འཕགས་པ་ཤེས་རབ་ཀྱི་ཕ་རོལ་ཏུ་ཕྱིན་པ་བརྒྱད་སྟོང་། །

པོད་གཅིག གསེར་དངུལ་བྲིས་མ། དབུ་ཅན། ཡིག་ཕྲེང་བརྒྱད་ཅན། གླེགས་བམ། ཤོག་རྒྱ། ཞེང་70.1cm × དཀྱུས་28.7cm སྙེ་ཐིག་རྒྱ། ཞེང་63.1cm × དཀྱུས་10.9cm

般若波罗蜜多经八千颂

1函 金银汁写本 乌金体 8行 梵夹装 开本：宽70.1cm × 高28.7cm 版框：宽63.1cm × 高10.9cm

540000–0000001

༄། །ལྷ་མོའི་བསྐང་བཤགས། །

པོད་གཅིག བྲིས་མ། དཔེ་ཚུགས ཡིག་ཕྲེང་བདུན་ཅན། གླེགས་བམ། ཤོག་རྒྱ། ཞེང་35.1cm × དཀྱུས་10.3cm སྙེ་ཤིག་རྒྱ། ཞེང་29.8cm × དཀྱུས་6cm

吉祥天母酬补及忏悔仪轨

1函 写本 柏族体 7行 梵夹装 开本：宽35.1cm × 高10.3cm 版框：宽29.8cm × 高6cm

540000–0000002

༄། །གདུགས་དཀར་མོའི་སྒོམ་བཟླས་བདེ་བ་ཅན་གྱི་ཞིང་དུ་བགྲོད་པའི་གདམས་པ་བཞུགས་སོ། །

པོད་གཅིག བྲིས་མ། དཔེ་ཚུགས་དང་ཚུགས་མ་འཁྱུག། ཡིག་ཕྲེང་དྲུག་ཅན། གླེགས་བམ། ཤོག་རྒྱ། ཞེང་28.6cm × དཀྱུས་6.5cm སྙེ་ཤིག་རྒྱ། ཞེང་21.2cm × དཀྱུས་3cm

白伞盖母修诵入极乐世界教诲

1函 写本 柏族体和草写体 乌金体 6行 梵夹装 开本：宽28.6cm × 高6.5cm 版框：宽21.2cm × 高3cm

540000–0000003

༄། །བོད་ཀྱི་རྗེ་མོ་ཡེ་ཤེས་མཚོ་རྒྱལ་གྱི་མཛད་ཚུལ་རྣམ་པར་ཐར་པ་ཞེས་བྱ་བ་བཞུགས་སོ། །

པོད་གཅིག བྲིས་མ། དཔེ་ཚུགས། ཡིག་ཕྲེང་དྲུག་ཅན། གླེགས་བམ། ཤོག་རྒྱ། ཞེང་35.8cm × དཀྱུས་8.7cm སྙེ་ཤིག་རྒྱ། ཞེང་31.9cm × དཀྱུས་4.8cm

空行母益西措杰传

1函 写本 柏族体 6行 梵夹装 开本：宽35.8cm × 高8.7cm 版框：宽31.9cm × 高4.8cm

ལྷོ་ཁ་ས་ཁུལ་སྣ་དཀར་རྩེ་རྫོང་འོང་མགོ་ལྷ་ཁང་མི་སྒེར་གྱི་ཉར་ཚགས།
山南地区浪卡子县翁果拉康个人收藏

540000−0000001
༄། །བྱང་གཏེར་ཐུགས་སྒྲུབ་མཐིང་ཀ་དྲག་པོ་རྩལ་གྱི་བསྙེན་པ་བཞུགས་སོ། །
པོད་གཅིག   བྲིས་མ། དཔེ་ཚུགས། ཡིག་ཕྲེང་བདུན་ཅན། གླེགས་བམ།
ཤོག་རྒྱ། ཞེང་47.8cm × དཀྱུས་7.2cm སྣེ་ཐིག་རྒྱ། ཞེང་41.3cm × དཀྱུས་4cm
北藏心修法廷噶扎布赞念修
1函 写本 柏族体 7行 梵夹装 开本：宽47.8cm × 高7.2cm 版框：宽41.3cm × 高4cm

540000−0000001
༄། །བོད་ཀྱི་རྗེ་མོ་ཡེ་ཤེས་མཚོ་རྒྱལ་གྱི་མཛད་ཚུལ་རྣམ་པར་ཐར་པ་རྒྱུད་མང་དྲི་ཟའི་གླུ་ཕྲེང་བ་བཞུགས་སོ། །
པོད་གཅིག བྲིས་མ། དཔེ་ཚུགས། ཡིག་ཕྲེང་དྲུག་ཅན། གླེགས་བམ། ཤོག་རྒྱ། ཞེང་51.5cm × དཀྱུས་6.9cm སྣེ་ཐིག་རྒྱ། ཞེང་46.5cm × དཀྱུས་3.2cm
觉母益西措杰传记・妙音
1函 写本 柏族体 6行 梵夹装 开本：宽51.5cm × 高6.9cm 版框：宽46.5cm × 高3.2cm

540000−0000001
༄། །འཕགས་པ་ཤེས་རབ་ཀྱི་ཕ་རོལ་ཏུ་ཕྱིན་པ་རྡོ་རྗེ་གཅོད་པ་ཞེས་བྱ་བ་ཐེག་པ་ཆེན་པོའི་མདོ། །
པོད་གཅིག བྲིས་མ། དཔེ་ཅན། ཡིག་ཕྲེང་ལྔ་ཅན། གླེགས་བམ། ཤོག་རྒྱ། ཞེང་23.2cm × དཀྱུས་8.2cm སྣེ་ཐིག་རྒྱ། ཞེང་17.1cm × དཀྱུས་5.4cm
大般若波罗蜜多经第九会
k函 刻本 乌金体 5行 梵夹装 开本：宽23.2cm × 高8.2cm 版框：宽17.1cm × 高5.4cm

འབུར་བརྐོས་ཕུན་སུམ་ཚོགས་པའི་གླེགས་ཤིང་།

精美雕刻护经板

སྣང་དཀར་རྩེ་རྫོང་ཁམས་ར་དགོན།

浪卡子县康热寺

540000–0000001

༄། །འཕགས་པ་ཤེས་རབ་ཀྱི་ཕ་རོལ་ཏུ་ཕྱིན་པ་བརྒྱད་སྟོང་།།

པོད་གཅིག གསེར་དངུལ་བྲིས་མ། དབུ་ཅན། ཡིག་ཕྲེང་བདུན་ཅན། གླེགས་བམ། ཤོག་གྲ། ཞེང་63cm × དཀྱུས་18.8cm སྣེ་ཤིག་གྲ། ཞེང་57cm × དཀྱུས་11.4cm

般若波罗蜜多经八千颂

1函 金银汁写本 乌金体 7行 梵夹装 开本：宽63cm × 高18.8cm 版框：宽57cm × 高11.4cm

540000-0000002

༄། །བར་དོའི་ངོ་སྤྲོད་བཞུགས་སོ། །

པོད་གཅིག སྤར་མ། དབུ་ཅན། ཡིག་ཕྲེང་ལྔ་ཅན། གླེགས་བམ། ཤོག་ཀྱུ། ཞེང་30.5cm × དཀྱུས་8.4cm སྙེ་ཐིག་ཀྱུ། ཞེང་27cm × དཀྱུས་5.8cm

阴间介绍

1函 刻本 乌金体 5行 梵夹装 开本：宽30.5cm × 高8.4cm 版框：宽27cm × 高5.8cm

སྣ་དཀར་རྩེ་རྫོང་ཡོན་བུ་རྡོ་དགོན།

浪卡子县阿扎乡雍布岛寺

540000-0000001

༄། །ཆོས་སྐྱོང་བའི་རྒྱལ་པོ་སྲོང་བཙན་སྒམ་པོའི་བཀའ་འབུམ་ལས་སྨད་ཀྱི་ཆ་ཞལ་གདམས་སྐོར་བཞུགས་སོ། །

པོད་གཅིག སྤར་མ། དབུ་ཅན། ཡིག་ཕྲེང་དྲུག་ཅན། གླེགས་བམ། ཤོག་ཀྱུ། ཞེང་54.7cm × དཀྱུས་10.1cm སྙེ་ཐིག་ཀྱུ། ཞེང་50cm × དཀྱུས་6cm

法王松赞干布文集之教戒下

1函 刻本 乌金体 6行 梵夹装 开本：宽54.7cm × 高10.1cm 版框：宽50cm × 高6cm

540000-0000001

༄། །ཆོས་སྐྱོང་བའི་རྒྱལ་པོ་སྲོང་བཙན་སྒམ་པོའི་བཀའ་འབུམ་ལས་སྨད་ཀྱི་ཆ་ཞལ་གདམས་ཀྱི་སྐོར་བཞུགས་སོ། །

པོད་གཅིག་ཆ་མི་ཚང་། སྤར་མ། དབུ་ཅན། ཡིག་ཕྲེང་དྲུག་ཅན། གླེགས་བམ། ཤོག་ཀྱུ། ཞེང་54.7cm × དཀྱུས་10.1cm སྙེ་ཐིག་ཀྱུ། ཞེང་50cm × དཀྱུས་6cm

法王松赞干布文集之教戒下

1函不全 刻本 乌金体 6行 梵夹装 开本：宽54.7cm × 高10.1cm 版框：宽50cm × 高6cm

540000—0000002

༄། །རིག་འཛིན་པདྨ་གླིང་པའི་བཀའ་འབུམ། །

པོད་གཅིག སྤར་མ། དབུ་ཅན། ཡིག་ཕྲེང་དྲུག་ཅན། གླེགས་བམ། ཤོག་རྒྱ། ཞེང་39.4cm × དཀྱུས་8.3cm སྙེ་ཐིག་རྒྱ། ཞེང་35cm × དཀྱུས་4.6cm

仁增白玛林巴文集

1函 刻本 乌金体 6行 梵夹装 开本：宽39.4cm × 高8.3cm 版框：宽35cm × 高4.6cm

540000—0000003

༄། །གཏེར་སྟོན་པད་མ་གླིང་པའི་རྣམ་ཐར་འོད་ཟེར་ཀུན་མཛེས་ནོར་བུའི་ཕྲེང་བ་ཞེས་བྱ་བ་བཞུགས་སོ། །

པོད་གཅིག སྤར་མ། དབུ་ཅན། ཡིག་ཕྲེང་དྲུག་ཅན། གླེགས་བམ། ཤོག་རྒྱ། ཞེང་40.8cm × དཀྱུས་8.2cm སྙེ་ཐིག་རྒྱ། ཞེང་37.2cm × དཀྱུས་4.5cm

伏藏大师白玛林巴传记

1函 刻本 乌金体 6行 梵夹装 开本：宽40.8cm × 高8.2cm 版框：宽37.2cm × 高4.5cm

540000—0000004

༄། །པདྨ་གླིང་པའི་བཀའ་འབུམ་ལས་བླ་མ་དྲག་པོའི་སྐོར།

པོད་གཅིག བྲིས་མ། དབུ་ཅན། ཡིག་ཕྲེང་བདུན་ཅན། གླེགས་བམ། ཤོག་རྒྱ། ཞེང་38.5cm × དཀྱུས་7cm སྙེ་ཐིག་རྒྱ། ཞེང་34.5cm × དཀྱུས་4.5cm

白玛林巴文集之怒上师

1函 写本 乌金体 7行 梵夹装 开本：宽38.5cm × 高7cm 版框：宽34.5cm × 高4.5cm

540000—0000005

༄། །ཚུལ་ཁྲིམས་རྡོ་རྗེ་ཕྲེང་བའི་ལས་བྱང་དོན་གསལ་མེ་ལོང་བཞུགས་སོ། །

པོད་གཅིག བྲིས་མ། དཔེ་ཚུགས། ཡིག་ཕྲེང་དྲུག་ཅན། གླེགས་བམ། ཤོག་རྒྱ། ཞེང་34cm × དཀྱུས་6.8cm སྙེ་ཐིག་རྒྱ། ཞེང་30cm × དཀྱུས་3.7cm

次成多吉臣瓦羯摩明晰

1函 写本 柏簇体 6行 梵夹装 开本：宽34cm × 高6.8cm 版框：宽30cm × 高3.7cm

540000—0000006

༄། །རྗེ་རང་བྱུང་རྡོ་རྗེས་མཛད་པའི་གཅོད་ཀྱི་ཚོགས་ལས་རིན་པོ་ཆེའི་ཕྲེང་བའི་འདོན་བསྒྲིགས།།

པོད་གཅིག སྤར་མ། དབུ་ཅན། ཡིག་ཕྲེང་དྲུག་ཅན། གླེགས་བམ། ཤོག་རྒྱ། ཞེང་44.5cm × དཀྱུས་8.6cm སྣེ་ཐིག་རྒྱ། ཞེང་34.5cm × དཀྱུས་6.6cm

至尊让穷多吉造能断业集宝鬘诵读

1函 刻本 乌金体 6行 梵夹装 开本：宽44.5cm × 高8.6cm 版框：宽34.5cm × 高6.6cm

540000—0000007

༄། །རྗེ་གླིང་རས་པའི་བཀའ་འབུམ།།

པོད་གཅིག བྲིས་མ། དཔེ་ཚུགས། ཡིག་ཕྲེང་དྲུག་ཅན། གླེགས་བམ། ཤོག་རྒྱ། ཞེང་40.3cm × དཀྱུས་6.5cm སྣེ་ཐིག་རྒྱ། ཞེང་35.2cm × དཀྱུས་3.5cm

至尊林热文集

1函 写本 柏簇体 6行 梵夹装 开本：宽40.3cm × 高6.5cm 版框：宽35.2cm × 高3.5cm

540000—0000008

༄། །བར་དོའི་ཁྲིད།།

པོད་གཅིག སྤར་མ། དབུ་ཅན། ཡིག་ཕྲེང་ལྔ་ཅན། གླེགས་བམ། ཤོག་རྒྱ། ཞེང་37.6cm × དཀྱུས་8.2cm སྣེ་ཐིག་རྒྱ། ཞེང་25.7cm × དཀྱུས་5.4cm

阴间教诲

1函 刻本 乌金体 5行 梵夹装 开本：宽37.6cm × 高8.2cm 版框：宽25.7cm × 高5.4cm

540000—0000009

༄། །སྙན་བརྒྱུད་ཆུང་ངུ་ཡི་ཞེས་རང་སྣང་བཞུགས་སོ།།

པོད་གཉིས། བྲིས་མ། དབུ་ཅན། ཡིག་ཕྲེང་བཅུ་གཉིས་ཅན། གླེགས་བམ། ཤོག་རྒྱ། ཞེང་38.2cm × དཀྱུས་8.3cm སྣེ་ཐིག་རྒྱ། ཞེང་36.5cm × དཀྱུས་6cm

耳传小册

2函 写本 乌金体 12行 梵夹装 开本：宽38.2cm × 高8.3cm 版框：宽36.5cm × 高6cm

540000—0000010

༄། །ལྷ་ལུང་ཆོས་ཀྱི་དགའ་ཚལ་ཐེག་མཆོག་རབ་རྒྱས་གླིང་གི་རིག་འཛིན་འདུས་པའི་སྒོ་རྗེས་འབྲང་དང་བཅས་པའི་ཉམས་བཞེས་ཆོས་སྤྱོད་ཀྱི་རིམ་པ་རྣམས་བཞུགས་སོ།།

པོད་གཅིག སྤར་མ། དབུ་ཅན། ཡིག་ཕྲེང་དྲུག་ཅན། གླེགས་བམ། ཤོག་རྒྱ། ཞེང་49.5cm × དཀྱུས་8.5cm སྣེ་ཐིག་རྒྱ། ཞེང་45cm × དཀྱུས་5.8cm

拉隆曲噶才饶杰林仁增堆白大师弟子实践法事工序

1函 刻本 乌金体 6行 梵夹装 开本：宽49.5cm × 高8.5cm 版框：宽45cm × 高5.8cm

540000—0000011

༄། །ཀློང་ཆེན་ནམ་མཁའི་རྣལ་འབྱོར་གྱི་གསུང་འབུམ་ཐོར་བུ་ལས་བསྐྱེད་རྫོགས་སྒོམ་ཕྱོགས་དྲིས་ལན་དང་ཞལ་གདམས་རྣམས་ཕྱོགས་སུ་བསྡེབས་པ་བཞུགས་སོ།།

པོད་གཅིག སྤར་མ། དབུ་ཅན། ཡིག་ཕྲེང་དྲུག་ཅན། གླེགས་བམ། ཤོག་རྒྱ། ཞེང་39cm × དཀྱུས་8.5cm སྣེ་ཐིག་རྒྱ། ཞེང་35.3cm × དཀྱུས་6.3cm

隆庆虚空瑜伽文集之生满修法答卷及教诲集

1函 刻本 乌金体 6行 梵夹装 开本：宽39cm × 高8.5cm 版框：宽35.3cm × 高6.3cm

540000−0000012

༄། །ས་སྐྱའི་གདུང་རབས་ཆེན་མོ་ནས་ཉེར་མཁོ་བསྡུས་པ་བཞུགས་སོ། །

པོད་གཅིག བྲིས་མ། དཔེ་ཚུགས། ཡིག་ཕྲེང་བདུན་ཅན། གླེགས་བམ། ཤོག་རྒྱ། ཞེང་29.3cm × དཀྱུས་18cm སྣེ་ཐིག་རྒྱ། ཞེང་25.3cm × དཀྱུས་12cm

萨迦世系志节选使用部分

1函 写本 柏簇体 7行 梵夹装 开本：宽29.3cm × 高18cm 版框：宽25.3cm × 高12cm

སྣ་དཀར་རྩེ་རྫོང་ཁ་རག་ཤང་འབྲུག་སྡེ་དགོན།

浪卡子县卡热乡周德寺

540000−0000001

༄། །མཁའ་རག་སྒྲུབ་སྡེ་བའི་བསྐང་གསོ་དང་འབྲེལ་ཆོ་ག་རྣམས་ཀྱི་རྣོལ་ཚོགས། །

པོད་གཅིག བྲིས་མ། དབུ་ཅན། ཡིག་ཕྲེང་དྲུག་ཅན། གླེགས་བམ། ཤོག་རྒྱ། ཞེང་46.6cm × དཀྱུས་7.7cm སྣེ་ཐིག་རྒྱ། ཞེང་28.7cm × དཀྱུས་4cm

卡拉朱德酬补相关仪轨

1函 写本 乌金体 6行 梵夹装 开本：宽46.6cm × 高7.7cm 版框：宽28.7cm × 高4cm

540000−0000002

༄། །ཀཱཛ་བཀའ་བརྒྱུད་དཔལ་འཁོར་ལོ་བསྡོམས་པ་དང་རྡོ་རྗེ་རྣམ་འབྱོར་མ་ཞལ་གདམས་བཞུགས་སོ། །

པོད་གཅིག བྲིས་མ། དབུ་ཅན། ཡིག་ཕྲེང་དྲུག་ཅན། གླེགས་བམ། ཤོག་རྒྱ། ཞེང་46.6cm × དཀྱུས་7.7cm སྣེ་ཐིག་རྒྱ། ཞེང་28.7cm × དཀྱུས་4cm

噶玛噶举派圣时轮及持金刚瑜伽教诲

1函 写本 乌金体 6行 梵夹装 开本：宽46.6cm × 高7.7cm 版框：宽28.7cm × 高4cm

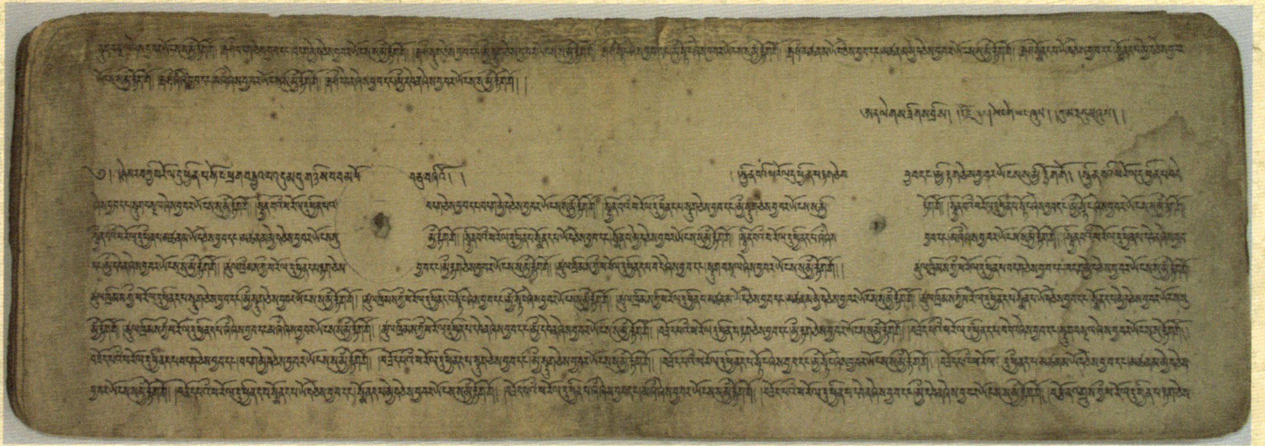

དུས་རབས་9-10པའི་ཤེར་ཕྱིན་བྲིས་མ།
9-10 世纪般若波罗蜜多经写本

ལྷོ་ཁ་ས་ཁུལ་ལྷུན་རྩེ་རྫོང་རྒྱ་ཡུལ་ཤང་བད་དཀར་དགོན།

山南地区隆子县加玉乡白嘎寺

540000-0000001

༄། །རྡོ་རྗེ་གཅོད་པ་བཞུགས་སོ། །

པོད་གཅིག སྤར་མ། དབུ་ཅན། ཡིག་ཕྲེང་ལྔ་ཅན། གློགས་བམ། ཤོག་རྒྱ། ཞེང་37.2cm×དཀྱུས་9.1cm སྙེ་ཤིག་རྒྱ། ཞེང་31.5cm×དཀྱུས་7cm

大般若波罗蜜多经

1函 刻本 乌金体 5行 梵夹装 开本：宽37.2cm×高9.1cm 版框：宽31.5cm×高7cm

540000-0000002

༄། །རྡོ་རྗེ་གཅོད་པ་བཞུགས་སོ། །

པོད་གཅིག སྤར་མ། དབུ་ཅན། ཡིག་ཕྲེང་ལྔ་ཅན། གློགས་བམ། ཤོག་རྒྱ། ཞེང་40cm×དཀྱུས་11.4cm སྙེ་ཤིག་རྒྱ། ཞེང་32cm×དཀྱུས་7.3cm

金刚经

1函 刻本 乌金体 5行 梵夹装 开本：宽40cm×高11.4cm 版框：宽32cm×高7.3cm

540000-0000003

༄། །དོན་གྱི་ངོ་བོ་དང་ཁྱད་པར་སྦྱར་ནས་སྟོན་པར་བྱེད་པ། །

པོད་གཅིག སྤར་མ། དབུ་ཅན། ཡིག་ཕྲེང་བརྒྱད་ཅན། གློགས་བམ། ཤོག་རྒྱ། ཞེང་63cm×དཀྱུས་9.3cm སྙེ་ཤིག་རྒྱ། ཞེང་58.6cm×དཀྱུས་7cm

藏文语法

ch函 刻本 乌金体 8行 梵夹装 开本：宽63cm×高9.3cm 版框：宽58.6cm×高7cm

540000-0000004

༄། །བཤེས་སྤྲིངས་རྣམ་བཤད་རོང་སྟོན་ཆོས་རྗེས་མཛད་པ་བཞུགས་སོ། །

པོད་གཅིག སྤར་མ། དབུ་ཅན། ཡིག་ཕྲེང་བརྒྱད་ཅན། གླེགས་བམ། ཤོག་རྒྱ། ཞེང་62.5cm×དཀྱུས་9.5cm སྣེ་ཐིག་རྒྱ། ཞེང་59.5cm×དཀྱུས་7.5cm

劝诫亲友书诠释荣顿法王造

1函 刻本 乌金体 8行 梵夹装 开本：宽62.5cm×高9.5cm 版框：宽59.5cm×高7.5cm

540000-0000005

༄། །དབུ་མ་རྩ་བའི་ལེའུར་བྱས་པ་ཞེས་བྱ་བ་བཞུགས་སོ། །

པོད་གཅིག སྤར་མ། དབུ་ཅན། ཡིག་ཕྲེང་དྲུག་ཅན། གླེགས་བམ། ཤོག་རྒྱ། ཞེང་61.5cm×དཀྱུས་9.2cm སྣེ་ཐིག་རྒྱ། ཞེང་57cm×དཀྱུས་6.3cm

中观根本论

1函 刻本 乌金体 6行 梵夹装 开本：宽61.5cm×高9.2cm 版框：宽57cm×高6.3cm

540000-0000006

༄། །མཆོག་གི་དང་པོའི་སངས་རྒྱས་ལས་ཕྱུང་བ་རྒྱུད་ཀྱི་རྒྱལ་པོ་དཔལ་དུས་ཀྱི་འཁོར་ལོ་ཞེས་བྱ་བ་བཞུགས་སོ། །

པོད་གཅིག སྤར་མ། དབུ་ཅན། ཡིག་ཕྲེང་བདུན་ཅན། གླེགས་བམ། ཤོག་རྒྱ། ཞེང་65cm×དཀྱུས་9.7cm སྣེ་ཐིག་རྒྱ། ཞེང་54cm×དཀྱུས་6.5cm

最胜本初佛说现本续王吉祥时轮

1函 刻本 乌金体 7行 梵夹装 开本：宽65cm×高9.7cm 版框：宽54cm×高6.5cm

540000-0000007

༄། །གསུང་ཐོར་བུ།

པོད་གཅིག སྤར་མ། དབུ་ཅན། ཡིག་ཕྲེང་དྲུག་ཅན། གླེགས་བམ། ཤོག་རྒྱ། ཞེང་58cm×དཀྱུས་9cm སྣེ་ཐིག་རྒྱ། ཞེང་53cm×དཀྱུས་6.2cm

散叶

1函 刻本 乌金体 6行 梵夹装 开本：宽58cm×高9cm 版框：宽53cm×高6.2cm

540000-0000008

༄། །གསང་སྔགས་རྡོ་རྗེ་ཐེག་པའི་འདུལ་བ་ཀུན་ལས་བཏུས་པ་རྩ་བའི་མདོ་བཞུགས་སོ། །

པོད་གཅིག སྤར་མ། དབུ་ཅན། ཡིག་ཕྲེང་བདུན་ཅན། གླེགས་བམ། ཤོག་རྒྱ། ཞེང་58cm×དཀྱུས་9cm སྣེ་ཐིག་རྒྱ། ཞེང་54cm×དཀྱུས་7.2cm

密金刚乘之毗奈耶根本

k函 刻本 乌金体 7行 梵夹装 开本：宽58cm×高9cm 版框：宽54cm×高7.2cm

540000-0000009

༄། །གསུང་ཐོར་བུ། །

པོད་གཅིག སྤར་མ། དབུ་ཅན། ཡིག་ཕྲེང་བདུན་ཅན། གླེགས་བམ། ཤོག་རྒྱ། ཞེང་64.5cm×དཀྱུས་9.2cm སྣེ་ཐིག་རྒྱ། ཞེང་44.5cm×དཀྱུས་6cm

散叶

1函 刻本 乌金体 7行 梵夹装 开本：宽64.5cm×高9.2cm 版框：宽44.5cm×高6cm

540000-0000010

༄། །འཕགས་པ་ལྷ་མོ་དཔལ་ཕྲེང་གི་སེང་གེའི་སྒྲ་ཞེས་བྱ་བ་ཐེག་པ་ཆེན་པོའི་མདོ་ཞུགས་སོ། །

བོད་གཅིག སྤར་མ། དབུ་ཅན། ཡིག་ཕྲེང་བདུན་ཅན། གླེགས་བམ། ཤོག་རྒྱ། ཞེང་52.3cm×དཀྱུས་10cm སྣེ་ཐིག་རྒྱ། ཞེང་48.2cm×དཀྱུས་6.6cm

大宝积经胜鬘夫人会第四十八

1函 刻本 乌金体 7行 梵夹装 开本：宽52.3cm×高10cm 版框：宽48.2cm×高6.6cm

540000-0000011

༄། །གསུང་ཐོར་བུ། །

བོད་གཅིག བྲིས་མ། དབུ་ཅན། ཡིག་ཕྲེང་བཅུ་གཅིག་ཅན། གླེགས་བམ། ཤོག་རྒྱ། ཞེང་62.3cm×དཀྱུས་9.2cm སྣེ་ཐིག་རྒྱ། ཞེང་56.2cm×དཀྱུས་7cm

散叶

1函 刻本 乌金体 11行 梵夹装 开本：宽62.3cm×高9.2cm 版框：宽56.2cm×高7cm

540000-0000012

༄། །གཟུངས་སྔགས་སྣ་ཚོགས། །

བོད་གཅིག སྤར་མ། དབུ་ཅན། ཡིག་ཕྲེང་བཅུ་གཅིག་ཅན། གླེགས་བམ། ཤོག་རྒྱ། ཞེང་61cm×དཀྱུས་9.2cm སྣེ་ཐིག་རྒྱ། ཞེང་51.2cm×དཀྱུས་7cm

陀罗尼经

1函 刻本 乌金体 11行 梵夹装 开本：宽37.5cm×高7.3cm 版框：宽33.9cm×高4.9cm

540000-0000013

༄། །ཚད་མ་ཀུན་ལ་བཏུས་པ་བཞུགས་སོ།།

བོད་གཅིག སྤར་མ། དབུ་ཅན། ཡིག་ཕྲེང་བཅུ་གཅིག་ཅན། གླེགས་བམ། ཤོག་རྒྱ། ཞེང་62cm×དཀྱུས་10cm སྣེ་ཐིག་རྒྱ། ཞེང་54.5cm×དཀྱུས་7cm

集量论

k函 刻本 乌金体 11行 梵夹装 开本：宽62cm×高10cm 版框：宽54.5cm×高7cm

540000-0000014

༄། །ཡེ་ཤེས་ཀྱི་མགོན་པོ་ཕྱག་བཞི་པའི་བསྟོད་པ་མདོར་བསྡུས་ཀུན་མཁྱེན་གསུང་གི་ཚིག་དོན་ཅུང་ཟད་བཤད་པ་བཞུགས་སོ།།

བོད་གཅིག སྤར་མ། དབུ་ཅན། ཡིག་ཕྲེང་བཅུ་གཅིག་ཅན། གླེགས་བམ། ཤོག་རྒྱ། ཞེང་37.5cm×དཀྱུས་7.3cm སྣེ་ཐིག་རྒྱ། ཞེང་33.9cm×དཀྱུས་4.9cm

智慧护法神四臂摄颂遍知讲授词义简略

kh函 刻本 乌金体 11行 梵夹装 开本：宽37.5cm×高7.3cm 版框：宽33.9cm×高4.9cm

540000-0000015

༄། །ཐེག་པ་ཆེན་པོ་དབུ་མ་རྣམ་པར་ངེས་པའི་བང་མཛོད་ལུང་དང་རིགས་པའི་རྒྱ་མཚོ་ལས་བདེན་པ་གཉིས་ཀྱི་ཁང་བཟང་ཆེན་པོར་བཏུག་པའི་ལེའུ་གསུམ་པ་བཞུགས་སོ།།

བོད་གཅིག སྤར་མ། དབུ་ཅན། ཡིག་ཕྲེང་བདུན་ཅན། གླེགས་བམ། ཤོག་རྒྱ། ཞེང་61.2cm×དཀྱུས་9cm སྣེ་ཐིག་རྒྱ། ཞེང་55cm×དཀྱུས་7.5cm

大乘中观决定论宝藏及教理之海·入胜二谛第三品

g函 刻本 乌金体 7行 梵夹装 开本：宽61.2cm×高9cm 版框：宽55cm×高7.5cm

540000-0000016

༄༅། །རྡོ་རྗེ་སྒྲ་དབྱངས་གླིང་གི་ཞལ་འདོན་དཔལ་རྡོ་རྗེ་འཇིགས་བྱེད་ཀྱི་ཚོགས་མཆོད་དགའ་སྟོན་འཛུམ་ཞལ་ཞེས་བྱ་བ་བཞུགས་སོ།།

པོད་གཅིག སྤར་མ། དབུ་ཅན། ཡིག་ཕྲེང་བདུན་ཅན། གླེགས་བམ། ཤོག་རྒྱ། ཞེང་48.6cm×དཀྱུས་8.8cm སྣེ་ཐིག་རྒྱ། ཞེང་45.2cm×དཀྱུས་6.1cm

金刚妙音林寺念诵·吉祥金刚无畏会供法会喜宴微笑

1函 刻本 乌金体 7行 梵夹装 开本：宽48.6cm×高8.8cm 版框：宽45.2cm×高6.1cm

540000-0000017

༄༅། །དཔལ་བརྟག་པ་གཉིས་པའི་རྒྱུད་ཀྱི་ཟིན་བྲིས་བཞུགས་སོ།།

པོད་གཅིག སྤར་མ། དབུ་ཅན། ཡིག་ཕྲེང་བཅུ་གཅིག་ཅན། གླེགས་བམ། ཤོག་རྒྱ། ཞེང་46.6cm×དཀྱུས་8.4cm སྣེ་ཐིག་རྒྱ། ཞེང་41.3cm×དཀྱུས་5.3cm

吉祥金刚续第二品笔记

1函 刻本 乌金体 7行 梵夹装 开本：宽46.6cm×高8.4cm 版框：宽41.3cm×高5.3cm

540000-0000018

༄༅། །དབུ་མ་རྩ་བར་ངེས་པའི་བང་མཛོད་རིག་པའི་རྒྱ་མཚོ་ལས་བོད་ཐུམ་ཐབས་ཤེས་ཟུང་འཇུག་བཤད་པའི་ལེའུ་བཅུ་པ་བཞུགས་སོ།།

པོད་གཅིག སྤར་མ། དབུ་ཅན། ཡིག་ཕྲེང་བཅུ་གཅིག་ཅན། གླེགས་བམ། ཤོག་རྒྱ། ཞེང་50cm×དཀྱུས་9.6cm སྣེ་ཐིག་རྒྱ། ཞེང་43.4cm×དཀྱུས་6.7cm

中观根本论宝藏教理之海 藏卷方便智慧相结合第十品

1函 刻本 乌金体 7行 梵夹装 开本：宽50cm×高9.6cm 版框：宽43.4cm×高6.7cm

540000-0000019

༄། །ཐུགས་སྲས་སྐྱུན་སྔ་རིན་ལྡན་གྱི་རྣམ་པར་ཐར་པ་རིན་པོ་ཆེའི་མགུལ་རྒྱན་ཞེས་བྱ་བ་བཞུགས་སོ། །

པོད་གཅིག ཤྲར་མ། དབུ་ཅན། ཡིག་ཕྲེང་བདུན་ཅན། གློགས་པམ། ཤོག་གྲྭ། ཞེང་48.5cm×དཀྱུས་8.1cm སྣེ་ཐིག་གྲྭ། ཞེང་44.4cm×དཀྱུས་6cm

心传弟子坚啊仁丹传记宝鬘

1函 刻本 乌金体 7行 梵夹装 开本：宽48.5cm×高8.1cm 版框：宽44.4cm×高6cm

540000-0000020

༄། །འཁོར་ལོ་སྡོམ་པའི་ལུས་དཀྱིལ་གྱི་མངོན་རྟོགས། །

པོད་གཅིག ཤྲར་མ། དབུ་ཅན། ཡིག་ཕྲེང་དྲུག་ཅན། གློགས་པམ། ཤོག་གྲྭ། ཞེང་47.5cm×དཀྱུས་8.5cm སྣེ་ཐིག་གྲྭ། ཞེང་43.5cm×དཀྱུས་6.4cm

轮律仪体曼荼罗现观

1函 刻本 乌金体 6行 梵夹装 开本：宽47.5cm×高8.5cm 版框：宽43.5cm×高6.4cm

540000-0000021

༄། །སློབ་དཔོན་གྱི་རྒྱུད་བླ་མ་རྣམ་པར་རིག་པ་ཅམ་གྱི་ཚུལ་དུ་བཀྲལ་པ། །

པོད་གཅིག ཤྲར་མ། དབུ་ཅན། ཡིག་ཕྲེང་བདུན་ཅན། གློགས་པམ། ཤོག་གྲྭ། ཞེང་64cm×དཀྱུས་9.8cm སྣེ་ཐིག་གྲྭ། ཞེང་59cm×དཀྱུས་6.8cm

上师讲授无上瑜伽概论

1函 刻本 乌金体 7行 梵夹装 开本：宽64cm×高9.8cm 版框：宽59cm×高6.8cm

540000-0000022

༄། །གསུང་ཐོར་བུ།

པོད་གཅིག སྤར་མ། དབུ་ཅན། ཡིག་ཕྲེང་བདུན་ཅན། གླེགས་བམ། ཤོག་གྲུ། ཞེང་49.6cm×དཀྱུས་9cm སྣེ་ཐིག་གྲུ། ཞེང་44cm×དཀྱུས་7cm

散叶

1函 刻本 乌金体 7行 梵夹装 开本：宽49.6cm×高9cm 版框：宽44cm×高7cm

540000-0000023

༄། །རོལ་མོ་སྣ་ཚོགས་དཀྲོལ་ཐབས།།

པོད་གཅིག སྤར་མ། དབུ་ཅན། ཡིག་ཕྲེང་བདུན་ཅན། གླེགས་བམ། ཤོག་གྲུ། ཞེང་48cm×དཀྱུས་8.2cm སྣེ་ཐིག་གྲུ། ཞེང་45cm×དཀྱུས་6.2cm

器乐技艺

1函 刻本 乌金体 7行 梵夹装 开本：宽48cm×高8.2cm 版框：宽45cm×高6.2cm

540000-0000024

༄། །གླང་པོའི་རྒྱལ་པོ་ལྟར་ཤིན་ཏུ་འདུལ་བ།།

པོད་གཅིག སྤར་མ། དབུ་ཅན། ཡིག་ཕྲེང་དྲུག་ཅན། གླེགས་བམ། ཤོག་གྲུ། ཞེང་51cm×དཀྱུས་10cm སྣེ་ཐིག་གྲུ། ཞེང་41cm×དཀྱུས་7cm

毗奈耶

1函 刻本 乌金体 6行 梵夹装 开本：宽51cm×高10cm 版框：宽41cm×高7cm

དུས་རབས་13པའི་ཧོར་སྤར་མ་ཚད་མ་རྣམ་འགྲེལ།

13 世纪元代刻本释量论

540000-0000025

༄། །གསུང་ཐོར་བུ། །

པོད་གཅིག སྤར་མ། དབུ་ཅན། ཡིག་ཕྲེང་བདུན་ཅན། གླེགས་བམ། ཤོག་གྲྭ། ཞེང་62cm×དཀྱུས་9.9cm སྣེ་ཐིག་གྲྭ། ཞེང་59.4cm×དཀྱུས་7cm

散叶

1函 刻本 乌金体 7行 梵夹装 开本：宽62cm×高9.9cm 版框：宽59.4cm×高7cm

540000-0000026

༄། །རྒྱ་བོད་ཧོར་སོགས་ཀྱི་མཆོག་དམན་བར་པ་རྣམས་ལ་འཕྲིན་ཡིག་སྙན་ངག་ཏུ་བཀོད་པ། །

བོད་གཅིག སྤར་མ། དབུ་ཅན། ཡིག་ཕྲེང་དྲུག་ཅན། གླེགས་བམ། ཤོག་རྒྱ། ཞེང་51.2cm×དཀྱུས་9.9cm སྣེ་ཐིག་རྒྱ། ཞེང་46.5cm×དཀྱུས་6.2cm

致汉藏蒙等僧俗官员信诗偈

1函 刻本 乌金体 6行 梵夹装 开本：宽51.2cm×高9.9cm 版框：宽46.5cm×高6.2cm

540000-0000027

༄། །གསུང་ཐོར་བུ། །

བོད་གཅིག སྤར་མ། དབུ་ཅན། ཡིག་ཕྲེང་བདུན་ཅན། གླེགས་བམ། ཤོག་རྒྱ། ཞེང་51cm×དཀྱུས་10cm སྣེ་ཐིག་རྒྱ། ཞེང་45cm×དཀྱུས་7cm

散叶

1函 刻本 乌金体 7行 梵夹装 开本：宽51cm×高10cm 版框：宽45cm×高7cm

540000-0000028

༄། །གསུང་ཐོར་བུ། །

བོད་གཅིག སྤར་མ། དབུ་ཅན། ཡིག་ཕྲེང་བདུན་ཅན། གླེགས་བམ། ཤོག་རྒྱ། ཞེང་51.5cm×དཀྱུས་11cm སྣེ་ཐིག་རྒྱ། ཞེང་42cm×དཀྱུས་7cm

散叶

1函 刻本 乌金体 7行 梵夹装 开本：宽51.5cm×高11cm 版框：宽42cm×高7cm

540000-0000029

༄། །གསུང་ཐོར་བུ།།

པོད་གཅིག སྤར་མ། དབུ་ཅན། ཡིག་ཕྲེང་བདུན་ཅན། གླེགས་བམ། ཤོག་ཀྱུ། ཞེང་51.2cm×དཀྱུས་10cm སྙེ་ཐིག་ཀྱུ། ཞེང་45cm×དཀྱུས་8cm

散叶

1函 刻本 乌金体 7行 梵夹装 开本：宽51.2cm×高10cm 版框：宽45cm×高8cm

540000-0000030

༄། །སྤྱང་སྟོང་ཕྱག་བརྒྱ་མ།།

པོད་གཅིག སྤར་མ། དབུ་ཅན། ཡིག་ཕྲེང་བདུན་ཅན། གླེགས་བམ། ཤོག་ཀྱུ། ཞེང་51.2cm×དཀྱུས་10cm སྙེ་ཐིག་ཀྱུ། ཞེང་44cm×དཀྱུས་7.2cm

诸佛菩萨名赞经

1函 刻本 乌金体 7行 梵夹装 开本：宽51.2cm×高10cm 版框：宽44cm×高7.2cm

540000-0000031

༄། །ཚད་མ་རྣམ་འགྲེལ་གྱི་ཚིགས་ལེའུར་བྱས་པ་བཞུགས་སོ།།

པོད་གཅིག སྤར་མ། དབུ་ཅན། ཡིག་ཕྲེང་བདུན་ཅན། གླེགས་བམ། ཤོག་ཀྱུ། ཞེང་58.5cm×དཀྱུས་9cm སྙེ་ཐིག་ཀྱུ། ཞེང་45cm×དཀྱུས་7cm

释量论

1函 刻本 乌金体 6行 梵夹装 开本：宽58.5cm×高9cm 版框：宽45cm×高7cm

540000-0000032

༄། །མངོན་རྟོགས་རྒྱན་གྱི་འགྲེལ་པ་སློབ་དཔོན་སེང་གེ་བཟང་པོས་མཛད་པ་བཞུགས་སོ།།

པོད་གཅིག སྤར་མ། དབུ་ཅན། ཡིག་ཕྲེང་བཅུ་གཅིག་ཅན། གླེགས་བམ། ཤོག་རྒྱ། ཞེང་58cm×དཀྱུས་9cm སྣེ་ཐིག་རྒྱ། ཞེང་44cm×དཀྱུས་7cm

现观庄严论诠释 狮子贤造

1函 刻本 乌金体 11行 梵夹装 开本：宽58cm×高9cm 版框：宽44cm×高7cm

540000-0000033

༄། །གསུང་ཐོར་བུ།།

པོད་གཅིག སྤར་མ། དབུ་ཅན། ཡིག་ཕྲེང་དྲུག་ཅན། གླེགས་བམ། ཤོག་རྒྱ། ཞེང་63.2cm×དཀྱུས་9cm སྣེ་ཐིག་རྒྱ། ཞེང་53cm×དཀྱུས་6.8cm

散叶

1函 刻本 乌金体 6行 梵夹装 开本：宽63.2cm×高9cm 版框：宽53cm×高6.8cm

540000-0000034

༄། །ཤེས་རབ་ཀྱི་ཕ་རོལ་ཏུ་ཕྱིན་པ།།

པོད་གཅིག བྲིས་མ། དབུ་ཅན། ཡིག་ཕྲེང་དྲུག་ཅན། གླེགས་བམ། ཤོག་རྒྱ། ཞེང་67.1cm×དཀྱུས་10.8cm སྣེ་ཐིག་རྒྱ། ཞེང་56.6cm×དཀྱུས་10cm

般若波罗蜜多经

ch函 写本 乌金体 7行 梵夹装 开本：宽67.1cm×高10.8cm 版框：宽56.6cm×高10cm

540000-0000035

༄། །ཞལ་གདམས། །

བོད་གཅིག བྲིས་མ། དཔེ་ཚུགས། ཡིག་ཕྲེང་བདུན་ཅན། གླེགས་བམ། ཤོག་གྲུ། ཞེང་48cm×དཀྱུས་7.5cm སྣེ་ཐིག་གྲུ། ཞེང་43.5cm×དཀྱུས་5.5cm

教戒集

1函 写本 柏簇体 7行 梵夹装 开本：宽48cm×高7.5cm 版框：宽43.5cm×高5.5cm

540000-0000036

༄། །གསུང་ཐོར་བུ། །

བོད་གཅིག བྲིས་མ། དཔེ་ཚུགས། ཡིག་ཕྲེང་བདུན་ཅན། གླེགས་བམ། ཤོག་གྲུ། ཞེང་47cm×དཀྱུས་8cm སྣེ་ཐིག་གྲུ། ཞེང་42cm×དཀྱུས་5cm

散叶

1函 写本 柏簇体 7行 梵夹装 开本：宽47cm×高8cm 版框：宽42cm×高5cm

540000-0000037

༄། །ཁྲི་གཟའ་སྐར་གྱི་རིའུ་མིག་བཞུགས་སོ། །

བོད་གཅིག བྲིས་མ། དཔེ་ཚུགས། ཡིག་ཕྲེང་བདུན་ཅན། གླེགས་བམ། ཤོག་གྲུ། ཞེང་47.5cm×དཀྱུས་8.2cm སྣེ་ཐིག་གྲུ། ཞེང་44cm×དཀྱུས་7cm

天文历算

1函 写本 柏簇体 7行 梵夹装 开本：宽47.5cm×高8.2cm 版框：宽44cm×高7cm

540000-0000038

༄། །ཤེས་རབ་ཀྱི་ཕ་རོལ་ཏུ་ཕྱིན་པ་བརྒྱད་སྟོང་པ། །

པོད་གཅིག སྤར་མ། དབུ་ཅན། ཡིག་ཕྲེང་བརྒྱད་ཅན། གླེགས་བམ། ཤོག་ཀྱུ། ཞེང་66cm×དཀྱུས་17.5cm སྣེ་ཐིག་ཀྱུ། ཞེང་57cm×དཀྱུས་10cm

般若波罗蜜多经八千颂

ph函 刻本 乌金体 8行 梵夹装 开本：宽66cm×高17.5cm 版框：宽57cm×高10cm

540000-0000039

༄། །བྱང་ཆུབ་སེམས་དཔའི་སྡེ་སྣོད་ཅེས་བྱ་བ་ཐེག་པ་ཆེན་པོའི་མདོ། །

པོད་གཅིག བྲིས་མ། དཔེ་ཚུགས། ཡིག་ཕྲེང་བརྒྱད་ཅན། གླེགས་བམ། ཤོག་ཀྱུ། ཞེང་66.5cm×དཀྱུས་21.5cm སྣེ་ཐིག་ཀྱུ། ཞེང་57cm×དཀྱུས་14.8cm

大乘菩萨藏

1函 写本 柏簇体 8行 梵夹装 开本：宽66.5cm×高21.5cm 版框：宽57cm×高14.8cm

540000-0000040

༄། །ཤེས་རབ་ཀྱི་ཕ་རོལ་ཏུ་ཕྱིན་པ་སྟོང་ཕྲག་བརྒྱ་པ། །

པོད་གཅིག བྲིས་མ། དཔེ་ཚུགས། ཡིག་ཕྲེང་བརྒྱད་ཅན། གླེགས་བམ། ཤོག་ཀྱུ། ཞེང་68cm×དཀྱུས་19.2cm སྣེ་ཐིག་ཀྱུ། ཞེང་59cm×དཀྱུས་12.3cm

般若波罗蜜多经十万颂

ph函 写本 柏簇体 8行 梵夹装 开本：宽68cm×高19.2cm 版框：宽59cm×高12.3cm

540000-0000041

༄། །ཉི་མ་དང་ཟླ་བའི་མདོ་བཞུགས་སོ།།

པོད་གཅིག སྤར་མ། དབུ་ཅན། ཡིག་ཕྲེང་བདུན་ཅན། གླེགས་བམ། ཤོག་ཀྱུ། ཞེང་49cm×དཀྱུས་15cm སྙེ་ཐིག་ཀྱི། ཞེང་38cm×དཀྱུས་11cm

佛说日月经

1函 刻本 乌金体 7行 梵夹装 开本：宽49cm×高15cm 版框：宽38cm×高11cm

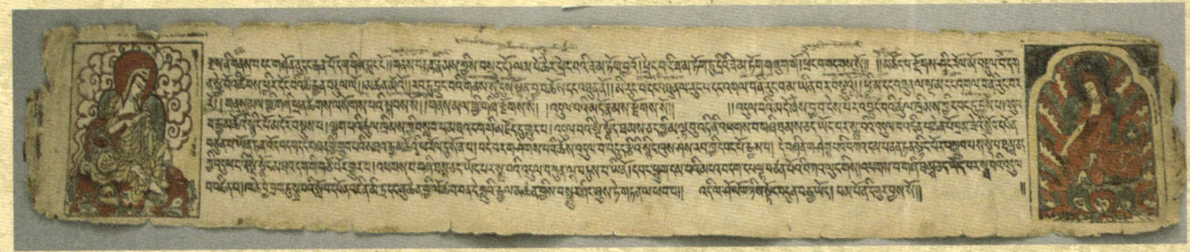

དུས་རབས་16པའི་སྤར་མ་འདུལ་བའི་མདོ།

16 世纪刻本律藏

540000-0000042

༄། །གཟུངས་སྔགས།།

པོད་གཅིག སྤར་མ། དབུ་ཅན། ཡིག་ཕྲེང་བདུན་ཅན། གླེགས་བམ། ཤོག་ཀྱུ། ཞེང་65cm×དཀྱུས་21.5cm སྙེ་ཐིག་ཀྱི། ཞེང་54cm×དཀྱུས་13.7cm

陀罗尼经

1函 刻本 乌金体 7行 梵夹装 开本：宽65cm×高21.5cm 版框：宽54cm×高13.7cm

540000-0000043

༄། །གསུང་ཐོར་བུ། །

པོད་གཅིག བྲིས་མ། དཔེ་ཚུགས། ཡིག་ཕྲེང་ལྔ་ཅན། གླེགས་བམ། ཤོག་རྒྱ། ཞེང་45.4cm×དཀྱུས་8.5cm སྣེ་ཤིག་རྒྱ། ཞེང་36cm×དཀྱུས་5.5cm

散叶

1函 写本 柏簇体 5行 梵夹装 开本：宽45.4cm×高8.5cm 版框：宽36cm×高5.5cm

540000-0000044

༄། །ཤེས་རབ་ཀྱི་ཕ་རོལ་ཏུ་ཕྱིན་པ་སྟོང་ཕྲག་བརྒྱ་པ། །

པོད་གཅིག བྲིས་མ། དབུ་ཅན། ཡིག་ཕྲེང་བདུན་ཅན། གླེགས་བམ། ཤོག་རྒྱ། ཞེང་70cm×དཀྱུས་24cm སྣེ་ཤིག་རྒྱ། ཞེང་57cm×དཀྱུས་12cm

般若波罗蜜多经十万颂

m函 写本 乌金体 7行 梵夹装 开本：宽70cm×高24cm 版框：宽57cm×高12cm

540000-0000045

༄། །པད་མ་དབང་ཆེན་གྱི་སྦྱིན་སྲེག་ཆོ་ག །

པོད་གཅིག བྲིས་མ། དཔེ་ཚུགས། ཡིག་ཕྲེང་བརྒྱད་ཅན། གླེགས་བམ། ཤོག་རྒྱ། ཞེང་36cm×དཀྱུས་11.5cm སྣེ་ཤིག་རྒྱ། ཞེང་29.5cm×དཀྱུས་9cm

白玛旺钦火供仪轨

1函 写本 柏簇体 8行 梵夹装 开本：宽36cm×高11.5cm 版框：宽29.5cm×高9cm

540000-0000046

༄། །སྐོར་མཛོད་དྲུག་པ་བཞུགས་སོ།།

པོད་གཅིག བྲིས་མ། དཔེ་ཚུགས། ཡིག་ཕྲེང་བརྒྱད་ཅན། གླེགས་བམ། ཤོག་རྒྱ། ཞེང་17cm×དཀྱུས་8cm སྙེ་ཐིག་རྒྱ། ཞེང་15cm×དཀྱུས་6cm

隆庆六藏

1函 写本 柏簇体 8行 梵夹装 开本：宽17cm×高8cm 版框：宽15cm×高6cm

540000-0000047

༄། །ཐོབ་ཡིག་བཞུགས་སོ།།

པོད་གཅིག བྲིས་མ། དཔེ་ཚུགས། ཡིག་ཕྲེང་བརྒྱད་ནས་དགུ་ཅན། གླེགས་བམ། ཤོག་རྒྱ། ཞེང་23cm×དཀྱུས་8cm སྙེ་ཐིག་རྒྱ། ཞེང་19cm×དཀྱུས་5.1cm

闻法录

1函 写本 柏簇体 8-9行 梵夹装 开本：宽23cm×高8cm 版框：宽19cm×高5.1cm

540000-0000048

༄། །ཤེས་རབ་ཀྱི་ཕ་རོལ་ཏུ་ཕྱིན་པ།།

པོད་གཅིག བྲིས་མ། དབུ་ཅན། ཡིག་ཕྲེང་བརྒྱད་ཅན། གླེགས་བམ། ཤོག་རྒྱ། ཞེང་70cm×དཀྱུས་27m སྙེ་ཐིག་རྒྱ། ཞེང་59cm×དཀྱུས་12.3cm

般若波罗蜜多经

t函 写本 乌金体 8行 梵夹装 开本：宽70cm×高27cm 版框：宽59cm×高12.3cm

540000-0000049

༄། །ཐོབ་ཡིག་ནམ་མཁའི་སྐོར་མཛོད་ཅེས་པ་ས་བྲག་ཆུ་དགོན་དུ་བཞུགས་སོ།།

པོད་གཅིག བྲིས་མ། དཔེ་ཚུགས། ཡིག་ཕྲེང་བཅུ་གཅིག་ཅན། གླེགས་བམ། ཤོག་ཀྱུ། ཞེང་33.2cm×དཀྱུས་7cm སྣེ་ཐིག་ཀྱུ། ཞེང་30cm×དཀྱུས་6cm

闻法虚空藏·萨扎曲寺藏

1函 写本 柏簇体 7行 梵夹装 开本：宽33.2cm×高7cm 版框：宽30cm×高6cm

540000-0000050

༄། །གསུང་ཐོར་བུ།།

པོད་གཅིག བྲིས་མ། དཔེ་ཚུགས། ཡིག་ཕྲེང་བདུན་ཅན། གླེགས་བམ། ཤོག་ཀྱུ། ཞེང་32cm×དཀྱུས་8.5cm སྣེ་ཐིག་ཀྱུ། ཞེང་27cm×དཀྱུས་6cm

散叶

1函 写本 柏簇体 7行 梵夹装 开本：宽32cm×高8.5cm 版框：宽27cm×高6cm

540000-0000051

༄། །རྡོ་རྗེ་སེམས་དཔའ་ལ་ཕྱག་འཚལ་ལོ།།

པོད་གཅིག བྲིས་མ། དཔེ་ཚུགས། ཡིག་ཕྲེང་བཅུ་ཅན། གླེགས་བམ། ཤོག་ཀྱུ། ཞེང་23cm×དཀྱུས་12cm སྣེ་ཐིག་ཀྱུ། ཞེང་18.2cm×དཀྱུས་8.2cm

顶礼金刚萨埵

1函 写本 柏簇体 10行 梵夹装 开本：宽23cm×高12cm 版框：宽18.2cm×高8.2cm

540000-0000052

༄། །བསྐྱེད་རིམ་ཕྱག་རྒྱའི་གསོལ་འདེབས། །

པོད་གཅིག བྲིས་མ། དཔེ་ཚུགས། ཡིག་ཕྲེང་བདུན་ཅན། གླེགས་བམ། ཤོག་རྒྱ། ཞེང་48cm×དཀྱུས་8.5cm སྣེ་ཐིག་རྒྱ། ཞེང་42cm×དཀྱུས་5.3cm

生起次第手印祈愿

1函 写本 柏簇体 7行 梵夹装 开本：宽48cm×高8.5cm 版框：宽42cm×高5.3cm

540000-0000053

༄། །སྡིག་བཤགས་གསེར་གྱི་སྤུ་གྲི་ཞེས་བྱ་བཞུགས་སོ། །

པོད་གཅིག བྲིས་མ། དབུ་ཅན། ཡིག་ཕྲེང་བདུན་ཅན། གླེགས་བམ། ཤོག་རྒྱ། ཞེང་47cm×དཀྱུས་14cm སྣེ་ཐིག་རྒྱ། ཞེང་40cm×དཀྱུས་9cm

忏悔金利剑

1函 写本 乌金体 7行 梵夹装 开本：宽47cm×高14cm 版框：宽40cm×高9cm

540000-0000054

༄། །འཕགས་པ་འདུས་པ་རིན་པོ་ཆེའི་ཏོག་ཅེས་བྱ་བའི་གཟུངས་བཞུགས་སོ། །

པོད་གཅིག བྲིས་མ། དབུ་ཅན། ཡིག་ཕྲེང་ལྔ་ཅན། གླེགས་བམ། ཤོག་རྒྱ། ཞེང་45cm×དཀྱུས་12.9cm སྣེ་ཐིག་རྒྱ། ཞེང་39cm×དཀྱུས་8cm

宝星陀罗尼经

1函 写本 乌金体 5行 梵夹装 开本：宽45cm×高12.9cm 版框：宽39cm×高8cm

540000-0000055

༄། །བཤགས་པ་ཐམས་ཅད་ཀྱི་རྒྱུད་དྲི་མ་མེད་པའི་རྒྱལ་པོ་ཞེས་བྱ་བ་བཞུགས་སོ།།

པོད་གཅིག བྲིས་མ། དབུ་ཅན། ཡིག་ཕྲེང་དྲུག་ཅན། གླེགས་བམ། ཤོག་རྒྱ། ཞེང་48.2cm×དཀྱུས་14cm སྙེ་ཐིག་རྒྱ། ཞེང་41.5cm×དཀྱུས་9.2cm

忏悔续无垢王

1函 写本 乌金体 6行 梵夹装 开本：宽48.2cm×高14cm 版框：宽41.5cm×高9.2cm

540000-0000056

༄། །ན་རག་དོང་སྤྲུགས་བཞུགས་སོ།།

པོད་གཅིག བྲིས་མ། དབུ་ཅན། ཡིག་ཕྲེང་དྲུག་ཅན། གླེགས་བམ། ཤོག་རྒྱ། ཞེང་48cm×དཀྱུས་14cm སྙེ་ཐིག་རྒྱ། ཞེང་39.3cm×དཀྱུས་9.9cm

铲除地狱经

1函 写本 乌金体 6行 梵夹装 开本：宽48cm×高14cm 版框：宽39.3cm×高9.9cm

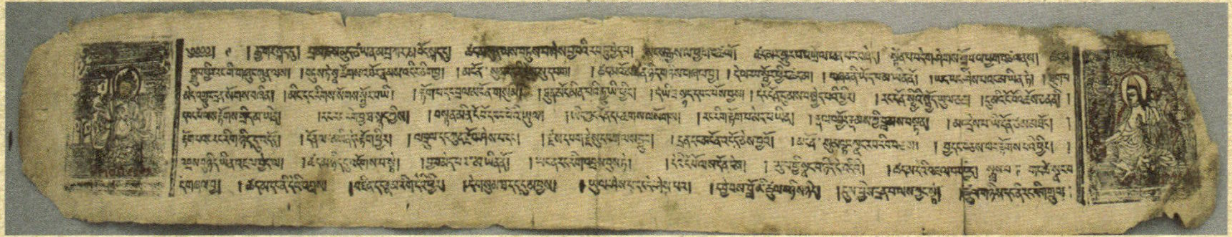

དུས་རབས་16པའི་སྤར་མ་ཚད་མ་ཀུན་བཏུས།

16世纪刻本集量论

540000-0000057

༄། །གསུང་ཐོར་བུ།།

བོད་གཅིག ཁྲིས་མ། དབུ་ཅན། ཡིག་ཕྲེང་དྲུག་ཅན། གླེགས་བམ། ཤོག་རྒྱ། ཞེང་37.5cm×དཀྱུས་13.9cm སྙེ་ཐིག་རྒྱ། ཞེང་30cm×དཀྱུས་9cm

散叶

1函 写本 乌金体 6行 梵夹装 开本：宽37.5cm×高13.9cm 版框：宽30cm×高9cm

540000-0000058

༄། །འཕགས་པ་འཇམ་དཔལ་གྱི་མཚན་ཡང་དག་པར་བརྗོད་པ།།

154 བོད་གཅིག གསེར་དངུལ་ཁྲིས་མ། དབུ་ཅན། ཡིག་ཕྲེང་བཅུ་གཅིག་ཅན། གླེགས་བམ། ཤོག་རྒྱ། ཞེང་47cm×དཀྱུས་14cm སྙེ་ཐིག་རྒྱ། ཞེང་41cm×དཀྱུས་8cm

佛说菩萨真实名赞

1函 金银汁写本 乌金体 5行 梵夹装 开本：宽47cm×高14cm 版框：宽41cm×高8cm

540000-0000059

༄། །འཕགས་པ་དགེ་བའི་རྩ་བ་ཡོངས་སུ་འཛིན་པ་ཞེས་བྱ་བ་བཞུགས་སོ།།

བོད་གཅིག གསེར་དངུལ་ཁྲིས་མ། དབུ་ཅན། ཡིག་ཕྲེང་བརྒྱད་ཅན། གླེགས་བམ། ཤོག་རྒྱ། ཞེང་70.6cm×དཀྱུས་21.5cm སྙེ་ཐིག་རྒྱ། ཞེང་60cm×དཀྱུས་12.5cm

佛说持善根经

1函 金银汁写本 乌金体 8行 梵夹装 开本：宽70.6cm×高21.5cm 版框：宽60cm×高12.5cm

540000-0000060

༄། །འཇིག་རྟེན་སྐྱོང་བའི་བདག་མོའི་མདོ། །

པོད་གཅིག བྲིས་མ། དབུ་ཅན། ཡིག་ཕྲེང་བཅུ་གཅིག་ཅན། གླེགས་བམ། ཤོག་ཀྲུ། ཞེང་56cm×དཀྱུས་10cm སྣེ་ཐིག་ཀྲུ། ཞེང་53cm×དཀྱུས་9cm

世间女神经

1函 写本 乌金体 11行 梵夹装 开本：宽56cm×高10cm 版框：宽53cm×高9cm

540000-0000061

༄། །འདུལ་བའི་མདོ། །

པོད་གཅིག བྲིས་མ། དབུ་ཅན། ཡིག་ཕྲེང་དྲུག་ནས་བདུན་ཅན། གླེགས་བམ། ཤོག་ཀྲུ། ཞེང་65cm×དཀྱུས་13cm སྣེ་ཐིག་ཀྲུ། ཞེང་57.2cm×དཀྱུས་10cm

毗奈耶经

1函 写本 乌金体 7-6行 梵夹装 开本：宽37.5cm×高7.3cm 版框：宽33.9cm×高4.9cm

540000-0000062

༄། །གསུང་ཐོར་བུ། །

པོད་གཅིག བྲིས་མ། དཔེ་ཚུགས། ཡིག་ཕྲེང་ལྔ་ཅན། གླེགས་བམ། ཤོག་ཀྲུ། ཞེང་68cm×དཀྱུས་11cm སྣེ་ཐིག་ཀྲུ། ཞེང་61cm×དཀྱུས་9cm

散叶

1函 写本 柏簇体 5行 梵夹装 开本：宽37.5cm×高7.3cm 版框：宽33.9cm×高4.9cm

540000-0000063

༄། །དཔལ་སངས་རྒྱས་ཐོད་པ་ཞེས་བྱ་བ་རྣལ་འབྱོར་མའི་རྒྱུད་ཀྱི་རྒྱལ་པོ་བཞུགས་སོ། །

པོད་གཅིག བྲིས་མ། དབུ་ཅན། ཡིག་ཕྲེང་བདུན་ཅན། གླེགས་བམ། ཤོག་རྒྱ། ཞེང་57cm×དཀྱུས་10cm སྣེ་ཐིག་རྒྱ། ཞེང་53.5cm×དཀྱུས་7.5cm

吉祥佛顶盖瑜伽母续王

1函 写本 乌金体 7行 梵夹装 开本：宽57cm×高10cm 版框：宽53.5cm×高7.5cm

540000-0000064

༄། །དབུས་མཐའི་ཊཱིག་ཀཱ། །

 པོད་གཅིག བྲིས་མ། དབུ་ཅན། ཡིག་ཕྲེང་བདུན་ཅན། གླེགས་བམ། ཤོག་རྒྱ། ཞེང་64cm×དཀྱུས་10cm སྣེ་ཐིག་རྒྱ། ཞེང་59cm×དཀྱུས་8cm

辩中边论颂诠释

1函 写本 乌金体 7行 梵夹装 开本：宽64cm×高10cm 版框：宽59cm×高8cm

540000-0000065

༄། །གསུང་ཐོར་བུ། །

པོད་གཅིག བྲིས་མ། དབུ་ཅན། ཡིག་ཕྲེང་དྲུག་ཅན། གླེགས་བམ། ཤོག་རྒྱ། ཞེང་67.4cm×དཀྱུས་11.8cm སྣེ་ཐིག་རྒྱ། ཞེང་60cm×དཀྱུས་8.2cm

散叶

1函 写本 乌金体 6行 梵夹装 开本：宽67.4cm×高11.8cm 版框：宽60cm×高8.2cm

540000-0000066

༄། །དཔལ་སངས་རྒྱས་ཐོད་པའི་རྒྱུད་ཀྱི་དཀའ་འགྲེལ་ཡེ་ཤེས་ལྡན་པ་ཞེས་བྱ་བ་བཞུགས་སོ། །

པོད་གཅིག བྲིས་མ། དཔེ་ཚུགས། ཡིག་ཕྲེང་བརྒྱད་ཅན། གླེགས་བམ། ཤོག་གྲྭ། ཞེང་62cm×དཀྱུས་12cm སྣེ་ཐིག་གྲྭ། ཞེང་58cm×དཀྱུས་9cm

吉祥佛顶盖瑜伽本续王疑难解

1函 写本 柏簇体 8行 梵夹装 开本：宽62cm×高12cm 版框：宽58cm×高9cm

540000-0000067

༄། །ཕྱག་གི་འགྲེལ་པ་ཆེན་པོ་གསལ་བའི་སྒྲོན་མེ། །

པོད་གཅིག བྲིས་མ། དཔེ་ཚུགས། ཡིག་ཕྲེང་བརྒྱད་ཅན། གླེགས་བམ། ཤོག་གྲྭ། ཞེང་61cm×དཀྱུས་10cm སྣེ་ཐིག་གྲྭ། ཞེང་51cm×དཀྱུས་6.8cm

甲恰经注释明灯

1函 写本 柏簇体 8行 梵夹装 开本：宽61cm×高10cm 版框：宽51cm×高6.8cm

540000-0000068

༄། །དབུ་མ་རྒྱན་གྱི་སྤྱི་དོན་བསྡུས་པ། །

པོད་གཅིག བྲིས་མ། དཔེ་ཚུགས། ཡིག་ཕྲེང་དགུ་ཅན། གླེགས་བམ། ཤོག་གྲྭ། ཞེང་66cm×དཀྱུས་12cm སྣེ་ཐིག་གྲྭ། ཞེང་61.5cm×དཀྱུས་9cm

中观庄严总论

1函 写本 柏簇体 9行 梵夹装 开本：宽66cm×高12cm 版框：宽61.5cm×高9cm

540000-0000069

༄། །དཔལ་ཁ་སྦྱོར་ཞེས་བྱ་བའི་རྒྱུད་ཀྱི་རྒྱལ་པོའི་རྒྱ་ཆེར་འགྲེལ་པ་མན་ངག་གི་སྙེ་མ་ཞེས་བྱ་བ་བཞུགས་སོ།།

པོད་གཅིག བྲིས་མ། དཔེ་ཚུགས། ཡིག་ཕྲེང་བདུན་ཅན། གླེགས་བམ། ཤོག་རྒྱ། ཞེང་61cm×དཀྱུས་9cm སྣེ་ཐིག་རྒྱ། ཞེང་58cm×དཀྱུས་6.7cm

金刚和合续王广释秘诀穗

1函 写本 柏簇体 7行 梵夹装 开本：宽61cm×高9cm 版框：宽58cm×高6.7cm

540000-0000070

༄། །བླ་མའི་གདམས་ངག།

 པོད་གཅིག བྲིས་མ། དཔེ་ཚུགས། ཡིག་ཕྲེང་བདུན་ཅན། གླེགས་བམ། ཤོག་རྒྱ། ཞེང་33cm×དཀྱུས་8cm སྣེ་ཐིག་རྒྱ། ཞེང་27.1cm×དཀྱུས་5.5cm

上师言教

1函 写本 柏簇体 7行 梵夹装 开本：宽33cm×高8cm 版框：宽27.1cm×高5.5cm

540000-0000071

༄། །འདུལ་བའི་མདོ་མཚོ་སྣ་ཆེན་པོའི་མཆན་བུས་བཏབ་པ་བཞུགས་སོ།།

པོད་གཅིག བྲིས་མ། དབུ་ཅན། ཡིག་ཕྲེང་བཅུ་གཅིག་ཅན། གླེགས་བམ། ཤོག་རྒྱ། ཞེང་68cm×དཀྱུས་12cm སྣེ་ཐིག་རྒྱ། ཞེང་64cm×དཀྱུས་9cm

律经根本律诠释

1函 写本 乌金体 4行 梵夹装 开本：宽68cm×高12cm 版框：宽64cm×高9cm

540000-0000072

༄། །རྣལ་འབྱོར་སྤྱོད་པའི་རྒྱན་བཞུགས་སོ། །

བོད་གཅིག བྲིས་མ། དཔེ་ཚུགས། ཡིག་ཕྲེང་དགུ་ཅན། གླེགས་བམ། ཤོག་རྒྱ། ཞེང་63.3cm×དཀྱུས་10cm སྣེ་ཐིག་རྒྱ། ཞེང་57cm×དཀྱུས་7cm

瑜伽行庄严论

1函 写本 柏簇体 9行 梵夹装 开本：宽63.3cm×高10cm 版框：宽57cm×高7cm

540000-0000073

༄། །བླ་མ་དགོངས་པ་འདུས་པ་ལས་དགོངས་འདུས་རྩ་བའི་སྒྲུབ་པ་ནོར་བུ་པད་ཕྲེང་བཞུགས་སོ། །

བོད་གཅིག བྲིས་མ། དཔེ་ཚུགས། ཡིག་ཕྲེང་བདུན་ཅན། གླེགས་བམ། ཤོག་རྒྱ། ཞེང་33.5cm×དཀྱུས་8.1cm སྣེ་ཐིག་རྒྱ། ཞེང་28.5cm×དཀྱུས་6cm

上师教理集之修法教理宝串

1函 写本 柏簇体 7行 梵夹装 开本：宽33.5cm×高8.1cm 版框：宽28.5cm×高6cm

540000-0000074

༄། །ཆོས་མངོན་པ་མཛོད་ཀྱི་གཞུང་འགྲེལ་དང་བརྡའ་ཆད་ཕྲན་བུ་བཀོད་པ་བཞུགས་སོ། །

བོད་གཅིག བྲིས་མ། དཔེ་ཚུགས། ཡིག་ཕྲེང་བཅུ་གཅིག་ཅན། གླེགས་བམ། ཤོག་རྒྱ། ཞེང་51cm×དཀྱུས་8cm སྣེ་ཐིག་རྒྱ། ཞེང་47cm×དཀྱུས་6cm

阿毗达磨俱舍论正理诠释及部分词语注解

1函 写本 柏簇体 11行 梵夹装 开本：宽51cm×高8cm 版框：宽47cm×高6cm

540000-0000075

༄། །བསླབ་པ་ཀུན་ལས་བཏུས་པ།།

བོད་གཅིག བྲིས་མ། དཔེ་ཚུགས། ཡིག་ཕྲེང་བདུན་ཅན། གླེགས་བམ། ཤོག་ཀྱུ། ཞེང་66cm×དཀྱུས་10cm སྣེ་ཐིག་ཀྱི། ཞེང་63cm×དཀྱུས་7cm

集学论

1函 写本 柏簇体 7行 梵夹装 开本：宽66cm×高10cm 版框：宽63cm×高7cm

540000-0000076

༄། །དབུ་མ་རྒྱན་ཀྱི་ཆེར་འགྲེལ་པ།།

 བོད་གཅིག བྲིས་མ། དཔེ་ཚུགས། ཡིག་ཕྲེང་དགུ་ཅན། གླེགས་བམ། ཤོག་ཀྱུ། ཞེང་67.5cm×དཀྱུས་10cm སྣེ་ཐིག་ཀྱི། ཞེང་62.3cm×དཀྱུས་6cm

中观庄严广释

1函 写本 柏簇体 9行 梵夹装 开本：宽67.5cm×高10cm 版框：宽62.3cm×高6cm

540000-0000077

༄། །གསུང་ཐོར་བུ།།

བོད་གཅིག བྲིས་མ། དཔེ་ཚུགས། ཡིག་ཕྲེང་བཅུ་གཅིག་ཅན། གླེགས་བམ། ཤོག་ཀྱུ། ཞེང་39.5cm×དཀྱུས་7.5cm སྣེ་ཐིག་ཀྱི། ཞེང་35cm×དཀྱུས་5.5cm

散叶

1函 写本 柏簇体 7行 梵夹装 开本：宽39.5cm×高7.5cm 版框：宽35cm×高5.5cm

540000-0000078

༄། །བྱང་ཆུབ་ལམ་གྱི་སྒྲོན་མེ།།

པོད་གཅིག བྲིས་མ། དཔེ་ཚུགས། ཡིག་ཕྲེང་བདུན་ཅན། གླེགས་བམ། ཤོག་གྲྭ། ཞེང་64cm×དཀྱུས་11.5cm སྙེ་ཐིག་གྲྭ། ཞེང་59cm×དཀྱུས་9cm

菩提道灯论

1函 写本 柏簇体 7行 梵夹装 开本：宽64cm×高11.5cm 版框：宽59cm×高9cm

540000-0000079

༄། །ཤེར་ཕྱིན་གསལ་བྱེད་གནད་ཀྱི་སྒྲོན་མེ།།

པོད་གཅིག བྲིས་མ། དཔེ་ཚུགས། ཡིག་ཕྲེང་བཅུ་ཅན། གླེགས་བམ། ཤོག་གྲྭ། ཞེང་63cm×དཀྱུས་10cm སྙེ་ཐིག་གྲྭ། ཞེང་54cm×དཀྱུས་7cm

般若难点诠释明灯

1函 写本 柏簇体 10行 梵夹装 开本：宽63cm×高10cm 版框：宽54cm×高7cm

540000-0000080

༄། །ཁ་སྦྱོར་ལས་བྱུང་བའི་སངས་རྒྱས་ཀྱི་སྒྱུ་མས་རྣམ་པར་རོལ་པ་ཞེས་བྱ་བ་བཞུགས་སོ།།

པོད་གཅིག བྲིས་མ། དབུ་ཅན། ཡིག་ཕྲེང་བརྒྱད་ཅན། གླེགས་བམ། ཤོག་གྲྭ། ཞེང་60cm×དཀྱུས་12.5cm སྙེ་ཐིག་གྲྭ། ཞེང་54cm×དཀྱུས་9cm

金刚和合之佛幻化

1函 写本 乌金体 8行 梵夹装 开本：宽60cm×高12.5cm 版框：宽54cm×高9cm

540000-0000081

༄། །བླ་མའི་ཞལ་གདམས་བཞུགས་སོ།།

བོད་གཅིག བྲིས་མ། དཔེ་ཚུགས། ཡིག་ཕྲེང་གསུམ་ནས་བཅུ་གཉིས་ཅན། གླེགས་བམ། ཤོག་ཀྱུ། ཞེང་27cm×དཀྱུས་6cm སྣེ་ཐིག་ཀྱུ། ཞེང་23cm×དཀྱུས་4.5cm

上师言教

1函 写本 柏簇体 3-12行 梵夹装 开本：宽27cm×高6cm 版框：宽23cm×高4.5cm

དུས་རབས་16པའི་སྤར་མ་ལྷེབ་གྲངས་དམིགས་བསལ་ཅན།

16世纪刻本附有特殊页码

540000-0000082

༄༅། །འདུལ་བ་མདོའི་རྣམ་བཤད།།

པོད་གཅིག བྲིས་མ། དབུ་ཅན། ཡིག་ཕྲེང་བདུན་ཅན། གླེགས་བམ། ཤོག་རྒྱ། ཞེང་64cm×དཀྱུས་10cm སྣེ་ཐིག་རྒྱ། ཞེང་62cm×དཀྱུས་8cm

律经根本律摄义论

1函 写本 乌金体 7行 梵夹装 开本：宽64cm×高10cm 版框：宽62cm×高8cm

540000-0000083

༄༅། །བྱང་ཆུབ་སེམས་དཔའི་སྤྱོད་པ་ལ་འཇུག་པ།།

པོད་གཅིག བྲིས་མ། དབུ་ཅན། ཡིག་ཕྲེང་བརྒྱད་ཅན། གླེགས་བམ། ཤོག་རྒྱ། ཞེང་61.5cm×དཀྱུས་13cm སྣེ་ཐིག་རྒྱ། ཞེང་58cm×དཀྱུས་6cm

入菩萨行论

1函 写本 乌金体 8行 梵夹装 开本：宽61.5cm×高13cm 版框：宽58cm×高6cm

540000-0000084

༄༅། །འཇིག་རྟེན་ཁམས་ཀྱི་ལེའུ་འགྲེལ་པ།།

པོད་གཅིག བྲིས་མ། དཔེ་ཚུགས། ཡིག་ཕྲེང་བཅུ་གཅིག་ཅན། གླེགས་བམ། ཤོག་རྒྱ། ཞེང་68cm×དཀྱུས་10cm སྣེ་ཐིག་རྒྱ། ཞེང་63cm×དཀྱུས་7cm

阿毗达磨俱舍论之世间品

kh函 写本 柏簇体 11行 梵夹装 开本：宽68cm×高10cm 版框：宽63cm×高7cm

540000-0000085

༄། །གསུང་ཐོར་བུ།།

པོད་གཅིག བྲིས་མ། དབུ་ཅན་དང་དཔེ་ཚུགས། ཡིག་ཕྲེང་ལྔ་ནས་བརྒྱད་ཅན། གླེགས་བམ། ཤོག་ཀྱུ། ཞེང་33cm×དཀྱུས་9.2cm སྣེ་ཤིག་ཀྱུ། ཞེང་28cm×དཀྱུས་6.5cm

散叶

1函 写本 乌金体和柏簇体 5-8行 梵夹装 开本：宽33cm×高9.2cm 版框：宽28cm×高6.5cm

540000-0000086

༄། །གསུང་ཐོར་བུ།།

པོད་གཅིག བྲིས་མ། དཔེ་ཚུགས། ཡིག་ཕྲེང་དགུ་ཅན། གླེགས་བམ། ཤོག་ཀྱུ། ཞེང་66cm×དཀྱུས་11cm སྣེ་ཤིག་ཀྱུ། ཞེང་60cm×དཀྱུས་8cm

散叶

1函 写本 柏簇体 9行 梵夹装 开本：宽37.5cm×高7.3cm 版框：宽33.9cm×高4.9cm

540000-0000087

༄། །དཔལ་སྒྱུ་འཕྲུལ་ཆེན་མོ་ཞེས་བྱ་བའི་རྒྱུད་ཀྱི་རྒྱལ་པོ་བཞུགས་སོ།།

པོད་གཅིག བྲིས་མ། དཔེ་ཚུགས། ཡིག་ཕྲེང་དྲུག་ཅན། གླེགས་བམ། ཤོག་ཀྱུ། ཞེང་65.5cm×དཀྱུས་9.5cm སྣེ་ཤིག་ཀྱུ། ཞེང་58cm×དཀྱུས་8cm

吉祥大幻化事续王

1函 写本 柏簇体 6行 梵夹装 开本：宽65.5cm×高9.5cm 版框：宽58cm×高8cm

540000-0000088

༄། །རྡོ་རྗེ་སེམས་པའི་སྙིང་ཐིག་ལས། ཁྲིད་ཆོག་འཁོར་བ་དོང་སྤྲུགས་ཀྱི་སྔོན་འགྲོ་བཞུགས་སོ།།

པོད་གཅིག བྲིས་མ། དཔེ་ཚུགས། ཡིག་ཕྲེང་བཅུ་གཅིག་ཅན། གླེགས་བམ། ཤོག་ཀྱུ། ཞེང་47cm×དཀྱུས་7cm སྣེ་ཐིག་ཀྱུ། ཞེང་42cm×དཀྱུས་5cm

金刚萨埵之讲授仪轨根除地狱先行

1函 写本 柏簇体 6行 梵夹装 开本：宽47cm×高7cm 版框：宽42cm×高5cm

540000-0000089

༄། །ཕྱག་རྒྱ་ཆེན་པོ་དོ་ཧའི་ལོ་རྒྱུས་བཞུགས་སོ།།

པོད་གཅིག བྲིས་མ། དབུ་ཅན། ཡིག་ཕྲེང་བདུན་ཅན། གླེགས་བམ། ཤོག་ཀྱུ། ཞེང་57cm×དཀྱུས་14cm སྣེ་ཐིག་ཀྱུ། ཞེང་50cm×དཀྱུས་11cm

大手印道歌源流

kh函 写本 乌金体 7行 梵夹装 开本：宽57cm×高14cm 版框：宽50cm×高11cm

540000-0000090

༄། །ཚད་མའི་མདོ་སྡེ་བདུན་དང་བཅས་པའི་སྤྱི་དོན་རིག་པའི་སྙིང་པོ་ཞེས་བྱ་བ་བཞུགས་སོ།།

པོད་གཅིག བྲིས་མ། དབུ་ཅན། ཡིག་ཕྲེང་དྲུག་ཅན། གླེགས་བམ། ཤོག་ཀྱུ། ཞེང་48cm×དཀྱུས་9cm སྣེ་ཐིག་ཀྱུ། ཞེང་43cm×དཀྱུས་6.6cm

因明七论注释智慧精华

kh函 写本 乌金体 6行 梵夹装 开本：宽48cm×高9cm 版框：宽43cm×高6.6cm

540000-0000091

༄། །རི་ཆོས་ངེས་དོན་རྒྱ་མཚོ།།

པོད་གཅིག བྲིས་མ། དབུ་ཅན། ཡིག་ཕྲེང་བཅུ་གཅིག་ཅན། གླེགས་བམ། ཤོག་ཀྱུ། ཞེང་47cm×དཀྱུས་12cm སྣེ་ཐིག་ཀྱུ། ཞེང་43cm×དཀྱུས་9cm

山水了义之海

1函 写本 乌金体 8行 梵夹装 开本：宽47cm×高12cm 版框：宽43cm×高9cm

540000-0000092

༄། །དམ་པའི་ཆོས་མངོན་པ་ཀུན་ལས་བཏུས་པའི་མཚན་ཉིད་རབ་ཏུ་གསལ་བ་བཞུགས་སོ།།

པོད་གཅིག བྲིས་མ། དཔེ་ཚུགས། ཡིག་ཕྲེང་དགུ་ཅན། གླེགས་བམ། ཤོག་ཀྱུ། ཞེང་62cm×དཀྱུས་9.5cm སྣེ་ཐིག་ཀྱུ། ཞེང་56cm×དཀྱུས་7cm

阿毗达磨俱舍论概念明晰

1函 写本 柏簇体 9行 梵夹装 开本：宽62cm×高9.5cm 版框：宽56cm×高7cm

540000-0000093

༄། །བྱང་ཆུབ་སེམས་དཔའི་སྤྱོད་པ་ལ་འཇུག་པ།།

པོད་གཅིག བྲིས་མ། དབུ་ཅན། ཡིག་ཕྲེང་བཞི་ཅན། གླེགས་བམ། ཤོག་ཀྱུ། ཞེང་47cm×དཀྱུས་8cm སྣེ་ཐིག་ཀྱུ། ཞེང་43.5cm×དཀྱུས་6.8cm

入菩萨行论

1函 写本 乌金体 4行 梵夹装 开本：宽47cm×高8cm 版框：宽43.5cm×高6.8cm

540000-0000094

༄། །གསུང་ཐོར་བུ། །

པོད་གཅིག བྲིས་མ། དཔེ་ཚུགས། ཡིག་ཕྲེང་བདུན་ཅན། གླེགས་བམ། ཤོག་གྲུ། ཞེང་33cm×དཀྱུས་8.5cm སྣེ་ཐིག་གྲུ། ཞེང་29.5cm×དཀྱུས་6cm

散叶

1函 写本 柏簇体 7行 梵夹装 开本：宽37.5cm×高7.3cm 版框：宽33.9cm×高4.9cm

540000-0000095

༄། །གསུང་ཐོར་བུ། །

པོད་གཅིག བྲིས་མ། དཔེ་ཚུགས། ཡིག་ཕྲེང་བདུན་ཅན། གླེགས་བམ། ཤོག་གྲུ། ཞེང་47.5cm×དཀྱུས་9cm སྣེ་ཐིག་གྲུ། ཞེང་42cm×དཀྱུས་7cm

散叶

1函 写本 柏簇体 7行 梵夹装 开本：宽47.5cm×高9cm 版框：宽42cm×高7cm

540000-0000096

༄། །བློ་སྦྱོང་ཚིག་རྐང་། །

པོད་གཅིག བྲིས་མ། དཔེ་ཚུགས། ཡིག་ཕྲེང་བཅོ་ལྔ་ཅན། གླེགས་བམ། ཤོག་གྲུ། ཞེང་31cm×དཀྱུས་8cm སྣེ་ཐིག་གྲུ། ཞེང་25cm×དཀྱུས་6.8cm

心修法偈句

1函 写本 柏簇体 15行 梵夹装 开本：宽31cm×高8cm 版框：宽25cm×高6.8cm

540000-0000097

༄། །འཕོ་བའི་གདམས་པ་ཟབ་མོ་བཞུགས་སོ།།

བོད་གཅིག བྲིས་མ། དཔེ་ཚུགས། ཡིག་ཕྲེང་བདུན་ཅན། གླེགས་བམ། ཤོག་རྒྱ། ཞེང་37.5cm×དཀྱུས་7.3cm སྙེ་ཐིག་རྒྱ། ཞེང་33.9cm×དཀྱུས་4.9cm

送往生至深教诲

1函 写本 柏簇体 7行 梵夹装 开本：宽37.5cm×高7.3cm 版框：宽33.9cm×高4.9cm

540000-0000098

༄། །གསང་སྔགས་སྙིང་ཏིག་རྣལ་འབྱོར་གཞིའི་གདམས་པ་བཞུགས་སོ།།

བོད་གཅིག བྲིས་མ། དཔེ་ཚུགས། ཡིག་ཕྲེང་བདུན་ཅན། གླེགས་བམ། ཤོག་རྒྱ། ཞེང་36.5cm×དཀྱུས་8.5cm སྙེ་ཐིག་རྒྱ། ཞེང་33cm×དཀྱུས་7.5cm

密咒心要瑜伽教戒

1函 写本 柏簇体 7行 梵夹装 开本：宽36.5cm×高8.5cm 版框：宽33cm×高7.5cm

540000-0000099

༄། །རིན་པོ་ཆེ་སྐྱོར་སྒང་པའི་སྐྱེས་རབས་ནང་གི་རྣམ་པར་ཐར་པ་བཞུགས་སོ།།

བོད་གཅིག བྲིས་མ། དཔེ་ཚུགས། ཡིག་ཕྲེང་བཅུ་གཅིག་ཅན། གླེགས་བམ། ཤོག་རྒྱ། ཞེང་32.5cm×དཀྱུས་7cm སྙེ་ཐིག་རྒྱ། ཞེང་27.5cm×དཀྱུས་5.5cm

仁布齐久冈大师本生内传

1函 写本 柏簇体 11行 梵夹装 开本：宽32.5cm×高7cm 版框：宽27.5cm×高5.5cm

540000-0000100

༄། །གསུང་འབོར་བུ། །

བོད་གཅིག ཐྲིས་མ། དཔེ་ཚུགས། ཡིག་གཟུགས་འདུན་ཅན། གླེགས་བམ། ཤོག་གྲངས། ཞེང་31cm×དཀྱུས་9cm སྙེ་ཤོག་གྲངས། ཞེང་24cm×དཀྱུས་7cm

散叶

1函 写本 柏簇体 7行 梵夹装 开本：宽31cm×高9cm 版框：宽24cm×高7cm

540000-0000101

༄། །ཀཱུཝ་སྐྱེན་དབྱིལ་དང་སྟོན་གྱི་ཞལ་གདམས་བཞུགས་སོ། །

བོད་གཅིག ཐྲིས་མ། དཔེ་ཚུགས། ཡིག་གཟུགས་འབྲུད་ཅན། གླེགས་བམ། ཤོག་གྲངས། ཞེང་24cm×དཀྱུས་9cm སྙེ་ཤོག་གྲངས། ཞེང་20cm×དཀྱུས་7.2cm

聂迈聂达勉教戒

1函 写本 柏簇体 8行 梵夹装 开本：宽24cm×高9cm 版框：宽20cm×高7.2cm

540000-0000102

༄། །གསུང་སྣ་ཚོགས། །

བོད་གཅིག ཐྲིས་མ། དཔེ་ཚུགས། ཡིག་གཟུགས་འདུན་ཅན། གླེགས་བམ། ཤོག་གྲངས། ཞེང་21cm×དཀྱུས་8.5cm སྙེ་ཤོག་གྲངས། ཞེང་18.7cm×དཀྱུས་7cm

杂部

1函 写本 柏簇体 7行 梵夹装 开本：宽21cm×高8.5cm 版框：宽18.7cm×高7cm

540000-0000103

༄། །གསུང་སྣ་ཚོགས།།

བོད་གཅིག བྲིས་མ། དཔེ་ཚུགས། ཡིག་ཕྲེང་བརྒྱད་ཅན། གླེགས་བམ། ཤོག་ཀྱུ། ཞེང་23.5cm×དཀྱུས་9cm སྣེ་ཐིག་ཀྱུ། ཞེང་20cm×དཀྱུས་6.5cm

杂部

1函 写本 柏簇体 8行 梵夹装 开本：宽23.5cm×高9cm 版框：宽20cm×高6.5cm

540000-0000104

༄། །སྲི་དཔོན་ཆེན་པོ་ལག་ན་རྡོ་རྗེ་དྲག་པོ་ལ་ཕྱག་འཚལ་ལོ་ཞེས་བྱ་བ་བཞུགས་སོ།།

 བོད་གཅིག བྲིས་མ། དབུ་ཅན། ཡིག་ཕྲེང་ལྔ་ཅན། གླེགས་བམ། ཤོག་ཀྱུ། ཞེང་30cm×དཀྱུས་10cm སྣེ་ཐིག་ཀྱུ། ཞེང་25cm×དཀྱུས་8cm

护法神持金刚怒顶礼

1函 写本 乌金体 5行 梵夹装 开本：宽30cm×高10cm 版框：宽25cm×高8cm

540000-0000105

༄། །ན་རག་དོང་སྤྲུགས་འདོན་ཐབ་གཉིས་པ་བཞུགས་སོ།།

བོད་གཅིག བྲིས་མ། དཔེ་ཚུགས། ཡིག་ཕྲེང་བཞི་ཅན། གླེགས་བམ། ཤོག་ཀྱུ། ཞེང་24cm×དཀྱུས་8cm སྣེ་ཐིག་ཀྱུ། ཞེང་18.5cm×དཀྱུས་5.5cm

地狱根除念诵法二

1函 写本 柏簇体 4行 梵夹装 开本：宽24cm×高8cm 版框：宽18.5cm×高5.5cm

540000-0000106

༄། །མོ་ནད་བཅོས་ཐབས་སྐོར།།

པོད་གཅིག བྲིས་མ། དབུ་ཅན་དང་དཔེ་ཚུགས། ཡིག་ཕྲེང་བཞི་ནས་བཅུ་གཅིག་ཅན། གླེགས་བམ། ཤོག་རྐྱ། ཞེང་25cm×དཀྱུས་9cm སྣེ་ཐིག་རྐྱ། ཞེང་20cm×དཀྱུས་6cm

治妇科病

1函 写本 乌金体和柏簇体 4-11行 梵夹装 开本：宽25cm×高9cm 版框：宽20cm×高6cm

540000-0000107

༄། །ཤེས་རབ་ཀྱི་ཕ་རོལ་ཏུ་ཕྱིན་པ་ཉི་ཁྲི་བཞུགས་སོ།།

པོད་གཅིག བྲིས་མ། དབུ་ཅན། ཡིག་ཕྲེང་དྲུག་ཅན། གླེགས་བམ། ཤོག་རྐྱ། ཞེང་66cm×དཀྱུས་17.5cm སྣེ་ཐིག་རྐྱ། ཞེང་58.2cm×དཀྱུས་9.8cm

般若波罗蜜多经两万颂

1函 写本 乌金体 6行 梵夹装 开本：宽66cm×高17.5cm 版框：宽58.2cm×高9.8cm

540000-0000108

༄། །ཤེས་རབ་ཀྱི་ཕ་རོལ་ཏུ་ཕྱིན་པ་བརྒྱད་སྟོང་།།

པོད་གཅིག བྲིས་མ། དབུ་ཅན། ཡིག་ཕྲེང་བདུན་ཅན། གླེགས་བམ། ཤོག་རྐྱ། ཞེང་65cm×དཀྱུས་18cm སྣེ་ཐིག་རྐྱ། ཞེང་55cm×དཀྱུས་10cm

般若波罗蜜多经八千颂

ng函 写本 乌金体 7行 梵夹装 开本：宽65cm×高18cm 版框：宽55cm×高10cm

540000-0000109

༄། །ཤེས་རབ་ཀྱི་ཕ་རོལ་ཏུ་ཕྱིན་པ་བརྒྱད་སྟོང་།།

པོད་གཅིག བྲིས་མ། དབུ་ཅན། ཡིག་ཕྲེང་བདུན་ཅན། གླེགས་བམ། ཤོག་ཀྲ། ཞེང་66cm×དཀྱུས་18cm སྣེ་ཐིག་ཀྲ། ཞེང་55.6cm×དཀྱུས་10.5cm

般若波罗蜜多八千颂

g函 写本 乌金体 7行 梵夹装 开本：宽66cm×高18cm 版框：宽55.6cm×高10.5cm

540000-0000110

༄། །དམ་པའི་ཆོས་པད་མ་དཀར་པོ་བཞུགས་སོ།།

པོད་གཅིག བྲིས་མ། དབུ་ཅན། ཡིག་ཕྲེང་བདུན་ཅན། གླེགས་བམ། ཤོག་ཀྲ། ཞེང་70cm×དཀྱུས་26.5cm སྣེ་ཐིག་ཀྲ། ཞེང་66cm×དཀྱུས་14cm

大乘妙法莲华经

1函 写本 乌金体 7行 梵夹装 开本：宽70cm×高26.5cm 版框：宽66cm×高14cm

540000-0000111

༄། །ཤེས་རབ་ཀྱི་ཕ་རོལ་ཏུ་ཕྱིན་པ།།

པོད་གཅིག བྲིས་མ། དབུ་ཅན། ཡིག་ཕྲེང་བཅུ་གཅིག་ཅན། གླེགས་བམ། ཤོག་ཀྲ། ཞེང་70cm×དཀྱུས་26.5cm སྣེ་ཐིག་ཀྲ། ཞེང་66cm×དཀྱུས་14cm

般若波罗蜜多经

m函 写本 乌金体 7行 梵夹装 开本：宽70cm×高26.5cm 版框：宽66cm×高14cm

540000-0000112

༄། །དཀོན་མཆོག་བརྩེགས་པ་ཆེན་པོའི་མདོ།།

པོད་གཅིག བྲིས་མ། དབུ་ཅན། ཡིག་ཕྲེང་བཅུ་གཅིག་ཅན། གླེགས་བམ། ཤོག་ཀྱུ། ཞེང་70cm×དཀྱུས་26.6cm སྙེ་ཤིག་ཀྱུ། ཞེང་66cm×དཀྱུས་15cm

大乘宝积经

d函 写本 乌金体 11行 梵夹装 开本：宽70cm×高26.6cm 版框：宽66cm×高15cm

540000-0000113

༄། །མདོ།། པོད་ཏ་པ།

པོད་གཅིག བྲིས་མ། དབུ་ཅན། ཡིག་ཕྲེང་བརྒྱད་ཅན། གླེགས་བམ། ཤོག་ཀྱུ། ཞེང་69cm×དཀྱུས་27cm སྙེ་ཤིག་ཀྱུ། ཞེང་58.2cm×དཀྱུས་13cm

经部

t函 写本 乌金体 8行 梵夹装 开本：宽69cm×高27cm 版框：宽58.2cm×高13cm

540000-0000114

༄། །མདོ།། པོད་ད་པ།

པོད་གཅིག བྲིས་མ། དབུ་ཅན། ཡིག་ཕྲེང་བདུན་ཅན། གླེགས་བམ། ཤོག་ཀྱུ། ཞེང་73cm×དཀྱུས་25cm སྙེ་ཤིག་ཀྱུ། ཞེང་62cm×དཀྱུས་18.9cm

经部

1函 写本 乌金体 7行 梵夹装 开本：宽73cm×高25cm 版框：宽62cm×高18.9cm

540000-0000115

༄། །མདོ། །ཕོད་ཕ་པ།

བོད་གཅིག ཤྲིས་མ། དབུ་ཅན། ཡིག་སྲིང་བརྒྱད་ཅན། གླེགས་བམ། ཤོག་གྱི། ཞེང་70.5cm×དཀྱུས་27cm སྣེ་ཐིག་གྱི། ཞེང་60cm×དཀྱུས་15cm

经部

ph函 写本 乌金体 8行 梵夹装 开本：宽70.5cm×高27cm 版框：宽60cm×高15cm

ཡིག་ཆ་གྲངས་སྟེང་དུ་ཉར་ཚགས་ཀྱི་རྟགས་ཐམ་བཀོད་པ།

文献的页面盖馆藏章子

540000-0000116

༄། །མདོ། །པོད་ཤ་པ།

པོད་གཅིག བྲིས་མ། དབུ་ཅན། ཡིག་ཕྲེང་བདུན་ཅན། གླེགས་བམ། ཤོག་ཀྱུ། ཞེང་70cm×དཀྱུས་23.5cm སྣེ་ཐིག་ཀྱུ། ཞེང་57.5cm×དཀྱུས་13cm

经部

1函 写本 乌金体 7行 梵夹装 开本：宽70cm×高23.5cm 版框：宽57.5cm×高13cm

540000-0000117

༄། །མདོ། །པོད་ན་པ།

 པོད་གཅིག བྲིས་མ། དཔེ་ཚུགས། ཡིག་ཕྲེང་བརྒྱད་ཅན། གླེགས་བམ། ཤོག་ཀྱུ། ཞེང་48cm×དཀྱུས་8cm སྣེ་ཐིག་ཀྱུ། ཞེང་45.3cm×དཀྱུས་7.2cm

经部

n函 写本 柏簇体 8行 梵夹装 开本：宽37.5cm×高7.3cm 版框：宽33.9cm×高4.9cm

540000-0000118

༄། །ཁྲིད་ཡིག་བཞུགས་སོ། །

པོད་གཅིག བྲིས་མ། དབུ་ཅན། ཡིག་ཕྲེང་བརྒྱད་ཅན། གླེགས་བམ། ཤོག་ཀྱུ། ཞེང་47.5cm×དཀྱུས་9cm སྣེ་ཐིག་ཀྱུ། ཞེང་41cm×དཀྱུས་6.5cm

正理讲授

1函 写本 乌金体 8行 梵夹装 开本：宽47.5cm×高9cm 版框：宽41cm×高6.5cm

540000-0000119

༄། །གསུང་ཐོར་བུ།།

བོད་གཅིག བྲིས་མ། དབུ་ཚུགས། ཡིག་ཕྲེང་བཅུ་གཅིག་ཅན། གླེགས་བམ། ཤོག་རྒྱ། ཞེང་46.5cm×དཀྱུས་8.5cm སྣེ་ཐིག་རྒྱ། ཞེང་42cm×དཀྱུས་6.3cm

散叶

1函 写本 柏簇体 8行 梵夹装 开本：宽46.5cm×高8.5cm 版框：宽42cm×高6.3cm

540000-0000120

༄། །དཔལ་ནག་པོའི་བསྐང་གསོ་བཞུགས་སོ།།

བོད་གཅིག བྲིས་མ། དབུ་ཚུགས། ཡིག་ཕྲེང་བརྒྱད་ཀ་ཅན། གླེགས་བམ། ཤོག་རྒྱ། ཞེང་41cm×དཀྱུས་9cm སྣེ་ཐིག་རྒྱ། ཞེང་36cm×དཀྱུས་6.5cm

黑金刚酬补仪轨

1函 写本 柏簇体 8行 梵夹装 开本：宽41cm×高9cm 版框：宽36cm×高6.5cm

540000-0000121

༄། །གསུང་ཐོར་བུ།།

བོད་གཅིག བྲིས་མ། དབུ་ཚུགས། ཡིག་ཕྲེང་བདུན་ཅན། གླེགས་བམ། ཤོག་རྒྱ། ཞེང་34.5cm×དཀྱུས་8cm སྣེ་ཐིག་རྒྱ། ཞེང་29cm×དཀྱུས་6.3cm

散叶

1函 写本 柏簇体 7行 梵夹装 开本：宽34.5cm×高8cm 版框：宽29cm×高6.3cm

540000-0000122

༄། །གསུང་ཐོར་བུ། །

པོད་གཅིག བྲིས་མ། དཔེ་ཚུགས། ཡིག་ཕྲེང་དྲུག་ཅན། གླེགས་བམ། ཤོག་རྒྱ། ཞེང་33cm×དཀྱུས་8cm སྣེ་ཐིག་རྒྱ། ཞེང་28cm×དཀྱུས་7cm

散叶

1函 写本 柏簇体 6行 梵夹装 开本：宽33cm×高8cm 版框：宽28cm×高7cm

540000-0000123

༄། །ལྟ་བའི་ལོ་རྒྱུས་བཞུགས་སོ། །

པོད་གཅིག བྲིས་མ། དཔེ་ཚུགས། ཡིག་ཕྲེང་བརྒྱད་ཅན། གླེགས་བམ། ཤོག་རྒྱ། ཞེང་30.5cm×དཀྱུས་7.5cm སྣེ་ཐིག་རྒྱ། ཞེང་28cm×དཀྱུས་6cm

中观观点源流

1函 写本 柏簇体 8行 梵夹装 开本：宽30.5cm×高7.5cm 版框：宽28cm×高6cm

540000-0000124

༄། །བླ་མ་དགོངས་པ་འདུས་པ་ལས། འཆི་རྟགས་དུས་ཀྱི་སྒྲོན་གསལ་བཞུགས་སོ། །

པོད་གཅིག བྲིས་མ། དཔེ་ཚུགས། ཡིག་ཕྲེང་བདུན་ཅན། གླེགས་བམ། ཤོག་རྒྱ། ཞེང་38.5cm×དཀྱུས་7.5cm སྣེ་ཐིག་རྒྱ། ཞེང་32.2cm×དཀྱུས་5.5cm

上师文集之死亡征兆明灯

1函 写本 柏簇体 7行 梵夹装 开本：宽38.5cm×高7.5cm 版框：宽32.2cm×高5.5cm

540000-0000125

༄། །བར་དོ་གསོ་སྤྱད་དང་ཞིང་ཁམས་ལྔ་ལྡན་གྱི་ངོ་སྤྲོད།།

པོད་གཅིག བྲིས་མ། དཔེ་ཚུགས། ཡིག་ཕྲེང་དྲུག་ཅན། གླེགས་བམ། ཤོག་ཀྱུ། ཞེང་32cm×དཀྱུས་6.5cm སྣེ་ཤིག་ཀྱུ། ཞེང་28cm×དཀྱུས་5cm

阴间治疗器械及五界介绍

1函 写本 柏簇体 6行 梵夹装 开本：宽32cm×高6.5cm 版框：宽28cm×高5cm

540000-0000126

༄། །གཤིན་ཁྲོ་ཆུའི་ཞལ་བར་མ་བཞུགས་སོ།།

པོད་གཅིག བྲིས་མ། དཔེ་ཚུགས། ཡིག་ཕྲེང་བཅུ་གཅིག་ཅན། གླེགས་བམ། ཤོག་ཀྱུ། ཞེང་22.5cm×དཀྱུས་6cm སྣེ་ཤིག་ཀྱུ། ཞེང་19cm×དཀྱུས་4.3cm

阎王铁水焰口母

1函 写本 柏簇体 7行 梵夹装 开本：宽22.5cm×高6cm 版框：宽19cm×高4.3cm

540000-0000127

༄། །མདོ།།

པོད་གཅིག བྲིས་མ། དཔེ་ཚུགས། ཡིག་ཕྲེང་བཅུ་གཅིག་ཅན། གླེགས་བམ། ཤོག་ཀྱུ། ཞེང་25.2cm×དཀྱུས་6.5cm སྣེ་ཤིག་ཀྱུ། ཞེང་20.9cm×དཀྱུས་5cm

经部

1函 写本 柏簇体 6行 梵夹装 开本：宽25.2cm×高6.5cm 版框：宽20.9cm×高5cm

540000-0000128

༄། །ཞི་སྣང་རྡོ་རྗེའི་ཤོག་དྲིལ། །

པོད་གཅིག བྲིས་མ། དཔེ་ཚུགས། ཡིག་ཕྲེང་དྲུག་ཅན། གླེགས་བམ། ཤོག་རྒྱ། ཞེང་24.5cm×དཀྱུས་7cm སྣེ་ཐིག་རྒྱ། ཞེང་22cm×དཀྱུས་5cm

希当多吉卷子

1函 写本 柏簇体 6行 梵夹装 开本：宽24.5cm×高7cm 版框：宽22cm×高5cm

540000-0000129

༄། །གསུང་སྣ་ཚོགས། །

པོད་གཅིག བྲིས་མ། དཔེ་ཚུགས། ཡིག་ཕྲེང་བཅུ་གཅིག་ཅན། གླེགས་བམ། ཤོག་རྒྱ། ཞེང་37.5cm×དཀྱུས་7.3cm སྣེ་ཐིག་རྒྱ། ཞེང་33.9cm×དཀྱུས་4.9cm

杂部

1函 写本 柏簇体 11行 梵夹装 开本：宽37.5cm×高7.3cm 版框：宽33.9cm×高4.9cm

540000-0000130

༄། །ཐེག་མཆོག་རིན་པོ་ཆེའི་མཛོད། །

པོད་གཅིག བྲིས་མ། དཔེ་ཚུགས། ཡིག་ཕྲེང་བརྒྱད་ཅན། གླེགས་བམ། ཤོག་རྒྱ། ཞེང་50cm×དཀྱུས་9.5cm སྣེ་ཐིག་རྒྱ། ཞེང་43.4cm×དཀྱུས་7cm

大乘宝藏

1函 写本 柏簇体 8行 梵夹装 开本：宽50cm×高9.5cm 版框：宽43.4cm×高7cm

540000-0000131

༄། །བླ་མའི་རྣམ་ཐར།།

བོད་གཅིག བྲིས་མ། དབུ་ཅན། ཡིག་ཕྲེང་བདུན་ཅན། གླེགས་བམ། ཤོག་རྒྱ། ཞེང་47.6cm×དཀྱུས་9.3cm སྣེ་ཐིག་རྒྱ། ཞེང་43cm×དཀྱུས་6cm

上师传记

1函 写本 乌金体 7行 梵夹装 开本：宽47.6cm×高9.3cm 版框：宽43cm×高6cm

540000-0000132

༄། །ཚོ་ག་ཕྱག་ལེན་སྐོར།།

 བོད་གཅིག བྲིས་མ། དཔེ་ཚུགས། ཡིག་ཕྲེང་བཅུ་གཅིག་ཅན། གླེགས་བམ། ཤོག་རྒྱ། ཞེང་27.5cm×དཀྱུས་5cm སྣེ་ཐིག་རྒྱ། ཞེང་26cm×དཀྱུས་4cm

仪轨实践论

1函 写本 柏簇体 5行 梵夹装 开本：宽27.5cm×高5cm 版框：宽26cm×高4cm

540000-0000133

༄། །གསུང་སྣ་ཚོགས།།

བོད་གཅིག བྲིས་མ། དཔེ་ཚུགས། ཡིག་ཕྲེང་དྲུག་ཅན། གླེགས་བམ། ཤོག་རྒྱ། ཞེང་33cm×དཀྱུས་27cm སྣེ་ཐིག་རྒྱ། ཞེང་24.7cm×དཀྱུས་5.6cm

杂部

1函 写本 柏簇体 6行 梵夹装 开本：宽33cm×高27cm 版框：宽24.7cm×高5.6cm

540000-0000134

༄། །ཀུན་ནས་མི་ལྔ་ལ་དབང་བསྐུར་བ།།

བོད་གཅིག ཁྲིས་མ། དཔེ་ཚུགས། ཡིག་ཕྲེང་བཅུ་གཅིག་ཅན། གླེགས་བམ། ཤོག་ཀྱུ། ཞེང་24.7cm×དཀྱུས་6cm སྣེ་ཤིག་ཀྱུ། ཞེང་19.2cm×དཀྱུས་5cm

从聂地加持五弟

1函 写本 柏簇体 6行 梵夹装 开本：宽24.7cm×高6cm 版框：宽19.2cm×高5cm

540000-0000135

༄། །ཤེས་རབ་ཀྱི་ཕ་རོལ་ཏུ་ཕྱིན་པ།། བོད་ཀ་པ།

བོད་གཅིག ཁྲིས་མ། དཔེ་ཚུགས། ཡིག་ཕྲེང་བཅུ་གཅིག་ཅན། གླེགས་བམ། ཤོག་ཀྱུ། ཞེང་70cm×དཀྱུས་21cm སྣེ་ཤིག་ཀྱུ། ཞེང་57cm×དཀྱུས་9.8cm

般若波罗蜜多经

k函 写本 柏簇体 11行 梵夹装 开本：宽70cm×高21cm 版框：宽57cm×高9.8cm

540000-0000136

༄། །གསུང་ཤོར་བུ།།

བོད་གཅིག ཁྲིས་མ། དཔེ་ཚུགས། ཡིག་ཕྲེང་བཅུ་གཉིས་ཅན། གླེགས་བམ། ཤོག་ཀྱུ། ཞེང་52cm×དཀྱུས་9.8cm སྣེ་ཤིག་ཀྱུ། ཞེང་45cm×དཀྱུས་8.4cm

散叶

1函 写本 柏簇体 12行 梵夹装 开本：宽52cm×高9.8cm 版框：宽45cm×高8.4cm

540000-0000137

༄། །དབུ་མའི་གཞུང་ལུགས་གསུམ་གསལ་བར་བྱེད་པ་ངེས་དོན་གྲུབ་པའི་ཤིང་རྟ་ཞེས་བྱ་བ་བཞུགས་སོ། །

པོད་གཅིག བྲིས་མ། དབུ་ཅན། ཡིག་ཕྲེང་བདུན་ཅན། གླེགས་བམ། ཤོག་རྒྱ། ཞེང་48cm×དཀྱུས་8.9cm སྐོ་ཐིག་རྒྱ། ཞེང་46.7cm×དཀྱུས་6.8cm

中观三派理论明晰成了义车轨

1函 写本 乌金体 7行 梵夹装 开本：宽48cm×高8.9cm 版框：宽46.7cm×高6.8cm

540000-0000138

༄། །རི་ཆོས་ངེས་དོན་རྒྱ་མཚོ། །

པོད་གཅིག བྲིས་མ། དབུ་ཅན། ཡིག་ཕྲེང་བཅུ་གཅིག་ཅན། གླེགས་བམ། ཤོག་རྒྱ། ཞེང་50.5cm×དཀྱུས་8.5cm སྐོ་ཐིག་རྒྱ། ཞེང་47.5cm×དཀྱུས་6cm

山法了义之海

1函 写本 乌金体 7行 梵夹装 开本：宽50.5cm×高8.5cm 版框：宽47.5cm×高6cm

540000-0000139

༄། །སྐུ་སྟོང་བརྟན་བཞུགས་དམ་པ་འགའི་གསུང་ཕྱོགས་གཅིག་ཏུ་སྒྲིབས་པ་བཞུགས་སོ། །

པོད་གཅིག བྲིས་མ། དབུ་ཅན། ཡིག་ཕྲེང་དྲུག་ཅན། གླེགས་བམ། ཤོག་རྒྱ། ཞེང་52.5cm×དཀྱུས་9cm སྐོ་ཐིག་རྒྱ། ཞེང་44cm×དཀྱུས་6.5cm

千尊佛像永驻部分贤者文集

1函 写本 乌金体 6行 梵夹装 开本：宽52.5cm×高9cm 版框：宽44cm×高6.5cm

540000-0000140

༄༅། །གསུང་ཐོར་བུ།།

པོད་གཅིག བྲིས་མ། དབུ་ཅན། ཡིག་ཕྲེང་བདུན་ཅན། གླེགས་བམ། ཤོག་གྲུ། ཞེང་50cm×དཀྱུས་8cm མཐའ་ཐིག་གྲུ། ཞེང་45cm×དཀྱུས་7cm

散叶

1函 写本 乌金体 7行 梵夹装 开本：宽50cm×高8cm 版框：宽45cm×高7cm

540000-0000141

༄༅། །འཕགས་པ་དེ་བཞིན་གཤེགས་པ་སྙིང་རྗེ་ཆེན་པོ་བསྟན་པ་ཞེས་བྱ་བ་ཐེག་པ་ཆེན་པོ་བཞུགས་སོ།།

 པོད་གཅིག བྲིས་མ། དབུ་ཅན། ཡིག་ཕྲེང་བདུན་ཅན། གླེགས་བམ། ཤོག་གྲུ། ཞེང་51cm×དཀྱུས་10cm མཐའ་ཐིག་གྲུ། ཞེང་45.3cm×དཀྱུས་7.3cm

大方广如来慈悲经

1函 写本 乌金体 7行 梵夹装 开本：宽51cm×高10cm 版框：宽45.3cm×高7.3cm

540000-0000142

༄༅། །གསུང་ཐོར་བུ།།

པོད་གཅིག བྲིས་མ། དབུ་ཅན། ཡིག་ཕྲེང་བདུན་ཅན། གླེགས་བམ། ཤོག་གྲུ། ཞེང་47.5cm×དཀྱུས་8.5cm མཐའ་ཐིག་གྲུ། ཞེང་41.6cm×དཀྱུས་6.5cm

散叶

1函 写本 乌金体 7行 梵夹装 开本：宽47.5cm×高8.5cm 版框：宽41.6cm×高6.5cm

540000-0000143

༄། །འདུལ་བའི་སྐོར། །

པོད་གཅིག བྲིས་མ། དབུ་ཅན། ཡིག་ཕྲེང་བདུན་ཅན། གླེགས་བམ། ཤོག་རྒྱ། ཞེང་48.5cm×དཀྱུས་8.5cm སྣེ་ཐིག་རྒྱ། ཞེང་42cm×དཀྱུས་6.5cm

律部

1函 写本 乌金体 7行 梵夹装 开本：宽48.5cm×高8.5cm 版框：宽42cm×高6.5cm

540000-0000144

༄། །གསུང་ཐོར་བུ། །

 པོད་གཅིག བྲིས་མ། དབུ་ཅན། ཡིག་ཕྲེང་བདུན་ཅན། གླེགས་བམ། ཤོག་རྒྱ། ཞེང་50cm×དཀྱུས་8cm སྣེ་ཐིག་རྒྱ། ཞེང་44cm×དཀྱུས་6.8cm

散叶

1函 写本 乌金体 7行 梵夹装 开本：宽50cm×高8cm 版框：宽44cm×高6.8cm

540000-0000145

༄། །དཔལ་འཁོར་ལོ་སྡོམ་པ་ལྷ་བཅུ་གསུམ་གྱི་དཀྱིལ་འཁོར་གྱི་ཆོ་ག་བདུད་རྩིའི་བུམ་པ་ཞེས་བྱ་བ་བཞུགས་སོ། །

པོད་གཅིག བྲིས་མ། དབུ་ཅན། ཡིག་ཕྲེང་བཅུ་གཅིག་ཅན། གླེགས་བམ། ཤོག་རྒྱ། ཞེང་49cm×དཀྱུས་8.5cm སྣེ་ཐིག་རྒྱ། ཞེང་41cm×དཀྱུས་6cm

圣乐时轮十三神坛城仪轨·甘露宝瓶

1函 写本 乌金体 6 行 梵夹装 开本：宽49cm×高8.5cm 版框：宽41cm×高6cm

540000-0000146

༄། །གསུང་ཐོར་བུ།།

བོད་གཅིག བྲིས་མ། དབུ་ཅན། ཡིག་ཕྲེང་དྲུག་ཅན། གླེགས་བམ། ཤོག་རྒྱ། ཞེང་49cm×དཀྱུས་8.9cm སྣེ་ཐིག་རྒྱ། ཞེང་44cm×དཀྱུས་7.2cm

散叶

1函 写本 乌金体 6行 梵夹装 开本：宽49cm×高8.9cm 版框：宽44cm×高7.2cm

540000-0000147

༄། །བཅོམ་ལྡན་འདས་སྨན་གྱི་བླ་བཻ་ཌཱུརྱའི་འོད་ཀྱི་རྒྱལ་པོ་ལ་བརྟེན་པའི་བླ་མའི་རྣལ་འབྱོར་དངོས་གྲུབ་ཀུན་འབྱུང་ཞེས་བྱ་བ་བཞུགས་སོ།།

བོད་གཅིག བྲིས་མ། དབུ་ཅན། ཡིག་ཕྲེང་ལྔ་ཅན། གླེགས་བམ། ཤོག་རྒྱ། ཞེང་57cm×དཀྱུས་10cm སྣེ་ཐིག་རྒྱ། ཞེང་49cm×དཀྱུས་6.8cm

释迦药师佛琉璃光王依上师瑜伽悉地如意

1函 写本 乌金体 5行 梵夹装 开本：宽57cm×高10cm 版框：宽49cm×高6.8cm

540000-0000148

༄། །འཕགས་པ་ལས་སྒྲིབ་རྣམ་པར་སྦྱོང་བའི་གཟུངས་བཞུགས་སོ།།

བོད་གཅིག བྲིས་མ། དབུ་ཅན། ཡིག་ཕྲེང་བདུན་ཅན། གླེགས་བམ། ཤོག་རྒྱ། ཞེང་51.3cm×དཀྱུས་10cm སྣེ་ཐིག་རྒྱ། ཞེང་44cm×དཀྱུས་7cm

大乘三聚忏悔陀罗尼

1函 写本 乌金体 7行 梵夹装 开本：宽37.5cm×高7.3cm 版框：宽33.9cm×高4.9cm

540000-0000149

༄། །མཉམ་མེད་ལྷ་རྩེ་བ་ཆེན་པོའི་རྣམ་པར་ཐར་པ་བཞུགས་སོ། །

པོད་གཅིག བྲིས་མ། དབུ་ཅན། ཡིག་ཕྲེང་དྲུག་ཅན། གླེགས་བམ། ཤོག་ཀྱུ། ཞེང་50cm×དཀྱུས་8.5cm སྣེ་ཐིག་ཀྱུ། ཞེང་46cm×དཀྱུས་6cm

贤者拉孜娃大师传记

1函 写本 乌金体 6行 梵夹装 开本：宽50cm×高8.5cm 版框：宽46cm×高6cm

540000-0000150

༄། །སྡོམ་པ་གསུམ་གྱི་རབ་ཏུ་དབྱེ་བ། །

པོད་གཅིག བྲིས་མ། དབུ་ཅན། ཡིག་ཕྲེང་བདུན་ཅན། གླེགས་བམ། ཤོག་ཀྱུ། ཞེང་51.5cm×དཀྱུས་8.2cm སྣེ་ཐིག་ཀྱུ། ཞེང་43.2cm×དཀྱུས་6cm

三律仪轨

1函 写本 乌金体 7行 梵夹装 开本：宽51.5cm×高8.2cm 版框：宽43.2cm×高6cm

540000-0000151

༄། །དཔལ་དུས་ཀྱི་འཁོར་ལོའི་དཀྱིལ་འཁོར་དུ་དབང་བསྐུར་བའི་ཆོ་ག་བཞུགས་སོ། །

པོད་གཅིག བྲིས་མ། དབུ་ཅན། ཡིག་ཕྲེང་བདུན་ཅན། གླེགས་བམ། ཤོག་ཀྱུ། ཞེང་51cm×དཀྱུས་8.5cm སྣེ་ཐིག་ཀྱུ། ཞེང་47cm×དཀྱུས་6.5cm

圣乐时轮坛城加持仪轨

1函 写本 乌金体 7行 梵夹装 开本：宽51cm×高8.5cm 版框：宽47cm×高6.5cm

540000-0000152

༄། །བདེ་མཆོག་དྲིལ་བུ་ལུགས་ཀྱི་བསྟན་བཅོས་བཞུགས་སོ།།

བོད་གཅིག བྲིས་མ། དབུ་ཅན། ཡིག་ཕྲེང་བདུན་ཅན། གླེགས་བམ། ཤོག་ཀྲྱ། ཞེང་50cm×དཀྱུས་8.5cm སྡེ་ཤིག་ཀྲྱ། ཞེང་47cm×དཀྱུས་6.5cm

圣乐止布派教法

1函 写本 乌金体 7行 梵夹装 开本：宽50cm×高8.5cm 版框：宽47cm×高6.5cm

540000-0000153

༄། །མཉམ་མེད་འབྲུག་པའི་གསུང་མགུར་ཆེ་བ་རྣམས་བཞུགས་སོ།།

 བོད་གཅིག བྲིས་མ། དབུ་ཅན། ཡིག་ཕྲེང་བདུན་ཅན། གླེགས་བམ། ཤོག་ཀྲྱ། ཞེང་47cm×དཀྱུས་8.5cm སྡེ་ཤིག་ཀྲྱ། ཞེང་44cm×དཀྱུས་7cm

贤者珠巴大师道歌集

1函 写本 乌金体 7行 梵夹装 开本：宽47cm×高8.5cm 版框：宽44cm×高7cm

540000-0000154

༄། །བྱམས་སྙིང་རྗེ་བྱང་ཆུབ་ཀྱི་སེམས་ཁྲིད་བཞུགས་སོ།།

བོད་གཅིག བྲིས་མ། དབུ་ཅན། ཡིག་ཕྲེང་བདུན་ཅན། གླེགས་བམ། ཤོག་ཀྲྱ། ཞེང་46.5cm×དཀྱུས་8.6cm སྡེ་ཤིག་ཀྲྱ། ཞེང་44cm×དཀྱུས་6cm

慈悲菩提心授

1函 写本 乌金体 7行 梵夹装 开本：宽46.5cm×高8.6cm 版框：宽44cm×高6cm

540000-0000155

༄། །ཆོས་རྗེ་དྭགས་པོ་ལྷ་རྗེའི་གསུང་འབུམ། །

པོད་གཅིག བྲིས་མ། དབུ་ཅན། ཡིག་ཕྲེང་བདུན་ཅན། གླེགས་བམ། ཤོག་ཀྱུ། ཞེང་49cm×དཀྱུས་9cm སྣེ་ཤིག་ཀྱུ། ཞེང་45cm×དཀྱུས་7cm

法王达布拉吉文集

1函 写本 乌金体 7行 梵夹装 开本：宽49cm×高9cm 版框：宽45cm×高7cm

540000-0000156

༄། །ཇོ་བོ་ནཱ་རོ་པའི་ཁྱད་ཆོས་བསྲེ་འཕོའི་ཁྲིད་རྡོ་རྗེའི་ཐེག་པར་བགྲོད་པའི་ཤིང་རྟ་ཆེན་པོ་ཞེས་བྱ་བ་བཞུགས་སོ། །

པོད་གཅིག བྲིས་མ། དབུ་ཅན། ཡིག་ཕྲེང་བདུན་ཅན། གླེགས་བམ། ཤོག་ཀྱུ། ཞེང་51cm×དཀྱུས་9cm སྣེ་ཤིག་ཀྱུ། ཞེང་46.7cm×དཀྱུས་6.2cm

觉悟纳若派和合往生入金刚乘车轨

1函 写本 乌金体 7行 梵夹装 开本：宽51cm×高9cm 版框：宽46.7cm×高6.2cm

540000-0000157

༄། །གསུང་ཐོར་བུ། །

པོད་གཅིག བྲིས་མ། དབུ་ཅན། ཡིག་ཕྲེང་དྲུག་ཅན། གླེགས་བམ། ཤོག་ཀྱུ། ཞེང་47cm×དཀྱུས་9cm སྣེ་ཤིག་ཀྱུ། ཞེང་34cm×དཀྱུས་7cm

散叶

1函 写本 乌金体 6行 梵夹装 开本：宽47cm×高9cm 版框：宽34cm×高7cm

540000-0000158

༄། །གསུང་ཐོར་བུ།

པོད་གཅིག བྲིས་མ། དབུ་ཅན། ཡིག་ཕྲེང་བཞི་ནས་བདུན་ཅན། གླེགས་བམ། ཤོག་ཀྱུ། ཞེང་51.2cm×དཀྱུས་9.9cm སྣེ་ཐིག་ཀྱུ། ཞེང་44cm×དཀྱུས་7.5cm

散叶

1函 写本 乌金体 4-7行 梵夹装 开本：宽51.2cm×高9.9cm 版框：宽44cm×高7.5cm

540000-0000159

༄། །མཆོག་དེ་ཁོ་ན་ཉིད་ཀུན་ཏུ་བརྗོད་པ་རྡོ་རྗེའི་གུ་གསང་ཆེན་རྒྱ་མཚོའི་སྤྲིན་གྱི་རོལ་པ་ཞེས་བྱ་བ་བཞུགས་སོ། །

པོད་གཅིག བྲིས་མ། དབུ་ཅན། ཡིག་ཕྲེང་བདུན་ཅན། གླེགས་བམ། ཤོག་ཀྱུ། ཞེང་51.7cm×དཀྱུས་8.2cm སྣེ་ཐིག་ཀྱུ། ཞེང་46cm×དཀྱུས་6.6cm

圣皆真实义金刚舰甚秘之海

1函 写本 乌金体 7行 梵夹装 开本：宽51.7cm×高8.2cm 版框：宽46cm×高6.6cm

540000-0000160

༄། །རྒྱས་པའི་བསྟན་བཅོས་ཚད་མ་རྣམ་འགྲེལ་ཞེས་བྱ་བ་བཞུགས་སོ། །

པོད་གཅིག བྲིས་མ། དབུ་ཅན། ཡིག་ཕྲེང་བཞི་ཅན། གླེགས་བམ། ཤོག་ཀྱུ། ཞེང་65cm×དཀྱུས་10cm སྣེ་ཐིག་ཀྱུ། ཞེང་58cm×དཀྱུས་7.5cm

释量论

1函 写本 乌金体 4行 梵夹装 开本：宽65cm×高10cm 版框：宽58cm×高7.5cm

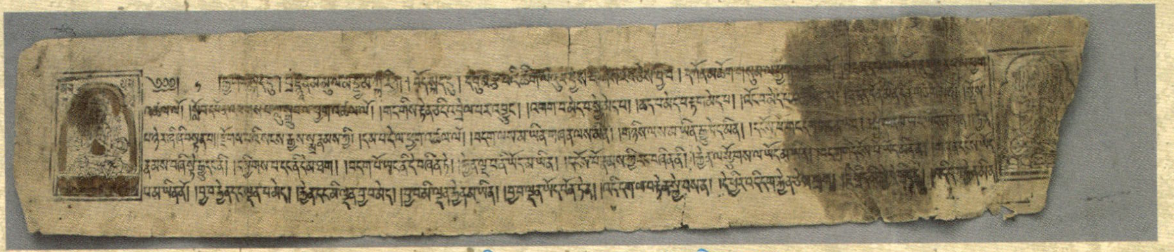

དུས་རབས་16པའི་སྤར་མ་དབུ་མ་རྩ་བ་ཤེས་རབ།

16 世纪刻本中观论

540000-0000161

༄། །མདོ། །

པོད་གཅིག བྲིས་མ། དཔེ་ཚུགས། ཡིག་ཕྲེང་བཅུ་ཅན། གླེགས་བམ། ཤོག་ཀྱུ། ཞེང་66cm×དཀྱུས་10.2cm སྙེ་ཐིག་ཀྱུ། ཞེང་62cm×དཀྱུས་8cm

经部

1函 写本 柏簇体 10行 梵夹装 开本：宽66cm×高10.2cm 版框：宽62cm×高8cm

540000-0000162

༄། །མདོ། །

པོད་གཅིག བྲིས་མ། དཔེ་ཚུགས། ཡིག་ཕྲེང་དྲུག་ཅན། གླེགས་བམ། ཤོག་ཀྱུ། ཞེང་59.2cm×དཀྱུས་10cm སྙེ་ཐིག་ཀྱུ། ཞེང་55cm×དཀྱུས་7cm

经部

1函 写本 柏簇体 6行 梵夹装 开本：宽59.2cm×高10cm 版框：宽55cm×高7cm

540000-0000163

༄། །མདོ།།

པོད་གཅིག བྲིས་མ། དཔེ་ཚུགས། ཡིག་ཕྲེང་བརྒྱད་ཅན། གླེགས་བམ། ཤོག་གྲུ། ཞེང་30.5cm×དཀྱུས་7.9cm སྙེ་ཐིག་གྲུ། ཞེང་26cm×དཀྱུས་5.3cm

经部

1函 写本 柏簇体 8行 梵夹装 开本：宽30.5cm×高7.9cm 版框：宽26cm×高5.3cm

540000-0000164

༄། །དབྱེར་མེད་ངོ་སྤྲོད་བཞུགས་སོ།།

 པོད་གཅིག བྲིས་མ། དཔེ་ཚུགས། ཡིག་ཕྲེང་བདུན་ཅན། གླེགས་བམ། ཤོག་གྲུ། ཞེང་31cm×དཀྱུས་8cm སྙེ་ཐིག་གྲུ། ཞེང་26.5cm×དཀྱུས་6.3cm

无别介绍

1函 写本 柏簇体 7行 梵夹装 开本：宽31cm×高8cm 版框：宽26.5cm×高6.3cm

540000-0000165

༄། །ཁྱད་ཆོས་ཀྱི་གཞུང་བཞུགས་སོ།།

པོད་གཅིག བྲིས་མ། དཔེ་ཚུགས། ཡིག་ཕྲེང་བརྒྱད་ཅན། གླེགས་བམ། ཤོག་གྲུ། ཞེང་30.5cm×དཀྱུས་8cm སྙེ་ཐིག་གྲུ། ཞེང་27.5cm×དཀྱུས་6cm

教言集

1函 写本 柏簇体 8行 梵夹装 开本：宽30.5cm×高8cm 版框：宽27.5cm×高6cm

540000-0000166

༄། །གསུང་ཐོར་བུ།།

པོད་གཅིག བྲིས་མ། དཔེ་ཚུགས། ཡིག་ཕྲེང་བཅུ་གཅིག་ཅན། གླེགས་བམ། ཤོག་ཀྱུ། ཞེང་32.5cm×དཀྱུས་6.8cm སྣེ་ཐིག་ཀྱུ། ཞེང་27.5cm×དཀྱུས་4cm

散叶

1函 写本 柏簇体 6行 梵夹装 开本：宽32.5cm×高6.8cm 版框：宽27.5cm×高4cm

540000-0000167

༄། །གདམས་མཆོག་རོལ་པའི་རྒྱུད་བཞུགས་སོ།།

པོད་གཅིག བྲིས་མ། དཔེ་ཚུགས། ཡིག་ཕྲེང་བདུན་ཅན། གླེགས་བམ། ཤོག་ཀྱུ། ཞེང་62cm×དཀྱུས་12cm སྣེ་ཐིག་ཀྱུ། ཞེང་56cm×དཀྱུས་7cm

教言集

1函 写本 柏簇体 7行 梵夹装 开本：宽62cm×高12cm 版框：宽56cm×高7cm

540000-0000168

༄། །ཡི་གེ་དྲུག་པའི་རིགས་སྔགས་ཆེན་མོའི་སྒྲུབ་ཐབས་གསེར་གྱི་ཕྲེང་བ་ཞེས་བྱ་བ་བཞུགས་སོ།།

པོད་གཅིག བྲིས་མ། དབུ་ཅན། ཡིག་ཕྲེང་བདུན་ཅན། གླེགས་བམ། ཤོག་ཀྱུ། ཞེང་56.5cm×དཀྱུས་12cm སྣེ་ཐིག་ཀྱུ། ཞེང་51cm×དཀྱུས་8.5cm

六字真言密集修法金串

1函 写本 乌金体 7行 梵夹装 开本：宽56.5cm×高12cm 版框：宽51cm×高8.5cm

540000-0000169

༄། །འདུལ་བའི་གླེང་འབུམ་བཞུགས་སོ།།

པོད་གཅིག བྲིས་མ། དབུ་ཅན། ཡིག་ཕྲེང་བརྒྱད་ཅན། གླེགས་བམ། ཤོག་ཀྱུ། ཞེང་68.1cm×དཀྱུས་13cm སྣེ་ཐིག་ཀྱུ། ཞེང་62cm×དཀྱུས་8.7cm

毗奈耶经广因缘集

kh函 写本 乌金体 8行 梵夹装 开本：宽68.1cm×高13cm 版框：宽62cm×高8.7cm

540000-0000170

༄། །ཁྲི་མེད་ལྷུན་པོའི་གསུང་སྒྲོས་བཞུགས་སོ།།

པོད་གཅིག བྲིས་མ། དཔེ་ཚུགས། ཡིག་ཕྲེང་བདུན་ཅན། གླེགས་བམ། ཤོག་ཀྱུ། ཞེང་49cm×དཀྱུས་8.1cm སྣེ་ཐིག་ཀྱུ། ཞེང་46cm×དཀྱུས་6.5cm

赤美伦布大师文集

1函 写本 柏簇体 7行 梵夹装 开本：宽49cm×高8.1cm 版框：宽46cm×高6.5cm

540000-0000171

༄། །སྨན་གདོང་ནག་པོའི་ནོ་གྲི་མ་བདུད་རྩིའི་ཐིགས་པ་བསེའི་སྒྲོམ་བུ་བཞུགས་སོ།།

པོད་གཅིག བྲིས་མ། དཔེ་ཚུགས། ཡིག་ཕྲེང་བདུན་ཅན། གླེགས་བམ། ཤོག་ཀྱུ། ཞེང་22cm×དཀྱུས་6cm སྣེ་ཐིག་ཀྱུ། ཞེང་19.3cm×དཀྱུས་4cm

勉黑脸无垢甘露滴 漆树匣子

1函 写本 柏簇体 7行 梵夹装 开本：宽22cm×高6cm 版框：宽19.3cm×高4cm

540000-0000172

༄། །ཞང་རིན་པོ་ཆེའི་བསྟོད་པ། །

པོད་གཅིག བྲིས་མ། དཔེ་ཚུགས། ཡིག་ཕྲེང་བརྒྱད་ཅན། གླེགས་བམ། ཤོག་རྒྱ། ཞེང་49.5cm×དཀྱུས་9cm སྙེ་ཐིག་རྒྱ། ཞེང་46cm×དཀྱུས་7cm

赞颂香大师

1函 写本 柏簇体 8行 梵夹装 开本：宽49.5cm×高9cm 版框：宽46cm×高7cm

540000-0000173

༄། །མདོ། །

པོད་གཅིག བྲིས་མ། དཔེ་ཚུགས། ཡིག་ཕྲེང་ལྔ་ཅན། གླེགས་བམ། ཤོག་རྒྱ། ཞེང་30cm×དཀྱུས་10cm སྙེ་ཐིག་རྒྱ། ཞེང་25cm×དཀྱུས་7.8cm

经部

k函 写本 柏簇体 5行 梵夹装 开本：宽30cm×高10cm 版框：宽25cm×高7.8cm

540000-0000174

༄། །དཔལ་ཀྱེ་རྡོ་རྗེའི་རྒྱུད་བཞུགས་སོ། །

པོད་གཅིག བྲིས་མ། དཔེ་ཚུགས། ཡིག་ཕྲེང་བཞི་ཅན། གླེགས་བམ། ཤོག་རྒྱ། ཞེང་64.5cm×དཀྱུས་9.5cm སྙེ་ཐིག་རྒྱ། ཞེང་59cm×དཀྱུས་7cm

吉祥喜金刚续

1函 写本 柏簇体 4行 梵夹装 开本：宽64.5cm×高9.5cm 版框：宽59cm×高7cm

540000-0000175

༄། །དཔལ་གསང་བ་རྡོ་རྗེ་རྒྱུད་ཀྱི་རྒྱལ་པོ།།

པོད་གཅིག བྲིས་མ། དཔེ་ཚུགས། ཡིག་ཕྲེང་བཅུ་གཅིག་ཅན། གླེགས་བམ། ཤོག་རྒྱ། ཞེང་67.1cm×དཀྱུས་10.5cm སྣེ་ཐིག་རྒྱ། ཞེང་62cm×དཀྱུས་6.9cm

吉祥密集金刚续王

1函 写本 柏簇体 6行 梵夹装 开本：宽67.1cm×高10.5cm 版框：宽62cm×高6.9cm

540000-0000176

༄། །བསྐྱེད་ཆོག་བཞུགས་སོ།།

པོད་གཅིག བྲིས་མ། དཔེ་ཚུགས། ཡིག་ཕྲེང་བརྒྱད་ཅན། གླེགས་བམ། ཤོག་རྒྱ། ཞེང་42.8cm×དཀྱུས་8cm སྣེ་ཐིག་རྒྱ། ཞེང་37.9cm×དཀྱུས་7cm

生起第仪轨

1函 写本 柏簇体 8行 梵夹装 开本：宽42.8cm×高8cm 版框：宽37.9cm×高7cm

540000-0000177

༄། །གསུང་སྣ་ཚོགས།།

པོད་གཅིག བྲིས་མ། དཔེ་ཚུགས། ཡིག་ཕྲེང་བདུན་ཅན། གླེགས་བམ། ཤོག་རྒྱ། ཞེང་41cm×དཀྱུས་9cm སྣེ་ཐིག་རྒྱ། ཞེང་33cm×དཀྱུས་5.9cm

杂部

1函 写本 柏簇体 7行 梵夹装 开本：宽41cm×高9cm 版框：宽33cm×高5.9cm

540000-0000178

༄། །བར་དོའི་གདམས་པ་སྐུ་གསུམ་ལམ་ཁྱེར་གྱི་ཁྲིད་བཞུགས་སོ།།

བོད་གཅིག བྲིས་མ། དཔེ་ཚུགས། ཡིག་ཕྲེང་བདུན་ཅན། གླེགས་བམ། ཤོག་གྲུ། ཞེང་50cm×དཀྱུས་8.9cm སྣེ་ཐིག་གྲུ། ཞེང་44.3cm×དཀྱུས་5.8cm

阴间教诲三身道持讲授

1函 写本 柏簇体 7行 梵夹装 开本：宽50cm×高8.9cm 版框：宽44.3cm×高5.8cm

540000-0000179

༄། །གསུང་ཐོར་བུ།།

བོད་གཅིག བྲིས་མ། དཔེ་ཚུགས། ཡིག་ཕྲེང་བདུན་ཅན། གླེགས་བམ། ཤོག་གྲུ། ཞེང་66.3cm×དཀྱུས་9.2cm སྣེ་ཐིག་གྲུ། ཞེང་58cm×དཀྱུས་7cm

散叶

1函 写本 柏簇体 7行 梵夹装 开本：宽66.3cm×高9.2cm 版框：宽58cm×高7cm

540000-0000180

༄། །གསུང་ཐོར་བུ།།

བོད་གཅིག བྲིས་མ། དཔེ་ཚུགས། ཡིག་ཕྲེང་དྲུག་ཅན། གླེགས་བམ། ཤོག་གྲུ། ཞེང་42cm×དཀྱུས་8.5cm སྣེ་ཐིག་གྲུ། ཞེང་34cm×དཀྱུས་8.5cm

散叶

1函 写本 柏簇体 6行 梵夹装 开本：宽42cm×高8.5cm 版框：宽34cm×高8.5cm

540000-0000181

༄། །མ་དག་པའི་མུན་སེལ་ཤེས་རབ་འཁོར་ལོ་བཞུགས་སོ། །

པོད་གཅིག བྲིས་མ། དཔེ་ཚུགས། ཡིག་ཕྲེང་དྲུག་ཅན། གླེགས་བམ། ཤོག་ཀྱུ། ཞེང་22.7cm×དཀྱུས་7cm སྣེ་ཐིག་ཀྱུ། ཞེང་18.2cm×དཀྱུས་4.7cm

除愚昧智慧剑

1函 写本 柏簇体 6行 梵夹装 开本：宽22.7cm×高7cm 版框：宽18.2cm×高4.7cm

540000-0000182

༄། །དཔལ་མགོན་མ་ནིང་ནག་པོའི་ལས་བྱང་། །

པོད་གཅིག བྲིས་མ། དཔེ་ཚུགས། ཡིག་ཕྲེང་དགུ་ཅན། གླེགས་བམ། ཤོག་ཀྱུ། ཞེང་48cm×དཀྱུས་8.9cm སྣེ་ཐིག་ཀྱུ། ཞེང་42cm×དཀྱུས་6cm

吉祥护法玛尼那布羯磨仪轨

1函 写本 柏簇体 9行 梵夹装 开本：宽48cm×高8.9cm 版框：宽42cm×高6cm

540000-0000183

༄། །ཡེ་ཤེས་མགོན་འཁོར་བཅས་ཀྱི་བླ་མའི་མན་ངག་ཤིན་ཏུ་གསང་བ་བཞུགས་སོ། །

པོད་གཅིག བྲིས་མ། དཔེ་ཚུགས། ཡིག་ཕྲེང་བཞི་ནས་བརྒྱད་ཅན། གླེགས་བམ། ཤོག་ཀྱུ། ཞེང་47cm×དཀྱུས་8.2cm སྣེ་ཐིག་ཀྱུ། ཞེང་43.6cm×དཀྱུས་6.9cm

益西护法眷属上师秘诀

1函 写本 柏簇体 4-8行 梵夹装 开本：宽47cm×高8.2cm 版框：宽43.6cm×高6.9cm

540000-0000184

༄། །དག་སྣང་གཞི་སྦྱོང་གི་ཁྲིད་ཡིག་སྐུ་གསུམ་ངོ་སྤྲོད་བཞུགས་སོ། །

པོད་གཅིག བྲིས་མ། དཔེ་ཚུགས། ཡིག་ཕྲེང་དྲུག་ཅན། གླེགས་བམ། ཤོག་གྲྭ། ཞེང་45.4cm×དཀྱུས་9cm སྙེ་ཤིག་གྲྭ། ཞེང་38cm×དཀྱུས་6.3cm

净相除基讲授三身介绍

1函 写本 柏簇体 6行 梵夹装 开本：宽45.4cm×高9cm 版框：宽38cm×高6.3cm

540000-0000185

༄། །བློ་སྦྱོང་གི་སྙིང་པོ་བཞུགས་སོ། །

པོད་གཅིག བྲིས་མ། དཔེ་ཚུགས། ཡིག་ཕྲེང་དྲུག་ཅན། གླེགས་བམ། ཤོག་གྲྭ། ཞེང་45cm×དཀྱུས་8.2cm སྙེ་ཤིག་གྲྭ། ཞེང་40.5cm×དཀྱུས་5.8cm

心修要义

1函 写本 柏簇体 6行 梵夹装 开本：宽45cm×高8.2cm 版框：宽40.5cm×高5.8cm

540000-0000186

༄། །སྙན་བརྒྱུད་རྡོ་རྗེའི་ཚིག་རྐང་ཉི་ཤུ་པ་བཞུགས་སོ། །

པོད་གཅིག བྲིས་མ། དཔེ་ཚུགས། ཡིག་ཕྲེང་བདུན་ཅན། གླེགས་བམ། ཤོག་གྲྭ། ཞེང་42.2cm×དཀྱུས་8.2cm སྙེ་ཤིག་གྲྭ། ཞེང་40cm×དཀྱུས་6cm

耳传金刚偈句二十

h函 写本 柏簇体 7行 梵夹装 开本：宽42.2cm×高8.2cm 版框：宽40cm×高6cm

540000-0000187

༄། །སྲུང་བྱ་གཙོ་བོར་སྟོན་པ་དམ་ཚིག་ཡིད་བཞིན་ནོར་བུ་བཞུགས་སོ། །

བོད་གཅིག བྲིས་མ། དཔེ་ཚུགས། ཡིག་ཐྲེང་དྲུག་ཅན། གླེགས་བམ། ཤོག་རྐྱ། ཞེང་42.2cm×དཀྱུས་8.2cm སྣེ་ཐིག་རྐྱ། ཞེང་36.7cm×དཀྱུས་5.8cm

守戒律誓言如意宝

1函 写本 柏簇体 6行 梵夹装 开本：宽42.2cm×高8.2cm 版框：宽36.7cm×高5.8cm

དུས་རབས་13པའི་གསུང་རབ་བྲིས་མ་ལྡེ་ལྷའི་རི་མོ་སྤྱན་རས་གཟིགས་སེམས་ཉིད་ངལ་གསོ་བཞུགས་པ།

13世纪写本文献插有观音游戏像

540000-0000188

༄། །འདུལ་བའི་སྐོར། །

བོད་གཅིག བྲིས་མ། དཔེ་ཚུགས། ཡིག་ཐྲེང་དྲུག་ཅན། གླེགས་བམ། ཤོག་རྐྱ། ཞེང་48.2cm×དཀྱུས་8.2cm སྣེ་ཐིག་རྐྱ། ཞེང་41.7cm×དཀྱུས་5cm

律藏

1函 写本 柏簇体 6行 梵夹装 开本：宽48.2cm×高8.2cm 版框：宽41.7cm×高5cm

540000-0000189

༄། །གསུང་ཐོར་བུ།

པོད་གཅིག བྲིས་མ། དཔེ་ཚུགས། ཡིག་ཕྲེང་གཉིས་ནས་དྲུག་ཅན། གླེགས་བམ། ཤོག་རྒྱ། ཞེང་50.5cm×དཀྱུས་8.3cm སྣེ་ཐིག་རྒྱ། ཞེང་46cm×དཀྱུས་5.5cm

散叶

1函 写本 柏簇体 2-6行 梵夹装 开本：宽50.5cm×高8.3cm 版框：宽46cm×高5.5cm

540000-0000190

༄། །ཐེག་པ་ཆེན་པོ་རྒྱུད་བླ་མའི་བསྟན་བཅོས་བཞུགས་སོ།།

པོད་གཅིག བྲིས་མ། དཔེ་ཚུགས། ཡིག་ཕྲེང་བརྒྱད་ཅན། གླེགས་བམ། ཤོག་རྒྱ། ཞེང་68.2cm×དཀྱུས་12.5cm སྣེ་ཐིག་རྒྱ། ཞེང་62.8cm×དཀྱུས་8.5cm

大乘宝性论

1函 写本 柏簇体 8行 梵夹装 开本：宽68.2cm×高12.5cm 版框：宽62.8cm×高8.5cm

540000-0000191

༄། །ཚད་མ་རྣམ་འགྲེལ་གྱི་འགྲེལ་པ།།

པོད་གཅིག བྲིས་མ། དཔེ་ཚུགས། ཡིག་ཕྲེང་བརྒྱད་ཅན། གླེགས་བམ། ཤོག་རྒྱ། ཞེང་66.8cm×དཀྱུས་12.8cm སྣེ་ཐིག་རྒྱ། ཞེང་62.7cm×དཀྱུས་10cm

释量论注释

1函 写本 柏簇体 8行 梵夹装 开本：宽66.8cm×高12.8cm 版框：宽62.7cm×高10cm

540000-0000192

༄། །ཚད་མའི་གཞུང་བཞུགས་སོ། །

བོད་གཅིག བྲིས་མ། དབུ་ཚུགས། ཡིག་ཕྲེང་བདུན་ཅན། གླེགས་བམ། ཤོག་གྲུ། ཞེང་59.6cm×དཀྱུས་9.7cm སྣེ་ཐིག་གྲུ། ཞེང་55.5cm×དཀྱུས་7.5cm

因明学

kh函 写本 柏簇体 7行 梵夹装 开本：宽59.6cm×高9.7cm 版框：宽55.5cm×高7.5cm

540000-0000193

༄། །འཕགས་པ་སྤྱན་རས་གཟིགས་ཀྱི་སྤྲུལ་པ་ཆོས་སྐྱོང་བའི་རྒྱལ་པོ་སྲོང་བཙན་སྒམ་པོའི་ཞལ་གདམས། །

བོད་གཅིག བྲིས་མ། དབུ་ཚུགས། ཡིག་ཕྲེང་བདུན་ཅན། གླེགས་བམ། ཤོག་གྲུ། ཞེང་61.5cm×དཀྱུས་9.2cm སྣེ་ཐིག་གྲུ། ཞེང་57cm×དཀྱུས་6.4cm

圣观世音菩萨化身法王松赞干布教戒

1函 写本 柏簇体 7行 梵夹装 开本：宽61.5cm×高9.2cm 版框：宽57cm×高6.4cm

540000-0000194

༄། །མདོ། །

བོད་གཅིག བྲིས་མ། དབུ་ཚུགས། ཡིག་ཕྲེང་བརྒྱད་ཅན། གླེགས་བམ། ཤོག་གྲུ། ཞེང་64.5cm×དཀྱུས་9cm སྣེ་ཐིག་གྲུ། ཞེང་59.5cm×དཀྱུས་7.2cm

经部

1函 写本 柏簇体 8行 梵夹装 开本：宽64.5cm×高9cm 版框：宽59.5cm×高7.2cm

540000-0000195

༄། །ཤེས་རབ་ཀྱི་ཕ་རོལ་ཏུ་ཕྱིན་པ་མངོན་པར་རྟོགས་པའི་རྒྱན་གྱི་འགྲེལ་བཤད་བཞུགས་སོ། །

བོད་གཅིག བྲིས་མ། དཔེ་ཚུགས། ཡིག་ཕྲེང་བདུན་ཅན། གླེགས་བམ། ཤོག་རྒྱ། ཞེང་66.8cm×དཀྱུས་10cm སྣེ་ཐིག་རྒྱ། ཞེང་61.5cm×དཀྱུས་8.2cm

现观庄严论诠释

1函 写本 柏簇体 7行 梵夹装 开本：宽66.8cm×高10cm 版框：宽61.5cm×高8.2cm

540000-0000196

༄། །གསུང་ཐོར་བུ། །

བོད་གཅིག བྲིས་མ། དཔེ་ཚུགས། ཡིག་ཕྲེང་བརྒྱད་ཅན། གླེགས་བམ། ཤོག་རྒྱ། ཞེང་49.5cm×དཀྱུས་8.5cm སྣེ་ཐིག་རྒྱ། ཞེང་44.5cm×དཀྱུས་6cm

散叶

1函 写本 乌金体 8行 梵夹装 开本：宽49.5cm×高8.5cm 版框：宽44.5cm×高6cm

540000-0000197

༄། །གསུང་ཐོར་བུ། །

བོད་གཅིག བྲིས་མ། དཔེ་ཚུགས། ཡིག་ཕྲེང་བརྒྱད་ཅན། གླེགས་བམ། ཤོག་རྒྱ། ཞེང་50.5cm×དཀྱུས་8.5cm སྣེ་ཐིག་རྒྱ། ཞེང་46cm×དཀྱུས་7.5cm

散叶

1函 写本 柏簇体 8行 梵夹装 开本：宽50.5cm×高8.5cm 版框：宽46cm×高7.5cm

540000-0000198

༄། །གསུང་ཐོར་བུ།

པོད་གཅིག བྲིས་མ། དཔེ་ཚུགས། ཡིག་ཕྲེང་དྲུག་ཅན། གླེགས་བམ། ཤོག་རྒྱ། ཞེང་46cm×དཀྱུས་11cm སྣེ་ཐིག་རྒྱ། ཞེང་38.6cm×དཀྱུས་7.9cm

散叶

1函 写本 柏簇体 6行 梵夹装 开本：宽46cm×高11cm 版框：宽38.6cm×高7.9cm

540000-0000200

༄། །དཔལ་གསང་བ་འདུས་པ་དཔའ་བོ་གཅིག་པ་བཞུགས་སོ།།

པོད་གཅིག བྲིས་མ། དཔེ་ཚུགས། ཡིག་ཕྲེང་བདུན་ཅན། གླེགས་བམ། ཤོག་རྒྱ། ཞེང་33.1cm×དཀྱུས་7.9cm སྣེ་ཐིག་རྒྱ། ཞེང་29.2cm×དཀྱུས་25.4cm

吉祥密集勇者

1函 写本 柏簇体 7行 梵夹装 开本：宽33.1cm×高7.9cm 版框：宽29.2cm×高25.4cm

540000-0000201

༄། །གསུང་ཐོར་བུ།།

པོད་གཅིག བྲིས་མ། དཔེ་ཚུགས། ཡིག་ཕྲེང་བདུན་ཅན། གླེགས་བམ། ཤོག་རྒྱ། ཞེང་30cm×དཀྱུས་7.2cm སྣེ་ཐིག་རྒྱ། ཞེང་26.7cm×དཀྱུས་5.5cm

散叶

1函 写本 柏簇体 7行 梵夹装 开本：宽30cm×高7.2cm 版框：宽26.7cm×高5.5cm

540000-0000202

༄། །གསུང་ཐོར་བུ།།

བོད་གཅིག བྲིས་མ། དཔེ་ཚུགས། ཡིག་ཕྲེང་བདུན་ཅན། གླེགས་བམ། ཤོག་ཀྱུ། ཞེང་34cm×དཀྱུས་7cm སྣེ་ཤིག་ཀྱུ། ཞེང་30.1cm×དཀྱུས་5.1cm

散叶

1函 写本 柏簇体 7行 梵夹装 开本：宽34cm×高7cm 版框：宽30.1cm×高5.1cm

540000-0000203

༄། །གསུང་ཐོར་བུ།

བོད་གཅིག བྲིས་མ། དཔེ་ཚུགས། ཡིག་ཕྲེང་གཉིས་ནས་བདུན་ཅན། གླེགས་བམ། ཤོག་ཀྱུ། ཞེང་35cm×དཀྱུས་9cm སྣེ་ཤིག་ཀྱུ། ཞེང་28.3cm×དཀྱུས་5.9cm

散叶

1函 写本 柏簇体 2-7行 梵夹装 开本：宽35cm×高9cm 版框：宽28.3cm×高5.9cm

540000-0000204

༄། །མཁས་གྲུབ་ཁྱུང་པོ་རྣལ་འབྱོར་གྱི་རྣམ་ཐར་བཞུགས་སོ།།

བོད་གཅིག བྲིས་མ། དཔེ་ཚུགས། ཡིག་ཕྲེང་དྲུག་ཅན། གླེགས་བམ། ཤོག་ཀྱུ། ཞེང་41.8cm×དཀྱུས་8cm སྣེ་ཤིག་ཀྱུ། ཞེང་35.5cm×དཀྱུས་6.8cm

克珠琼布瑜伽传记

1函 写本 柏簇体 6行 梵夹装 开本：宽41.8cm×高8cm 版框：宽35.5cm×高6.8cm

540000-0000205

༄། །གསར་རྙིང་གི་བཀའ་བསྟན་བཅོས་ཀྱི་དབང་ལུང་ཐོབ་པའི་ཆོས་ཚན་གསལ་བའི་སྒྲོན་མེ་བཞུགས། །

པོད་གཅིག བྲིས་མ། དཔེ་ཚུགས། ཡིག་ཕྲེང་བཅུ་གཅིག་ཅན། གླེགས་བམ། ཤོག་གྲྭ། ཞེང་33.5cm×དཀྱུས་8.1cm སྣེ་ཐིག་གྲྭ། ཞེང་27.5cm×དཀྱུས་6cm

获新旧经论灌顶及传承目录明灯

1函 写本 柏簇体 9行 梵夹装 开本：宽33.5cm×高8.1cm 版框：宽27.5cm×高6cm

540000-0000206

༄། །བདེ་ཆེན་སྐོར་གསུམ་གྱི་སྐུ་རྡོ་རྗེའི་ཉམས་ལེན་བཞུགས་སོ། །

པོད་གཅིག བྲིས་མ། དཔེ་ཚུགས། ཡིག་ཕྲེང་བརྒྱད་ཅན། གླེགས་བམ། ཤོག་གྲྭ། ཞེང་44.2cm×དཀྱུས་8cm སྣེ་ཐིག་གྲྭ། ཞེང་38cm×དཀྱུས་6cm

极乐三法论佛身金刚实践

1函 写本 柏簇体 8行 梵夹装 开本：宽44.2cm×高8cm 版框：宽38cm×高6cm

540000-0000207

༄། །དཔལ་གསང་བ་འདུས་པའི་མཆོད་འཕྲིན་བཞུགས་སོ། །

པོད་གཅིག བྲིས་མ། དཔེ་ཚུགས། ཡིག་ཕྲེང་བདུན་ཅན། གླེགས་བམ། ཤོག་གྲྭ། ཞེང་30cm×དཀྱུས་6.5cm སྣེ་ཐིག་གྲྭ། ཞེང་26.7cm×དཀྱུས་5cm

吉祥密集供云

1函 写本 柏簇体 7行 梵夹装 开本：宽30cm×高6.5cm 版框：宽26.7cm×高5cm

540000-0000208

༄། །ལག་ལེན་ཐམས་ཅད་ཀྱི་གནད་བསྟན་པ།།

བོད་གཅིག བྲིས་མ། དཔེ་ཚུགས། ཡིག་ཕྲེང་བཅུ་གཅིག་ཅན། གླེགས་བམ། ཤོག་ཀྱུ། ཞེང་29.1cm×དཀྱུས་8cm སྣེ་ཐིག་ཀྱུ། ཞེང་25.5cm×དཀྱུས་6cm

皆实践重点

1函 写本 柏簇体 7行 梵夹装 开本：宽29.1cm×高8cm 版框：宽25.5cm×高6cm

540000-0000209

༄། །ལམ་རིམ་སྙིང་པོ་བཞུགས་སོ།།

བོད་གཅིག བྲིས་མ། དཔེ་ཚུགས། ཡིག་ཕྲེང་བརྒྱད་ཅན། གླེགས་བམ། ཤོག་ཀྱུ། ཞེང་33cm×དཀྱུས་7.2cm སྣེ་ཐིག་ཀྱུ། ཞེང་28.5cm×དཀྱུས་5.6cm

道次第广论精要

1函 写本 柏簇体 8行 梵夹装 开本：宽33cm×高7.2cm 版框：宽28.5cm×高5.6cm

540000-0000210

༄། །དྲང་སྲོང་གཟའི་སྲུང་པ་ལ་དམ་མ་བྱ་བ་བཞུགས་སོ།།

བོད་གཅིག བྲིས་མ། དཔེ་ཚུགས། ཡིག་ཕྲེང་བདུན་ཅན། གླེགས་བམ། ཤོག་ཀྱུ། ཞེང་22cm×དཀྱུས་8.1cm སྣེ་ཐིག་ཀྱུ། ཞེང་18cm×དཀྱུས་5.6cm

仙人星曜护法不守誓

1函 写本 柏簇体 7行 梵夹装 开本：宽22cm×高8.1cm 版框：宽18cm×高5.6cm

540000-0000211

༄། །དགེ་འདུན་ཉི་ཤུའི་སྤྱི་དོན་ཤིན་ཏུ་རྒྱས་པ་བཞུགས་པ་དགེ་ལེགས་འཕེལ།།

བོད་གཅིག བྲིས་མ། དཔེ་ཚུགས། ཡིག་ཕྲེང་དགུ་ཅན། གླེགས་བམ། ཤོག་རྒྱ། ཞེང་61.2cm×དཀྱུས་9.2cm སྣེ་ཐིག་རྒྱ། ཞེང་58.5cm×དཀྱུས་7.7cm

二十种僧伽总论细解

1函 写本 柏簇体 9行 梵夹装 开本：宽61.2cm×高9.2cm 版框：宽58.5cm×高7.7cm

540000-0000212

༄། །དགེ་བཤེས་སྟོན་པའི་རྣམ་པར་ཐར།།

བོད་གཅིག བྲིས་མ། དཔེ་ཚུགས། ཡིག་ཕྲེང་བཅུ་གསུམ་ཅན། གླེགས་བམ། ཤོག་རྒྱ། ཞེང་67cm×དཀྱུས་11cm སྣེ་ཐིག་རྒྱ། ཞེང་66cm×དཀྱུས་9cm

仲敦巴大师传记

1函 写本 柏簇体 13行 梵夹装 开本：宽67cm×高11cm 版框：宽66cm×高9cm

540000-0000213

༄། །བྱང་ཆུབ་སེམས་པ་ལས་དང་པོ་རྣམས་ཀྱི་བྱ་བའི་རིམ་པ་ཐར་པའི་ལམ་ཆེན་ཞེས་བྱ་བ་བཞུགས་སོ།།

བོད་གཅིག བྲིས་མ། དཔེ་ཚུགས། ཡིག་ཕྲེང་བརྒྱད་ཅན། གླེགས་བམ། ཤོག་རྒྱ། ཞེང་35cm×དཀྱུས་7.7cm སྣེ་ཐིག་རྒྱ། ཞེང་30.7cm×དཀྱུས་5.3cm

初心菩萨修行者解脱大道

1函 写本 柏簇体 8行 梵夹装 开本：宽35cm×高7.7cm 版框：宽30.7cm×高5.3cm

540000-0000214

༄། །གྲུབ་ཐོབ་གཉན་ཁྲོད་རས་ཆེན་གྱི་བསྟོད་པ་བཞུགས་སོ། །

བོད་གཅིག ཁྲིས་མ། དཔེ་ཚུགས། ཡིག་ཐྲེང་བདུན་ཅན། གླེགས་བམ། ཤོག་གྲངས། ཞེང་33.5cm×དཀྱུས་8.1cm སྣེ་ཤིག་གྲངས། ཞེང་29.8cm×དཀྱུས་6.2cm

成道者聂垂热庆赞

1函 写本 柏簇体 7行 梵夹装 开本：宽33.5cm×高8.1cm 版框：宽29.8cm×高6.2cm

540000-0000215

༄། །ལོ་རྒྱུས་སྐོར། །

བོད་གཅིག ཁྲིས་མ། དཔེ་ཚུགས། ཡིག་ཐྲེང་ལྔ་ཅན། གླེགས་བམ། ཤོག་གྲངས། ཞེང་32.5cm×དཀྱུས་6.5cm སྣེ་ཤིག་གྲངས། ཞེང་27.5cm×དཀྱུས་4.5cm

史学类

1函 写本 柏簇体 5行 梵夹装 开本：宽32.5cm×高6.5cm 版框：宽27.5cm×高4.5cm

540000-0000216

༄། །བདགས་གྲོལ་རྒྱུད་དྲུག་བཞུགས་སོ། །

བོད་གཅིག ཁྲིས་མ། དཔེ་ཚུགས། ཡིག་ཐྲེང་དྲུག་ཅན། གླེགས་བམ། ཤོག་གྲངས། ཞེང་32.7cm×དཀྱུས་7cm སྣེ་ཤིག་གྲངས། ཞེང་27.2cm×དཀྱུས་4.1cm

解脱六续

1函 写本 柏簇体 6行 梵夹装 开本：宽32.7cm×高7cm 版框：宽27.2cm×高4.1cm

540000-0000217

༄། །སྙན་བརྒྱུད་འཁོར་ལོ་བསྐོར་གསུམ་གྱི་ནང་ནས་དཀར་ཁྲིད་ཀྱི་རང་ལུས་བགོས་དོན་གྱིས་བརྒྱན་པ་བཞིལ་ཟེར་འོད་ཅན་བཞུགས་སོ།།

པོད་གཅིག བྲིས་མ། དཔེ་ཚུགས། ཡིག་ཕྲེང་དགུ་ཅན། གླེགས་བམ། ཤོག་ཀྱུ། ཞེང་44.2cm×དཀྱུས་8cm སྣེ་ཤིག་ཀྱུ། ཞེང་39cm×དཀྱུས་6.3cm

耳传三轮之授自身分解月光

1函 写本 柏簇体 9行 梵夹装 开本：宽44.2cm×高8cm 版框：宽39cm×高6.3cm

540000-0000218

༄། །གསུང་ཐོར་བུ།།

པོད་གཅིག བྲིས་མ། དཔེ་ཚུགས། ཡིག་ཕྲེང་བདུན་ཅན། གླེགས་བམ། ཤོག་ཀྱུ། ཞེང་49cm×དཀྱུས་9.1cm སྣེ་ཤིག་ཀྱུ། ཞེང་42cm×དཀྱུས་5.7cm

散叶

1函 写本 柏簇体 7行 梵夹装 开本：宽49cm×高9.1cm 版框：宽42cm×高5.7cm

540000-0000219

༄། །ནོར་བུ་པད་ཕྲེང་གཞི་ལྷན་ཐབས་དཔེའུ་རིས་ཀྱིས་རིམ་པ་བཞུགས་སོ།།

པོད་གཅིག བྲིས་མ། དཔེ་ཚུགས། ཡིག་ཕྲེང་བརྒྱད་ཅན། གླེགས་བམ། ཤོག་ཀྱུ། ཞེང་33.5cm×དཀྱུས་8.2cm སྣེ་ཤིག་ཀྱུ། ཞེང་29cm×དཀྱུས་5.3cm

罗布白称补充表格

1函 写本 柏簇体 8行 梵夹装 开本：宽33.5cm×高8.2cm 版框：宽29cm×高5.3cm

540000-0000220

༄། །གསུང་ཐོར་བུ།།

པོད་གཅིག བྲིས་མ། དཔེ་ཚུགས། ཡིག་ཕྲེང་དྲུག་ཅན། གླེགས་བམ། ཤོག་གྲངས། ཞེང་32.7cm×དཀྱུས་7cm སྣེ་ཤིག་གྲངས། ཞེང་27.3cm×དཀྱུས་4.6cm

散叶

1函 写本 柏簇体 6行 梵夹装 开本：宽32.7cm×高7cm 版框：宽27.3cm×高4.6cm

540000-0000221

༄། །གསུང་ཐོར་བུ།

པོད་གཅིག བྲིས་མ། དཔེ་ཚུགས། ཡིག་ཕྲེང་བདུན་ཅན། གླེགས་བམ། ཤོག་གྲངས། ཞེང་34.5cm×དཀྱུས་29.5cm སྣེ་ཤིག་གྲངས། ཞེང་29.5cm×དཀྱུས་6.7cm

散叶

1函 写本 柏簇体 7行 梵夹装 开本：宽34.5cm×高29.5cm 版框：宽29.5cm×高6.7cm

540000-0000222

༄། །མཐུན་པ་བཞིའི་སྔོན་འགྲོའི་གསོལ་འདེབས་རྗེ་བཙུན་བླ་མ་ཉིད་ཀྱི་མཛད་པ་དང་བླ་མའི་རྣལ་འབྱོར་གྱི་རིམ་པ་རྣམས་བཞུགས་སོ།།

པོད་གཅིག བྲིས་མ། དཔེ་ཚུགས། ཡིག་ཕྲེང་དྲུག་ཅན། གླེགས་བམ། ཤོག་གྲངས། ཞེང་49.5cm×དཀྱུས་9cm སྣེ་ཤིག་གྲངས། ཞེང་44cm×དཀྱུས་8cm

四座先行祈祷至尊上师造和上师瑜伽次第论

1函 写本 柏簇体 6行 梵夹装 开本：宽49.5cm×高9cm 版框：宽44cm×高8cm

540000-0000223

༄། །འཕགས་པ་གསེར་འོད་དམ་པའི་མདོ་བཞུགས་སོ།།

པོད་གཅིག བྲིས་མ། དབུ་ཅན། ཡིག་ཕྲེང་བཅུ་གཅིག་ཅན། ལྟེབས་འཁྱིག་མ། ཤོག་ཀྱུ། ཞེང་32.8cm×དཀྱུས་10cm སྣེ་ཐིག་ཀྱུ། ཞེང་24.5cm×དཀྱུས་9.2cm

圣金光明经

1函 写本 乌金体 6行 经折装 开本：宽32.8cm×高10cm 版框：宽24.5cm×高9.2cm

540000-0000224

༄། །ཚད་མའི་སྐོར།།

པོད་གཅིག བྲིས་མ། དབུ་ཅན། ཡིག་ཕྲེང་བརྒྱད་ཅན། གླེགས་བམ། ཤོག་ཀྱུ། ཞེང་36cm×དཀྱུས་8.1cm སྣེ་ཐིག་ཀྱུ། ཞེང་31cm×དཀྱུས་7cm

因明学

1函 写本 乌金体 8行 梵夹装 开本：宽369cm×高8.1cm 版框：宽31cm×高7cm

540000-0000225

༄། །དཔལ་ནག་པོ་ཆེན་པོ་ནམ་མཁའ་དང་མཉམ་པའི་རྒྱུད་བཞུགས་སོ།།

པོད་གཅིག བྲིས་མ། དབུ་ཅན། ཡིག་ཕྲེང་དྲུག་ཅན། གླེགས་བམ། ཤོག་ཀྱུ། ཞེང་39cm×དཀྱུས་7.2cm སྣེ་ཐིག་ཀྱུ། ཞེང་34cm×དཀྱུས་5.6cm

吉祥量等虚空本续王

1函 写本 乌金体 6行 梵夹装 开本：宽39cm×高7.2cm 版框：宽34cm×高5.6cm

540000-0000226

༄། །འཇིག་རྟེན་ཕུང་བྱེད་ཁྲག་མཚོ་ཁོལ་མའི་རྒྱུད་བཞུགས་སོ།།

པོད་གཅིག བྲིས་མ། དབུ་ཅན། ཡིག་ཕྲེང་དྲུག་ཅན། གླེགས་བམ། ཤོག་གྲུ། ཞེང་40cm×དཀྱུས་7.4cm སྙེ་ཤིག་གྲུ། ཞེང་33.7cm×དཀྱུས་5.7cm

摧毁世间热血之海续

1函 写本 乌金体 6行 梵夹装 开本：宽40cm×高7.4cm 版框：宽33.7cm×高5.7cm

540000-0000227

༄། །གསུང་ཐོར་བུ།།

པོད་གཅིག བྲིས་མ། དབུ་ཅན། ཡིག་ཕྲེང་གཉིས་ནས་བདུན་ཅན། གླེགས་བམ། ཤོག་གྲུ། ཞེང་39.6cm×དཀྱུས་8.6cm སྙེ་ཤིག་གྲུ། ཞེང་28cm×དཀྱུས་5.5cm

散叶

1函 写本 乌金体 2-7行 梵夹装 开本：宽39.6cm×高8.6cm 版框：宽28cm×高5.5cm

540000-0000228

༄། །གསུང་ཐོར་བུ།།

པོད་གཅིག བྲིས་མ། དབུ་ཅན། ཡིག་ཕྲེང་བརྒྱད་ཅན། གླེགས་བམ། ཤོག་གྲུ། ཞེང་47.5cm×དཀྱུས་8.5cm སྙེ་ཤིག་གྲུ། ཞེང་42cm×དཀྱུས་6.5cm

散叶

g函 写本 乌金体 8行 梵夹装 开本：宽47.5cm×高8.5cm 版框：宽42cm×高6.5cm

540000-0000229

༄། །པདྨ་ཞི་དྲག་གཉིས་ཀྱིས་སྒྲུབ་ཐབས་རྣམས་བཞུགས་སོ། །

བོད་གཅིག ཤྲིས་མ། དབུ་ཅན། ཡིག་ཕྲེང་བརྒྱད་ཅན། གློགས་བམ། ཤོག་རྒྱ། ཞེང་35.5cm×དཀྱུས་8.7cm སྙེ་ཐིག་རྒྱ། ཞེང་27.5cm×དཀྱུས་5.8cm

莲花生静猛二者修法

1函 写本 乌金体 8行 梵夹装 开本：宽35.5cm×高8.7cm 版框：宽27.5cm×高5.8cm

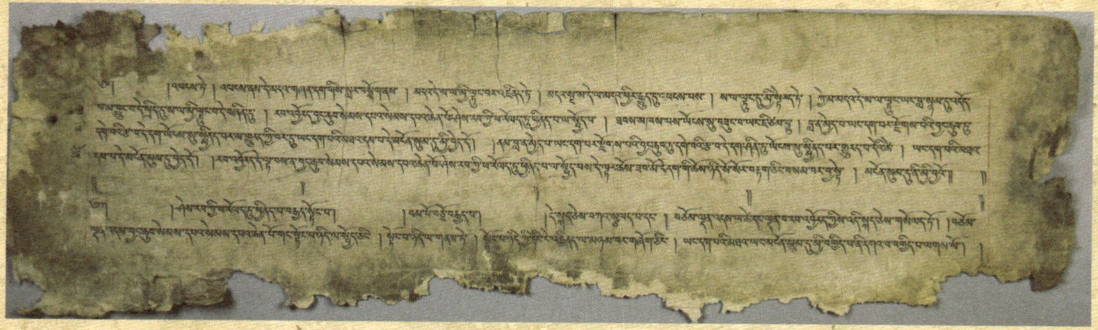

དུས་རབས་13པའི་གསུང་རབ་ཤྲིས་མ་ཤེར་ཕྱིན་བརྒྱད་སྟོང་པ།

13 世纪写本文献般若波罗蜜多经八千颂

540000-0000230

༄། །གསུང་ཐོར་བུ། །

བོད་གཅིག ཤྲིས་མ། དབུ་ཅན། ཡིག་ཕྲེང་དྲུག་ཅན། གློགས་བམ། ཤོག་རྒྱ། ཞེང་44.8cm×དཀྱུས་8cm སྙེ་ཐིག་རྒྱ། ཞེང་38cm×དཀྱུས་5.8cm

散叶

1函 写本 乌金体 6行 梵夹装 开本：宽44.8cm×高8cm 版框：宽38cm×高5.8cm

540000-0000231

༄། །གསུང་ཐོར་བུ།།

པོད་གཅིག བྲིས་མ། དབུ་ཅན། ཡིག་ཕྲེང་བརྒྱད་ཅན། གླེགས་བམ། ཤོག་གྲུ། ཞེང་32.7cm×དཀྱུས་8.8cm སྣེ་ཐིག་གྲུ། ཞེང་28.2cm×དཀྱུས་6cm

散叶

1函 写本 乌金体 8行 梵夹装 开本：宽32.7cm×高8.8cm 版框：宽28.2cm×高6cm

540000-0000232

༄། །མངོན་པར་རྟོགས་པའི་རྒྱན།།

པོད་གཅིག བྲིས་མ། དབུ་ཅན། ཡིག་ཕྲེང་དྲུག་ཅན། གླེགས་བམ། ཤོག་གྲུ། ཞེང་64cm×དཀྱུས་9.3cm སྣེ་ཐིག་གྲུ། ཞེང་57cm×དཀྱུས་7cm

现观庄严论

1函 写本 乌金体 6行 梵夹装 开本：宽64cm×高9.3cm 版框：宽57cm×高7cm

540000-0000233

༄། །ལྷན་ཅིག་སྐྱེས་སྦྱོར་བཞུགས་སོ།།

པོད་གཅིག བྲིས་མ། དབུ་ཅན། ཡིག་ཕྲེང་དྲུག་ཅན། གླེགས་བམ། ཤོག་གྲུ། ཞེང་49cm×དཀྱུས་7.8cm སྣེ་ཐིག་གྲུ། ཞེང་46cm×དཀྱུས་6.2cm

俱生和合

1函 写本 乌金体 6行 梵夹装 开本：宽49cm×高7.8cm 版框：宽46cm×高6.2cm

540000-0000234

༄། །ཇོ་མོ་ཕྱི་ཆུང་མའི་སྐོར་རྗེ་ནཱ་རོ་པས་མཛད་པ་བཞུགས་སོ། །

བོད་གཅིག ཁྲིས་མ། དབུ་ཅན། ཡིག་ཕྲེང་བཅུ་གཅིག་ཅན། གླེགས་བམ། ཤོག་ཀྱུ། ཞེང་42cm×དཀྱུས་7.8cm སྣེ་ཐིག་ཀྱུ། ཞེང་37cm×དཀྱུས་6cm

觉母石琼玛论至尊纳若巴造

1函 写本 乌金体 6行 梵夹装 开本：宽42cm×高7.8cm 版框：宽37cm×高6cm

540000-0000235

༄། །ཞོ་རི་རས་ཆུང་པའི་བསྒྲོ་སྐོར་གྱི་གདམས་ངག །

བོད་གཅིག ཁྲིས་མ། དབུ་ཅན། ཡིག་ཕྲེང་དྲུག་ཅན། གླེགས་བམ། ཤོག་ཀྱུ། ཞེང་40cm×དཀྱུས་6.8cm སྣེ་ཐིག་ཀྱུ། ཞེང་33.3cm×དཀྱུས་5cm

和合往生教诲热穷大师造

1函 写本 乌金体 6行 梵夹装 开本：宽40cm×高6.8cm 版框：宽33.3cm×高5cm

540000-0000236

༄། །གསུང་ཐོར་བུ། །

བོད་གཅིག ཁྲིས་མ། དབུ་ཅན། ཡིག་ཕྲེང་གཉིས་ནས་བརྒྱད་ཅན། གླེགས་བམ། ཤོག་ཀྱུ། ཞེང་36.5cm×དཀྱུས་9.2cm སྣེ་ཐིག་ཀྱུ། ཞེང་28cm×དཀྱུས་8cm

散叶

1函 写本 乌金体 2-8行 梵夹装 开本：宽36.5cm×高9.2cm 版框：宽28cm×高8cm

540000-0000237

༄། །གསུང་ཐོར་བུ། །

པོད་གཅིག བྲིས་མ། དབུ་ཅན། ཡིག་ཕྲེང་བདུན་ཅན། གླེགས་བམ། ཤོག་གྲངས། ཞེང་6.3cm×དཀྱུས་9.8cm སྣེ་ཐིག་གྲངས། ཞེང་59.1cm×དཀྱུས་6.4cm

散叶

1函 写本 乌金体 7行 梵夹装 开本：宽62.4cm×高17.4cm 版框：宽56.2cm×高10cm

540000-0000238

༄། །ལས་བྱེད་རླུང་གི་འཁོར་ལོའི་རབ་གནས་ཀྱི་ཡིག་ཆུང་བཞུགས་སོ། །

པོད་གཅིག བྲིས་མ། དཔེ་ཚུགས། ཡིག་ཕྲེང་དྲུག་ཅན། གླེགས་བམ། ཤོག་གྲངས། ཞེང་36.6cm×དཀྱུས་6.4cm སྣེ་ཐིག་གྲངས། ཞེང་31.7cm×དཀྱུས་6.4cm

业风轮永驻略论

1函 写本 柏簇体 6行 梵夹装 开本：宽36.6cm×高6.4cm 版框：宽31.7cm×高6.4cm

540000-0000239

༄། །འདུལ་མངོན་ཕར་ཕྱིན་དབུ་མ་རྣམས་ཀྱི་གཞུང་དོན་བཞུགས་སོ། །

པོད་གཅིག བྲིས་མ། དཔེ་ཚུགས། ཡིག་ཕྲེང་བཅུ་གཉིས་ཅན། གླེགས་བམ། ཤོག་གྲངས། ཞེང་47.4cm×དཀྱུས་8.3cm སྣེ་ཐིག་གྲངས། ཞེང་42.3cm×དཀྱུས་6.3cm

五部概论概要

1函 写本 柏簇体 12行 梵夹装 开本：宽47.4cm×高8.3cm 版框：宽42.3cm×高6.3cm

540000-0000240

༄། །རྒྱང་འཁོར་གྱིས་ཞལ་འདེབས་བཞུགས་སོ།།

པོད་གཅིག བྲིས་མ། དཔེ་ཚུགས། ཡིག་ཕྲེང་དྲུག་ཅན། གླེགས་བམ། ཤོག་རྒྱ། ཞེང་49.3cm×དཀྱུས་6.7cm སྣེ་ཤིག་རྒྱ། ཞེང་40.6cm×དཀྱུས་3.2cm

捐资修缮转经筒

1函 写本 柏簇体 6行 梵夹装 开本：宽49.3cm×高6.7cm 版框：宽40.6cm×高3.2cm

540000-0000241

༄། །བདུད་རྩི་སྙིང་པོ་ཡན་ལག་བརྒྱད་པ་གསང་བ་མན་ངག་གི་རྒྱུད་ལས་མོ་ནད་བཅོས་ཐབས་ཀྱི་ལེའུ་སྟེ་བདུན་ཅུ་བཞུགས་སོ།།

217 པོད་གཅིག བྲིས་མ། དཔེ་ཚུགས། ཡིག་ཕྲེང་བདུན་ཅན། གླེགས་བམ། ཤོག་རྒྱ། ཞེང་21.3cm×དཀྱུས་8.1cm སྣེ་ཤིག་རྒྱ་ ཞེང་7.9cm×དཀྱུས་4.5cm

甘露精华八支诀窍续之治疗妇科病第七十品

1函 写本 柏簇体 7行 梵夹装 开本：宽21.3cm×高8.1cm 版框：宽7.9cm×高4.5cm

540000-0000242

༄། །གསུང་ཐོར་བུ།།

པོད་གཅིག བྲིས་མ། ཚུགས་མ་འཁྱུག། ཡིག་ཕྲེང་བདུན་ཅན། གླེགས་བམ། ཤོག་རྒྱ། ཞེང་44.6cm×དཀྱུས་7.3cm སྣེ་ཤིག་རྒྱ། ཞེང་40cm×དཀྱུས་4.5cm

散叶

1函 写本 草写体 7行 梵夹装 开本：宽44.6cm×高7.3cm 版框：宽40cm×高4.5cm

540000-0000243

༄། །བསམ་གཏན་གཟུགས་མེད་ཀྱི་བཤད་པ་བཞུགས་སོ། །

པོད་གཅིག བྲིས་མ། ཚུགས་མ་འཁྱུག། ཡིག་ཕྲེང་བཅུ་ཅིག་ཅན། གླེགས་བམ། ཤོག་རྒྱ། ཞེང་55.1cm×དཀྱུས་9cm སྣེ་ཐིག་རྒྱ། ཞེང་51cm×དཀྱུས་6cm

三摩地无身诠释

1函 写本 草写体 11行 梵夹装 开本：宽55.1cm×高9cm 版框：宽51cm×高6cm

540000-0000244

༄། །གསུང་ཐོར་བུ། །

218 པོད་གཅིག བྲིས་མ། དབུ་ཅན། ཡིག་ཕྲེང་བདུན་ཅན། གླེགས་བམ། ཤོག་རྒྱ། ཞེང་46cm×དཀྱུས་10.3cm སྣེ་ཐིག་རྒྱ། ཞེང་43cm×དཀྱུས་5.4cm

散叶

1函 写本 乌金体 7行 梵夹装 开本：宽46cm×高10.3cm 版框：宽43cm×高5.4cm

540000-0000245

༄། །དཔེ་ཐོ་དགོས་པ་ཀུན་འདུས་བཞུགས་སོ། །

པོད་གཅིག བྲིས་མ། ཚུགས་མ་འཁྱུག། ཡིག་ཕྲེང་དྲུག་ཅན། གླེགས་བམ། ཤོག་རྒྱ། ཞེང་49.6cm×དཀྱུས་6.3cm སྣེ་ཐིག་རྒྱ། ཞེང་44.3cm×དཀྱུས་4.8cm

珍贵古籍目录

1函 写本 草写体 6行 梵夹装 开本：宽49.6cm×高6.3cm 版框：宽44.3cm×高4.8cm

540000-0000001

༄། །ཤེས་རབ་ཀྱི་ཕ་རོལ་ཏུ་ཕྱིན་པ་སྟོང་ཕྲག་བརྒྱ་པ། པོད་པ་པ།

པོད་གཅིག བྲིས་མ། དབུ་ཅན། ཡིག་ཕྲེང་བདུན་ཅན། གླེགས་བམ། ཤོག་རྒྱ། ཞེང་69.3cm×དཀྱུས་20cm སྣེ་ཐིག་རྒྱ། ཞེང་59.6cm×དཀྱུས་10cm

般若波罗蜜多经十万颂

p函 写本 乌金体 7行 梵夹装 开本：宽69.3cm×高20cm 版框：宽59.6cm×高10cm

540000-0000002

༄། །ཤེས་རབ་ཀྱི་ཕ་རོལ་ཏུ་ཕྱིན་པ་སྟོང་ཕྲག་བརྒྱ་པ། པོད་མ་པ།

པོད་གཅིག བྲིས་མ། དབུ་ཅན། ཡིག་ཕྲེང་བདུན་ཅན། གླེགས་བམ། ཤོག་རྒྱ། ཞེང་68.5cm×དཀྱུས་21cm སྣེ་ཐིག་རྒྱ། ཞེང་58.6cm×དཀྱུས་9.5cm

般若波罗蜜多经十万颂

m函 写本 乌金体 7行 梵夹装 开本：宽68.5cm×高21cm 版框：宽58.6cm×高9.5cm

540000-0000003

༄། །འཕགས་མ་དུག་སེལ་མའི་རིག་སྔགས། པོད་ཐ་པ།

པོད་གཅིག བྲིས་མ། དབུ་ཅན། ཡིག་ཕྲེང་བདུན་ཅན། གླེགས་བམ། ཤོག་རྒྱ། ཞེང་70.1cm×དཀྱུས་20.2cm སྣེ་ཐིག་རྒྱ། ཞེང་59cm×དཀྱུས་9.1cm

圣消毒母大明咒

th函 写本 乌金体 7行 梵夹装 开本：宽70.1cm×高20.2cm 版框：宽59cm×高9.1cm

540000-0000004

༄། །ཤེས་རབ་ཀྱི་ཕ་རོལ་ཏུ་ཕྱིན་པ་སྟོང་ཕྲག་བརྒྱ་པ།། པོད་ཅ་པ།

པོད་གཅིག བྲིས་མ། དབུ་ཅན། ཡིག་ཕྲེང་བདུན་ཅན། གླེགས་བམ། ཤོག་གྲུ། ཞེང་68.3cm×དཀྱུས་20cm སྙེ་ཐིག་གྲུ། ཞེང་58.4cm×དཀྱུས་9.5cm

般若波罗蜜多经十万颂

c函 写本 乌金体 7行 梵夹装 开本：宽68.3cm×高20cm 版框：宽58.4cm×高9.5cm

ལྷོ་ཁ་ས་ཁུལ་ལྷུན་རྩེ་རྫོང་ལྷུན་རྩེ་གྲོང་རྡལ་གསེར་བྱེ་དགོན།
山南地区隆子县隆子镇色吉寺

540000-0000001

༄། །འཕགས་པ་བྱམས་པའི་སྨོན་ལམ་བཞུགས་སོ།། པོད་ཀ་པ།

པོད་གཅིག གསེར་དངུལ་བྲིས་མ། དབུ་ཅན། ཡིག་ཕྲེང་ལྔ་ཅན། གླེགས་བམ། ཤོག་གྲུ། ཞེང་38.9cm×དཀྱུས་10.6cm སྙེ་ཐིག་གྲུ། ཞེང་33.7cm×དཀྱུས་6cm

弥勒菩萨祈愿

k函 金银汁写本 乌金体 5行 梵夹装 开本：宽38.9cm×高10.6cm 版框：宽33.7cm×高6cm

540000-0000002

༄། །བྱང་ཆུབ་ལྟུང་བཤགས་བཞུགས་སོ།། པོད་ཀ་པ།

པོད་གཅིག གསེར་དངུལ་བྲིས་མ། དབུ་ཅན། ཡིག་ཕྲེང་ལྔ་ཅན། གླེགས་བམ། ཤོག་གྲུ། ཞེང་38.6cm×དཀྱུས་10.2cm སྙེ་ཐིག་གྲུ། ཞེང་32.9cm×དཀྱུས་6.3cm

菩萨忏悔经

k函 金银汁写本 乌金体 5行 梵夹装 开本：宽38.6cm×高10.2cm 版框：宽32.9cm×高6.3cm

540000-0000003

༄། །སྡིག་བཤགས་བཞུགས་སོ།། བོད་ཀ་པ།

བོད་གཅིག གསེར་དངུལ་བྲིས་མ། དབུ་ཅན། ཡིག་ཕྲེང་ལྔ་ཅན། གླེགས་བམ། ཤོག་ཀྱུ། ཞེང་38.5cm×དཀྱུས་12.2cm སྣེ་ཐིག་ཀྱུ། ཞེང་13.5cm×དཀྱུས་6.8cm

一切罪孽忏悔经

k函 金银汁写本 乌金体 5行 梵夹装 开本：宽38.5cm×高12.2cm 版框：宽13.5cm×高6.8cm

540000-0000004

༄། །ཕ་མ་དྲན་པས་ཞུས་པའི་མདོ་བཞུགས་སོ།།

བོད་གཅིག གསེར་དངུལ་བྲིས་མ། དབུ་ཅན། ཡིག་ཕྲེང་ལྔ་ཅན། གླེགས་བམ། ཤོག་ཀྱུ། ཞེང་38.7cm×དཀྱུས་12cm སྣེ་ཐིག་ཀྱུ། ཞེང་32.2cm×དཀྱུས་7cm

佛说随念父母恩经

1函 金银汁写本 乌金体 5行 梵夹装 开本：宽38.7cm×高12cm 版框：宽32.2cm×高7cm

540000-0000005

༄། །ཁྲིད་ལན་དོན་གྱིས་བཤད་པ་བཞུགས་སོ།།

བོད་གཅིག གསེར་དངུལ་བྲིས་མ། དབུ་ཅན། ཡིག་ཕྲེང་བདུན་ཅན། གླེགས་བམ། ཤོག་ཀྱུ། ཞེང་38.6cm×དཀྱུས་12cm སྣེ་ཐིག་ཀྱུ། ཞེང་32.6cm×དཀྱུས་6.8cm

讲授要义

k函 金银汁写本 乌金体 7行 梵夹装 开本：宽38.6cm×高12cm 版框：宽32.6cm×高6.8cm

540000-0000006

༄། །དཀར་ཆག་མཐོང་བ་དོན་ལྡན་བཞུགས་སོ། །

བོད་གཅིག གསེར་དངུལ་བྲིས་མ། དབུ་ཅན། ཡིག་ཕྲེང་བརྒྱད་ཅན། གླེགས་བམ། ཤོག་གྲུ། ཞེང་38.3cm×དཀྱུས་11.7cm སྣེ་ཐིག་གྲུ། ཞེང་35.5cm×དཀྱུས་9cm

文献目录利见

1函 金银汁写本 乌金体 8行 梵夹装 开本：宽38.3cm×高11.7cm 版框：宽35.5cm×高9cm

540000-0000007

༄། །འཕགས་པ་ཤེས་རབ་ཀྱི་ཕ་རོལ་ཏུ་ཕྱིན་པ་རྡོ་རྗེ་གཅོད་པ་ཞེས་བྱ་བ་བཞུགས་སོ། །

བོད་གཅིག གསེར་བྲིས་མ། དབུ་ཅན། ཡིག་ཕྲེང་དྲུག་ཅན། གླེགས་བམ། ཤོག་གྲུ། ཞེང་38.3cm×དཀྱུས་10.3cm སྣེ་ཐིག་གྲུ། ཞེང་32.4cm×དཀྱུས་7cm

大般若波罗蜜多经第九会

1函 金汁写本 乌金体 6行 梵夹装 开本：宽38.3cm×高10.3cm 版框：宽32.4cm×高7cm

540000-0000008

༄༅། །རྒྱུད་ཐམས་ཅད་ཀྱི་རྒྱལ་པོ་དཔལ་གསང་བ་འདུས་པའི་བསྐྱེད་པའི་རིམ་པ་ལ་སློབ་པའི་ཚུལ་སྒྲུབ་པའི་ཐབས་རྣམ་པར་བཤད་པ་དངོས་གྲུབ་ཀྱི་རྒྱ་མཚོ་ཞེས་བྱ་བ་བཞུགས་སོ། །

བོད་གཅིག བྲིས་མ། དབུ་ཅན། ཡིག་ཕྲེང་བདུན་ཅན། གླེགས་བམ། ཤོག་གྲུ། ཞེང་49.8cm×དཀྱུས་8.1cm སྣེ་ཐིག་གྲུ། ཞེང་46cm×དཀྱུས་6cm

一切续王时轮密集自身次第学及修法概论 悉地之海

1函 写本 乌金体 7行 梵夹装 开本：宽49.8cm×高8.1cm 版框：宽46cm×高6cm

540000-0000009

༄༅། །རས་ཆུང་སྙན་བརྒྱུད་རྡོ་རྗེའི་ཚིག་རྐང་བཞུགས་སོ།།

པོད་གཅིག ཡིས་མ། དབུ་ཅན། ཡིག་ཕྲེང་བདུན་ཅན། གླེགས་བམ། ཤོག་གྲངས། ཞེང་48.4cm×དཀྱུས་8.9cm སྣེ་ཐིག་གྲངས། ཞེང་41.8cm×དཀྱུས་6.6cm

热琼大师耳传金刚诗偈

K函 写本 乌金体 7行 梵夹装 开本：宽48.4cm×高8.9cm 版框：宽41.8cm×高6.6cm

540000-0000010

༄༅། །དཔལ་བདེ་མཆོག་སྙན་བརྒྱུད་ཀྱི་ཆོས་སྐོར་ལས་སྐྱབས་འགྲོ་སེམས་བསྐྱེད་དམ་ཚིག་གསུམ་གྱི་རྣམ་བཤད་བཞུགས་སོ།།

པོད་གཅིག ཡིས་མ། དབུ་ཅན། ཡིག་ཕྲེང་བདུན་ཅན། གླེགས་བམ། ཤོག་གྲངས། ཞེང་48.4cm×དཀྱུས་8.9cm སྣེ་ཐིག་གྲངས། ཞེང་41.8cm×དཀྱུས་6.6cm

圣乐耳传教法之皈依起心誓言概论

c函 写本 乌金体 7行 梵夹装 开本：宽48.4cm×高8.9cm 版框：宽41.8cm×高6.6cm

540000-0000011

༄༅། །རྒྱལ་པོ་སྤྲེའུ་གདོང་ཞེས་པ་འདོད་གཏོང་ཚེ་ག་ཞེས་བྱ་བ་བཞུགས་སོ།།

པོད་གཅིག ཡིས་མ། དབུ་ཅན། ཡིག་ཕྲེང་དྲུག་ཅན། གླེགས་བམ། ཤོག་གྲངས། ཞེང་30.4cm×དཀྱུས་8.6cm སྣེ་ཐིག་གྲངས། ཞེང་37.4cm×དཀྱུས་6.3cm

猴面王欲望仪轨

1函 写本 乌金体 6行 梵夹装 开本：宽30.4cm×高8.6cm 版框：宽37.4cm×高6.3cm

540000-0000012

༄། །སློང་རྫོང་བླ་མའི་གསུང་འབུམ།།

པོད་གཅིག བྲིས་མ། དཔེ་ཚུགས། ཡིག་ཕྲེང་དྲུག་ཅན། གླེགས་བམ། ཤོག་གྲྭ། ཞེང་26.5cm×དཀྱུས་8.2cm སྣེ་ཤིག་གྲྭ། ཞེང་23cm×དཀྱུས་5.5cm

隆顿上师文集

1函 写本 柏族体 6行 梵夹装 开本：宽26.5cm×高8.2cm 版框：宽23cm×高5.5cm

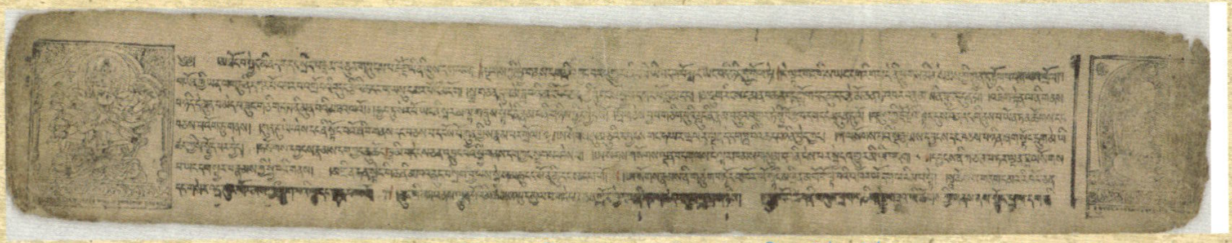

དུས་རབས་16པའི་སྤར་མ་དཔལ་དུས་ཀྱི་འཁོར་ལོ།

16 世纪刻本时轮

ལྷོ་ཁ་ས་ཁུལ་ལྷུན་རྩེ་རྫོང་ལྷུན་རྩེ་གྲོང་རྡལ་རྗེ་ཨུ་ལྷས་དགོན།

山南地区隆子县隆子镇哲吾列寺

540000-0000001

༄། །ཚད་མ་རྣམ་འགྲེལ་གྱི་རྒྱན་གྱི་ཊཱིཀའི་མཐའ་དཔྱོད་བཞུགས་སོ།།

ཚད་མ་རྒྱན་གྱི་ཊཱིཀ་པཎྜི་ཏ་སུ་མ་ཏི་དང་། ལོ་ཙཱ་བ་བློ་ལྡན་ཤེས་རབ་ཀྱིས་བསྒྱུར་པའོ། གཉེ་ཐང་གྲགས་སྟ་བཀྲ་ཤིས་གཙུག་ལག་ཁང་དུ་བསྒྱུར།

པོད་གཅིག གསེར་བྲིས་མ་དང་སྣག་ཚ་བྲིས་མ། དབུ་ཅན། ཡིག་ཕྲེང་བདུན་ཅན། གླེགས་བམ། ཤོག་གྲུ། ཞེང་63.5cm×དཀྱུས་12.5cm སྙེ་ཤིག་གྲུ། ཞེང་55.5cm×དཀྱུས་8.3cm

释量论庄严疏注解论

1函 金汁写本和墨汁写 乌金体 7行 梵夹装 开本：宽63.5cm×高12.5cm 版框：宽55.5cm×高8.3cm

540000-0000002

༄། །དཀྱིལ་འཁོར་གྱི་ཆོས་མདོར་བསྡུས་བཞུགས་སོ།།

པོད་གཅིག གསེར་བྲིས་མ་དང་སྣག་ཚ་བྲིས་མ། དབུ་ཅན། ཡིག་ཕྲེང་བདུན་ཅན། གླེགས་བམ།
ཤོག་གྲུ། ཞེང་63.3cm×དཀྱུས་12.4cm སྙེ་ཤིག་གྲུ། ཞེང་52.9cm×དཀྱུས་7cm

曼荼罗法略论

1函 金汁写本和墨汁写本 乌金体 7行 梵夹装 开本：宽63.3cm×高12.4cm 版框：宽52.9cm×高7cm

540000-0000003

༄། །དཔལ་འཁོར་ལོ་སྡོམ་པ་ཞེས་བྱ་བའི་རྣལ་འབྱོར་ཆེན་པོའི་རྒྱུད་ཀྱི་རྒྱལ་པོ་ལས་ལེའུ་ལྔ་བཅུ་རྩ་གཅིག།

པོད་གཅིག གསེར་བྲིས་མ། དབུ་ཅན། ཡིག་ཕྲེང་བདུན་ཅན། གླེགས་བམ། ཤོག་གྲུ། ཞེང་71.4cm×དཀྱུས་21.6cm སྙེ་ཤིག་གྲུ། ཞེང་63.8cm×དཀྱུས་12.3cm

吉祥时轮瑜伽续之王五十一品

1函 金汁写本 乌金体 7行 梵夹装 开本：宽71.4cm×高21.6cm 版框：宽63.8cm×高12.3cm

540000-0000004

༄། །འདུལ་བ་མདོ་རྩའི་རང་འགྲེལ་གྱི་སྟོད་དུམ་བཞུགས་སོ། །

པོད་གཅིག གསེར་བྲིས་མ་དང་སྣག་ཚ་བྲིས་མ། དབུ་ཅན། ཡིག་ཕྲེང་བདུན་ཅན། གླེགས་བམ། ཤོག་རྒྱ། ཞེང་63.5cm×དཀྱུས་12.5cm སྣེ་ཐིག་རྒྱ། ཞེང་55.4cm×དཀྱུས་8.5cm

律经根本律注释上部

1函 金汁写本和墨汁写本 乌金体 7行 梵夹装 开本：宽63.5cm×高12.5cm 版框：宽55.4cm×高8.5cm

540000-0000005

༄། །གནས་ཆེན་བཟངས་མདོག་དཔལ་རིའི་གཙུག་ལག་ཁང་གི་གནས་བཤད་བཞུགས་སོ། །

 པོད་གཅིག སྤར་མ། དབུ་ཅན། ཡིག་ཕྲེང་དྲུག་ཅན། གླེགས་བམ། ཤོག་རྒྱ། ཞེང་49cm×དཀྱུས་8.1cm སྣེ་ཐིག་རྒྱ། ཞེང་43.6cm×དཀྱུས་5.9cm

圣地桑多白日大殿志

1函 刻本 乌金体 6行 梵夹装 开本：宽49cm×高8.1cm 版框：宽43.6cm×高5.9cm

540000-0000006

༄། །དཔལ་དེ་ཁོ་ན་ཉིད་ཀྱི་སྒྲོན་མ་ཞེས་བྱ་བ་རྣལ་འབྱོར་ཆེན་མོའི་རྒྱུད་ཀྱི་རྒྱལ་པོ་བྱ་བ་བཞུགས་སོ། །

པོད་གཅིག གསེར་བྲིས་མ་དང་སྣག་ཚ་བྲིས་མ། དབུ་ཅན། ཡིག་ཕྲེང་བདུན་ཅན། གླེགས་བམ། ཤོག་རྒྱ། ཞེང་63.4cm×དཀྱུས་12.3cm སྣེ་ཐིག་རྒྱ། ཞེང་55cm×དཀྱུས་8.2cm

吉祥真性明灯大瑜伽母本续王

1函 金汁写本和墨汁写本 乌金体 7行 梵夹装 开本：宽63.4cm×高12.3cm 版框：宽55cm×高8.2cm

540000-0000007

༄། །འཕགས་པ་གཞི་ཐམས་ཅད་ཡོད་པར་སྨྲ་བའི་འདུལ་བ་འཛིན་པ་ཆེན་པོ།།

པོད་གཅིག སྤར་མ། དབུ་ཅན། ཡིག་ཕྲེང་བདུན་ཅན། གླེགས་བམ། ཤོག་གྲྭ། ཞེང་63.7cm×དཀྱུས་12.1cm སྙེ་ཐིག་གྲྭ། ཞེང་56.2cm×དཀྱུས་8.2cm

律经根本律注释

1函 刻本 乌金体 7行 梵夹装 开本：宽63.7cm×高12.1cm 版框：宽56.2cm×高8.2cm

540000-0000008

༄། །ཐེག་པ་ཆེན་པོ་མདོ་སྡེའི་རྒྱན་གྱི་རྣམ་པར་བཤད་པ་ཐེག་ཆེན་རབ་གསལ་སྣང་བ་ཞེས་བྱ་བ་བཞུགས་སོ།།

227

པོད་གཅིག བྲིས་མ། དཔེ་ཚུགས། ཡིག་ཕྲེང་བདུན་ཅན། གླེགས་བམ། ཤོག་གྲྭ། ཞེང་40.3cm×དཀྱུས་7.1cm སྙེ་ཐིག་གྲྭ། ཞེང་36.8cm×དཀྱུས་5cm

大乘庄严经论诠释

1函 写本 柏族体 7行 梵夹装 开本：宽40.3cm×高7.1cm 版框：宽36.8cm×高5cm

540000-0000009

༄། །ལྷ་རྗེ་ཉི་མ་གཞོན་ནུའི་རྣམ་ཐར།།

པོད་གཅིག བྲིས་མ། དཔེ་ཚུགས། ཡིག་ཕྲེང་བདུན་ཅན། གླེགས་བམ། ཤོག་གྲྭ། ཞེང་42.9cm×དཀྱུས་13.6cm སྙེ་ཐིག་གྲྭ། ཞེང་33.2cm×དཀྱུས་8.9cm

拉吉尼玛逊努传记

1函 写本 柏族体 7行 梵夹装 开本：宽42.9cm×高13.6cm 版框：宽33.2cm×高8.9cm

540000-0000010

༄། །མ་གཅིག་ལྷ་མོ་ཉི་གཞོན་མའི་རྣམ་ཐར།།

པོད་གཅིག བྲིས་མ། དཔེ་ཚུགས། ཡིག་ཕྲེང་བདུན་ཅན། ལྷེབས་མགོ་མ། ཤོག་གྲྭ། ཞེང་44.2cm×དཀྱུས་20cm སྣེ་ཐིག་གྲྭ། ཞེང་33cm×དཀྱུས་12cm

玛吉拉姆尼玛逊努传

1函 写本 柏族体 7行 缝绘装 开本：宽44.2cm×高20cm 版框：宽33cm×高12cm

ལྷོ་ཁ་ས་ཁུལ་ལྷུན་རྩེ་རྫོང་ལྷུན་རྩེ་གྲོང་རྡལ་རྟེའུ་ར་དགོན།

山南地区隆子县隆子镇丢热寺

540000-0000001

༄། །ཤེས་རབ་ཀྱི་ཕ་རོལ་ཏུ་ཕྱིན་པ་སྟོང་ཕྲག་བརྒྱ་པ།།

པོད་གཅིག གསེར་བྲིས་མ། དབུ་ཅན། ཡིག་ཕྲེང་དྲུག་ཅན། གློགས་བཅམ། ཤོག་གྲྭ། ཞེང་70.1cm×དཀྱུས་25.7cm སྣེ་ཐིག་གྲྭ། ཞེང་56cm×དཀྱུས་9.9cm

大乘般若波罗蜜多经十万颂

1函 金汁写本 乌金体 6行 梵夹装 开本：宽70.1cm×高25.7cm 版框：宽56cm×高9.9cm

540000-0000002

༄། །ཚད་མ་རྣམ་འགྲེལ་གྱི་འགྲེལ་པ་ལས་ལེའུ་གསུམ་པ།།

སློབ་དཔོན་ཉི་མ་སྦས་པས་མཛད།

པོད་གཅིག བྲིས་མ། དབུ་ཅན། ཡིག་ཕྲེང་བདུན་ཅན། གློགས་བཅམ། ཤོག་གྲྭ། ཞེང་63cm×དཀྱུས་12.1cm སྣེ་ཐིག་གྲྭ། ཞེང་53.6cm×དཀྱུས་6.2cm

释量论疏注解第三品

1函 写本 乌金体 7行 梵夹装 开本：宽63cm×高12.1cm 版框：宽53.6cm×高6.2cm

540000-0000003

༄། །ཚད་མ་རྣམ་འགྲེལ་རྒྱན་གྱི་འགྲེལ་བཤད།།

ཛ་ཧྭ་རིས་མཛད།

པོད་གཅིག བྲིས་མ། དབུ་ཅན། ཡིག་ཕྲེང་བདུན་ཅན། གླེགས་བམ། ཤོག་གྲྭ། ཞེང་63.3cm×དཀྱུས་12.1cm སྣེ་ཐིག་གྲྭ། ཞེང་53.9cm×དཀྱུས་6.9cm

释量论庄严疏注解

1函 写本 乌金体 7行 梵夹装 开本：宽63.3cm×高12.1cm 版框：宽53.9cm×高6.9cm

ལྷོ་ཁ་ས་ཁུལ་ལྷུན་རྩེ་རྫོང་རི་མང་གྲོང་རྡལ་རི་མང་དགོན།

山南地区隆子县日当镇日当寺

540000-0000001

༄། །རྙིང་མ་རྒྱུད་བཞུགས་སོ།།

པོད་གཅིག བྲིས་མ། དབུ་ཅན། ཡིག་ཕྲེང་ལྔ་ཅན། གླེགས་བམ། ཤོག་གྲྭ། ཞེང་49.8cm×དཀྱུས་15.3cm སྣེ་ཐིག་གྲྭ། ཞེང་41.3cm×དཀྱུས་8.9cm

宁玛续部

1函 写本 乌金体 5行 梵夹装 开本：宽49.8cm×高15.3cm 版框：宽41.3cm×高8.9cm

540000-0000002

༄། །དྲི་མེད་རྒྱལ་པོ་བཤགས་པ་བཞུགས་སོ། །

བོད་གཅིག སྣར་མ། དབུ་ཅན། ཡིག་སྲིང་ལྷ་ཅན། གླེགས་བམ། ཤོག་གྲྭ ཞེང་50.1cm×དཔངས་15.4cm སྙེ་ཐིག་གྲྭ ཞེང་41.5cm×དཔངས་6.5cm

无垢王忏悔经

1函 写本 乌金体 5行 梵夹装

开本：宽50.1cm×高15.4cm 版框：宽41.5cm×高6.5cm

དུས་རབས།16-17པའི་གསུང་རབ་བྲིས་པའི་ལྡེ་ལྷའི་རི་མོ།

16-17 世纪写本柱简史插图

ལྷོ་ཁ་ས་ཁུལ་ལྷུན་རྩེ་རྫོང་རི་རོང་ཤང་ཆོས་འཁོར་སྡིང་དགོན།

山南地区隆子县热荣乡曲果丁寺

540000-0000001

༄། །བཀའི་ཐང་ཡིག་བཞུགས་སོ། །

བོད་གཅིག སྣར་མ། དབུ་ཅན། ཡིག་སྲིང་དྲུག་ཅན། གླེགས་བམ། ཤོག་གྲྭ ཞེང་53cm×དཔངས་11.8cm སྙེ་ཐིག་གྲྭ ཞེང་47.5cm×དཔངས་6cm

莲花生传记

1函 刻本 乌金体 6行 梵夹装开本：宽53cm×高11.8cm 版框：宽47.5cm×高6cm

540000-0000002

༄། །གཟུངས་འདུས་བཞུགས་སོ། །

བོད་གཅིག སྤར་མ། དབུ་ཅན། ཡིག་ཕྲེང་བདུན་ཅན། གླེགས་བམ། ཤོག་ཀྱུ། ཞེང་51.2cm×དཀྱུས་14.6cm སྙེ་ཐིག་ཀྱུ། ཞེང་41.7cm×དཀྱུས་9.4cm

陀罗尼经

1函 刻本 乌金体 7行 梵夹装 开本：宽51.2cm×高14.6cm 版框：宽41.7cm×高9.4cm

ལྷོ་ཁ་ས་ཁུལ་ལྷུན་རྩེ་རྫོང་རི་རོང་ཤང་འཕགས་སྡེ་དགོན།

山南地区隆子县日荣乡帕德寺

540000-0000001

༄། །ཤེས་རབ་ཀྱི་ཕ་རོལ་ཏུ་ཕྱིན་པ་སྟོང་ཕྲག་བརྒྱ་པ། །

བོད་གཅིག གསེར་དངུལ་བྲིས་མ། དབུ་ཅན། ཡིག་ཕྲེང་བརྒྱད་ཅན། གླེགས་བམ། ཤོག་ཀྱུ། ཞེང་64.7cm×དཀྱུས་22.4cm སྙེ་ཐིག་ཀྱུ། ཞེང་51.3cm×དཀྱུས་12.9cm

大乘般若波罗蜜多十万颂

1函 金银汁写本 乌金体 8行 梵夹装 开本：宽64.7cm×高22.4cm 版框：宽51.3cm×高12.9cm

540000-0000002

༄། །འཕགས་པ་ཤེས་རབ་ཀྱི་ཕ་རོལ་ཏུ་ཕྱིན་པ་བརྒྱད་སྟོང་། །

བོད་གཅིག སྤར་མ། དབུ་ཅན། ཡིག་ཕྲེང་བདུན་ཅན། གླེགས་བམ། ཤོག་ཀྱུ། ཞེང་66.6cm×དཀྱུས་20.1cm སྣེ་ཐིག་ཀྱུ། ཞེང་55cm×དཀྱུས་12.7cm

般若波罗蜜多经八千颂

1函 刻本 乌金体 7行 梵夹装开本：宽66.6cm×高20.1cm 版框：宽55cm×高9.4cm

540000-0000003

༄། །འཕགས་པ་ཤེས་རབ་ཀྱི་ཕ་རོལ་ཏུ་ཕྱིན་པ་བརྒྱད་སྟོང་། །

232 བོད་གཅིག སྤར་མ། དབུ་ཅན། ཡིག་ཕྲེང་དྲུག་ཅན། གླེགས་བམ། ཤོག་ཀྱུ། ཞེང་54cm×དཀྱུས་9cm སྣེ་ཐིག་ཀྱུ། ཞེང་49.2cm×དཀྱུས་7cm

般若波罗蜜多经八千颂

1函 刻本 乌金体 6行 梵夹装 开本：宽54cm×高9cm 版框：宽49.2cm×高7cm

540000-0000004

༄། །འཕགས་པ་བསྐལ་པ་བཟང་པོ་ཞེས་བྱ་བ་ཐེག་པ་ཆེན་པོའི་མདོ་བཞུགས་སོ། །

བོད་གཅིག སྤར་མ། དབུ་ཅན། ཡིག་ཕྲེང་དྲུག་ཅན། གླེགས་བམ། ཤོག་ཀྱུ། ཞེང་53.2cm×དཀྱུས་14.8cm སྣེ་ཐིག་ཀྱུ། ཞེང་46cm×དཀྱུས་8.2cm

大乘贤劫经

1函 刻本 乌金体 6行 梵夹装 开本：宽53.2cm×高14.8cm 版框：宽46cm×高8.2cm

540000-0000001

༄། །བཻཌཱུར་སྔོན་པོ།

པོད་གཅིག སྤར་མ། དབུ་ཅན། ཡིག་ཕྲེང་དྲུག་ཅན། གླེགས་བམ། ཤོག་རྒྱ། ཞེང་57cm×དཀྱུས་10.2cm སྙེ་ཐིག་རྒྱ། ཞེང་46.6cm×དཀྱུས་6.7cm

蓝琉璃

1函 刻本 乌金体 6行 梵夹装 开本：宽57cm×高10.2cm 版框：宽46.6cm×高6.7cm

540000-0000002

༄། །བླ་མ་དགོངས་པ་འདུས་པ་བཞུགས་སོ། །

པོད་གཅིག་ཆ་མི་ཚང་། སྤར་མ། དབུ་ཅན། ཡིག་ཕྲེང་དགུ་ཅན། གླེགས་བམ། ཤོག་རྒྱ། ཞེང་32.8cm×དཀྱུས་7.4cm སྙེ་ཐིག་རྒྱ། ཞེང་28.8cm×དཀྱུས་5cm

上师言教集

1函不全 刻本 乌金体 9行 梵夹装 开本：宽32.8cm×高7.4cm 版框：宽28.8cm×高5cm

540000-0000003

༄། །བོད་སྨན་བཟོ་ཐབས་མན་ངག །

པོད་གཅིག བྲིས་མ། དབུ་ཅན། ཡིག་ཕྲེང་བརྒྱད་ཅན། གླེགས་བམ། ཤོག་རྒྱ། ཞེང་32.8cm×དཀྱུས་23.7cm སྙེ་ཐིག་རྒྱ། ཞེང་27.7cm×དཀྱུས་17cm

制藏药秘方

1函 写本 乌金体 8行 梵夹装 开本：宽32.8cm×高23.7cm 版框：宽27.7cm×高17cm

234

540000-0000004

༄། །བོད་སྨན་སྦྱོར་ཐབས།།

པོད་གཅིག བྲིས་མ། དབུ་ཅན། ཡིག་ཕྲེང་དྲུག་ཅན། གླེགས་བམ། ཤོག་རྒྱ། ཞེང་48.7cm×དཀྱུས་10.2cm སྣེ་ཐིག་རྒྱ། ཞེང་42.6cm×དཀྱུས་6.8cm

制藏药方法

1函 写本 乌金体 6行 梵夹装 开本：宽48.7cm×高10.2cm 版框：宽42.6cm×高6.8cm

540000-0000005

༄། །སྨན་བླའི་བདག་བསྐྱེད་ཡིད་བཞིན་ནོར་བུའི་གཏེར་མཛོད་བཞུགས་སོ།།

པོད་གཅིག བྲིས་མ། དབུ་ཅན། ཡིག་ཕྲེང་བརྒྱད་ཅན། གླེགས་བམ། ཤོག་རྒྱ། ཞེང་33cm×དཀྱུས་6.3cm སྣེ་ཐིག་རྒྱ། ཞེང་28cm×དཀྱུས་3.6cm

药师佛自生如意宝库

1函 写本 乌金体 8行 梵夹装 开本：宽33cm×高6.3cm 版框：宽28cm×高3.6cm

540000-0000006

༄། །དབེན་པའི་རི་ཁྲོད་འགྲིམ་ཚད་ཡིད་ཀྱི་སྐྱོ་སངས་ལྷའི་རོལ་མོའི་ལེགས་བཤད་བཞུགས་སོ།།

པོད་གཅིག བྲིས་མ། དབུ་ཅན། ཡིག་ཕྲེང་བདུན་ཅན། གླེགས་བམ། ཤོག་རྒྱ། ཞེང་31.8cm×དཀྱུས་8.4cm སྣེ་ཐིག་རྒྱ། ཞེང་29cm×དཀྱུས་5.2cm

游走清静日追之时解悲伤·妙音佳言

1函 写本 乌金体 7行 梵夹装 开本：宽31.8cm×高8.4cm 版框：宽29cm×高5.2cm

540000-0000001

༄། །བདེ་ཆེན་ལྷུན་གྲུབ་མ་བཞུགས་སོ།།

དགེ་འདུན་གྲུབ་ཀྱིས་མཛད།

པོད་གཅིག གསེར་བྲིས་མ། དབུ་ཅན། ཡིག་ཕྲེང་ལྔ་ཅན། གླེགས་བམ། ཤོག་ཀྱུ། ཞེང་21.9cm×དཀྱུས་8.1cm སྙེ་ཐིག་ཀྱུ། ཞེང་18.3cm×དཀྱུས་5.6cm

极乐祈愿

1函 金汁写本 乌金体 5行 梵夹装 开本：宽21.9cm×高8.1cm 版框：宽18.3cm×高5.6cm

540000-0000002

༄། །རྒྱལ་མཆོག་ཡིད་བཞིན་ནོར་བུ་གླིང་རྗེ་གེ་སར་གྱི་རྣམ་ཐར་དམྱལ་གླིང་རྫོགས་པ་ཆེན་པོ།།

པོད་གཅིག སྤར་མ། དབུ་ཅན། ཡིག་ཕྲེང་དྲུག་ཅན། གླེགས་བམ། ཤོག་ཀྱུ། ཞེང་45.8cm×དཀྱུས་8.1cm སྙེ་ཐིག་ཀྱུ། ཞེང་26.8cm×དཀྱུས་5.9cm

格萨尔传地狱大圆满

1函 刻本 乌金体 6行 梵夹装 开本：宽45.8cm×高8.1cm 版框：宽26.8cm×高5.9cm

540000-0000003

༄། །ཨོ་རྒྱན་པདྨ་འབྱུང་གནས་ཀྱི་སྐྱེ་རབས་རྣམ་པར་ཐར་པ་རྒྱས་པར་བཀོད་པ་པདྨ་བཀའི་ཐང་ཡིག་ཅེས་བཞུགས་སོ།།

པོད་གཅིག སྤར་མ། དབུ་ཅན། ཡིག་ཕྲེང་དྲུག་ཅན། གླེགས་བམ། ཤོག་ཀྱུ། ཞེང་55.2cm×དཀྱུས་9.5cm སྙེ་ཐིག་ཀྱུ། ཞེང་50cm×དཀྱུས་5.9cm

莲花生大师传

1函 刻本 乌金体 6行 梵夹装 开本：宽55.2cm×高9.5cm 版框：宽50cm×高5.9cm

ལྷོ་ཁ་ས་ཁུལ་ལྷུན་རྩེ་རྫོང་ཞོལ་གསར་ཤང་གཤམ་མདའ་དགོན་ངག་དབང་རྒྱ་མཚོའི་ཉེར་ཚགས།

山南地区隆子县雪色乡下木达拉康阿旺加措个人收藏

540000-0000001

༄། །རྩ་གསུམ་གཏོར་འབུལ། །

པོད་གཅིག བྲིས་མ། དབུ་ཅན། ཡིག་ཕྲེང་དྲུག་ཅན། ལྟེབས་མགོ་མ། ཤོག་རྒྱ། ཞེང་25.5cm×དཀྱུས་7.2cm སྣེ་ཐིག་རྒྱ། ཞེང་21.1cm×དཀྱུས་4.9cm

三根朵玛仪轨

1函 写本 乌金体 6行 缝绘装 开本：宽25.5cm×高7.2cm 版框：宽21.1cm×高4.9cm

540000-0000002

༄། །རྩིས་ལོ་བསྟན་བཅོས་གསལ་བའི་སྒྲོན་མེ་ཞེས་བྱ་བ་བཞུགས་སོ། །

པོད་གཅིག བྲིས་མ། དཔེ་ཚུགས། ཡིག་ཕྲེང་བདུན་ཅན། ལྟེབས་མགོ་མ། ཤོག་རྒྱ། ཞེང་19.5cm×དཀྱུས་7.1cm སྣེ་ཐིག་རྒྱ། ཞེང་17.4cm×དཀྱུས་4.2cm

天文历算明灯

1函 写本 柏簇体 7行 缝绘装 开本：宽19.5cm×高7.1cm 版框：宽17.4cm×高4.2cm

540000-0000003

༄། །མཆོད་འབུལ་ཟིན་བྲིས་རྒྱ་མཚོ་རིན་ཕྲེང་གསུང་རྒྱུན་བཞུགས་སོ། །

པོད་གཅིག བྲིས་མ། དཔེ་ཚུགས། ཡིག་ཕྲེང་བཞི་ཅན། གླེགས་བམ། ཤོག་རྒྱ། ཞེང་25cm×དཀྱུས་5.8cm སྣེ་ཐིག་རྒྱ། ཞེང་22.8cm×དཀྱུས་3cm

供奉笔录·加措仁成传承

1函 写本 柏簇体 4行 梵夹装 开本：宽25cm×高5.8cm 版框：宽22.8cm×高3cm

540000-0000004

༄། །རིག་འཛིན་གྲུབ་པའི་དབང་པོའི་རྣམ་ཐར་ལ་གསོལ་བ་འདེབས་པ་བྱིན་རླབས་ཉིན་བྱེད་བཞུགས་སོ།།

པོད་གཅིག བྲིས་མ། དཔེ་ཚུགས། ཡིག་ཕྲེང་དྲུག་ཅན། གླེགས་བམ། ཤོག་ཀྱུ། ཞེང་29cm×དཀྱུས་6.5cm སྣེ་ཐིག་ཀྱུ། ཞེང་27.1×དཀྱུས་5.4cm

仁增珠巴旺布传记·祈愿加持阳光

1函 写本 柏簇体 6行 梵夹装 开本：宽29cm×高6.5cm 版框：宽27.1cm×高5.4cm

540000-0000005

༄། །གསོལ་འདེབས་སྨོན་ལམ་གྱི་རིམ་པ་བྱིན་རླབས་མཆོག་སྩུར་ལེ་ཚན་གསུམ་བཞུགས་སོ།།

པོད་གཅིག བྲིས་མ། དཔེ་ཚུགས། ཡིག་ཕྲེང་དྲུག་ཅན། གླེགས་བམ། ཤོག་ཀྱུ། ཞེང་30.7cm×དཀྱུས་8.2cm སྣེ་ཐིག་ཀྱུ། ཞེང་25cm×དཀྱུས་4.9cm

祈愿次第加持第三节

1函 写本 柏簇体 6行 梵夹装 开本：宽30.7cm×高8.2cm 版框：宽25cm×高4.9cm

540000-0000006

༄། །ཚད་པ་སྤྱི་བཅོས་ཡིག་ཆུང་།།

པོད་གཅིག བྲིས་མ། དཔེ་ཚུགས། ཡིག་ཕྲེང་ལྔ་ཅན། གླེགས་བམ། ཤོག་ཀྱུ། ཞེང་36cm×དཀྱུས་7cm སྣེ་ཐིག་ཀྱུ། ཞེང་26cm×དཀྱུས་4.3cm

治疗发热病

1函 写本 柏簇体 5行 梵夹装 开本：宽36cm×高7cm 版框：宽26cm×高4.3cm

540000-0000007

༄། །བདེ་ཆེན་སྙིང་གསུམ་ཐུགས་རྡོ་རྗེའི་ཉམས་ལེན་བཞུགས་སོ།།

བོད་གཅིག བྲིས་མ། དཔེ་ཚུགས། ཡིག་ཕྲེང་དྲུག་ཅན། གླེགས་བམ། ཤོག་རྒྱ། ཞེང་21cm×དཀྱུས་5.1cm སྣེ་ཤིག་རྒྱ། ཞེང་15.8cm×དཀྱུས་3.7cm

极乐三论心修法金刚实践

1函 写本 柏簇体 6行 梵夹装 开本：宽21cm×高5.1cm 版框：宽15.8cm×高3.7cm

540000-0000008

༄། །སྙན་བརྒྱུད་བདེ་ཆེན་སྙིང་གསུམ་གྱི་ཕག་གདོང་གྱིན་འདྲེན་གྱི་གདམས་པ་བཞུགས་སོ།།

བོད་གཅིག བྲིས་མ། དཔེ་ཚུགས། ཡིག་ཕྲེང་དྲུག་ཅན། གླེགས་བམ། ཤོག་རྒྱ། ཞེང་21cm×དཀྱུས་5.1cm སྣེ་ཤིག་རྒྱ། ཞེང་15.8cm×དཀྱུས་3.7cm

耳传极乐三论解救鬼怪地狱教诲

1函 写本 柏簇体 6行 梵夹装 开本：宽21cm×高5.1cm 版框：宽15.8cm×高3.7cm

540000-0000009

༄། །བླ་མ་བསྒྲུབ་པའི་ཉམས་ལེན་རྒྱུན་ཁྱེར་གསོལ་འདེབས་སུ་བཀོད་པ།།

བོད་གཅིག བྲིས་མ། དཔེ་ཚུགས། ཡིག་ཕྲེང་ལྔ་ཅན། གླེགས་བམ། ཤོག་རྒྱ། ཞེང་21.1cm×དཀྱུས་4.8cm སྣེ་ཤིག་རྒྱ། ཞེང་17.4cm×དཀྱུས་2.8cm

上师修法实践常持祈愿

1函 写本 柏簇体 5行 梵夹装 开本：宽21.1cm×高4.8cm 版框：宽17.4cm×高2.8cm

540000-0000010

༄། །མཆོད་འབུལ། །

པོད་གཅིག བྲིས་མ། དཔེ་ཚུགས། ཡིག་ཕྲེང་བདུན་ཅན། ལྡེབས་མགོ་མ། ཤོག་རྒྱ། ཞེང་15cm×དཀྱུས་8cm སྙེ་ཐིག་རྒྱ། ཞེང་13.6cm×དཀྱུས་5cm

供奉仪轨

1函 写本 柏簇体 7行 梵夹装 开本：宽15cm×高8cm 版框：宽13.6cm×高5cm

540000-0000011

༄། །རྫོགས་ཆེན་མཁན་ཟུར་ངག་དབང་ནོར་བུས་ཚོམ་པ་དྲུག་ལྡན་གྱི་ཚོགས་གླུ་ཡིད་འོང་རོལ་མོ་ཞེས་བྱ་བ་བཞུགས་སོ། །

 པོད་གཅིག བྲིས་མ། དཔེ་ཚུགས། ཡིག་ཕྲེང་བདུན་ཅན། ལྡེབས་འཁྱིག་མ། ཤོག་རྒྱ། ཞེང་31.6cm×དཀྱུས་40.3cm སྙེ་ཐིག་རྒྱ། ཞེང་7.5cm×དཀྱུས་3cm

大圆满堪苏阿旺诺布道歌妙音

1函 写本 柏簇体 7行 经折装 开本：宽31.6cm×高40.3cm 版框：宽7.5cm×高3cm

540000-0000012

༄། །བཅོམ་ལྡན་འདས་མི་འཁྲུགས་པའི་ལྷ་དགུའི་ཆོ་ག་ནག་འགྲོས་སུ་བཀོད་པ་བཞུགས་སོ། །

པོད་གཅིག བྲིས་མ། དཔེ་ཚུགས། ཡིག་ཕྲེང་དྲུག་ཅན། གླེགས་བམ། ཤོག་རྒྱ། ཞེང་32.5cm×དཀྱུས་9.4cm སྙེ་ཐིག་རྒྱ། ཞེང་27cm×དཀྱུས་5.3cm

释迦不动佛九神仪轨诠释

1函 写本 柏簇体 6行 梵夹装 开本：宽32.5cm×高5.3cm 版框：宽27cm×高5.3cm

540000-0000013

༄། །སྡིག་སྒྲིབ་ཀུན་འཇོམས་ཀྱིས་གཟུངས་བཞུགས་སོ། །

པོད་གཅིག བྲིས་མ། དབུ་ཅན། ཡིག་ཕྲེང་ལྔ་ཅན། གླེགས་བམ། ཤོག་རྒྱ། ཞེང་32.3cm×དཀྱུས་7.7cm སྣེ་ཐིག་རྒྱ། ཞེང་28cm×དཀྱུས་5.5cm

消除一切罪孽陀罗尼经

1函 写本 乌金体 5行 梵夹装 开本：宽32.3cm×高7.7cm 版框：宽28cm×高5.5cm

540000-0000014

༄། །ཕྱི་ཁོང་ཡུལ་ལྷའི་གསོལ་མཆོད་བཞུགས་སོ། །

པོད་གཅིག བྲིས་མ། དཔེ་ཚུགས། ཡིག་ཕྲེང་བདུན་ཅན། ལྟེབས་མགོ་མ། ཤོག་རྒྱ། ཞེང་31.3cm×དཀྱུས་13.9cm སྣེ་ཐིག་རྒྱ། ཞེང་28.4cm×དཀྱུས་8cm

供奉地祇仪轨

1函 写本 柏簇体 7行 缝绘装 开本：宽31.3cm×高13.9cm 版框：宽28.4cm×高8cm

540000-0000015

༄། །ཆོ་ག་ཕྱག་ལེན་སྐོར། །

པོད་གཅིག བྲིས་མ། དཔེ་ཚུགས། ཡིག་ཕྲེང་བདུན་ཅན། གླེགས་བམ། ཤོག་རྒྱ། ཞེང་30cm×དཀྱུས་7cm སྣེ་ཐིག་རྒྱ། ཞེང་22.9cm×དཀྱུས་5cm

宗教仪轨实践

1函 写本 柏簇体 7行 梵夹装 开本：宽30cm×高7cm 版框：宽22.9cm×高9cm

540000-0000016

༄། །ཚོ་ག་ཕྱག་ལེན་སྐོར།།

བོད་གཅིག བྲིས་མ། དབུ་ཅན། ཡིག་ཕྲེང་ལྔ་ཅན། གླེགས་བམ། ཤོག་རྒྱ། ཞེང་32.2cm×དཀྱུས་7.3cm སྣེ་ཤིག་རྒྱ། ཞེང་28cm×དཀྱུས་4.9cm

宗教仪轨实践

1函 写本 乌金体 5行 梵夹装 开本：宽32.2cm×高7.3cm 版框：宽28cm×高4.9cm

ལྷོ་ཁ་ས་ཁུལ་ལྷུན་རྩེ་རྫོང་ཞོལ་གསར་ཤང་སྟག་རྩེ་དགོན།

山南地区隆子县色乡达孜寺

540000-0000001

༄། །འཕགས་པ་བསྐལ་པ་བཟང་པོ་ཞེས་བྱ་བ་ཐེག་པ་ཆེན་པོའི་མདོ་སྡེ་རིན་པོ་ཆེ་བཞུགས་སོ།།

རྒྱ་གར་གྱི་མཁན་པོ་བཛྲ་ཀ་ར་སིང་ཧ་དང་ལོ་ཙ་བ་བན་དེ་དཔལ་དབྱངས་ཀྱིས་བསྒྱུར། ཞུ་ཆེན་གྱི་ལོ་ཙ་བ་བན་དེ་དཔལ་བརྩེགས་ཀྱིས་ཞུས་ཏེ་གཏན་ལ་ཕབ་པའོ།།

བོད་གཅིག བྲིས་མ། དབུ་ཅན། ཡིག་ཕྲེང་བརྒྱད་ཅན། ལྷེབས་མགོ་མ། ཤོག་རྒྱ། ཞེང་27.4cm×དཀྱུས་23.3cm སྣེ་ཤིག་རྒྱ། ཞེང་57.5cm×དཀྱུས་11.8cm

大乘贤劫经

1函 写本 乌金体 8行 缝绘装 开本：宽27.4cm×高23.3cm 版框：宽57.5cm×高11.8cm

540000-0000001

༄། །འཕགས་པ་ཤེས་རབ་ཀྱི་ཕ་རོལ་ཏུ་ཕྱིན་པ་སྡུད་པ་ཚིགས་སུ་བཅད་པ། །

པོད་གཅིག གསེར་བྲིས་མ། དབུ་ཅན། ཡིག་ཕྲེང་ལྔ་ཅན། གླེགས་བམ། ཤོག་རྒྱ། ཞེང་32.8cm×དཔངས་12.3cm སྐྱེ་ཤིག་རྒྱ། ཞེང་31cm×དཔངས་8cm

佛说佛母宝法藏般若波罗蜜多经

1函 金汁写本 乌金体 5行 梵夹装 开本：宽32.8cm×高12.3cm 版框：宽31cm×高8cm

ལྷོ་ཁ་ས་ཁུལ་ལྷུན་རྩེ་རྫོང་གསར་གླིང་ཤང་གསང་སྔགས་ཆོས་གླིང་དགོན།

山南地区隆子县三林乡三安曲林寺

540000-0000001

༄། །ཤེས་རབ་ཀྱི་ཕ་རོལ་ཏུ་ཕྱིན་པ་སྟོང་ཕྲག་བརྒྱ་པ། །

པོད་གཅིག བྲིས་མ། དབུ་ཅན། ཡིག་ཕྲེང་བདུན་ཅན། གླེགས་བམ། ཤོག་རྒྱ། ཞེང་71.6cm×དཔངས་27.6cm སྐྱེ་ཤིག་རྒྱ། ཞེང་59.3cm×དཔངས་13.2cm

大乘般若波罗蜜多经十万颂

1函 写本 乌金体 7行 梵夹装 开本：宽71.6cm×高27.6cm 版框：宽59.3cm×高13.2cm

540000-0000002

༄། །ཤེས་རབ་ཀྱི་ཕ་རོལ་ཏུ་ཕྱིན་པ་སྟོང་ཕྲག་བརྒྱ་པ། །

པོད་གཅིག བྲིས་མ། དབུ་ཅན། ཡིག་ཕྲེང་དགུ་ཅན། གླེགས་བམ། ཤོག་རྒྱ། ཞེང་71.6cm×དཔངས་27.6cm སྐྱེ་ཤིག་རྒྱ། ཞེང་59.3cm×དཔངས་13.2cm

大乘般若波罗蜜多经十万颂

1函 写本 乌金体 9行 梵夹装 开本：宽71.6cm×高27.6cm 版框：宽59.3cm×高13.2cm

540000-0000001

༄། །འདུལ་བའི་མདོ། །

ཁ་ཆེ་ཡུལ་བྱེ་བྲག་ཏུ་སྨྲ་བའི་སློབ་དཔོན་འཛིན་ན་མི་ཏྲ་དང་ཞུ་ཆེན་གྱི་ལོ་ཙཱ་བ་བན་དེ་ཀླུའི་རྒྱལ་མཚན་གྱིས་བསྒྱུར་ཞིང་ཞུས་ཏེ་གཏན་ལ་ཕབ་པ། བོད་གཅིག བྲིས་མ། དབུ་ཅན། ཡིག་ཕྲེང་བཅུ་གཅིག་ཅན། གླེགས་བམ། ཤོག་རྒྱ། ཞེང་67.5cm×དཀྱུས་14.3cm སྣེ་ཤིག་རྒྱ། ཞེང་61cm×དཀྱུས་11.3cm

律经根本律

1函 写本 乌金体 11行 梵夹装 开本：宽67.5cm×高14.3cm 版框：宽61cm×高11.3cm

དུས་རབས་13པའི་གནའ་དཔེའི་མཚན་བྱང་།
13 世纪文献标题

540000-0000002

༄། །དཔལ་ཡེ་ཤེས་རྡོ་རྗེའི་ཀུན་ལས་བཏུས་པ།།

བོད་གཅིག གསེར་བྲིས་མ། དབུ་ཅན། ཡིག་ཕྲེང་བརྒྱད་ཅན། གླེགས་བམ། ཤོག་གྲུ། ཞེང་64.3cm×དཀྱུས་17cm སྣེ་ཤིག་གྲུ། ཞེང་59.2cm×དཀྱུས་13.3cm

圣智慧金刚集经

1函 金汁写本 乌金体 8行 梵夹装 开本：宽64.3cm×高17cm 版框：宽59.2cm×高13.3cm

540000-0000003

༄། །ཤེས་རབ་ཀྱི་ཕ་རོལ་ཏུ་ཕྱིན་པ་ཁྲི་བརྒྱད་སྟོང་པ།།

༢༤༤ བོད་གཅིག གསེར་བྲིས་མ་དང་སྣག་ཚ་བྲིས་མ། དབུ་ཅན། ཡིག་ཕྲེང་བདུན་ཅན། གླེགས་བམ། ཤོག་གྲུ། ཞེང་65cm×དཀྱུས་19.8cm སྣེ་ཤིག་གྲུ། ཞེང་53.6cm×དཀྱུས་10cm

大般若波罗蜜多经第三会

1函 金汁写本和墨汁写 乌金体 7行 梵夹装 开本：宽65cm×高19.8cm 版框：宽53.6cm×高10cm

540000-0000004

༄། །ཤེས་རབ་ཀྱི་ཕ་རོལ་ཏུ་ཕྱིན་པ་ཁྲི་བརྒྱད་སྟོང་པ།།

བོད་གཅིག མཚལ་སྤར། དབུ་ཅན། ཡིག་ཕྲེང་བརྒྱད་ཅན། གླེགས་བམ། ཤོག་གྲུ། ཞེང་69.3cm×དཀྱུས་20.5cm སྣེ་ཤིག་གྲུ། ཞེང་61.6cm×དཀྱུས་15cm

大般若波罗蜜多经第三会

sh函 诛砂刻本 乌金体 8行 梵夹装 开本：宽69.3cm×高20.5cm 版框：宽61.6cm×高15cm

540000-0000005

༄། །ཤེས་རབ་ཀྱི་ཕ་རོལ་ཏུ་ཕྱིན་པ་བརྒྱད་སྟོང་པ།། པོད་ཀ་པ།

པོད་གཅིག གསེར་བྲིས་མ། དབུ་ཅན། ཡིག་ཕྲེང་བདུན་ཅན། གླེགས་བམ། ཤོག་རྒྱ། ཞེང་65.4cm×དཀྱུས་21.4cm སྣེ་ཐིག་རྒྱ། ཞེང་51.6cm×དཀྱུས་11.3cm

大乘般若波罗蜜多经八千颂

k函 金汁写本 乌金体 7行 梵夹装 开本：宽65.4cm×高21.4cm 版框：宽51.6cm×高11.3cm

540000-0000006

༄། །ཐུགས་རྗེ་ཆེན་པོའི་ཡོན་ཏན་ཡི་གེ་དྲུག་པའི་གདམས་པ།།

པོད་གཅིག གསེར་དངུལ་བྲིས་མ། དབུ་ཅན། ཡིག་ཕྲེང་དྲུག་ཅན། གླེགས་བམ། ཤོག་རྒྱ། ཞེང་50.9cm×དཀྱུས་13.2cm སྣེ་ཐིག་རྒྱ། ཞེང་41.4cm×དཀྱུས་7.9cm

观音菩萨六字真言教诲

1函 金银汁写本 乌金体 6行 梵夹装 开本：宽50.9cm×高13.2cm 版框：宽41.4cm×高7.9cm

540000-0000007

༄། །ཤེས་རབ་ཀྱི་ཕ་རོལ་ཏུ་ཕྱིན་པ་བརྒྱད་སྟོང་པ།།

པོད་གཅིག གསེར་བྲིས་མ། དབུ་ཅན། ཡིག་ཕྲེང་བདུན་ཅན། གླེགས་བམ། ཤོག་རྒྱ། ཞེང་65cm×དཀྱུས་21cm སྣེ་ཐིག་རྒྱ། ཞེང་54.4cm×དཀྱུས་11.4cm

大乘般若波罗蜜多经八千颂

1函 金汁写本 乌金体 7行 梵夹装 开本：宽65cm×高21cm 版框：宽54.4cm×高11.4cm

540000-0000008

༄། །ཤེས་རབ་ཀྱི་ཕ་རོལ་ཏུ་ཕྱིན་པ་སྟོང་ཕྲག་བརྒྱ་པ། །

པོད་གཅིག གསེར་བྲིས་མ། དབུ་ཅན། ཡིག་ཕྲེང་བདུན་ཅན། གླེགས་བམ། ཤོག་རྒྱ། ཞེང་70.1cm×དཀྱུས་21.4cm སྣེ་ཤིག་རྒྱ། ཞེང་59cm×དཀྱུས་11.2cm

大乘般若波罗蜜多经十万颂

1函 金汁写本 乌金体 7行 梵夹装 开本：宽70.1cm×高21.4cm 版框：宽59cm×高11.2cm

540000-0000009

༄། །ཤེས་རབ་ཀྱི་ཕ་རོལ་ཏུ་ཕྱིན་པ་སྟོང་ཕྲག་བརྒྱ་པ། །

པོད་གཅིག གསེར་བྲིས་མ། དབུ་ཅན། ཡིག་ཕྲེང་བདུན་ཅན། གླེགས་བམ། ཤོག་རྒྱ། ཞེང་42.3cm×དཀྱུས་16.5cm སྣེ་ཤིག་རྒྱ། ཞེང་40.5cm×དཀྱུས་8.1cm

大乘般若波罗蜜多经十万颂

1函 金汁写本 乌金体 7行 梵夹装 开本：宽42.3cm×高16.5cm 版框：宽40.5cm×高8.1cm

540000-0000010

༄། །ཤེས་རབ་ཀྱི་ཕ་རོལ་ཏུ་ཕྱིན་པ་སྟོང་ཕྲག་བརྒྱ་པ། །

པོད་གཅིག གསེར་བྲིས་མ། དབུ་ཅན། ཡིག་ཕྲེང་བདུན་ཅན། གླེགས་བམ། ཤོག་རྒྱ། ཞེང་59.1cm×དཀྱུས་21.9cm སྣེ་ཤིག་རྒྱ། ཞེང་52.1cm×དཀྱུས་9.9cm

大乘般若波罗蜜多经十万颂

1函 金汁写本 乌金体 7行 梵夹装 开本：宽59.1cm×高21.9cm 版框：宽52.1cm×高9.9cm

540000-0000011

༄། །འཕགས་པ་དཀོན་མཆོག་བརྩེགས་པ་ཞེས་ཐེག་པ་ཆེན་པོའི་མདོ་བཞུགས་སོ། །

པོད་གཅིག སྦར་མ། དབུ་ཅན། ཡིག་ཕྲེང་བདུན་ཅན། གླེགས་བམ། ཤོག་གྲྭ། ཞེང་63.4cm×དཀྱུས་17.9cm སྣེ་ཐིག་གྲྭ། ཞེང་53.7cm×དཀྱུས་10.6cm

大乘宝积经

1函 刻本 乌金体 7行 梵夹装 开本：宽63.4cm×高17.9cm 版框：宽53.7cm×高9.9cm

ལྷོ་ཁ་ས་ཁུལ་ལྷུན་རྩེ་རྫོང་རི་ཐང་གྲོང་རྡལ་ངང་བསྐྱལ་དགོན།

山南地区隆子县日当镇昂杰寺

247 540000-0000001

༄། །ལམ་རིམ་ཆེན་མོ་བཞུགས་སོ། །

མང་དུ་ཐོས་པའི་དགེ་སློང་སྤོང་བ་པ། ཤར་ཙོང་ཁ་པ་བློ་བཟང་གྲགས་པའི་དཔལ་གྱིས་སྦྱར། ཡི་གེ་ནི་བསོད་ནམས་དཔལ་བཟང་།

པོད་གཅིག སྦར་མ། དབུ་ཅན། ཡིག་ཕྲེང་བདུན་ཅན། གླེགས་བམ། ཤོག་གྲྭ། ཞེང་60.6cm×དཀྱུས་11.6cm སྣེ་ཐིག་གྲྭ། ཞེང་50.6cm×དཀྱུས་9cm

菩提道次第广论

宗喀巴大师造

1函 刻本 乌金体 7行 梵夹装 开本：宽60.6cm×高11.6cm 版框：宽50.6cm×高9cm

དུས་རབས་11-12པའི་གླེགས་ཤིང་།

11-12 世纪护经板

ལྷོ་ཁ་ས་ཁུལ་ལྷུན་རྩེ་རྫོང་གྲོ་མཁར་ཆོས་སྡེ་དགོན།

山南地区隆子县仲嘎曲德寺

540000-0000001

༄། །ཤེས་རབ་ཀྱི་ཕ་རོལ་ཏུ་ཕྱིན་པ་ཐེག་པ་ཆེན་པོའི་མདོ།།　བོད་ང་པ།

བོད་གཅིག　བྲིས་མ།　དབུ་ཅན།　ཡིག་ཕྲེང་བརྒྱད་ཅན།　གླེགས་བམ།　ཤོག་གྱི　ཞེང་68.5cm×དཀྱུས་17.9cm　སྙེ་ཐིག་གྱི　ཞེང་61.5cm×དཀྱུས་10cm

般若波罗蜜多经

ng函　写本　乌金体　8行　梵夹装　开本：宽68.5cm×高17.9cm　版框：宽61.5cm×高10cm

540000-0000002

༄༅། །ཏིང་ངེ་འཛིན་གྱི་རྒྱལ་པོ་ཞེས་བྱ་བ་ཐེག་པ་ཆེན་པོ་མདོ།། པོད་བ་པ།

པོད་གཅིག བྲིས་མ། དབུ་ཅན། ཡིག་ཕྲེང་བརྒྱ་ཅན། གླེགས་བམ། ཤོག་གྲུ། ཞེང་62.3cm×དཀྱུས་18.6cm སྣེ་ཐིག་གྲུ། ཞེང་53.7cm×དཀྱུས་12cm

大乘三摩地经

b函 写本 乌金体 8行 梵夹装 开本：宽62.3cm×高18.6cm 版框：宽53.7cm×高12cm

540000-0000003

༄༅། །སྔགས་སྣ་ཚོགས།།

པོད་གཅིག བྲིས་མ། དབུ་ཅན། ཡིག་ཕྲེང་བརྒྱད་ཅན། གླེགས་བམ། ཤོག་གྲུ། ཞེང་62.9cm×དཀྱུས་18.6cm སྣེ་ཐིག་གྲུ། ཞེང་54.2cm×དཀྱུས་10.2cm

陀罗尼经集

1函 写本 乌金体 8行 梵夹装 开本：宽62.9cm×高18.6cm 版框：宽54.2cm×高10.2cm

540000-0000004

༄༅། །འཕགས་པ་དེ་བཞིན་གཤེགས་པའི་སྙིང་རྗེ་ཆེན་པོ་བསྟན་པ་ཞེས་བྱ་བ་ཐེག་པ་ཆེན་པོའི་མདོ།། པོད་ཐ་པ།

པོད་གཅིག བྲིས་མ། དབུ་ཅན། ཡིག་ཕྲེང་བརྒྱད་ཅན། གླེགས་བམ། ཤོག་གྲུ། ཞེང་62.2cm×དཀྱུས་18.5cm སྣེ་ཐིག་གྲུ། ཞེང་53cm×དཀྱུས་9.7cm

大哀经

th函 写本 乌金体 8行 梵夹装 开本：宽62.2cm×高18.5cm 版框：宽53cm×高9.7cm

540000-0000005

༄། །ཤེས་རབ་ཀྱི་ཕ་རོལ་ཏུ་ཕྱིན་པ་སྟོང་ཕྲག་བརྒྱ་པ། ། པོད་ཐ་པ།

པོད་གཅིག བྲིས་མ། དབུ་ཅན། ཡིག་ཕྲེང་བདུན་ཅན། གླེགས་བམ། ཤོག་ཀྱུ། ཞེང་72cm×དཀྱུས་22.1cm སྣེ་ཐིག་ཀྱི། ཞེང་61cm×དཀྱུས་10.7cm

般若波罗蜜多经十万颂

th函 写本 乌金体 8行 梵夹装 开本：宽62.2cm×高18.5cm 版框：宽53cm×高9.7cm

540000-0000006

༄། །འཕགས་པ་ཆོས་ཡང་དག་པར་སྡུད་པ་ཞེས་བྱ་བ་ཐེག་པ་ཆེན་པོའི་མདོ། ། པོད་ཏ་པ།

པོད་གཅིག བྲིས་མ། དབུ་ཅན། ཡིག་ཕྲེང་བརྒྱད་ཅན། གླེགས་བམ། ཤོག་ཀྱུ། ཞེང་62.3cm×དཀྱུས་18.5cm སྣེ་ཐིག་ཀྱི། ཞེང་53.2cm×དཀྱུས་10cm

佛说正法集经

t函 写本 乌金体 8行 梵夹装 开本：宽62.3cm×高18.5cm 版框：宽53.2cm×高10cm

540000-0000007

༄། །ཤེས་རབ་ཀྱི་ཕ་རོལ་ཏུ་ཕྱིན་པ་སྟོང་ཕྲག་བརྒྱ་པ། ། པོད་མ་པ།

པོད་གཅིག བྲིས་མ། དབུ་ཅན། ཡིག་ཕྲེང་བདུན་ཅན། གླེགས་བམ། ཤོག་ཀྱུ། ཞེང་67.5cm×དཀྱུས་18.2cm སྣེ་ཐིག་ཀྱི། ཞེང་58.7cm×དཀྱུས་10.8cm

般若波罗蜜多经千万颂

m函 写本 乌金体 7行 梵夹装 开本：宽67.5cm×高18.2cm 版框：宽58.7cm×高10.8cm

540000-0000008

༄། །འཕགས་པ་ཤེས་རབ་ཀྱི་ཕ་རོལ་ཏུ་ཕྱིན་པ་ཁྲི་བརྒྱད་སྟོང་པ། ། པོད་ང་པ།

པོད་གཅིག བྲིས་མ། དབུ་ཅན། ཡིག་ཕྲེང་དྲུག་ཅན། གླེགས་བམ། ཤོག་གྲུ། ཞེང་69.7cm×དཀྱུས་19.9cm སྙེ་ཤིག་གྲུ། ཞེང་56.8cm×དཀྱུས་7.2cm

大般若波罗蜜多经第三会

ng函 写本 乌金体 6行 梵夹装 开本：宽69.7cm×高19.9cm 版框：宽56.8cm×高7.2cm

540000-0000009

༄། །ཤེས་རབ་ཀྱི་ཕ་རོལ་ཏུ་ཕྱིན་པ་སྟོང་ཕྲག་བརྒྱ་པ། ། པོད་ཇ་པ།

 པོད་གཅིག བྲིས་མ། དབུ་ཅན། ཡིག་ཕྲེང་བདུན་ཅན། གླེགས་བམ། ཤོག་གྲུ། ཞེང་69.5cm×དཀྱུས་20.7cm སྙེ་ཤིག་གྲུ། ཞེང་57.3cm×དཀྱུས་11.2cm

般若波罗蜜多经十万颂

j函 写本 乌金体 7行 梵夹装 开本：宽69.5cm×高20.7cm 版框：宽57.3cm×高11.2cm

540000-0000010

༄། །མདོ་དཀོན་མཆོག་བརྩེགས་པ། ། པོད་ད་པ།

པོད་གཅིག བྲིས་མ། དབུ་ཅན། ཡིག་ཕྲེང་བརྒྱད་ཅན། གླེགས་བམ། ཤོག་གྲུ། ཞེང་62.4cm×དཀྱུས་18.4cm སྙེ་ཤིག་གྲུ། ཞེང་54cm×དཀྱུས་9.5cm

大乘宝积经

d函 写本 乌金体 8行 梵夹装 开本：宽62.4cm×高18.4cm 版框：宽54cm×高9.5cm

540000-0000011

༄། །དམ་པའི་ཆོས་པད་མ་དཀར་པོ་ཞེས་བྱ་བ་ཐེག་པ་ཆེན་པོའི་མདོ། ། པོད་ཏ་པ།

པོད་གཅིག བྲིས་མ། དབུ་ཅན། ཡིག་ཕྲེང་བདུན་ཅན། གླེགས་བམ། ཤོག་གྲུ། ཞེང་68.1cm×དཀྱུས་17.5cm སྡེ་ཐིག་གྲུ། ཞེང་60cm×དཀྱུས་12cm

大乘妙法莲花经

t函 写本 乌金体 7行 梵夹装 开本：宽68.1cm×高17.5cm 版框：宽60cm×高12cm

540000-0000012

༄། །འཕགས་པ་གསེར་འོད་དམ་པའི་མདོ་སྡེའི་དབང་པོའི་རྒྱལ་པོ་ཞེས་བྱ་བ་ཐེག་པ་ཆེན་པོའི་མདོ། ། པོད་ང་པ།

པོད་གཅིག གསེར་བྲིས་མ་དང་སྣག་ཚ་བྲིས་མ། དབུ་ཅན། ཡིག་ཕྲེང་བརྒྱད་ཅན། གླེགས་བམ། ཤོག་གྲུ། ཞེང་62.4cm×དཀྱུས་18.6cm སྡེ་ཐིག་གྲུ། ཞེང་54.4cm×དཀྱུས་9.7cm

大乘圣金光明经

ng函 金汁写本和墨汁写本 乌金体 8行 梵夹装 开本：宽62.4cm×高18.6cm 版框：宽54.4cm×高9.7cm

540000-0000013

༄། །འཕགས་པ་ཤེས་རབ་ཀྱི་ཕ་རོལ་ཏུ་ཕྱིན་པ་ཉི་ཁྲི་བཞུགས་སོ། ། པོད་ཁ་པ།

པོད་གཅིག སྤར་མ། དབུ་ཅན། ཡིག་ཕྲེང་བརྒྱད་ཅན། གླེགས་བམ། ཤོག་གྲུ། ཞེང་65.9cm×དཀྱུས་17.1cm སྡེ་ཐིག་གྲུ། ཞེང་59.1cm×དཀྱུས་10cm

般若波罗蜜多经两万颂

kh函 刻本 乌金体 8行 梵夹装 开本：宽65.9cm×高17.1cm 版框：宽59.1cm×高10cm

253

540000-0000014

༄། །དེ་བཞིན་གཤེགས་པ་འགྲོ་བ་ཞེས་བྱ་བ་ཐེག་པ་ཆེན་པོ་མདོ།། བོད་ཝ་པ།

བོད་གཅིག གསེར་བྲིས་མ་དང་སྣག་ཚ་བྲིས་མ། དབུ་ཅན། ཡིག་ཕྲེང་བརྒྱད་ཅན། གླེགས་བམ། ཤོག་རྒྱ། ཞེང་62.4cm×དཀྱུས་18.4cm སྣེ་ཐིག་རྒྱ། ཞེང་54cm×དཀྱུས་11cm

大乘如来经

w函 金汁写本和墨汁写本 乌金体 8行 梵夹装 开本：宽62.4cm×高18.4cm 版框：宽54cm×高11cm

540000-0000015

༄། །འཕགས་པ་བཅོམ་ལྡན་འདས་ཀྱི་ཡེ་ཤེས་རྒྱས་པའི་མདོ།། བོད་ཙ་པ།

བོད་གཅིག གསེར་བྲིས་མ་དང་སྣག་ཚ་བྲིས་མ། དབུ་ཅན། ཡིག་ཕྲེང་བདུན་ཅན། གླེགས་བམ། ཤོག་རྒྱ། ཞེང་62.5cm×དཀྱུས་18.7cm སྣེ་ཐིག་རྒྱ། ཞེང་54.1cm×དཀྱུས་10cm

释迦长智慧经

c函 金汁写本和墨汁写本 乌金体 7行 梵夹装 开本：宽62.5cm×高18.7cm 版框：宽54.1cm×高10cm

540000-0000016

༄། །བྱང་ཆུབ་སེམས་དཔའི་སྡེ་སྣོད་ཀྱི་ནང་ནས་སྡོང་པོས་བརྒྱན་པ་ཞེས་བྱ་བའི་མདོ།། བོད་ཉ་པ།

རྒྱ་གར་གྱི་མཁན་པོ་སུ་རེན་དྲ་བོ་དྷི་དང་བན་དེ་བཻ་རོ་ཙ་ན་ར་ཀྵི་ཏས་ཞུ་ཆེན་བགྱིས།

བོད་གཅིག བྲིས་མ། དབུ་ཅན། ཡིག་ཕྲེང་དྲུག་ཅན། གླེགས་བམ། ཤོག་རྒྱ། ཞེང་70.8cm×དཀྱུས་20cm སྣེ་ཐིག་རྒྱ། ཞེང་57.3cm×དཀྱུས་8.6cm

菩萨藏之华严经心陀罗尼经

ny函 写本 乌金体 6行 梵夹装 开本：宽70.8cm×高20cm 版框：宽57.3cm×高8.6cm

540000-0000017

༄། །ཤེས་རབ་ཀྱི་ཕ་རོལ་ཏུ་ཕྱིན་པ་སྟོང་ཕྲག་བརྒྱ་པ། ། པོད་ག་པ

པོད་གཅིག བྲིས་མ། དབུ་ཅན། ཡིག་ཕྲེང་བདུན་ཅན། གླེགས་བམ། ཤོག་ཀྱུ། ཞེང་72.2cm×དཀྱུས་26cm སྣེ་ཐིག་ཀྱུ། ཞེང་60cm×དཀྱུས་9cm

般若波罗蜜多经十万颂

g函 写本 乌金体 7行 梵夹装 开本：宽72.2cm×高26cm 版框：宽60cm×高9cm

540000-0000018

༄། །འཆི་འཕོ་བ་ཇི་ལྟར་བསྟན་པའི་མདོ། ། པོད་ཊ་པ

པོད་གཅིག བྲིས་མ། དབུ་ཅན། ཡིག་ཕྲེང་བརྒྱད་ཅན། གླེགས་བམ། ཤོག་ཀྱུ། ཞེང་69cm×དཀྱུས་20.4cm སྣེ་ཐིག་ཀྱུ། ཞེང་59cm×དཀྱུས་11cm

佛说生死经

dh函 写本 乌金体 8行 梵夹装 开本：宽69cm×高20.4cm 版框：宽59cm×高11cm

540000-0000019

༄། །ཤེས་རབ་ཀྱི་ཕ་རོལ་ཏུ་ཕྱིན་པ། ། པོད་ཏ་པ

པོད་གཅིག བྲིས་མ། དབུ་ཅན། ཡིག་ཕྲེང་བདུན་ཅན། གླེགས་བམ། ཤོག་ཀྱུ། ཞེང་72.2cm×དཀྱུས་21cm སྣེ་ཐིག་ཀྱུ། ཞེང་60cm×དཀྱུས་9cm

般若波罗蜜多经

t函 写本 乌金体 7行 梵夹装 开本：宽72.2cm×高21cm 版框：宽60cm×高9cm

540000-0000020

༄༅། །ཤེས་རབ་ཀྱི་ཕ་རོལ་ཏུ་ཕྱིན་པ་སྟོང་ཕྲག་བརྒྱ་པ།། བོད་བ་པ།

བོད་གཅིག གསེར་བྲིས་མ་དང་སྣག་ཚ་བྲིས་མ། དབུ་ཅན། ཡིག་ཕྲེང་བདུན་ཅན། གླེགས་བམ། ཤོག་གྲྭ། ཞེང་69.2cm×དཀྱུས་21.2cm སྣེ་ཐིག་གྲྭ། ཞེང་58cm×དཀྱུས་11cm

般若波罗蜜经十万颂

b函 金汁写本和墨汁写本 乌金体 7行 梵夹装 开本：宽69.2cm×高21.2cm 版框：宽58cm×高11cm

540000-0000021

༄༅། །ཤེས་རབ་ཀྱི་ཕ་རོལ་ཏུ་ཕྱིན་པ།། བོད་ཀ་པ།

བོད་གཅིག བྲིས་མ། དབུ་ཅན། ཡིག་ཕྲེང་བདུན་ཅན། གླེགས་བམ། ཤོག་གྲྭ། ཞེང་75cm×དཀྱུས་27cm སྣེ་ཐིག་གྲྭ། ཞེང་58cm×དཀྱུས་10cm

般若波罗蜜多经

k函 写本 乌金体 7行 梵夹装 开本：宽75cm×高27cm 版框：宽58cm×高10cm

540000-0000022

༄༅། །འཕགས་པ་རྒྱ་ཆེར་རོལ་པ་ཞེས་བྱ་བ་ཐེག་པ་ཆེན་པོའི་མདོ།།

བོད་གཅིག གསེར་བྲིས་མ་དང་སྣག་ཚ་བྲིས་མ། དབུ་ཅན། ཡིག་ཕྲེང་བརྒྱད་ཅན། གླེགས་བམ། ཤོག་གྲྭ། ཞེང་62.1cm×དཀྱུས་12.1cm སྣེ་ཐིག་གྲྭ། ཞེང་53cm×དཀྱུས་8.7cm

大乘方广大庄严经

1函 金汁写本和墨汁写本 乌金体 8行 梵夹装 开本：宽62.1cm×高12.1cm 版框：宽53cm×高8.7cm

540000-0000023

༄། །ཤེས་རབ་ཀྱི་ཕ་རོལ་ཏུ་ཕྱིན་པ་ཁྲི་བརྒྱད་སྟོང་པ་ཞེས་བྱ་བ་ཐེག་པ་ཆེན་པོའི་མདོ། །བོད་ཀ་པ།

བོད་གཅིག བྲིས་མ། དབུ་ཅན། ཡིག་ཕྲེང་བརྒྱད་ཅན། གླེགས་བམ། ཤོག་ཀྱི། ཞེང་61.8cm×དཀྱུས་18.7cm སྣེ་ཐིག་ཀྱི། ཞེང་53.4cm×དཀྱུས་12cm

大般若波罗蜜多经第三会

k函 写本 乌金体 8行 梵夹装 开本：宽61.8cm×高18.7cm 版框：宽53.4cm×高12cm

540000-0000024

༄། །ཤེས་རབ་ཀྱི་ཕ་རོལ་ཏུ་ཕྱིན་པ། །

བོད་གཅིག བྲིས་མ། དབུ་ཅན། ཡིག་ཕྲེང་བདུན་ཅན། གླེགས་བམ། ཤོག་ཀྱི། ཞེང་69.7cm×དཀྱུས་20.4cm སྣེ་ཐིག་ཀྱི། ཞེང་58cm×དཀྱུས་9.1cm

般若波罗蜜多经

1函 写本 乌金体 7行 梵夹装 开本：宽69.7cm×高20.4cm 版框：宽58cm×高9.1cm

540000-0000025

༄། །ཤེས་རབ་ཀྱི་ཕ་རོལ་ཏུ་ཕྱིན་པ་སྟོང་ཕྲག་བརྒྱ་པ། །བོད་མ་པ།

བོད་གཅིག བྲིས་མ། དབུ་ཅན། ཡིག་ཕྲེང་བདུན་ཅན། གླེགས་བམ། ཤོག་ཀྱི། ཞེང་75.2cm×དཀྱུས་26.1cm སྣེ་ཐིག་ཀྱི། ཞེང་60cm×དཀྱུས་10.1cm

般若波罗蜜经十万颂

m函 写本 乌金体 7行 梵夹装 开本：宽75.2cm×高26.1cm 版框：宽60cm×高10.1cm

540000-0000026

༄། །ཤེས་རབ་ཀྱི་ཕ་རོལ་ཏུ་ཕྱིན་པ་སྟོང་ཕྲག་བརྒྱ་པ། ། བོད་ལྷ་པ།

བོད་གཅིག བྲིས་མ། དབུ་ཅན། ཡིག་ཕྲེང་བདུན་ཅན། གླེགས་བམ། ཤོག་རྒྱ། ཞེང་71.5cm×དཀྱུས་28.8cm སྣེ་ཤིག་རྒྱ། ཞེང་57.4cm×དཀྱུས་11.5cm

般若波罗蜜经十万颂

w函 写本 乌金体 7行 梵夹装 开本：宽71.5cm×高28.8cm 版框：宽57.4cm×高11.5cm

དུས་རབས་9-10པའི་ཤེར་ཕྱིན་བྲིས་མ།

9-10 世纪写本般若波罗蜜多经

540000-0000027

༄། །ཤེས་རབ་ཀྱི་ཕ་རོལ་ཏུ་ཕྱིན་པ་སྟོང་ཕྲག་བརྒྱ་པ།། པོད་ཉ་པ།

པོད་གཅིག བྲིས་མ། དབུ་ཅན། ཡིག་ཕྲེང་བདུན་ཅན། གླེགས་བམ། ཤོག་གྲུ། ཞེང་77cm×དཀྱུས་27cm སྣེ་ཐིག་གྲུ། ཞེང་63.5cm×དཀྱུས་12.5cm

般若波罗蜜经十万颂

ny函 写本 乌金体 7行 梵夹装 开本：宽77cm×高27cm 版框：宽63.5cm×高12.5cm

540000-0000028

༄། །ཤེས་རབ་ཀྱི་ཕ་རོལ་ཏུ་ཕྱིན་པ་སྟོང་ཕྲག་བརྒྱ་པ།། པོད་མ་པ།

པོད་གཅིག བྲིས་མ། དབུ་ཅན། ཡིག་ཕྲེང་བདུན་ཅན། གླེགས་བམ། ཤོག་གྲུ། ཞེང་72.4cm×དཀྱུས་22.5cm སྣེ་ཐིག་གྲུ། ཞེང་60cm×དཀྱུས་9.1cm

般若波罗蜜经十万颂

m函 写本 乌金体 7行 梵夹装 开本：宽72.4cm×高22.5cm 版框：宽60cm×高9.1cm

540000-0000029

༄། །ཤེར་ཕྱིན།། པོད་ང་པ།

པོད་གཅིག བྲིས་མ། དབུ་ཅན། ཡིག་ཕྲེང་བདུན་ཅན། གླེགས་བམ། ཤོག་གྲུ། ཞེང་77.6cm×དཀྱུས་28cm སྣེ་ཐིག་གྲུ། ཞེང་62cm×དཀྱུས་10cm

般若波罗蜜经

ng函 写本 乌金体 7行 梵夹装 开本：宽77.6cm×高28cm 版框：宽62cm×高10cm

540000-0000030

༄། །ཤེར་ཕྱིན།། བོད་ཉ་པ།

བོད་གཅིག བྲིས་མ། དབུ་ཅན། ཡིག་ཕྲེང་བདུན་ཅན། གླེགས་བམ། ཤོག་གྲྭ། ཞེང་68.1cm×དཀྱུས་21.8cm སྣེ་ཐིག་གྲྭ། ཞེང་11.5cm×དཀྱུས་57.3cm

般若波罗蜜

ny函 写本 乌金体 7行 梵夹装 开本：宽68.1cm×高21.8cm 版框：宽11.5cm×高57.3cm

540000-0000031

༄། །ཤེས་རབ་ཀྱི་ཕ་རོལ་ཏུ་ཕྱིན་པ་སྟོང་ཕྲག་བརྒྱ་པ།། བོད་མ་པ།

 བོད་གཅིག བྲིས་མ། དབུ་ཅན། ཡིག་ཕྲེང་བདུན་ཅན། གླེགས་བམ། ཤོག་གྲྭ། ཞེང་68.3cm×དཀྱུས་20cm སྣེ་ཐིག་གྲྭ། ཞེང་56.8cm×དཀྱུས་9cm

般若波罗蜜经十万颂

m函 写本 乌金体 7行 梵夹装 开本：宽68.3cm×高20cm 版框：宽56.8cm×高9cm

540000-0000032

༄། །ཤེས་རབ་ཀྱི་ཕ་རོལ་ཏུ་ཕྱིན་པ་སྟོང་ཕྲག་བརྒྱ་པ།། བོད་མ་པ།

བོད་གཅིག བྲིས་མ། དབུ་ཅན། ཡིག་ཕྲེང་བདུན་ཅན། གླེགས་བམ། ཤོག་གྲྭ། ཞེང་69cm×དཀྱུས་21cm སྣེ་ཐིག་གྲྭ། ཞེང་58.5cm×དཀྱུས་10.1cm

般若波罗蜜经十万颂

m函 写本 乌金体 7行 梵夹装 开本：宽69cm×高21cm 版框：宽58.5cm×高10.1cm

540000-0000033

༄། །ཤེས་རབ་ཀྱི་ཕ་རོལ་ཏུ་ཕྱིན་པ་སྟོང་ཕྲག་བརྒྱ་པ། །བོད་ཁ་པ།

བོད་གཅིག བྲིས་མ། དབུ་ཅན། ཡིག་ཕྲེང་བདུན་ཅན། གླེགས་བམ། ཤོག་གྲྭ། ཞེང་76.7cm×དཀྱུས་27.2cm སྣེ་ཐིག་གྲྭ། ཞེང་61.2cm×དཀྱུས་12.3cm

般若波罗蜜经十万颂

kh函 写本 乌金体 7行 梵夹装 开本：宽76.7cm×高27.2cm 版框：宽61.2cm×高12.3cm

540000-0000034

༄། །ཤེར་ཕྱིན། །བོད་མ་པ།

བོད་གཅིག བྲིས་མ། དབུ་ཅན། ཡིག་ཕྲེང་བདུན་ཅན། གླེགས་བམ། ཤོག་གྲྭ། ཞེང་72.3cm×དཀྱུས་27.6cm སྣེ་ཐིག་གྲྭ། ཞེང་60.4cm×དཀྱུས་10.6cm

般若波罗蜜经

m函 写本 乌金体 7行 梵夹装 开本：宽72.3cm×高27.6cm 版框：宽60.4cm×高10.6cm

540000-0000035

༄། །འཕགས་པ་ཀུན་ཏུ་བཟང་པོ་ཞེས་བྱ་བའི་གཟུངས། །

བོད་གཅིག བྲིས་མ། དབུ་ཅན། ཡིག་ཕྲེང་བརྒྱད་ཅན། གླེགས་བམ། ཤོག་གྲྭ། ཞེང་69.7cm×དཀྱུས་21cm སྣེ་ཐིག་གྲྭ། ཞེང་59cm×དཀྱུས་10cm

观自在菩萨说普贤陀罗尼经

1函 写本 乌金体 8行 梵夹装 开本：宽69.7cm×高21cm 版框：宽59cm×高10cm

540000-0000036

༄། །འཕགས་པ་ཤེས་རབ་ཀྱི་ཕ་རོལ་ཏུ་ཕྱིན་པ་བརྒྱད་སྟོང་པ། ། པོད་ཀ་པ།

རྒྱ་གར་གྱི་མཁན་པོ་ཤག་ཀྱ་སེ་ན་དང་གཞའ་ན་དི་ཏེ། ཞུ་ཆེན་གྱི་ལོ་ཚ་བ་བན་ཧྲེ་ཧྲ་མ་ཏ་ཤི་ལ་སྐྱོགས་པས་བསྒྱུར་ཅིང་ཞུས་ཏེ་གཏན་ལ་ཕབ་པའོ། །

པོད་གཅིག ཤྲིས་མ། དབུ་ཅན། ཡིག་ཕྲེང་བདུན་ཅན། གླེགས་བམ། ཤོག་རྒྱ། ཞེང་69.4cm×དཀྱུས་40cm སྣེ་ཐིག་རྒྱ། ཞེང་61.5cm×དཀྱུས་12cm

大乘般若波罗蜜多经八千颂

k函 写本 乌金体 7行 梵夹装 开本：宽69.4cm×高40cm 版框：宽61.5cm×高12cm

540000-0000037

༄། །ཤེར་ཕྱིན། ། པོད་ཛ་པ།

པོད་གཅིག ཤྲིས་མ། དབུ་ཅན། ཡིག་ཕྲེང་བདུན་ཅན། གླེགས་བམ། ཤོག་རྒྱ། ཞེང་71cm×དཀྱུས་21.6cm སྣེ་ཐིག་རྒྱ། ཞེང་58.3cm×དཀྱུས་9.5cm

般若波罗蜜多经

dz函 写本 乌金体 7行 梵夹装 开本：宽71cm×高21.6cm 版框：宽58.3cm×高9.5cm

540000-0000038

༄། །ཤེས་རབ་ཀྱི་ཕ་རོལ་ཏུ་ཕྱིན་པ་སྟོང་ཕྲག་ཉི་ཤུ་ལྔ་པ། ། པོད་ག་པ།

པོད་གཅིག ཤྲིས་མ། དབུ་ཅན། ཡིག་ཕྲེང་བདུན་ཅན། གླེགས་བམ། ཤོག་རྒྱ། ཞེང་73cm×དཀྱུས་25cm སྣེ་ཐིག་རྒྱ། ཞེང་64cm×དཀྱུས་10.9cm

般若波罗蜜多经两万五千颂

g函 写本 乌金体 7行 梵夹装 开本：宽73cm×高25cm 版框：宽64cm×高10.9cm

540000-0000039

༄། །ཤེས་རབ་ཀྱི་ཕ་རོལ་ཏུ་ཕྱིན་པ་སྟོང་ཕྲག་བརྒྱ་པ།།

པོད་གཅིག བྲིས་མ། དབུ་ཅན། ཡིག་ཕྲེང་བདུན་ཅན། གླེགས་བམ། ཤོག་ཀྱུ། ཞེང་73cm×དཀྲུས་25cm སྣེ་ཐིག་ཀྱུ། ཞེང་64cm×དཀྲུས་10.9cm

般若波罗蜜多经十万颂

1函 写本 乌金体 7行 梵夹装 开本：宽73cm×高25cm 版框：宽64cm×高10.9cm

540000-0000040

༄། །ཤེས་རབ་ཀྱི་ཕ་རོལ་ཏུ་ཕྱིན་པ་སྟོང་ཕྲག་བརྒྱ་པ།། པོད་འ་པ།

པོད་གཅིག བྲིས་མ། དབུ་ཅན། ཡིག་ཕྲེང་བདུན་ཅན། གླེགས་བམ། ཤོག་ཀྱུ། ཞེང་75.5cm×དཀྲུས་26.7cm སྣེ་ཐིག་ཀྱུ། ཞེང་60.2cm×དཀྲུས་10cm

般若波罗蜜多经十万颂

v函 写本 乌金体 7行 梵夹装 开本：宽75.5cm×高26.7cm 版框：宽60.2cm×高10cm

540000-0000041

༄། །ཤེས་རབ་ཀྱི་ཕ་རོལ་ཏུ་ཕྱིན་པ་སྟོང་ཕྲག་བརྒྱ་པ།།

པོད་གཅིག བྲིས་མ། དབུ་ཅན། ཡིག་ཕྲེང་བདུན་ཅན། གླེགས་བམ། ཤོག་ཀྱུ། ཞེང་74.9cm×དཀྲུས་26.4cm སྣེ་ཐིག་ཀྱུ། ཞེང་60cm×དཀྲུས་10cm

般若波罗蜜多经十万颂

w函 写本 乌金体 7行 梵夹装 开本：宽74.9cm×高26.4cm 版框：宽60cm×高10cm

540000-0000042

༄། །ཤེར་ཕྱིན།།

པོད་གཅིག བྲིས་མ། དབུ་ཅན། ཡིག་ཕྲེང་བདུན་ཅན། གླེགས་བམ། ཤོག་ཀྱུ། ཞེང་72.2cm×དཀྱུས་25.5cm སྣེ་ཐིག་ཀྱུ། ཞེང་59.6cm×དཀྱུས་11.8cm

般若波罗蜜多经

1函 写本 乌金体 7行 梵夹装 开本：宽72.2cm×高25.5cm 版框：宽59.6cm×高11.8cm

540000-0000043

༄། །ཤེས་རབ་ཀྱི་ཕ་རོལ་ཏུ་ཕྱིན་པ་རྡོ་རྗེ་གཅོད་པ།།

པོད་གཅིག བྲིས་མ། དབུ་ཅན། ཡིག་ཕྲེང་བདུན་ཅན། གླེགས་བམ། ཤོག་ཀྱུ། ཞེང་72.5cm×དཀྱུས་24.5cm སྣེ་ཐིག་ཀྱུ། ཞེང་58.6cm×དཀྱུས་11.8cm

大般若波罗蜜多经第九会

1函 写本 乌金体 7行 梵夹装 开本：宽72.5cm×高24.5cm 版框：宽58.6cm×高11.8cm

540000-0000044

༄། །ཤེས་རབ་ཀྱི་ཕ་རོལ་ཏུ་ཕྱིན་པ་སྟོང་ཕྲག་ཉི་ཤུ་ལྔ་པ།།

པོད་གཅིག བྲིས་མ། དབུ་ཅན། ཡིག་ཕྲེང་བདུན་ཅན། གླེགས་བམ། ཤོག་ཀྱུ། ཞེང་73.2cm×དཀྱུས་25cm སྣེ་ཐིག་ཀྱུ། ཞེང་60cm×དཀྱུས་11cm

般若波罗蜜多经两万五千颂

1函 写本 乌金体 7行 梵夹装 开本：宽73.2cm×高25cm 版框：宽60cm×高11cm

540000-0000045

༄། །གསུང་ཐོར་བུ། །

པོད་གཅིག བྲིས་མ། དབུ་ཅན། ཡིག་ཕྲེང་བདུན་ཅན། གླེགས་བམ། ཤོག་ཀྱུ། ཞེང་74.3cm×དཀྱུས་24.6cm སྣེ་ཐིག་ཀྱི། ཞེང་61.2cm×དཀྱུས་12.2cm

散叶

1函 写本 乌金体 7行 梵夹装 开本：宽74.3cm×高24.6cm 版框：宽61.2cm×高12.2cm

540000-0000046

༄། །ཤེས་རབ་ཀྱི་ཕ་རོལ་ཏུ་ཕྱིན་པ་སྟོང་ཕྲག་བརྒྱ་པ། །

པོད་གཅིག བྲིས་མ། དབུ་ཅན། ཡིག་ཕྲེང་བདུན་ཅན། གླེགས་བམ། ཤོག་ཀྱུ། ཞེང་72.2cm×དཀྱུས་27.6cm སྣེ་ཐིག་ཀྱི། ཞེང་62cm×དཀྱུས་13.4cm

般若波罗蜜多经经十万颂

c函 写本 乌金体 7行 梵夹装 开本：宽72.2cm×高27.6cm 版框：宽62cm×高13.4cm

540000-0000047

༄། །འཕགས་པ་བགྲེས་མོས་ཞུས་པ་ཞེས་བྱ་བའི་ཐེག་པ་ཆེན་པོའི་མདོ། །

པོད་གཅིག བྲིས་མ། དབུ་ཅན། ཡིག་ཕྲེང་བདུན་ཅན། གླེགས་བམ། ཤོག་ཀྱུ། ཞེང་69.4cm×དཀྱུས་21.2cm སྣེ་ཐིག་ཀྱི། ཞེང་58.2cm×དཀྱུས་10.7cm

佛觉老女人经

1函 写本 乌金体 7行 梵夹装 开本：宽69.4cm×高21.2cm 版框：宽58.2cm×高10.7cm

540000-0000048

༄། །ཤེས་རབ་ཀྱི་ཕ་རོལ་ཏུ་ཕྱིན་པ་སྟོང་ཕྲག་བརྒྱ་པ། །

པོད་གཅིག བྲིས་མ། དབུ་ཅན། ཡིག་ཕྲེང་བདུན་ཅན། གླེགས་བམ། ཤོག་ཁྱོན། ཞེང་72.6cm×དཀྱུས་21.5cm སྣེ་ཐིག་ཁྱོན། ཞེང་58.4cm×དཀྱུས་11cm

般若波罗蜜多经十万颂

1函 写本 乌金体 7行 梵夹装 开本：宽72.6cm×高21.5cm 版框：宽58.4cm×高11cm

540000-0000049

༄། །ཤེས་རབ་ཀྱི་ཕ་རོལ་ཏུ་ཕྱིན་པ་སྟོང་ཕྲག་བརྒྱ་པ། །

265 པོད་གཅིག བྲིས་མ། དབུ་ཅན། ཡིག་ཕྲེང་བདུན་ཅན། གླེགས་བམ། ཤོག་ཁྱོན། ཞེང་68.4cm×དཀྱུས་19.3cm སྣེ་ཐིག་ཁྱོན། ཞེང་57.3cm×དཀྱུས་11.4cm

般若波罗蜜多经十万颂

1函 写本 乌金体 7行 梵夹装 开本：宽68.4cm×高19.3cm 版框：宽57.3cm×高11.4cm

540000-0000050

༄། །གསུང་ཐོར་བུ། །

པོད་གཅིག བྲིས་མ། དབུ་ཅན། ཡིག་ཕྲེང་བརྒྱད་ཅན། གླེགས་བམ། ཤོག་ཁྱོན། ཞེང་70cm×དཀྱུས་21.6cm སྣེ་ཐིག་ཁྱོན། ཞེང་58.9cm×དཀྱུས་12cm

散叶

1函 写本 乌金体 8行 梵夹装 开本：宽70cm×高21.6cm 版框：宽58.9cm×高12cm

540000-0000051

༄། །གསུང་ཐོར་བུ། །

པོད་གཅིག བྲིས་མ། དབུ་ཅན། ཡིག་ཕྲེང་བརྒྱད་ཅན། གླེགས་བམ། ཤོག་རྒྱ། ཞེང་72.4cm×དཀྱུས་21.6cm སྣེ་ཐིག་རྒྱ། ཞེང་58.9cm×དཀྱུས་12cm

散叶

1函 写本 乌金体 8行 梵夹装 开本：宽72.4cm×高21.6cm 版框：宽58.9cm×高12cm

540000-0000052

༄། །འཕགས་པ་ཤིན་ཏུ་རྒྱས་པ་ཆེན་པོའི་སྡེ་ཉི་མའི་སྙིང་པོ་ཞེས་བྱ་བའི་མདོ། །

པོད་གཅིག བྲིས་མ། དབུ་ཅན། ཡིག་ཕྲེང་བདུན་ཅན། གླེགས་བམ། ཤོག་རྒྱ། ཞེང་65.7cm×དཀྱུས་19.3cm སྣེ་ཐིག་རྒྱ། ཞེང་58.9cm×དཀྱུས་15cm

大乘大方等日藏经

1函 写本 乌金体 7行 梵夹装 开本：宽65.7cm×高19.3cm 版框：宽58.9cm×高15cm

540000-0000053

༄། །འདུལ་བའི་སྐོར། །

པོད་གཅིག བྲིས་མ། དབུ་ཅན། ཡིག་ཕྲེང་ལྔ་ཅན། གླེགས་བམ། ཤོག་རྒྱ། ཞེང་63cm×དཀྱུས་18.4cm སྣེ་ཐིག་རྒྱ། ཞེང་54.6cm×དཀྱུས་12.2cm

律经

1函 写本 乌金体 5行 梵夹装 开本：宽63cm×高18.4cm 版框：宽54.6cm×高12.2cm

540000-0000054

༄། །འཕགས་པ་ཤེས་རབ་ཀྱི་ཕ་རོལ་ཏུ་ཕྱིན་པ་བརྒྱད་སྟོང་པ། ། པོད་ཀ་པ།

པོད་གཅིག བྲིས་མ། དབུ་ཅན། ཡིག་ཕྲེང་བདུན་ཅན། གླེགས་བམ། ཤོག་གྲྭ། ཞེང་68.2cm×དཀྱུས་23.5cm སྣེ་ཐིག་གྲྭ། ཞེང་59cm×དཀྱུས་13cm

般若波罗蜜多经八千颂

k函 写本 乌金体 7行 梵夹装 开本：宽68.2cm×高23.5cm 版框：宽59cm×高13cm

540000-0000055

༄། །རྒྱུད་ཀྱི་རྒྱལ་པོ་ཆེན་པོ་སྒྱུ་འཕྲུལ་དྲ་བ་ཞེས་བ་བཞུགས་སོ། ། པོད་ཛ་པ།

པོད་གཅིག བྲིས་མ། དབུ་ཅན། ཡིག་ཕྲེང་བདུན་ཅན། གླེགས་བམ། ཤོག་གྲྭ། ཞེང་62.2cm×དཀྱུས་18.6cm སྣེ་ཐིག་གྲྭ། ཞེང་54.5cm×དཀྱུས་10.2cm

佛说瑜伽大教王经

dz函 写本 乌金体 7行 梵夹装 开本：宽62.2cm×高18.6cm 版框：宽54.5cm×高10.2cm

540000-0000056

༄། །རྒྱུད་ཀྱི་རྒྱལ་པོ་སྒྱུ་འཕྲུལ་དྲ་བའི་དཀའ་འགྲེལ་བཞུགས་སོ། ། པོད་ཏ་པ།

རྒྱ་གར་གྱི་མཁན་པོ་ཤཱི་ལེན་དྲ་བོ་དྷི་དང་། ཞུ་ཆེན་གྱི་ལོ་ཙཱ་བ་བནྡེ་དཔལ་བརྩེགས་ཀྱིས་བསྒྱུར་ཅིང་ཞུས་ཏེ་གཏན་ལ་ཕབ་པའོ། །

པོད་གཅིག བྲིས་མ། དབུ་ཅན། ཡིག་ཕྲེང་བརྒྱད་ཅན། གླེགས་བམ། ཤོག་གྲྭ། ཞེང་62.2cm×དཀྱུས་18.6cm སྣེ་ཐིག་གྲྭ། ཞེང་54.5cm×དཀྱུས་10.2cm

佛说瑜伽大教王经难语释

t函 写本 乌金体 8行 梵夹装 开本：宽62.2cm×高18.6cm 版框：宽54.5cm×高10.2cm

540000-0000057

༄། །ཤེས་རབ་ཀྱི་ཕ་རོལ་ཏུ་ཕྱིན་པ་སྟོང་ཕྲག་ཉི་ཤུ་ལྔ་པ། །

པོད་གཅིག བྲིས་མ། དབུ་ཅན། ཡིག་ཕྲེང་བདུན་ཅན། གླེགས་བམ། ཤོག་རྒྱ། ཞེང་67.3cm×དཀྱུས་19cm སྣེ་ཤིག་རྒྱ། ཞེང་58.7cm×དཀྱུས་8.5cm

般若波罗蜜多经两万五千颂

1函 写本 乌金体 7行 梵夹装 开本：宽67.3cm×高19cm 版框：宽58.7cm×高8.5cm

540000-0000058

༄། །ཤེར་ཕྱིན། །

པོད་གཅིག བྲིས་མ། དབུ་ཅན། ཡིག་ཕྲེང་བདུན་ཅན། གླེགས་བམ། ཤོག་རྒྱ། ཞེང་68.1cm×དཀྱུས་20cm སྣེ་ཤིག་རྒྱ། ཞེང་57.2cm×དཀྱུས་10.7cm

般若波罗蜜多经

1函 写本 乌金体 7行 梵夹装 开本：宽68.1cm×高20cm 版框：宽57.2cm×高10.7cm

540000-0000059

༄། །མདོ། ། པོད་པ་པ།

པོད་གཅིག བྲིས་མ། དབུ་ཅན། ཡིག་ཕྲེང་བརྒྱད་ཅན། གླེགས་བམ། ཤོག་རྒྱ། ཞེང་63cm×དཀྱུས་18.6cm སྣེ་ཤིག་རྒྱ། ཞེང་54cm×དཀྱུས་10.1cm

经部

b函 写本 乌金体 8行 梵夹装 开本：宽63cm×高18.6cm 版框：宽54cm×高10.1cm

540000-0000060

༄། །མདོ།། པོད་ཛ་པ།

པོད་གཅིག བྲིས་མ། དབུ་ཅན། ཡིག་ཕྲེང་བརྒྱད་ཅན། གླེགས་བམ། ཤོག་རྒྱ། ཞེང་62.6cm×དཀྱུས་18.2cm སྒོ་ཤོག་རྒྱ། ཞེང་54.1cm×དཀྱུས་9.7cm

经部

dz函 写本 乌金体 8行 梵夹装 开本：宽62.6cm×高18.2cm 版框：宽54.1cm×高9.7cm

540000-0000061

༄། །ཤེས་རབ་ཀྱི་ཕ་རོལ་ཏུ་ཕྱིན་པ་སྟོང་ཕྲག་བརྒྱ་པ།། པོད་ག་པ།

པོད་གཅིག བྲིས་མ། དབུ་ཅན། ཡིག་ཕྲེང་བརྒྱད་ཅན། གླེགས་བམ། ཤོག་རྒྱ། ཞེང་73cm×དཀྱུས་23cm སྒོ་ཤོག་རྒྱ། ཞེང་58.7cm×དཀྱུས་10.2cm

般若波罗蜜多经十万颂

g函 写本 乌金体 8行 梵夹装 开本：宽73cm×高23cm 版框：宽58.7cm×高10.2cm

540000-0000062

༄། །མདོ་སྡེ་དཀོན་མཆོག་བརྩེགས་པ།། པོད་ཆ་པ།

པོད་གཅིག བྲིས་མ། དབུ་ཅན། ཡིག་ཕྲེང་བདུན་ཅན། གླེགས་བམ། ཤོག་རྒྱ། ཞེང་62.1cm×དཀྱུས་18.6cm སྒོ་ཤོག་རྒྱ། ཞེང་54.2cm×དཀྱུས་9.9cm

大乘宝积经

ch函 写本 乌金体 7行 梵夹装 开本：宽62.1cm×高18.6cm 版框：宽54.2cm×高9.9cm

540000-0000063

༄། །རྒྱུད་འབུམ།། བོད་ཁ་པ།

བོད་གཅིག བྲིས་མ། དབུ་ཅན། ཡིག་ཕྲེང་དྲུག་ནས་བརྒྱད་ཅན། གླེགས་བམ། ཤོག་རྒྱ། ཞེང་67.8cm×དཀྱུས་18.5cm སྣེ་ཐིག་རྒྱ། ཞེང་55.3cm×དཀྱུས་11.4cm

续部

kh函 写本 乌金体 6-8行 梵夹装 开本：宽67.8cm×高18.5cm 版框：宽55.3cm×高11.4cm

540000-0000064

༄། །འཕགས་པ་བུད་མེད་འགྱུར་བ་ལུང་བསྟན་པ་ཞེས་བྱ་བ་ཐེག་པ་ཆེན་པོའི་མདོ།། བོད་ཛ་པ།

བོད་གཅིག བྲིས་མ། དབུ་ཅན། ཡིག་ཕྲེང་བརྒྱད་ཅན། གླེགས་བམ། ཤོག་རྒྱ། ཞེང་68.2cm×དཀྱུས་17.5cm སྣེ་ཐིག་རྒྱ། ཞེང་61cm×དཀྱུས་11cm

乐璎珞庄严方便品经

dz函 写本 乌金体 8行 梵夹装 开本：宽68.2cm×高17.5cm 版框：宽61cm×高11cm

540000-0000065

༄། །འདུལ་བའི་ལུང་ཕྲན་ཚེགས།། བོད་པ་པ།

བོད་གཅིག བྲིས་མ། དབུ་ཅན། ཡིག་ཕྲེང་བདུན་ཅན། གླེགས་བམ། ཤོག་རྒྱ། ཞེང་63.9cm×དཀྱུས་17.5cm སྣེ་ཐིག་རྒྱ། ཞེང་56.2cm×དཀྱུས་11cm

毗奈耶杂事

p函 写本 乌金体 8行 梵夹装 开本：宽63.9cm×高17.5cm 版框：宽56.2cm×高11cm

540000-0000066

༄། །ཤེས་རབ་ཀྱི་ཕ་རོལ་ཏུ་ཕྱིན་པ་སྟོང་ཕྲག་བརྒྱ་པ།། པོད་ཐ་པ།

པོད་གཅིག བྲིས་མ། དབུ་ཅན། ཡིག་ཕྲེང་བདུན་ཅན། གླེགས་བམ། ཤོག་ཀྱུ། ཞེང་68.2cm×དཀྱུས་19cm སྣེ་ཐིག་ཀྱུ། ཞེང་58.9cm×དཀྱུས་8.9cm

般若波罗蜜多经十万颂

th函 写本 乌金体 7行 梵夹装 开本：宽68.2cm×高19cm 版框：宽58.9cm×高8.9cm

540000-0000067

༄། །འཕགས་པ་དཀོན་མཆོག་བརྩེགས་པ་ཆེན་པོའི་མདོ།། པོད་ཁ་པ།

པོད་གཅིག བྲིས་མ། དབུ་ཅན། ཡིག་ཕྲེང་བརྒྱད་ཅན། གླེགས་བམ། ཤོག་ཀྱུ། ཞེང་62cm×དཀྱུས་18.5cm སྣེ་ཐིག་ཀྱུ། ཞེང་53.6cm×དཀྱུས་10.3cm

大乘宝积经

kh函 写本 乌金体 8行 梵夹装 开本：宽62cm×高18.5cm 版框：宽55.6cm×高10.3cm

540000-0000068

༄། །གསུང་ཐོར་བུ།།

བྲིས་མ། དབུ་ཅན། ཡིག་ཕྲེང་དྲུག་ནས་བརྒྱད་ཅན། གླེགས་བམ། ཤོག་ཀྱུ། ཞེང་70.3cm×དཀྱུས་20cm སྣེ་ཐིག་ཀྱུ། ཞེང་61.8cm×དཀྱུས་12.5cm

散叶

写本 乌金体 6-8行 梵夹装 开本：宽70.3cm×高20cm 版框：宽61.8cm×高12.5cm

540000-0000069

༄། །ཤེས་རབ་ཀྱི་ཕ་རོལ་ཏུ་ཕྱིན་པ་སྟོང་ཕྲག་ཉི་ཤུ་ལྔ་པ། །

པོད་གཅིག བྲིས་མ། དབུ་ཅན། ཡིག་ཕྲེང་བདུན་ཅན། གླེགས་བམ། ཤོག་རྒྱ། ཞེང་59.3cm×དཀྱུས་15.6cm སྣེ་ཐིག་རྒྱ། ཞེང་53cm×དཀྱུས་10cm

般若波罗蜜多经两万五千颂

1函 写本 乌金体 7行 梵夹装 开本：宽59.3cm×高15.6cm 版框：宽53cm×高10cm

540000-0000070

༄། །ཤེས་རབ་ཀྱི་ཕ་རོལ་ཏུ་ཕྱིན་པ་ཁྲི་བརྒྱད་སྟོང་པ། །

 པོད་གཅིག བྲིས་མ། དབུ་ཅན། ཡིག་ཕྲེང་བདུན་ཅན། གླེགས་བམ། ཤོག་རྒྱ། ཞེང་67.9cm×དཀྱུས་15.2cm སྣེ་ཐིག་རྒྱ། ཞེང་59.5cm×དཀྱུས་8.4cm

般若波罗蜜多经第三会

1函 写本 乌金体 7行 梵夹装 开本：宽67.9cm×高15.2cm 版框：宽59.5cm×高8.4cm

540000-0000071

༄། །སངས་རྒྱས་ཕལ་པོ་ཆེ་ཞེས་བྱ་བ་ཤིན་ཏུ་རྒྱས་པ་ཆེན་པོ་མདོ། །

པོད་གཅིག བྲིས་མ། དབུ་ཅན། ཡིག་ཕྲེང་བདུན་ཅན། གླེགས་བམ། ཤོག་རྒྱ། ཞེང་69cm×དཀྱུས་19.8cm སྣེ་ཐིག་རྒྱ། ཞེང་57.5cm×དཀྱུས་8.2cm

大乘佛华严经八十华严

1函 写本 乌金体 7行 梵夹装 开本：宽69cm×高19.8cm 版框：宽57.5cm×高8.2cm

540000-0000072

༄། །ཤེས་རབ་ཀྱི་ཕ་རོལ་ཏུ་ཕྱིན་པའི་མདོ།།

པོད་གཅིག བྲིས་མ། དབུ་ཅན། ཡིག་ཕྲེང་དྲུག་ནས་བརྒྱད་ཅན། གླེགས་བམ། ཤོག་ཀྱ། ཞེང་68.8cm×དཀྱུས་19.8cm སྣེ་ཐིག་ཀྱ། ཞེང་58.5cm×དཀྱུས་12cm

般若波罗蜜多经

1函 写本 乌金体 6-8行 梵夹装 开本：宽68.8cm×高19.8cm 版框：宽58.5cm×高12cm

540000-0000073

༄། །གཙུག་ཏོར་རྣམ་རྒྱལ་མའི་གཟུངས་བཞུགས་སོ།། པོད་ན་པ།

273 པོད་གཅིག སྤར་མ། དབུ་ཅན། ཡིག་ཕྲེང་ལྔ་ཅན། གླེགས་བམ། ཤོག་ཀྱ། ཞེང་47.2cm×དཀྱུས་17.9cm སྣེ་ཐིག་ཀྱ། ཞེང་31.4cm×དཀྱུས་9.6cm

尊胜佛母陀罗尼经

n函 刻本 乌金体 5行 梵夹装 开本：宽47.2cm×高17.9cm 版框：宽31.4cm×高9.6cm

540000-0000074

༄། །ཤེས་རབ་ཀྱི་ཕ་རོལ་ཏུ་ཕྱིན་པ་བརྒྱད་སྟོང་པ།། པོད་ཀ་པ།

པོད་གཅིག བྲིས་མ། དབུ་ཅན། ཡིག་ཕྲེང་བརྒྱད་ཅན། གླེགས་བམ། ཤོག་ཀྱ། ཞེང་72.9cm×དཀྱུས་28.7cm སྣེ་ཐིག་ཀྱ། ཞེང་61.2cm×དཀྱུས་12.1cm

般若波罗蜜多经八千颂

k函 写本 乌金体 8行 梵夹装 开本：宽72.9cm×高28.7cm 版框：宽61.2cm×高12.1cm

540000-0000075

༄༅། །ཤེས་རབ་ཀྱི་ཕ་རོལ་ཏུ་ཕྱིན་པ་བརྒྱད་སྟོང་པ། ། བོད་ཀ་པ།

བོད་གཅིག བྲིས་མ། དབུ་ཅན། ཡིག་ཕྲེང་དྲུག་ནས་བརྒྱད་ཅན། གླེགས་བམ། ཤོག་གྲྭ། ཞེང་72.4cm×དཀྱུས་21.2cm སྣེ་ཐིག་གྲྭ། ཞེང་61.2cm×དཀྱུས་10.1cm

般若波罗蜜多经八千颂

k函 写本 乌金体 6-8行 梵夹装 开本：宽72.4cm×高21.2cm 版框：宽61.2cm×高10.1cm

540000-0000076

༄༅། །འཕགས་པ་དྲི་མ་མེད་ཀྱིས་བྱིན་པས་ཞུས་པ་ཞེས་བྱ་བ་ཐེག་པ་ཆེན་པོའི་མདོ། ། བོད་ཅ་པ།

བོད་གཅིག བྲིས་མ། དབུ་ཅན། ཡིག་ཕྲེང་བརྒྱད་ཅན། གླེགས་བམ། ཤོག་གྲྭ། ཞེང་65cm×དཀྱུས་17cm སྣེ་ཐིག་གྲྭ། ཞེང་57.9cm×དཀྱུས་11.9cm

大乘宝积经无垢施菩萨应辩会第三十三

c函 写本 乌金体 8行 梵夹装 开本：宽65cm×高17cm 版框：宽57.9cm×高11.9cm

540000-0000077

༄༅། །ཤེས་རབ་ཀྱི་ཕ་རོལ་ཏུ་ཕྱིན་པ་ཁྲི་བརྒྱད་སྟོང་པ། ། བོད་ཀ་པ།

བོད་གཅིག བྲིས་མ། དབུ་ཅན། ཡིག་ཕྲེང་བདུན་ཅན། གླེགས་བམ། ཤོག་གྲྭ། ཞེང་67.2cm×དཀྱུས་15.4cm སྣེ་ཐིག་གྲྭ། ཞེང་60.3cm×དཀྱུས་10.1cm

大般若波罗蜜多经第三会

k函 写本 乌金体 7行 梵夹装 开本：宽67.2cm×高15.4cm 版框：宽60.3cm×高10.1cm

540000-0000078

༄། །རྒྱལ་པོས་སྒྲས་པའི་མདོ།།

པོད་གཅིག བྲིས་མ། དབུ་ཅན། ཡིག་ཕྲེང་བདུན་ཅན། གླེགས་བམ། ཤོག་ཀྱུ། ཞེང་62.9cm×དཀྱུས་13.3cm སྣེ་ཤིག་ཀྱུ། ཞེང་56.2cm×དཀྱུས་9.2cm

佛说国王经

1函 写本 乌金体 7行 梵夹装 开本：宽62.9cm×高13.3cm 版框：宽56.2cm×高9.2cm

540000-0000079

༄། །ཤེས་རབ་ཀྱི་ཕ་རོལ་ཏུ་ཕྱིན་པ་སྟོང་ཕྲག་ཉི་ཤུ་ལྔ་པ།།

པོད་གཅིག བྲིས་མ། དབུ་ཅན། ཡིག་ཕྲེང་བརྒྱད་ཅན། གླེགས་བམ། ཤོག་ཀྱུ། ཞེང་63.4cm×དཀྱུས་16.4cm སྣེ་ཤིག་ཀྱུ། ཞེང་55.5cm×དཀྱུས་11cm

般若波罗蜜多经两万五千颂

1函 写本 乌金体 8行 梵夹装 开本：宽63.4cm×高61.4cm 版框：宽55.5cm×高11cm

540000-0000080

༄། །ཤེས་རབ་ཀྱི་ཕ་རོལ་ཏུ་ཕྱིན་པ་བརྒྱད་སྟོང་པ།།

པོད་གཅིག བྲིས་མ། དབུ་ཅན། ཡིག་ཕྲེང་བདུན་ཅན། གླེགས་བམ། ཤོག་ཀྱུ། ཞེང་67.8cm×དཀྱུས་18.5cm སྣེ་ཤིག་ཀྱུ། ཞེང་55.3cm×དཀྱུས་11.4cm

般若波罗蜜多经八千颂

k函 写本 乌金体 7行 梵夹装 开本：宽67.8cm×高18.5cm 版框：宽55.3cm×高11.4cm

540000-0000081

༄། །གསུང་ཐོར་བུ།

བོད་གཅིག ཁྲིས་མ། དབུ་ཅན། ཡིག་ཕྲེང་བདུན་ཅན། གླེགས་བམ། ཤོག་གྲུ། ཞེང་59.9cm×དཀྱུས་15.9cm སྣེ་ཐིག་གྲུ། ཞེང་52.9cm×དཀྱུས་9.4cm

散叶

1函 写本 乌金体 7行 梵夹装 开本：宽59.9cm×高15.9cm 版框：宽52.9cm×高9.4cm

ཚོན་ཀི་ཏུ་ལྷ་ཁང་གི་དཔེ་གཟུགས་ལྷེབ་མགོ་མ།
吉如拉康 收藏缝会装文献

540000-0000082

༄། །འཕགས་པ་ཡོངས་སུ་མྱ་ངན་ལས་འདས་པ་ཆེན་པོའི་མདོ། །

བོད་གཅིག ཁྲིས་མ། དབུ་ཅན། ཡིག་ཕྲེང་བདུན་ཅན། གླེགས་བམ། ཤོག་གྲུ། ཞེང་61.2cm×དཀྱུས་15cm སྣེ་ཐིག་གྲུ། ཞེང་54.1cm×དཀྱུས་10.1cm

佛说大般涅槃经

ng函 写本 乌金体 7行 梵夹装 开本：宽61.2cm×高15cm 版框：宽54.1cm×高10.1cm

540000-0000083

༄། །ཤེས་རབ་ཀྱི་ཕ་རོལ་ཏུ་ཕྱིན་པ་སྟོང་ཕྲག་བརྒྱ་པ། །

པོད་གཅིག   བྲིས་མ། དབུ་ཅན། ཡིག་ཕྲེང་བདུན་ཅན། གླེགས་བམ། ཤོག་ཀྱུ། ཞེང་70.2cm×དཀྱུས་20.9cm སྣེ་ཐིག་ཀྱུ། ཞེང་57.2cm×དཀྱུས་8.9cm

般若波罗蜜多经十万颂

1函 写本 乌金体 7行 梵夹装 开本：宽70.2cm×高20.9cm 版框：宽57.2cm×高8.9cm

540000-0000084

༄། །དེ་བཞིན་གཤེགས་པ་སྣ་ཚེའི་ཚད་ཀྱི་ལེའུ་ཞེས་བྱ་སྟེ་བཅོ་ལྔ་པའོ། །

པོད་གཅིག བྲིས་མ། དབུ་ཅན། ཡིག་ཕྲེང་བདུན་ཅན། གླེགས་བམ། ཤོག་ཀྱུ། ཞེང་70.2cm×དཀྱུས་22.1cm སྣེ་ཐིག་ཀྱུ། ཞེང་58.2cm×དཀྱུས་10.5cm

大日如来寿命经十五品

1函 写本 乌金体 7行 梵夹装 开本：宽70.2cm×高22.1cm 版框：宽58.2cm×高10.5cm

540000-0000085

༄། །ཤེས་རབ་ཀྱི་ཕ་རོལ་ཏུ་ཕྱིན་པ་སྟོང་ཕྲག་བརྒྱ་པ། །

པོད་གཅིག བྲིས་མ། དབུ་ཅན། ཡིག་ཕྲེང་བདུན་ཅན། གླེགས་བམ། ཤོག་ཀྱུ། ཞེང་70.2cm×དཀྱུས་22.6cm སྣེ་ཐིག་ཀྱུ། ཞེང་57.6cm×དཀྱུས་11cm

般若波罗蜜多经十万颂

1函 写本 乌金体 6-8行 梵夹装 开本：宽70.2cm×高22.6cm 版框：宽57.6cm×高11cm

540000-0000086

༄། །ཤེས་རབ་ཀྱི་ཕ་རོལ་ཏུ་ཕྱིན་པ་བརྒྱད་སྟོང་པ། པོད་ཀ་པ།

པོད་གཅིག བྲིས་མ། དབུ་ཅན། ཡིག་ཕྲེང་བདུན་ཅན། གླེགས་བམ། ཤོག་གྲྭ ཞེང་68.5cm×དཀྱུས་17.5cm སྣེ་ཐིག་གྲྭ ཞེང་57.2cm×དཀྱུས་8.6cm

般若波罗蜜多经八千颂

k函 写本 乌金体 7行 梵夹装 开本：宽68.5cm×高17.5cm 版框：宽57.2cm×高8.6cm

540000-0000087

༄། །ཤེས་རབ་ཀྱི་ཕ་རོལ་ཏུ་ཕྱིན་པ་སྟོང་ཕྲག་བརྒྱ་པ། པོད་ཁ་པ།

པོད་གཅིག བྲིས་མ། དབུ་ཅན། ཡིག་ཕྲེང་བདུན་ཅན། གླེགས་བམ། ཤོག་གྲྭ ཞེང་72.4cm×དཀྱུས་27.4cm སྣེ་ཐིག་གྲྭ ཞེང་60.4cm×དཀྱུས་13cm

般若波罗蜜多经十万颂

kh函 写本 乌金体 7行 梵夹装 开本：宽72.4cm×高27.4cm 版框：宽60.4cm×高13cm

540000-0000088

༄། །ཤེས་རབ་ཀྱི་ཕ་རོལ་ཏུ་ཕྱིན་པ་སྟོང་ཕྲག་བརྒྱ་པ། པོད་ན་པ།

པོད་གཅིག བྲིས་མ། དབུ་ཅན། ཡིག་ཕྲེང་བདུན་ཅན། གླེགས་བམ། ཤོག་གྲྭ ཞེང་74.5cm×དཀྱུས་25.4cm སྣེ་ཐིག་གྲྭ ཞེང་59.9cm×དཀྱུས་12.7cm

般若波罗蜜多经十万颂

n函 写本 乌金体 7行 梵夹装 开本：宽74.5cm×高25.4cm 版框：宽59.9cm×高12.7cm

540000-0000089

༄། །ཤེས་རབ་ཀྱི་ཕ་རོལ་ཏུ་ཕྱིན་པ་བརྒྱད་སྟོང་པ། ། བོད་ཀ་པ།

བོད་གཅིག ཁྲིས་མ། དབུ་ཅན། ཡིག་ཕྲེང་དྲུག་ནས་བདུན་ཅན། གླེགས་བམ། ཤོག་རྒྱ། ཞེང་70.1cm×དཀྱུས་21.2cm སྣེ་ཐིག་རྒྱ། ཞེང་56.5cm×དཀྱུས་9.8cm

般若波罗蜜多经八千颂

k函 写本 乌金体 6-7行 梵夹装 开本：宽70.1cm×高21.2cm 版框：宽56.5cm×高9.8cm

540000-0000090

༄། །ཤེས་རབ་ཀྱི་ཕ་རོལ་ཏུ་ཕྱིན་པ་སྟོང་ཕྲག་བརྒྱ་པ། ། བོད་ཚ་པ།

བོད་གཅིག ཁྲིས་མ། དབུ་ཅན། ཡིག་ཕྲེང་བདུན་ཅན། གླེགས་བམ། ཤོག་རྒྱ། ཞེང་75cm×དཀྱུས་25.8cm སྣེ་ཐིག་རྒྱ། ཞེང་60.1cm×དཀྱུས་20.1cm

般若波罗蜜多经十万颂

tsh函 写本 乌金体 7行 梵夹装 开本：宽75cm×高25.8cm 版框：宽60.1cm×高20.1cm

540000-0000091

༄། །ཤེས་རབ་ཀྱི་ཕ་རོལ་ཏུ་ཕྱིན་པ་བརྒྱད་སྟོང་པ། ། བོད་ཀ་པ།

བོད་གཅིག ཁྲིས་མ། དབུ་ཅན། ཡིག་ཕྲེང་བདུན་ཅན། གླེགས་བམ། ཤོག་རྒྱ། ཞེང་70.2cm×དཀྱུས་23.2cm སྣེ་ཐིག་རྒྱ། ཞེང་58.8cm×དཀྱུས་11cm

般若波罗蜜多经八千颂

k函 写本 乌金体 7行 梵夹装 开本：宽70.2cm×高23.2cm 版框：宽58.8cm×高11cm

༄༅། །ཤེས་རབ་ཀྱི་ཕ་རོལ་ཏུ་ཕྱིན་པ་སྟོང་ཕྲག་བརྒྱ་པ། །བོད་ཀ་པ།

བོད་གཅིག བྲིས་མ། དབུ་ཅན། ཡིག་ཕྲེང་བདུན་ཅན། གླེགས་བམ། ཤོག་རྒྱ། ཞེང་70.2cm×དཀྱུས་23.2cm སྣེ་ཐིག་རྒྱ། ཞེང་58.8cm×དཀྱུས་11cm

般若波罗蜜多经十万颂

k函 写本 乌金体 7行 梵夹装 开本：宽70.2cm×高23.2cm 版框：宽58.8cm×高11cm

540000-0000092

༄༅། །འཕགས་པ་ཤེས་རབ་ཀྱི་ཕ་རོལ་ཏུ་ཕྱིན་པ་སྟོང་ཕྲག་ཉི་ཤུ་ལྔ་པ། །བོད་ཀ་པ།

བོད་གཅིག བྲིས་མ། དབུ་ཅན། ཡིག་ཕྲེང་བདུན་ཅན། གླེགས་བམ། ཤོག་རྒྱ། ཞེང་66.6cm×དཀྱུས་18.1cm སྣེ་ཐིག་རྒྱ། ཞེང་56.2cm×དཀྱུས་8.6cm

般若波罗蜜多经两万五千颂

k函 写本 乌金体 7行 梵夹装 开本：宽66.6cm×高18.1cm 版框：宽56.2cm×高8.6cm

540000-0000093

༄༅། །ཤེས་རབ་ཀྱི་ཕ་རོལ་ཏུ་ཕྱིན་པ་སྟོང་ཕྲག་བརྒྱ་པ། །བོད་ཀ་པ།

བོད་གཅིག བྲིས་མ། དབུ་ཅན། ཡིག་ཕྲེང་བརྒྱད་ཅན། གླེགས་བམ། ཤོག་རྒྱ། ཞེང་68.5cm×དཀྱུས་19.3cm སྣེ་ཐིག་རྒྱ། ཞེང་59cm×དཀྱུས་10.1cm

般若波罗蜜多经十万颂

k函 写本 乌金体 8行 梵夹装 开本：宽68.5cm×高19.3cm 版框：宽59cm×高10.1cm

540000-0000094

༄༅། །ཤེས་རབ་ཀྱི་ཕ་རོལ་ཏུ་ཕྱིན་པ་སྟོང་ཕྲག་བརྒྱ་པ།། པོད་ཀ་པ།

པོད་གཅིག བྲིས་མ། དབུ་ཅན། ཡིག་ཕྲེང་བདུན་ཅན། གླེགས་བམ། ཤོག་ཀྱི། ཞེང་71.5cm×དཀྱུས་23.2cm སྣེ་ཐིག་ཀྱི། ཞེང་58.1cm×དཀྱུས་11.4cm

般若波罗蜜多经十万颂

k函 写本 乌金体 7行 梵夹装 开本：宽71.5cm×高23.2cm 版框：宽58.1cm×高11.4cm

540000-0000095

༄༅། །ཤེས་རབ་ཀྱི་ཕ་རོལ་ཏུ་ཕྱིན་པ་སྟོང་ཕྲག་བརྒྱ་པ།། པོད་ཀ་པ།

པོད་གཅིག བྲིས་མ། དབུ་ཅན། ཡིག་ཕྲེང་བདུན་ཅན། གླེགས་བམ། ཤོག་ཀྱི། ཞེང་68.1cm×དཀྱུས་19.9cm སྣེ་ཐིག་ཀྱི། ཞེང་58.1cm×དཀྱུས་11cm

般若波罗蜜多经十万颂

k函 写本 乌金体 7行 梵夹装 开本：宽68.1cm×高19.9cm 版框：宽58.1cm×高11cm

540000-0000096

༄༅། །སངས་རྒྱས་ཕལ་པོ་ཆེ་ཞེས་བྱ་བའི་མདོ།། པོད་ག་པ།

པོད་གཅིག བྲིས་མ། དབུ་ཅན། ཡིག་ཕྲེང་དྲུག་ནས་བདུན་ཅན། གླེགས་བམ། ཤོག་ཀྱི། ཞེང་70.2cm×དཀྱུས་21.4cm སྣེ་ཐིག་ཀྱི། ཞེང་57.6cm×དཀྱུས་11.5cm

大方广佛华严经

g函 写本 乌金体 6-7行 梵夹装 开本：宽70.2cm×高21.4cm 版框：宽57.6cm×高11.5cm

540000-0000097

༄། །མདོ།། བོད་ཀ་པ།

བོད་གཅིག བྲིས་མ། དབུ་ཅན། ཡིག་ཕྲེང་བརྒྱད་ཅན། གླེགས་བམ། ཤོག་གྲུ། ཞེང་69.5cm×དཀྱུས་19cm སྣེ་ཐིག་གྲུ། ཞེང་59.2cm×དཀྱུས་10.1cm

经部

k函 写本 乌金体 8行 梵夹装 开本：宽69.5cm×高19cm 版框：宽59.2cm×高10.1cm

540000-0000098

༄། །ཤེས་རབ་ཀྱི་ཕ་རོལ་ཏུ་ཕྱིན་པ་སྟོང་ཕྲག་ཉི་ཤུ་ལྔ་པ།། བོད་ཀ་པ།

བོད་གཅིག བྲིས་མ། དབུ་ཅན། ཡིག་ཕྲེང་བརྒྱད་ཅན། གླེགས་བམ། ཤོག་གྲུ། ཞེང་68.8cm×དཀྱུས་19.8cm སྣེ་ཐིག་གྲུ། ཞེང་56.5cm×དཀྱུས་8.2cm

般若波罗蜜多经两万五千颂

k函 写本 乌金体 7行 梵夹装 开本：宽68.8cm×高19.8cm 版框：宽56.5cm×高8.2cm

540000-0000099

༄། །འཕགས་པ་ཤེས་རབ་ཀྱི་ཕ་རོལ་ཏུ་ཕྱིན་པ་བརྒྱད་སྟོང་པ།། བོད་ཀ་པ།

བོད་གཅིག བྲིས་མ། དབུ་ཅན། ཡིག་ཕྲེང་བདུན་ཅན། གླེགས་བམ། ཤོག་གྲུ། ཞེང་69.5cm×དཀྱུས་18.1cm སྣེ་ཐིག་གྲུ། ཞེང་61.4cm×དཀྱུས་11.9cm

般若波罗蜜多经八千颂

g函 写本 乌金体 7行 梵夹装 开本：宽69.5cm×高18.1cm 版框：宽61.4cm×高11.9cm

540000-0000100

༄། །འཕགས་པ་ཤེས་རབ་ཀྱི་ཕ་རོལ་ཏུ་ཕྱིན་པ་བརྒྱད་སྟོང་པ།། བོད་ཀ་པ།

བོད་གཅིག བྲིས་མ། དབུ་ཅན། ཡིག་ཕྲེང་བརྒྱད་ཅན། གླེགས་བམ། ཤོག་ཀྱུ། ཞེང་69.2cm×དཀྱུས་23.6cm སྣེ་ཤིག་ཀྱུ། ཞེང་59.7cm×དཀྱུས་14cm

般若波罗蜜多经八千颂

k函 写本 乌金体 8行 梵夹装 开本：宽69.2cm×高23.6cm 版框：宽59.7cm×高14cm

540000-0000101

༄། །འཕགས་པ་ཤེས་རབ་ཀྱི་ཕ་རོལ་ཏུ་ཕྱིན་པ་བརྒྱད་སྟོང་པ།། བོད་ཀ་པ།

བོད་གཅིག བྲིས་མ། དབུ་ཅན། ཡིག་ཕྲེང་བདུན་ཅན། གླེགས་བམ། ཤོག་ཀྱུ། ཞེང་72.2cm×དཀྱུས་24cm སྣེ་ཤིག་ཀྱུ། ཞེང་59.1cm×དཀྱུས་12cm

般若波罗蜜多经八千颂

k函 写本 乌金体 7行 梵夹装 开本：宽72.2cm×高24cm 版框：宽59.1cm×高12cm

540000-0000102

༄། །འཕགས་པ་ཤེས་རབ་ཀྱི་ཕ་རོལ་ཏུ་ཕྱིན་པ་བརྒྱད་སྟོང་པ།། བོད་ཀ་པ།

བོད་གཅིག བྲིས་མ། དབུ་ཅན། ཡིག་ཕྲེང་དྲུག་ཅན། གླེགས་བམ། ཤོག་ཀྱུ། ཞེང་69.7cm×དཀྱུས་20.3cm སྣེ་ཤིག་ཀྱུ། ཞེང་57.1cm×དཀྱུས་7.1cm

般若波罗蜜多经八千颂

k函 写本 乌金体 6行 梵夹装 开本：宽69.7cm×高20.3cm 版框：宽57.1cm×高7.1cm

540000-0000103

༄། །འཕགས་པ་ཤེས་རབ་ཀྱི་ཕ་རོལ་ཏུ་ཕྱིན་པ་བརྒྱད་སྟོང་པ། ། པོད་ཀ་པ།

པོད་གཅིག བྲིས་མ། དབུ་ཅན། ཡིག་ཕྲེང་བདུན་ཅན། གླེགས་བམ། ཤོག་ཀྱུ། ཞེང་69.1cm×དཀྱུས་18.6cm སྣེ་ཐིག་ཀྱུ། ཞེང་58.7cm×དཀྱུས་10.3cm

般若波罗蜜多经八千颂

k函 写本 乌金体 7行 梵夹装 开本：宽69.1cm×高18.6cm 版框：宽58.7cm×高10.3cm

540000-0000104

༄། །འཕགས་པ་ཤེས་རབ་ཀྱི་ཕ་རོལ་ཏུ་ཕྱིན་པ་ཁྲི་བརྒྱད་ཞེས་བྱ་བ་བཞུགས་སོ། ། པོད་ཀ་པ།

པོད་གཅིག བྲིས་མ། དབུ་ཅན། ཡིག་ཕྲེང་བརྒྱད་ཅན། གླེགས་བམ། ཤོག་ཀྱུ། ཞེང་64.4cm×དཀྱུས་16cm སྣེ་ཐིག་ཀྱུ། ཞེང་56cm×དཀྱུས་9.1cm

般若波罗蜜多经八万颂

k函 写本 乌金体 8行 梵夹装 开本：宽64.4cm×高16cm 版框：宽56cm×高9.1cm

540000-0000105

༄། །ཤེས་རབ་ཀྱི་ཕ་རོལ་ཏུ་ཕྱིན་པ་སྟོང་ཕྲག་ཉི་ཤུ་ལྔ་པ། །

པོད་གཅིག བྲིས་མ། དབུ་ཅན། ཡིག་ཕྲེང་བདུན་ཅན། གླེགས་བམ། ཤོག་ཀྱུ། ཞེང་79.2cm×དཀྱུས་21cm སྣེ་ཐིག་ཀྱུ། ཞེང་57cm×དཀྱུས་10.4cm

般若波罗蜜多经两万五千颂

1函 写本 乌金体 7行 梵夹装 开本：宽79.2cm×高21cm 版框：宽57cm×高10.4cm

540000-0000106

༄། །ཤེས་རབ་ཀྱི་ཕ་རོལ་ཏུ་ཕྱིན་པ་ཉི་ཁྲི་ལྔ་པ་བཞུགས་སོ།། པོད་ཀ་པ།

པོད་གཅིག བྲིས་མ། དབུ་ཅན། ཡིག་ཕྲེང་བརྒྱད་ཅན། གླེགས་བམ། ཤོག་གྲྭ། ཞེང་69.7cm×དཀྱུས་20.1cm སྣེ་ཐིག་གྲྭ། ཞེང་57.9cm×དཀྱུས་10.8cm

般若波罗蜜多经两万颂

k函 写本 乌金体 8行 梵夹装 开本：宽69.7cm×高20.1cm 版框：宽57.9cm×高10.8cm

540000-0000107

༄། །འཕགས་པ་ཤེས་རབ་ཀྱི་ཕ་རོལ་ཏུ་ཕྱིན་པ་བརྒྱད་སྟོང་པ།།

285 པོད་གཅིག བྲིས་མ། དབུ་ཅན། ཡིག་ཕྲེང་བདུན་ཅན། གླེགས་བམ། ཤོག་གྲྭ། ཞེང་71.2cm×དཀྱུས་22.2cm སྣེ་ཐིག་གྲྭ། ཞེང་59cm×དཀྱུས་9.2cm

般若波罗蜜多经八千颂

1函 写本 乌金体 7行 梵夹装 开本：宽71.2cm×高22.2cm 版框：宽59cm×高9.2cm

540000-0000108

༄། །འཕགས་པ་ཤེས་རབ་ཀྱི་ཕ་རོལ་ཏུ་ཕྱིན་པ་བརྒྱད་སྟོང་པ།།

པོད་གཅིག བྲིས་མ། དབུ་ཅན། ཡིག་ཕྲེང་བདུན་ཅན། གླེགས་བམ། ཤོག་གྲྭ། ཞེང་71.2cm×དཀྱུས་23.7cm སྣེ་ཐིག་གྲྭ། ཞེང་58.2cm×དཀྱུས་9.8cm

般若波罗蜜多经八千颂

1函 写本 乌金体 7行 梵夹装 开本：宽71.2cm×高23.7cm 版框：宽58.2cm×高9.8cm

540000-0000109

༄། །སངས་རྒྱས་ཕལ་པོ་ཆེ་ཞེས་བྱ་བའི་མདོ།། པོད་ཀ་པ།

པོད་གཅིག ཤྲིས་མ། དབུ་ཅན། ཡིག་ཕྲེང་བདུན་ཅན། གླེགས་བམ། ཤོག་རྒྱ། ཞེང་68cm×དཀྱུས་19.5cm སྙེ་ཐིག་རྒྱ། ཞེང་57.1cm×དཀྱུས་10.1cm

大方广佛华严经

k函 写本 乌金体 7行 梵夹装 开本：宽68cm×高19.5cm 版框：宽57.1cm×高10.1cm

540000-0000110

༄། །སངས་རྒྱས་ཕལ་པོ་ཆེ་ཞེས་བྱ་བའི་མདོ།། པོད་ཀ་པ།

པོད་གཅིག ཤྲིས་མ། དབུ་ཅན། ཡིག་ཕྲེང་བདུན་ཅན། གླེགས་བམ། ཤོག་རྒྱ། ཞེང་68cm×དཀྱུས་19.5cm སྙེ་ཐིག་རྒྱ། ཞེང་57.1cm×དཀྱུས་9.7cm

大方广佛华严经

k函 写本 乌金体 7行 梵夹装 开本：宽68cm×高19.5cm 版框：宽57.1cm×高9.7cm

540000-0000111

༄། །གསུང་ཐོར་བུ།།

པོད་གཅིག ཤྲིས་མ། དབུ་ཅན། ཡིག་ཕྲེང་བརྒྱད་ཅན། གླེགས་བམ། ཤོག་རྒྱ། ཞེང་62.5cm×དཀྱུས་18.2cm སྙེ་ཐིག་རྒྱ། ཞེང་53.8cm×དཀྱུས་10.1cm

散叶

1函 写本 乌金体 8行 梵夹装 开本：宽62.5cm×高18.2cm 版框：宽53.8cm×高10.1cm

540000-0000112

༄༅། །ཤེས་རབ་ཀྱི་ཕ་རོལ་ཏུ་ཕྱིན་པ་བརྒྱད་སྟོང་པ།

པོད་གཅིག བྲིས་མ། དབུ་ཅན། ཡིག་ཕྲེང་བདུན་ཅན། གླེགས་བམ། ཤོག་ཀྱུ། ཞེང་67.8cm×དཀྱུས་18.5cm སྣེ་ཐིག་ཀྱུ། ཞེང་55.3cm×དཀྱུས་11.4cm

般若波罗蜜多经八千颂

1函 写本 乌金体 7行 梵夹装 开本：宽67.8cm×高18.5cm 版框：宽55.3cm×高11.4cm

540000-0000113

༄༅། །ཤེས་རབ་ཀྱི་ཕ་རོལ་ཏུ་ཕྱིན་པ་བརྒྱད་སྟོང་པ།། པོད་ཀ་པ།

པོད་གཅིག བྲིས་མ། དབུ་ཅན། ཡིག་ཕྲེང་བདུན་ཅན། གླེགས་བམ། ཤོག་ཀྱུ། ཞེང་69.6cm×དཀྱུས་23.6cm སྣེ་ཐིག་ཀྱུ། ཞེང་59cm×དཀྱུས་11.4cm

般若波罗蜜多经八千颂

k函 写本 乌金体 7行 梵夹装 开本：宽69.6cm×高23.6cm 版框：宽59cm×高11.4cm

540000-0000114

༄༅། །མདོ་སྡེ་ཕལ་པོ་ཆེ་ཞེས་བྱ་བ་ཤིན་ཏུ་རྒྱས་པ་ཆེན་པོའི་མདོ།། པོད་ཀ་པ།

པོད་གཅིག བྲིས་མ། དབུ་ཅན། ཡིག་ཕྲེང་དྲུག་ཅན། གླེགས་བམ། ཤོག་ཀྱུ། ཞེང་69.6cm×དཀྱུས་20cm སྣེ་ཐིག་ཀྱུ། ཞེང་57.4cm×དཀྱུས་8.9cm

大方广佛华严经八十华严

k函 写本 乌金体 6行 梵夹装 开本：宽69.6cm×高20cm 版框：宽57.4cm×高8.9cm

540000-0000115

༄། །ཤེས་རབ་ཀྱི་ཕ་རོལ་ཏུ་ཕྱིན་པ་བརྒྱད་སྟོང་པ།། པོད་ཀ་པ།

པོད་གཅིག བྲིས་མ། དབུ་ཅན། ཡིག་ཕྲེང་བརྒྱད་ཅན། གླེགས་བམ། ཤོག་ཀྱུ། ཞེང་68.3cm×དཀྱུས་21.3cm སྣེ་ཐིག་ཀྱུ། ཞེང་58.7cm×དཀྱུས་8.7cm

般若波罗蜜多经八千颂

k函 写本 乌金体 8行 梵夹装 开本：宽68.3cm×高21.3cm 版框：宽58.7cm×高8.7cm

540000-0000116

༄། །ཤིན་ཏུ་རྒྱས་པ་ཆེན་པོའི་མདོ་སངས་རྒྱས་ཕལ་པོ་ཆེ་ཞེས་བྱ་བ་བཞུགས་སོ།། པོད་ཀ་པ།

288 པོད་གཅིག བྲིས་མ། དབུ་ཅན། ཡིག་ཕྲེང་བརྒྱད་ཅན། གླེགས་བམ། ཤོག་ཀྱུ། ཞེང་72.2cm×དཀྱུས་22.2cm སྣེ་ཐིག་ཀྱུ། ཞེང་58.2cm×དཀྱུས་10.9cm

大方广佛华严经八十华严

k函 写本 乌金体 8行 梵夹装 开本：宽72.2cm×高22.2cm 版框：宽58.2cm×高10.9cm

540000-0000117

༄། །ཤིན་ཏུ་རྒྱས་པ་ཆེན་པོའི་མདོ་སངས་རྒྱས་ཕལ་པོ་ཆེ་ཞེས་བྱ་བ་བཞུགས་སོ།། པོད་ཀ་པ།

པོད་གཅིག བྲིས་མ། དབུ་ཅན། ཡིག་ཕྲེང་དྲུག་ཅན། གླེགས་བམ། ཤོག་ཀྱུ། ཞེང་69.8cm×དཀྱུས་20cm སྣེ་ཐིག་ཀྱུ། ཞེང་58.1cm×དཀྱུས་8.6cm

大方广佛华严经八十华严

k函 写本 乌金体 6行 梵夹装 开本：宽69.8cm×高20cm 版框：宽58.1cm×高8.6cm

540000-0000118

༄། །ཤིན་ཏུ་རྒྱས་པ་ཆེན་པོའི་མདོ་སངས་རྒྱས་ཕལ་པོ་ཆེ་ཞེས་བྱ་བ་བཞུགས་སོ།། པོད་ཀ་པ།

པོད་གཅིག བྲིས་མ། དབུ་ཅན། ཡིག་ཕྲེང་དྲུག་ཅན། གླེགས་བམ། ཤོག་རྒྱ། ཞེང་72.2cm×དཀྱུས་22.2cm སྣེ་ཐིག་རྒྱ། ཞེང་58.2cm×དཀྱུས་10cm

大方广佛华严经八十华严

k函 写本 乌金体 6行 梵夹装 开本：宽72.2cm×高22.2cm 版框：宽58.2cm×高10cm

540000-0000119

༄། །འཕགས་པ་སངས་རྒྱས་ཕལ་པོ་ཆེ་ཞེས་བྱ་བ་ལས་ཤིན་ཏུ་རྒྱས་པ་ཆེན་པོ་མདོ།། པོད་ཀ་པ།

པོད་གཅིག བྲིས་མ། དབུ་ཅན། ཡིག་ཕྲེང་བདུན་ཅན། གླེགས་བམ། ཤོག་རྒྱ། ཞེང་72.2cm×དཀྱུས་22.2cm སྣེ་ཐིག་རྒྱ། ཞེང་58.5cm×དཀྱུས་10cm

大方广佛华严经八十华严

k函 写本 乌金体 7行 梵夹装 开本：宽72.2cm×高22.2cm 版框：宽58.5cm×高10cm

540000-0000120

༄། །འཕགས་པ་སངས་རྒྱས་ཕལ་པོ་ཆེ་ཞེས་བྱ་བ་ལས་ཤིན་ཏུ་རྒྱས་པ་ཆེན་པོ་མདོ།།

པོད་གཅིག བྲིས་མ། དབུ་ཅན། ཡིག་ཕྲེང་བདུན་ཅན། གླེགས་བམ། ཤོག་རྒྱ། ཞེང་71.8cm×དཀྱུས་22.5cm སྣེ་ཐིག་རྒྱ། ཞེང་58cm×དཀྱུས་7.8cm

大方广佛华严经八十华严

1函 写本 乌金体 7行 梵夹装 开本：宽71.8cm×高22.5cm 版框：宽58cm×高7.8cm

540000-0000121

༄། །ཤེས་རབ་ཀྱི་ཕ་རོལ་ཏུ་ཕྱིན་པ་བརྒྱད་སྟོང་པ།། པོད་ཀ་པ

པོད་གཅིག བྲིས་མ། དབུ་ཅན། ཡིག་ཕྲེང་བདུན་ཅན། གླེགས་བམ། ཤོག་ཀྱུ། ཞེང་73.7cm×དཀྱུས་26.7cm སྣེ་ཐིག་ཀྱུ། ཞེང་59.8cm×དཀྱུས་12.4cm

般若波罗蜜多经八千颂

k函 写本 乌金体 7行 梵夹装 开本：宽73.7cm×高26.7cm 版框：宽59.8cm×高12.4cm

540000-0000122

༄། །འཕགས་པ་སངས་རྒྱས་ཕལ་པོ་ཆེ་ཞེས་བྱ་བ་ཤིན་ཏུ་རྒྱས་པ་ཆེན་པོའི་མདོ།། པོད་ཀ་པ

པོད་གཅིག བྲིས་མ། དབུ་ཅན། ཡིག་ཕྲེང་བདུན་ཅན། གླེགས་བམ། ཤོག་ཀྱུ། ཞེང་68.3cm×དཀྱུས་20.3cm སྣེ་ཐིག་ཀྱུ། ཞེང་57.3cm×དཀྱུས་10cm

大方广佛华严经八十华严

k函 写本 乌金体 7行 梵夹装 开本：宽68.3cm×高20.3cm 版框：宽57.3cm×高10cm

540000-0000123

༄། །ཤིན་ཏུ་རྒྱས་པ་ཆེན་པོ་མདོ་སངས་རྒྱས་ཕལ་པོ་ཆེ་ཞེས་བྱ་བའི་མདོ།། པོད་ཀ་པ

པོད་གཅིག བྲིས་མ། དབུ་ཅན། ཡིག་ཕྲེང་བདུན་ཅན། གླེགས་བམ། ཤོག་ཀྱུ། ཞེང་70.2cm×དཀྱུས་20.3cm སྣེ་ཐིག་ཀྱུ། ཞེང་59.2cm×དཀྱུས་10.8cm

大方广佛华严经八十华严

k函 写本 乌金体 7行 梵夹装 开本：宽70.2cm×高20.3cm 版框：宽59.2cm×高10.8cm

540000-0000124

༄། །ཤེས་རབ་ཀྱི་ཕ་རོལ་ཏུ་ཕྱིན་པ་བརྒྱད་སྟོང་པ།།

པོད་གཅིག བྲིས་མ། དབུ་ཅན། ཡིག་ཕྲེང་བདུན་ཅན། གླེགས་བམ། ཤོག་རྒྱ། ཞེང་70.4cm×དཀྱུས་21.7cm སྣེ་ཐིག་རྒྱ། ཞེང་57cm×དཀྱུས་9.1cm

般若波罗蜜多经八千颂

1函 写本 乌金体 7行 梵夹装 开本：宽70.4cm×高21.7cm 版框：宽57cm×高9.1cm

540000-0000125

༄། །འཕགས་པ་སངས་རྒྱས་ཕལ་པོ་ཆེ་ཞེས་བྱ་བ་ཤིན་ཏུ་རྒྱས་པ་ཆེན་པོའི་མདོ།། པོད་ཀ་པ།

 པོད་གཅིག བྲིས་མ། དབུ་ཅན། ཡིག་ཕྲེང་བདུན་ཅན། གླེགས་བམ། ཤོག་རྒྱ། ཞེང་68.3cm×དཀྱུས་20.3cm སྣེ་ཐིག་རྒྱ། ཞེང་56.5cm×དཀྱུས་9.9cm

大方广佛华严经八十华严

k函 写本 乌金体 6-8行 梵夹装 开本：宽68.3cm×高20.3cm 版框：宽56.5cm×高9.9cm

540000-0000126

༄། །ཤེས་རབ་ཀྱི་ཕ་རོལ་ཏུ་ཕྱིན་པ་ཁྲི་བརྒྱད་སྟོང་པ།།

པོད་གཅིག བྲིས་མ། དབུ་ཅན། ཡིག་ཕྲེང་བདུན་ཅན། གླེགས་བམ། ཤོག་རྒྱ། ཞེང་64.4cm×དཀྱུས་16.4cm སྣེ་ཐིག་རྒྱ། ཞེང་56cm×དཀྱུས་10.5cm

大般若波罗蜜多经第三会

1函 写本 乌金体 7行 梵夹装 开本：宽64.4cm×高16.4cm 版框：宽56cm×高10.5cm

540000-0000127

༄༅། །ཤེས་རབ་ཀྱི་ཕ་རོལ་ཏུ་ཕྱིན་པ་སྟོང་ཕྲག་བརྒྱ་པ།། པོད་ཀ་པ།

པོད་གཅིག བྲིས་མ། དབུ་ཅན། ཡིག་ཕྲེང་བདུན་ཅན། གླེགས་བམ། ཤོག་རྒྱ། ཞེང་76.9cm×དཀྱུས་26.7cm སྣེ་ཐིག་རྒྱ། ཞེང་61.7cm×དཀྱུས་10.8cm

般若波罗蜜多经十万颂

k函 写本 乌金体 7行 梵夹装 开本：宽76.9cm×高26.7cm 版框：宽61.7cm×高10.8cm

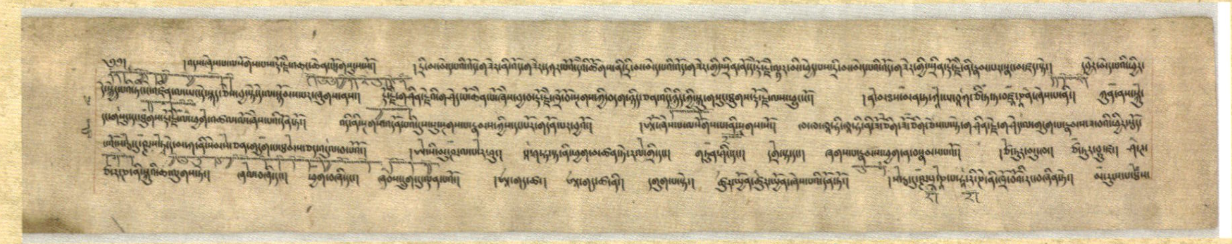

འབྲུ་ཚས་འབྲི་བཤུས་བཏབ་པའི་གསུང་རབ་བྲིས་མ།

藏文书法珠杂体抄写文献

540000-0000128

༄༅། །ཤེས་རབ་ཀྱི་ཕ་རོལ་ཏུ་ཕྱིན་པ་སྟོང་ཕྲག་བརྒྱ་པ།།

པོད་གཅིག བྲིས་མ། དབུ་ཅན། ཡིག་ཕྲེང་བདུན་ཅན། གླེགས་བམ། ཤོག་རྒྱ། ཞེང་71.2cm×དཀྱུས་23cm སྣེ་ཐིག་རྒྱ། ཞེང་58.2cm×དཀྱུས་10cm

般若波罗蜜多经十万颂

k函 写本 乌金体 7行 梵夹装 开本：宽71.2cm×高23cm 版框：宽58.2cm×高10cm

540000-0000129

༄། །ཤེས་རབ་ཀྱི་ཕ་རོལ་ཏུ་ཕྱིན་པ་སྟོང་ཕྲག་བརྒྱ་པ།། པོད་ཀ་པ།

པོད་གཅིག བྲིས་མ། དབུ་ཅན། ཡིག་ཕྲེང་བདུན་ཅན། གླེགས་བམ། ཤོག་རྒྱ། ཞེང་69cm×དཀྱུས་19cm སྣེ་ཐིག་རྒྱ། ཞེང་58.7cm×དཀྱུས་10.9cm

般若波罗蜜多经十万颂

k函 写本 乌金体 7行 梵夹装 开本：宽69cm×高19cm 版框：宽58.7cm×高10.9cm

540000-0000130

༄། །ཤེས་རབ་ཀྱི་ཕ་རོལ་ཏུ་ཕྱིན་པ་བརྒྱད་སྟོང་པ།། པོད་ཀ་པ།

པོད་གཅིག བྲིས་མ། དབུ་ཅན། ཡིག་ཕྲེང་བདུན་ཅན། གླེགས་བམ། ཤོག་རྒྱ། ཞེང་70.4cm×དཀྱུས་22.3cm སྣེ་ཐིག་རྒྱ། ཞེང་57.6cm×དཀྱུས་10cm

般若波罗蜜多经八千颂

k函 写本 乌金体 7行 梵夹装 开本：宽70.4cm×高22.3cm 版框：宽57.6cm×高10cm

540000-0000131

༄། །འཕགས་པ་ཤེས་རབ་ཀྱི་ཕ་རོལ་ཏུ་ཕྱིན་པ་སྡུད་པ་ཚིགས་སུ་བཅད་པ།། པོད་ཀ་པ།

པོད་གཅིག བྲིས་མ། དབུ་ཅན། ཡིག་ཕྲེང་དགུ་ཅན། གླེགས་བམ། ཤོག་རྒྱ། ཞེང་72.5cm×དཀྱུས་19cm སྣེ་ཐིག་རྒྱ། ཞེང་63.2cm×དཀྱུས་13.3cm

佛说佛母宝德藏般若波罗蜜多经

k函 写本 乌金体 9行 梵夹装 开本：宽72.5cm×高19cm 版框：宽63.2cm×高13.3cm

540000-0000132

༄༅། །ཤེས་རབ་ཀྱི་ཕ་རོལ་ཏུ་ཕྱིན་པ་བརྒྱད་སྟོང་པ།། བོད་ཀ་པ།

བོད་གཅིག བྲིས་མ། དབུ་ཅན། ཡིག་ཕྲེང་བརྒྱད་ཅན། གླེགས་བམ། ཤོག་རྒྱུ། ཞེང་71.2cm×དཀྱུས་20cm སྣེ་ཐིག་རྒྱུ། ཞེང་58.8cm×དཀྱུས་7.7cm

般若波罗蜜多经八千颂

k函 写本 乌金体 8行 梵夹装 开本：宽71.2cm×高20cm 版框：宽58.8cm×高7.7cm

540000-0000133

༄༅། །ཤེས་རབ་ཀྱི་ཕ་རོལ་ཏུ་ཕྱིན་པ་བརྒྱད་སྟོང་པ།། བོད་ཀ་པ།

བོད་གཅིག བྲིས་མ། དབུ་ཅན། ཡིག་ཕྲེང་བདུན་ཅན། གླེགས་བམ། ཤོག་རྒྱུ། ཞེང་70.5cm×དཀྱུས་24.2cm སྣེ་ཐིག་རྒྱུ། ཞེང་57.5cm×དཀྱུས་10.1cm

般若波罗蜜多经八千颂

k函 写本 乌金体 7行 梵夹装 开本：宽70.5cm×高24.2cm 版框：宽57.5cm×高10.1cm

540000-0000134

༄༅། །ཤེས་རབ་ཀྱི་ཕ་རོལ་ཏུ་ཕྱིན་པ་བརྒྱད་སྟོང་པ།། བོད་ཀ་པ།

བོད་གཅིག བྲིས་མ། དབུ་ཅན། ཡིག་ཕྲེང་བརྒྱད་ཅན། གླེགས་བམ། ཤོག་རྒྱུ། ཞེང་73cm×དཀྱུས་23cm སྣེ་ཐིག་རྒྱུ། ཞེང་61.5cm×དཀྱུས་11.5cm

般若波罗蜜多经八千颂

k函 写本 乌金体 8行 梵夹装 开本：宽73cm×高23cm 版框：宽61.5cm×高11.5cm

540000-0000135

༄། །གསུང་ཐོར་བུ།།

བོད་གཅིག བྲིས་མ། དབུ་ཅན། ཡིག་ཕྲེང་དགུ་ཅན། གླེགས་བམ། ཤོག་གྱུ། ཞེང་70.2cm×དཀྱུས་60.6cm སྣེ་ཐིག་གྱུ། ཞེང་18.7cm×དཀྱུས་13.2cm

散叶

1函 写本 乌金体 9行 梵夹装 开本：宽70.2cm×高60.6cm 版框：宽18.7cm×高13.2cm

540000-0000136

༄། །ཤེས་རབ་ཀྱི་ཕ་རོལ་ཏུ་ཕྱིན་པ་སྟོང་ཕྲག་བརྒྱ་པ།། བོད་ཀ་པ།

བོད་གཅིག བྲིས་མ། དབུ་ཅན། ཡིག་ཕྲེང་བརྒྱད་ཅན། གླེགས་བམ། ཤོག་གྱུ། ཞེང་68.2cm×དཀྱུས་18.8cm སྣེ་ཐིག་གྱུ། ཞེང་59cm×དཀྱུས་12cm

般若波罗蜜多经十万颂

k函 写本 乌金体 8行 梵夹装 开本：宽68.2cm×高18.8cm 版框：宽59cm×高12cm

540000-0000137

༄། །འཕགས་པ་སྒོ་མཐའ་ཡས་བའི་བསྒྲུབ་པའི་གཟུངས།། བོད་ཀ་པ།

བོད་གཅིག བྲིས་མ། དབུ་ཅན། ཡིག་ཕྲེང་བདུན་ཅན། གླེགས་བམ། ཤོག་གྱུ། ཞེང་68.7cm×དཀྱུས་20.3cm སྣེ་ཐིག་གྱུ། ཞེང་56.5cm×དཀྱུས་9.7cm

出生无边门陀罗尼经

k函 写本 乌金体 7行 梵夹装 开本：宽68.7cm×高20.3cm 版框：宽56.5cm×高9.7cm

540000-0000138

༄། །ཤེས་རབ་ཀྱི་ཕ་རོལ་ཏུ་ཕྱིན་པ་ཁྲི་བརྒྱད་པ། ། པོད་ཀ་པ།

པོད་གཅིག བྲིས་མ། དབུ་ཅན། ཡིག་ཕྲེང་བདུན་ཅན། གླེགས་བམ། ཤོག་རྒྱ། ཞེང་68.5cm×དཀྱུས་23.4cm སྣེ་ཐིག་རྒྱ། ཞེང་57.1cm×དཀྱུས་9.5cm

大般若波罗蜜多经第三会

k函 写本 乌金体 7行 梵夹装 开本：宽68.5cm×高23.4cm 版框：宽57.1cm×高9.5cm

540000-0000139

༄། །ཤེས་རབ་ཀྱི་ཕ་རོལ་ཏུ་ཕྱིན་པ་སྟོང་ཕྲག་ཉི་ཤུ་ལྔ་པ། ། པོད་ཀ་པ།

པོད་གཅིག བྲིས་མ། དབུ་ཅན། ཡིག་ཕྲེང་དྲུག་ཅན། གླེགས་བམ། ཤོག་རྒྱ། ཞེང་72.1cm×དཀྱུས་24cm སྣེ་ཐིག་རྒྱ། ཞེང་60.2cm×དཀྱུས་10cm

般若波罗蜜多经两万五千颂

k函 写本 乌金体 6行 梵夹装 开本：宽72.1cm×高24cm 版框：宽60.2cm×高10cm

540000-0000140

༄། །འཕགས་པ་ཤེས་རབ་ཀྱི་ཕ་རོལ་ཏུ་ཕྱིན་པ་བརྒྱད་སྟོང་པ། །

པོད་གཅིག བྲིས་མ། དབུ་ཅན། ཡིག་ཕྲེང་བདུན་ཅན། གླེགས་བམ། ཤོག་རྒྱ། ཞེང་71.5cm×དཀྱུས་24cm སྣེ་ཐིག་རྒྱ། ཞེང་60.4cm×དཀྱུས་11.1cm

般若波罗蜜多经八千颂

1函 写本 乌金体 7行 梵夹装 开本：宽71.5cm×高24cm 版框：宽60.4cm×高11.1cm

540000-0000141

༄། །འཕགས་པ་ཤེས་རབ་ཀྱི་ཕ་རོལ་ཏུ་ཕྱིན་པ་བརྒྱད་སྟོང་པ།།

པོད་གཅིག བྲིས་མ། དབུ་ཅན། ཡིག་ཕྲེང་བདུན་ཅན། གླེགས་བམ། ཤོག་ཀྱུ། ཞེང་73.5cm×དཀྱུས་57.6cm སྣེ་ཐིག་ཀྱུ། ཞེང་62.4cm×དཀྱུས་12.1cm

般若波罗蜜多经八千颂

1函 写本 乌金体 7行 梵夹装 开本：宽73.5cm×高57.6cm 版框：宽62.4cm×高12.1cm

540000-0000142

༄། །འཕགས་པ་ཤེས་རབ་ཀྱི་ཕ་རོལ་ཏུ་ཕྱིན་པ་ཁྲི་བརྒྱད་སྟོང་པ།། པོད་ཀ་པ།

པོད་གཅིག བྲིས་མ། དབུ་ཅན། ཡིག་ཕྲེང་བདུན་ཅན། གླེགས་བམ། ཤོག་ཀྱུ། ཞེང་69.4cm×དཀྱུས་19.8cm སྣེ་ཐིག་ཀྱུ། ཞེང་58.1cm×དཀྱུས་9cm

大般若波罗蜜多经第三会

k函 写本 乌金体 7行 梵夹装 开本：宽69.4cm×高19.8cm 版框：宽58.1cm×高9cm

540000-0000143

༄། །གསུང་ཐོར་བུ།།

པོད་གཅིག བྲིས་མ། དབུ་ཅན། ཡིག་ཕྲེང་བདུན་ཅན། གླེགས་བམ། ཤོག་ཀྱུ། ཞེང་71.5cm×དཀྱུས་27.5cm སྣེ་ཐིག་ཀྱུ། ཞེང་59.6cm×དཀྱུས་13cm

散叶

1函 写本 乌金体 7行 梵夹装 开本：宽71.5cm×高27.5cm 版框：宽59.6cm×高13cm

540000-0000144

༄། །འཕགས་པ་ཤེས་རབ་ཀྱི་ཕ་རོལ་ཏུ་ཕྱིན་པ་བརྒྱད་སྟོང་པ། །བོད་ཀ་པ།

བོད་གཅིག བྲིས་མ། དབུ་ཅན། ཡིག་ཕྲེང་བརྒྱད་ཅན། གླེགས་བམ། ཤོག་རྒྱ། ཞེང་76.2cm×དཀྱུས་27cm སྣེ་ཐིག་རྒྱ། ཞེང་60.9cm×དཀྱུས་13cm

般若波罗蜜多经八千颂

k函 写本 乌金体 8行 梵夹装 开本：宽76.2cm×高27cm 版框：宽60.9cm×高13cm

༄། །འཕགས་པ་ཤེས་རབ་ཀྱི་ཕ་རོལ་ཏུ་ཕྱིན་པ་སྟོང་ཕྲག་བརྒྱ་པ། །བོད་ཀ་པ།

བོད་གཅིག བྲིས་མ། དབུ་ཅན། ཡིག་ཕྲེང་བདུན་ཅན། གླེགས་བམ། ཤོག་རྒྱ། ཞེང་76.2cm×དཀྱུས་27cm སྣེ་ཐིག་རྒྱ། ཞེང་60.9cm×དཀྱུས་13cm

般若波罗蜜多经十万颂

k函 写本 乌金体 7行 梵夹装 开本：宽76.2cm×高27cm 版框：宽60.9cm×高13cm

540000-0000145

༄། །ཤེས་རབ་ཀྱི་ཕ་རོལ་ཏུ་ཕྱིན་པ་སྟོང་ཕྲག་ཉི་ཤུ་ལྔ་པ། །

བོད་གཅིག བྲིས་མ། དབུ་ཅན། ཡིག་ཕྲེང་བརྒྱད་ཅན། གླེགས་བམ། ཤོག་རྒྱ། ཞེང་70.2cm×དཀྱུས་24.3cm སྣེ་ཐིག་རྒྱ། ཞེང་59.7cm×དཀྱུས་10.1cm

般若波罗蜜多经两万五千颂

1函 写本 乌金体 8行 梵夹装 开本：宽70.2cm×高24.3cm 版框：宽59.7cm×高10.1cm

༄། །ཤེས་རབ་ཀྱི་ཕ་རོལ་ཏུ་ཕྱིན་པ་ཁྲི་བརྒྱད་སྟོང་པ།། བོད་ཀ་པ།

བོད་གཅིག བྲིས་མ། དབུ་ཅན། ཡིག་ཕྲེང་བརྒྱད་ཅན། གླེགས་བམ། ཤོག་གྲྭ ཞེང་70.2cm×དཀྱུས་24.3cm སྣེ་ཐིག་གྲྭ ཞེང་59.7cm×དཀྱུས་10.1cm

大般若波罗蜜多经第三会

k函 写本 乌金体 8行 梵夹装 开本：宽70.2cm×高24.3cm 版框：宽59.7cm×高10.1cm

540000-0000146

༄། །ཤེས་རབ་ཀྱི་ཕ་རོལ་ཏུ་ཕྱིན་པ་སྟོང་ཕྲག་བརྒྱ་པ།། བོད་ཀ་པ།

བོད་གཅིག བྲིས་མ། དབུ་ཅན། ཡིག་ཕྲེང་བདུན་ཅན། གླེགས་བམ། ཤོག་གྲྭ ཞེང་72cm×དཀྱུས་26cm སྣེ་ཐིག་གྲྭ ཞེང་59cm×དཀྱུས་11.3cm

般若波罗蜜多经十万颂

k函 写本 乌金体 7行 梵夹装 开本：宽72cm×高26cm 版框：宽59cm×高11.3cm

540000-0000147

༄། །གསུང་སྣ་ཚོགས།།

བོད་གཅིག བྲིས་མ། དབུ་ཅན། ཡིག་ཕྲེང་བདུན་ཅན། གླེགས་བམ། ཤོག་གྲྭ ཞེང་72cm×དཀྱུས་22.2cm སྣེ་ཐིག་གྲྭ ཞེང་59cm×དཀྱུས་9cm

杂部

1函 写本 乌金体 7行 梵夹装 开本：宽72cm×高22.2cm 版框：宽59cm×高9cm

540000-0000148

༄། །ཤེས་རབ་ཀྱི་ཕ་རོལ་ཏུ་ཕྱིན་པ་སྟོང་ཕྲག་ཉེར་ལྔ། པོད་ཀ་པ།

པོད་གཅིག བྲིས་མ། དབུ་ཅན། ཡིག་ཕྲེང་བརྒྱད་ཅན། གླེགས་བམ། ཤོག་ཀྱུ། ཞེང་65.5cm×དཀྱུས་17.8cm སྣེ་ཐིག་ཀྱུ། ཞེང་56.7cm×དཀྱུས་10.1cm

般若波罗蜜多经两万五千颂

k函 写本 乌金体 8行 梵夹装 开本：宽65.5cm×高17.8cm 版框：宽56.7cm×高10.1cm

540000-0000149

༄། །ཤེས་རབ་ཀྱི་ཕ་རོལ་ཏུ་ཕྱིན་པ་སྟོང་ཕྲག་བརྒྱ་པ། པོད་ཚ་པ།

པོད་གཅིག བྲིས་མ། དབུ་ཅན། ཡིག་ཕྲེང་བདུན་ཅན། གླེགས་བམ། ཤོག་ཀྱུ། ཞེང་74.2cm×དཀྱུས་32.6cm སྣེ་ཐིག་ཀྱུ། ཞེང་61.2cm×དཀྱུས་12.3cm

般若波罗蜜多经十万颂

tsh函 写本 乌金体 7行 梵夹装 开本：宽74.2cm×高32.6cm 版框：宽61.2cm×高12.3cm

540000-0000150

༄། །ཤེས་རབ་ཀྱི་ཕ་རོལ་ཏུ་ཕྱིན་པ་སྟོང་ཕྲག་བརྒྱ་པ། པོད་ཚ་པ།

པོད་གཅིག བྲིས་མ། དབུ་ཅན། ཡིག་ཕྲེང་བདུན་ཅན། གླེགས་བམ། ཤོག་ཀྱུ། ཞེང་75.2cm×དཀྱུས་26.2cm སྣེ་ཐིག་ཀྱུ། ཞེང་60.2cm×དཀྱུས་12.3cm

般若波罗蜜多经十万颂

tsh函 写本 乌金体 7行 梵夹装 开本：宽75.2cm×高26.2cm 版框：宽60.2cm×高12.3cm

540000-0000151

༄། །ཤེས་རབ་ཀྱི་ཕ་རོལ་ཏུ་ཕྱིན་པ་སྟོང་ཕྲག་བརྒྱ་པ།། པོད་ཁ་པ།

པོད་གཅིག བྲིས་མ། དབུ་ཅན། ཡིག་ཕྲེང་དྲུག་ཅན། གླེགས་བམ། ཤོག་རྒྱ། ཞེང་73cm×དཀྱུས་21.8cm སྣེ་ཐིག་རྒྱ། ཞེང་60.2cm×དཀྱུས་9.1cm

般若波罗蜜多经十万颂

kh函 写本 乌金体 6行 梵夹装 开本：宽73cm×高21.8cm 版框：宽60.2cm×高9.1cm

540000-0000152

༄། །ཤིན་ཏུ་རྒྱས་པ་ཆེན་པོའི་མདོ་སངས་རྒྱས་ཕལ་པོ་ཆེ་ཞེས་བྱ་བ་བཞུགས་སོ།། པོད་ཀ་པ།

པོད་གཅིག བྲིས་མ། དབུ་ཅན། ཡིག་ཕྲེང་དྲུག་ཅན། གླེགས་བམ། ཤོག་རྒྱ། ཞེང་68.8cm×དཀྱུས་18.7cm སྣེ་ཐིག་རྒྱ། ཞེང་58.7cm×དཀྱུས་9.3cm

大方广佛华严经八十华严

k函 写本 乌金体 6行 梵夹装 开本：宽68.8cm×高18.7cm 版框：宽58.7cm×高9.3cm

540000-0000153

༄། །སངས་རྒྱས་ཕལ་པོ་ཆེ་ཞེས་བྱ་བ་རྣམ་པར་སྣང་མཛད་ཀྱི་ལེའུ།། པོད་ཀ་པ།

པོད་གཅིག བྲིས་མ། དབུ་ཅན། ཡིག་ཕྲེང་བརྒྱད་ཅན། གླེགས་བམ། ཤོག་རྒྱ། ཞེང་67.2cm×དཀྱུས་20cm སྣེ་ཐིག་རྒྱ། ཞེང་57cm×དཀྱུས་11.5cm

大方广佛华严经大日如来品

k函 写本 乌金体 8行 梵夹装 开本：宽67.2cm×高20cm 版框：宽57cm×高11.5cm

540000-0000154

༄། །གསུང་ཐོར་བུ།

པོད་གཅིག ཁྲིས་མ། དབུ་ཅན། ཡིག་ཕྲེང་བདུན་ནས་དགུ་ཅན། གླེགས་བམ། ཤོག་ཚད། ཞེང་68.3cm×དཀྱུས་18.9cm སྣེ་ཐིག་ཚད། ཞེང་58.7cm×དཀྱུས་11.4cm

散叶

1函 写本 乌金体 7-9行 梵夹装 开本：宽68.3cm×高18.9cm 版框：宽58.7cm×高11.4cm

540000-0000155

༄། །འཕགས་པ་ཤེས་རབ་ཀྱི་ཕ་རོལ་ཏུ་ཕྱིན་པ་ཁྲི་བརྒྱད་སྟོང་པ་ཞེས་བྱ་བ་ཐེག་པ་ཆེན་པོ་མདོ།།

302 པོད་གཅིག ཁྲིས་མ། དབུ་ཅན། ཡིག་ཕྲེང་བདུན་ཅན། གླེགས་བམ། ཤོག་ཚད། ཞེང་70.1cm×དཀྱུས་20.9cm སྣེ་ཐིག་ཚད། ཞེང་59.9cm×དཀྱུས་10.8cm

大般若波罗蜜多经第三会

1函 写本 乌金体 6-8行 梵夹装 开本：宽70.1cm×高20.9cm 版框：宽59.9cm×高10.8cm

540000-0000156

༄། །ཤེས་རབ་ཀྱི་ཕ་རོལ་ཏུ་ཕྱིན་པ་སྟོང་ཕྲག་བརྒྱ་པ།། པོད་ཀ་པ།

པོད་གཅིག ཁྲིས་མ། དབུ་ཅན། ཡིག་ཕྲེང་བརྒྱད་ཅན། གླེགས་བམ། ཤོག་ཚད། ཞེང་70.6cm×དཀྱུས་21.7cm སྣེ་ཐིག་ཚད། ཞེང་58.8cm×དཀྱུས་7.5cm

般若波罗蜜多经十万颂

k函 写本 乌金体 8行 梵夹装 开本：宽70.6cm×高21.7cm 版框：宽58.8cm×高7.5cm

540000-0000157

༄། །ཤེས་རབ་ཀྱི་ཕ་རོལ་ཏུ་ཕྱིན་པ་སྟོང་ཕྲག་ཉི་ཤུ་ལྔ། པོད་ཀ་པ།

པོད་གཅིག ཤྲིས་མ། དབུ་ཅན། ཡིག་ཕྲེང་བདུན་ཅན། གླེགས་བམ། ཤོག་རྒྱ། ཞེང་68.7cm×དཀྱུས་21cm སྣེ་ཐིག་རྒྱ། ཞེང་57cm×དཀྱུས་11cm

般若波罗蜜多经两万五千颂

k函 写本 乌金体 7行 梵夹装 开本：宽68.7cm×高21cm 版框：宽57cm×高11cm

540000-0000158

༄། །ཤེས་རབ་ཀྱི་ཕ་རོལ་ཏུ་ཕྱིན་པ་སྟོང་ཕྲག་བརྒྱ་པ། པོད་ཀ་པ།

པོད་གཅིག ཤྲིས་མ། དབུ་ཅན། ཡིག་ཕྲེང་བརྒྱད་ཅན། གླེགས་བམ། ཤོག་རྒྱ། ཞེང་70.3cm×དཀྱུས་21.2cm སྣེ་ཐིག་རྒྱ། ཞེང་58.1cm×དཀྱུས་7.6cm

般若波罗蜜多经十万颂

k函 写本 乌金体 8行 梵夹装 开本：宽70.3cm×高21.2cm 版框：宽58.1cm×高7.6cm

540000-0000159

༄། །ཤེས་རབ་ཀྱི་ཕ་རོལ་ཏུ་ཕྱིན་པ་བརྒྱད་སྟོང་པ།

པོད་གཅིག ཤྲིས་མ། དབུ་ཅན། ཡིག་ཕྲེང་བདུན་ཅན། གླེགས་བམ། ཤོག་རྒྱ། ཞེང་71.5cm×དཀྱུས་25.7cm སྣེ་ཐིག་རྒྱ། ཞེང་58.7cm×དཀྱུས་10cm

般若波罗蜜多经八千颂

1函 写本 乌金体 7行 梵夹装 开本：宽71.5cm×高25.7cm 版框：宽58.7cm×高10cm

540000-0000160

༄། །ཤེས་རབ་ཀྱི་ཕ་རོལ་ཏུ་ཕྱིན་པ་བརྒྱད་སྟོང་པ། །པོད་ཀ་པ།

པོད་གཅིག བྲིས་མ། དབུ་ཅན། ཡིག་ཕྲེང་དྲུག་ནས་བདུན་ཅན། གླེགས་བམ། ཤོག་གྲུ། ཞེང་69.2cm×དཀྱུས་24.4cm སྣེ་ཐིག་གྲུ། ཞེང་57cm×དཀྱུས་9.5cm

般若波罗蜜多经八千颂

k函 写本 乌金体 6-7行 梵夹装 开本：宽69.2cm×高24.4cm 版框：宽57cm×高9.5cm

540000-0000161

༄། །ཤེས་རབ་ཀྱི་ཕ་རོལ་ཏུ་ཕྱིན་པ་སངས་རྒྱས་ཕལ་པོ་ཆེ་ཞེས་བྱ་བའི་མདོ། །པོད་ཀ་པ།

པོད་གཅིག བྲིས་མ། དབུ་ཅན། ཡིག་ཕྲེང་བརྒྱད་ཅན། གླེགས་བམ། ཤོག་གྲུ། ཞེང་69.7cm×དཀྱུས་22.2cm སྣེ་ཐིག་གྲུ། ཞེང་57.7cm×དཀྱུས་10cm

大方广佛华严经

k函 写本 乌金体 8行 梵夹装 开本：宽69.7cm×高22.2cm 版框：宽57.7cm×高10cm

540000-0000162

༄། །འཕགས་པ་སངས་རྒྱས་ཕལ་པོ་ཆེ་ཞེས་བྱ་བ་ཤིན་ཏུ་རྒྱས་པའི་མདོ། །

པོད་གཅིག བྲིས་མ། དབུ་ཅན། ཡིག་ཕྲེང་བདུན་ཅན། གླེགས་བམ། ཤོག་གྲུ། ཞེང་72cm×དཀྱུས་21.8cm སྣེ་ཐིག་གྲུ། ཞེང་60.1cm×དཀྱུས་10.6cm

大方广佛华严经八十华严

1函 写本 乌金体 7行 梵夹装 开本：宽72cm×高21.8cm 版框：宽60.1cm×高10.6cm

540000-0000163

༄༅། །ཤེས་རབ་ཀྱི་ཕ་རོལ་ཏུ་ཕྱིན་པ་སྟོང་ཕྲག་ཉི་ཤུ་ལྔ་པ། པོད་ཀ་པ།

པོད་གཅིག བྲིས་མ། དབུ་ཅན། ཡིག་ཕྲེང་དྲུག་ནས་བརྒྱད་ཅན། གླེགས་བམ། ཤོག་རྒྱ། ཞེང་69.5cm×དཀྱུས་22.3cm སྣེ་ཐིག་རྒྱ། ཞེང་57.6cm×དཀྱུས་9.4cm

般若波罗蜜多经两万五千颂

k函 写本 乌金体 6-8行 梵夹装 开本：宽69.5cm×高22.3cm 版框：宽57.6cm×高9.4cm

540000-0000164

༄༅། །ཤིན་ཏུ་རྒྱས་པ་ཆེན་པོའི་མདོ་སངས་རྒྱས་ཕལ་པོ་ཆེ།།

305 པོད་གཅིག བྲིས་མ། དབུ་ཅན། ཡིག་ཕྲེང་བདུན་ཅན། གླེགས་བམ། ཤོག་རྒྱ། ཞེང་69cm×དཀྱུས་19.5cm སྣེ་ཐིག་རྒྱ། ཞེང་57.1cm×དཀྱུས་11cm

大方广佛华严经八十华严

1函 写本 乌金体 7行 梵夹装 开本：宽69cm×高19.5cm 版框：宽57.1cm×高11cm

540000-0000165

༄༅། །འཕགས་པ་སངས་རྒྱས་ཀྱི་ཡུལ་བསམ་གྱིས་མི་ཁྱབ་པ་བསྟན་པ་ཞེས་བྱ་བ་ཐེག་པ་ཆེན་པོའི་མདོ།།

པོད་གཅིག བྲིས་མ། དབུ་ཅན། ཡིག་ཕྲེང་བདུན་ཅན། གླེགས་བམ། ཤོག་རྒྱ། ཞེང་68.7cm×དཀྱུས་18.9cm སྣེ་ཐིག་རྒྱ། ཞེང་58.2cm×དཀྱུས་8.8cm

大宝积经善德天子会第三十五

1函 写本 乌金体 7行 梵夹装 开本：宽68.7cm×高18.9cm 版框：宽58.2cm×高8.8cm

540000-0000166

༄། །ཤེས་རབ་ཀྱི་ཕ་རོལ་ཏུ་ཕྱིན་པ་སྟོང་ཕྲག་བརྒྱ་པ། ། པོད་ཀ་པ།

པོད་གཅིག བྲིས་མ། དབུ་ཅན། ཡིག་ཕྲེང་བདུན་ཅན། གླེགས་བམ། ཤོག་རྒྱ། ཞེང་69.9cm×དཀྱུས་19.9cm སྣེ་ཐིག་རྒྱ། ཞེང་58.8cm×དཀྱུས་8.9cm

般若波罗蜜多经十万颂

k函 写本 乌金体 6-8行 梵夹装 开本：宽69.9cm×高19.9cm 版框：宽58.8cm×高8.9cm

540000-0000167

༄། །ཤེས་རབ་ཀྱི་ཕ་རོལ་ཏུ་ཕྱིན་པ་བརྒྱད་སྟོང་པ། ། པོད་ཀ་པ།

306 པོད་གཅིག བྲིས་མ། དབུ་ཅན། ཡིག་ཕྲེང་བརྒྱད་ཅན། གླེགས་བམ། ཤོག་རྒྱ། ཞེང་70cm×དཀྱུས་21cm སྣེ་ཐིག་རྒྱ། ཞེང་57.9cm×དཀྱུས་10.1cm

般若波罗蜜多经八千颂

k函 写本 乌金体 8行 梵夹装 开本：宽70cm×高21cm 版框：宽57.9cm×高10.1cm

540000-0000168

༄། །ཤིན་ཏུ་རྒྱས་པ་ཆེན་པོའི་མདོ་སངས་རྒྱས་ཕལ་པོ་ཆེ་ཞེས་བྱ་བའི་མདོ། ། པོད་ཀ་པ།

པོད་གཅིག བྲིས་མ། དབུ་ཅན། ཡིག་ཕྲེང་བརྒྱད་ཅན། གླེགས་བམ། ཤོག་རྒྱ། ཞེང་68cm×དཀྱུས་19.5cm སྣེ་ཐིག་རྒྱ། ཞེང་57.4cm×དཀྱུས་10cm

大方广佛华严经八十华严

k函 写本 乌金体 8行 梵夹装 开本：宽68cm×高19.5cm 版框：宽57.3cm×高10cm

540000-0000169

༄། །ཤེས་རབ་ཀྱི་ཕ་རོལ་ཏུ་ཕྱིན་པ་ཁྲི་བརྒྱད་སྟོང་པ།། པོད་ཁ་པ།

པོད་གཅིག བྲིས་མ། དབུ་ཅན། ཡིག་ཕྲེང་བརྒྱད་ཅན། གླེགས་བམ། ཤོག་ཀྱུ། ཞེང་66.4cm×དཀྱུས་18.4cm སྣེ་ཐིག་ཀྱུ། ཞེང་56.7cm×དཀྱུས་10.3cm

大般若波罗蜜多经第三会

kh函 写本 乌金体 8行 梵夹装 开本：宽66.4cm×高18.4cm 版框：宽56.7cm×高10.3cm

540000-0000170

༄། །ཤེས་རབ་ཀྱི་ཕ་རོལ་ཏུ་ཕྱིན་པ་སྟོང་ཕྲག་བརྒྱ་པ།། པོད་ག་པ།

པོད་གཅིག བྲིས་མ། དབུ་ཅན། ཡིག་ཕྲེང་དྲུག་ནས་བརྒྱད་ཅན། གླེགས་བམ། ཤོག་ཀྱུ། ཞེང་71cm×དཀྱུས་19.6cm སྣེ་ཐིག་ཀྱུ། ཞེང་58.6cm×དཀྱུས་8.8cm

般若波罗蜜多经十万颂

g函 写本 乌金体 6-8行 梵夹装 开本：宽71cm×高19.6cm 版框：宽58.6cm×高8.8cm

540000-0000171

༄། །ཤེས་རབ་ཀྱི་ཕ་རོལ་ཏུ་ཕྱིན་པ་སྟོང་ཕྲག་བརྒྱ་པ།། པོད་ཁ་པ།

པོད་གཅིག བྲིས་མ། དབུ་ཅན། ཡིག་ཕྲེང་དགུ་ཅན། གླེགས་བམ། ཤོག་ཀྱུ། ཞེང་70cm×དཀྱུས་18.4cm སྣེ་ཐིག་ཀྱུ། ཞེང་62.1cm×དཀྱུས་13.2cm

般若波罗蜜多经十万颂

kh函 写本 乌金体 9行 梵夹装 开本：宽70cm×高18.4cm 版框：宽62.1cm×高13.2cm

540000-0000172

༄། །ཤེས་རབ་ཀྱི་ཕ་རོལ་ཏུ་ཕྱིན་པ་བརྒྱད་སྟོང་པ།། བོད་ཀ་པ།

བོད་གཅིག ཁྲིས་མ། དབུ་ཅན། ཡིག་ཕྲེང་བདུན་ནས་བརྒྱད་ཅན། གླེགས་བམ། ཤོག་ཀྱུ། ཞེང་70.3cm×དཀྱུས་24.6cm སྣེ་ཐིག་ཀྱུ། ཞེང་58.6cm×དཀྱུས་9.1cm

般若波罗蜜多经八千颂

k函 写本 乌金体 7-8行 梵夹装 开本：宽70.3cm×高24.6cm 版框：宽28.6cm×高9.1cm

540000-0000173

༄། །འཕགས་པ་སངས་རྒྱས་ཕལ་པོ་ཆེ་ཞེས་བྱ་བའི་མདོ།། བོད་ཀ་པ།

308 བོད་གཅིག ཁྲིས་མ། དབུ་ཅན། ཡིག་ཕྲེང་བདུན་ཅན། གླེགས་བམ། ཤོག་ཀྱུ། ཞེང་67.9cm×དཀྱུས་19.8cm སྣེ་ཐིག་ཀྱུ། ཞེང་57.5cm×དཀྱུས་8.4cm

大方广佛华严经

k函 写本 乌金体 7行 梵夹装 开本：宽67.9cm×高19.8cm 版框：宽57.5cm×高8.4cm

540000-0000174

༄། །འཕགས་པ་ཤེས་རབ་ཀྱི་ཕ་རོལ་ཏུ་ཕྱིན་པ་ཁྲི་བརྒྱད་སྟོང་པ།། བོད་ཀ་པ།

བོད་གཅིག ཁྲིས་མ། དབུ་ཅན། ཡིག་ཕྲེང་དྲུག་ཅན། གླེགས་བམ། ཤོག་ཀྱུ། ཞེང་65.4cm×དཀྱུས་18.6cm སྣེ་ཐིག་ཀྱུ། ཞེང་55.5cm×དཀྱུས་9cm

大般若波罗蜜多经第三会

kh函 写本 乌金体 6行 梵夹装 开本：宽65.4cm×高18.6cm 版框：宽55.5cm×高9cm

540000-0000175

༄། །ཤེས་རབ་ཀྱི་ཕ་རོལ་ཏུ་ཕྱིན་པ་ཁྲི་བརྒྱད་སྟོང་པ།། བོད་ཁ་པ།

བོད་གཅིག བྲིས་མ། དབུ་ཅན། ཡིག་ཕྲེང་བདུན་ཅན། གླེགས་བམ། ཤོག་རྒྱ། ཞེང་69cm×དཀྱུས་18.6cm སྙེ་ཤིག་རྒྱ། ཞེང་58.2cm×དཀྱུས་10.7cm

大般若波罗蜜多经第三会

kh函 写本 乌金体 6-8行 梵夹装 开本：宽69cm×高18.6cm 版框：宽58.2cm×高10.7cm

540000-0000176

༄། །ཤིན་ཏུ་རྒྱས་པ་ཆེན་པོའི་མདོ།། བོད་ཁ་པ།

བོད་གཅིག བྲིས་མ། དབུ་ཅན། ཡིག་ཕྲེང་བདུན་ཅན། གླེགས་བམ། ཤོག་རྒྱ། ཞེང་68.5cm×དཀྱུས་18cm སྙེ་ཤིག་རྒྱ། ཞེང་58.3cm×དཀྱུས་9.6cm

大方广佛华严经

kh函 写本 乌金体 7行 梵夹装 开本：宽68.5cm×高18cm 版框：宽58.3cm×高9.6cm

540000-0000177

༄། །ཤིན་ཏུ་རྒྱས་པ་ཆེན་པོའི་མདོ་སངས་རྒྱས་ཕལ་པོ་ཆེ་ཞེས་བྱ་བ།། བོད་ཁ་པ།

བོད་གཅིག བྲིས་མ། དབུ་ཅན། ཡིག་ཕྲེང་བདུན་ཅན། གླེགས་བམ། ཤོག་རྒྱ། ཞེང་68.3cm×དཀྱུས་18.4cm སྙེ་ཤིག་རྒྱ། ཞེང་58.6cm×དཀྱུས་10cm

大方广佛华严经八十华严

kh函 写本 乌金体 6-8行 梵夹装 开本：宽68.3cm×高18.4cm 版框：宽58.6cm×高10cm

540000-0000178

༄། །ཤེས་རབ་ཀྱི་ཕ་རོལ་ཏུ་ཕྱིན་པ་ཁྲི་བརྒྱད་སྟོང་པ། པོད་ཁ་པ།

པོད་གཅིག བྲིས་མ། དབུ་ཅན། ཡིག་ཕྲེང་བདུན་ཅན། གླེགས་བམ། ཤོག་རྒྱ། ཞེང་69cm×དཀྱུས་18.6cm སྙེ་ཐིག་རྒྱ། ཞེང་57.7cm×དཀྱུས་10.3cm

大般若波罗蜜多经第三会

kh函 写本 乌金体 7行 梵夹装 开本：宽69cm×高18.6cm 版框：宽57.7cm×高10.3cm

540000-0000179

༄། །ཤེས་རབ་ཀྱི་ཕ་རོལ་ཏུ་ཕྱིན་པ་ཁྲི་བརྒྱད་སྟོང་པ། པོད་ཀ་པ།

པོད་གཅིག བྲིས་མ། དབུ་ཅན། ཡིག་ཕྲེང་བརྒྱད་ཅན། གླེགས་བམ། ཤོག་རྒྱ། ཞེང་69.3cm×དཀྱུས་17.7cm སྙེ་ཐིག་རྒྱ། ཞེང་61cm×དཀྱུས་10cm

大般若波罗蜜多经第三会

k函 写本 乌金体 8行 梵夹装 开本：宽69.3cm×高17.7cm 版框：宽61cm×高10cm

540000-0000180

༄། །འཕགས་པ་ཤེས་རབ་ཀྱི་ཕ་རོལ་ཏུ་ཕྱིན་པ་བརྒྱད་སྟོང་པ། པོད་ཀ་པ།

པོད་གཅིག བྲིས་མ། དབུ་ཅན། ཡིག་ཕྲེང་བརྒྱད་ཅན། གླེགས་བམ། ཤོག་རྒྱ། ཞེང་70.2cm×དཀྱུས་23.7cm སྙེ་ཐིག་རྒྱ། ཞེང་59cm×དཀྱུས་11.7cm

般若波罗蜜多经八千颂

k函 写本 乌金体 8行 梵夹装 开本：宽70.2cm×高23.7cm 版框：宽59cm×高11.7cm

540000-0000181

༄། །ཤིན་ཏུ་རྒྱས་པ་ཆེན་པོའི་མདོ་སངས་རྒྱས་ཕལ་པོ་ཆེ་ཞེས་བྱ་བའི་མདོ། །བོད་ཀ་པ།

བོད་གཅིག བྲིས་མ། དབུ་ཅན། ཡིག་ཕྲེང་དྲུག་ཅན། གླེགས་བམ། ཤོག་ཀྱུ། ཞེང་70cm×དཀྱུས་19.9cm སྣེ་ཐིག་ཀྱུ། ཞེང་56.7cm×དཀྱུས་8.1cm

大方广佛华严经八十华严

k函 写本 乌金体 6行 梵夹装 开本：宽70cm×高19.9cm 版框：宽56.7cm×高8.1cm

540000-0000182

༄། །ཤིནད་ཏུ་རྒྱས་པ་ཆེན་པོ་མདོ་སངས་རྒྱས་ཕལ་པོ་ཆེ་ཞེས་བྱ་བ། །བོད་ཀ་པ།

བོད་གཅིག བྲིས་མ། དབུ་ཅན། ཡིག་ཕྲེང་དྲུག་ནས་བརྒྱད་ཅན། གླེགས་བམ། ཤོག་ཀྱུ། ཞེང་71cm×དཀྱུས་20cm སྣེ་ཐིག་ཀྱུ། ཞེང་58.5cm×དཀྱུས་9cm

大方广佛华严经八十华严

k函 写本 乌金体 6-8行 梵夹装 开本：宽71cm×高20cm 版框：宽58.5cm×高9cm

540000-0000183

༄། །ཤེས་རབ་ཀྱི་ཕ་རོལ་ཏུ་ཕྱིན་པ་ཉི་ཁྲི་ལྔ་སྟོང་པ། །བོད་ཀ་པ།

བོད་གཅིག བྲིས་མ། དབུ་ཅན། ཡིག་ཕྲེང་བདུན་ཅན། གླེགས་བམ། ཤོག་ཀྱུ། ཞེང་69cm×དཀྱུས་18.7cm སྣེ་ཐིག་ཀྱུ། ཞེང་59.2cm×དཀྱུས་10cm

般若波罗蜜多经两万五千颂

k函 写本 乌金体 7行 梵夹装 开本：宽69cm×高18.7cm 版框：宽59.2cm×高10cm

540000-0000184

༄༅། །འཕགས་པ་དཀོན་མཆོག་བརྩེགས་པ་ཆེན་པོའི་མདོ།།

རྒྱ་གར་གྱི་མཁན་པོ་སུ་རེན་དྲ་བོ་དྷི་དང་། ཞུ་ཆེན་གྱི་ལོ་ཙཱ་བ་བན་དེ་དཔལ་བརྩེགས་རག་ཤི་ཏས་བསྒྱུར་ཅིང་ཞུས་ཏེ་གཏན་ལ་ཕབ་པ།

བོད་གཅིག བྲིས་མ། དབུ་ཅན། ཡིག་ཕྲེང་བདུན་ཅན། གླེགས་བམ། ཤོག་རྒྱ། ཞེང་63cm×དཀྱུས་19.9cm སྙེ་ཐིག་རྒྱ། ཞེང་57.1cm×དཀྱུས་9cm

大乘宝积经

1函 写本 乌金体 7行 梵夹装 开本：宽63cm×高19.9cm 版框：宽57.1cm×高9cm

༄༅། །འཕགས་པ་དེ་བཞིན་གཤེགས་པའི་གསང་བ་བསམ་གྱིས་མི་ཁྱབ་པ་བསྟན་པ་ཞེས་བྱ་བ་ཐེག་པ་ཆེན་པོ་མདོ།།

 བོད་གཅིག བྲིས་མ། དབུ་ཅན། ཡིག་ཕྲེང་བདུན་ཅན། གླེགས་བམ། ཤོག་རྒྱ། ཞེང་63cm×དཀྱུས་19.9cm སྙེ་ཐིག་རྒྱ། ཞེང་57.1cm×དཀྱུས་9cm

大宝积经密迹金刚力士会第三

1函 写本 乌金体 7行 梵夹装 开本：宽63cm×高19.9cm 版框：宽57.1cm×高9cm

540000-0000185

༄༅། །ཤེས་རབ་ཀྱི་ཕ་རོལ་ཏུ་ཕྱིན་པ་སྟོང་ཕྲག་བརྒྱ་པ།། བོད་ཀ་པ།

བོད་གཅིག བྲིས་མ། དབུ་ཅན། ཡིག་ཕྲེང་བརྒྱད་ཅན། གླེགས་བམ། ཤོག་རྒྱ། ཞེང་68.1cm×དཀྱུས་19cm སྙེ་ཐིག་རྒྱ། ཞེང་59cm×དཀྱུས་11.5cm

般若波罗蜜多经十万颂

k函 写本 乌金体 8行 梵夹装 开本：宽68.1cm×高19cm 版框：宽59cm×高11.5cm

540000-0000186

༄༅། །ཤེས་རབ་ཀྱི་ཕ་རོལ་ཏུ་ཕྱིན་པ་བརྒྱད་སྟོང་པ། ། བོད་ཀ་པ།

བོད་གཅིག བྲིས་མ། དབུ་ཅན། ཡིག་ཕྲེང་བདུན་ཅན། གླེགས་བམ། ཤོག་གྲུ། ཞེང་67.8cm×དཀྱུས་18.5cm སྣེ་ཐིག་གྲུ། ཞེང་55.3cm×དཀྱུས་11.4cm

般若波罗蜜多经八千颂

k函 写本 乌金体 6-8行 梵夹装 开本：宽67.8cm×高18.5cm 版框：宽55.3cm×高11.4cm

540000-0000187

༄༅། །ཤེས་རབ་ཀྱི་ཕ་རོལ་ཏུ་ཕྱིན་པ་བརྒྱད་སྟོང་པ། ། བོད་ཀ་པ།

བོད་གཅིག བྲིས་མ། དབུ་ཅན། ཡིག་ཕྲེང་བརྒྱད་ཅན། གླེགས་བམ། ཤོག་གྲུ། ཞེང་68.4cm×དཀྱུས་23.3cm སྣེ་ཐིག་གྲུ། ཞེང་57.8cm×དཀྱུས་10.4cm

般若波罗蜜多经八千颂

k函 写本 乌金体 8行 梵夹装 开本：宽68.4cm×高23.3cm 版框：宽57.8cm×高10.4cm

540000-0000188

༄༅། །ཤེས་རབ་ཀྱི་ཕ་རོལ་ཏུ་ཕྱིན་པ་སྟོང་ཕྲག་བརྒྱ་པ། ། བོད་ཀ་པ།

བོད་གཅིག བྲིས་མ། དབུ་ཅན། ཡིག་ཕྲེང་བདུན་ཅན། གླེགས་བམ། ཤོག་གྲུ། ཞེང་73.2cm×དཀྱུས་23.4cm སྣེ་ཐིག་གྲུ། ཞེང་59.7cm×དཀྱུས་11.6cm

般若波罗蜜多经十万颂

k函 写本 乌金体 7行 梵夹装 开本：宽73.2cm×高23.4cm 版框：宽59.7cm×高11.6cm

540000-0000189

༄། །ཤེས་རབ་ཀྱི་ཕ་རོལ་ཏུ་ཕྱིན་པ་བརྒྱད་སྟོང་པ།། པོད་ཀ་པ།

པོད་གཅིག བྲིས་མ། དབུ་ཅན། ཡིག་ཕྲེང་བདུན་ཅན། གླེགས་བམ། ཤོག་གྲུ། ཞེང་66.7cm×དཀྱུས་19cm སྣེ་ཐིག་གྲུ། ཞེང་56.6cm×དཀྱུས་10.2cm

般若波罗蜜多经八千颂

k函 写本 乌金体 7行 梵夹装 开本：宽66.7cm×高19cm 版框：宽56.6cm×高10.2cm

540000-0000190

༄། །ཤིན་ཏུ་རྒྱས་པ་ཆེན་པོའི་མདོ་སངས་རྒྱས་ཕལ་པོ་ཆེ་ཞེས་བྱ་བའི་མདོ།། པོད་ཀ་པ།

པོད་གཅིག བྲིས་མ། དབུ་ཅན། ཡིག་ཕྲེང་དྲུག་ཅན། གླེགས་བམ། ཤོག་གྲུ། ཞེང་69.1cm×དཀྱུས་19.4cm སྣེ་ཐིག་གྲུ། ཞེང་58cm×དཀྱུས་8.6cm

大方广佛华严经八十华严

k函 写本 乌金体 6行 梵夹装 开本：宽69.1cm×高19.4cm 版框：宽58cm×高8.6cm

540000-0000191

༄། །ཤེས་རབ་ཀྱི་ཕ་རོལ་ཏུ་ཕྱིན་པ་བརྒྱད་སྟོང་པ།། པོད་ཀ་པ།

པོད་གཅིག བྲིས་མ། དབུ་ཅན། ཡིག་ཕྲེང་དྲུག་ཅན། གླེགས་བམ། ཤོག་གྲུ། ཞེང་68.8cm×དཀྱུས་19.6cm སྣེ་ཐིག་གྲུ། ཞེང་58.1cm×དཀྱུས་8.8cm

般若波罗蜜多经八千颂

k函 写本 乌金体 6行 梵夹装 开本：宽68.8cm×高19.6cm 版框：宽58.1cm×高8.8cm

540000-0000192

༄། །ཤེས་རབ་ཀྱི་ཕ་རོལ་ཏུ་ཕྱིན་པ་སྟོང་ཕྲག་བརྒྱ་པ། བོད་ཀ་པ

བོད་གཅིག བྲིས་མ། དབུ་ཅན། ཡིག་ཕྲེང་བཅུ་གཉིས་ཅན། གླེགས་བམ། ཤོག་གྲྭ། ཞེང་66.2cm×དཀྱུས་22.2cm སྣེ་ཐིག་གྲྭ། ཞེང་57.1cm×དཀྱུས་9.8cm

般若波罗蜜多经十万颂

k函 写本 乌金体 12行 梵夹装 开本：宽66.2cm×高22.2cm 版框：宽57.1cm×高9.8cm

540000-0000193

༄། །ཤེས་རབ་ཀྱི་ཕ་རོལ་ཏུ་ཕྱིན་པ་བརྒྱད་སྟོང་པ། བོད་ཀ་པ

བོད་གཅིག བྲིས་མ། དབུ་ཅན། ཡིག་ཕྲེང་བདུན་ཅན། གླེགས་བམ། ཤོག་གྲྭ། ཞེང་67.8cm×དཀྱུས་18.5cm སྣེ་ཐིག་གྲྭ། ཞེང་55.3cm×དཀྱུས་11.4cm

般若波罗蜜多经八千颂

k函 写本 乌金体 7行 梵夹装 开本：宽67.8cm×高18.5cm 版框：宽55.3cm×高11.4cm

540000-0000194

༄། །ཤིན་ཏུ་རྒྱས་པ་ཆེན་པོའི་མདོ་སངས་རྒྱས་ཕལ་པོ་ཆེ་ཞེས་བྱ་བའི་མདོ། བོད་ཀ་པ

བོད་གཅིག བྲིས་མ། དབུ་ཅན། ཡིག་ཕྲེང་བདུན་ཅན། གླེགས་བམ། ཤོག་གྲྭ། ཞེང་68.7cm×དཀྱུས་19.3cm སྣེ་ཐིག་གྲྭ། ཞེང་58.2cm×དཀྱུས་10.4cm

大方广佛华严经八十华严

k函 写本 乌金体 7行 梵夹装 开本：宽68.7cm×高19.3cm 版框：宽58.2cm×高10.4cm

540000-0000195

༄། །ཤེས་རབ་ཀྱི་ཕ་རོལ་ཏུ་ཕྱིན་པ་ཁྲི་བརྒྱད་སྟོང་པ། ། བོད་ཀ་པ།

བོད་གཅིག བྲིས་མ། དབུ་ཅན། ཡིག་ཕྲེང་བདུན་ཅན། གླེགས་བམ། ཤོག་རྒྱ། ཞེང་68.5cm×དཀྱུས་19.8cm སྣེ་ཐིག་རྒྱ། ཞེང་57cm×དཀྱུས་10.2cm

大般若波罗蜜多经第三会

k函 写本 乌金体 7行 梵夹装 开本：宽68.5cm×高19.8cm 版框：宽57cm×高10.2cm

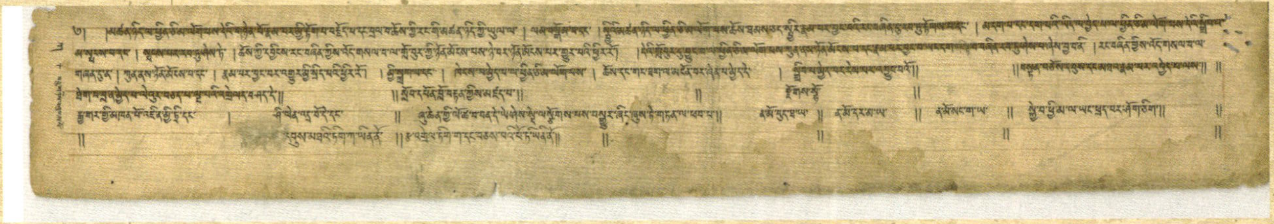

དུས་རབས་13པའི་གསུང་རབ་བྲིས་མའི་མཛད་བྱང་།

13 世纪抄本文献跋题

540000-0000196

༄། །ཤེར་རབ་ཀྱི་ཕ་རོལ་ཏུ་ཕྱིན་པ་སྟོང་ཕྲག་བརྒྱ་པ། ། བོད་ཚ་པ།

བོད་གཅིག བྲིས་མ། དབུ་ཅན། ཡིག་ཕྲེང་བདུན་ཅན། གླེགས་བམ། ཤོག་རྒྱ། ཞེང་79.2cm×དཀྱུས་27.9cm སྣེ་ཐིག་རྒྱ། ཞེང་60.8cm×དཀྱུས་12.2cm

般若波罗蜜多经十万颂

tsh函 写本 乌金体 7行 梵夹装 开本：宽79.2cm×高27.9cm 版框：宽60.8cm×高12.2cm

540000-0000197

༄། །ཤེས་རབ་ཀྱི་ཕ་རོལ་ཏུ་ཕྱིན་པ།། པོད་ཁ་པ།

པོད་གཅིག བྲིས་མ། དབུ་ཅན། ཡིག་ཕྲེང་བདུན་ཅན། གླེགས་བམ། ཤོག་ཀྱུ། ཞེང་68.9cm×དཀྱུས་19.2cm སྣེ་ཤིག་ཀྱུ། ཞེང་58.7cm×དཀྱུས་10.2cm

般若波罗蜜多经

kh函 写本 乌金体 7行 梵夹装 开本：宽68.9cm×高19.2cm 版框：宽58.7cm×高10.2cm

540000-0000198

༄། །ཤེས་རབ་ཀྱི་ཕ་རོལ་ཏུ་ཕྱིན་པ་སྟོང་ཕྲག་བརྒྱ་པ།། པོད་ཀ་པ།

 པོད་གཅིག བྲིས་མ། དབུ་ཅན། ཡིག་ཕྲེང་བདུན་ནས་བརྒྱད་ཅན། གླེགས་བམ། ཤོག་ཀྱུ། ཞེང་70cm×དཀྱུས་22.6cm སྣེ་ཤིག་ཀྱུ། ཞེང་57.8cm×དཀྱུས་9.8cm

般若波罗蜜多经十万颂

k函 写本 乌金体 7-8行 梵夹装 开本：宽57.8cm×高9.8cm 版框：宽57.8cm×高9.8cm

540000-0000199

༄། །ཤེས་རབ་ཀྱི་ཕ་རོལ་ཏུ་ཕྱིན་པ་སྟོང་ཕྲག་བརྒྱ་པ།། པོད་ཀ་པ།

པོད་གཅིག བྲིས་མ། དབུ་ཅན། ཡིག་ཕྲེང་བདུན་ནས་བརྒྱད་ཅན། གླེགས་བམ། ཤོག་ཀྱུ། ཞེང་76.8cm×དཀྱུས་26.7cm སྣེ་ཤིག་ཀྱུ། ཞེང་61.6cm×དཀྱུས་10.9cm

般若波罗蜜多经十万颂

k函 写本 乌金体 7-8行 梵夹装 开本：宽76.8cm×高26.7cm 版框：宽61.6cm×高10.9cm

540000-0000200

༄༅། །ཤིན་ཏུ་རྒྱས་པ་ཆེན་པོའི་མདོ་སངས་རྒྱས་ཕལ་པོ་ཆེ་ཞེས་བྱ་བའི་མདོ།། བོད་ཁ་པ།

བོད་གཅིག བྲིས་མ། དབུ་ཅན། ཡིག་ཕྲེང་བདུན་ཅན། གླེགས་བམ། ཤོག་རྒྱ། ཞེང་70cm×དཀྱུས་20cm སྣེ་ཐིག་རྒྱ། ཞེང་58.3cm×དཀྱུས་10.2cm

大方广佛华严经八十华严

kh函 写本 乌金体 7-8行 梵夹装 开本：宽70cm×高20cm 版框：宽58.3cm×高10.2cm

540000-0000201

༄༅། །ཤེས་རབ་ཀྱི་ཕ་རོལ་ཏུ་ཕྱིན་པ་ཁྲི་བརྒྱད་སྟོང་པ།། བོད་ཁ་པ།

བོད་གཅིག བྲིས་མ། དབུ་ཅན། ཡིག་ཕྲེང་དྲུག་ནས་དགུ་ཅན། གླེགས་བམ། ཤོག་རྒྱ། ཞེང་65.4cm×དཀྱུས་17.9cm སྣེ་ཐིག་རྒྱ། ཞེང་58.1cm×དཀྱུས་11.9cm

大般若波罗蜜多经第三会

kh函 写本 乌金体 6-9行 梵夹装 开本：宽65.4cm×高17.9cm 版框：宽58.1cm×高11.9cm

540000-0000202

༄༅། །ཤེས་རབ་ཀྱི་ཕ་རོལ་ཏུ་ཕྱིན་པ་སྟོང་ཕྲག་བརྒྱ་པ།། བོད་ཁ་པ།

བོད་གཅིག བྲིས་མ། དབུ་ཅན། ཡིག་ཕྲེང་བདུན་ཅན། གླེགས་བམ། ཤོག་རྒྱ། ཞེང་71cm×དཀྱུས་19.6cm སྣེ་ཐིག་རྒྱ། ཞེང་59.7cm×དཀྱུས་10.5cm

般若波罗蜜多经十万颂

kh函 写本 乌金体 7行 梵夹装 开本：宽67.8cm×高18.5cm 版框：宽55.3cm×高11.4cm

540000-0000203

༄། །འཕགས་པ་ཤེས་རབ་ཀྱི་ཕ་རོལ་ཏུ་ཕྱིན་པ་བརྒྱད་སྟོང་པ།། པོད་ཁ་པ།

པོད་གཅིག བྲིས་མ། དབུ་ཅན། ཡིག་ཕྲེང་བདུན་ཅན། གླེགས་བམ། ཤོག་རྒྱ། ཞེང་69cm×དཀྱུས་9.7cm སྣེ་ཐིག་རྒྱ། ཞེང་59.5cm×དཀྱུས་10cm

般若波罗蜜多经八千颂

kh函 写本 乌金体 7行 梵夹装 开本：宽69cm×高9.7cm 版框：宽59.5cm×高10cm

540000-0000204

༄། །འཕགས་པ་ཤེས་རབ་ཀྱི་ཕ་རོལ་ཏུ་ཕྱིན་པ་བརྒྱད་སྟོང་པ།། པོད་ཀ་པ།

པོད་གཅིག བྲིས་མ། དབུ་ཅན། ཡིག་ཕྲེང་བདུན་ནས་བརྒྱད་ཅན། གླེགས་བམ། ཤོག་རྒྱ། ཞེང་73.6cm×དཀྱུས་28cm སྣེ་ཐིག་རྒྱ། ཞེང་61cm×དཀྱུས་22.7cm

般若波罗蜜多经八千颂

k函 写本 乌金体 7-8行 梵夹装 开本：宽73.6cm×高28cm 版框：宽61cm×高22.7cm

540000-0000205

༄། །ཤིན་ཏུ་རྒྱས་པ་ཆེན་པོའི་མདོ་སངས་རྒྱས་ཕལ་པོ་ཆེ་ཞེས་བྱ་བའི་མདོ།། པོད་ཁ་པ།

པོད་གཅིག བྲིས་མ། དབུ་ཅན། ཡིག་ཕྲེང་བདུན་ཅན། གླེགས་བམ། ཤོག་རྒྱ། ཞེང་64.6cm×དཀྱུས་19.9cm སྣེ་ཐིག་རྒྱ། ཞེང་59.2cm×དཀྱུས་8.7cm

大方广佛华严经八十华严

kh函 写本 乌金体 7行 梵夹装 开本：宽64.6cm×高19.9cm 版框：宽59.2cm×高8.7cm

540000-0000206

༄། །འཕགས་པ་ཤེས་རབ་ཀྱི་ཕ་རོལ་ཏུ་ཕྱིན་པ་སྟོང་ཕྲག་བརྒྱ་པ།། པོད་ཁ་པ།

པོད་གཅིག བྲིས་མ། དབུ་ཅན། ཡིག་ཕྲེང་བརྒྱད་ཅན། གླེགས་བམ། ཤོག་གྲྭ། ཞེང་72cm×དཀྱུས་20.2cm སྣེ་ཐིག་གྲྭ། ཞེང་61.2cm×དཀྱུས་12cm

般若波罗蜜多经十万颂

kh函 写本 乌金体 8行 梵夹装 开本：宽72cm×高20.2cm 版框：宽61.2cm×高12cm

540000-0000207

༄། །ཤིན་ཏུ་རྒྱས་པ་ཆེན་པོའི་མདོ་སངས་རྒྱས་ཕལ་པོ་ཆེ་ཞེས་བྱ་བའི་མདོ།། པོད་ཁ་པ།

པོད་གཅིག བྲིས་མ། དབུ་ཅན། ཡིག་ཕྲེང་དྲུག་ཅན། གླེགས་བམ། ཤོག་གྲྭ། ཞེང་72cm×དཀྱུས་22.2cm སྣེ་ཐིག་གྲྭ། ཞེང་57.8cm×དཀྱུས་9.6cm

大方广佛华严经八十华严

kh函 写本 乌金体 6行 梵夹装 开本：宽72cm×高22.2cm 版框：宽57.8cm×高9.6cm

540000-0000208

༄། །ཤེས་རབ་ཀྱི་ཕ་རོལ་ཏུ་ཕྱིན་པ་སྟོང་ཕྲག་བརྒྱ་པ།། པོད་ཁ་པ།

པོད་གཅིག བྲིས་མ། དབུ་ཅན། ཡིག་ཕྲེང་བདུན་ཅན། གླེགས་བམ། ཤོག་གྲྭ། ཞེང་70.5cm×དཀྱུས་22.6cm སྣེ་ཐིག་གྲྭ། ཞེང་58.3cm×དཀྱུས་10cm

般若波罗蜜多经十万颂

kh函 写本 乌金体 7行 梵夹装 开本：宽70.5cm×高22.6cm 版框：宽58.3cm×高10cm

540000-0000209

༄། །ཤེས་རབ་ཀྱི་ཕ་རོལ་ཏུ་ཕྱིན་པ་སྟོང་ཕྲག་བརྒྱ་པ། །པོད་ཁ་པ།

པོད་གཅིག བྲིས་མ། དབུ་ཅན། ཡིག་ཕྲེང་བརྒྱད་ཅན། གླེགས་བམ། ཤོག་ཀྱུ། ཞེང་68.6cm×དཀྱུས་17.8cm སྣེ་ཤིག་ཀྱུ། ཞེང་59.9cm×དཀྱུས་10cm

般若波罗蜜多经十万颂

kh函 写本 乌金体 8行 梵夹装 开本：宽68.6cm×高17.8cm 版框：宽59.9cm×高10cm

540000-0000210

༄། །ཤེས་རབ་ཀྱི་ཕ་རོལ་ཏུ་ཕྱིན་པ་ཁྲི་བརྒྱད་སྟོང་པ། །པོད་ཁ་པ།

པོད་གཅིག བྲིས་མ། དབུ་ཅན། ཡིག་ཕྲེང་བདུན་ཅན། གླེགས་བམ། ཤོག་ཀྱུ། ཞེང་64.4cm×དཀྱུས་15.9cm སྣེ་ཤིག་ཀྱུ། ཞེང་58.1cm×དཀྱུས་8.6cm

大般若波罗蜜多经第三会

kh函 写本 乌金体 7行 梵夹装 开本：宽64.4cm×高15.9cm 版框：宽58.1cm×高8.6cm

540000-0000211

༄། །ཤེས་རབ་ཀྱི་ཕ་རོལ་ཏུ་ཕྱིན་པ་སྟོང་ཕྲག་བརྒྱ་པ། །པོད་ཁ་པ།

པོད་གཅིག བྲིས་མ། དབུ་ཅན། ཡིག་ཕྲེང་བརྒྱད་ཅན། གླེགས་བམ། ཤོག་ཀྱུ། ཞེང་70cm×དཀྱུས་19.6cm སྣེ་ཤིག་ཀྱུ། ཞེང་61cm×དཀྱུས་12cm

般若波罗蜜多经十万颂

kh函 写本 乌金体 8行 梵夹装 开本：宽70cm×高19.6cm 版框：宽61cm×高12cm

540000-0000212

༄། །ཤིན་ཏུ་རྒྱས་པ་ཆེན་པོའི་མདོ་སངས་རྒྱས་ཕལ་པོ་ཆེ་ཞེས་བྱ་བའི་མདོ། ། པོད་ཁ་པ།

པོད་གཅིག བྲིས་མ། དབུ་ཅན། ཡིག་ཕྲེང་དྲུག་ཅན། གླེགས་བམ། ཤོག་ཀྱུ། ཞེང་72.1cm×དཀྱུས་12cm སྣེ་ཐིག་ཀྱུ། ཞེང་57.7cm×དཀྱུས་9.6cm

大方广佛华严经八十华严

kh函 写本 乌金体 6行 梵夹装 开本：宽72.1cm×高12cm 版框：宽57.7cm×高9.6cm

540000-0000213

༄། །ཤེས་རབ་ཀྱི་ཕ་རོལ་ཏུ་ཕྱིན་པ་སྟོང་ཕྲག་བརྒྱ་པ། ། པོད་ཁ་པ།

 པོད་གཅིག བྲིས་མ། དབུ་ཅན། ཡིག་ཕྲེང་བདུན་ནས་བརྒྱད་ཅན། གླེགས་བམ། ཤོག་ཀྱུ། ཞེང་69.7cm×དཀྱུས་20.4cm སྣེ་ཐིག་ཀྱུ། ཞེང་57.8cm×དཀྱུས་9cm

般若波罗蜜多经十万颂

kh函 写本 乌金体 7-8行 梵夹装 开本：宽69.7cm×高20.4cm 版框：宽57.8cm×高9cm

540000-0000214

༄། །འཕགས་པ་བྱང་ཆུབ་ཀྱི་རྫོགས་བསྟན་པ་ཞེས་བྱ་བའི་ཐེག་པ་ཆེན་པོའི་མདོ། ། པོད་ག་པ།

པོད་གཅིག བྲིས་མ། དབུ་ཅན། ཡིག་ཕྲེང་བདུན་ཅན། གླེགས་བམ། ཤོག་ཀྱུ། ཞེང་69cm×དཀྱུས་20cm སྣེ་ཐིག་ཀྱུ། ཞེང་58.4cm×དཀྱུས་9.5cm

佛说大乘善见变化文殊师利问法经

kh函 写本 乌金体 6-8行 梵夹装 开本：宽69cm×高20cm 版框：宽58.4cm×高9.5cm

540000-0000215

༄། །ཤེས་རབ་ཀྱི་ཕ་རོལ་ཏུ་ཕྱིན་པ་བརྒྱད་སྟོང་པ། ། པོད་ཀ་པ།

པོད་གཅིག བྲིས་མ། དབུ་ཅན། ཡིག་ཕྲེང་བདུན་ཅན། གླེགས་བམ། ཤོག་རྒྱ། ཞེང་70.2cm×དཀྱུས་23.7cm སྣེ་ཐིག་རྒྱ། ཞེང་61.6cm×དཀྱུས་10.2cm

般若波罗蜜多经八千颂

k函 写本 乌金体 7行 梵夹装 开本：宽70.2cm×高23.7cm 版框：宽61.6cm×高10.2cm

540000-0000216

༄། །ཤིན་ཏུ་རྒྱས་པ་ཆེན་པོའི་མདོ་སངས་རྒྱས་ཕལ་པོ་ཆེ་ཞེས་བྱ་བའི་མདོ། །

པོད་གཅིག བྲིས་མ། དབུ་ཅན། ཡིག་ཕྲེང་དྲུག་ཅན། གླེགས་བམ། ཤོག་རྒྱ། ཞེང་72.3cm×དཀྱུས་12.1cm སྣེ་ཐིག་རྒྱ། ཞེང་58.3cm×དཀྱུས་9.6cm

大方广佛华严经八十华严

1函 写本 乌金体 6行 梵夹装 开本：宽72.3cm×高12.1cm 版框：宽58.3cm×高9.6cm

540000-0000217

༄། །ཤེས་རབ་ཀྱི་ཕ་རོལ་ཏུ་ཕྱིན་པ་སྟོང་ཕྲག་བརྒྱ་པ། ། པོད་ཁ་པ།

པོད་གཅིག བྲིས་མ། དབུ་ཅན། ཡིག་ཕྲེང་བརྒྱད་ཅན། གླེགས་བམ། ཤོག་རྒྱ། ཞེང་69cm×དཀྱུས་19.1cm སྣེ་ཐིག་རྒྱ། ཞེང་59.3cm×དཀྱུས་9.8cm

般若波罗蜜多经十万颂

kh函 写本 乌金体 8行 梵夹装 开本：宽69cm×高19.1cm 版框：宽59.3cm×高9.8cm

540000-0000218

༄། །ཤེས་རབ་ཀྱི་ཕ་རོལ་ཏུ་ཕྱིན་པ་སྟོང་ཕྲག་བརྒྱ་པ། ། པོད་ཀ་པ།

པོད་གཅིག བྲིས་མ། དབུ་ཅན། ཡིག་ཕྲེང་དྲུག་ནས་བརྒྱད་ཅན། གླེགས་བམ། ཤོག་རྒྱ། ཞེང་70.1cm×དཀྱུས་24.5cm སྣེ་ཐིག་རྒྱ། ཞེང་58.9cm×དཀྱུས་10cm

般若波罗蜜多经十万颂

k函 写本 乌金体 6-8行 梵夹装 开本：宽70.1cm×高24.5cm 版框：宽58.9cm×高10cm

540000-0000219

༄། །ཤེས་རབ་ཀྱི་ཕ་རོལ་ཏུ་ཕྱིན་པ་སྟོང་ཕྲག་བརྒྱ་པ། ། པོད་ཁ་པ།

པོད་གཅིག བྲིས་མ། དབུ་ཅན། ཡིག་ཕྲེང་བདུན་ཅན། གླེགས་བམ། ཤོག་རྒྱ། ཞེང་70.2cm×དཀྱུས་22cm སྣེ་ཐིག་རྒྱ། ཞེང་58.2cm×དཀྱུས་9.6cm

般若波罗蜜多经十万颂

kh函 写本 乌金体 7行 梵夹装 开本：宽70.2cm×高22cm 版框：宽58.2cm×高9.6cm

540000-0000220

༄། །ཤེས་རབ་ཀྱི་ཕ་རོལ་ཏུ་ཕྱིན་པ་སྟོང་ཕྲག་ཉི་ཤུ་ལྔ་པ། ། པོད་ཁ་པ།

པོད་གཅིག བྲིས་མ། དབུ་ཅན། ཡིག་ཕྲེང་བདུན་ཅན། གླེགས་བམ། ཤོག་རྒྱ། ཞེང་72cm×དཀྱུས་22cm སྣེ་ཐིག་རྒྱ། ཞེང་59cm×དཀྱུས་10.5cm

般若波罗蜜多经两万五千颂

kh函 写本 乌金体 6-8行 梵夹装 开本：宽72cm×高22cm 版框：宽59cm×高10.5cm

540000-0000221

༄། །འཕགས་པ་དེ་བཞིན་གཤེགས་པའི་སྙིང་པོ་ཞེས་བྱ་བའི་ཐེག་པ་ཆེན་པོའི་མདོ།། པོད་ཁ་པ།

པོད་གཅིག བྲིས་མ། དབུ་ཅན། ཡིག་ཕྲེང་བདུན་ཅན། གླེགས་བམ། ཤོག་གྲུ། ཞེང་68.4cm×དཀྱུས་21cm སྣེ་ཐིག་གྲུ། ཞེང་57.8cm×དཀྱུས་9.7cm

大方广如来藏经

kh函 写本 乌金体 7行 梵夹装 开本：宽68.4cm×高21cm 版框：宽57.8cm×高9.7cm

540000-0000222

༄། །ཤེས་རབ་ཀྱི་ཕ་རོལ་ཏུ་ཕྱིན་པ་བརྒྱད་སྟོང་པ།། པོད་ཁ་པ།

༣༢༥ པོད་གཅིག བྲིས་མ། དབུ་ཅན། ཡིག་ཕྲེང་དྲུག་ནས་བརྒྱད་ཅན། གླེགས་བམ། ཤོག་གྲུ། ཞེང་70cm×དཀྱུས་22.7cm སྣེ་ཐིག་གྲུ། ཞེང་58.9cm×དཀྱུས་11.4cm

般若波罗蜜多经八千颂

kh函 写本 乌金体 6-8行 梵夹装 开本：宽70cm×高22.7cm 版框：宽58.9cm×高11.4cm

540000-0000223

༄། །འཕགས་པ་དཀོན་མཆོག་བརྩེགས་པ་ཆེན་པོའི་མདོ།།

པོད་གཅིག བྲིས་མ། དབུ་ཅན། ཡིག་ཕྲེང་བདུན་ཅན། གླེགས་བམ། ཤོག་གྲུ། ཞེང་68cm×དཀྱུས་19.1cm སྣེ་ཐིག་གྲུ། ཞེང་57.6cm×དཀྱུས་8.4cm

大宝积经论

1函 写本 乌金体 7行 梵夹装 开本：宽58cm×高19.1cm 版框：宽57.6cm×高8.4cm

540000-0000224

༄། །འཕགས་པ་ཤེས་རབ་ཀྱི་ཕ་རོལ་ཏུ་ཕྱིན་པ་བརྒྱད་སྟོང་པ། །

པོད་གཅིག བྲིས་མ། དབུ་ཅན། ཡིག་ཕྲེང་བདུན་ཅན། གླེགས་བམ། ཤོག་རྒྱ། ཞེང་67cm×དཀྱུས་25.6cm སྣེ་ཐིག་རྒྱ། ཞེང་56cm×དཀྱུས་9.9cm

般若波罗蜜多经八千颂

1函 写本 乌金体 7行 梵夹装 开本：宽67cm×高25.6cm 版框：宽56cm×高9.9cm

540000-0000225

༄། །འཕགས་པ་ཤེས་རབ་ཀྱི་ཕ་རོལ་ཏུ་ཕྱིན་པ་སྟོང་ཕྲག་བརྒྱ་པ། ། པོད་ཁ་པ།

པོད་གཅིག བྲིས་མ། དབུ་ཅན། ཡིག་ཕྲེང་བདུན་ཅན། གླེགས་བམ། ཤོག་རྒྱ། ཞེང་70.2cm×དཀྱུས་21.6cm སྣེ་ཐིག་རྒྱ། ཞེང་59cm×དཀྱུས་11.2cm

般若波罗蜜多经十万颂

kh函 写本 乌金体 7行 梵夹装 开本：宽70.2cm×高21.6cm 版框：宽59cm×高11.2cm

540000-0000226

༄། །འཕགས་པ་ཤེས་རབ་ཀྱི་ཕ་རོལ་ཏུ་ཕྱིན་པ་སྟོང་ཕྲག་བརྒྱ་པ། །པོད་ག་པ།

པོད་གཅིག བྲིས་མ། དབུ་ཅན། ཡིག་ཕྲེང་བདུན་ཅན། གླེགས་བམ། ཤོག་རྒྱ། ཞེང་72.5cm×དཀྱུས་21.6cm སྣེ་ཐིག་རྒྱ། ཞེང་59.7cm×དཀྱུས་11.3cm

般若波罗蜜多经十万颂

kh函 写本 乌金体 7行 梵夹装 开本：宽72.5cm×高21.6cm 版框：宽59.7cm×高11.3cm

540000-0000227

༄། །འཕགས་པ་ཤེས་རབ་ཀྱི་ཕ་རོལ་ཏུ་ཕྱིན་པ་སྟོང་ཕྲག་བརྒྱ་པ། ། པོད་ཁ་པ།

པོད་གཅིག བྲིས་མ། དབུ་ཅན། ཡིག་ཕྲེང་བདུན་ཅན། གླེགས་བམ། ཤོག་གྲུ། ཞེང་70.2cm×དཀྱུས་21.2cm སྣེ་ཤིག་གྲུ། ཞེང་59.1cm×དཀྱུས་11.2cm

般若波罗蜜多经十万颂

kh函 写本 乌金体 7行 梵夹装 开本：宽70.2cm×高21.2cm 版框：宽59.1cm×高11.2cm

540000-0000228

༄། །འཕགས་པ་ཤེས་རབ་ཀྱི་ཕ་རོལ་ཏུ་ཕྱིན་པ་སྟོང་ཕྲག་བརྒྱ་པ། ། པོད་ཁ་པ།

པོད་གཅིག བྲིས་མ། དབུ་ཅན། ཡིག་ཕྲེང་བདུན་ཅན། གླེགས་བམ། ཤོག་གྲུ། ཞེང་70.5cm×དཀྱུས་21cm སྣེ་ཤིག་གྲུ། ཞེང་57.3cm×དཀྱུས་9.4cm

般若波罗蜜多经十万颂

kh函 写本 乌金体 7行 梵夹装 开本：宽70.5cm×高21cm 版框：宽57.3cm×高9.4cm

540000-0000229

༄། །འཕགས་པ་ཤེས་རབ་ཀྱི་ཕ་རོལ་ཏུ་ཕྱིན་པ་སྟོང་ཕྲག་བརྒྱ་པ། །

པོད་གཅིག བྲིས་མ། དབུ་ཅན། ཡིག་ཕྲེང་བརྒྱད་ཅན། གླེགས་བམ། ཤོག་གྲུ། ཞེང་62.3cm×དཀྱུས་18.4cm སྣེ་ཤིག་གྲུ། ཞེང་54.1cm×དཀྱུས་10.3cm

般若波罗蜜多经十万颂

1函 写本 乌金体 8行 梵夹装 开本：宽62.3cm×高18.4cm 版框：宽54.1cm×高10.3cm

540000-0000230

༄། །འཕགས་པ་ཤེས་རབ་ཀྱི་ཕ་རོལ་ཏུ་ཕྱིན་པ་ཁྲི་བརྒྱད་སྟོང་པ།།

པོད་གཅིག བྲིས་མ། དབུ་ཅན། ཡིག་ཕྲེང་བརྒྱད་ཅན། གླེགས་བམ། ཤོག་རྒྱ། ཞེང་62.3cm×དཀྱུས་19cm སྣེ་ཐིག་རྒྱ། ཞེང་54.2cm×དཀྱུས་11cm

大般若波罗蜜多经第三会

k函 写本 乌金体 8行 梵夹装 开本：宽62.3cm×高19cm 版框：宽54.2cm×高11cm

540000-0000231

༄། །མདོ།

པོད་གཅིག བྲིས་མ། དབུ་ཅན། ཡིག་ཕྲེང་བརྒྱད་ཅན། དཔེ་གཟུགས་སྣེ་རིང་། ཤོག་རྒྱ། ཞེང་62cm×དཀྱུས་18.5cm སྣེ་ཐིག་རྒྱ། ཞེང་37.5cm×དཀྱུས་5.5cm

经部

1函 刻本 吾坚体 8行 梵夹装 开本：宽62cm×高18.5cm 版框：宽37.5cm×高5.5cm

540000-0000232

༄། །འཕགས་པ་ཤེས་རབ་ཀྱི་ཕ་རོལ་ཏུ་ཕྱིན་པ་སྟོང་ཕྲག་ཉི་ཤུ་ལྔ་པ།།

པོད་གཅིག སྤར་མ། དབུ་ཅན། ཡིག་ཕྲེང་དྲུག་ཅན། དཔེ་གཟུགས་སྣེ་རིང་། ཤོག་རྒྱ། ཞེང་71.6cm×དཀྱུས་24.3cm སྣེ་ཐིག་རྒྱ། ཞེང་58cm×དཀྱུས་9.8cm

般若波罗蜜多经两万五千颂

1函 刻本 吾坚体 6行 梵夹装 开本：宽71.6cm×高24.3cm 版框：宽58cm×高9.8cm

540000-0000233

༄། །འཕགས་པ་ཤེས་རབ་ཀྱི་ཕ་རོལ་ཏུ་ཕྱིན་པ་ཁྲི་བརྒྱད་སྟོང་པ། །

པོད་གཅིག སྤར་མ། དབུ་ཅན། ཡིག་ཕྲེང་བདུན་ཅན། དཔེ་གཟུགས་སྣེ་རིང་། ཤོག་ཀྱུ། ཞེང་69cm×དཀྱུས་19.1cm སྣེ་ཐིག་ཀྱུ། ཞེང་58.4cm×དཀྱུས་9.9cm

大般若波罗蜜多经第三会

1函 刻本 吾坚体 7行 梵夹装 开本：宽69cm×高19.1cm 版框：宽58.4cm×高9.9cm

540000-0000234

༄། །འཕགས་པ་ཤེས་རབ་ཀྱི་ཕ་རོལ་ཏུ་ཕྱིན་པ་ཁྲི་བརྒྱད་སྟོང་པ། །

པོད་གཅིག སྤར་མ། དབུ་ཅན། ཡིག་ཕྲེང་དྲུག་ཅན། དཔེ་གཟུགས་སྣེ་རིང་། ཤོག་ཀྱུ། ཞེང་72cm×དཀྱུས་22.4cm སྣེ་ཐིག་ཀྱུ། ཞེང་58.2cm×དཀྱུས་9cm

大般若波罗蜜多经第三会

1函 刻本 吾坚体 6行 梵夹装 开本：宽72cm×高22.4cm 版框：宽58.2cm×高9cm

540000-0000235

༄། །འཕགས་པ་ཤེས་རབ་ཀྱི་ཕ་རོལ་ཏུ་ཕྱིན་པ་སྟོང་ཕྲག་བརྒྱ་པ། །

པོད་གཅིག སྤར་མ། དབུ་ཅན། ཡིག་ཕྲེང་བདུན་ཅན། དཔེ་གཟུགས་སྣེ་རིང་། ཤོག་ཀྱུ། ཞེང་71.5cm×དཀྱུས་22.2cm སྣེ་ཐིག་ཀྱུ། ཞེང་58.5cm×དཀྱུས་11.5cm

般若波罗蜜多经十万颂

1函 刻本 吾坚体 7行 梵夹装 开本：宽71.5cm×高22.2cm 版框：宽58.5cm×高11.5cm

540000-0000236

༄། །མདོ་མཛངས་བླུན། །

སྤར་མ། དབུ་ཅན། ཡིག་ཕྲེང་དྲུག་ཅན། དཔེ་གཟུགས་སྣེ་རིང་། ཤོག་ཀྱུ། ཞེང་62.4cm×དཀྱུས་18.6cm སྣེ་ཐིག་ཀྱུ། ཞེང་54cm×དཀྱུས་11.3cm

贤愚经

1函 刻本 吾坚体 6行 梵夹装 开本：宽62.4cm×高18.6cm 版框：宽54cm×高11.3cm

540000-0000237

༄། །འཕགས་པ་ཤེས་རབ་ཀྱི་ཕ་རོལ་ཏུ་ཕྱིན་པ་ཁྲི་བརྒྱད་སྟོང་པ། །

330 པོད་གཅིག སྤར་མ། དབུ་ཅན། ཡིག་ཕྲེང་དགུ་ཅན། དཔེ་གཟུགས་སྣེ་རིང་། ཤོག་ཀྱུ། ཞེང་69.3cm×དཀྱུས་19cm སྣེ་ཐིག་ཀྱུ། ཞེང་60.2cm×དཀྱུས་13.3cm

大般若波罗蜜多经第三会

1函 刻本 吾坚体 9行 梵夹装 开本：宽69.3cm×高19cm 版框：宽60.2cm×高13.3cm

540000-0000238

༄། །གསུང་ཐོར་བུ། །

པོད་གཅིག སྤར་མ། དབུ་ཅན། ཡིག་ཕྲེང་དྲུག་ཅན། དཔེ་གཟུགས་སྣེ་རིང་། ཤོག་ཀྱུ། ཞེང་72cm×དཀྱུས་22.2cm སྣེ་ཐིག་ཀྱུ། ཞེང་57.6cm×དཀྱུས་9.2cm

散叶

1函 刻本 吾坚体 6行 梵夹装 开本：宽72cm×高22.2cm 版框：宽57.6cm×高9.2cm

540000-0000239

༄། །འཕགས་པ་ཤེས་རབ་ཀྱི་ཕ་རོལ་ཏུ་ཕྱིན་པ་ཁྲི་བརྒྱད་སྟོང་པ།།

བོད་གཅིག སྤར་མ། དབུ་ཅན། ཡིག་ཕྲེང་དྲུག་ཅན། དཔེ་གཟུགས་སྣེ་རིང་། ཤོག་གྲྭ། ཞེང་70cm×དཀྱུས་20.4cm སྣེ་ཐིག་གྲྭ། ཞེང་69.2cm×དཀྱུས་10.6cm

大般若波罗蜜多经第三会

1函 刻本 吾坚体 6行 梵夹装 开本：宽70cm×高20.4cm 版框：宽69.2cm×高10.6cm

540000-0000240

༄། །བར་དོའི་ཐ་ཚིགས་ཆེན་མོ་བཞུགས་སོ།།

བོད་གཅིག སྤར་མ། དབུ་ཅན། ཡིག་ཕྲེང་ལྔ་ཅན། དཔེ་གཟུགས་སྣེ་རིང་། ཤོག་གྲྭ། ཞེང་46.6cm×དཀྱུས་9.5cm སྣེ་ཐིག་གྲྭ། ཞེང་37.5cm×དཀྱུས་5.5cm

阴间介绍

1函 刻本 吾坚体 5行 梵夹装 开本：宽46.6cm×高9.5cm 版框：宽37.5cm×高5.5cm

༄། །འཕགས་པ་ཤེས་རབ་ཀྱི་ཕ་རོལ་ཏུ་ཕྱིན་པ་སྟོང་ཕྲག་ཉི་ཤུ་ལྔ་པ།།

བོད་གཅིག སྤར་མ། དབུ་ཅན། ཡིག་ཕྲེང་བརྒྱད་ཅན། དཔེ་གཟུགས་སྣེ་རིང་། ཤོག་གྲྭ། ཞེང་46.6cm×དཀྱུས་9.5cm སྣེ་ཐིག་གྲྭ། ཞེང་37.5cm×དཀྱུས་5.5cm

般若波罗蜜多经两万五千颂

g函 刻本 吾坚体 8行 梵夹装 开本：宽46.6cm×高9.5cm 版框：宽37.5cm×高5.5cm

540000-0000241

༄། །འཕགས་པ་ཤེས་རབ་ཀྱི་ཕ་རོལ་ཏུ་ཕྱིན་པ་སྟོང་ཕྲག་བརྒྱ་པ། །

བོད་གཅིག སྤར་མ། དབུ་ཅན། ཡིག་ཕྲེང་བརྒྱད་ཅན། དཔེ་གཟུགས་སྣེ་རིང་། ཤོག་ཀྱུ། ཞེང་70.5cm×དཀྱུས་20.5cm སྣེ་ཐིག་ཀྱུ། ཞེང་59.2cm×དཀྱུས་11cm

般若波罗蜜多经十万颂

1函 刻本 吾坚体 8行 梵夹装 开本：宽70.5cm×高20.5cm 版框：宽59.2cm×高11cm

540000-0000242

༄། །འཕགས་པ་ཤེས་རབ་ཀྱི་ཕ་རོལ་ཏུ་ཕྱིན་པ་སྟོང་ཕྲག་བརྒྱ་པ། །

བོད་གཅིག སྤར་མ། དབུ་ཅན། ཡིག་ཕྲེང་དྲུག་ཅན། དཔེ་གཟུགས་སྣེ་རིང་། ཤོག་ཀྱུ། ཞེང་67.9cm×དཀྱུས་18.6cm སྣེ་ཐིག་ཀྱུ། ཞེང་57.4cm×དཀྱུས་7cm

般若波罗蜜多经十万颂

1函 刻本 吾坚体 6行 梵夹装 开本：宽67.9cm×高18.6cm 版框：宽57.4cm×高7cm

540000-0000243

༄། །འཕགས་པ་ཤེས་རབ་ཀྱི་ཕ་རོལ་ཏུ་ཕྱིན་པ་ཁྲི་བརྒྱད་སྟོང་པ། །

བོད་གཅིག སྤར་མ། དབུ་ཅན། ཡིག་ཕྲེང་བདུན་ཅན། དཔེ་གཟུགས་སྣེ་རིང་། ཤོག་ཀྱུ། ཞེང་68.7cm×དཀྱུས་16.6cm སྣེ་ཐིག་ཀྱུ། ཞེང་61.3cm×དཀྱུས་9.5cm

大般若波罗蜜多经第三会

g函 刻本 吾坚体 7行 梵夹装 开本：宽68.7cm×高16.6cm 版框：宽61.3cm×高9.5cm

540000-0000244

༄༅། །ཤིན་ཏུ་རྒྱས་པ་ཆེན་པོའི་མདོ་སངས་རྒྱས་ཕལ་པོ་ཆེ་ཞེས་བྱ་བའི་མདོ།།

བོད་གཅིག སྤར་མ། དབུ་ཅན། ཡིག་ཕྲེང་བདུན་ཅན། དཔེ་གཟུགས་སྣེ་རིང་། ཤོག་རྒྱ། ཞེང་70cm×དཀྱུས་21cm སྣེ་ཤིག་རྒྱ། ཞེང་58.1cm×དཀྱུས་11cm

大方广佛华严经八十华严

1函 刻本 吾坚体 7行 梵夹装 开本：宽70cm×高21cm 版框：宽58.1cm×高11cm

540000-0000245

༄༅། །འཕགས་པ་ཤེས་རབ་ཀྱི་ཕ་རོལ་ཏུ་ཕྱིན་པ་སྟོང་ཕྲག་བརྒྱ་པ།།

བོད་གཅིག སྤར་མ། དབུ་ཅན། ཡིག་ཕྲེང་དྲུག་ཅན། དཔེ་གཟུགས་སྣེ་རིང་། ཤོག་རྒྱ། ཞེང་70cm×དཀྱུས་11.7cm སྣེ་ཤིག་རྒྱ། ཞེང་57.3cm×དཀྱུས་10.5cm

般若波罗蜜多经十万颂

1函 刻本 吾坚体 6行 梵夹装 开本：宽70cm×高11.7cm 版框：宽57.3cm×高10.5cm

540000-0000246

༄༅། །དམ་པའི་ཆོས་པད་མ་དཀར་པོ།།

བོད་གཅིག སྤར་མ། དབུ་ཅན། ཡིག་ཕྲེང་བདུན་ཅན། དཔེ་གཟུགས་སྣེ་རིང་། ཤོག་རྒྱ། ཞེང་70.2cm×དཀྱུས་22.1cm སྣེ་ཤིག་རྒྱ། ཞེང་57cm×དཀྱུས་9.5cm

妙法莲华经

1函 刻本 吾坚体 7行 梵夹装 开本：宽70.2cm×高22.1cm 版框：宽57cm×高9.5cm

540000-0000247

༄༅། །འཕགས་པ་ཤེས་རབ་ཀྱི་ཕ་རོལ་ཏུ་ཕྱིན་པ་སྟོང་ཕྲག་བརྒྱ་པ། །

པོད་གཅིག སྤར་མ། དབུ་ཅན། ཡིག་ཕྲེང་བདུན་ཅན། དཔེ་གཟུགས་སྣེ་རིང་། ཤོག་ཀྱུ། ཞེང་71.3cm×དཀྱུས་24.7cm སྣེ་ཐིག་ཀྱུ། ཞེང་57.6cm×དཀྱུས་10.8cm

般若波罗蜜多经十万颂

1函 刻本 吾坚体 7行 梵夹装 开本：宽71.3cm×高24.7cm 版框：宽57.6cm×高10.8cm

540000-0000248

༄༅། །འཕགས་པ་ཤེས་རབ་ཀྱི་ཕ་རོལ་ཏུ་ཕྱིན་པ་སྟོང་ཕྲག་བརྒྱ་པ། །

པོད་གཅིག སྤར་མ། དབུ་ཅན། ཡིག་ཕྲེང་བདུན་ཅན། དཔེ་གཟུགས་སྣེ་རིང་། ཤོག་ཀྱུ། ཞེང་67.4cm×དཀྱུས་21cm སྣེ་ཐིག་ཀྱུ། ཞེང་57.4cm×དཀྱུས་12cm

般若波罗蜜多经十万颂

1函 刻本 吾坚体 7行 梵夹装 开本：宽67.4cm×高21cm 版框：宽57.4cm×高12cm

540000-0000249

༄༅། །འཕགས་པ་ཤེས་རབ་ཀྱི་ཕ་རོལ་ཏུ་ཕྱིན་པ་སྟོང་ཕྲག་བརྒྱ་པ། །

པོད་གཅིག སྤར་མ། དབུ་ཅན། ཡིག་ཕྲེང་བདུན་ཅན། དཔེ་གཟུགས་སྣེ་རིང་། ཤོག་ཀྱུ། ཞེང་70.8cm×དཀྱུས་21.5cm སྣེ་ཐིག་ཀྱུ། ཞེང་58.2cm×དཀྱུས་11cm

般若波罗蜜多经十万颂

1函 刻本 吾坚体 7行 梵夹装 开本：宽70.8cm×高21.5cm 版框：宽58.2cm×高11cm

540000-0000250

༄། །ཤིན་ཏུ་རྒྱས་པ་ཆེན་པོའི་མདོ་སངས་རྒྱས་ཕལ་པོ་ཆེ་ཞེས་བྱ་བའི་མདོ། །

པོད་གཅིག སྤར་མ། དབུ་ཅན། ཡིག་ཕྲེང་བདུན་ཅན། དཔེ་གཟུགས་སྣེ་རིང་། ཤོག་རྒྱ། ཞེང་67.5cm×དཀྱུས་17.9cm སྣེ་ཐིག་རྒྱ། ཞེང་57cm×དཀྱུས་7.5cm

大方广佛华严经八十华严

g函 刻本 吾坚体 7行 梵夹装 开本：宽67.5cm×高17.9cm 版框：宽57cm×高7.5cm

540000-0000251

༄། །ཤེས་རབ་ཀྱི་ཕ་རོལ་ཏུ་ཕྱིན་པ་སྟོང་ཕྲག་བརྒྱ་པ། །

པོད་གཅིག སྤར་མ། དབུ་ཅན། ཡིག་ཕྲེང་བདུན་ཅན། དཔེ་གཟུགས་སྣེ་རིང་། ཤོག་རྒྱ། ཞེང་71.2cm×དཀྱུས་24.7cm སྣེ་ཐིག་རྒྱ། ཞེང་58.2cm×དཀྱུས་13cm

般若波罗蜜多经十万颂

1函 刻本 吾坚体 7行 梵夹装 开本：宽71.2cm×高24.7cm 版框：宽58.2cm×高13cm

540000-0000252

༄། །འཕགས་པ་ཤེས་རབ་ཀྱི་ཕ་རོལ་ཏུ་ཕྱིན་པ་སྟོང་ཕྲག་བརྒྱ་པ། །

པོད་གཅིག སྤར་མ། དབུ་ཅན། ཡིག་ཕྲེང་བརྒྱད་ཅན། དཔེ་གཟུགས་སྣེ་རིང་། ཤོག་རྒྱ། ཞེང་71cm×དཀྱུས་20.5cm སྣེ་ཐིག་རྒྱ། ཞེང་58.3cm×དཀྱུས་9cm

般若波罗蜜多经十万颂

1函 刻本 吾坚体 8行 梵夹装 开本：宽71cm×高20.5cm 版框：宽58.3cm×高9cm

540000-0000253

༄། །ཤིན་ཏུ་རྒྱས་པ་ཆེན་པོའི་སངས་རྒྱས་ཕལ་པོ་ཆེ་ཞེས་བྱ་བའི་མདོ། །

པོད་གཅིག སྤར་མ། དབུ་ཅན། ཡིག་ཕྲེང་བདུན་ཅན། དཔེ་གཟུགས་སྤེ་རིང་། ཤོག་གྲྭ ཞེང་69.6cm×དཀྱུས་20.1cm སྤེ་ཐིག་གྲྭ ཞེང་57.6cm×དཀྱུས་9cm

大方广佛华严经八十华严

1函 刻本 吾坚体 7行 梵夹装 开本：宽69.6cm×高20.1cm 版框：宽57.6cm×高9cm

540000-0000254

༄། །འཕགས་པ་ཤེས་རབ་ཀྱི་ཕ་རོལ་ཏུ་ཕྱིན་པ་ཁྲི་བརྒྱད། །

པོད་གཅིག སྤར་མ། དབུ་ཅན། ཡིག་ཕྲེང་བརྒྱད་ཅན། དཔེ་གཟུགས་སྤེ་རིང་། ཤོག་གྲྭ ཞེང་62.5cm×དཀྱུས་19cm སྤེ་ཐིག་གྲྭ ཞེང་53.9cm×དཀྱུས་12cm

般若波罗蜜多经八万颂

1函 刻本 吾坚体 8行 梵夹装 开本：宽62.5cm×高19cm 版框：宽53.9cm×高12cm

540000-0000255

༄། །སངས་རྒྱས་ཕལ་པོ་ཆེ་ཞེས་བྱ་བ་ཤིན་ཏུ་རྒྱས་པ་ཆེན་པོའི་མདོ། །

པོད་གཅིག སྤར་མ། དབུ་ཅན། ཡིག་ཕྲེང་བདུན་ནས་དགུ་ཅན། དཔེ་གཟུགས་སྤེ་རིང་། ཤོག་གྲྭ ཞེང་69.7cm×དཀྱུས་19.7cm སྤེ་ཐིག་གྲྭ ཞེང་58.3cm×དཀྱུས་8.9cm

大方广佛华严经八十华严

1函 刻本 吾坚体 7-9行 梵夹装 开本：宽69.7cm×高19.7cm 版框：宽58.3cm×高8.9cm

540000-0000256

༄། །འཕགས་པ་བེ་ཅོན་ཆེན་པོ་ཞེས་བྱ་བའི་གཟུངས། །

པོད་གཅིག གསེར་བྲིས་མ་དང་སྣག་ཚ་བྲིས་མ། དཔེ་ཚུགས་དང་དབུ་ཅན། ཡིག་ཕྲེང་བདུན་ཅན། དཔེ་གཟུགས་སྣེ་རིང་། ཤོག་རྒྱ། ཞེང་72.2cm×དཀྱུས་21.8cm སྣེ་ཐིག་རྒྱ། ཞེང་58.2cm×དཀྱུས་11.4cm

大寒林圣难拏陀罗尼经

1函 金汁写本和墨汁写本 柏簇体和吾坚体 7行 梵夹装 开本：宽72.2cm×高21.8cm 版框：宽58.2cm×高11.4cm

540000-0000257

༄། །འཕགས་པ་ཤེས་རབ་ཀྱི་ཕ་རོལ་ཏུ་ཕྱིན་པ་སྟོང་ཕྲག་བརྒྱ་པ། །

པོད་གཅིག སྤར་མ། དབུ་ཅན། ཡིག་ཕྲེང་བདུན་ཅན། དཔེ་གཟུགས་སྣེ་རིང་། ཤོག་རྒྱ། ཞེང་70cm×དཀྱུས་21cm སྣེ་ཐིག་རྒྱ། ཞེང་58cm×དཀྱུས་10cm

般若波罗蜜多十万颂

1函 刻本 吾坚体 7行 梵夹装 开本：宽70cm×高21cm 版框：宽58cm×高10cm

540000-0000258

༄། །དཀོན་མཆོག་བརྩེགས་པ་ཞེས་བྱ་བའི་མདོ། །

པོད་གཅིག གསེར་བྲིས་མ་དང་སྣག་ཚ་བྲིས་མ། དབུ་ཅན། ཡིག་ཕྲེང་བརྒྱད་ཅན། དཔེ་གཟུགས་སྣེ་རིང་། ཤོག་རྒྱ། ཞེང་62.3cm×དཀྱུས་18cm སྣེ་ཐིག་རྒྱ། ཞེང་54.2cm×དཀྱུས་10.5cm

大乘宝积经

1函 金汁写本和墨汁写本 吾坚体 8行 梵夹装 开本：宽62.3cm×高18cm 版框：宽54.2cm×高10.5cm

540000-0000259

༄། །འཕགས་པ་ཤེས་རབ་ཀྱི་ཕ་རོལ་ཏུ་ཕྱིན་པ་སྟོང་ཕྲག་བརྒྱ་པ། །

བོད་གཅིག ཤུར་མ། དབུ་ཅན། ཡིག་ཕྲེང་བརྒྱད་ཅན། དཔེ་གཟུགས་སྐྱེ་རིང་། ཤོག་ཀྱུ། ཞེང་46.6cm×དཀྱུས་9.5cm སྐྱེ་ཐིག་ཀྱུ། ཞེང་37.5cm×དཀྱུས་5.5cm

般若波罗蜜多十万颂

1函 刻本 吾坚体 8行 梵夹装 开本：宽46.6cm×高9.5cm 版框：宽37.5cm×高5.5cm

540000-0000260

༄། །འཕགས་པ་ཤེས་རབ་ཀྱི་ཕ་རོལ་ཏུ་ཕྱིན་པ་སྟོང་ཕྲག་བརྒྱ་པ། །

བོད་གཅིག ཤུར་མ། དབུ་ཅན། ཡིག་ཕྲེང་བརྒྱད་ཅན། དཔེ་གཟུགས་སྐྱེ་རིང་། ཤོག་ཀྱུ། ཞེང་69cm×དཀྱུས་24.3cm སྐྱེ་ཐིག་ཀྱུ། ཞེང་57.2cm×དཀྱུས་9.4cm

般若波罗蜜多十万颂

1函 刻本 吾坚体 8行 梵夹装 开本：宽69cm×高24.3cm 版框：宽57.2cm×高9.4cm

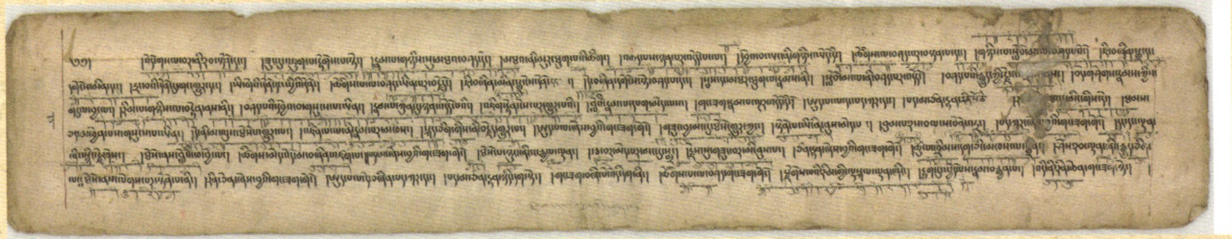

540000-0000001

༄། །ཤེས་རབ་ཀྱི་ཕ་རོལ་ཏུ་ཕྱིན་པ། པོད་ཕ་པ།

ཆ་མི་ཚང་བ། བྲིས་མ། དབུ་ཅན། ཡིག་ཕྲེང་བདུན་ཅན། གླེགས་བམ། ཤོག་རྒྱ། ཞེང་69.9cm×དཀྱུས་22cm སྙེ་ཐིག་རྒྱ། ཞེང་58.5cm×དཀྱུས་8.5cm

般若波罗蜜多经

不全 写本 乌金体 7行 梵夹装 开本：宽69.9cm×高22cm 版框：宽58.5cm×高8.5cm

540000-0000002

༄། །ཤེས་རབ་ཀྱི་ཕ་རོལ་ཏུ་ཕྱིན་པ། པོད་བ་པ།

ཆ་མི་ཚང་བ། བྲིས་མ། དབུ་ཅན། ཡིག་ཕྲེང་ལྔ་ཅན། གླེགས་བམ། ཤོག་རྒྱ། ཞེང་69.9cm×དཀྱུས་22cm སྙེ་ཐིག་རྒྱ། ཞེང་58.5cm×དཀྱུས་8.5cm

般若波罗蜜多经

不全 写本 乌金体 5行 梵夹装 开本：宽69.9cm×高22cm 版框：宽58.5cm×高8.5cm

540000-0000003

༄། །ཤེས་རབ་ཀྱི་ཕ་རོལ་ཏུ་ཕྱིན་པ། པོད་མ་པ།

ཆ་མི་ཚང་བ། བྲིས་མ། དབུ་ཅན། ཡིག་ཕྲེང་བདུན་ཅན། གླེགས་བམ། ཤོག་རྒྱ། ཞེང་63cm×དཀྱུས་9.3cm སྙེ་ཐིག་རྒྱ། ཞེང་58.6cm×དཀྱུས་7cm

般若波罗蜜多经

不全 写本 乌金体 7行 梵夹装 开本：宽63cm×高9.3cm 版框：宽58.6cm×高7cm

540000-0000004

༄། །ཕྱུག་ནད་ཞི་བར་བྱེད་པའི་གཟུངས་བཞུགས་སོ།།

ཆ་མི་ཚང་བ། བྲིས་མ། དབུ་ཅན། ཡིག་ཕྲེང་དྲུག་ཅན། གླེགས་བམ། ཤོག་ཀྱུ། ཞེང་53.4cm×དཀྱུས་16cm སྙེ་ཐིག་ཀྱུ། ཞེང་45.1cm×དཀྱུས་7cm

消除牲畜疾病陀罗尼经

不全 写本 乌金体 6行 梵夹装 开本：宽53.4cm×高16cm 版框：宽45.1cm×高7cm

540000-0000005

༄། །ཤེས་རབ་ཀྱི་ཕ་རོལ་ཏུ་ཕྱིན་པ།། པོད་ག་པ།

ཆ་མི་ཚང་བ། བྲིས་མ། དབུ་ཅན། ཡིག་ཕྲེང་བདུན་ཅན། གླེགས་བམ། ཤོག་ཀྱུ། ཞེང་69.8cm×དཀྱུས་22cm སྙེ་ཐིག་ཀྱུ། ཞེང་57cm×དཀྱུས་9.6cm

般若波罗蜜多

不全 写本 乌金体 7行 梵夹装 开本：宽69.8cm×高22cm 版框：宽57cm×高9.6cm

540000-0000006

༄། །མདོ་ཕལ་པོ་ཆེ་ཞེས་བྱ་བ་ཤིན་ཏུ་རྒྱས་པའི་མདོ་བཞུགས་སོ།། པོད་ཀ་པ།

ཆ་མི་ཚང་བ། བྲིས་མ། དབུ་ཅན། ཡིག་ཕྲེང་བརྒྱད་ཅན། གླེགས་བམ། ཤོག་ཀྱུ། ཞེང་67.9cm×དཀྱུས་23cm སྙེ་ཐིག་ཀྱུ། ཞེང་58.5cm×དཀྱུས་12.5cm

大方广佛华严经八十华严

不全 写本 乌金体 8行 梵夹装 开本：宽67.9cm×高23cm 版框：宽58.5cm×高12.5cm

540000-0000007

༄། །ཤེས་རབ་ཀྱི་ཕ་རོལ་ཏུ་ཕྱིན་པ་བརྒྱད་སྟོང་པ། །

ཆ་མི་ཚང་བ། བྲིས་མ། དབུ་ཅན། ཡིག་ཕྲེང་བདུན་ཅན། གླེགས་བམ། ཤོག་ཀྱུ། ཞེང་71.5cm×དཀྱུས་21cm སྙེ་ཤིག་ཀྱུ། ཞེང་58.5cm×དཀྱུས་9.7cm

般若波罗蜜多经八千颂

不全 写本 乌金体 7行 梵夹装 开本：宽42cm×高15.5cm 版框：宽28cm×高5.5cm

540000-0000008

༄། །ཤེས་རབ་ཀྱི་ཕ་རོལ་ཏུ་ཕྱིན་པ། ། པོད་ཆ་པ།

ཆ་མི་ཚང་བ། བྲིས་མ། དབུ་ཅན། ཡིག་ཕྲེང་བདུན་ཅན། གླེགས་བམ། ཤོག་ཀྱུ། ཞེང་71cm×དཀྱུས་21.5cm སྙེ་ཤིག་ཀྱུ། ཞེང་58.8cm×དཀྱུས་9.8cm

般若波罗蜜多经

不全 写本 乌金体 7行 梵夹装 开本：宽71cm×高21.5cm 版框：宽58.8cm×高9.8cm

540000-0000009

༄། །ཤིན་ཏུ་རྒྱས་པ་སངས་རྒྱས་ཕལ་པོ་ཆེའི་མདོ་བཞུགས་སོ། །

ཆ་མི་ཚང་བ། བྲིས་མ། དབུ་ཅན། ཡིག་ཕྲེང་བདུན་ཅན། གླེགས་བམ། ཤོག་ཀྱུ། ཞེང་69.2cm×དཀྱུས་19.1cm སྙེ་ཤིག་ཀྱུ། ཞེང་60cm×དཀྱུས་9cm

大方广佛华严经八十华严

不全 写本 乌金体 7行 梵夹装 开本：宽69.2cm×高19.1cm 版框：宽60cm×高9cm

540000-00000010

༄༅། །ཤེས་རབ་ཀྱི་ཕ་རོལ་ཏུ་ཕྱིན་པ། པོད་ཇ་པ།

ཆ་མི་ཚང་བ། བྲིས་མ། དབུ་ཅན། ཡིག་ཕྲེང་བདུན་ཅན། གླེགས་བམ། ཤོག་ཀྱ། ཞེང་71cm×དཀྱུས་25.5cm སྣེ་ཤིག་ཀྱ། ཞེང་61.3cm×དཀྱུས་10cm

般若波罗蜜多经

不全 写本 乌金体 7行 梵夹装 开本：宽71cm×高25.5cm 版框：宽61.3cm×高10cm

540000-00000011

༄༅། །ཤེས་རབ་ཀྱི་ཕ་རོལ་ཏུ་ཕྱིན་པ།། པོད་ང་པ།

342 ཆ་མི་ཚང་བ། བྲིས་མ། དབུ་ཅན། ཡིག་ཕྲེང་བརྒྱད་ཅན། གླེགས་བམ། ཤོག་ཀྱ། ཞེང་67cm×དཀྱུས་24cm སྣེ་ཤིག་ཀྱ། ཞེང་63.5cm×དཀྱུས་13.5cm

般若波罗蜜多经

不全 写本 乌金体 8行 梵夹装 开本：宽67cm×高24cm 版框：宽63.5cm×高13.5cm

540000-00000012

༄༅། །ཤེས་རབ་ཀྱི་ཕ་རོལ་ཏུ་ཕྱིན་པ།། པོད་ད་པ།

ཆ་མི་ཚང་བ། བྲིས་མ། དབུ་ཅན། ཡིག་ཕྲེང་བདུན་ཅན། གླེགས་བམ། ཤོག་ཀྱ། ཞེང་66.2cm×དཀྱུས་23cm སྣེ་ཤིག་ཀྱ། ཞེང་55.8cm×དཀྱུས་9.9cm

般若波罗蜜多经

不全 写本 乌金体 7行 梵夹装 开本：宽66.2cm×高23cm 版框：宽55.8cm×高9.9cm

540000-00000013

༄། །ཤེས་རབ་ཀྱི་ཕ་རོལ་ཏུ་ཕྱིན་པ།། པོད་ད་པ།

ཆ་མི་ཚང་བ། བྲིས་མ། དབུ་ཅན། ཡིག་ཕྲེང་བདུན་ཅན། གླེགས་བམ། ཤོག་གྲྭ། ཞེང་79.5cm×དཀྱུས་24.2cm སྙེ་ཤིག་གྲྭ། ཞེང་58cm×དཀྱུས་9cm

般若波罗蜜多经

不全 写本 乌金体 7行 梵夹装 开本：宽79.5cm×高24.2cm 版框：宽58cm×高9cm

540000-00000014

༄། །ཤེས་རབ་ཀྱི་ཕ་རོལ་ཏུ་ཕྱིན་པ།། པོད་ཀ་པ།

ཆ་མི་ཚང་བ། བྲིས་མ། དབུ་ཅན། ཡིག་ཕྲེང་བརྒྱད་ཅན། གླེགས་བམ། ཤོག་གྲྭ། ཞེང་69.3cm×དཀྱུས་23.5cm སྙེ་ཤིག་གྲྭ། ཞེང་57.5cm×དཀྱུས་13cm

般若波罗蜜多经

不全 写本 乌金体 8行 梵夹装 开本：宽42cm×高15.5cm 版框：宽28cm×高5.5cm

540000-00000015

༄། །ཤེས་རབ་ཀྱི་ཕ་རོལ་ཏུ་ཕྱིན་པ།། པོད་ཉ་པ།

ཆ་མི་ཚང་བ། བྲིས་མ། དབུ་ཅན། ཡིག་ཕྲེང་བདུན་ཅན། གླེགས་བམ། ཤོག་གྲྭ། ཞེང་67.8cm×དཀྱུས་19.2cm སྙེ་ཤིག་གྲྭ། ཞེང་56.5cm×དཀྱུས་8.5cm

般若波罗蜜多经

不全 写本 乌金体 7行 梵夹装 开本：宽67.8cm×高19.2cm 版框：宽56.5cm×高8.5cm

540000-00000016

༄། །ཤེས་རབ་ཀྱི་ཕ་རོལ་ཏུ་ཕྱིན་པ།། པོད་ཁ་པ།

ཆ་མི་ཚང་བ། བྲིས་མ། དབུ་ཅན། ཡིག་ཕྲེང་བརྒྱད་ཅན། གླེགས་བམ། ཤོག་གྲྭ། ཞེང་68.2cm×དཀྱུས་18.2cm སྣེ་ཐིག་གྲྭ། ཞེང་57.5cm×དཀྱུས་12cm

般若波罗蜜多经

不全 写本 乌金体 8行 梵夹装 开本：宽68.2cm×高18.2cm 版框：宽57.5cm×高12cm

540000-00000017

༄། །ཤེས་རབ་ཀྱི་ཕ་རོལ་ཏུ་ཕྱིན་པ།། པོད་ཆ་པ།

ཆ་མི་ཚང་བ། བྲིས་མ། དབུ་ཅན། ཡིག་ཕྲེང་བདུན་ཅན། གླེགས་བམ། ཤོག་གྲྭ། ཞེང་69.2cm×དཀྱུས་21cm སྣེ་ཐིག་གྲྭ། ཞེང་58.5cm×དཀྱུས་9.3cm

般若波罗蜜多经

不全 写本 乌金体 7行 梵夹装 开本：宽69.2cm×高21cm 版框：宽58.5cm×高9.3cm

540000-00000018

༄། །ཤེས་རབ་ཀྱི་ཕ་རོལ་ཏུ་ཕྱིན་པ།། པོད་ཀ་པ།

ཆ་མི་ཚང་བ། བྲིས་མ། དབུ་ཅན། ཡིག་ཕྲེང་བདུན་ཅན། གླེགས་བམ། ཤོག་གྲྭ། ཞེང་70.5cm×དཀྱུས་21.5cm སྣེ་ཐིག་གྲྭ། ཞེང་58.3cm×དཀྱུས་7.8cm

般若波罗蜜多经

不全 写本 乌金体 7行 梵夹装 开本：宽70.5cm×高21.5cm 版框：宽58.3cm×高7.8cm

540000-00000019

༄། །ཤེས་རབ་ཀྱི་ཕ་རོལ་ཏུ་ཕྱིན་པ།། པོད་ཇ་པ།

ཆ་མི་ཚང་བ། བྲིས་མ། དབུ་ཅན། ཡིག་ཕྲེང་ལྔ་ཅན། གླེགས་བམ། ཤོག་རྒྱ། ཞེང་72cm×དཀྱུས་22.9cm སྣེ་ཐིག་རྒྱ། ཞེང་58.5cm×དཀྱུས་8.8cm

般若波罗蜜多经

不全 写本 乌金体 5行 梵夹装 开本：宽72cm×高22.9cm 版框：宽58.5cm×高8.8cm

540000-00000020

༄། །ཤེས་རབ་ཀྱི་ཕ་རོལ་ཏུ་ཕྱིན་པ།། པོད་མ་པ།

ཆ་མི་ཚང་བ། བྲིས་མ། དབུ་ཅན། ཡིག་ཕྲེང་བརྒྱད་ཅན། གླེགས་བམ། ཤོག་རྒྱ། ཞེང་74cm×དཀྱུས་27.3cm སྣེ་ཐིག་རྒྱ། ཞེང་62.8cm×དཀྱུས་12cm

般若波罗蜜多经

不全 写本 乌金体 8行 梵夹装 开本：宽74cm×高27.3cm 版框：宽62.8cm×高12cm

540000-00000021

༄། །ཤེས་རབ་ཀྱི་ཕ་རོལ་ཏུ་ཕྱིན་པ།། པོད་ད་པ།

ཆ་མི་ཚང་བ། བྲིས་མ། དབུ་ཅན། ཡིག་ཕྲེང་བདུན་ཅན། གླེགས་བམ། ཤོག་རྒྱ། ཞེང་71.2cm×དཀྱུས་21.2cm སྣེ་ཐིག་རྒྱ། ཞེང་58.7cm×དཀྱུས་9.5cm

般若波罗蜜多经

不全 写本 乌金体 7行 梵夹装 开本：宽71.2cm×高21.2cm 版框：宽58.7cm×高9.5cm

540000-00000022

༄། །ཤེས་རབ་ཀྱི་ཕ་རོལ་ཏུ་ཕྱིན་པ།། པོད་ཁ་པ།

ཆ་མི་ཚང་བ། བྲིས་མ། དབུ་ཅན། ཡིག་ཕྲེང་བརྒྱད་ཅན། གླེགས་བམ། ཤོག་ཀྱི། ཞེང་65.2cm×དཀྱུས་19.8cm སྣེ་ཐིག་ཀྱི། ཞེང་57.3cm×དཀྱུས་10cm

般若波罗蜜多经

不全 写本 乌金体 8行 梵夹装 开本：宽65.2cm×高19.8cm 版框：宽57.3cm×高10cm

540000-00000023

༄། །ཤེས་རབ་ཀྱི་ཕ་རོལ་ཏུ་ཕྱིན་པ།། པོད་ཕ་པ།

ཆ་མི་ཚང་བ། བྲིས་མ། དབུ་ཅན། ཡིག་ཕྲེང་བརྒྱད་ཅན། གླེགས་བམ། ཤོག་ཀྱི། ཞེང་74cm×དཀྱུས་27.5cm སྣེ་ཐིག་ཀྱི། ཞེང་61.5cm×དཀྱུས་12cm

般若波罗蜜多经

不全 写本 乌金体 8行 梵夹装 开本：宽74cm×高27.5cm 版框：宽61.5cm×高12cm

540000-00000024

༄། །འཕགས་པ་དཀོན་མཆོག་བརྩེགས་པའི་མདོ།། པོད་ཀ་པ།

ཆ་མི་ཚང་བ། བྲིས་མ། དབུ་ཅན། ཡིག་ཕྲེང་བརྒྱད་ཅན། གླེགས་བམ། ཤོག་ཀྱི། ཞེང་68.5cm×དཀྱུས་18.3cm སྣེ་ཐིག་ཀྱི། ཞེང་60cm×དཀྱུས་10.5cm

大乘宝积经

不全 写本 乌金体 8行 梵夹装 开本：宽68.5cm×高18.3cm 版框：宽60cm×高10.5cm

540000-00000025

༄། །མདོ་སྡེ་བསྐལ་པ་བཟང་པོ་ཞེས་བྱ་བ་བཞུགས་སོ།། པོད་ཅ་པ

ཆ་མི་ཚང་བ། བྲིས་མ། དབུ་ཅན། ཡིག་ཕྲེང་བདུན་ཅན། གློགས་བམ། ཤོག་གྲྭ། ཞེང་67cm×དཀྱུས་22.8cm སྙེ་ཐིག་གྲྭ། ཞེང་58.5cm×དཀྱུས་9cm

大乘贤劫经

不全 写本 乌金体 7行 梵夹装 开本：宽67cm×高22.8cm 版框：宽58.5cm×高9cm

540000-00000026

༄། །མདོ་སྡེ་ཕལ་པོ་ཆེ་ཞེས་བྱ་བ་ཤིན་ཏུ་རྒྱས་པ་ཆེན་པོའི་མདོ།། པོད་ཁ་པ

347 ཆ་མི་ཚང་བ། བྲིས་མ། དབུ་ཅན། ཡིག་ཕྲེང་དྲུག་ཅན། གློགས་བམ། ཤོག་གྲྭ། ཞེང་68.5cm×དཀྱུས་20.1cm སྙེ་ཐིག་གྲྭ། ཞེང་53.2cm×དཀྱུས་9.3cm

大方广佛华严经八十华严

不全 写本 乌金体 6行 梵夹装 开本：宽68.5cm×高20.1cm 版框：宽53.2cm×高9.3cm

540000-00000027

༄། །ཤེས་རབ་ཀྱི་ཕ་རོལ་ཏུ་ཕྱིན་པ།། པོད་ང་པ

ཆ་མི་ཚང་བ། བྲིས་མ། དབུ་ཅན། ཡིག་ཕྲེང་བདུན་ཅན། གློགས་བམ། ཤོག་གྲྭ། ཞེང་69.5cm×དཀྱུས་21.5cm སྙེ་ཐིག་གྲྭ། ཞེང་58.5cm×དཀྱུས་11.5cm

般若波罗蜜多经

不全 写本 乌金体 7行 梵夹装 开本：宽69.5cm×高21.5cm 版框：宽58.5cm×高11.5cm

540000-00000028

༄། །ཤེས་རབ་ཀྱི་ཕ་རོལ་ཏུ་ཕྱིན་པ།། པོད་ཅ་པ།

ཆ་ཚད་ཚང་བ། བྲིས་མ། དབུ་ཅན། ཡིག་ཕྲེང་བདུན་ཅན། གླེགས་བམ། ཤོག་གྲངས། ཞེང་69.2cm×དཀྱུས་19.3cm སྣེ་ཐིག་གྲངས། ཞེང་59.3cm×དཀྱུས་9.6cm

般若波罗蜜多经

不全 写本 乌金体 7行 梵夹装 开本：宽69.2cm×高19.3cm 版框：宽59.3cm×高9.6cm

540000-00000029

༄། །ཤེས་རབ་ཀྱི་ཕ་རོལ་ཏུ་ཕྱིན་པ།། པོད་ག་པ།

ཆ་ཚད་ཚང་བ། བྲིས་མ། དབུ་ཅན། ཡིག་ཕྲེང་བདུན་ཅན། གླེགས་བམ། ཤོག་གྲངས། ཞེང་69cm×དཀྱུས་19cm སྣེ་ཐིག་གྲངས། ཞེང་58.8cm×དཀྱུས་9.3cm

般若波罗蜜多经

不全 写本 乌金体 7行 梵夹装 开本：宽69cm×高19cm 版框：宽58.8cm×高9.3cm

540000-00000030

༄། །ཤེས་རབ་ཀྱི་ཕ་རོལ་ཏུ་ཕྱིན་པ།། པོད་མ་པ།

ཆ་ཚད་ཚང་བ། བྲིས་མ། དབུ་ཅན། ཡིག་ཕྲེང་བདུན་ཅན། གླེགས་བམ། ཤོག་གྲངས། ཞེང་70.3cm×དཀྱུས་22.2cm སྣེ་ཐིག་གྲངས། ཞེང་57.2cm×དཀྱུས་9cm

般若波罗蜜多经

不全 写本 乌金体 7行 梵夹装 开本：宽70.3cm×高22.2cm 版框：宽57.2cm×高9cm

540000-00000031

༄། །ཤེས་རབ་ཀྱི་ཕ་རོལ་ཏུ་ཕྱིན་པ། ། བོད་ཇ་པ།

ཆ་མི་ཚང་བ། བྲིས་མ། དབུ་ཅན། ཡིག་ཕྲེང་བདུན་ཅན། གླེགས་བམ། ཤོག་ཀྲྭ། ཞེང་71cm×དཀྱུས་22cm སྣེ་ཤིག་ཀྲྭ། ཞེང་57cm×དཀྱུས་9.5cm

般若波罗蜜多经

不全 写本 乌金体 7行 梵夹装 开本：宽71cm×高22cm 版框：宽57cm×高9.5cm

540000-00000032

༄། །ཤེས་རབ་ཀྱི་ཕ་རོལ་ཏུ་ཕྱིན་པ། ། བོད་ཇ་པ།

 ཆ་མི་ཚང་བ། བྲིས་མ། དབུ་ཅན། ཡིག་ཕྲེང་དྲུག་ཅན། གླེགས་བམ། ཤོག་ཀྲྭ། ཞེང་69.3cm×དཀྱུས་20.3cm སྣེ་ཤིག་ཀྲྭ། ཞེང་55cm×དཀྱུས་7.8cm

般若波罗蜜多经

不全 写本 乌金体 6行 梵夹装 开本：宽69.3cm×高20.3cm 版框：宽55cm×高7.8cm

540000-00000033

༄། །ཤེས་རབ་ཀྱི་ཕ་རོལ་ཏུ་ཕྱིན་པ་སྟོང་ཕྲག་བརྒྱ་པ། ། བོད་ཁ་པ།

ཆ་མི་ཚང་བ། བྲིས་མ། དབུ་ཅན། ཡིག་ཕྲེང་དགུ་ཅན། གླེགས་བམ། ཤོག་ཀྲྭ། ཞེང་67.8cm×དཀྱུས་17.5cm སྣེ་ཤིག་ཀྲྭ། ཞེང་61.4cm×དཀྱུས་11.3cm

般若波罗蜜多经十万颂

不全 写本 乌金体 9行 梵夹装 开本：宽67.8cm×高17.5cm 版框：宽61.4cm×高11.3cm

540000-000000304

༄། །ཤེས་རབ་ཀྱི་ཕ་རོལ་ཏུ་ཕྱིན་པ།། པོད་ཉ་པ།

ཆ་མི་ཚང་བ། བྲིས་མ། དབུ་ཅན། ཡིག་ཕྲེང་བདུན་ཅན། གླེགས་བམ། ཤོག་གྲྭ། ཞེང་68cm×དཀྱུས་19.4cm སྣེ་ཐིག་གྲྭ། ཞེང་56.5cm×དཀྱུས་8.5cm

般若波罗蜜多经

不全 写本 乌金体 7行 梵夹装 开本：宽68cm×高19.4cm 版框：宽56.5cm×高8.5cm

540000-00000035

༄། །ཤེས་རབ་ཀྱི་ཕ་རོལ་ཏུ་ཕྱིན་པ་སྟོང་ཕྲག་ཉི་ཤུ་ལྔ་པ།། པོད་ཀ་པ།

ཆ་མི་ཚང་བ། བྲིས་མ། དབུ་ཅན། ཡིག་ཕྲེང་བདུན་ཅན། གླེགས་བམ། ཤོག་གྲྭ། ཞེང་70cm×དཀྱུས་24cm སྣེ་ཐིག་གྲྭ། ཞེང་58.8cm×དཀྱུས་10.6cm

般若波罗蜜多经两万五千颂

不全 写本 乌金体 7行 梵夹装 开本：宽70cm×高24cm 版框：宽58.8cm×高10.6cm

540000-00000036

༄། །ཤེས་རབ་ཀྱི་ཕ་རོལ་ཏུ་ཕྱིན་པ།། པོད་ཀ་པ།

ཆ་མི་ཚང་བ། བྲིས་མ། དབུ་ཅན། ཡིག་ཕྲེང་བདུན་ཅན། གླེགས་བམ། ཤོག་གྲྭ། ཞེང་73.6cm×དཀྱུས་24.5cm སྣེ་ཐིག་གྲྭ། ཞེང་61.3cm×དཀྱུས་10.3cm

般若波罗蜜多经

不全 写本 乌金体 7行 梵夹装 开本：宽73.6cm×高24.5cm 版框：宽61.3cm×高10.3cm

540000-00000037

༄༅། །ཤེས་རབ་ཀྱི་ཕ་རོལ་ཏུ་ཕྱིན་པ་སྟོང་ཕྲག་བརྒྱ་པ། ། པོད་ན་པ།

ཆ་མི་ཚང་བ། བྲིས་མ། དབུ་ཅན། ཡིག་ཕྲེང་བདུན་ཅན། གླེགས་བམ། ཤོག་གྲུ། ཞེང་70.5cm×དཀྱུས་20cm སྙེ་ཐིག་གྲུ། ཞེང་57.5cm×དཀྱུས་8.6cm

般若波罗蜜多十万颂

不全 写本 乌金体 7行 梵夹装 开本：宽70.5cm×高20cm 版框：宽57.5cm×高8.6cm

540000-00000038

༄༅། །འཕགས་པ་ཀུན་ནས་སྒོའི་ལེའུ་ཞེས་བྱ་བ་ཐེག་པ་ཆེན་པོའི་མདོ། པོད་ག་པ།

ཆ་མི་ཚང་བ། བྲིས་མ། དབུ་ཅན། ཡིག་ཕྲེང་བདུན་ཅན། གླེགས་བམ། ཤོག་གྲུ། ཞེང་72.5cm×དཀྱུས་22.1cm སྙེ་ཐིག་གྲུ། ཞེང་59cm×དཀྱུས་9.5cm

大宝积经文殊师利普门会第十

不全 写本 乌金体 7行 梵夹装 开本：宽72.5cm×高22.1cm 版框：宽59cm×高9.5cm

540000-00000039

༄༅། །ཤེས་རབ་ཀྱི་ཕ་རོལ་ཏུ་ཕྱིན་པ། ། པོད་ཐ་པ།

ཆ་མི་ཚང་བ། བྲིས་མ། དབུ་ཅན། ཡིག་ཕྲེང་བརྒྱད་ཅན། གླེགས་བམ། ཤོག་གྲུ། ཞེང་69.5cm×དཀྱུས་22cm སྙེ་ཐིག་གྲུ། ཞེང་58.8cm×དཀྱུས་7.6cm

般若波罗蜜多经

不全 写本 乌金体 8行 梵夹装 开本：宽69.5cm×高22cm 版框：宽58.8cm×高7.6cm

540000-00000040

༄། །ཤེས་རབ་ཀྱི་ཕ་རོལ་ཏུ་ཕྱིན་པ།།　བོད་ཅ་པ།

ཆ་མི་ཚང་བ། བྲིས་མ། དབུ་ཅན། ཡིག་ཕྲེང་ལྔ་ཅན། གླེགས་བམ། ཤོག་ཀྱུ། ཞེང་70cm×དཀྱུས་20cm སྣེ་ཤིག་ཀྱུ། ཞེང་56cm×དཀྱུས་7.1cm

般若波罗蜜多经

不全 写本 乌金体 5行 梵夹装 开本：宽70cm×高20cm 版框：宽56cm×高7.1cm

540000-00000041

༄། །ཧྲིའི་གཟུངས།།

ཆ་མི་ཚང་བ། བྲིས་མ། དབུ་ཅན། ཡིག་ཕྲེང་དྲུག་ཅན། གླེགས་བམ། ཤོག་ཀྱུ། ཞེང་69.3cm×དཀྱུས་19.4cm སྣེ་ཤིག་ཀྱུ། ཞེང་60.5cm×དཀྱུས་10cm

陀罗尼经

不全 写本 乌金体 6行 梵夹装 开本：宽69.3cm×高19.4cm 版框：宽60.5cm×高10cm

540000-00000042

༄། །ཤེས་རབ་ཀྱི་ཕ་རོལ་ཏུ་ཕྱིན་པ།།　བོད་ཀ་པ།

ཆ་མི་ཚང་བ། བྲིས་མ། དབུ་ཅན། ཡིག་ཕྲེང་བདུན་ཅན། གླེགས་བམ། ཤོག་ཀྱུ། ཞེང་69cm×དཀྱུས་17.5cm སྣེ་ཤིག་ཀྱུ། ཞེང་60.5cm×དཀྱུས་9cm

般若波罗蜜多经

不全 写本 乌金体 7行 梵夹装 开本：宽69cm×高17.5cm 版框：宽60.5cm×高9cm

540000-00000043

༄། །ཤེས་རབ་ཀྱི་ཕ་རོལ་ཏུ་ཕྱིན་པ།། པོད་ཐ་པ།

ཆ་མི་ཚང་བ། བྲིས་མ། དབུ་ཅན། ཡིག་ཕྲེང་བདུན་ཅན། གླེགས་བམ། ཤོག་ཀྱུ། ཞེང་69.3cm×དཀྱུས་19.4cm སྣེ་ཐིག་ཀྱུ། ཞེང་58cm×དཀྱུས་10cm

般若波罗蜜多经

不全 写本 乌金体 7行 梵夹装 开本：宽69.3cm×高19.4cm 版框：宽58cm×高10cm

540000-00000044

༄། །སྣ་ཚོགས།།

ཆ་མི་ཚང་བ། བྲིས་མ། དབུ་ཅན། ཡིག་ཕྲེང་བདུན་ཅན། གླེགས་བམ། ཤོག་ཀྱུ། ཞེང་69.3cm×དཀྱུས་19.4cm སྣེ་ཐིག་ཀྱུ། ཞེང་60.5cm×དཀྱུས་10cm

杂部

不全 写本 乌金体 7行 梵夹装 开本：宽69.3cm×高19.4cm 版框：宽60.5cm×高10cm

540000-00000045

༄། །མདོ་སྣ་ཚོགས།།

ཆ་མི་ཚང་བ། བྲིས་མ། དབུ་ཅན། ཡིག་ཕྲེང་བདུན་ཅན། གླེགས་བམ། ཤོག་ཀྱུ། ཞེང་69.5cm×དཀྱུས་21.6cm སྣེ་ཐིག་ཀྱུ། ཞེང་56.1cm×དཀྱུས་9.5cm

经部

不全 写本 乌金体 7行 梵夹装 开本：宽69.5cm×高21.6cm 版框：宽56.1cm×高9.5cm

དུས་རབས་13-14པའི་གནའ་དཔེ་བྲིས་མའི་མཛོད་བྱང་དཔེ་ཞབས་ལྷ་སྐུ་ཅན།

13-14 世纪写本文献扉页画像

540000-00000046

༄། །འཕགས་པ་ཤེས་རབ་ཀྱི་ཕ་རོལ་ཏུ་ཕྱིན་པ་སྟོང་ཕྲག་བརྒྱ་པ།། པོད་ཀ་པ།

ཆ་མི་ཚང་བ། བྲིས་མ། དབུ་ཅན། ཡིག་ཕྲེང་བརྒྱད་ཅན། གླེགས་བམ། ཤོག་ཀྱུ། ཞེང་69.8cm×དཀྱུས་19.1cm སྙེ་ཤིག་ཀྱི། ཞེང་61.3cm×དཀྱུས་11cm

般若波罗蜜多十万颂

不全 写本 乌金体 8行 梵夹装

开本：宽69.8cm×高19.1cm 版框：宽61.3cm×高11cm

540000-00000047

༄། །འཕགས་པ་ཤེས་རབ་ཀྱི་ཕ་རོལ་ཏུ་ཕྱིན་པ་སྟོང་ཕྲག་བརྒྱ་པ།། པོད་ན་པ།

ཆ་མི་ཚང་བ། བྲིས་མ། དབུ་ཅན། ཡིག་ཕྲེང་བདུན་ཅན། གླེགས་བམ། ཤོག་ཀྱུ། ཞེང་70.4cm×དཀྱུས་25cm སྙེ་ཤིག་ཀྱི། ཞེང་59cm×དཀྱུས་10.4cm

般若波罗蜜多经十万颂

不全 写本 乌金体 7行 梵夹装 开本：宽70.4cm×高25cm 版框：宽59cm×高10.4cm

540000-00000048

༄། །འཕགས་པ་ཤེས་རབ་ཀྱི་ཕ་རོལ་ཏུ་ཕྱིན་པ་སྟོང་ཕྲག་བརྒྱ་པ། ། པོད་ང་པ།

ཆ་མི་ཚང་བ། བྲིས་མ། དབུ་ཅན། ཡིག་ཕྲེང་བདུན་ཅན། གླེགས་བམ། ཤོག་ཀྱུ། ཞེང་70.4cm×དཀྱུས་25.8cm སྙེ་ཐིག་ཀྱུ། ཞེང་60.7cm×དཀྱུས་10.4cm

般若波罗蜜多经十万颂

不全 写本 乌金体 7行 梵夹装 开本：宽70.4cm×高25.8cm 版框：宽60.7cm×高10.4cm

540000-00000049

༄། །འཕགས་པ་རིན་པོ་ཆེའི་ཕུང་པོ་ཞེས་བྱ་བ་ཐེག་པ་ཆེན་པོ་སོགས་བཞུགས་སོ། །

ཆ་མི་ཚང་བ། བྲིས་མ། དབུ་ཅན། ཡིག་ཕྲེང་བདུན་ཅན། གླེགས་བམ། ཤོག་ཀྱུ། ཞེང་70.2cm×དཀྱུས་19.3cm སྙེ་ཐིག་ཀྱུ། ཞེང་61cm×དཀྱུས་10.2cm

大乘宝积经宝梁聚会第四十四

不全 写本 乌金体 7行 梵夹装 开本：宽70.2cm×高19.3cm 版框：宽61cm×高10.2cm

540000-00000050

༄། །འཕགས་པ་ཤེས་རབ་ཀྱི་ཕ་རོལ་ཏུ་ཕྱིན་པ་སྟོང་ཕྲག་བརྒྱ་པ། ། པོད་ག་པ།

ཆ་མི་ཚང་བ། བྲིས་མ། དབུ་ཅན། ཡིག་ཕྲེང་བདུན་ཅན། གླེགས་བམ། ཤོག་ཀྱུ། ཞེང་67.3cm×དཀྱུས་22.8cm སྙེ་ཐིག་ཀྱུ། ཞེང་58.6cm×དཀྱུས་10.3cm

般若波罗蜜多经十万颂

不全 写本 乌金体 7行 梵夹装 开本：宽67.3cm×高22.8cm 版框：宽58.6cm×高10.3cm

540000-00000051

༄། །སྣ་ཚོགས།།

ཆ་མི་ཚང་བ། བྲིས་མ། དབུ་ཅན། ཡིག་ཕྲེང་བདུན་ཅན། གླེགས་བམ། ཤོག་ཀྱི། ཞེང་69.3cm×དཀྱུས་19.4cm སྙེ་ཐིག་ཀྱི། ཞེང་60.5cm×དཀྱུས་10cm

杂部

不全 写本 乌金体 7行 梵夹装 开本：宽69.3cm×高19.4cm 版框：宽60.5cm×高10cm

540000-00000052

༄། །འཕགས་པ་ཤེས་རབ་ཀྱི་ཕ་རོལ་ཏུ་ཕྱིན་པ་སྟོང་ཕྲག་བརྒྱ་པ།། པོད་ད་པ།

ཆ་མི་ཚང་བ། བྲིས་མ། དབུ་ཅན། ཡིག་ཕྲེང་བརྒྱད་ཅན། གླེགས་བམ། ཤོག་ཀྱི། ཞེང་69.2cm×དཀྱུས་19.6cm སྙེ་ཐིག་ཀྱི། ཞེང་54cm×དཀྱུས་10.4cm

般若波罗蜜多经十万颂

不全 写本 乌金体 8行 梵夹装 开本：宽69.2cm×高19.6cm 版框：宽54cm×高10.4cm

540000-00000053

༄། །འཕགས་པ་ཤེས་རབ་ཀྱི་ཕ་རོལ་ཏུ་ཕྱིན་པ་སྟོང་ཕྲག་བརྒྱ་པ།། པོད་ཅ་པ།

ཆ་མི་ཚང་བ། བྲིས་མ། དབུ་ཅན། ཡིག་ཕྲེང་བདུན་ཅན། གླེགས་བམ། ཤོག་ཀྱི། ཞེང་68cm×དཀྱུས་23.5cm སྙེ་ཐིག་ཀྱི། ཞེང་59.8cm×དཀྱུས་10.3cm

般若波罗蜜多经十万颂

不全 写本 乌金体 7行 梵夹装 开本：宽68cm×高23.5cm 版框：宽59.8cm×高10.3cm

540000-00000054

༄༅། །འཕགས་པ་ཤེས་རབ་ཀྱི་ཕ་རོལ་ཏུ་ཕྱིན་པ་སྟོང་ཕྲག་བརྒྱ་པ། ། པོད་ད་པ།

ཆ་མི་ཚང་བ། བྲིས་མ། དབུ་ཅན། ཡིག་ཕྲེང་བདུན་ཅན། གླེགས་བམ། ཤོག་རྒྱ། ཞེང་78cm×དཀྱུས་26cm སྣེ་ཐིག་རྒྱ། ཞེང་59cm×དཀྱུས་10.3cm

般若波罗蜜多经十万颂

不全 写本 乌金体 7行 梵夹装 开本：宽78cm×高26cm 版框：宽59cm×高10.3cm

540000-00000055

༄༅། །འཕགས་པ་ཤེས་རབ་ཀྱི་ཕ་རོལ་ཏུ་ཕྱིན་པ་སྟོང་ཕྲག་བརྒྱ་པ། ། པོད་ཀ་པ།

ཆ་མི་ཚང་བ། བྲིས་མ། དབུ་ཅན། ཡིག་ཕྲེང་བདུན་ཅན། གླེགས་བམ། ཤོག་རྒྱ། ཞེང་56.3cm×དཀྱུས་23.3cm སྣེ་ཐིག་རྒྱ། ཞེང་49cm×དཀྱུས་10.2cm

般若波罗蜜多经十万颂

不全 写本 乌金体 7行 梵夹装 开本：宽56.3cm×高23.3cm 版框：宽49cm×高10.2cm

540000-00000056

༄༅། །འཕགས་པ་ཤེས་རབ་ཀྱི་ཕ་རོལ་ཏུ་ཕྱིན་པ་སྟོང་ཕྲག་བརྒྱ་པ། །

ཆ་མི་ཚང་བ། བྲིས་མ། དབུ་ཅན། ཡིག་ཕྲེང་བདུན་ཅན། གླེགས་བམ། ཤོག་རྒྱ། ཞེང་75cm×དཀྱུས་20cm སྣེ་ཐིག་རྒྱ། ཞེང་61.5cm×དཀྱུས་7.3cm

般若波罗蜜多经十万颂

不全 写本 乌金体 7行 梵夹装 开本：宽75cm×高20cm 版框：宽61.5cm×高7.3cm

540000-00000057

༄། །མདོ་བསྐལ་བཟང་།། ཡོད་ཐ་པ།

ཆ་མི་ཚང་བ། བྲིས་མ། དབུ་ཅན། ཡིག་ཕྲེང་བདུན་ཅན། གླེགས་བམ། ཤོག་གྲུ། ཞེང་70cm×དཀྱུས་22.3cm སྣེ་ཐིག་གྲུ། ཞེང་61.3cm×དཀྱུས་11cm

贤劫经

不全 写本 乌金体 7行 梵夹装 开本：宽69.8cm×高19.1cm 版框：宽61.3cm×高11cm

540000-00000058

༄། །འཕགས་པ་ཀུན་ནས་སྒོའི་ལེའུ་ཞེས་བྱ་བ་ཐེག་པ་ཆེན་པོའི་མདོ། ཡོད་ག་པ།

 ཆ་མི་ཚང་བ། བྲིས་མ། དབུ་ཅན། ཡིག་ཕྲེང་བདུན་ཅན། གླེགས་བམ། ཤོག་གྲུ། ཞེང་53.2cm×དཀྱུས་14cm སྣེ་ཐིག་གྲུ། ཞེང་45cm×དཀྱུས་8cm

大宝积经文殊师利普门会第十

不全 写本 乌金体 7行 梵夹装 开本：宽53.2cm×高14cm 版框：宽45cm×高8cm

540000-00000059

༄། །འཕགས་པ་ཤེས་རབ་ཀྱི་ཕ་རོལ་ཏུ་ཕྱིན་པ་སྟོང་ཕྲག་བརྒྱ་པ།། ཡོད་ཅ་པ།

ཆ་མི་ཚང་བ། བྲིས་མ། དབུ་ཅན། ཡིག་ཕྲེང་བདུན་ཅན། གླེགས་བམ། ཤོག་གྲུ། ཞེང་71.8cm×དཀྱུས་22cm སྣེ་ཐིག་གྲུ། ཞེང་58.8cm×དཀྱུས་9.3cm

般若波罗蜜多经十万颂

不全 写本 乌金体 7行 梵夹装 开本：宽71.8cm×高22cm 版框：宽58.8cm×高9.3cm

540000-00000060

༄། །སྣ་ཚོགས།།

ཆ་མི་ཚང་བ། བྲིས་མ། དབུ་ཅན། ཡིག་ཕྲེང་དགུ་ཅན། གླེགས་བམ། ཤོག་རྒྱ། ཞེང་69.8cm×དཀྱུས་19.1cm སྣེ་ཐིག་རྒྱ། ཞེང་61.3cm×དཀྱུས་11cm

杂部

不全 写本 乌金体 行 9 梵夹装 开本：宽69.8cm×高19.1cm 版框：宽61.3cm×高11cm

540000-00000061

༄། །འཕགས་པ་ཤེས་རབ་ཀྱི་ཕ་རོལ་ཏུ་ཕྱིན་པ་སྟོང་ཕྲག་བརྒྱ་པ།། པོད་ཁ་པ།

ཆ་མི་ཚང་བ། བྲིས་མ། དབུ་ཅན། ཡིག་ཕྲེང་བདུན་ཅན། གླེགས་བམ། ཤོག་རྒྱ། ཞེང་71cm×དཀྱུས་21.3cm སྣེ་ཐིག་རྒྱ། ཞེང་59.3cm×དཀྱུས་9.1cm

般若波罗蜜多十万颂

不全 写本 乌金体 7行 梵夹装 开本：宽71cm×高21.3cm 版框：宽59.3cm×高9.1cm

540000-00000062

༄། །འཕགས་པ་ཤེས་རབ་ཀྱི་ཕ་རོལ་ཏུ་ཕྱིན་པ་སྟོང་ཕྲག་བརྒྱ་པ།། པོད་ང་པ།

ཆ་མི་ཚང་བ། བྲིས་མ། དབུ་ཅན། ཡིག་ཕྲེང་བརྒྱད་ཅན། གླེགས་བམ། ཤོག་རྒྱ། ཞེང་71.8cm×དཀྱུས་27.6cm སྣེ་ཐིག་རྒྱ། ཞེང་62cm×དཀྱུས་12.1cm

般若波罗蜜多经十万颂

不全 写本 乌金体 8行 梵夹装 开本：宽71.8cm×高27.6cm 版框：宽62cm×高12.1cm

540000-00000063

༄། །མདོ་སྡེ་ཏིང་ངེ་འཛིན་དབང་གི་རྒྱལ་པོ། ། པོད་པ་པ།

ཆ་མི་ཚང་བ། བྲིས་མ། དབུ་ཅན། ཡིག་ཕྲེང་བདུན་ཅན། གླེགས་བམ། ཤོག་རྒྱ། ཞེང་71cm×དཀྱུས་25.8cm སྣེ་ཐིག་རྒྱ། ཞེང་61cm×དཀྱུས་11cm

三摩地经

不全 写本 乌金体 7行 梵夹装 开本：宽71cm×高25.8cm 版框：宽61cm×高11cm

540000-00000064

༄། །མདོ་ཆེན་པོ་རྒྱལ་མཚན་མཆོག་ཅེས་བྱ་བ་བཞུགས་སོ། ། པོད་ཐ་པ།

ཆ་མི་ཚང་བ། བྲིས་མ། དབུ་ཅན། ཡིག་ཕྲེང་བདུན་ཅན། གླེགས་བམ། ཤོག་རྒྱ། ཞེང་71.2cm×དཀྱུས་23cm སྣེ་ཐིག་རྒྱ། ཞེང་58.9cm×དཀྱུས་9.8cm

杂阿含经第九百八十经

不全 写本 乌金体 7行 梵夹装 开本：宽71.2cm×高23cm 版框：宽58.9cm×高9.8cm

540000-00000065

༄། །འཕགས་པ་ཤེས་རབ་ཀྱི་ཕ་རོལ་ཏུ་ཕྱིན་པ་སྟོང་ཕྲག་བརྒྱ་པ། ། པོད་ག་པ།

ཆ་མི་ཚང་བ། བྲིས་མ། དབུ་ཅན། ཡིག་ཕྲེང་བརྒྱད་ཅན། གླེགས་བམ། ཤོག་རྒྱ། ཞེང་71.2cm×དཀྱུས་23cm སྣེ་ཐིག་རྒྱ། ཞེང་58.9cm×དཀྱུས་9.8cm

般若波罗蜜多经十万颂

不全 写本 乌金体 8行 梵夹装 开本：宽71.2cm×高23cm 版框：宽58.9cm×高9.8cm

540000-00000066

༄༅། །འཕགས་པ་ཤེས་རབ་ཀྱི་ཕ་རོལ་ཏུ་ཕྱིན་པ་བརྒྱད་སྟོང་པ། ། པོད་ཕ་པ།

ཆ་མི་ཚང་བ། བྲིས་མ། དབུ་ཅན། ཡིག་ཕྲེང་བདུན་ཅན། གླེགས་བམ། ཤོག་རྒྱ། ཞེང་68cm×དཀྱུས་23.6cm སྣེ་ཐིག་རྒྱ། ཞེང་52.3cm×དཀྱུས་10cm

般若波罗蜜多经八千颂

不全 写本 乌金体 7行 梵夹装 开本：宽68cm×高23.6cm 版框：宽52.3cm×高10cm

540000-00000067

༄༅། །མདོ་ཆེན་པོ་འདུས་པ་ཆེན་པོའི་མདོ། ། པོད་བ་པ།

ཆ་མི་ཚང་བ། བྲིས་མ། དབུ་ཅན། ཡིག་ཕྲེང་བརྒྱད་ཅན། གླེགས་བམ། ཤོག་རྒྱ། ཞེང་73.9cm×དཀྱུས་27.3cm སྣེ་ཐིག་རྒྱ། ཞེང་64cm×དཀྱུས་12cm

大经大集经

不全 写本 乌金体 8行 梵夹装 开本：宽73.9cm×高27.3cm 版框：宽64cm×高12cm

540000-00000068

༄༅། །འཕགས་པ་ཤེས་རབ་ཀྱི་ཕ་རོལ་ཏུ་ཕྱིན་པ་བརྒྱད་སྟོང་པ། ། པོད་ཀ་པ།

ཆ་མི་ཚང་བ། བྲིས་མ། དབུ་ཅན། ཡིག་ཕྲེང་བརྒྱད་ཅན། གླེགས་བམ། ཤོག་རྒྱ། ཞེང་68.3cm×དཀྱུས་22cm སྣེ་ཐིག་རྒྱ། ཞེང་57cm×དཀྱུས་12cm

般若波罗蜜多经八千颂

不全 写本 乌金体 8行 梵夹装 开本：宽68.3cm×高22cm 版框：宽57cm×高12cm

540000-00000069

༄། །སྣ་ཚོགས།།

ཚ་མི་ཚང་བ། བྲིས་མ། དབུ་ཅན། ཡིག་ཕྲེང་བདུན་ཅན། གླེགས་བམ། ཤོག་གྲྭ། ཞེང་69.8cm×དཀྱུས་19.1cm སྣེ་ཐིག་གྲྭ། ཞེང་61.3cm×དཀྱུས་11cm

杂部

不全 写本 乌金体 7行 梵夹装 开本：宽69.8cm×高19.1cm 版框：宽61.3cm×高11cm

540000-00000070

༄། །སྣ་ཚོགས།། པོད་ཀ་པ།

ཚ་མི་ཚང་བ། བྲིས་མ། དབུ་ཅན། ཡིག་ཕྲེང་བདུན་ཅན། གླེགས་བམ། ཤོག་གྲྭ། ཞེང་69.8cm×དཀྱུས་19.1cm སྣེ་ཐིག་གྲྭ། ཞེང་61.3cm×དཀྱུས་11cm

杂部

不全 写本 乌金体 7行 梵夹装 开本：宽69.8cm×高19.1cm 版框：宽61.3cm×高11cm

540000-00000071

༄། །འཕགས་པ་ཤེས་རབ་ཀྱི་ཕ་རོལ་ཏུ་ཕྱིན་པ་བརྒྱད་སྟོང་པ།། པོད་ཀ་པ།

ཚ་མི་ཚང་བ། བྲིས་མ། དབུ་ཅན། ཡིག་ཕྲེང་བདུན་ཅན། གླེགས་བམ། ཤོག་གྲྭ། ཞེང་73.2cm×དཀྱུས་24cm སྣེ་ཐིག་གྲྭ། ཞེང་65.9cm×དཀྱུས་10.6cm

般若波罗蜜多经八千颂

不全 写本 乌金体 7行 梵夹装 开本：宽73.2cm×高24cm 版框：宽65.9cm×高10.6cm

540000-00000072

༄། །འཕགས་པ་ཤེས་རབ་ཀྱི་ཕ་རོལ་ཏུ་ཕྱིན་པ་བརྒྱད་སྟོང་པ།། བོད་ཀ་པ།

ཆ་མི་ཚང་བ། བྲིས་མ། དབུ་ཅན། ཡིག་ཕྲེང་བརྒྱད་ཅན། གླེགས་བམ། ཤོག་ཀྱུ། ཞེང་69cm×དཀྱུས་19.8cm སྣེ་ཐིག་ཀྱུ། ཞེང་58.5cm×དཀྱུས་9.6cm

般若波罗蜜多经八千颂

不全 写本 乌金体 8行 梵夹装 开本：宽69cm×高19.8cm 版框：宽58.5cm×高9.6cm

540000-00000073

༄། །འཕགས་པ་ཤེས་རབ་ཀྱི་ཕ་རོལ་ཏུ་ཕྱིན་པ་ཉི་ཁྲི།། བོད་ཀ་པ།

ཆ་མི་ཚང་བ། བྲིས་མ། དབུ་ཅན། ཡིག་ཕྲེང་བདུན་ཅན། གླེགས་བམ། ཤོག་ཀྱུ། ཞེང་71.2cm×དཀྱུས་22cm སྣེ་ཐིག་ཀྱུ། ཞེང་59cm×དཀྱུས་10cm

般若波罗蜜多经两万颂

不全 写本 乌金体 7行 梵夹装 开本：宽71.2cm×高22cm 版框：宽59cm×高10cm

540000-00000074

༄། །མདོ་དྲན་པ་ཉེར་བཞག།། བོད་ཐ་པ།

ཆ་མི་ཚང་བ། བྲིས་མ། དབུ་ཅན། ཡིག་ཕྲེང་བདུན་ཅན། གླེགས་བམ། ཤོག་ཀྱུ། ཞེང་72cm×དཀྱུས་26cm སྣེ་ཐིག་ཀྱུ། ཞེང་60cm×དཀྱུས་10.3cm

正法念处经

不全 写本 乌金体 7行 梵夹装 开本：宽72cm×高26cm 版框：宽60cm×高10.3cm

540000-00000075

༄། །འཕགས་པ་ཤེས་རབ་ཀྱི་ཕ་རོལ་ཏུ་ཕྱིན་པ།། པོད་ག་པ།

ཆ་མི་ཚང་བ། བྲིས་མ། དབུ་ཅན། ཡིག་ཕྲེང་བརྒྱད་ཅན། གླེགས་བམ། ཤོག་རྒྱ། ཞེང་69cm×དཀྱུས་20cm སྣེ་ཐིག་རྒྱ། ཞེང་58cm×དཀྱུས་10cm

般若波罗蜜多经

不全 写本 乌金体 8行 梵夹装 开本：宽69cm×高20cm 版框：宽58cm×高10cm

540000-00000076

༄། །འཕགས་པ་ཤེས་རབ་ཀྱི་ཕ་རོལ་ཏུ་ཕྱིན་པ།། པོད་ཀ་པ།

364 ཆ་མི་ཚང་བ། བྲིས་མ། དབུ་ཅན། ཡིག་ཕྲེང་དགུ་ཅན། གླེགས་བམ། ཤོག་རྒྱ། ཞེང་69.3cm×དཀྱུས་19.8cm སྣེ་ཐིག་རྒྱ། ཞེང་58.6cm×དཀྱུས་7.5cm

般若波罗蜜多经

不全 写本 乌金体 9行 梵夹装 开本：宽69.3cm×高19.8cm 版框：宽58.6cm×高7.5cm

540000-00000077

༄། །མདོ་སྡེ་བསྐལ་བཟང་།། པོད་ཛ་པ།

ཆ་མི་ཚང་བ། བྲིས་མ། དབུ་ཅན། ཡིག་ཕྲེང་བདུན་ཅན། གླེགས་བམ། ཤོག་རྒྱ། ཞེང་68cm×དཀྱུས་18.7cm སྣེ་ཐིག་རྒྱ། ཞེང་58.8cm×དཀྱུས་11cm

大乘贤劫经

不全 写本 乌金体 7行 梵夹装 开本：宽68cm×高18.7cm 版框：宽58.8cm×高11cm

540000-00000078

༄༅། །འཕགས་པ་དམ་པའི་ཆོས་དྲན་པ་ཉེ་བར་བཞག་པ། པོད་ཟ་པ།

ཚ་མི་ཚད་པ། བྲིས་མ། དབུ་ཅན། ཡིག་ཕྲེང་བདུན་ཅན། གླེགས་བམ། ཤོག་ཀྱུ། ཞེང་68.8cm×དཀྱུས་19.8cm སྣེ་ཐིག་ཀྱུ། ཞེང་58cm×དཀྱུས་8.8cm

正法念处经

不全 写本 乌金体 7行 梵夹装 开本：宽68.8cm×高19.8cm 版框：宽58cm×高8.8cm

540000-00000079

༄༅། །མདོ་མཛངས་བླུན།། པོད་ཅ་པ།

ཚ་མི་ཚད་པ། བྲིས་མ། དབུ་ཅན། ཡིག་ཕྲེང་བདུན་ཅན། གླེགས་བམ། ཤོག་ཀྱུ། ཞེང་72cm×དཀྱུས་22.8cm སྣེ་ཐིག་ཀྱུ། ཞེང་54cm×དཀྱུས་11cm

贤愚经

不全 写本 乌金体 7行 梵夹装 开本：宽72cm×高22.8cm 版框：宽54cm×高11cm

540000-00000080

༄༅། །འཕགས་པ་ཤེས་རབ་ཀྱི་ཕ་རོལ་ཏུ་ཕྱིན་པ།། པོད་ང་པ།

ཚ་མི་ཚད་པ། བྲིས་མ། དབུ་ཅན། ཡིག་ཕྲེང་དྲུག་ཅན། གླེགས་བམ། ཤོག་ཀྱུ། ཞེང་68.4cm×དཀྱུས་18.9cm སྣེ་ཐིག་ཀྱུ། ཞེང་58.3cm×དཀྱུས་9.6cm

般若波罗蜜多经

不全 写本 乌金体 6行 梵夹装 开本：宽68.4cm×高18.9cm 版框：宽58.3cm×高9.6cm

540000-00000081

༄། །འཕགས་པ་ཤེས་རབ་ཀྱི་ཕ་རོལ་ཏུ་ཕྱིན་པ་བརྒྱད་སྟོང་པ།། པོད་ཀ་པ།

ཆ་མི་ཚང་བ། བྲིས་མ། དབུ་ཅན། ཡིག་ཕྲེང་དགུ་ཅན། གླེགས་བམ། ཤོག་གྱི། ཞེང་69.7cm×དཀྱུས་19.7cm སྙེ་ཐིག་གྱི། ཞེང་61.1cm×དཀྱུས་11.5cm

般若波罗蜜多八千颂

不全 写本 乌金体 9行 梵夹装 开本：宽69.7cm×高19.7cm 版框：宽61.1cm×高11.5cm

540000-00000082

༄། །འཕགས་པ་ཤེས་རབ་ཀྱི་ཕ་རོལ་ཏུ་ཕྱིན་པ་སྟོང་ཕྲག་བརྒྱ་པ།། པོད་ཁ་པ།

ཆ་མི་ཚང་བ། བྲིས་མ། དབུ་ཅན། ཡིག་ཕྲེང་བདུན་ཅན། གླེགས་བམ། ཤོག་གྱི། ཞེང་67.8cm×དཀྱུས་22.7cm སྙེ་ཐིག་གྱི། ཞེང་56.2cm×དཀྱུས་10cm

般若波罗蜜多经十万颂

不全 写本 乌金体 7行 梵夹装 开本：宽67.8cm×高22.7cm 版框：宽56.2cm×高10cm

540000-00000083

༄། །མདོ་ཀུན་ལས་བཏུས་པ།། པོད་ཏ་པ།

ཆ་མི་ཚང་བ། བྲིས་མ། དབུ་ཅན། ཡིག་ཕྲེང་བདུན་ཅན། གླེགས་བམ། ཤོག་གྱི། ཞེང་69.5cm×དཀྱུས་19.1cm སྙེ་ཐིག་གྱི། ཞེང་61.5cm×དཀྱུས་11.2cm

大乘宝要义论

不全 写本 乌金体 7行 梵夹装 开本：宽69.5cm×高19.1cm 版框：宽61.5cm×高11.2cm

540000-00000084

༄། །འཕགས་པ་ཤེས་རབ་ཀྱི་ཕ་རོལ་ཏུ་ཕྱིན་པ་སྟོང་ཕྲག་བརྒྱ་པ། ། པོད་ཁ་པ།

ཆ་མི་ཚང་བ། བྲིས་མ། དབུ་ཅན། ཡིག་ཕྲེང་བདུན་ཅན། གླེགས་བམ། ཤོག་རྒྱ། ཞེང་69.7cm×དཀྱུས་20cm སྣེ་ཐིག་རྒྱ། ཞེང་60cm×དཀྱུས་10cm

般若波罗蜜多经十万颂

不全 写本 乌金体 7行 梵夹装 开本：宽69.7cm×高20cm 版框：宽60cm×高10cm

540000-00000085

༄། །འཕགས་པ་ཤེས་རབ་ཀྱི་ཕ་རོལ་ཏུ་ཕྱིན་པ་བརྒྱད་སྟོང་པ། ། པོད་ཀ་པ།

ཆ་མི་ཚང་བ། བྲིས་མ། དབུ་ཅན། ཡིག་ཕྲེང་བདུན་ཅན། གླེགས་བམ། ཤོག་རྒྱ། ཞེང་72.3cm×དཀྱུས་21.6cm སྣེ་ཐིག་རྒྱ། ཞེང་59.8cm×དཀྱུས་9.4cm

般若波罗蜜多经八千颂

不全 写本 乌金体 7行 梵夹装 开本：宽72.3cm×高21.6cm 版框：宽59.8cm×高9.4cm

540000-00000086

༄། །འཕགས་པ་ཤེས་རབ་ཀྱི་ཕ་རོལ་ཏུ་ཕྱིན་པ་ཉི་ཁྲི་ལྔ་སྟོང་པ། ། པོད་ད་པ།

ཆ་མི་ཚང་བ། བྲིས་མ། དབུ་ཅན། ཡིག་ཕྲེང་དགུ་ཅན། གླེགས་བམ། ཤོག་རྒྱ། ཞེང་69.6cm×དཀྱུས་19.1cm སྣེ་ཐིག་རྒྱ། ཞེང་61.3cm×དཀྱུས་11.5cm

般若波罗蜜多两万五千颂

不全 写本 乌金体 9行 梵夹装 开本：宽69.6cm×高19.1cm 版框：宽61.3cm×高11.5cm

540000-00000087

༄། །འཕགས་པ་ཤེས་རབ་ཀྱི་ཕ་རོལ་ཏུ་ཕྱིན་པ་སྟོང་ཕྲག་ཉི་ཤུ་ལྔ་པའི་གཟུངས། ། བོད་ཁ་པ།

ཆ་མི་ཚང་བ། བྲིས་མ། དབུ་ཅན། ཡིག་ཕྲེང་བདུན་ཅན། གླེགས་བམ། ཤོག་གྲུ། ཞེང་68cm×དཀྱུས་17.5cm སྣེ་ཤིག་གྲུ། ཞེང་58.7cm×དཀྱུས་9cm

般若波罗蜜多两万五千颂陀罗尼经

不全 写本 乌金体 7行 梵夹装 开本：宽68cm×高17.5cm 版框：宽58.7cm×高9cm

དུས་རབས་11པའི་གསུང་རབ་བྲིས་མ་ཡིག་འཕྲེང་བཅུ་གསུམ་ཅན།

11世纪写本文献

540000-00000088

༄། །འཕགས་པ་ཤེས་རབ་ཀྱི་ཕ་རོལ་ཏུ་ཕྱིན་པ་ཁྲི་བརྒྱད་སྟོང་པ། ། པོད་ང་པ།

ཆ་མི་ཚང་བ། བྲིས་མ། དབུ་ཅན། ཡིག་ཕྲེང་བདུན་ཅན། གླེགས་བམ། ཤོག་རྒྱ། ཞེང་68cm×དཀྱུས་18cm སྣེ་ཐིག་རྒྱ། ཞེང་42cm×དཀྱུས་5cm

大般若波罗蜜多经第三会

不全 写本 乌金体 7行 梵夹装 开本：宽68cm×高18cm 版框：宽42cm×高5cm

540000-00000089

༄། །འཕགས་པ་ཤེས་རབ་ཀྱི་ཕ་རོལ་ཏུ་ཕྱིན་པ་ཁྲི་བརྒྱད་སྟོང་པ། ། པོད་བ་པ།

369 ཆ་མི་ཚང་བ། བྲིས་མ། དབུ་ཅན། ཡིག་ཕྲེང་བདུན་ཅན། གླེགས་བམ། ཤོག་རྒྱ། ཞེང་70.2cm×དཀྱུས་22cm སྣེ་ཐིག་རྒྱ། ཞེང་58.4cm×དཀྱུས་9cm

大般若波罗蜜多经第三会

不全 写本 乌金体 7行 梵夹装 开本：宽70.2cm×高22cm 版框：宽58.4cm×高9cm

540000-00000090

༄། །འཕགས་པ་ཤེས་རབ་ཀྱི་ཕ་རོལ་ཏུ་ཕྱིན་པ། ། པོད་༡་པ།

ཆ་མི་ཚང་བ། བྲིས་མ། དབུ་ཅན། ཡིག་ཕྲེང་དགུ་ཅན། གླེགས་བམ། ཤོག་རྒྱ། ཞེང་69.4cm×དཀྱུས་19cm སྣེ་ཐིག་རྒྱ། ཞེང་61cm×དཀྱུས་11.8cm

般若波罗蜜多经

不全 写本 乌金体 9行 梵夹装 开本：宽69.4cm×高19cm 版框：宽61cm×高11.8cm

540000-00000091

༄། །འཕགས་པ་ཤེས་རབ་ཀྱི་ཕ་རོལ་ཏུ་ཕྱིན་པ།། པོད་ཉ་པ།

ཆ་མི་ཚང་བ། བྲིས་མ། དབུ་ཅན། ཡིག་ཕྲེང་བདུན་ཅན། གླེགས་བམ། ཤོག་ཀྱུ། ཞེང་69.3cm×དཀྱུས་22cm སྙེ་ཤིག་ཀྱུ། ཞེང་59cm×དཀྱུས་10.3cm

般若波罗蜜多经

不全 写本 乌金体 7行 梵夹装 开本：宽69.3cm×高22cm 版框：宽59cm×高10.3cm

540000-00000092

༄། །འཕགས་པ་ཤེས་རབ་ཀྱི་ཕ་རོལ་ཏུ་ཕྱིན་པ།། པོད་ད་པ།

ཆ་མི་ཚང་བ། བྲིས་མ། དབུ་ཅན། ཡིག་ཕྲེང་བརྒྱད་ཅན། གླེགས་བམ། ཤོག་ཀྱུ། ཞེང་69.4cm×དཀྱུས་19.7cm སྙེ་ཤིག་ཀྱུ། ཞེང་61.3cm×དཀྱུས་11cm

般若波罗蜜多经

不全 写本 乌金体 8行 梵夹装 开本：宽69.8cm×高19.1cm 版框：宽61.3cm×高11cm

540000-00000093

༄། །འཕགས་པ་ཤེས་རབ་ཀྱི་ཕ་རོལ་ཏུ་ཕྱིན་པ།། པོད་ཛ་པ།

ཆ་མི་ཚང་བ། བྲིས་མ། དབུ་ཅན། ཡིག་ཕྲེང་བདུན་ཅན། གླེགས་བམ། ཤོག་ཀྱུ། ཞེང་71.6cm×དཀྱུས་22.4cm སྙེ་ཤིག་ཀྱུ། ཞེང་58.8cm×དཀྱུས་10cm

般若波罗蜜多经

不全 写本 乌金体 7行 梵夹装 开本：宽71.6cm×高22.4cm 版框：宽58.8cm×高10cm

540000-00000094

༄། །འཕགས་པ་ཤེས་རབ་ཀྱི་ཕ་རོལ་ཏུ་ཕྱིན་པ།། བོད་ཇ་པ།

ཆ་མི་ཚང་བ། བྲིས་མ། དབུ་ཅན། ཡིག་ཕྲེང་བདུན་ཅན། གླེགས་བམ། ཤོག་རྒྱ། ཞེང་69.6cm×དཀྱུས་22cm སྙེ་ཐིག་རྒྱ། ཞེང་59cm×དཀྱུས་9.5cm

般若波罗蜜多经

不全 写本 乌金体 7行 梵夹装 开本：宽69.6cm×高22cm 版框：宽59cm×高9.5cm

540000-00000095

༄། །མདོ་སྡེ་ཕལ་པོ་ཆེ།། བོད་ཅ་པ།

ཆ་མི་ཚང་བ། བྲིས་མ། དབུ་ཅན། ཡིག་ཕྲེང་བརྒྱད་ཅན། གླེགས་བམ། ཤོག་རྒྱ། ཞེང་70cm×དཀྱུས་19cm སྙེ་ཐིག་རྒྱ། ཞེང་56cm×དཀྱུས་10.5cm

大方广佛华严经

不全 写本 乌金体 8行 梵夹装 开本：宽70cm×高19cm 版框：宽56cm×高10.5cm

540000-00000096

༄། །འཕགས་པ་དཀོན་མཆོག་བརྩེགས་པ་ཆེན་པོའི་ཆོས་ཀྱི་རྣམ་གྲངས།།

ཆ་མི་ཚང་བ། བྲིས་མ། དབུ་ཅན། ཡིག་ཕྲེང་བདུན་ཅན། གླེགས་བམ། ཤོག་རྒྱ། ཞེང་71.2cm×དཀྱུས་21cm སྙེ་ཐིག་རྒྱ། ཞེང་58cm×དཀྱུས་7.9cm

大乘宝积经论

不全 写本 乌金体 7行 梵夹装 开本：宽71.2cm×高21cm 版框：宽58cm×高7.9cm

540000-00000097

༄། །སངས་རྒྱས་ཕལ་པོ་ཆེའི་མདོ།། པོད་ཁ་པ།

ཆ་མི་ཚང་བ། བྲིས་མ། དབུ་ཅན། ཡིག་ཕྲེང་བདུན་ཅན། གླེགས་བམ། ཤོག་རྒྱ། ཞེང་70cm×དཀྱུས་22.5cm སྣེ་ཐིག་རྒྱ། ཞེང་58.8cm×དཀྱུས་11cm

大方广佛华严经

不全 写本 乌金体 7行 梵夹装 开本：宽70cm×高22.5cm 版框：宽58.8cm×高11cm

540000-00000098

༄། །འཕགས་པ་ཤེས་རབ་ཀྱི་ཕ་རོལ་ཏུ་ཕྱིན་པ་བརྒྱད་སྟོང་།། པོད་ཀ་པ།

ཆ་མི་ཚང་བ། བྲིས་མ། དབུ་ཅན། ཡིག་ཕྲེང་བདུན་ཅན། གླེགས་བམ། ཤོག་རྒྱ། ཞེང་69cm×དཀྱུས་21.3cm སྣེ་ཐིག་རྒྱ། ཞེང་59.2cm×དཀྱུས་9.3cm

般若波罗蜜多经八千颂

不全 写本 乌金体 7行 梵夹装 开本：宽69cm×高21.3cm 版框：宽59.2cm×高9.3cm

540000-00000099

༄། །འཕགས་པ་ཤེས་རབ་ཀྱི་ཕ་རོལ་ཏུ་ཕྱིན་པ་སྟོང་ཕྲག་བརྒྱ་པ།། པོད་ཉ་པ།

ཆ་མི་ཚང་བ། བྲིས་མ། དབུ་ཅན། ཡིག་ཕྲེང་བདུན་ཅན། གླེགས་བམ། ཤོག་རྒྱ། ཞེང་69.3cm×དཀྱུས་20cm སྣེ་ཐིག་རྒྱ། ཞེང་59.3cm×དཀྱུས་9.3cm

般若波罗蜜多经十万颂

不全 写本 乌金体 7行 梵夹装 开本：宽69.3cm×高20cm 版框：宽59.3cm×高9.3cm

540000-00000100

༄། །སངས་རྒྱས་ཕལ་པོ་ཆེའི་མདོ།། བོད་ཆ་པ།

ཆ་མི་ཚང་བ། བྲིས་མ། དབུ་ཅན། ཡིག་ཕྲེང་བདུན་ཅན། གླེགས་བམ། ཤོག་རྒྱ། ཞེང་69.1cm×དཀྱུས་20cm སྙེ་ཐིག་རྒྱ། ཞེང་59.1cm×དཀྱུས་9cm

大方广佛华严经

不全 写本 乌金体 7行 梵夹装 开本：宽69.1cm×高20cm 版框：宽59.1cm×高9cm

540000-00000101

༄། །སྣ་ཚོགས།།

ཆ་མི་ཚང་བ། བྲིས་མ། དབུ་ཅན། ཡིག་ཕྲེང་བརྒྱད་ཅན། གླེགས་བམ། ཤོག་རྒྱ། ཞེང་68cm×དཀྱུས་18cm སྙེ་ཐིག་རྒྱ། ཞེང་61cm×དཀྱུས་11.2cm

杂部

不全 写本 乌金体 8行 梵夹装 开本：宽68cm×高18cm 版框：宽61cm×高11.2cm

540000-00000102

༄། །འཕགས་པ་ཤེས་རབ་ཀྱི་ཕ་རོལ་ཏུ་ཕྱིན་པ་སྟོང་ཕྲག་ཉི་ཤུ་ལྔ་པ།། བོད་ཁ་པ།

ཆ་མི་ཚང་བ། བྲིས་མ། དབུ་ཅན། ཡིག་ཕྲེང་བདུན་ཅན། གླེགས་བམ། ཤོག་རྒྱ། ཞེང་69.6cm×དཀྱུས་24cm སྙེ་ཐིག་རྒྱ། ཞེང་60.3cm×དཀྱུས་11.5cm

般若波罗蜜多经两万五千颂

不全 写本 乌金体 7行 梵夹装 开本：宽69.6cm×高24cm 版框：宽60.3cm×高11.5cm

540000-00000103

༄། །འཕགས་པ་ཤེས་རབ་ཀྱི་ཕ་རོལ་ཏུ་ཕྱིན་པ་སྟོང་ཕྲག་བརྒྱ་པ། ། པོད་ན་པ།

ཆ་མི་ཚང་བ། བྲིས་མ། དབུ་ཅན། ཡིག་ཕྲེང་བདུན་ཅན། གླེགས་བམ། ཤོག་གྲུ། ཞེང་71.3cm×དཀྱུས་24.5cm སྣེ་ཤིག་གྲུ། ཞེང་59.4cm×དཀྱུས་10cm

般若波罗蜜多经十万颂

不全 写本 乌金体 7行 梵夹装 开本：宽71.3cm×高24.5cm 版框：宽59.4cm×高10cm

540000-00000104

༄། །འཕགས་པ་ཤེས་རབ་ཀྱི་ཕ་རོལ་ཏུ་ཕྱིན་པ་སྟོང་ཕྲག་བརྒྱ་པ། ། པོད་ཛ་པ།

ཆ་མི་ཚང་བ། བྲིས་མ། དབུ་ཅན། ཡིག་ཕྲེང་བདུན་ཅན། གླེགས་བམ། ཤོག་གྲུ། ཞེང་72cm×དཀྱུས་22.8cm སྣེ་ཤིག་གྲུ། ཞེང་60cm×དཀྱུས་9.8cm

般若波罗蜜多经十万颂

不全 写本 乌金体 7行 梵夹装 开本：宽72cm×高22.8cm 版框：宽60cm×高9.8cm

540000-00000105

༄། །འཕགས་པ་ཤེས་རབ་ཀྱི་ཕ་རོལ་ཏུ་ཕྱིན་པ་སྟོང་ཕྲག་བརྒྱ་པ། ། པོད་ཆ་པ།

ཆ་མི་ཚང་བ། བྲིས་མ། དབུ་ཅན། ཡིག་ཕྲེང་བདུན་ཅན། གླེགས་བམ། ཤོག་གྲུ། ཞེང་66cm×དཀྱུས་22.8cm སྣེ་ཤིག་གྲུ། ཞེང་58cm×དཀྱུས་10.3cm

般若波罗蜜多经十万颂

不全 写本 乌金体 7行 梵夹装 开本：宽66cm×高22.8cm 版框：宽58cm×高10.3cm

540000-00000106

༄། །འཕགས་པ་ཤེས་རབ་ཀྱི་ཕ་རོལ་ཏུ་ཕྱིན་པ་སྟོང་ཕྲག་བརྒྱ་པ། །

ཆ་མི་ཚང་བ། བྲིས་མ། དབུ་ཅན། ཡིག་ཕྲེང་བརྒྱད་ཅན། གླེགས་བམ། ཤོག་ཀྱུ། ཞེང་71cm×དཀྱུས་21.6cm སྙེ་ཐིག་ཀྱུ། ཞེང་53cm×དཀྱུས་9.5cm

般若波罗蜜多经十万颂

不全 写本 乌金体 7行 梵夹装 开本：宽71cm×高21.6cm 版框：宽53cm×高9.5cm

540000-00000107

༄། །འཕགས་པ་ཤེས་རབ་ཀྱི་ཕ་རོལ་ཏུ་ཕྱིན་པ་བརྒྱད་སྟོང་པ། ། པོད་ཀ་པ།

ཆ་མི་ཚང་བ། བྲིས་མ། དབུ་ཅན། ཡིག་ཕྲེང་བརྒྱད་ཅན། གླེགས་བམ། ཤོག་ཀྱུ། ཞེང་69.8cm×དཀྱུས་19.8cm སྙེ་ཐིག་ཀྱུ། ཞེང་58.8cm×དཀྱུས་7.8cm

般若波罗蜜多经八千颂

不全 写本 乌金体 7行 梵夹装 开本：宽69.8cm×高19.8cm 版框：宽58.8cm×高7.8cm

540000-00000108

༄། །འཕགས་པ་ཤེས་རབ་ཀྱི་ཕ་རོལ་ཏུ་ཕྱིན་པ་སྟོང་ཕྲག་ཉི་ཤུ་པ། པོད་ཀ་པ།

ཆ་མི་ཚང་བ། བྲིས་མ། དབུ་ཅན། ཡིག་ཕྲེང་བརྒྱད་ཅན། གླེགས་བམ། ཤོག་ཀྱུ། ཞེང་69.7cm×དཀྱུས་21.7cm སྙེ་ཐིག་ཀྱུ། ཞེང་58cm×དཀྱུས་7.8cm

般若波罗蜜多经两万颂

不全 写本 乌金体 7行 梵夹装 开本：宽69.7cm×高21.7cm 版框：宽58cm×高7.8cm

540000-00000109

༄༅། །འཕགས་པ་ཤེས་རབ་ཀྱི་ཕ་རོལ་ཏུ་ཕྱིན་པ་སྟོང་ཕྲག་བརྒྱ་པ། པོད་ཏ་པ།

ཆ་མི་ཚང་བ། བྲིས་མ། དབུ་ཅན། ཡིག་ཕྲེང་བརྒྱད་ཅན། གླེགས་བམ། ཤོག་གྲྭ། ཞེང་69cm×དཀྱུས་19cm སྣེ་ཐིག་ཀྱི། ཞེང་61cm×དཀྱུས་10cm

般若波罗蜜多经十万颂

不全 写本 乌金体 8行 梵夹装 开本：宽69cm×高19cm 版框：宽61cm×高10cm

540000-00000110

༄༅། །འཕགས་པ་ཤེས་རབ་ཀྱི་ཕ་རོལ་ཏུ་ཕྱིན་པ་སྟོང་ཕྲག་བརྒྱ་པ། པོད་ཅ་པ།

ཆ་མི་ཚང་བ། བྲིས་མ། དབུ་ཅན། ཡིག་ཕྲེང་བདུན་ཅན། གླེགས་བམ། ཤོག་གྲྭ། ཞེང་69.3cm×དཀྱུས་21cm སྣེ་ཐིག་ཀྱི། ཞེང་56cm×དཀྱུས་9cm

般若波罗蜜多经十万颂

不全 写本 乌金体 7行 梵夹装 开本：宽69.3cm×高21cm 版框：宽56cm×高9cm

540000-00000111

༄༅། །སྣ་ཚོགས། །

ཆ་མི་ཚང་བ། བྲིས་མ། དབུ་ཅན། ཡིག་ཕྲེང་བདུན་ཅན། གླེགས་བམ། ཤོག་གྲྭ། ཞེང་69.5cm×དཀྱུས་22cm སྣེ་ཐིག་ཀྱི། ཞེང་57.8cm×དཀྱུས་8cm

杂部

不全 写本 乌金体 7行 梵夹装 开本：宽69.5cm×高22cm 版框：宽57.8cm×高8cm

540000-00000112

༄༅། །རྒྱུད་ཀྱི་རྒྱལ་པོ་དཔལ་གསང་བ་འདུས་པའི་རྣམ་པར་བཤད་པ།། པོད་ཞ་པ།

ཆ་མི་ཚང་བ། བྲིས་མ། དབུ་ཅན། ཡིག་ཕྲེང་བདུན་ཅན། གླེགས་བམ། ཤོག་གྲྭ། ཞེང་66.4cm×དཀྱུས་22.7cm སྣེ་ཐིག་གྲྭ། ཞེང་56.4cm×དཀྱུས་9.7cm

本续王吉祥密集诠释

不全 写本 乌金体 7行 梵夹装 开本：宽66.4cm×高22.7cm 版框：宽56.4cm×高9.7cm

540000-00000113

༄༅། །འཕགས་པ་ཤེས་རབ་ཀྱི་ཕ་རོལ་ཏུ་ཕྱིན་པ།། པོད་ན་པ།

ཆ་མི་ཚང་བ། བྲིས་མ། དབུ་ཅན། ཡིག་ཕྲེང་བདུན་ཅན། གླེགས་བམ། ཤོག་གྲྭ། ཞེང་70cm×དཀྱུས་22cm སྣེ་ཐིག་གྲྭ། ཞེང་57cm×དཀྱུས་9cm

般若波罗蜜多经

不全 写本 乌金体 7行 梵夹装 开本：宽70cm×高22cm 版框：宽57cm×高9cm

540000-00000114

༄༅། །མདོ་སྡེ་ཏིང་ངེ་འཛིན་གྱི་རྒྱལ་པོ།། པོད་ཆ་པ།

ཆ་མི་ཚང་བ། བྲིས་མ། དབུ་ཅན། ཡིག་ཕྲེང་བདུན་ཅན། གླེགས་བམ། ཤོག་གྲྭ། ཞེང་71.2cm×དཀྱུས་23.6cm སྣེ་ཐིག་གྲྭ། ཞེང་55.8cm×དཀྱུས་10cm

三摩地经

不全 写本 乌金体 7行 梵夹装 开本：宽71.2cm×高23.6cm 版框：宽55.8cm×高10cm

540000-00000115

༄། །འདུལ་བ།། ཡོད་ཐ་པ།

ཆ་མི་ཚང་བ། ཐྲིས་མ། དབུ་ཅན། ཡིག་ཕྲེང་བརྒྱད་ཅན། སློགས་བམ། ཤོག་རྒྱ། ཞེང་64.1cm×དཀྱུས་17.8cm སྙེ་ཐིག་རྒྱ། ཞེང་57cm×དཀྱུས་10cm

律藏

不全 写本 乌金体 8行 梵夹装 开本：宽64.1cm×高17.8cm 版框：宽57cm×高10cm

540000-00000116

༄། །འཕགས་པ་བསྐལ་བཟང་ཞེས་བྱ་བ་ཐེག་པ་ཆེན་པོའི་མདོ།། ཡོད་ཀ་པ།

ཆ་མི་ཚང་བ། ཐྲིས་མ། དབུ་ཅན། ཡིག་ཕྲེང་བདུན་ཅན། སློགས་བམ། ཤོག་རྒྱ། ཞེང་69.7cm×དཀྱུས་25.4cm སྙེ་ཐིག་རྒྱ། ཞེང་58cm×དཀྱུས་9.6cm

大乘贤劫经

不全 写本 乌金体 7行 梵夹装 开本：宽69.7cm×高25.4cm 版框：宽58cm×高9.6cm

540000-00000117

༄། །འཕགས་པ་ཤེས་རབ་ཀྱི་ཕ་རོལ་ཏུ་ཕྱིན་པ་ཁྲི་བརྒྱད་སྟོང་།།

ཆ་མི་ཚང་བ། ཐྲིས་མ། དབུ་ཅན། ཡིག་ཕྲེང་བདུན་ཅན། སློགས་བམ། ཤོག་རྒྱ། ཞེང་61cm×དཀྱུས་22cm སྙེ་ཐིག་རྒྱ། ཞེང་58cm×དཀྱུས་7.5cm

大般若波罗蜜多经第三会

不全 写本 乌金体 7行 梵夹装 开本：宽61cm×高22cm 版框：宽58cm×高7.5cm

540000-00000118

༄། །འཕགས་པ་ཤེས་རབ་ཀྱི་ཕ་རོལ་ཏུ་ཕྱིན་པ་སྟོང་ཕྲག་བརྒྱ་པ། ། པོད་བ་པ།

ཆ་མི་ཚང་བ། བྲིས་མ། དབུ་ཅན། ཡིག་ཕྲེང་བརྒྱད་ཅན། གླེགས་བམ། ཤོག་གྲྭ། ཞེང་73.6cm×དཀྱུས་27.2cm སྙེ་ཐིག་གྲྭ། ཞེང་54cm×དཀྱུས་12cm

般若波罗蜜多经十万颂

不全 写本 乌金体 8行 梵夹装 开本：宽73.6cm×高27.2cm 版框：宽54cm×高12cm

540000-00000119

༄། །འཕགས་པ་ཤེས་རབ་ཀྱི་ཕ་རོལ་ཏུ་ཕྱིན་པ་སྟོང་ཕྲག་བརྒྱ་པ། ། པོད་ཉ་པ།

ཆ་མི་ཚང་བ། བྲིས་མ། དབུ་ཅན། ཡིག་ཕྲེང་བརྒྱད་ཅན། གླེགས་བམ། ཤོག་གྲྭ། ཞེང་74cm×དཀྱུས་28cm སྙེ་ཐིག་གྲྭ། ཞེང་61cm×དཀྱུས་12.8cm

般若波罗蜜多经十万颂

不全 写本 乌金体 8行 梵夹装 开本：宽74cm×高28cm 版框：宽61cm×高12.8cm

540000-00000120

༄། །འཕགས་པ་ཤེས་རབ་ཀྱི་ཕ་རོལ་ཏུ་ཕྱིན་པ་སྟོང་ཕྲག་བརྒྱ་པ། ། པོད་ཛ་པ།

ཆ་མི་ཚང་བ། བྲིས་མ། དབུ་ཅན། ཡིག་ཕྲེང་བདུན་ཅན། གླེགས་བམ། ཤོག་གྲྭ། ཞེང་71cm×དཀྱུས་21cm སྙེ་ཐིག་གྲྭ། ཞེང་58.8cm×དཀྱུས་10cm

般若波罗蜜多经十万颂

不全 写本 乌金体 7行 梵夹装 开本：宽71cm×高21cm 版框：宽58.8cm×高10cm

540000-00000121

༄། །འཕགས་པ་ཤེས་རབ་ཀྱི་ཕ་རོལ་ཏུ་ཕྱིན་པ་སྟོང་ཕྲག་བརྒྱ་པ། ། པོད་ཁ་པ།

ཆ་མི་ཚང་བ། བྲིས་མ། དབུ་ཅན། ཡིག་ཕྲེང་དགུ་ཅན། གླེགས་བམ། ཤོག་རྒྱ། ཞེང་69.4cm×དཀྱུས་19cm སྣེ་ཐིག་རྒྱ། ཞེང་61.3cm×དཀྱུས་11.5cm

般若波罗蜜多经十万颂

不全 写本 乌金体 9行 梵夹装 开本：宽69.4cm×高19cm 版框：宽61.3cm×高11.5cm

540000-00000122

༄། །འཕགས་པ་ཤེས་རབ་ཀྱི་ཕ་རོལ་ཏུ་ཕྱིན་པ་སྟོང་ཕྲག་ཉི་ཤུ་ལྔ་པ། ། པོད་ག་པ།

ཆ་མི་ཚང་བ། བྲིས་མ། དབུ་ཅན། ཡིག་ཕྲེང་དྲུག་ཅན། གླེགས་བམ། ཤོག་རྒྱ། ཞེང་67cm×དཀྱུས་20.4cm སྣེ་ཐིག་རྒྱ། ཞེང་58.3cm×དཀྱུས་7.6cm

般若波罗蜜多经两万五千颂

不全 写本 乌金体 6行 梵夹装 开本：宽67cm×高20.4cm 版框：宽58.3cm×高7.6cm

540000-00000123

༄། །འཕགས་པ་ཤེས་རབ་ཀྱི་ཕ་རོལ་ཏུ་ཕྱིན་པ་སྟོང་ཕྲག་བརྒྱ་པ། ། པོད་ཐ་པ།

ཆ་མི་ཚང་བ། བྲིས་མ། དབུ་ཅན། ཡིག་ཕྲེང་བརྒྱད་ཅན། གླེགས་བམ། ཤོག་རྒྱ། ཞེང་68.8cm×དཀྱུས་20cm སྣེ་ཐིག་རྒྱ། ཞེང་57.5cm×དཀྱུས་13cm

般若波罗蜜多经十万颂

不全 写本 乌金体 8行 梵夹装 开本：宽68.8cm×高20cm 版框：宽57.5cm×高13cm

540000-00000124

༄། །གསོལ་འདེབས་སྣ་ཚོགས། །

ཆ་མི་ཚང་བ། བྲིས་མ། དབུ་ཅན། ཡིག་ཕྲེང་བདུན་ཅན། གླེགས་བམ། ཤོག་གྲྭ། ཞེང་53.4cm×དཀྱུས་16cm སྣེ་ཐིག་གྲྭ། ཞེང་46cm×དཀྱུས་7.3cm

祈愿文集

不全 写本 乌金体 7行 梵夹装 开本：宽53.4cm×高16cm 版框：宽46cm×高7.3cm

540000-00000125

༄། །འཕགས་པ་ཤེས་རབ་ཀྱི་ཕ་རོལ་ཏུ་ཕྱིན་པ་སྟོང་ཕྲག་བརྒྱ་པ། །པོད་ཁ་པ།

ཆ་མི་ཚང་བ། བྲིས་མ། དབུ་ཅན། ཡིག་ཕྲེང་དགུ་ཅན། གླེགས་བམ། ཤོག་གྲྭ། ཞེང་68cm×དཀྱུས་17.2cm སྣེ་ཐིག་གྲྭ། ཞེང་59.7cm×དཀྱུས་9.3cm

般若波罗蜜多经十万颂

不全 写本 乌金体 9行 梵夹装 开本：宽68cm×高17.2cm 版框：宽59.7cm×高9.3cm

540000-00000126

༄། །སངས་རྒྱས་ཕལ་པོ་ཆེ་ཞེས་བྱ་བ་ཐེག་པ་ཆེན་པོའི་མདོ། ། པོད་ག་པ།

ཆ་མི་ཚང་བ། བྲིས་མ། དབུ་ཅན། ཡིག་ཕྲེང་བདུན་ཅན། གླེགས་བམ། ཤོག་གྲྭ། ཞེང་70.3cm×དཀྱུས་21.1cm སྣེ་ཐིག་གྲྭ། ཞེང་58cm×དཀྱུས་7.5cm

大方广佛华严经八十华严

不全 写本 乌金体 7行 梵夹装 开本：宽70.3cm×高21.1cm 版框：宽58cm×高7.5cm

540000-00000127

༄། །འཕགས་པ་ཤེས་རབ་ཀྱི་ཕ་རོལ་ཏུ་ཕྱིན་པ།། པོད་ང་པ།

ཆ་མི་ཚང་བ། བྲིས་མ། དབུ་ཅན། ཡིག་ཕྲེང་བདུན་ཅན། གླེགས་བམ། ཤོག་རྒྱ། ཞེང་70cm×དཀྱུས་21.8cm སྙེ་ཐིག་རྒྱ། ཞེང་56.7cm×དཀྱུས་9.3cm

般若波罗蜜多经

不全 写本 乌金体 7行 梵夹装 开本：宽70cm×高21.8cm 版框：宽56.7cm×高9.3cm

540000-00000128

༄། །སངས་རྒྱས་ཕལ་པོ་ཆེ་ཞེས་བྱ་བ་ཤིན་ཏུ་རྒྱས་པའི་མདོ།། པོད་ཆ་པ།

ཆ་མི་ཚང་བ། བྲིས་མ། དབུ་ཅན། ཡིག་ཕྲེང་བདུན་ཅན། གླེགས་བམ། ཤོག་རྒྱ། ཞེང་69.3cm×དཀྱུས་20.2cm སྙེ་ཐིག་རྒྱ། ཞེང་58.8cm×དཀྱུས་9cm

大方广佛华严经八十华严

不全 写本 乌金体 7行 梵夹装 开本：宽69.3cm×高20.2cm 版框：宽58.8cm×高9cm

540000-00000129

༄། །འཕགས་པ་ཤེས་རབ་ཀྱི་ཕ་རོལ་ཏུ་ཕྱིན་པ།། པོད་ན་པ།

ཆ་མི་ཚང་བ། བྲིས་མ། དབུ་ཅན། ཡིག་ཕྲེང་བདུན་ཅན། གླེགས་བམ། ཤོག་རྒྱ། ཞེང་70cm×དཀྱུས་21.8cm སྙེ་ཐིག་རྒྱ། ཞེང་59.3cm×དཀྱུས་9cm

般若波罗蜜多经

不全 写本 乌金体 7行 梵夹装 开本：宽70cm×高21.8cm 版框：宽59.3cm×高9cm

540000-00000130

༄། །འཕགས་པ་ཤེས་རབ་ཀྱི་ཕ་རོལ་ཏུ་ཕྱིན་པ་སྟོང་ཕྲག་བརྒྱ་པ། ། པོད་ཁ་པ།

ཆ་མི་ཚང་བ། བྲིས་མ། དབུ་ཅན། ཡིག་ཕྲེང་དགུ་ཅན། གླེགས་བམ། ཤོག་ཀྱུ། ཞེང་70.6cm×དཀྱུས་19.4cm སྙེ་ཤིག་ཀྱི། ཞེང་63cm×དཀྱུས་12cm

般若波罗蜜多经十万颂

不全 写本 乌金体 9行 梵夹装 开本：宽70.6cm×高19.4cm 版框：宽63cm×高12cm

540000-00000131

༄། །འཕགས་པ་ཤེས་རབ་ཀྱི་ཕ་རོལ་ཏུ་ཕྱིན་པ་སྟོང་ཕྲག་བརྒྱ་པ། ། པོད་ཀ་པ།

ཆ་མི་ཚང་བ། བྲིས་མ། དབུ་ཅན། ཡིག་ཕྲེང་དགུ་ཅན། གླེགས་བམ། ཤོག་ཀྱུ། ཞེང་70.2cm×དཀྱུས་19.3cm སྙེ་ཤིག་ཀྱི། ཞེང་65.3cm×དཀྱུས་11.5cm

般若波罗蜜多经十万颂

不全 写本 乌金体 9行 梵夹装 开本：宽70.2cm×高19.3cm 版框：宽65.3cm×高11.5cm

540000-00000132

༄། །འཕགས་པ་ཤེས་རབ་ཀྱི་ཕ་རོལ་ཏུ་ཕྱིན་པ་སྟོང་ཕྲག་བརྒྱ་པ། ། པོད་ཇ་པ།

ཆ་མི་ཚང་བ། བྲིས་མ། དབུ་ཅན། ཡིག་ཕྲེང་བརྒྱད་ཅན། གླེགས་བམ། ཤོག་ཀྱུ། ཞེང་69.7cm×དཀྱུས་18.2cm སྙེ་ཤིག་ཀྱི། ཞེང་60.4cm×དཀྱུས་10.3cm

般若波罗蜜多经十万颂

不全 写本 乌金体 8行 梵夹装 开本：宽69.7cm×高18.2cm 版框：宽60.4cm×高10.3cm

540000-00000133

༄། །འཕགས་པ་ཤེས་རབ་ཀྱི་ཕ་རོལ་ཏུ་ཕྱིན་པ་ཉི་ཁྲི་ལྔ་སྟོང་།། བོད་ཁ་པ།

ཆ་མི་ཚང་བ། བྲིས་མ། དབུ་ཅན། ཡིག་ཕྲེང་དྲུག་ཅན། གློགས་བམ། ཤོག་རྒྱ། ཞེང་67.8cm×དཀྱུས་18.6cm སྣེ་ཤིག་རྒྱ། ཞེང་56.2cm×དཀྱུས་7.3cm

般若波罗蜜多经两万五千颂

不全 写本 乌金体 6行 梵夹装 开本：宽67.8cm×高18.6cm 版框：宽56.2cm×高7.3cm

540000-00000134

༄། །མདོ་བསྐལ་བཟང་།། པོད་ཇ་པ།

ཆ་མི་ཚང་བ། བྲིས་མ། དབུ་ཅན། ཡིག་ཕྲེང་བདུན་ཅན། གླེགས་བམ། ཤོག་རྒྱ། ཞེང་68.2cm×དཀྱུས་19.3cm སྣེ་ཤིག་རྒྱ། ཞེང་59.2cm×དཀྱུས་9.3cm

贤劫经

不全 写本 乌金体 7行 梵夹装 开本：宽68.2cm×高19.3cm 版框：宽59.2cm×高9.3cm

540000-00000135

༄། །འཕགས་པ་ཤེས་རབ་ཀྱི་ཕ་རོལ་ཏུ་ཕྱིན་པ་སྟོང་ཕྲག་བརྒྱ་པ།། པོད་ཁ་པ།

ཆ་མི་ཚང་བ། བྲིས་མ། དབུ་ཅན། ཡིག་ཕྲེང་བདུན་ཅན། གླེགས་བམ། ཤོག་རྒྱ། ཞེང་70cm×དཀྱུས་18.8cm སྣེ་ཤིག་རྒྱ། ཞེང་60.3cm×དཀྱུས་8.9cm

般若波罗蜜多经十万颂

不全 写本 乌金体 7行 梵夹装 开本：宽70cm×高18.8cm 版框：宽60.3cm×高8.9cm

540000-00000136

༄། །འཕགས་པ་ཤེས་རབ་ཀྱི་ཕ་རོལ་ཏུ་ཕྱིན་པ་སྟོང་ཕྲག་བརྒྱ་པ།།

ཆ་མི་ཚང་བ། བྲིས་མ། དབུ་ཅན། ཡིག་ཕྲེང་བརྒྱད་ཅན། གླེགས་བམ། ཤོག་རྒྱ། ཞེང་72.4cm×དཀྱུས་19.2cm སྣེ་ཤིག་རྒྱ། ཞེང་65.3cm×དཀྱུས་12cm

般若波罗蜜多经十万颂

不全 写本 乌金体 8行 梵夹装 开本：宽72.4cm×高19.2cm 版框：宽65.3cm×高12cm

540000-00000137

༄། །འཕགས་པ་ཤེས་རབ་ཀྱི་ཕ་རོལ་ཏུ་ཕྱིན་པ་སྟོང་ཕྲག་ཉི་ཤུ་ལྔ་པ། །བོད་ཁ་པ།

ཆ་མི་ཚང་བ། བྲིས་མ། དབུ་ཅན། ཡིག་ཕྲེང་བདུན་ཅན། གླེགས་བམ། ཤོག་ཀྱུ། ཞེང་70cm×དཀྱུས་23.9cm སྣེ་ཐིག་ཀྱུ། ཞེང་59cm×དཀྱུས་9.7cm

般若波罗蜜多经两万五千颂

不全 写本 乌金体 7行 梵夹装 开本：宽70cm×高23.9cm 版框：宽59cm×高9.7cm

540000-00000138

༄། །འཕགས་པ་ཤེས་རབ་ཀྱི་ཕ་རོལ་ཏུ་ཕྱིན་པ་སྟོང་ཕྲག་ཉི་ཤུ་ལྔ་པའི་མན་ངག་གི་བསྟན་བཅོས་མངོན་པར་རྟོགས་པའི་རྒྱན་གྱི་ཚིག་ལེའུར་བྱས་པའི་འགྲེལ་པ། །

ཆ་མི་ཚང་བ། བྲིས་མ། དབུ་ཅན། ཡིག་ཕྲེང་བརྒྱད་ཅན། གླེགས་བམ། ཤོག་ཀྱུ། ཞེང་66cm×དཀྱུས་21.4cm སྣེ་ཐིག་ཀྱུ། ཞེང་58.6cm×དཀྱུས་10.3cm

般若波罗蜜多两万五千颂优波提舍论现观庄严颂释

不全 写本 乌金体 8行 梵夹装 开本：宽66cm×高21.4cm 版框：宽58.6cm×高10.3cm

540000-00000139

༄། །མདོ་སྡེ་དཀོན་མཆོག་བརྩེགས་པ་ཞེས་བྱ་བ་ཐེག་པ་ཆེན་པོའི་མདོ། བོད་ཉ་པ།

ཆ་མི་ཚང་བ། བྲིས་མ། དབུ་ཅན། ཡིག་ཕྲེང་བདུན་ཅན། གླེགས་བམ། ཤོག་ཀྱུ། ཞེང་72.8cm×དཀྱུས་22cm སྣེ་ཐིག་ཀྱུ། ཞེང་60cm×དཀྱུས་9.4cm

大乘宝积经

不全 写本 乌金体 7行 梵夹装 开本：宽72.8cm×高22cm 版框：宽60cm×高9.4cm

540000-00000140

༄། །འཕགས་པ་ཤེས་རབ་ཀྱི་ཕ་རོལ་ཏུ་ཕྱིན་པ་སྟོང་ཕྲག་བརྒྱ་པ། །པོད་ང་པ།

ཆ་མི་ཚང་བ། བྲིས་མ། དབུ་ཅན། ཡིག་ཕྲེང་བདུན་ཅན། གླེགས་བམ། ཤོག་རྒྱ། ཞེང་70cm×དཀྱུས་25cm སྙེ་ཤིག་རྒྱ། ཞེང་60cm×དཀྱུས་10cm

般若波罗蜜多经十万颂

不全 写本 乌金体 7行 梵夹装 开本：宽70cm×高25cm 版框：宽60cm×高10cm

540000-00000141

༄། །སངས་རྒྱས་ཕལ་པོ་ཆེ་ཞེས་བྱ་བ་ཤིན་ཏུ་རྒྱས་པའི་མདོ། །པོད་ཀ་པ།

ཆ་མི་ཚང་བ། བྲིས་མ། དབུ་ཅན། ཡིག་ཕྲེང་བདུན་ཅན། གླེགས་བམ། ཤོག་རྒྱ། ཞེང་69.2cm×དཀྱུས་20cm སྙེ་ཤིག་རྒྱ། ཞེང་59.7cm×དཀྱུས་9.2cm

大方广佛华严经八十华严

不全 写本 乌金体 7行 梵夹装 开本：宽69.2cm×高20cm 版框：宽59.7cm×高9.2cm

540000-00000142

༄། །འཕགས་པ་ཤེས་རབ་ཀྱི་ཕ་རོལ་ཏུ་ཕྱིན་པ་སྟོང་ཕྲག་བརྒྱ་པ། །པོད་ཁ་པ།

ཆ་མི་ཚང་བ། བྲིས་མ། དབུ་ཅན། ཡིག་ཕྲེང་བདུན་ཅན། གླེགས་བམ། ཤོག་རྒྱ། ཞེང་69.8cm×དཀྱུས་21.5cm སྙེ་ཤིག་རྒྱ། ཞེང་56.5cm×དཀྱུས་9cm

般若波罗蜜多经十万颂

不全 写本 乌金体 7行 梵夹装 开本：宽69.8cm×高21.5cm 版框：宽56.5cm×高9cm

540000-00000143

༄། །འཕགས་པ་ཤེས་རབ་ཀྱི་ཕ་རོལ་ཏུ་ཕྱིན་པ་སྟོང་ཕྲག་བརྒྱ་པ། ། པོད་ཏ་པ།

ཆ་མི་ཚང་བ། བྲིས་མ། དབུ་ཅན། ཡིག་ཕྲེང་བདུན་ཅན། གླེགས་བམ། ཤོག་རྒྱ། ཞེང་67.5cm×དཀྱུས་22.8cm སྣེ་ཤིག་རྒྱ། ཞེང་56.7cm×དཀྱུས་10cm

般若波罗蜜多经十万颂

不全 写本 乌金体 7行 梵夹装 开本：宽67.5cm×高22.8cm 版框：宽56.7cm×高10cm

540000-00000144

༄། །འཕགས་པ་གསེར་འོད་དམ་པ་མདོ་སྡེའི་དབང་པོའི་རྒྱལ་པོ་ལས་རྨི་ལམ་ནང་བཤགས་པའི་ལེའུ་སྟེ་བཞི་པའོ། ། པོད་ད་པ།

ཆ་མི་ཚང་བ། བྲིས་མ། དབུ་ཅན། ཡིག་ཕྲེང་བརྒྱད་ཅན། གླེགས་བམ། ཤོག་རྒྱ། ཞེང་67cm×དཀྱུས་18.8cm སྣེ་ཤིག་རྒྱ། ཞེང་58cm×དཀྱུས་10cm

圣金光明经之解梦品

不全 写本 乌金体 8行 梵夹装 开本：宽67cm×高18.8cm 版框：宽58cm×高10cm

540000-00000145

༄། །འཕགས་པ་ཤེས་རབ་ཀྱི་ཕ་རོལ་ཏུ་ཕྱིན་པ་སྟོང་ཕྲག་བརྒྱ་པ། ། པོད་ཇ་པ།

ཆ་མི་ཚང་བ། བྲིས་མ། དབུ་ཅན། ཡིག་ཕྲེང་བདུན་ཅན། གླེགས་བམ། ཤོག་རྒྱ། ཞེང་69.5cm×དཀྱུས་20cm སྣེ་ཤིག་རྒྱ། ཞེང་58cm×དཀྱུས་9cm

般若波罗蜜多经十万颂

不全 写本 乌金体 7行 梵夹装 开本：宽69.5cm×高20cm 版框：宽58cm×高9cm

540000-00000146

༄༅། །འཕགས་པ་ཤེས་རབ་ཀྱི་ཕ་རོལ་ཏུ་ཕྱིན་པ་སྟོང་ཕྲག་བརྒྱ་པ།། པོད་ཛ་པ།

ཆ་མི་ཚང་བ། བྲིས་མ། དབུ་ཅན། ཡིག་ཕྲེང་བརྒྱད་ཅན། གླེགས་བམ། ཤོག་གྲྭ། ཞེང་70cm×དཀྱུས་18.4cm སྣེ་ཐིག་གྲྭ། ཞེང་61.8cm×དཀྱུས་10.5cm

般若波罗蜜多经十万颂

不全 写本 乌金体 8行 梵夹装 开本：宽70cm×高18.4cm 版框：宽61.8cm×高10.5cm

540000-00000147

༄༅། །འཕགས་པ་ཤེས་རབ་ཀྱི་ཕ་རོལ་ཏུ་ཕྱིན་པ་སྟོང་ཕྲག་བརྒྱ་པ།། པོད་ཁ་པ།

389 ཆ་མི་ཚང་བ། བྲིས་མ། དབུ་ཅན། ཡིག་ཕྲེང་བདུན་ཅན། གླེགས་བམ། ཤོག་གྲྭ། ཞེང་68.3cm×དཀྱུས་20cm སྣེ་ཐིག་གྲྭ། ཞེང་56.9cm×དཀྱུས་9cm

般若波罗蜜多经十万颂

不全 写本 乌金体 7行 梵夹装 开本：宽69.3cm×高20cm 版框：宽56.9cm×高9cm

540000-00000148

༄༅། །འཕགས་པ་ཤེས་རབ་ཀྱི་ཕ་རོལ་ཏུ་ཕྱིན་པ་སྟོང་ཕྲག་བརྒྱ་པ།། པོད་ཏ་པ།

ཆ་མི་ཚང་བ། བྲིས་མ། དབུ་ཅན། ཡིག་ཕྲེང་དགུ་ཅན། གླེགས་བམ། ཤོག་གྲྭ། ཞེང་69.6cm×དཀྱུས་19.2cm སྣེ་ཐིག་གྲྭ། ཞེང་61.5cm×དཀྱུས་10.5cm

般若波罗蜜多经十万颂

不全 写本 乌金体 9行 梵夹装 开本：宽69.6cm×高19.2cm 版框：宽61.5cm×高10.5cm

540000-00000149

༄། །འཕགས་པ་ཤེས་རབ་ཀྱི་ཕ་རོལ་ཏུ་ཕྱིན་པ་ཉི་ཁྲི། ། པོད་ཆ་པ།

ཆ་མི་ཚང་བ། བྲིས་མ། དབུ་ཅན། ཡིག་ཕྲེང་དྲུག་ཅན། གླེགས་བམ། ཤོག་རྒྱ། ཞེང་71.2cm×དཀྱུས་22cm སྣེ་ཐིག་རྒྱ། ཞེང་57.2cm×དཀྱུས་7.4cm

般若波罗蜜多经两万颂

不全 写本 乌金体 6行 梵夹装 开本：宽71.2cm×高22cm 版框：宽57.2cm×高7.4cm

540000-00000150

༄། །འཕགས་པ་ཤེས་རབ་ཀྱི་ཕ་རོལ་ཏུ་ཕྱིན་པ་ཁྲི་བརྒྱད་སྟོང་པ། ། པོད་ང་པ།

ཆ་མི་ཚང་བ། བྲིས་མ། དབུ་ཅན། ཡིག་ཕྲེང་བདུན་ཅན། གླེགས་བམ། ཤོག་རྒྱ། ཞེང་71.2cm×དཀྱུས་22.6cm སྣེ་ཐིག་རྒྱ། ཞེང་57.5cm×དཀྱུས་7.3cm

大般若波罗蜜多经第三会

不全 写本 乌金体 7行 梵夹装 开本：宽71.2cm×高22.6cm 版框：宽57.5cm×高7.3cm

540000-00000151

༄། །སངས་རྒྱས་ཕལ་པོ་ཆེའི་མདོ་ཞེས་བྱ་བ་ཤིན་ཏུ་རྒྱས་པའི་མདོ། ། པོད་ག་པ།

ཆ་མི་ཚང་བ། བྲིས་མ། དབུ་ཅན། ཡིག་ཕྲེང་དྲུག་ཅན། གླེགས་བམ། ཤོག་རྒྱ། ཞེང་69cm×དཀྱུས་20cm སྣེ་ཐིག་རྒྱ། ཞེང་55.2cm×དཀྱུས་7.6cm

大方广佛华严经八十华严

不全 写本 乌金体 6行 梵夹装 开本：宽69cm×高20cm 版框：宽55.2cm×高7.6cm

540000-00000152

༄༅། །འཕགས་པ་ཤེས་རབ་ཀྱི་ཕ་རོལ་ཏུ་ཕྱིན་པ་སྟོང་ཕྲག་བརྒྱ་པ།། པོད་ཐ་པ།

ཆ་མི་ཚང་བ། བྲིས་མ། དབུ་ཅན། ཡིག་ཕྲེང་བརྒྱད་ཅན། གླེགས་བམ། ཤོག་རྒྱ། ཞེང་70cm×དཀྱུས་20cm སྣེ་ཤིག་རྒྱ། ཞེང་60cm×དཀྱུས་10cm

般若波罗蜜多经十万颂

不全 写本 乌金体 8行 梵夹装 开本：宽70cm×高20cm 版框：宽60cm×高10cm

540000-00000153

༄༅། །འཕགས་པ་ཤེས་རབ་ཀྱི་ཕ་རོལ་ཏུ་ཕྱིན་པ་སྟོང་ཕྲག་བརྒྱ་པ།། པོད་ན་པ།

ཆ་མི་ཚང་བ། བྲིས་མ། དབུ་ཅན། ཡིག་ཕྲེང་བདུན་ཅན། གླེགས་བམ། ཤོག་རྒྱ། ཞེང་69cm×དཀྱུས་20cm སྣེ་ཤིག་རྒྱ། ཞེང་58cm×དཀྱུས་9.3cm

般若波罗蜜多经十万颂

不全 写本 乌金体 7行 梵夹装 开本：宽69cm×高20cm 版框：宽58cm×高9.3cm

540000-00000154

༄༅། །འཕགས་པ་ཤེས་རབ་ཀྱི་ཕ་རོལ་ཏུ་ཕྱིན་པ་སྟོང་ཕྲག་བརྒྱ་པ།། པོད་ཛ་པ།

ཆ་མི་ཚང་བ། བྲིས་མ། དབུ་ཅན། ཡིག་ཕྲེང་དགུ་ཅན། གླེགས་བམ། ཤོག་རྒྱ། ཞེང་69.7cm×དཀྱུས་19.1cm སྣེ་ཤིག་རྒྱ། ཞེང་61.4cm×དཀྱུས་7.4cm

般若波罗蜜多经十万颂

不全 写本 乌金体 9行 梵夹装 开本：宽69.7cm×高19.1cm 版框：宽61.4cm×高7.4cm

540000-00000155

༄། །འཕགས་པ་ཤེས་རབ་ཀྱི་ཕ་རོལ་ཏུ་ཕྱིན་པ་སྟོང་ཕྲག་བརྒྱ་པ།། ཕོད་ཀ་པ།

ཆ་མི་ཚང་བ། ཐྲིས་མ། དབུ་ཅན། ཡིག་ཕྲེང་དགུ་ཅན། གླེགས་བམ། ཤོག་རྒྱ། ཞེང་71cm×དཀྱུས་21.6cm སྙེ་ཐིག་རྒྱ། ཞེང་58.4cm×དཀྱུས་9.7cm

般若波罗蜜多经十万颂

不全 写本 乌金体 9行 梵夹装 开本：宽71cm×高21.6cm 版框：宽58.4cm×高9.7cm

540000-00000156

༄། །འཕགས་པ་ཤེས་རབ་ཀྱི་ཕ་རོལ་ཏུ་ཕྱིན་པ་སྟོང་ཕྲག་བརྒྱ་པ།། ཕོད་ཅ་པ།

 ཆ་མི་ཚང་བ། ཐྲིས་མ། དབུ་ཅན། ཡིག་ཕྲེང་བརྒྱད་ཅན། གླེགས་བམ། ཤོག་རྒྱ། ཞེང་70cm×དཀྱུས་19.2cm སྙེ་ཐིག་རྒྱ། ཞེང་59.4cm×དཀྱུས་10.5cm

般若波罗蜜多经十万颂

不全 写本 乌金体 8行 梵夹装 开本：宽70cm×高19.2cm 版框：宽59.4cm×高10.5cm

540000-00000157

༄། །འཕགས་པ་དཀོན་མཆོག་བརྩེགས་པའི་མདོ།། ཕོད་ག་པ།

ཆ་མི་ཚང་བ། ཐྲིས་མ། དབུ་ཅན། ཡིག་ཕྲེང་བདུན་ཅན། གླེགས་བམ། ཤོག་རྒྱ། ཞེང་69cm×དཀྱུས་20.5cm སྙེ་ཐིག་རྒྱ། ཞེང་58cm×དཀྱུས་9.4cm

大乘宝积经

不全 写本 乌金体 7行 梵夹装 开本：宽69cm×高20.5cm 版框：宽58cm×高9.4cm

540000-00000158

༄། །འཕགས་པ་ཤེས་རབ་ཀྱི་ཕ་རོལ་ཏུ་ཕྱིན་པ་སྟོང་ཕྲག་བརྒྱ་པ། །

ཆ་མི་ཚང་བ། བྲིས་མ། དབུ་ཅན། ཡིག་ཕྲེང་བདུན་ཅན། གླེགས་བམ། ཤོག་ཀྱུ། ཞེང་70cm×དཀྱུས་20.5cm སྙེ་ཐིག་ཀྱུ། ཞེང་59.2cm×དཀྱུས་8.9cm

般若波罗蜜多经十万颂

不全 写本 乌金体 7行 梵夹装 开本：宽70cm×高20.5cm 版框：宽59.2cm×高8.9cm

540000-00000159

༄། །འཕགས་པ་ཤེས་རབ་ཀྱི་ཕ་རོལ་ཏུ་ཕྱིན་པ་སྟོང་ཕྲག་བརྒྱ་པ། །

ཆ་མི་ཚང་བ། བྲིས་མ། དབུ་ཅན། ཡིག་ཕྲེང་བདུན་ཅན། གླེགས་བམ། ཤོག་ཀྱུ། ཞེང་71.2cm×དཀྱུས་26cm སྙེ་ཐིག་ཀྱུ། ཞེང་60cm×དཀྱུས་10.5cm

般若波罗蜜多经十万颂

不全 写本 乌金体 7行 梵夹装 开本：宽71.2cm×高26cm 版框：宽60cm×高10.5cm

540000-00000160

༄། །འཕགས་པ་ཤེས་རབ་ཀྱི་ཕ་རོལ་ཏུ་ཕྱིན་པ་སྟོང་ཕྲག་བརྒྱ་པ། ། པོད་ཀ་པ།

ཆ་མི་ཚང་བ། བྲིས་མ། དབུ་ཅན། ཡིག་ཕྲེང་བདུན་ཅན། གླེགས་བམ། ཤོག་ཀྱུ། ཞེང་69.8cm×དཀྱུས་21cm སྙེ་ཐིག་ཀྱུ། ཞེང་29cm×དཀྱུས་9cm

般若波罗蜜多经十万颂

不全 写本 乌金体 7行 梵夹装 开本：宽69.8cm×高21cm 版框：宽29cm×高9cm

540000-00000161

༄། །འཕགས་པ་ཤེས་རབ་ཀྱི་ཕ་རོལ་ཏུ་ཕྱིན་པ་སྟོང་ཕྲག་བརྒྱ་པ།། པོད་ང་པ།

ཆ་མི་ཚང་བ། བྲིས་མ། དབུ་ཅན། ཡིག་ཕྲེང་བདུན་ཅན། གླེགས་བམ། ཤོག་གྲྭ། ཞེང་66cm×དཀྱུས་22.5cm སྙེ་ཤིག་གྲྭ། ཞེང་56cm×དཀྱུས་9cm

般若波罗蜜多经十万颂

不全 写本 乌金体 7行 梵夹装 开本：宽66cm×高22.5cm 版框：宽56cm×高9cm

540000-00000161

༄། །སངས་རྒྱས་ཕལ་པོ་ཆེ་ཞེས་བྱ་བ་ཤིན་ཏུ་རྒྱས་པའི་ཐེག་པ་ཆེན་པོའི་མདོ།། པོད་ཁ་པ།

ཆ་མི་ཚང་བ། བྲིས་མ། དབུ་ཅན། ཡིག་ཕྲེང་བདུན་ཅན། གླེགས་བམ། ཤོག་གྲྭ། ཞེང་71.8cm×དཀྱུས་25cm སྙེ་ཤིག་གྲྭ། ཞེང་59.5cm×དཀྱུས་10.2cm

大方广佛华严经八十华严

不全 写本 乌金体 7行 梵夹装 开本：宽71.8cm×高25cm 版框：宽59.5cm×高10.2cm

540000-00000162

༄། །འཕགས་པ་ཤེས་རབ་ཀྱི་ཕ་རོལ་ཏུ་ཕྱིན་པ་བརྒྱད་སྟོང་པ།། པོད་ཉ་པ།

ཆ་མི་ཚང་བ། བྲིས་མ། དབུ་ཅན། ཡིག་ཕྲེང་བདུན་ཅན། གླེགས་བམ། ཤོག་གྲྭ། ཞེང་71.8cm×དཀྱུས་21.8cm སྙེ་ཤིག་གྲྭ། ཞེང་56.4cm×དཀྱུས་9.2cm

般若波罗蜜多经八千颂

不全 写本 乌金体 7行 梵夹装 开本：宽71.8cm×高21.8cm 版框：宽56.4cm×高9.2cm

540000-00000163

༄། །འཕགས་པ་ཤེས་རབ་ཀྱི་ཕ་རོལ་ཏུ་ཕྱིན་པ་སྡུད་པ་ཚིགས་སུ་བཅད་པ། ། ཡོད་ཁ་པ།

ཆ་མི་ཚང་བ། བྲིས་མ། དབུ་ཅན། ཡིག་ཕྲེང་བདུན་ཅན། གླེགས་བམ། ཤོག་རྒྱ། ཞེང་68.2cm×དཀྱུས་19.7cm སྣེ་ཐིག་རྒྱ། ཞེང་57.5cm×དཀྱུས་10.6cm

佛说佛母宝德藏般若波罗蜜多经

不全 写本 乌金体 7行 梵夹装 开本：宽68.2cm×高19.7cm 版框：宽57.5cm×高10.6cm

540000-00000164

༄། །འཕགས་པ་ཤེས་རབ་ཀྱི་ཕ་རོལ་ཏུ་ཕྱིན་པ་སྟོང་ཕྲག་བརྒྱ་པ། ། ཡོད་ཏ་པ།

ཆ་མི་ཚང་བ། བྲིས་མ། དབུ་ཅན། ཡིག་ཕྲེང་བརྒྱད་ཅན། གླེགས་བམ། ཤོག་རྒྱ། ཞེང་70.5cm×དཀྱུས་19.2cm སྣེ་ཐིག་རྒྱ། ཞེང་62cm×དཀྱུས་10.1cm

般若波罗蜜多经十万颂

不全 写本 乌金体 8行 梵夹装 开本：宽70.5cm×高19.2cm 版框：宽62cm×高10.1cm

540000-00000165

༄། །འཕགས་པ་ཤེས་རབ་ཀྱི་ཕ་རོལ་ཏུ་ཕྱིན་པ་སྟོང་ཕྲག་བརྒྱ་པ། ། ཡོད་ང་པ།

ཆ་མི་ཚང་བ། བྲིས་མ། དབུ་ཅན། ཡིག་ཕྲེང་བདུན་ཅན། གླེགས་བམ། ཤོག་རྒྱ། ཞེང་69.6cm×དཀྱུས་22cm སྣེ་ཐིག་རྒྱ། ཞེང་59.2cm×དཀྱུས་9.2cm

般若波罗蜜多经十万颂

不全 写本 乌金体 7行 梵夹装 开本：宽69.6cm×高22cm 版框：宽59.2cm×高9.2cm

540000-00000166

༄། །འཕགས་པ་ཤེས་རབ་ཀྱི་ཕ་རོལ་ཏུ་ཕྱིན་པ་སྟོང་ཕྲག་བརྒྱ་པ།། བོད་ཇ་པ།

ཆ་མི་ཚང་བ། བྲིས་མ། དབུ་ཅན། ཡིག་ཕྲེང་བདུན་ཅན། གླེགས་བམ། ཤོག་རྒྱ། ཞེང་68.3cm×དཀྱུས་20.6cm སྙེ་ཐིག་རྒྱ། ཞེང་56.2cm×དཀྱུས་9.2cm

般若波罗蜜多经十万颂

不全 写本 乌金体 7行 梵夹装 开本：宽68.3cm×高20.6cm 版框：宽56.2cm×高9.2cm

540000-00000167

༄། །འཕགས་པ་ཤེས་རབ་ཀྱི་ཕ་རོལ་ཏུ་ཕྱིན་པ་སྟོང་ཕྲག་ཉི་ཤུ་ལྔ་པ། བོད་ག་པ།

ཆ་མི་ཚང་བ། བྲིས་མ། དབུ་ཅན། ཡིག་ཕྲེང་དྲུག་ཅན། གླེགས་བམ། ཤོག་རྒྱ། ཞེང་70cm×དཀྱུས་22cm སྙེ་ཐིག་རྒྱ། ཞེང་57.8cm×དཀྱུས་8cm

般若波罗蜜多经两万五千颂

不全 写本 乌金体 6行 梵夹装 开本：宽70cm×高22cm 版框：宽57.8cm×高8cm

540000-00000168

༄། །འཕགས་པ་ཤེས་རབ་ཀྱི་ཕ་རོལ་ཏུ་ཕྱིན་པ་རྡོ་རྗེ་གཅོད་པ།། བོད་ཇ་པ།

ཆ་མི་ཚང་བ། བྲིས་མ། དབུ་ཅན། ཡིག་ཕྲེང་བདུན་ཅན། གླེགས་བམ། ཤོག་རྒྱ། ཞེང་69.8cm×དཀྱུས་21.8cm སྙེ་ཐིག་རྒྱ། ཞེང་59cm×དཀྱུས་9cm

大般若波罗蜜多经第九会

不全 写本 乌金体 7行 梵夹装 开本：宽69.8cm×高21.8cm 版框：宽59cm×高9cm

540000-00000169

༄༅། །སངས་རྒྱས་ཕལ་པོ་ཆེ་ཞེ་བྱ་བ་ཤིན་ཏུ་རྒྱས་པ་ཐེག་པ་ཆེན་པོའི་མདོ།། པོད་ཆ་པ།

ཆ་མི་ཚང་བ། བྲིས་མ། དབུ་ཅན། ཡིག་ཕྲེང་དྲུག་ཅན། གླེགས་བམ། ཤོག་ཀྱུ། ཞེང་69.6cm×དཀྱུས་20cm སྣེ་ཐིག་ཀྱུ། ཞེང་58cm×དཀྱུས་8cm

大方广佛华严经八十华严

不全 写本 乌金体 6行 梵夹装 开本：宽69.6cm×高20cm 版框：宽58cm×高8cm

540000-00000170

༄༅། །འཕགས་པ་ཤེས་རབ་ཀྱི་ཕ་རོལ་ཏུ་ཕྱིན་པ་སྟོང་ཕྲག་བརྒྱ་པ།། པོད་ཁ་པ།

ཆ་མི་ཚང་བ། བྲིས་མ། དབུ་ཅན། ཡིག་ཕྲེང་བདུན་ཅན། གླེགས་བམ། ཤོག་ཀྱུ། ཞེང་70.5cm×དཀྱུས་24cm སྣེ་ཐིག་ཀྱུ། ཞེང་58cm×དཀྱུས་10.5cm

般若波罗蜜多经十万颂

不全 写本 乌金体 7行 梵夹装 开本：宽70.5cm×高24cm 版框：宽58cm×高10.5cm

540000-00000171

༄༅། །འཕགས་པ་ཤེས་རབ་ཀྱི་ཕ་རོལ་ཏུ་ཕྱིན་པ་སྟོང་ཕྲག་བརྒྱ་པ།། པོད་ཙ་པ།

ཆ་མི་ཚང་བ། བྲིས་མ། དབུ་ཅན། ཡིག་ཕྲེང་བདུན་ཅན། གླེགས་བམ། ཤོག་ཀྱུ། ཞེང་71.6cm×དཀྱུས་22.1cm སྣེ་ཐིག་ཀྱུ། ཞེང་59cm×དཀྱུས་9.8cm

般若波罗蜜多经十万颂

不全 写本 乌金体 7行 梵夹装 开本：宽71.6cm×高22.1cm 版框：宽59cm×高9.8cm

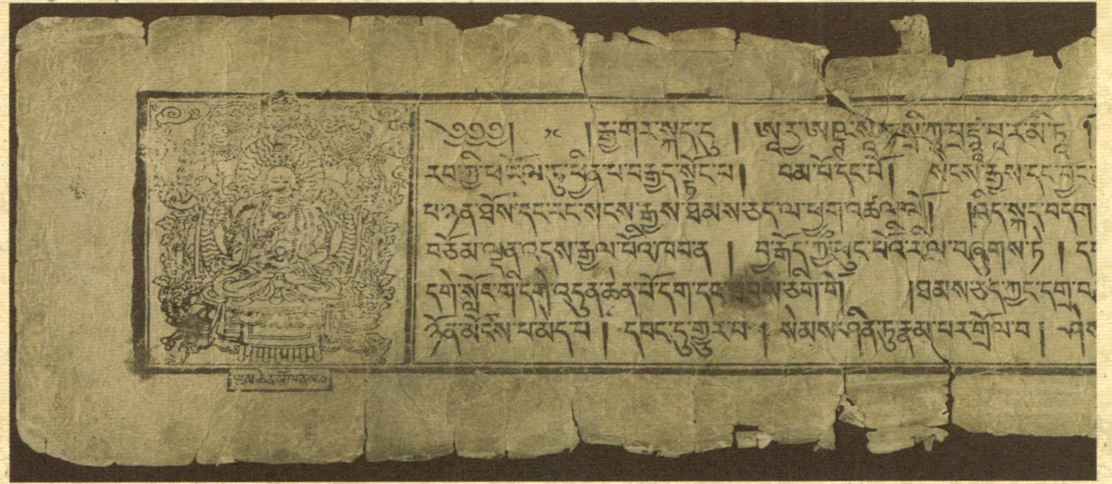

དུས་རབས་17-18པའི་ཡར་སྟོད་ཤམ་བུ་ཁའི་སྐྱར་མའི་དབུ་ཞབས་ལྷ་སྐུ་ཤེར་ཕྱིན་ཡུམ།

17-18 世纪亚堆香布卡刻本扉页般若佛母

540000-00000172

༄། །སྣ་ཚོགས། །

ཆ་མི་ཚང་བ། བྲིས་མ། དབུ་ཅན། ཡིག་ཕྲེང་བརྒྱད་ཅན། གླེགས་བམ། ཤོག་གྲྭ། ཞེང་69.8cm×དཀྱུས་19.1cm སྣེ་ཐིག་གྲྭ། ཞེང་61.3cm×དཀྱུས་11cm

杂部

不全 写本 乌金体 8行 梵夹装 开本：宽69.8cm×高19.1cm 版框：宽61.3cm×高11cm

540000-00000173

༄། །འཕགས་པ་ཤེས་རབ་ཀྱི་ཕ་རོལ་ཏུ་ཕྱིན་པ་སྟོང་ཕྲག་བརྒྱ་པ།། པོད་ད་པ།

ཆ་མི་ཚང་བ། བྲིས་མ། དབུ་ཅན། ཡིག་ཕྲེང་བདུན་ཅན། གླེགས་བམ། ཤོག་རྒྱ། ཞེང་71.2cm×དཀྱུས་22.1cm སྣེ་ཤིག་རྒྱ། ཞེང་58.4cm×དཀྱུས་9.8cm

般若波罗蜜多经十万颂

不全 写本 乌金体 7行 梵夹装 开本：宽71.2cm×高22.1cm 版框：宽58.4cm×高9.8cm

540000-00000174

༄། །འཕགས་པ་ཤེས་རབ་ཀྱི་ཕ་རོལ་ཏུ་ཕྱིན་པ་སྟོང་ཕྲག་བརྒྱ་པ།། པོད་ཕ་པ།

ཆ་མི་ཚང་བ། བྲིས་མ། དབུ་ཅན། ཡིག་ཕྲེང་བདུན་ཅན། གླེགས་བམ། ཤོག་རྒྱ། ཞེང་70cm×དཀྱུས་21.8cm སྣེ་ཤིག་རྒྱ། ཞེང་57.2cm×དཀྱུས་9.3cm

般若波罗蜜多经十万颂

不全 写本 乌金体 7行 梵夹装 开本：宽70cm×高21.8cm 版框：宽57.2cm×高9.3cm

540000-00000175

༄། །འཕགས་པ་ཤེས་རབ་ཀྱི་ཕ་རོལ་ཏུ་ཕྱིན་པ་བརྒྱད་སྟོང་པ།། པོད་ཀ་པ།

ཆ་མི་ཚང་བ། བྲིས་མ། དབུ་ཅན། ཡིག་ཕྲེང་བརྒྱད་ཅན། གླེགས་བམ། ཤོག་རྒྱ། ཞེང་70.5cm×དཀྱུས་25.5cm སྣེ་ཤིག་རྒྱ། ཞེང་59.6cm×དཀྱུས་11.8cm

般若波罗蜜多经八千颂

不全 写本 乌金体 8行 梵夹装 开本：宽70.5cm×高25.5cm 版框：宽59.6cm×高11.8cm

540000-00000176

༄། །མདོ་སྡེ་དཀོན་མཆོག་བརྩེགས་པ་ཞེས་བྱ་བ་ཐེག་པ་ཆེན་པོའི་མདོ། །

ཆ་མི་ཚང་བ། བྲིས་མ། དབུ་ཅན། ཡིག་ཕྲེང་བདུན་ཅན། གློགས་བམ། ཤོག་ཀྱུ། ཞེང་70.5cm×དཀྱུས་22cm སྣེ་ཐིག་ཀྱི། ཞེང་57.8cm×དཀྱུས་10cm

大乘宝积经

不全 写本 乌金体 7行 梵夹装 开本：宽70.5cm×高22cm 版框：宽57.8cm×高10cm

540000-00000177

༄། །མདོ་སྡེ་དཀོན་མཆོག་བརྩེགས་པ་ཞེས་བྱ་བ་ཐེག་པ་ཆེན་པོའི་མདོ། ། པོད་ཆ་པ།

 ཆ་མི་ཚང་བ། བྲིས་མ། དབུ་ཅན། ཡིག་ཕྲེང་བདུན་ཅན། གློགས་བམ། ཤོག་ཀྱུ། ཞེང་71cm×དཀྱུས་21.3cm སྣེ་ཐིག་ཀྱི། ཞེང་58.8cm×དཀྱུས་8.3cm

大乘宝积经

不全 写本 乌金体 7行 梵夹装 开本：宽71cm×高21.3cm 版框：宽58.8cm×高8.3cm

540000-00000178

༄། །སངས་རྒྱས་ཕལ་པོ་ཆེ་ཞེས་བྱས་བ་ཤིན་ཏུ་རྒྱས་པ་ཆེན་པོའི་མདོ། ། པོད་ག་པ།

ཆ་མི་ཚང་བ། བྲིས་མ། དབུ་ཅན། ཡིག་ཕྲེང་དྲུག་ཅན། གློགས་བམ། ཤོག་ཀྱུ། ཞེང་70.2cm×དཀྱུས་20cm སྣེ་ཐིག་ཀྱི། ཞེང་59.6cm×དཀྱུས་7.5cm

大方广佛华严经八十华严

不全 写本 乌金体 6行 梵夹装 开本：宽70.2cm×高20cm 版框：宽59.6cm×高7.5cm

540000-00000179

༄། །སྣ་ཚོགས། །

ཆ་མི་ཚང་བ། བྲིས་མ། དབུ་ཅན། ཡིག་ཕྲེང་དྲུག་ཅན། གླེགས་བམ། ཤོག་ཀྱུ། ཞེང་42cm×དཀྱུས་8.5cm སྣེ་ཐིག་ཀྱུ། ཞེང་34cm×དཀྱུས་5.2cm

杂部

不全 写本 乌金体 6行 梵夹装 开本：宽42cm×高8.5cm 版框：宽34cm×高5.2cm

540000-00000180

༄། །འཕགས་པ་ཤེས་རབ་ཀྱི་ཕ་རོལ་ཏུ་ཕྱིན་པ་སྟོང་ཕྲག་བརྒྱ་པ། །　པོད་ཕ་པ།

ཆ་མི་ཚང་བ། བྲིས་མ། དབུ་ཅན། ཡིག་ཕྲེང་བརྒྱད་ཅན། གླེགས་བམ། ཤོག་ཀྱུ། ཞེང་75cm×དཀྱུས་28cm སྣེ་ཐིག་ཀྱུ། ཞེང་63.5cm×དཀྱུས་13.4cm

般若波罗蜜多经十万颂

不全 写本 乌金体 8行 梵夹装 开本：宽75cm×高28cm 版框：宽63.5cm×高13.4cm

540000-00000181

༄། །འཕགས་པ་ཤེས་རབ་ཀྱི་ཕ་རོལ་ཏུ་ཕྱིན་པ་སྟོང་ཕྲག་བརྒྱ་པ། །　པོད་ཏ་པ།

ཆ་མི་ཚང་བ། བྲིས་མ། དབུ་ཅན། ཡིག་ཕྲེང་བརྒྱད་ཅན། གླེགས་བམ། ཤོག་ཀྱུ། ཞེང་73cm×དཀྱུས་28cm སྣེ་ཐིག་ཀྱུ། ཞེང་63.8cm×དཀྱུས་11.8cm

般若波罗蜜多经十万颂

不全 写本 乌金体 8行 梵夹装 开本：宽73cm×高28cm 版框：宽63.8cm×高11.8cm

540000-00000182

༄། །འཕགས་པ་ཤེས་རབ་ཀྱི་ཕ་རོལ་ཏུ་ཕྱིན་པ་སྟོང་ཕྲག་བརྒྱ་པ། ། པོད་ཀ་པ།

ཆ་མི་ཚང་བ། བྲིས་མ། དབུ་ཅན། ཡིག་ཕྲེང་བརྒྱད་ཅན། གླེགས་བམ། ཤོག་གྲྭ། ཞེང་70.3cm×དཀྱུས་25.6cm སྣེ་ཐིག་གྲྭ། ཞེང་59.5cm×དཀྱུས་10.6cm

般若波罗蜜多经十万颂

不全 写本 乌金体 8行 梵夹装 开本：宽70.3cm×高25.6cm 版框：宽59.5cm×高10.6cm

540000-00000183

༄། །འཕགས་པ་ཤེས་རབ་ཀྱི་ཕ་རོལ་ཏུ་ཕྱིན་པ་བརྒྱད་སྟོང་། ། པོད་ཁ་པ།

ཆ་མི་ཚང་བ། བྲིས་མ། དབུ་ཅན། ཡིག་ཕྲེང་བདུན་ཅན། གླེགས་བམ། ཤོག་གྲྭ། ཞེང་57.7cm×དཀྱུས་17.2cm སྣེ་ཐིག་གྲྭ། ཞེང་49.6cm×དཀྱུས་9.5cm

般若波罗蜜多经八千颂

不全 写本 乌金体 7行 梵夹装 开本：宽57.7cm×高17.2cm 版框：宽49.6cm×高9.5cm

540000-00000184

༄། །འཕགས་པ་ཤེས་རབ་ཀྱི་ཕ་རོལ་ཏུ་ཕྱིན་པ་སྟོང་ཕྲག་བརྒྱ་པ། ། པོད་པ་པ།

ཆ་མི་ཚང་བ། བྲིས་མ། དབུ་ཅན། ཡིག་ཕྲེང་བརྒྱད་ཅན། གླེགས་བམ། ཤོག་གྲྭ། ཞེང་69.8cm×དཀྱུས་20cm སྣེ་ཐིག་གྲྭ། ཞེང་59cm×དཀྱུས་10cm

般若波罗蜜多经十万颂

不全 写本 乌金体 8行 梵夹装 开本：宽69.8cm×高20cm 版框：宽59cm×高10cm

540000-00000185

༄༅། །སངས་རྒྱས་ཕལ་པོ་ཆེ་ཞེས་བྱ་བ་ཤིན་ཏུ་རྒྱས་པ་ཆེན་པོའི་མདོ། ། པོད་ག་པ།

ཆ་མི་ཚང་བ། བྲིས་མ། དབུ་ཅན། ཡིག་ཕྲེང་དྲུག་ཅན། གླེགས་བམ། ཤོག་རྒྱ། ཞེང་67.5cm×དཀྱུས་19.4cm སྙེ་ཤིག་རྒྱ། ཞེང་46.6cm×དཀྱུས་7.3cm

大方广佛华严经八十华严

不全 写本 乌金体 6行 梵夹装 开本：宽67.5cm×高19.4cm 版框：宽46.6cm×高7.3cm

540000-00000186

༄༅། །སངས་རྒྱས་ཕལ་པོ་ཆེ་ཞེས་བྱ་བ་ཤིན་ཏུ་རྒྱས་པ་ཆེན་པོའི་མདོ། ། པོད་ག་པ།

ཆ་མི་ཚང་བ། བྲིས་མ། དབུ་ཅན། ཡིག་ཕྲེང་དྲུག་ཅན། གླེགས་བམ། ཤོག་རྒྱ། ཞེང་70cm×དཀྱུས་20.5cm སྙེ་ཤིག་རྒྱ། ཞེང་60cm×དཀྱུས་7.8cm

大方广佛华严经八十华严

不全 写本 乌金体 6行 梵夹装 开本：宽70cm×高20.5cm 版框：宽60cm×高7.8cm

540000-00000187

༄༅། །འཕགས་པ་ཤེས་རབ་ཀྱི་ཕ་རོལ་ཏུ་ཕྱིན་པ་སྟོང་ཕྲག་བརྒྱ་པ། ། པོད་ག་པ།

ཆ་མི་ཚང་བ། བྲིས་མ། དབུ་ཅན། ཡིག་ཕྲེང་བདུན་ཅན། གླེགས་བམ། ཤོག་རྒྱ། ཞེང་70.2cm×དཀྱུས་22.5cm སྙེ་ཤིག་རྒྱ། ཞེང་59.1cm×དཀྱུས་9cm

般若波罗蜜多经十万颂

不全 写本 乌金体 7行 梵夹装 开本：宽70.2cm×高22.5cm 版框：宽59.1cm×高9cm

540000-00000188

༄། །འཕགས་པ་ཤེས་རབ་ཀྱི་ཕ་རོལ་ཏུ་ཕྱིན་པ་སྟོང་ཕྲག་བརྒྱ་པ།། བོད་ཁ་པ།

ཆ་མི་ཚང་བ། བྲིས་མ། དབུ་ཅན། ཡིག་ཕྲེང་བདུན་ཅན། གླེགས་བམ། ཤོག་ཀྱུ། ཞེང་67.3cm×དཀྱུས་22cm སྙེ་ཐིག་ཀྱུ། ཞེང་55.6cm×དཀྱུས་10cm

般若波罗蜜多经十万颂

不全 写本 乌金体 7行 梵夹装 开本：宽67.3cm×高22cm 版框：宽55.6cm×高10cm

540000-00000189

༄། །འཕགས་པ་ཤེས་རབ་ཀྱི་ཕ་རོལ་ཏུ་ཕྱིན་པ་བརྒྱད་སྟོང་པ།། བོད་ཀ་པ།

 ཆ་མི་ཚང་བ། བྲིས་མ། དབུ་ཅན། ཡིག་ཕྲེང་བརྒྱད་ཅན། གླེགས་བམ། ཤོག་ཀྱུ། ཞེང་69.6cm×དཀྱུས་21.5cm སྙེ་ཐིག་ཀྱུ། ཞེང་61.4cm×དཀྱུས་12.3cm

般若波罗蜜多经八千颂

不全 写本 乌金体 8行 梵夹装 开本：宽69.6cm×高21.5cm 版框：宽61.4cm×高12.3cm

540000-00000190

༄། །འཕགས་པ་ཤེས་རབ་ཀྱི་ཕ་རོལ་ཏུ་ཕྱིན་པ་བརྒྱད་སྟོང་པ།། བོད་ཁ་པ།

ཆ་མི་ཚང་བ། བྲིས་མ། དབུ་ཅན། ཡིག་ཕྲེང་བདུན་ཅན། གླེགས་བམ། ཤོག་ཀྱུ། ཞེང་69.6cm×དཀྱུས་20cm སྙེ་ཐིག་ཀྱུ། ཞེང་57cm×དཀྱུས་9cm

般若波罗蜜多经八千颂

不全 写本 乌金体 7行 梵夹装 开本：宽69.6cm×高20cm 版框：宽57cm×高9cm

540000-00000191

༄། །འཕགས་པ་ཤེས་རབ་ཀྱི་ཕ་རོལ་ཏུ་ཕྱིན་པ་བརྒྱད་སྟོང་པ། ། བོད་ཀ་པ།

ཆ་མི་ཚང་བ། བྲིས་མ། དབུ་ཅན། ཡིག་ཕྲེང་བདུན་ཅན། གླེགས་བམ། ཤོག་གྲྭ། ཞེང་66cm×དཀྱུས་23cm སྣེ་ཤིག་གྲྭ། ཞེང་56.8cm×དཀྱུས་10.5cm

般若波罗蜜多经八千颂

不全 写本 乌金体 7行 梵夹装 开本：宽66cm×高23cm 版框：宽56.8cm×高10.5cm

540000-00000192

༄། །འཕགས་པ་ཤེས་རབ་ཀྱི་ཕ་རོལ་ཏུ་ཕྱིན་པ་སྟོང་ཕྲག་བརྒྱ་པ། ། བོད་ཆ་པ།

ཆ་མི་ཚང་བ། བྲིས་མ། དབུ་ཅན། ཡིག་ཕྲེང་བདུན་ཅན། གླེགས་བམ། ཤོག་གྲྭ། ཞེང་58.5cm×དཀྱུས་22cm སྣེ་ཤིག་གྲྭ། ཞེང་60.8cm×དཀྱུས་7.3cm

般若波罗蜜多经十万颂

不全 写本 乌金体 7行 梵夹装 开本：宽58.5cm×高22cm 版框：宽60.8cm×高7.3cm

540000-00000193

༄། །འཕགས་པ་ཤེས་རབ་ཀྱི་ཕ་རོལ་ཏུ་ཕྱིན་པ་ཉི་ཁྲི། ། བོད་ཀ་པ།

ཆ་མི་ཚང་བ། བྲིས་མ། དབུ་ཅན། ཡིག་ཕྲེང་དྲུག་ཅན། གླེགས་བམ། ཤོག་གྲྭ། ཞེང་65cm×དཀྱུས་18.4cm སྣེ་ཤིག་གྲྭ། ཞེང་54.4cm×དཀྱུས་7.2cm

般若波罗蜜多经两万颂

不全 写本 乌金体 6行 梵夹装 开本：宽65cm×高18.4cm 版框：宽54.4cm×高7.2cm

540000-00000194

༄། །སངས་རྒྱས་ཕལ་པོ་ཆེ་ཞེས་བྱ་བ་ཤིན་ཏུ་རྒྱས་པ་ཐེག་པ་ཆེན་པོའི་མདོ། ། པོད་ཆ་པ།

ཆ་མི་ཚང་བ། བྲིས་མ། དབུ་ཅན། ཡིག་ཕྲེང་བདུན་ཅན། སྒྲིགས་བམ། ཤོག་གྲྭ། ཞེང་71cm×དཀྱུས་21.6cm སྣེ་ཐིག་གྲྭ། ཞེང་59cm×དཀྱུས་9cm

大方广佛华严经八十华严

不全 写本 乌金体 7行 梵夹装 开本：宽71cm×高21.6cm 版框：宽59cm×高9cm

540000-00000195

༄། །འཕགས་པ་ཤེས་རབ་ཀྱི་ཕ་རོལ་ཏུ་ཕྱིན་པ་སྟོང་ཕྲག་བརྒྱ་པ། ། པོད་ད་པ།

ཆ་མི་ཚང་བ། བྲིས་མ། དབུ་ཅན། ཡིག་ཕྲེང་དགུ་ཅན། སྒྲིགས་བམ། ཤོག་གྲྭ། ཞེང་69.7cm×དཀྱུས་19.5cm སྣེ་ཐིག་གྲྭ། ཞེང་61.2cm×དཀྱུས་10.3cm

般若波罗蜜多经十万颂

不全 写本 乌金体 9行 梵夹装 开本：宽69.7cm×高19.5cm 版框：宽61.2cm×高10.3cm

540000-00000196

༄། །འཕགས་པ་ཤེས་རབ་ཀྱི་ཕ་རོལ་ཏུ་ཕྱིན་པ་སྟོང་ཕྲག་བརྒྱ་པ། ། པོད་ཨ་པ།

ཆ་མི་ཚང་བ། བྲིས་མ། དབུ་ཅན། ཡིག་ཕྲེང་བརྒྱད་ཅན། སྒྲིགས་བམ། ཤོག་གྲྭ། ཞེང་69cm×དཀྱུས་23.8cm སྣེ་ཐིག་གྲྭ། ཞེང་58.9cm×དཀྱུས་12.5cm

般若波罗蜜多经十万颂

不全 写本 乌金体 8行 梵夹装 开本：宽69cm×高23.8cm 版框：宽58.9cm×高12.5cm

540000-00000197

༄། །འཕགས་པ་ཤེས་རབ་ཀྱི་ཕ་རོལ་ཏུ་ཕྱིན་པ་བརྒྱད་སྟོང་པ།   པོད་ཀ་པ།

ཆ་མི་ཚང་བ། བྲིས་མ། དབུ་ཅན། ཡིག་ཕྲེང་བརྒྱད་ཅན། གླེགས་བམ། ཤོག་ཀྱུ། ཞེང་71.3cm×དཀྱུས་28.5cm སྣེ་ཐིག་ཀྱུ། ཞེང་61.1cm×དཀྱུས་11.8cm

般若波罗蜜多经八千颂

不全 写本 乌金体 8行 梵夹装 开本：宽71.3cm×高28.5cm 版框：宽61.1cm×高11.8cm

540000-00000198

༄། །འཕགས་པ་ཤེས་རབ་ཀྱི་ཕ་རོལ་ཏུ་ཕྱིན་པ་སྟོང་ཕྲག་བརྒྱ་པ།

ཆ་མི་ཚང་བ། བྲིས་མ། དབུ་ཅན། ཡིག་ཕྲེང་བདུན་ཅན། གླེགས་བམ། ཤོག་ཀྱུ། ཞེང་71.5cm×དཀྱུས་23cm སྣེ་ཐིག་ཀྱུ། ཞེང་57cm×དཀྱུས་9.7cm

般若波罗蜜多经十万颂

不全 写本 乌金体 7行 梵夹装 开本：宽71.5cm×高23cm 版框：宽57cm×高9.7cm

540000-00000199

༄། །འཕགས་པ་ཤེས་རབ་ཀྱི་ཕ་རོལ་ཏུ་ཕྱིན་པ་སྟོང་ཕྲག་བརྒྱ་པ།   པོད་ཀ་པ།

ཆ་མི་ཚང་བ། བྲིས་མ། དབུ་ཅན། ཡིག་ཕྲེང་བརྒྱད་ཅན། གླེགས་བམ། ཤོག་ཀྱུ། ཞེང་73.7cm×དཀྱུས་27.6cm སྣེ་ཐིག་ཀྱུ། ཞེང་62.7cm×དཀྱུས་12cm

般若波罗蜜多经十万颂

不全 写本 乌金体 8行 梵夹装 开本：宽73.7cm×高27.6cm 版框：宽62.7cm×高12cm

540000-00000200

༄། །འཕགས་པ་ཤེས་རབ་ཀྱི་ཕ་རོལ་ཏུ་ཕྱིན་པ་སྟོང་ཕྲག་བརྒྱ་པ། ། པོད་ཕ་པ།

ཆ་མི་ཚང་བ། བྲིས་མ། དབུ་ཅན། ཡིག་ཕྲེང་བརྒྱད་ཅན། གླེགས་བམ། ཤོག་ཀྱུ། ཞེང་74cm×དཀྱུས་27.3cm སྣེ་ཐིག་ཀྱུ། ཞེང་63.4cm×དཀྱུས་12.8cm

般若波罗蜜多经十万颂

不全 写本 乌金体 8行 梵夹装 开本：宽74cm×高27.3cm 版框：宽63.4cm×高12.8cm

540000-00000201

༄། །འཕགས་པ་ཤེས་རབ་ཀྱི་ཕ་རོལ་ཏུ་ཕྱིན་པ་སྟོང་ཕྲག་བརྒྱ་པ། ། པོད་པ་པ།

ཆ་མི་ཚང་བ། བྲིས་མ། དབུ་ཅན། ཡིག་ཕྲེང་བདུན་ཅན། གླེགས་བམ། ཤོག་ཀྱུ། ཞེང་67.8cm×དཀྱུས་23.6cm སྣེ་ཐིག་ཀྱུ། ཞེང་58.8cm×དཀྱུས་10cm

般若波罗蜜多经十万颂

不全 写本 乌金体 7行 梵夹装 开本：宽67.8cm×高23.6cm 版框：宽58.8cm×高10cm

540000-00000202

༄། །འཕགས་པ་ཤེས་རབ་ཀྱི་ཕ་རོལ་ཏུ་ཕྱིན་པ་སྟོང་ཕྲག་བརྒྱ་པ། ། པོད་ཉ་པ།

ཆ་མི་ཚང་བ། བྲིས་མ། དབུ་ཅན། ཡིག་ཕྲེང་བདུན་ཅན། གླེགས་བམ། ཤོག་ཀྱུ། ཞེང་70cm×དཀྱུས་22.2cm སྣེ་ཐིག་ཀྱུ། ཞེང་56cm×དཀྱུས་9.3cm

般若波罗蜜多经十万颂

不全 写本 乌金体 7行 梵夹装 开本：宽70cm×高22.2cm 版框：宽56cm×高9.3cm

540000-00000203

༄། །འཕགས་པ་ཤེས་རབ་ཀྱི་ཕ་རོལ་ཏུ་ཕྱིན་པའི་སྒོ་ཉི་ཤུ་རྩ་ལྔ་པ་ཞེས་བྱ་བ་ཐེག་པ་ཆེན་པོའི་མདོ།། པོད་ཀ་པ།

ཚ་མི་ཚང་བ། བྲིས་མ། དབུ་ཅན། ཡིག་ཕྲེང་བདུན་ཅན། གླེགས་བམ། ཤོག་ཀྱུ། ཞེང་70.6cm×དཀྱུས་23.2cm སྣེ་ཤིག་ཀྱུ། ཞེང་61cm×དཀྱུས་9.3cm

般若波罗蜜多二十五门大乘经

不全 写本 乌金体 7行 梵夹装 开本：宽70.6cm×高23.2cm 版框：宽61cm×高9.3cm

540000-00000204

༄། །འཕགས་པ་དཀོན་མཆོག་བརྩེགས་པ་ཞེས་བྱ་བ་ཐེག་པ་ཆེན་པོའི་མདོ།། པོད་ཆ་པ།

ཚ་མི་ཚང་བ། བྲིས་མ། དབུ་ཅན། ཡིག་ཕྲེང་བདུན་ཅན། གླེགས་བམ། ཤོག་ཀྱུ། ཞེང་71.8cm×དཀྱུས་22.5cm སྣེ་ཤིག་ཀྱུ། ཞེང་58.5cm×དཀྱུས་9cm

大乘宝积经

不全 写本 乌金体 7行 梵夹装 开本：宽71.8cm×高22.5cm 版框：宽58.5cm×高9cm

540000-00000205

༄། །མདོ།། པོད་ཉ་པ།

ཚ་མི་ཚང་བ། བྲིས་མ། དབུ་ཅན། ཡིག་ཕྲེང་བརྒྱད་ཅན། གླེགས་བམ། ཤོག་ཀྱུ། ཞེང་74.6cm×དཀྱུས་27cm སྣེ་ཤིག་ཀྱུ། ཞེང་61.8cm×དཀྱུས་12.3cm

经部

不全 写本 乌金体 8行 梵夹装 开本：宽74.6cm×高27cm 版框：宽61.8cm×高12.3cm

540000-00000206

༄། །འཕགས་པ་ཤེས་རབ་ཀྱི་ཕ་རོལ་ཏུ་ཕྱིན་པ་སྟོང་ཕྲག་བརྒྱ་པ་ཞེས་བྱ་བའི་ཐེག་པ་ཆེན་པོའི་མདོ།། པོད་ཆ་པ།

ཆ་མི་ཚང་བ། བྲིས་མ། དབུ་ཅན། ཡིག་ཕྲེང་བདུན་ཅན། གླེགས་བམ། ཤོག་རྒྱ། ཞེང་70cm×དཀྱུས་22cm སྣེ་ཐིག་རྒྱ། ཞེང་59.5cm×དཀྱུས་9cm

般若波罗蜜多经十万颂

不全 写本 乌金体 7行 梵夹装 开本：宽70cm×高22cm 版框：宽59.5cm×高9cm

540000-00000207

༄། །འཕགས་པ་ཤེས་རབ་ཀྱི་ཕ་རོལ་ཏུ་ཕྱིན་པ་ཁྲི་བརྒྱད་སྟོང་པ་ཞེས་བྱ་བའི་ཐེག་པ་ཆེན་པོའི་མདོ།། པོད་ཀ་པ།

 ཆ་མི་ཚང་བ། བྲིས་མ། དབུ་ཅན། ཡིག་ཕྲེང་བརྒྱད་ཅན། གླེགས་བམ། ཤོག་རྒྱ། ཞེང་68cm×དཀྱུས་19cm སྣེ་ཐིག་རྒྱ། ཞེང་58.7cm×དཀྱུས་7.2cm

大般若波罗蜜多经第三会

不全 写本 乌金体 8行 梵夹装 开本：宽68cm×高19cm 版框：宽58.7cm×高7.2cm

540000-00000208

༄། །འཕགས་པ་ཤེས་རབ་ཀྱི་ཕ་རོལ་ཏུ་ཕྱིན་པ་སྟོང་ཕྲག་བརྒྱ་པ་ཞེས་བྱ་བའི་ཐེག་པ་ཆེན་པོའི་མདོ།། པོད་མ་པ།

ཆ་མི་ཚང་བ། བྲིས་མ། དབུ་ཅན། ཡིག་ཕྲེང་བརྒྱད་ཅན། གླེགས་བམ། ཤོག་རྒྱ། ཞེང་73cm×དཀྱུས་27.3cm སྣེ་ཐིག་རྒྱ། ཞེང་61.1cm×དཀྱུས་12.7cm

般若波罗蜜多经十万颂

不全 写本 乌金体 8行 梵夹装 开本：宽73cm×高27.3cm 版框：宽61.1cm×高12.7cm

540000-00000209

༄། །འཕགས་པ་ཤེས་རབ་ཀྱི་ཕ་རོལ་ཏུ་ཕྱིན་པ་སྟོང་ཕྲག་ཉི་ཤུ་ལྔ་པ་ཞེས་བྱ་བའི་ཐེག་པ་ཆེན་པོའི་མདོ།། ཡོད་ང་པ།

ཆ་མི་ཚང་བ། བྲིས་མ། དབུ་ཅན། ཡིག་ཕྲེང་དྲུག་ཅན། གླེགས་བམ། ཤོག་གྲྭ། ཞེང་69.7cm×དཀྱུས་21.7cm སྙེ་ཐིག་གྲྭ། ཞེང་58cm×དཀྱུས་8.2cm

般若波罗蜜多经两万五千颂

不全 写本 乌金体 6行 梵夹装 开本：宽69.7cm×高21.7cm 版框：宽58cm×高8.2cm

540000-00000210

༄། །འཕགས་པ་ཤེས་རབ་ཀྱི་ཕ་རོལ་ཏུ་ཕྱིན་པ་སྟོང་ཕྲག་ཉི་ཤུ་ལྔ་པ་ཞེས་བྱ་བའི་ཐེག་པ་ཆེན་པོའི་མདོ།། ཡོད་ཁ་པ།

ཆ་མི་ཚང་བ། བྲིས་མ། དབུ་ཅན། ཡིག་ཕྲེང་བརྒྱད་ཅན། གླེགས་བམ། ཤོག་གྲྭ། ཞེང་68cm×དཀྱུས་23.7cm སྙེ་ཐིག་གྲྭ། ཞེང་55.1cm×དཀྱུས་12cm

般若波罗蜜多经两万五千颂

不全 写本 乌金体 8行 梵夹装 开本：宽68cm×高23.7cm 版框：宽55.1cm×高12cm

540000-00000211

༄། །འཕགས་པ་ཤེས་རབ་ཀྱི་ཕ་རོལ་ཏུ་ཕྱིན་པ་སྟོང་ཕྲག་ཉི་ཤུ་ལྔ་པ་ཞེས་བྱ་བའི་ཐེག་པ་ཆེན་པོའི་མདོ།། ཡོད་ད་པ།

ཆ་མི་ཚང་བ། བྲིས་མ། དབུ་ཅན། ཡིག་ཕྲེང་བརྒྱད་ཅན། གླེགས་བམ། ཤོག་གྲྭ། ཞེང་67.5cm×དཀྱུས་24cm སྙེ་ཐིག་གྲྭ། ཞེང་57.3cm×དཀྱུས་18.3cm

般若波罗蜜多经两万五千颂

不全 写本 乌金体 8行 梵夹装 开本：宽67.5cm×高24cm 版框：宽57.3cm×高18.3cm

540000-00000212

༄། །འཕགས་པ་ཤེས་རབ་ཀྱི་ཕ་རོལ་ཏུ་ཕྱིན་པ་སྟོང་ཕྲག་བརྒྱ་པ་ཞེས་བྱ་བའི་ཐེག་པ་ཆེན་པོའི་མདོ།། པོད་ཆ་པ།

ཆ་མི་ཚང་བ། བྲིས་མ། དབུ་ཅན། ཡིག་ཕྲེང་བརྒྱད་ཅན། སྣྲིགས་བམ། ཤོག་གྲུ། ཞེང་72cm×དཀྱུས་27cm སྣེ་ཐིག་གྲུ། ཞེང་60.8cm×དཀྱུས་7.5cm

般若波罗蜜多经十万颂

不全 写本 乌金体 8行 梵夹装 开本：宽72cm×高27cm 版框：宽60.8cm×高7.5cm

540000-00000213

༄། །འཕགས་པ་ཤེས་རབ་ཀྱི་ཕ་རོལ་ཏུ་ཕྱིན་པ་སྟོང་ཕྲག་བརྒྱ་པ་ཞེས་བྱ་བའི་ཐེག་པ་ཆེན་པོའི་མདོ།། པོད་ཁ་པ།

ཆ་མི་ཚང་བ། བྲིས་མ། དབུ་ཅན། ཡིག་ཕྲེང་དགུ་ཅན། སྣྲིགས་བམ། ཤོག་གྲུ། ཞེང་69.5cm×དཀྱུས་19.3cm སྣེ་ཐིག་གྲུ། ཞེང་61.7cm×དཀྱུས་11.8cm

般若波罗蜜多经十万颂

不全 写本 乌金体 9行 梵夹装 开本：宽69.5cm×高19.3cm 版框：宽61.7cm×高11.8cm

540000-00000214

༄། །འཕགས་པ་ཤེས་རབ་ཀྱི་ཕ་རོལ་ཏུ་ཕྱིན་པ་སྟོང་ཕྲག་བརྒྱ་པ་ཞེས་བྱ་བའི་ཐེག་པ་ཆེན་པོའི་མདོ།། པོད་ཐ་པ།

ཆ་མི་ཚང་བ། བྲིས་མ། དབུ་ཅན། ཡིག་ཕྲེང་བརྒྱད་ཅན། སྣྲིགས་བམ། ཤོག་གྲུ། ཞེང་69cm×དཀྱུས་19.6cm སྣེ་ཐིག་གྲུ། ཞེང་58.2cm×དཀྱུས་10cm

般若波罗蜜多经十万颂

不全 写本 乌金体 8行 梵夹装 开本：宽69cm×高19.6cm 版框：宽58.2cm×高10cm

540000-00000215

༄། །འཕགས་པ་ཤེས་རབ་ཀྱི་ཕ་རོལ་ཏུ་ཕྱིན་པ་སྟོང་ཕྲག་བརྒྱ་པ་ཞེས་བྱ་བའི་ཐེག་པ་ཆེན་པོའི་མདོ།། བོད་ད་པ།

ཆ་མི་ཚང་བ། བྲིས་མ། དབུ་ཅན། ཡིག་ཕྲེང་བདུན་ཅན། གླེགས་བམ། ཤོག་རྒྱ། ཞེང་67cm×དཀྱུས་21.1cm སྙེ་ཐིག་རྒྱ། ཞེང་57cm×དཀྱུས་10cm

般若波罗蜜多经十万颂

不全 写本 乌金体 7行 梵夹装 开本：宽67cm×高21.1cm 版框：宽57cm×高10cm

540000-00000216

༄། །སངས་རྒྱས་རྗེས་སུ་དྲན་པ་བླ་ན་མེད་པ་བསྒོམ་པ་ཞེས་བྱ་བ་བཞུགས་སོ།། བོད་ཛ་པ།

ཆ་མི་ཚང་བ། བྲིས་མ། དབུ་ཅན། ཡིག་ཕྲེང་བདུན་ཅན། གླེགས་བམ། ཤོག་རྒྱ། ཞེང་71.2cm×དཀྱུས་20.5cm སྙེ་ཐིག་རྒྱ། ཞེང་59.1cm×དཀྱུས་9.6cm

随念佛无上修习

不全 写本 乌金体 7行 梵夹装 开本：宽71.2cm×高20.5cm 版框：宽59.1cm×高9.6cm

540000-00000217

༄། །སངས་རྒྱས་ཕལ་པོ་ཆེ་ཞེས་བྱ་བ་ཤིན་ཏུ་རྒྱས་པ་ཐེག་པ་ཆེན་པོའི་མདོ།། བོད་ག་པ།

ཆ་མི་ཚང་བ། བྲིས་མ། དབུ་ཅན། ཡིག་ཕྲེང་བདུན་ཅན། གླེགས་བམ། ཤོག་རྒྱ། ཞེང་72.8cm×དཀྱུས་21cm སྙེ་ཐིག་རྒྱ། ཞེང་59.4cm×དཀྱུས་9.6cm

大方广佛华严经八十华严

不全 写本 乌金体 7行 梵夹装 开本：宽72.8cm×高21cm 版框：宽59.4cm×高9.6cm

540000-00000218

༄། །འཕགས་པ་ཤེས་རབ་ཀྱི་ཕ་རོལ་ཏུ་ཕྱིན་པ་སྟོང་ཕྲག་བརྒྱ་པ་ཞེས་བྱ་བའི་ཐེག་པ་ཆེན་པོའི་མདོ།།

ཆ་མི་ཚང་བ། བྲིས་མ། དབུ་ཅན། ཡིག་ཕྲེང་བརྒྱད་ཅན། གླེགས་བམ། ཤོག་ཀྱུ། ཞེང་74cm×དཀྱུས་27.4cm སྙེ་ཤིག་ཀྱུ། ཞེང་61.2cm×དཀྱུས་8.9cm

般若波罗蜜多经十万颂

不全 写本 乌金体 8行 梵夹装 开本：宽74cm×高27.4cm 版框：宽61.2cm×高8.9cm

540000-00000219

༄། །འཕགས་པ་ཤེས་རབ་ཀྱི་ཕ་རོལ་ཏུ་ཕྱིན་པ་སྟོང་ཕྲག་ཉི་ཤུ་ལྔ་པ་ཞེས་བྱ་བའི་ཐེག་པ་ཆེན་པོའི་མདོ།། པོད་ང་པ།

ཆ་མི་ཚང་བ། བྲིས་མ། དབུ་ཅན། ཡིག་ཕྲེང་བརྒྱད་ཅན། གླེགས་བམ། ཤོག་ཀྱུ། ཞེང་70cm×དཀྱུས་23.8cm སྙེ་ཤིག་ཀྱུ། ཞེང་59.3cm×དཀྱུས་11.6cm

般若波罗蜜多经两万五千颂

不全 写本 乌金体 8行 梵夹装 开本：宽70cm×高23.8cm 版框：宽59.3cm×高11.6cm

540000-00000220

༄། །འཕགས་པ་ཤེས་རབ་ཀྱི་ཕ་རོལ་ཏུ་ཕྱིན་པ་སྟོང་ཕྲག་བརྒྱ་པ་ཞེས་བྱ་བའི་ཐེག་པ་ཆེན་པོའི་མདོ།། པོད་ཕ་པ།

ཆ་མི་ཚང་བ། བྲིས་མ། དབུ་ཅན། ཡིག་ཕྲེང་བདུན་ཅན། གླེགས་བམ། ཤོག་ཀྱུ། ཞེང་68.5cm×དཀྱུས་23.7cm སྙེ་ཤིག་ཀྱུ། ཞེང་59cm×དཀྱུས་10.3cm

般若波罗蜜多经十万颂

不全 写本 乌金体 7行 梵夹装 开本：宽68.5cm×高23.7cm 版框：宽59cm×高10.3cm

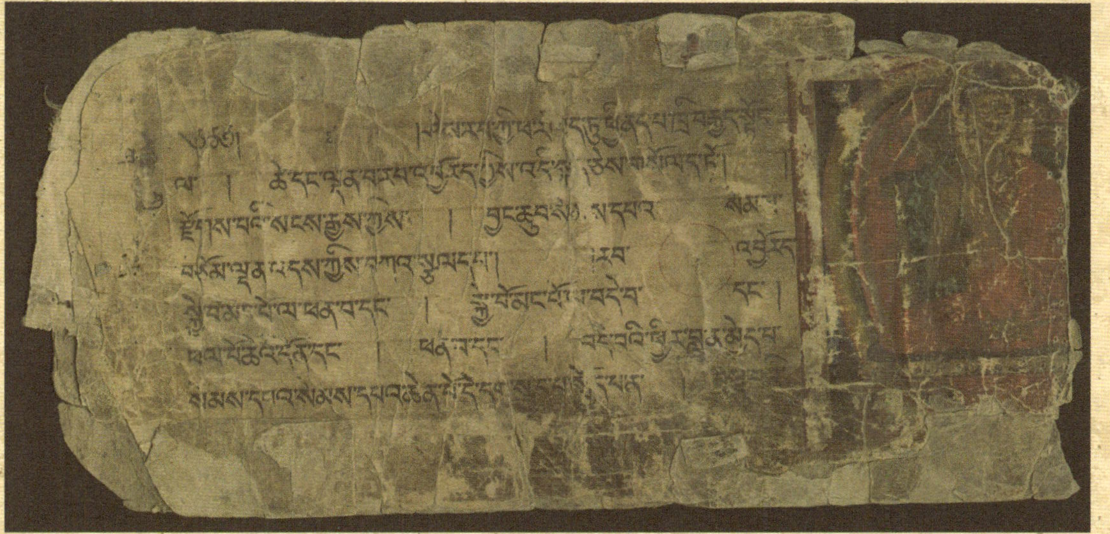

དུས་རབས་13-14པའི་ཤེར་ཕྱིན་བརྒྱད་སྟོང་པའི་ལྷ་སྐུའི་རི་མོ།

13-14 世纪般若八千颂插图

540000-00000221

༄། །འཕགས་པ་ཤེས་རབ་ཀྱི་ཕ་རོལ་ཏུ་ཕྱིན་པ་ཉི་ཁྲི་ལྔ་སྟོང་པ་ཞེས་བྱ་བའི་ཐེག་པ་ཆེན་པོའི་མདོ།། པོད་ཀ་པ

ཆ་མི་ཚང་བ། ཐྲིས་མ། དབུ་ཅན། ཡིག་ཕྲེང་དྲུག་ཅན། གླེགས་བམ། ཤོག་ཀྱུ། ཞེང་71.2cm×དཀྱུས་21cm སྙེ་ཐིག་ཀྱུ། ཞེང་57.6cm×དཀྱུས་8.3cm

般若波罗蜜多经两万五千颂

不全 写本 乌金体 6行 梵夹装 开本：宽71.2cm×高21cm 版框：宽57.6cm×高8.3cm

540000-00000222

༄། །འཕགས་པ་ཤེས་རབ་ཀྱི་ཕ་རོལ་ཏུ་ཕྱིན་པ་སྟོང་ཕྲག་བརྒྱ་པ་ཞེས་བྱ་བའི་ཐེག་པ་ཆེན་པོའི་མདོ།། པོད་ཛ་པ།

ཆ་མི་ཚང་བ། བྲིས་མ། དབུ་ཅན། ཡིག་ཕྲེང་བརྒྱད་ཅན། གླེགས་བམ། ཤོག་ཀྱུ། ཞེང་70.4cm×དཀྱུས་18.3cm སྣེ་ཐིག་ཀྱུ། ཞེང་62cm×དཀྱུས་10cm

般若波罗蜜多经十万颂

不全 写本 乌金体 8行 梵夹装 开本：宽70.4cm×高18.3cm 版框：宽62cm×高10cm

540000-00000223

༄། །འཕགས་པ་ཤེས་རབ་ཀྱི་ཕ་རོལ་ཏུ་ཕྱིན་པ་སྟོང་ཕྲག་བརྒྱ་པ་ཞེས་བྱ་བའི་ཐེག་པ་ཆེན་པོའི་མདོ།། པོད་མ་པ།

ཆ་མི་ཚང་བ། བྲིས་མ། དབུ་ཅན། ཡིག་ཕྲེང་བརྒྱད་ཅན། གླེགས་བམ། ཤོག་ཀྱུ། ཞེང་69.5cm×དཀྱུས་10.1cm སྣེ་ཐིག་ཀྱུ། ཞེང་58.8cm×དཀྱུས་10.1cm

般若波罗蜜多经十万颂

不全 写本 乌金体 8行 梵夹装 开本：宽69.5cm×高10.1cm 版框：宽58.8cm×高10.1cm

540000-00000224

༄། །འཕགས་པ་ཤེས་རབ་ཀྱི་ཕ་རོལ་ཏུ་ཕྱིན་པ་སྟོང་ཕྲག་བརྒྱ་པ་ཞེས་བྱ་བའི་ཐེག་པ་ཆེན་པོའི་མདོ།། པོད་ཐ་པ།

ཆ་མི་ཚང་བ། བྲིས་མ། དབུ་ཅན། ཡིག་ཕྲེང་དགུ་ཅན། གླེགས་བམ། ཤོག་ཀྱུ། ཞེང་69.6cm×དཀྱུས་19.6cm སྣེ་ཐིག་ཀྱུ། ཞེང་61.5cm×དཀྱུས་12.7cm

般若波罗蜜多经十万颂

不全 写本 乌金体 9行 梵夹装 开本：宽69.6cm×高19.6cm 版框：宽61.5cm×高12.7cm

540000-00000225

༄། །འཕགས་པ་ཤེས་རབ་ཀྱི་ཕ་རོལ་ཏུ་ཕྱིན་པ་སྟོང་ཕྲག་བརྒྱ་པ་ཞེས་བྱ་བའི་ཐེག་པ་ཆེན་པོའི་མདོ།། པོད་ཁ་པ།

ཆ་མི་ཚང་བ། བྲིས་མ། དབུ་ཅན། ཡིག་ཕྲེང་བདུན་ཅན། གླེགས་བམ། ཤོག་རྒྱ། ཞེང་70cm×དཀྱུས་20.8cm སྣེ་ཐིག་རྒྱ། ཞེང་59.6cm×དཀྱུས་9.3cm

般若波罗蜜多经十万颂

不全 写本 乌金体 7行 梵夹装 开本：宽70cm×高20.8cm 版框：宽59.6cm×高9.3cm

540000-00000226

༄། །འཕགས་པ་ཤེས་རབ་ཀྱི་ཕ་རོལ་ཏུ་ཕྱིན་པ་སྙིང་པོ་རྒྱ་ཆེར་བཤད་པ།།

ཆ་མི་ཚང་བ། བྲིས་མ། དབུ་ཅན། ཡིག་ཕྲེང་དྲུག་ནས་དགུ་ཅན། གླེགས་བམ། ཤོག་རྒྱ། ཞེང་69.8cm×དཀྱུས་25.5cm སྣེ་ཐིག་རྒྱ། ཞེང་57.8cm×དཀྱུས་7.6cm

般若波罗蜜多心经解说

不全 写本 乌金体 6-9行 梵夹装 开本：宽69.8cm×高25.5cm 版框：宽57.8cm×高7.6cm

540000-00000227

༄། །འཕགས་པ་ཤེས་རབ་ཀྱི་ཕ་རོལ་ཏུ་ཕྱིན་པ་སྟོང་ཕྲག་བརྒྱ་པ་ཞེས་བྱ་བ་བཞུགས་སོ།། པོད་ཙ་པ།

ཆ་མི་ཚང་བ། བྲིས་མ། དབུ་ཅན། ཡིག་ཕྲེང་བདུན་ཅན། གླེགས་བམ། ཤོག་རྒྱ། ཞེང་68.7cm×དཀྱུས་22.1cm སྣེ་ཐིག་རྒྱ། ཞེང་58.4cm×དཀྱུས་9.3cm

般若波罗蜜多经十万颂

不全 写本 乌金体 7行 梵夹装 开本：宽68.7cm×高22.1cm 版框：宽58.4cm×高9.3cm

540000-00000228

༄། །འཕགས་པ་ཤེས་རབ་ཀྱི་ཕ་རོལ་ཏུ་ཕྱིན་པ་སྟོང་ཕྲག་བརྒྱ་པ་ཞེས་བྱ་བ་བཞུགས་སོ།། བོད་ཅ་པ།

ཆ་མི་ཚང་བ། ཕྲིས་མ། དབུ་ཅན། ཡིག་ཕྲེང་བརྒྱད་ཅན། གླེགས་བམ། ཤོག་གྲྭ། ཞེང་71.8cm×དཀྱུས་27.8cm སྣེ་ཐིག་གྲྭ། ཞེང་61.2cm×དཀྱུས་12cm

般若波罗蜜多经十万颂

不全 写本 乌金体 8行 梵夹装 开本：宽71.8cm×高27.8cm 版框：宽61.2cm×高12cm

540000-00000229

༄། །འཕགས་པ་ཤེས་རབ་ཀྱི་ཕ་རོལ་ཏུ་ཕྱིན་པ་སྟོང་ཕྲག་བརྒྱ་པ་ཞེས་བྱ་བ་བཞུགས་སོ།།

ཆ་མི་ཚང་བ། ཕྲིས་མ། དབུ་ཅན། ཡིག་ཕྲེང་དྲུག་ནས་དགུ་ཅན། གླེགས་བམ། ཤོག་གྲྭ། ཞེང་66cm×དཀྱུས་21cm སྣེ་ཐིག་གྲྭ། ཞེང་57.4cm×དཀྱུས་10.5cm

般若波罗蜜多经十万颂

不全 写本 乌金体 6-9行 梵夹装 开本：宽66cm×高21cm 版框：宽57.4cm×高10.5cm

540000-00000230

༄། །འཕགས་པ་དམ་པའི་ཆོས་དྲན་པ་ཉེ་བར་གཞག་པ།། བོད་འ་པ།

ཆ་མི་ཚང་བ། ཕྲིས་མ། དབུ་ཅན། ཡིག་ཕྲེང་བརྒྱད་ཅན། གླེགས་བམ། ཤོག་གྲྭ། ཞེང་70.2cm×དཀྱུས་19.8cm སྣེ་ཐིག་གྲྭ། ཞེང་57.5cm×དཀྱུས་10.2cm

正法念处经

不全 写本 乌金体 8行 梵夹装 开本：宽70.2cm×高19.8cm 版框：宽57.5cm×高10.2cm

540000-00000231

༄། །འཕགས་པ་ཤེས་རབ་ཀྱི་ཕ་རོལ་ཏུ་ཕྱིན་པ་སྟོང་ཕྲག་བརྒྱ་པ་ཞེས་བྱ་བ་བཞུགས་སོ།། པོད་ང་པ།

ཆ་མི་ཚང་བ། བྲིས་མ། དབུ་ཅན། ཡིག་ཕྲེང་བདུན་ཅན། གླེགས་བམ། ཤོག་གྲྭ། ཞེང་70.9cm×དཀྱུས་24.7cm སྣེ་ཐིག་གྲྭ། ཞེང་57cm×དཀྱུས་9.6cm

般若波罗蜜多经十万颂

不全 写本 乌金体 7行 梵夹装 开本：宽70.9cm×高24.7cm 版框：宽57cm×高9.6cm

540000-00000232

༄། །འཕགས་པ་ཤེས་རབ་ཀྱི་ཕ་རོལ་ཏུ་ཕྱིན་པ་སྟོང་ཕྲག་བརྒྱ་པ་ཞེས་བྱ་བ་བཞུགས་སོ།། པོད་ཀ་པ།

ཆ་མི་ཚང་བ། བྲིས་མ། དབུ་ཅན། ཡིག་ཕྲེང་བདུན་ཅན། གླེགས་བམ། ཤོག་གྲྭ། ཞེང་71.9cm×དཀྱུས་15.7cm སྣེ་ཐིག་གྲྭ། ཞེང་60.2cm×དཀྱུས་10.8cm

般若波罗蜜多经十万颂

不全 写本 乌金体 7行 梵夹装 开本：宽71.9cm×高15.7cm 版框：宽60.2cm×高10.8cm

540000-00000233

༄། །འཕགས་པ་ཤེས་རབ་ཀྱི་ཕ་རོལ་ཏུ་ཕྱིན་པ་བརྒྱད་སྟོང་པ་ཞེས་བྱ་བ་བཞུགས་སོ།། པོད་ཇ་པ།

ཆ་མི་ཚང་བ། བྲིས་མ། དབུ་ཅན། ཡིག་ཕྲེང་དྲུག་ཅན། གླེགས་བམ། ཤོག་གྲྭ། ཞེང་74.6cm×དཀྱུས་27.3cm སྣེ་ཐིག་གྲྭ། ཞེང་59.6cm×དཀྱུས་12.5cm

般若波罗蜜多经八千颂

不全 写本 乌金体 6行 梵夹装 开本：宽74.6cm×高27.3cm 版框：宽59.6cm×高12.5cm

540000-00000234

༄། །འཕགས་པ་ཤེས་རབ་ཀྱི་ཕ་རོལ་ཏུ་ཕྱིན་པ་སྟོང་ཕྲག་བརྒྱ་པ་ཞེས་བྱ་བ་བཞུགས་སོ།། ཐོད་ཁ་པ།

ཆ་མི་ཚང་བ། བྲིས་མ། དབུ་ཅན། ཡིག་ཕྲེང་དགུ་ཅན། གླེགས་བམ། ཤོག་རྒྱ། ཞེང་68cm×དཀྱུས་17.9cm སྣེ་ཐིག་རྒྱ། ཞེང་61.4cm×དཀྱུས་11.5cm

般若波罗蜜多经十万颂

不全 写本 乌金体 9行 梵夹装 开本：宽68cm×高17.9cm 版框：宽61.4cm×高11.5cm

540000-00000235

༄། །འཕགས་པ་ཤེས་རབ་ཀྱི་ཕ་རོལ་ཏུ་ཕྱིན་པ་བརྒྱད་སྟོང་པ་ཞེས་བྱ་བ་བཞུགས་སོ།།

ཆ་མི་ཚང་བ། བྲིས་མ། དབུ་ཅན། ཡིག་ཕྲེང་བརྒྱད་ཅན། གླེགས་བམ། ཤོག་རྒྱ། ཞེང་68.8cm×དཀྱུས་18.7cm སྣེ་ཐིག་རྒྱ། ཞེང་58.5cm×དཀྱུས་8.7cm

般若波罗蜜多经八千颂

不全 写本 乌金体 8行 梵夹装 开本：宽68.8cm×高18.7cm 版框：宽58.5cm×高8.7cm

540000-00000236

༄། །འཕགས་པ་ཤེས་རབ་ཀྱི་ཕ་རོལ་ཏུ་ཕྱིན་པ་སྟོང་ཕྲག་བརྒྱ་པ་ཞེས་བྱ་བ་བཞུགས་སོ།། ཐོད་པ་པ།

ཆ་མི་ཚང་བ། བྲིས་མ། དབུ་ཅན། ཡིག་ཕྲེང་དགུ་ཅན། གླེགས་བམ། ཤོག་རྒྱ། ཞེང་69.6cm×དཀྱུས་19.2cm སྣེ་ཐིག་རྒྱ། ཞེང་61.4cm×དཀྱུས་11.6cm

般若波罗蜜多经十万颂

不全 写本 乌金体 9行 梵夹装 开本：宽69.6cm×高19.2cm 版框：宽61.4cm×高11.6cm

540000-00000237

༄། །འཕགས་པ་བྱང་ཆུབ་སེམས་དཔའི་སྡེ་སྣོད་ཅེས་བྱ་བ་ཐེག་པ་ཆེན་པོའི་མདོ། །

ཆ་མི་ཚང་བ། ཐྲིས་མ། དབུ་ཅན། ཡིག་ཕྲེང་བདུན་ཅན། གླེགས་བམ། ཤོག་ཀྱུ། ཞེང་68.5cm×དཀྱུས་19.7cm སྣེ་ཐིག་ཀྱུ། ཞེང་57.2cm×དཀྱུས་8.3cm

大宝积经菩萨藏会第十二

不全 写本 乌金体 7行 梵夹装 开本：宽68.5cm×高19.7cm 版框：宽57.2cm×高8.3cm

540000-00000238

༄། །འཕགས་པ་ཤེས་རབ་ཀྱི་ཕ་རོལ་ཏུ་ཕྱིན་པ་སྟོང་ཕྲག་བརྒྱ་པ་ཞེས་བྱ་བ་བཞུགས་སོ། །

ཆ་མི་ཚང་བ། ཐྲིས་མ། དབུ་ཅན། ཡིག་ཕྲེང་དགུ་ཅན། གླེགས་བམ། ཤོག་ཀྱུ། ཞེང་68cm×དཀྱུས་17.9cm སྣེ་ཐིག་ཀྱུ། ཞེང་61.4cm×དཀྱུས་11.5cm

般若波罗蜜多经十万颂

不全 写本 乌金体 9行 梵夹装 开本：宽68cm×高17.9cm 版框：宽61.4cm×高11.5cm

540000-00000239

༄། །འཕགས་པ་བྱམས་པ་འཇུག་པ་ཞེས་བྱ་བ་ཐེག་པ་ཆེན་པོའི་མདོ། །

ཆ་མི་ཚང་བ། ཐྲིས་མ། དབུ་ཅན། ཡིག་ཕྲེང་དགུ་ཅན། གླེགས་བམ། ཤོག་ཀྱུ། ཞེང་67.9cm×དཀྱུས་17.7cm སྣེ་ཐིག་ཀྱུ། ཞེང་61.3cm×དཀྱུས་11.5cm

圣入弥勒大乘经

不全 写本 乌金体 9行 梵夹装 开本：宽67.9cm×高17.7cm 版框：宽61.3cm×高11.5cm

540000-00000240

༄། །འཕགས་པ་ཤེས་རབ་ཀྱི་ཕ་རོལ་ཏུ་ཕྱིན་པ་སྟོང་ཕྲག་བརྒྱ་པ་ཞེས་བྱ་བ་བཞུགས་སོ། །

ཆ་མི་ཚང་བ། བྲིས་མ། དབུ་ཅན། ཡིག་ཕྲེང་བདུན་ཅན། གླེགས་བམ། ཤོག་རྒྱ། ཞེང་70.6cm×དཀྱུས་21.8cm སྣེ་ཐིག་རྒྱ། ཞེང་56.3cm×དཀྱུས་8.9cm

般若波罗蜜多经十万颂

不全 写本 乌金体 7行 梵夹装 开本：宽70.6cm×高21.8cm 版框：宽56.3cm×高8.9cm

540000-00000241

༄། །འཕགས་པ་ཤེས་རབ་ཀྱི་ཕ་རོལ་ཏུ་ཕྱིན་པ་སྟོང་ཕྲག་བརྒྱ་པ་ཞེས་བྱ་བ་བཞུགས་སོ། ། བོད་ཐ་པ།

ཆ་མི་ཚང་བ། བྲིས་མ། དབུ་ཅན། ཡིག་ཕྲེང་བརྒྱད་ཅན། གླེགས་བམ། ཤོག་རྒྱ། ཞེང་71.5cm×དཀྱུས་27.8cm སྣེ་ཐིག་རྒྱ། ཞེང་61.2cm×དཀྱུས་12.3cm

般若波罗蜜多经十万颂

不全 写本 乌金体 8行 梵夹装 开本：宽71.5cm×高27.8cm 版框：宽61.2cm×高12.3cm

540000-00000242

༄། །སངས་རྒྱས་ཕལ་པོ་ཆེ་ཞེས་བྱ་བ་ཤིན་ཏུ་རྒྱས་པའི་མདོ། ། བོད་ཆ་པ།

ཆ་མི་ཚང་བ། བྲིས་མ། དབུ་ཅན། ཡིག་ཕྲེང་བརྒྱད་ཅན། གླེགས་བམ། ཤོག་རྒྱ། ཞེང་64.1cm×དཀྱུས་20cm སྣེ་ཐིག་རྒྱ། ཞེང་54.8cm×དཀྱུས་11.3cm

大方广佛华严经八十华严

不全 写本 乌金体 8行 梵夹装 开本：宽64.1cm×高20cm 版框：宽54.8cm×高11.3cm

540000-00000243

༄༅། །འཕགས་པ་ཤེས་རབ་ཀྱི་ཕ་རོལ་ཏུ་ཕྱིན་པ་བརྒྱད་སྟོང་པ་ཞེས་བྱ་བ་བཞུགས་སོ།། པོད་ག་པ།

ཆ་མི་ཚང་བ། བྲིས་མ། དབུ་ཅན། ཡིག་ཕྲེང་བརྒྱད་ཅན། གླེགས་བམ། ཤོག་རྒྱ། ཞེང་73.8cm×དཀྱུས་27.5cm སྣེ་ཁྲིག་རྒྱ། ཞེང་63cm×དཀྱུས་12.1cm

般若波罗蜜多经八千颂

不全 写本 乌金体 8行 梵夹装 开本：宽73.8cm×高27.5cm 版框：宽63cm×高12.1cm

540000-00000244

༄༅། །འཕགས་པ་ཤེས་རབ་ཀྱི་ཕ་རོལ་ཏུ་ཕྱིན་པ་སྟོང་ཕྲག་བརྒྱ་པ་ཞེས་བྱ་བ་བཞུགས་སོ།། པོད་ཁ་པ།

ཆ་མི་ཚང་བ། བྲིས་མ། དབུ་ཅན། ཡིག་ཕྲེང་བརྒྱད་ཅན། གླེགས་བམ། ཤོག་རྒྱ། ཞེང་74cm×དཀྱུས་27cm སྣེ་ཁྲིག་རྒྱ། ཞེང་63.3cm×དཀྱུས་11.2cm

般若波罗蜜多经十万颂

不全 写本 乌金体 8行 梵夹装 开本：宽74cm×高27cm 版框：宽63.3cm×高11.2cm

540000-00000245

༄༅། །འཕགས་པ་ཤེས་རབ་ཀྱི་ཕ་རོལ་ཏུ་ཕྱིན་པ་སྟོང་ཕྲག་བརྒྱ་པ་ཞེས་བྱ་བ་བཞུགས་སོ།། པོད་ང་པ།

ཆ་མི་ཚང་བ། བྲིས་མ། དབུ་ཅན། ཡིག་ཕྲེང་བདུན་ཅན། གླེགས་བམ། ཤོག་རྒྱ། ཞེང་69.8cm×དཀྱུས་22cm སྣེ་ཁྲིག་རྒྱ། ཞེང་57.5cm×དཀྱུས་9.3cm

般若波罗蜜多经十万颂

不全 写本 乌金体 7行 梵夹装 开本：宽69.8cm×高22cm 版框：宽57.5cm×高9.3cm

540000-00000246

༄༅། །འཕགས་པ་ཤེས་རབ་ཀྱི་ཕ་རོལ་ཏུ་ཕྱིན་པ་ཁྲི་བརྒྱད་སྟོང་པ་ཞེས་བྱ་བ་བཞུགས་སོ།། པོད་ཀ་པ།

ཆ་མི་ཚང་བ། བྲིས་མ། དབུ་ཅན། ཡིག་ཕྲེང་བདུན་ཅན། གླེགས་བམ། ཤོག་གྲུ། ཞེང་71.4cm×དཀྱུས་21.6cm སྣེ་ཐིག་གྲུ། ཞེང་59.1cm×དཀྱུས་9.2cm

大般若波罗蜜多经第三会

不全 写本 乌金体 7行 梵夹装 开本：宽71.4cm×高21.6cm 版框：宽59.1cm×高9.2cm

540000-00000247

༄༅། །འཕགས་པ་ཤེས་རབ་ཀྱི་ཕ་རོལ་ཏུ་ཕྱིན་པ་སྟོང་ཕྲག་བརྒྱ་པ་ཞེས་བྱ་བ་བཞུགས་སོ།།

ཆ་མི་ཚང་བ། བྲིས་མ། དབུ་ཅན། ཡིག་ཕྲེང་བདུན་ཅན། གླེགས་བམ། ཤོག་གྲུ། ཞེང་69.2cm×དཀྱུས་21.8cm སྣེ་ཐིག་གྲུ། ཞེང་58.7cm×དཀྱུས་8.8cm

般若波罗蜜多经十万颂

不全 写本 乌金体 7行 梵夹装 开本：宽69.2cm×高21.8cm 版框：宽58.7cm×高8.8cm

540000-00000248

༄༅། །འཕགས་པ་ཤེས་རབ་ཀྱི་ཕ་རོལ་ཏུ་ཕྱིན་པ་སྟོང་ཕྲག་བརྒྱ་པ་ཞེས་བྱ་བ་བཞུགས་སོ།། པོད་ཁ་པ།

ཆ་མི་ཚང་བ། བྲིས་མ། དབུ་ཅན། ཡིག་ཕྲེང་བརྒྱད་ཅན། གླེགས་བམ། ཤོག་གྲུ། ཞེང་70.2cm×དཀྱུས་21cm སྣེ་ཐིག་གྲུ། ཞེང་69.3cm×དཀྱུས་10cm

般若波罗蜜多经十万颂

不全 写本 乌金体 8行 梵夹装 开本：宽70.2cm×高21cm 版框：宽69.3cm×高10cm

540000-00000249

༄༅། །འཕགས་པ་ཤེས་རབ་ཀྱི་ཕ་རོལ་ཏུ་ཕྱིན་པ་སྟོང་ཕྲག་ཉི་ཤུ་ལྔ་པ་ཞེས་བྱ་བ་བཞུགས་སོ།། པོད་ཁ་པ།

ཆ་མི་ཚང་བ། བྲིས་མ། དབུ་ཅན། ཡིག་ཕྲེང་དྲུག་ཅན། གླེགས་བམ། ཤོག་ཀྱུ། ཞེང་69.7cm×དཀྱུས་21.4cm སྣེ་ཐིག་ཀྱུ། ཞེང་57.7cm×དཀྱུས་8.3cm

般若波罗蜜多经两万五千颂

不全 写本 乌金体 6行 梵夹装 开本：宽69.7cm×高21.4cm 版框：宽57.7cm×高8.3cm

540000-00000250

༄༅། །སངས་རྒྱས་ཕལ་པོ་ཆེ་ཞེས་བྱ་བ་ཐེག་པ་ཤིན་ཏུ་རྒྱས་པའི་མདོ།། པོད་ཀ་པ།

ཆ་མི་ཚང་བ། བྲིས་མ། དབུ་ཅན། ཡིག་ཕྲེང་བདུན་ཅན། གླེགས་བམ། ཤོག་ཀྱུ། ཞེང་68.7cm×དཀྱུས་19.9cm སྣེ་ཐིག་ཀྱུ། ཞེང་55cm×དཀྱུས་9cm

大方广佛华严经八十华严

不全 写本 乌金体 7行 梵夹装 开本：宽68.7cm×高19.9cm 版框：宽55cm×高9cm

540000-00000251

༄༅། །འཕགས་པ་ཤེས་རབ་ཀྱི་ཕ་རོལ་ཏུ་ཕྱིན་པ་སྟོང་ཕྲག་ཉི་ཤུ་ལྔ་པ་ཞེས་བྱ་བ་བཞུགས་སོ།། པོད་ཆ་པ།

ཆ་མི་ཚང་བ། བྲིས་མ། དབུ་ཅན། ཡིག་ཕྲེང་བདུན་ཅན། གླེགས་བམ། ཤོག་ཀྱུ། ཞེང་68.4cm×དཀྱུས་19.6cm སྣེ་ཐིག་ཀྱུ། ཞེང་57.3cm×དཀྱུས་9cm

般若波罗蜜多经两万五千颂

不全 写本 乌金体 7行 梵夹装 开本：宽68.4cm×高19.6cm 版框：宽57.3cm×高9cm

540000-00000252

༄། །འཕགས་པ་ཤེས་རབ་ཀྱི་ཕ་རོལ་ཏུ་ཕྱིན་པ་བརྒྱད་སྟོང་པ་ཞེས་བྱ་བ་བཞུགས་སོ།། ཐོད་ཁ་པ།

ཆ་མི་ཚང་བ། བྲིས་མ། དབུ་ཅན། ཡིག་ཕྲེང་བདུན་ཅན། གླེགས་བམ། ཤོག་གྲྭ། ཞེང་68.8cm×དཀྱུས་18.8cm སྙེ་ཐིག་གྲྭ། ཞེང་58.2cm×དཀྱུས་8.9cm

般若波罗蜜多经八千颂

不全 写本 乌金体 7行 梵夹装 开本：宽68.8cm×高18.8cm 版框：宽58.2cm×高8.9cm

540000-00000253

༄། །འཕགས་པ་ཤེས་རབ་ཀྱི་ཕ་རོལ་ཏུ་ཕྱིན་པ་སྟོང་ཕྲག་ཉི་ཤུ་ལྔ་པ་ཞེས་བྱ་བ་བཞུགས་སོ།།

ཆ་མི་ཚང་བ། བྲིས་མ། དབུ་ཅན། ཡིག་ཕྲེང་དྲུག་ཅན། གླེགས་བམ། ཤོག་གྲྭ། ཞེང་68cm×དཀྱུས་21.2cm སྙེ་ཐིག་གྲྭ། ཞེང་57.5cm×དཀྱུས་7.5cm

般若波罗蜜多经两万五千颂

不全 写本 乌金体 6行 梵夹装 开本：宽68cm×高21.2cm 版框：宽57.5cm×高7.5cm

540000-00000254

༄། །འཕགས་པ་ཤེས་རབ་ཀྱི་ཕ་རོལ་ཏུ་ཕྱིན་པ་བརྒྱད་སྟོང་པ་ཞེས་བྱ་བ་བཞུགས་སོ།།

ཆ་མི་ཚང་བ། བྲིས་མ། དབུ་ཅན། ཡིག་ཕྲེང་དྲུག་ཅན། གླེགས་བམ། ཤོག་གྲྭ། ཞེང་66.4cm×དཀྱུས་19.3cm སྙེ་ཐིག་གྲྭ། ཞེང་54.5cm×དཀྱུས་7.5cm

般若波罗蜜多经八千颂

不全 写本 乌金体 6行 梵夹装 开本：宽66.4cm×高19.3cm 版框：宽54.5cm×高7.5cm

540000-00000255

༄། །འཕགས་པ་ཤེས་རབ་ཀྱི་ཕ་རོལ་ཏུ་ཕྱིན་པ་སྟོང་ཕྲག་བརྒྱ་པ་ཞེས་བྱ་བ་བཞུགས་སོ།། པོད་ན་པ།

ཚ་མི་ཚང་བ། བྲིས་མ། དབུ་ཅན། ཡིག་ཕྲེང་བརྒྱད་ཅན། གླེགས་བམ། ཤོག་གྲུ། ཞེང་72.2cm×དཀྱུས་28.1cm སྙེ་ཐིག་གྲུ། ཞེང་61.2cm×དཀྱུས་11.5cm

般若波罗蜜多经十万颂

不全 写本 乌金体 8行 梵夹装 开本：宽72.2cm×高28.1cm 版框：宽61.2cm×高11.5cm

540000-00000256

༄། །འཕགས་པ་ཤེས་རབ་ཀྱི་ཕ་རོལ་ཏུ་ཕྱིན་པ་སྟོང་ཕྲག་བརྒྱ་པ་ཞེས་བྱ་བ་བཞུགས་སོ།། པོད་ཨ་པ།

ཚ་མི་ཚང་བ། བྲིས་མ། དབུ་ཅན། ཡིག་ཕྲེང་བདུན་ཅན། གླེགས་བམ། ཤོག་གྲུ། ཞེང་69cm×དཀྱུས་26cm སྙེ་ཐིག་གྲུ། ཞེང་56.9cm×དཀྱུས་9.2cm

般若波罗蜜多经十万颂

不全 写本 乌金体 7行 梵夹装 开本：宽69cm×高26cm 版框：宽56.9cm×高9.2cm

540000-00000257

༄། །འཕགས་པ་དཀོན་མཆོག་བརྩེགས་པ་ཞེས་བྱ་བ་ཐེག་པ་ཆེན་པོའི་མདོ།། པོད་ག་པ།

ཚ་མི་ཚང་བ། བྲིས་མ། དབུ་ཅན། ཡིག་ཕྲེང་བརྒྱད་ཅན། གླེགས་བམ། ཤོག་གྲུ། ཞེང་70cm×དཀྱུས་20cm སྙེ་ཐིག་གྲུ། ཞེང་59cm×དཀྱུས་10.8cm

大乘宝积经

不全 写本 乌金体 8行 梵夹装 开本：宽70cm×高20cm 版框：宽59cm×高10.8cm

540000-00000258

༄༅། །འཕགས་པ་ཤེས་རབ་ཀྱི་ཕ་རོལ་ཏུ་ཕྱིན་པ་སྟོང་ཕྲག་བརྒྱ་པ་ཞེས་བྱ་བ་བཞུགས་སོ།། པོད་ཅ་པ།

ཆ་མི་ཚང་བ། བྲིས་མ། དབུ་ཅན། ཡིག་ཕྲེང་བརྒྱད་ཅན། གླེགས་བམ། ཤོག་གྲུ། ཞེང་69.7cm×དཀྱུས་20cm སྙེ་ཤིག་གྲུ། ཞེང་56cm×དཀྱུས་9.8cm

般若波罗蜜多经十万颂

不全 写本 乌金体 8行 梵夹装 开本：宽69.7cm×高20cm 版框：宽56cm×高9.8cm

540000-00000259

༄༅། །སངས་རྒྱས་ཕལ་པོ་ཆེ་ཞེས་བྱ་བ་ཤིན་ཏུ་རྒྱས་པ་ཐེག་པ་ཆེན་པོའི་མདོ།། པོད་ག་པ།

 ཆ་མི་ཚང་བ། བྲིས་མ། དབུ་ཅན། ཡིག་ཕྲེང་དྲུག་ཅན། གླེགས་བམ། ཤོག་གྲུ། ཞེང་69.6cm×དཀྱུས་20.3cm སྙེ་ཤིག་གྲུ། ཞེང་58.8cm×དཀྱུས་9cm

大方广佛华严经八十华严

不全 写本 乌金体 6行 梵夹装 开本：宽69.6cm×高20.3cm 版框：宽58.8cm×高9cm

540000-00000260

༄༅། །འཕགས་པ་ཤེས་རབ་ཀྱི་ཕ་རོལ་ཏུ་ཕྱིན་པ་སྟོང་ཕྲག་བརྒྱ་པ་ཞེས་བྱ་བ་བཞུགས་སོ།། པོད་ཐ་པ།

ཆ་མི་ཚང་བ། བྲིས་མ། དབུ་ཅན། ཡིག་ཕྲེང་བདུན་ཅན། གླེགས་བམ། ཤོག་གྲུ། ཞེང་70cm×དཀྱུས་20.8cm སྙེ་ཤིག་གྲུ། ཞེང་57.3cm×དཀྱུས་9.3cm

般若波罗蜜多经十万颂

不全 写本 乌金体 7行 梵夹装 开本：宽70cm×高20.8cm 版框：宽57.3cm×高9.3cm

540000-00000261

༄། །འཕགས་པ་དཀོན་མཆོག་བརྩེགས་པ་ཞེས་བྱ་བ་ཐེག་པ་ཆེན་པོའི་མདོ། པོད་ད་པ

ཆ་མི་ཚང་བ། བྲིས་མ། དབུ་ཅན། ཡིག་ཕྲེང་བདུན་ཅན། གླེགས་བམ།

ཤོག་གྲྭ ཞེང་67cm×དཀྱུས་22.6cm སྙེ་ཤིག་གྲྭ ཞེང་55.7cm×དཀྱུས་10cm

大乘宝积经

不全 写本 乌金体 7行 梵夹装

开本：宽67cm×高22.6cm 版框：宽55.7cm×高10cm

540000-00000262

༄། །འཕགས་པ་ཤེས་རབ་ཀྱི་ཕ་རོལ་ཏུ་ཕྱིན་པ་ཁྲི་བརྒྱད་སྟོང་པ་ཞེས་བྱ་བ་བཞུགས་སོ། །

ཆ་མི་ཚང་བ། བྲིས་མ། དབུ་ཅན། ཡིག་ཕྲེང་བདུན་ཅན། གླེགས་བམ།

ཤོག་གྲྭ ཞེང་72.1cm×དཀྱུས་22.5cm སྙེ་ཤིག་གྲྭ ཞེང་58.5cm×དཀྱུས་10.5cm

大般若波罗蜜多经第三会

不全 写本 乌金体 7行 梵夹装

开本：宽72.1cm×高22.5cm 版框：宽58.5cm×高10.5cm

540000-00000263

༄། །འཕགས་པ་ཤེས་རབ་ཀྱི་ཕ་རོལ་ཏུ་ཕྱིན་པ་ཁྲི་བརྒྱད་སྟོང་པ་ཞེས་བྱ་བ་བཞུགས་སོ།། པོད་ག་པ།

ཆ་མི་ཚང་བ། བྲིས་མ། དབུ་ཅན། ཡིག་ཕྲེང་བརྒྱད་ཅན། གླེགས་བམ། ཤོག་རྒྱ། ཞེང་69cm×དཀྱུས་20cm སྙེ་ཐིག་རྒྱ། ཞེང་58.8cm×དཀྱུས་10cm

大般若波罗蜜多经第三会

不全 写本 乌金体 8行 梵夹装 开本：宽69cm×高20cm 版框：宽58.8cm×高10cm

540000-00000264

༄། །མདོ་སྡེ་དཀོན་མཆོག་སྤྲིན་ཞེས་བྱ་བ་བཞུགས་སོ།། པོད་ཏ་པ།

ཆ་མི་ཚང་བ། བྲིས་མ། དབུ་ཅན། ཡིག་ཕྲེང་དགུ་ཅན། གླེགས་བམ། ཤོག་རྒྱ། ཞེང་68.7cm×དཀྱུས་19cm སྙེ་ཐིག་རྒྱ། ཞེང་60.3cm×དཀྱུས་11.8cm

大乘宝云经

不全 写本 乌金体 9行 梵夹装 开本：宽68.7cm×高19cm 版框：宽60.3cm×高11.8cm

540000-00000265

༄། །འཕགས་པ་ཤེས་རབ་ཀྱི་ཕ་རོལ་ཏུ་ཕྱིན་པ་སྟོང་ཕྲག་བརྒྱ་པ་ཞེས་བྱ་བ་བཞུགས་སོ།། པོད་ན་པ།

ཆ་མི་ཚང་བ། བྲིས་མ། དབུ་ཅན། ཡིག་ཕྲེང་བརྒྱད་ཅན། གླེགས་བམ། ཤོག་རྒྱ། ཞེང་70cm×དཀྱུས་20cm སྙེ་ཐིག་རྒྱ། ཞེང་58.7cm×དཀྱུས་10cm

般若波罗蜜多经十万颂

不全 写本 乌金体 8行 梵夹装 开本：宽70cm×高20cm 版框：宽58.7cm×高10cm

540000-00000266

༄༅། །འཕགས་པ་ཤེས་རབ་ཀྱི་ཕ་རོལ་ཏུ་ཕྱིན་པ་སྟོང་ཕྲག་བརྒྱ་པ་ཞེས་བྱ་བ་བཞུགས་སོ།། པོད་ཁྲ་པ།

ཆ་མི་ཚང་བ། བྲིས་མ། དབུ་ཅན། ཡིག་ཕྲེང་བརྒྱད་ཅན། གླེགས་བམ། ཤོག་རྒྱ། ཞེང་69cm×དཀྱུས་23cm སྣེ་ཤིག་རྒྱ། ཞེང་59.3cm×དཀྱུས་9.5cm

般若波罗蜜多经十万颂

不全 写本 乌金体 8行 梵夹装 开本：宽69cm×高23cm 版框：宽59.3cm×高9.5cm

540000-00000267

༄༅། །སངས་རྒྱས་ཕལ་པོ་ཆེ་ཞེས་བྱ་བ་ཤིན་ཏུ་རྒྱས་པ་ཐེག་པ་ཆེན་པོའི་མདོ།། པོད་ག་པ།

ཆ་མི་ཚང་བ། བྲིས་མ། དབུ་ཅན། ཡིག་ཕྲེང་བདུན་ཅན། གླེགས་བམ། ཤོག་རྒྱ། ཞེང་68.4cm×དཀྱུས་20.3cm སྣེ་ཤིག་རྒྱ། ཞེང་57cm×དཀྱུས་9.4cm

大方广佛华严经八十华严

不全 写本 乌金体 7行 梵夹装 开本：宽68.4cm×高20.3cm 版框：宽57cm×高9.4cm

540000-00000268

༄༅། །འཕགས་པ་ཤེས་རབ་ཀྱི་ཕ་རོལ་ཏུ་ཕྱིན་པ་སྟོང་ཕྲག་བརྒྱ་པ་ཞེས་བྱ་བ་བཞུགས་སོ།། པོད་ཁ་པ།

ཆ་མི་ཚང་བ། བྲིས་མ། དབུ་ཅན། ཡིག་ཕྲེང་བདུན་ཅན། གླེགས་བམ། ཤོག་རྒྱ། ཞེང་70.3cm×དཀྱུས་23cm སྣེ་ཤིག་རྒྱ། ཞེང་57.4cm×དཀྱུས་8.9cm

般若波罗蜜多经十万颂

不全 写本 乌金体 7行 梵夹装 开本：宽70.3cm×高23cm 版框：宽57.4cm×高8.9cm

540000-00000269

༄། །འཕགས་པ་དཀོན་མཆོག་བརྩེགས་པ་ཞེས་ཐེག་པ་ཆེན་པོའི་མདོ། །

ཆ་མི་ཚང་བ། བྲིས་མ། དབུ་ཅན། ཡིག་ཕྲེང་བདུན་ཅན། གླེགས་བམ། ཤོག་གྲྭ ཞེང་72.4cm×དཀྱུས་22.3cm སྙེ་ཐིག་གྲྭ ཞེང་59.2cm×དཀྱུས་9.5cm

大乘宝积经

不全 写本 乌金体 7行 梵夹装 开本：宽72.4cm×高22.3cm 版框：宽59.2cm×高9.5cm

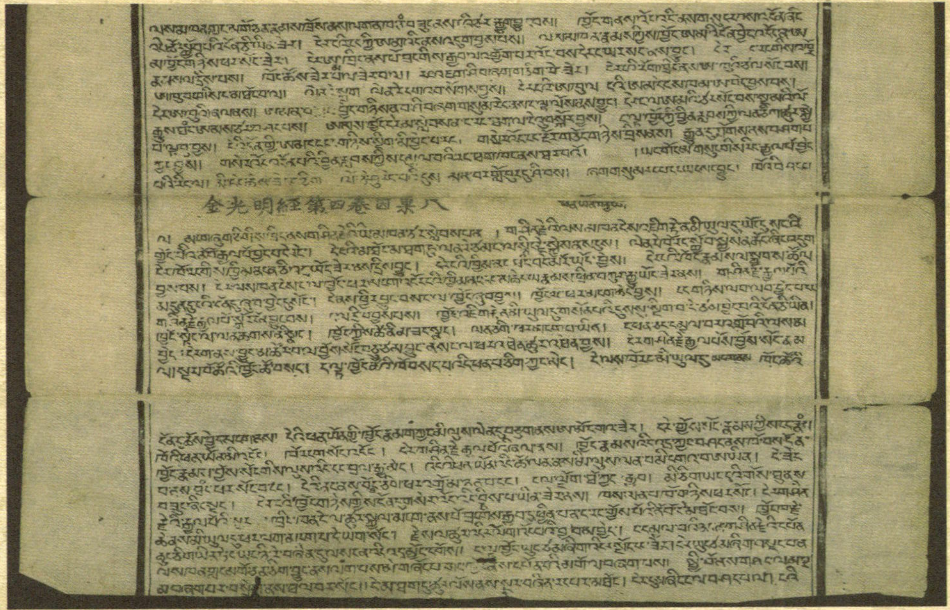

རྒྱ་ནག་སྤར་མ་འཕགས་པ་གསེར་འོད་དམ་པའི་མདོ།

汉地刻本金光明经

540000-00000270

༄། །འཕགས་པ་ཤེས་རབ་ཀྱི་ཕ་རོལ་ཏུ་ཕྱིན་པ་སྟོང་ཕྲག་བརྒྱ་པ་ཞེས་བྱ་བ་བཞུགས་སོ།། པོད་ཏ་པ།

ཆ་མི་ཚང་བ། བྲིས་མ། དབུ་ཅན། ཡིག་ཕྲེང་བདུན་ཅན། གླེགས་བམ། ཤོག་རྒྱ། ཞེང་70.2cm×དཀྱུས་22cm སྣེ་ཤིག་རྒྱ། ཞེང་58cm×དཀྱུས་9.5cm

般若波罗蜜多经十万颂

不全 写本 乌金体 7行 梵夹装 开本：宽70.2cm×高22cm 版框：宽58cm×高9.5cm

540000-00000271

༄། །སངས་རྒྱས་ཕལ་པོ་ཆེ་ཞེས་བྱ་བ་ཤིན་ཏུ་རྒྱས་པ་ཐེག་པ་ཆེན་པོའི་མདོ།། པོད་ཀ་པ།

ཆ་མི་ཚང་བ། བྲིས་མ། དབུ་ཅན། ཡིག་ཕྲེང་བདུན་ཅན། གླེགས་བམ། ཤོག་རྒྱ། ཞེང་68.8cm×དཀྱུས་19.5cm སྣེ་ཤིག་རྒྱ། ཞེང་58.4cm×དཀྱུས་8.8cm

大方广佛华严经八十华严

不全 写本 乌金体 7行 梵夹装 开本：宽68.8cm×高19.5cm 版框：宽58.4cm×高8.8cm

540000-00000272

༄། །འཕགས་པ་ཤེས་རབ་ཀྱི་ཕ་རོལ་ཏུ་ཕྱིན་པ་སྟོང་ཕྲག་བརྒྱ་པ་ཞེས་བྱ་བ་བཞུགས་སོ།། པོད་ག་པ།

ཆ་མི་ཚང་བ། བྲིས་མ། དབུ་ཅན། ཡིག་ཕྲེང་བདུན་ཅན། གླེགས་བམ། ཤོག་རྒྱ། ཞེང་70cm×དཀྱུས་20.5cm སྣེ་ཤིག་རྒྱ། ཞེང་58.4cm×དཀྱུས་10.5cm

般若波罗蜜多经十万颂

不全 写本 乌金体 7行 梵夹装 开本：宽70cm×高20.5cm 版框：宽58.4cm×高10.5cm

540000-00000273

༄། །སངས་རྒྱས་ཕལ་པོ་ཆེ་ཞེས་བྱ་བ་ཤིན་ཏུ་རྒྱས་པ་ཐེག་པ་ཆེན་པོའི་མདོ།། པོད་ཅ་པ།

ཆ་མི་ཚང་བ། བྲིས་མ། དབུ་ཅན། ཡིག་ཕྲེང་བདུན་ཅན། གླེགས་བམ། ཤོག་རྒྱ། ཞེང་70.5cm×དཀྱུས་18.4cm སྣེ་ཐིག་རྒྱ། ཞེང་61.5cm×དཀྱུས་8.6cm

大方广佛华严经八十华严

不全 写本 乌金体 7行 梵夹装 开本：宽70.5cm×高18.4cm 版框：宽61.5cm×高8.6cm

540000-00000274

༄། །འཕགས་པ་ཤེས་རབ་ཀྱི་ཕ་རོལ་ཏུ་ཕྱིན་པ་སྟོང་ཕྲག་བརྒྱ་པ་ཞེས་བྱ་བ་བཞུགས་སོ།། པོད་ཁ་པ།

ཆ་མི་ཚང་བ། བྲིས་མ། དབུ་ཅན། ཡིག་ཕྲེང་དགུ་ཅན། གླེགས་བམ། ཤོག་རྒྱ། ཞེང་70cm×དཀྱུས་18.6cm སྣེ་ཐིག་རྒྱ། ཞེང་61.7cm×དཀྱུས་12cm

般若波罗蜜多经十万颂

不全 写本 乌金体 9行 梵夹装 开本：宽70cm×高18.6cm 版框：宽61.7cm×高12cm

540000-00000275

༄། །འཕགས་པ་ཤེས་རབ་ཀྱི་ཕ་རོལ་ཏུ་ཕྱིན་པ་སྟོང་ཕྲག་བརྒྱ་པ་ཞེས་བྱ་བ་བཞུགས་སོ།།

ཆ་མི་ཚང་བ། བྲིས་མ། དབུ་ཅན། ཡིག་ཕྲེང་བདུན་ཅན། གླེགས་བམ། ཤོག་རྒྱ། ཞེང་69cm×དཀྱུས་23cm སྣེ་ཐིག་རྒྱ། ཞེང་59cm×དཀྱུས་10.5cm

般若波罗蜜多经十万颂

不全 写本 乌金体 7行 梵夹装 开本：宽69cm×高23cm 版框：宽59cm×高10.5cm

540000-00000276

༄། །འདུལ་བའི་མདོའི་འགྲེལ་པ། །

ཆ་མི་ཚང་བ། བྲིས་མ། དབུ་ཅན། ཡིག་ཕྲེང་དྲུག་ཅན། གླེགས་བམ། ཤོག་རྒྱ། ཞེང་70.3cm×དཀྱུས་21cm སྣེ་ཐིག་རྒྱ། ཞེང་57.1cm×དཀྱུས་8.3cm

律经注释

不全 写本 乌金体 6行 梵夹装 开本：宽70.3cm×高21cm 版框：宽57.1cm×高8.3cm

540000-00000277

༄། །སངས་རྒྱས་ཕལ་པོ་ཆེ་ཞེས་བྱ་བ་ཤིན་ཏུ་རྒྱས་པ་ཐེག་པ་ཆེན་པོའི་མདོ། ། པོད་ཁ་པ།

ཆ་མི་ཚང་བ། བྲིས་མ། དབུ་ཅན། ཡིག་ཕྲེང་བདུན་ཅན། གླེགས་བམ། ཤོག་རྒྱ། ཞེང་69.5cm×དཀྱུས་20.2cm སྣེ་ཐིག་རྒྱ། ཞེང་58.1cm×དཀྱུས་9.4cm

大方广佛华严经八十华严

不全 写本 乌金体 7行 梵夹装 开本：宽69.5cm×高20.2cm 版框：宽58.1cm×高9.4cm

540000-00000278

༄། །འཕགས་པ་ཤེས་རབ་ཀྱི་ཕ་རོལ་ཏུ་ཕྱིན་པ་སྟོང་ཕྲག་བརྒྱ་པ་ཞེས་བྱ་བ་བཞུགས་སོ། ། པོད་ཏ་པ།

ཆ་མི་ཚང་བ། བྲིས་མ། དབུ་ཅན། ཡིག་ཕྲེང་དགུ་ཅན། གླེགས་བམ། ཤོག་རྒྱ། ཞེང་66.8cm×དཀྱུས་22.8cm སྣེ་ཐིག་རྒྱ། ཞེང་59.7cm×དཀྱུས་10.1cm

般若波罗蜜多经十万颂

不全 写本 乌金体 7行 梵夹装 开本：宽66.8cm×高22.8cm 版框：宽59.7cm×高10.1cm

540000-00000279

༄༅། །འཕགས་པ་ཤེས་རབ་ཀྱི་ཕ་རོལ་ཏུ་ཕྱིན་པ་སྟོང་ཕྲག་བརྒྱ་པ་ཞེས་བྱ་བ་བཞུགས་སོ།། པོད་ཐ་པ།

ཆ་མི་ཚང་བ། བྲིས་མ། དབུ་ཅན། ཡིག་ཕྲེང་བདུན་ཅན། གླེགས་བམ། ཤོག་གྲྭ། ཞེང་68cm×དཀྱུས་18.9cm སྣེ་ཐིག་གྲྭ། ཞེང་59.2cm×དཀྱུས་9.6cm

般若波罗蜜多经十万颂

不全 写本 乌金体 7行 梵夹装 开本：宽68cm×高18.9cm 版框：宽59.2cm×高9.6cm

540000-00000280

༄༅། །འཕགས་པ་དཀོན་མཆོག་བརྩེགས་པའི་མདོ་བཞུགས་སོ།། པོད་ཁ་པ།

ཆ་མི་ཚང་བ། བྲིས་མ། དབུ་ཅན། ཡིག་ཕྲེང་བདུན་ཅན། གླེགས་བམ། ཤོག་གྲྭ། ཞེང་68cm×དཀྱུས་19.5cm སྣེ་ཐིག་གྲྭ། ཞེང་54.3cm×དཀྱུས་10cm

大乘宝积经

不全 写本 乌金体 7行 梵夹装 开本：宽68cm×高19.5cm 版框：宽54.3cm×高10cm

540000-00000281

༄༅། །སངས་རྒྱས་ཕལ་པོ་ཆེ་ཞེས་བྱ་བ་ཤིན་ཏུ་རྒྱས་པ་ཐེག་པ་ཆེན་པོའི་མདོ།། པོད་ཁ་པ།

ཆ་མི་ཚང་བ། བྲིས་མ། དབུ་ཅན། ཡིག་ཕྲེང་བརྒྱད་ཅན། གླེགས་བམ། ཤོག་གྲྭ། ཞེང་60.1cm×དཀྱུས་17.4cm སྣེ་ཐིག་གྲྭ། ཞེང་58.2cm×དཀྱུས་10cm

大方广佛华严经八十华严

不全 写本 乌金体 8行 梵夹装 开本：宽60.1cm×高17.4cm 版框：宽58.2cm×高10cm

540000-00000282

༄། །འདུས་པ་ཆེན་པོའི་མདོ། པོད་ཀ་པ།

ཆ་མི་ཚང་བ། བྲིས་མ། དབུ་ཅན། ཡིག་ཕྲེང་བརྒྱད་ཅན། གླེགས་བམ། ཤོག་ཀྱུ། ཞེང་68.9cm×དཀྱུས་22.3cm སྣེ་ཐིག་ཀྱི། ཞེང་58.6cm×དཀྱུས་10.5cm

经部佛说长阿含经大会经

不全 写本 乌金体 8行 梵夹装 开本：宽68.9cm×高22.3cm 版框：宽58.6cm×高10.5cm

540000-00000283

༄། །འཕགས་པ་ཤེས་རབ་ཀྱི་ཕ་རོལ་ཏུ་ཕྱིན་པ་སྟོང་ཕྲག་ཉི་ཤུ་ལྔ་པ་ཞེས་བྱ་བ་བཞུགས་སོ།། པོད་ཁ་པ།

ཆ་མི་ཚང་བ། བྲིས་མ། དབུ་ཅན། ཡིག་ཕྲེང་དྲུག་ཅན། གླེགས་བམ། ཤོག་ཀྱུ། ཞེང་70.6cm×དཀྱུས་21.6cm སྣེ་ཐིག་ཀྱི། ཞེང་58.3cm×དཀྱུས་7.4cm

般若波罗蜜多经两万五千颂

不全 写本 乌金体 6行 梵夹装 开本：宽70.6cm×高21.6cm 版框：宽58.3cm×高7.4cm

540000-00000284

༄། །འདུལ་བའི་མདོ་རྒྱ་ཆེར་འགྲེལ་པ། པོད་ཆ་པ།

ཆ་མི་ཚང་བ། བྲིས་མ། དབུ་ཅན། ཡིག་ཕྲེང་དགུ་ཅན། གླེགས་བམ། ཤོག་ཀྱུ། ཞེང་70cm×དཀྱུས་21.8cm སྣེ་ཐིག་ཀྱི། ཞེང་59cm×དཀྱུས་9cm

律经广注

不全 写本 乌金体 9行 梵夹装 开本：宽70cm×高21.8cm 版框：宽59cm×高9cm

540000-00000285

༄། །འཕགས་པ་ཤེས་རབ་ཀྱི་ཕ་རོལ་ཏུ་ཕྱིན་པ་བརྒྱད་སྟོང་པ་ཞེས་བྱ་བ་བཞུགས་སོ།། པོད་ཁ་པ།

ཆ་མི་ཚང་བ། བྲིས་མ། དབུ་ཅན། ཡིག་ཕྲེང་དགུ་ཅན། གླེགས་བམ། ཤོག་གྲུ། ཞེང་70.2cm×དཀྱུས་19.7cm སྣེ་ཐིག་གྲུ། ཞེང་59.8cm×དཀྱུས་9.1cm

般若波罗蜜多经八千颂

不全 写本 乌金体 9行 梵夹装 开本：宽70.2cm×高19.7cm 版框：宽59.8cm×高9.1cm

540000-00000286

༄། །འཕགས་པ་ཤེས་རབ་ཀྱི་ཕ་རོལ་ཏུ་ཕྱིན་པ་སྟོང་ཕྲག་བརྒྱ་པ་ཞེས་བྱ་བ་བཞུགས་སོ།། པོད་ང་པ།

ཆ་མི་ཚང་བ། བྲིས་མ། དབུ་ཅན། ཡིག་ཕྲེང་དགུ་ཅན། གླེགས་བམ། ཤོག་གྲུ། ཞེང་70cm×དཀྱུས་19cm སྣེ་ཐིག་གྲུ། ཞེང་62cm×དཀྱུས་11.2cm

般若波罗蜜多经十万颂

不全 写本 乌金体 9行 梵夹装 开本：宽70cm×高19cm 版框：宽62cm×高11.2cm

540000-00000287

༄། །འཕགས་པ་ཤེས་རབ་ཀྱི་ཕ་རོལ་ཏུ་ཕྱིན་པ་སྟོང་ཕྲག་ཉི་ཤུ་ལྔ་པ་ཞེས་བྱ་བ་བཞུགས་སོ།།

ཆ་མི་ཚང་བ། བྲིས་མ། དབུ་ཅན། ཡིག་ཕྲེང་དགུ་ཅན། གླེགས་བམ། ཤོག་གྲུ། ཞེང་69.5cm×དཀྱུས་20.6cm སྣེ་ཐིག་གྲུ། ཞེང་58cm×དཀྱུས་9.3cm

般若波罗蜜多经两万五千颂

不全 写本 乌金体 9行 梵夹装 开本：宽69.5cm×高20.6cm 版框：宽58cm×高9.3cm

540000-00000288

༄། །འཕགས་པ་ཤེས་རབ་ཀྱི་ཕ་རོལ་ཏུ་ཕྱིན་པ་སྟོང་ཕྲག་བརྒྱ་པ་ཞེས་བྱ་བ་བཞུགས་སོ།།

ཆ་མི་ཚང་བ། བྲིས་མ། དབུ་ཅན། ཡིག་ཕྲེང་དགུ་ཅན། གླེགས་བམ། ཤོག་རྒྱ། ཞེང་69.8cm×དཀྱུས་19.2cm སྙེ་ཐིག་རྒྱ། ཞེང་61.2cm×དཀྱུས་11.9cm

般若波罗蜜多经十万颂

不全 写本 乌金体 9行 梵夹装 开本：宽69.8cm×高19.2cm 版框：宽61.2cm×高11.9cm

540000-00000289

༄། །འཕགས་པ་ཤེས་རབ་ཀྱི་ཕ་རོལ་ཏུ་ཕྱིན་པ་སྟོང་ཕྲག་བརྒྱ་པ་ཞེས་བྱ་བ་བཞུགས་སོ།། པོད་ཁ་པ།

ཆ་མི་ཚང་བ། བྲིས་མ། དབུ་ཅན། ཡིག་ཕྲེང་དགུ་ཅན། གླེགས་བམ། ཤོག་རྒྱ། ཞེང་71cm×དཀྱུས་19.7cm སྙེ་ཐིག་རྒྱ། ཞེང་60cm×དཀྱུས་8cm

般若波罗蜜多经十万颂

不全 写本 乌金体 9行 梵夹装 开本：宽71cm×高19.7cm 版框：宽60cm×高8cm

540000-00000290

༄། །སངས་རྒྱས་ཕལ་པོ་ཆེ་ཞེས་བྱ་བ་ཤིན་ཏུ་རྒྱས་པ་ཐེག་པ་ཆེན་པོའི་མདོ།། པོད་ཆ་པ།

ཆ་མི་ཚང་བ། བྲིས་མ། དབུ་ཅན། ཡིག་ཕྲེང་བདུན་ཅན། གླེགས་བམ། ཤོག་རྒྱ། ཞེང་70.5cm×དཀྱུས་21.6cm སྙེ་ཐིག་རྒྱ། ཞེང་58.5cm×དཀྱུས་8.8cm

大方广佛华严经八十华严

不全 写本 乌金体 7行 梵夹装 开本：宽70.5cm×高21.6cm 版框：宽58.5cm×高8.8cm

540000-00000291

༄། །འཕགས་པ་ཤེས་རབ་ཀྱི་ཕ་རོལ་ཏུ་ཕྱིན་པ་སྟོང་ཕྲག་བརྒྱ་པ་ཞེས་བྱ་བ་བཞུགས་སོ།། པོད་ཁ་པ།

ཆ་མི་ཚང་བ། བྲིས་མ། དབུ་ཅན། ཡིག་ཕྲེང་བདུན་ཅན། གླེགས་བམ། ཤོག་གྲྭ། ཞེང་70cm×དཀྱུས་19cm སྡེ་ཐིག་གྲྭ། ཞེང་61.4cm×དཀྱུས་9cm

般若波罗蜜多经十万颂

不全 写本 乌金体 7行 梵夹装 开本：宽70cm×高19cm 版框：宽61.4cm×高9cm

540000-00000292

༄། །སངས་རྒྱས་ཕལ་པོ་ཆེ་ཞེས་བྱ་བ་ཤིན་ཏུ་རྒྱས་པ་ཐེག་པ་ཆེན་པོའི་མདོ།།

༤༤༠ ཆ་མི་ཚང་བ། བྲིས་མ། དབུ་ཅན། ཡིག་ཕྲེང་དྲུག་ཅན། གླེགས་བམ། ཤོག་གྲྭ། ཞེང་70cm×དཀྱུས་22cm སྡེ་ཐིག་གྲྭ། ཞེང་60.4cm×དཀྱུས་9cm

大方广佛华严经八十华严

不全 写本 乌金体 6行 梵夹装 开本：宽70cm×高22cm 版框：宽60.4cm×高9cm

540000-00000293

༄། །འདུས་པ་ཆེན་པོ་ལས་སའི་སྙིང་པོའི་འཁོར་ལོ་བཅུ་པ་ཞེས་བྱ་བ་ཐེག་པ་ཆེན་པོའི་མདོ།།

ཆ་མི་ཚང་བ། བྲིས་མ། དབུ་ཅན། ཡིག་ཕྲེང་དགུ་ཅན། གླེགས་བམ། ཤོག་གྲྭ། ཞེང་67.3cm×དཀྱུས་19.3cm སྡེ་ཐིག་གྲྭ། ཞེང་56.7cm×དཀྱུས་10cm

大乘大集地藏十轮经

不全 写本 乌金体 9行 梵夹装 开本：宽67.3cm×高19.3cm 版框：宽56.7cm×高10cm

540000-00000294

༄། །སངས་རྒྱས་ཕལ་པོ་ཆེ་ཞེས་བྱ་བ་ཤིན་ཏུ་རྒྱས་པ་ཐེག་པ་ཆེན་པོའི་མདོ།། པོད་ག་པ།

ཆ་མི་ཚང་བ། བྲིས་མ། དབུ་ཅན། ཡིག་ཕྲེང་དྲུག་ཅན། གླེགས་བམ། ཤོག་ཀྱུ། ཞེང་70.4cm×དཀྱུས་20.2cm སྙེ་ཐིག་ཀྱུ། ཞེང་58.1cm×དཀྱུས་7.6cm

大方广佛华严经八十华严

不全 写本 乌金体 6行 梵夹装 开本：宽70.4cm×高20.2cm 版框：宽58.1cm×高7.6cm

540000-00000295

༄། །འཕགས་པ་དཀོན་མཆོག་བརྩེགས་པ་ཞེས་བྱ་བ་ཐེག་པ་ཆེན་པོའི་མདོ།། པོད་ང་པ།

ཆ་མི་ཚང་བ། བྲིས་མ། དབུ་ཅན། ཡིག་ཕྲེང་བདུན་ཅན། གླེགས་བམ། ཤོག་ཀྱུ། ཞེང་71.3cm×དཀྱུས་21cm སྙེ་ཐིག་ཀྱུ། ཞེང་58.5cm×དཀྱུས་9cm

大乘宝积经

不全 写本 乌金体 7行 梵夹装 开本：宽71.3cm×高21cm 版框：宽58.5cm×高9cm

540000-00000296

༄། །འཕགས་པ་ཤེས་རབ་ཀྱི་ཕ་རོལ་ཏུ་ཕྱིན་པ་སྟོང་ཕྲག་བརྒྱ་པ་ཞེས་བྱ་བ་བཞུགས་སོ།། པོད་ཁ་པ།

ཆ་མི་ཚང་བ། བྲིས་མ། དབུ་ཅན། ཡིག་ཕྲེང་བདུན་ཅན། གླེགས་བམ། ཤོག་ཀྱུ། ཞེང་62.8cm×དཀྱུས་20.1cm སྙེ་ཐིག་ཀྱུ། ཞེང་57cm×དཀྱུས་8.8cm

般若波罗蜜多经十万颂

不全 写本 乌金体 7行 梵夹装 开本：宽62.8cm×高20.1cm 版框：宽57cm×高8.8cm

540000-00000297

༄༅། །འཕགས་པ་ཤེས་རབ་ཀྱི་ཕ་རོལ་ཏུ་ཕྱིན་པ་སྟོང་ཕྲག་བརྒྱ་པ་ཞེས་བྱ་བ་བཞུགས་སོ།། བོད་ཁ་པ།

ཆ་མི་ཚང་བ། བྲིས་མ། དབུ་ཅན། ཡིག་ཕྲེང་བརྒྱད་ཅན། གླེགས་བམ། ཤོག་རྒྱ། ཞེང་72cm×དཀྱུས་20.2cm སྙེ་ཐིག་རྒྱ། ཞེང་59.8cm×དཀྱུས་9cm

般若波罗蜜多经十万颂

不全 写本 乌金体 8行 梵夹装 开本：宽72cm×高20.2cm 版框：宽59.8cm×高9cm

540000-00000298

༄༅། །འཕགས་པ་ཤེས་རབ་ཀྱི་ཕ་རོལ་ཏུ་ཕྱིན་པ་བརྒྱད་སྟོང་པ་ཞེས་བྱ་བ་བཞུགས་སོ།།

ཆ་མི་ཚང་བ། བྲིས་མ། དབུ་ཅན། ཡིག་ཕྲེང་བརྒྱད་ཅན། གླེགས་བམ། ཤོག་རྒྱ། ཞེང་69.5cm×དཀྱུས་18.8cm སྙེ་ཐིག་རྒྱ། ཞེང་55.1cm×དཀྱུས་9cm

般若波罗蜜多经八千颂

不全 写本 乌金体 8行 梵夹装 开本：宽69.5cm×高18.8cm 版框：宽55.1cm×高9cm

540000-00000299

༄༅། །འཕགས་པ་དཀོན་མཆོག་བརྩེགས་པ་ཞེས་བྱ་བ་ཐེག་པ་ཆེན་པོའི་མདོ།། བོད་ཀ་པ།

ཆ་མི་ཚང་བ། བྲིས་མ། དབུ་ཅན། ཡིག་ཕྲེང་བཅུ་ཅན། གླེགས་བམ། ཤོག་རྒྱ། ཞེང་68cm×དཀྱུས་17.8cm སྙེ་ཐིག་རྒྱ། ཞེང་61.2cm×དཀྱུས་11.7cm

大乘宝积经

不全 写本 乌金体 10行 梵夹装 开本：宽68cm×高17.8cm 版框：宽61.2cm×高11.7cm

540000-00000300

༄༅། །འཕགས་པ་ཤེས་རབ་ཀྱི་ཕ་རོལ་ཏུ་ཕྱིན་པ་སྟོང་ཕྲག་བརྒྱ་པ་ཞེས་བྱ་བ་བཞུགས་སོ།།

ཆ་མི་ཚང་བ། བྲིས་མ། དབུ་ཅན། ཡིག་ཕྲེང་བདུན་ཅན། གླེགས་བམ། ཤོག་ཀྱུ། ཞེང་69.4cm×དཀྱུས་20.2cm སྙེ་ཤིག་ཀྱུ། ཞེང་57.2cm×དཀྱུས་9cm

般若波罗蜜多经十万颂

不全 写本 乌金体 7行 梵夹装 开本：宽69.4cm×高20.2cm 版框：宽57.2cm×高9cm

540000-00000301

༄༅། །འཕགས་པ་ཤེས་རབ་ཀྱི་ཕ་རོལ་ཏུ་ཕྱིན་པ་སྟོང་ཕྲག་བརྒྱ་པ་ཞེས་བྱ་བ་བཞུགས་སོ།། ཡོད་པ་ཡ།

ཆ་མི་ཚང་བ། བྲིས་མ། དབུ་ཅན། ཡིག་ཕྲེང་བརྒྱད་ཅན། གླེགས་བམ། ཤོག་ཀྱུ། ཞེང་70cm×དཀྱུས་22cm སྙེ་ཤིག་ཀྱུ། ཞེང་58cm×དཀྱུས་9.3cm

般若波罗蜜多经十万颂

不全 写本 乌金体 8行 梵夹装 开本：宽70cm×高22cm 版框：宽58cm×高9.3cm

540000-00000302

༄༅། །འཕགས་པ་ཤེས་རབ་ཀྱི་ཕ་རོལ་ཏུ་ཕྱིན་པ་སྟོང་ཕྲག་བརྒྱ་པ་ཞེས་བྱ་བ་བཞུགས་སོ།། ཡོད་ང་ཡ།

ཆ་མི་ཚང་བ། བྲིས་མ། དབུ་ཅན། ཡིག་ཕྲེང་བདུན་ཅན། གླེགས་བམ། ཤོག་ཀྱུ། ཞེང་69.4cm×དཀྱུས་20.2cm སྙེ་ཤིག་ཀྱུ། ཞེང་57.6cm×དཀྱུས་9cm

般若波罗蜜多经十万颂

不全 写本 乌金体 7行 梵夹装 开本：宽69.4cm×高20.2cm 版框：宽57.6cm×高9cm

540000-00000303

༄། །འཕགས་པ་ཤེས་རབ་ཀྱི་ཕ་རོལ་ཏུ་ཕྱིན་པ་རྡོ་རྗེ་གཅོད་པ་ཞེས་བྱ་བ་བཞུགས་སོ།། པོད་ཉ་པ།

ཆ་མི་ཚང་བ། བྲིས་མ། དབུ་ཅན། ཡིག་ཕྲེང་བརྒྱད་ཅན། གླེགས་བམ། ཤོག་གྲུ། ཞེང་69.5cm×དཀྱུས་20cm སྣེ་ཐིག་གྲུ། ཞེང་58.9cm×དཀྱུས་10.5cm

大般若波罗蜜多经第九会

不全 写本 乌金体 8行 梵夹装 开本：宽69.5cm×高20cm 版框：宽58.9cm×高10.5cm

540000-00000304

༄། །འཕགས་པ་ཤེས་རབ་ཀྱི་ཕ་རོལ་ཏུ་ཕྱིན་པ་སྟོང་ཕྲག་བརྒྱ་པ་ཞེས་བྱ་བ་བཞུགས་སོ།། པོད་ཁ་པ།

ཆ་མི་ཚང་བ། བྲིས་མ། དབུ་ཅན། ཡིག་ཕྲེང་བདུན་ཅན། གླེགས་བམ། ཤོག་གྲུ། ཞེང་72cm×དཀྱུས་21.1cm སྣེ་ཐིག་གྲུ། ཞེང་59.7cm×དཀྱུས་9.2cm

般若波罗蜜多经十万颂

不全 写本 乌金体 7行 梵夹装 开本：宽72cm×高21.1cm 版框：宽59.7cm×高9.2cm

540000-00000305

༄། །སངས་རྒྱས་ཕལ་པོ་ཆེ་ཞེས་བྱ་བ་ཤིན་ཏུ་རྒྱས་པ་ཐེག་པ་ཆེན་པོའི་མདོ།། པོད་ག་པ།

ཆ་མི་ཚང་བ། བྲིས་མ། དབུ་ཅན། ཡིག་ཕྲེང་བདུན་ཅན། གླེགས་བམ། ཤོག་གྲུ། ཞེང་70.4cm×དཀྱུས་20.2cm སྣེ་ཐིག་གྲུ། ཞེང་58.2cm×དཀྱུས་9cm

大方广佛华严经八十华严

不全 写本 乌金体 7行 梵夹装 开本：宽70.4cm×高20.2cm 版框：宽58.2cm×高9cm

540000-00000306

༄། །འཕགས་པ་ཤེས་རབ་ཀྱི་ཕ་རོལ་ཏུ་ཕྱིན་པ་སྟོང་ཕྲག་བརྒྱ་པ་ཞེས་བྱ་བ་བཞུགས་སོ།།　པོད་ཀ་པ།

ཆ་མི་ཚང་བ། བྲིས་མ། དབུ་ཅན། ཡིག་ཕྲེང་བདུན་ཅན། གླེགས་བམ། ཤོག་རྒྱ། ཞེང་70.5cm×དཀྱུས་21.4cm སྣེ་ཐིག་རྒྱ། ཞེང་58cm×དཀྱུས་7.7cm

般若波罗蜜多经十万颂

不全 写本 乌金体 7行 梵夹装 开本：宽70.5cm×高21.4cm 版框：宽58cm×高7.7cm

540000-00000307

༄། །འཕགས་པ་ཤེས་རབ་ཀྱི་ཕ་རོལ་ཏུ་ཕྱིན་པ་སྟོང་ཕྲག་བརྒྱ་པ་ཞེས་བྱ་བ་བཞུགས་སོ།།

ཆ་མི་ཚང་བ། བྲིས་མ། དབུ་ཅན། ཡིག་ཕྲེང་དགུ་ཅན། གླེགས་བམ། ཤོག་རྒྱ། ཞེང་69.4cm×དཀྱུས་19.4cm སྣེ་ཐིག་རྒྱ། ཞེང་61.5cm×དཀྱུས་8.8cm

般若波罗蜜多经十万颂

不全 写本 乌金体 9行 梵夹装 开本：宽69.4cm×高19.4cm 版框：宽61.5cm×高8.8cm

540000-00000308

༄། །མདོ་སྡེ་བསྐལ་བཟང་།།

ཆ་མི་ཚང་བ། བྲིས་མ། དབུ་ཅན། ཡིག་ཕྲེང་དགུ་ཅན། གླེགས་བམ། ཤོག་རྒྱ། ཞེང་68.7cm×དཀྱུས་19.3cm སྣེ་ཐིག་རྒྱ། ཞེང་60.3cm×དཀྱུས་11.2cm

贤劫经

不全 写本 乌金体 9行 梵夹装 开本：宽68.7cm×高19.3cm 版框：宽60.3cm×高11.2cm

540000-00000309

༄། །འཕགས་པ་ཤེས་རབ་ཀྱི་ཕ་རོལ་ཏུ་ཕྱིན་པ་བརྒྱད་སྟོང་པ་ཞེས་བྱ་བ་བཞུགས་སོ།། པོད་ཀ་པ།

ཆ་མི་ཚང་བ། བྲིས་མ། དབུ་ཅན། ཡིག་ཕྲེང་བརྒྱད་ཅན། གླེགས་བམ། ཤོག་ཀྱུ། ཞེང་68.4cm×དཀྱུས་22.5cm སྣེ་ཐིག་ཀྱུ། ཞེང་58cm×དཀྱུས་12cm

般若波罗蜜多经八千颂

不全 写本 乌金体 8行 梵夹装 开本：宽68.4cm×高22.5cm 版框：宽58cm×高12cm

540000-00000310

༄། །འཕགས་པ་ཤེས་རབ་ཀྱི་ཕ་རོལ་ཏུ་ཕྱིན་པ་སྟོང་ཕྲག་བརྒྱ་པ་ཞེས་བྱ་བ་བཞུགས་སོ།།

 ཆ་མི་ཚང་བ། བྲིས་མ། དབུ་ཅན། ཡིག་ཕྲེང་བརྒྱད་ཅན། གླེགས་བམ། ཤོག་ཀྱུ། ཞེང་69cm×དཀྱུས་19.5cm སྣེ་ཐིག་ཀྱུ། ཞེང་59cm×དཀྱུས་10cm

般若波罗蜜多经十万颂

不全 写本 乌金体 8行 梵夹装 开本：宽69cm×高19.5cm 版框：宽59cm×高10cm

540000-00000311

༄། །སངས་རྒྱས་ཕལ་པོ་ཆེ་ཞེས་བྱ་བ་ཤིན་ཏུ་རྒྱས་པ་ཐེག་པ་ཆེན་པོའི་མདོ།། པོད་ཁ་པ།

ཆ་མི་ཚང་བ། བྲིས་མ། དབུ་ཅན། ཡིག་ཕྲེང་བདུན་ཅན། གླེགས་བམ། ཤོག་ཀྱུ། ཞེང་68.3cm×དཀྱུས་19.8cm སྣེ་ཐིག་ཀྱུ། ཞེང་58.2cm×དཀྱུས་9.5cm

大方广佛华严经八十华严

不全 写本 乌金体 7行 梵夹装 开本：宽68.3cm×高19.8cm 版框：宽58.2cm×高9.5cm

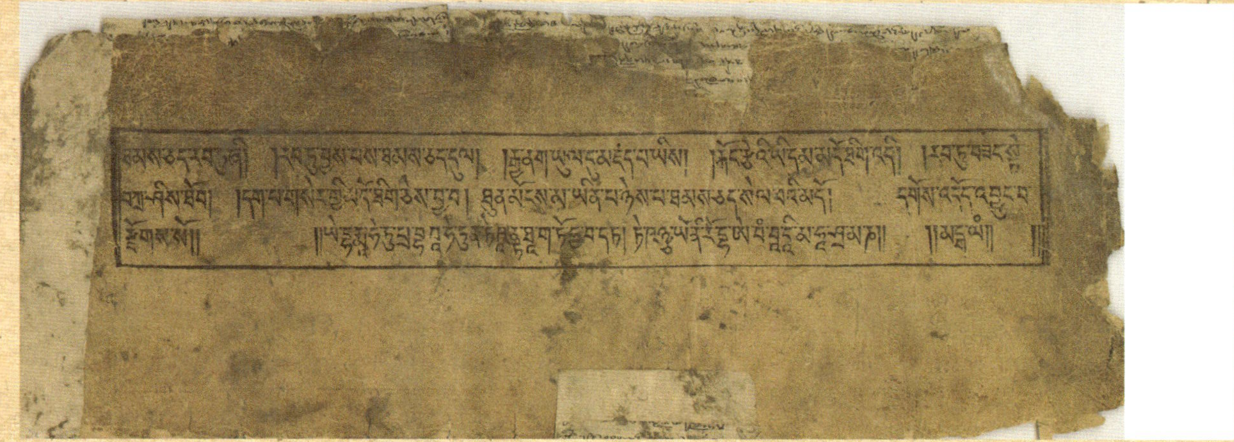

དུས་རབས་18པའི་སྤར་མའི་སྤར་བྱང་།

18 世纪刻本题记

540000-00000312

༄༅། །སངས་རྒྱས་ཕལ་པོ་ཆེ་ཞེས་བྱ་བ་ཤིན་ཏུ་རྒྱས་པ་ཐེག་པ་ཆེན་པོའི་མདོ།། པོད་ཆ་ཕ།

ཆ་མི་ཚང་བ། བྲིས་མ། དབུ་ཅན། ཡིག་ཕྲེང་བདུན་ཅན། གླེགས་བམ། ཤོག་ཀྱི། ཞེང་68.7cm×དཀྱུས་20cm སྐྱེ་ཐིག་ཀྱི། ཞེང་59.6cm×དཀྱུས་8.9cm

大方广佛华严经八十华严

不全 写本 乌金体 7行 梵夹装 开本：宽68.7cm×高20cm 版框：宽59.6cm×高8.9cm

540000-00000313

༄། །འཕགས་པ་ཤེས་རབ་ཀྱི་ཕ་རོལ་ཏུ་ཕྱིན་པ་སྟོང་ཕྲག་བརྒྱ་པ་ཞེས་བྱ་བ་བཞུགས་སོ།། པོད་ཏ་པ

ཆ་མི་ཚང་བ། ཕྲིས་མ། དབུ་ཅན། ཡིག་ཕྲེང་བཅུ་ཅན། གླེགས་བམ། ཤོག་ཀྱུ། ཞེང་70.4cm×དཀྱུས་19cm སྣེ་ཐིག་ཀྱུ། ཞེང་65.4cm×དཀྱུས་10.3cm

般若波罗蜜多经十万颂

不全 写本 乌金体 10行 梵夹装 开本：宽70.4cm×高19cm 版框：宽65.4cm×高10.3cm

540000-00000314

༄། །འཕགས་པ་ཤེས་རབ་ཀྱི་ཕ་རོལ་ཏུ་ཕྱིན་པ་སྟོང་ཕྲག་བརྒྱ་པ་ཞེས་བྱ་བ་བཞུགས་སོ།།

ཆ་མི་ཚང་བ། ཕྲིས་མ། དབུ་ཅན། ཡིག་ཕྲེང་བདུན་ཅན། གླེགས་བམ། ཤོག་ཀྱུ། ཞེང་71cm×དཀྱུས་22.5cm སྣེ་ཐིག་ཀྱུ། ཞེང་58cm×དཀྱུས་10cm

般若波罗蜜多经十万颂

不全 写本 乌金体 7行 梵夹装 开本：宽71cm×高22.5cm 版框：宽58cm×高10cm

540000-00000315

༄། །སངས་རྒྱས་ཕལ་པོ་ཆེ་ཞེས་བྱ་བ་ཤིན་ཏུ་རྒྱས་པ་ཐེག་པ་ཆེན་པོའི་མདོ།།

ཆ་མི་ཚང་བ། ཕྲིས་མ། དབུ་ཅན། ཡིག་ཕྲེང་བདུན་ཅན། གླེགས་བམ། ཤོག་ཀྱུ། ཞེང་71cm×དཀྱུས་21.9cm སྣེ་ཐིག་ཀྱུ། ཞེང་57.8cm×དཀྱུས་9.5cm

大方广佛华严经八十华严

不全 写本 乌金体 7行 梵夹装 开本：宽71cm×高21.9cm 版框：宽57.8cm×高9.5cm

540000-00000316

༄། །སངས་རྒྱས་ཕལ་པོ་ཆེ་ཞེས་བྱ་བ་ཤིན་ཏུ་རྒྱས་པ་ཐེག་པ་ཆེན་པོའི་མདོ། ། པོད་ཁ་པ།

ཆ་མི་ཚང་བ། བྲིས་མ། དབུ་ཅན། ཡིག་ཕྲེང་བདུན་ཅན། གླེགས་བམ། ཤོག་ཀྱུ། ཞེང་70cm×དཀྱུས་20cm སྣེ་ཐིག་ཀྱུ། ཞེང་58cm×དཀྱུས་9.5cm

大方广佛华严经八十华严

不全 写本 乌金体 7行 梵夹装 开本：宽70cm×高20cm 版框：宽58cm×高9.5cm

540000-00000317

༄། །མདོ་སྡེ་དཀོན་མཆོག་སྤྲིན་ཞེས་བྱ་བ་བཞུགས་སོ། པོད་ཛ་པ།

ཆ་མི་ཚང་བ། བྲིས་མ། དབུ་ཅན། ཡིག་ཕྲེང་བདུན་ཅན། གླེགས་བམ། ཤོག་ཀྱུ། ཞེང་72.3cm×དཀྱུས་22.3cm སྣེ་ཐིག་ཀྱུ། ཞེང་59cm×དཀྱུས་9.4cm

宝云经

不全 写本 乌金体 7行 梵夹装 开本：宽72.3cm×高22.3cm 版框：宽59cm×高9.4cm

540000-00000318

༄། །འཕགས་པ་ཤེས་རབ་ཀྱི་ཕ་རོལ་ཏུ་ཕྱིན་པ་སྟོང་ཕྲག་ཉི་ཤུ་ལྔ་པ་ཞེས་བྱ་བ་བཞུགས་སོ། ། པོད་ཁ་པ།

ཆ་མི་ཚང་བ། བྲིས་མ། དབུ་ཅན། ཡིག་ཕྲེང་བདུན་ཅན། གླེགས་བམ། ཤོག་ཀྱུ། ཞེང་70.8cm×དཀྱུས་20cm སྣེ་ཐིག་ཀྱུ། ཞེང་55.8cm×དཀྱུས་7.8cm

般若波罗蜜多经两万五千颂

不全 写本 乌金体 7行 梵夹装 开本：宽70.5cm×高20cm 版框：宽55.8cm×高7.8cm

540000-00000319

༄། །འཕགས་པ་ཤེས་རབ་ཀྱི་ཕ་རོལ་ཏུ་ཕྱིན་པ་སྟོང་ཕྲག་བརྒྱ་པ་ཞེས་བྱ་བ་བཞུགས་སོ།།　པོད་ཚ་པ

ཆ་མི་ཚང་བ། བྲིས་མ། དབུ་ཅན། ཡིག་ཕྲེང་དགུ་ཅན། གླེགས་བམ། ཤོག་རྒྱ། ཞེང་69.5cm×དཀྱུས་22.2cm སྙེ་ཤིག་རྒྱ། ཞེང་58.9cm×དཀྱུས་8.9cm

般若波罗蜜多经十万颂

不全 写本 乌金体 7行 梵夹装 开本：宽69.5cm×高22.2cm 版框：宽58.9cm×高8.9cm

540000-00000320

༄། །སངས་རྒྱས་ཕལ་པོ་ཆེ་ཞེས་བྱ་བ་ཤིན་ཏུ་རྒྱས་པ་ཐེག་པ་ཆེན་པོའི་མདོ།།　པོད་ག་པ

ཆ་མི་ཚང་བ། བྲིས་མ། དབུ་ཅན། ཡིག་ཕྲེང་བདུན་ཅན། གླེགས་བམ། ཤོག་རྒྱ། ཞེང་69.3cm×དཀྱུས་19.1cm སྙེ་ཤིག་རྒྱ། ཞེང་58.8cm×དཀྱུས་9cm

大方广佛华严经八十华严

不全 写本 乌金体 7行 梵夹装 开本：宽69.3cm×高19.1cm 版框：宽58.8cm×高9cm

540000-00000321

༄། །འཕགས་པ་ཤེས་རབ་ཀྱི་ཕ་རོལ་ཏུ་ཕྱིན་པ་སྟོང་ཕྲག་བརྒྱ་པ་ཞེས་བྱ་བ་བཞུགས་སོ།།　པོད་ཁ་པ

ཆ་མི་ཚང་བ། བྲིས་མ། དབུ་ཅན། ཡིག་ཕྲེང་དགུ་ཅན། གླེགས་བམ། ཤོག་རྒྱ། ཞེང་67.8cm×དཀྱུས་18.9cm སྙེ་ཤིག་རྒྱ། ཞེང་56.6cm×དཀྱུས་9.6cm

般若波罗蜜多经十万颂

不全 写本 乌金体 9行 梵夹装 开本：宽67.8cm×高18.9cm 版框：宽56.6cm×高9.6cm

540000-00000322

༄༅། །འཕགས་པ་ཤེས་རབ་ཀྱི་ཕ་རོལ་ཏུ་ཕྱིན་པ་སྟོང་ཕྲག་བརྒྱ་པ་ཞེས་བྱ་བ་བཞུགས་སོ།།

ཆ་མི་ཚང་བ། བྲིས་མ། དབུ་ཅན། ཡིག་ཕྲེང་བདུན་ཅན། གླེགས་བམ། ཤོག་ཀྱུ། ཞེང་69cm×དཀྱུས་18.3cm སྣེ་ཐིག་ཀྱུ། ཞེང་59.8cm×དཀྱུས་8.8cm

般若波罗蜜多经十万颂

不全 写本 乌金体 7行 梵夹装 开本：宽69cm×高18.3cm 版框：宽59.8cm×高8.8cm

540000-00000324

༄༅། །འཕགས་པ་ཤེས་རབ་ཀྱི་ཕ་རོལ་ཏུ་ཕྱིན་པ་ཉི་ཁྲི་ཞེས་བྱ་བ་བཞུགས་སོ།། པོད་ཛ་པ།

ཆ་མི་ཚང་བ། བྲིས་མ། དབུ་ཅན། ཡིག་ཕྲེང་བདུན་ཅན། གླེགས་བམ། ཤོག་ཀྱུ། ཞེང་67cm×དཀྱུས་22.5cm སྣེ་ཐིག་ཀྱུ། ཞེང་59.7cm×དཀྱུས་10.3cm

般若波罗蜜多经两万颂

不全 写本 乌金体 7行 梵夹装 开本：宽67cm×高22.5cm 版框：宽59.7cm×高10.3cm

540000-00000325

༄༅། །འཕགས་པ་ཤེས་རབ་ཀྱི་ཕ་རོལ་ཏུ་ཕྱིན་པ་སྟོང་ཕྲག་ཉི་ཤུ་ལྔ་པ་ཞེས་བྱ་བ་བཞུགས་སོ།། པོད་བ་པ།

ཆ་མི་ཚང་བ། བྲིས་མ། དབུ་ཅན། ཡིག་ཕྲེང་བདུན་ཅན། གླེགས་བམ། ཤོག་ཀྱུ། ཞེང་70.7cm×དཀྱུས་21.9cm སྣེ་ཐིག་ཀྱུ། ཞེང་57.4cm×དཀྱུས་8.9cm

般若波罗蜜多经两万五千颂

不全 写本 乌金体 7行 梵夹装 开本：宽70.7cm×高21.9cm 版框：宽57.4cm×高8.9cm

540000-00000326

༄། །འཕགས་པ་ཤེས་རབ་ཀྱི་ཕ་རོལ་ཏུ་ཕྱིན་པ་སྟོང་ཕྲག་བརྒྱ་པ་ཞེས་བྱ་བ་བཞུགས་སོ།། པོད་ཕ་པ།

ཆ་མི་ཚང་བ། བྲིས་མ། དབུ་ཅན། ཡིག་ཕྲེང་བདུན་ཅན། གླེགས་བམ། ཤོག་རྒྱ། ཞེང་68cm×དཀྱུས་23.8cm སྣེ་ཐིག་རྒྱ། ཞེང་60cm×དཀྱུས་10cm

般若波罗蜜多经十万颂

不全 写本 乌金体 7行 梵夹装 开本：宽68cm×高23.8cm 版框：宽60cm×高10cm

540000-00000327

༄། །འཕགས་པ་ཤེས་རབ་ཀྱི་ཕ་རོལ་ཏུ་ཕྱིན་པ་སྟོང་ཕྲག་བརྒྱ་པ་ཞེས་བྱ་བ་བཞུགས་སོ།། པོད་ཁ་པ།

ཆ་མི་ཚང་བ། བྲིས་མ། དབུ་ཅན། ཡིག་ཕྲེང་བརྒྱད་ཅན། གླེགས་བམ། ཤོག་རྒྱ། ཞེང་70.4cm×དཀྱུས་19.4cm སྣེ་ཐིག་རྒྱ། ཞེང་60.6cm×དཀྱུས་10.9cm

般若波罗蜜多经十万颂

不全 写本 乌金体 8行 梵夹装 开本：宽70.4cm×高19.4cm 版框：宽60.6cm×高10.9cm

540000-00000328

༄། །སངས་རྒྱས་ཕལ་པོ་ཆེ་ཞེས་བྱ་བ་ཤིན་ཏུ་རྒྱས་པ་ཐེག་པ་ཆེན་པོའི་མདོ།།

ཆ་མི་ཚང་བ། བྲིས་མ། དབུ་ཅན། ཡིག་ཕྲེང་དྲུག་ཅན། གླེགས་བམ། ཤོག་རྒྱ། ཞེང་69.5cm×དཀྱུས་20.3cm སྣེ་ཐིག་རྒྱ། ཞེང་57.3cm×དཀྱུས་7.9cm

大方广佛华严经八十华严

不全 写本 乌金体 6行 梵夹装 开本：宽69.5cm×高20.3cm 版框：宽57.3cm×高7.9cm

540000-00000329

༄། །མདོ་སྡེ་དཀོན་མཆོག་སྤྲིན་ཞེས་བྱ་བ་བཞུགས་སོ།། པོད་མ་པ།

ཆ་མི་ཚང་བ། བྲིས་མ། དབུ་ཅན། ཡིག་ཕྲེང་བདུན་ཅན། གླེགས་བམ། ཤོག་གྲྭ། ཞེང་70.5cm×དཀྱུས་22.1cm སྣེ་ཐིག་གྲྭ། ཞེང་56cm×དཀྱུས་8.5cm

宝云经

不全 写本 乌金体 7行 梵夹装 开本：宽70.5cm×高22.1cm 版框：宽56cm×高8.5cm

540000-00000330

༄། །འཕགས་པ་ཤེས་རབ་ཀྱི་ཕ་རོལ་ཏུ་ཕྱིན་པ་བརྒྱད་སྟོང་པ་ཞེས་བྱ་བ་བཞུགས་སོ།། པོད་ཁ་པ།

ཆ་མི་ཚང་བ། བྲིས་མ། དབུ་ཅན། ཡིག་ཕྲེང་དགུ་ཅན། གླེགས་བམ། ཤོག་གྲྭ། ཞེང་70.9cm×དཀྱུས་19.4cm སྣེ་ཐིག་གྲྭ། ཞེང་62.8cm×དཀྱུས་12.2cm

般若波罗蜜多经八千颂

不全 写本 乌金体 9行 梵夹装 开本：宽70.9cm×高19.4cm 版框：宽62.8cm×高12.2cm

540000-00000331

༄། །འཕགས་པ་ཤེས་རབ་ཀྱི་ཕ་རོལ་ཏུ་ཕྱིན་པ་སྟོང་ཕྲག་བརྒྱ་པ་ཞེས་བྱ་བ་བཞུགས་སོ།། པོད་ཀ་པ།

ཆ་མི་ཚང་བ། བྲིས་མ། དབུ་ཅན། ཡིག་ཕྲེང་དྲུག་ཅན། གླེགས་བམ། ཤོག་གྲྭ། ཞེང་69.6cm×དཀྱུས་21.8cm སྣེ་ཐིག་གྲྭ། ཞེང་58.6cm×དཀྱུས་7.9cm

般若波罗蜜多经十万颂

不全 写本 乌金体 6行 梵夹装 开本：宽69.6cm×高21.8cm 版框：宽58.6cm×高7.9cm

540000-00000332

༄། །འཕགས་པ་ཤེས་རབ་ཀྱི་ཕ་རོལ་ཏུ་ཕྱིན་པ་སྟོང་ཕྲག་ཉི་ཤུ་ལྔ་པ་ཞེས་བྱ་བ་བཞུགས་སོ། །

ཆ་མི་ཚང་བ། བྲིས་མ། དབུ་ཅན། ཡིག་ཕྲེང་བདུན་ཅན། གླེགས་བམ། ཤོག་རྒྱ། ཞེང་70cm×དཀྱུས་19.8cm སྙེ་ཤིག་རྒྱ། ཞེང་60.4cm×དཀྱུས་10.5cm

般若波罗蜜多经两万五千颂

不全 写本 乌金体 7行 梵夹装 开本：宽70cm×高19.8cm 版框：宽60.4cm×高10.5cm

540000-00000330

༄། །འཕགས་པ་བསྐལ་པ་བཟང་པོ་ཞེས་བྱ་བ་ཐེག་པ་ཆེན་པོའི་མདོ། ། པོད་ན་པ།

ཆ་མི་ཚང་བ། བྲིས་མ། དབུ་ཅན། ཡིག་ཕྲེང་བརྒྱད་ཅན། གླེགས་བམ། ཤོག་རྒྱ། ཞེང་70cm×དཀྱུས་19.8cm སྙེ་ཤིག་རྒྱ། ཞེང་60.4cm×དཀྱུས་10.5cm

大乘贤劫经

不全 写本 乌金体 8行 梵夹装 开本：宽70cm×高19.8cm 版框：宽60.4cm×高10.5cm

540000-00000331

༄། །འཕགས་པ་ཤེས་རབ་ཀྱི་ཕ་རོལ་ཏུ་ཕྱིན་པ་སྟོང་ཕྲག་བརྒྱ་པ་ཞེས་བྱ་བ་བཞུགས་སོ། ། པོད་ཐ་པ།

ཆ་མི་ཚང་བ། བྲིས་མ། དབུ་ཅན། ཡིག་ཕྲེང་བདུན་ཅན། གླེགས་བམ། ཤོག་རྒྱ། ཞེང་71.3cm×དཀྱུས་22.6cm སྙེ་ཤིག་རྒྱ། ཞེང་58.8cm×དཀྱུས་9.3cm

般若波罗蜜多经十万颂

不全 写本 乌金体 7行 梵夹装 开本：宽71.3cm×高22.6cm 版框：宽58.8cm×高9.3cm

540000-00000332

༄། །སྣ་ཚོགས།།

ཆ་མི་ཚང་བ། བྲིས་མ། དབུ་ཅན། ཡིག་ཕྲེང་བདུན་ཅན། གླེགས་བམ། ཤོག་གྲུ། ཞེང་71.3cm×དཀྱུས་24cm སྣེ་ཐིག་གྲུ། ཞེང་58.8cm×དཀྱུས་9.3cm

杂部

不全 写本 乌金体 7行 梵夹装 开本：宽71.3cm×高24cm 版框：宽58.8cm×高9.3cm

540000-00000333

༄། །འཕགས་པ་ཤེས་རབ་ཀྱི་ཕ་རོལ་ཏུ་ཕྱིན་པ་སྟོང་ཕྲག་བརྒྱ་པ་ཞེས་བྱ་བ་བཞུགས་སོ།།

ཆ་མི་ཚང་བ། བྲིས་མ། དབུ་ཅན། ཡིག་ཕྲེང་བདུན་ཅན། གླེགས་བམ། ཤོག་གྲུ། ཞེང་69.8cm×དཀྱུས་20.8cm སྣེ་ཐིག་གྲུ། ཞེང་63.5cm×དཀྱུས་9.5cm

般若波罗蜜多经十万颂

不全 写本 乌金体 7行 梵夹装 开本：宽69.8cm×高20.8cm 版框：宽63.5cm×高9.5cm

540000-00000334

༄། །འཕགས་པ་ཤེས་རབ་ཀྱི་ཕ་རོལ་ཏུ་ཕྱིན་པ་སྟོང་ཕྲག་བརྒྱ་པ་ཞེས་བྱ་བ་བཞུགས་སོ།། པོད་ཨ་པ

ཆ་མི་ཚང་བ། བྲིས་མ། དབུ་ཅན། ཡིག་ཕྲེང་བརྒྱད་ཅན། གླེགས་བམ། ཤོག་གྲུ། ཞེང་69.6cm×དཀྱུས་24.1cm སྣེ་ཐིག་གྲུ། ཞེང་60.3cm×དཀྱུས་11.4cm

般若波罗蜜多经十万颂

不全 写本 乌金体 8行 梵夹装 开本：宽69.6cm×高24.1cm 版框：宽60.3cm×高11.4cm

540000-00000335

༄། །འཕགས་པ་དགོངས་པ་ངེས་པར་འགྲེལ་པ་ཞེས་བྱ་བ་ཐེག་པ་ཆེན་པོའི་མདོ།།

ཆ་མི་ཚང་བ། བྲིས་མ། དབུ་ཅན། ཡིག་ཕྲེང་བདུན་ཅན། གླེགས་བམ། ཤོག་གྲྭ། ཞེང་71.3cm×དཀྱུས་22cm སྣེ་ཐིག་གྲྭ། ཞེང་57.3cm×དཀྱུས་9.7cm

解深密经

不全 写本 乌金体 7行 梵夹装 开本：宽71.3cm×高22cm 版框：宽57.3cm×高9.7cm

540000-00000335

༄། །འཕགས་པ་ཤེས་རབ་ཀྱི་ཕ་རོལ་ཏུ་ཕྱིན་པ་སྟོང་ཕྲག་བརྒྱ་པ་ཞེས་བྱ་བ་བཞུགས་སོ།། པོད་ཛ་པ།

 ཆ་མི་ཚང་བ། བྲིས་མ། དབུ་ཅན། ཡིག་ཕྲེང་དགུ་ཅན། གླེགས་བམ། ཤོག་གྲྭ། ཞེང་69.6cm×དཀྱུས་19.8cm སྣེ་ཐིག་གྲྭ། ཞེང་61.2cm×དཀྱུས་11.4cm

般若波罗蜜多经十万颂

不全 写本 乌金体 9行 梵夹装 开本：宽69.6cm×高19.8cm 版框：宽61.2cm×高11.4cm

540000-00000336

༄། །འཕགས་པ་ཡོངས་སུ་མྱ་ངན་ལས་འདས་པ་ཐེག་པ་ཆེན་པོའི་མདོ།། པོད་ཏ་པ།

ཆ་མི་ཚང་བ། བྲིས་མ། དབུ་ཅན། ཡིག་ཕྲེང་དགུ་ཅན། གླེགས་བམ། ཤོག་གྲྭ། ཞེང་69.3cm×དཀྱུས་19.6cm སྣེ་ཐིག་གྲྭ། ཞེང་60.8cm×དཀྱུས་11.6cm

大般涅槃经

不全 写本 乌金体 9行 梵夹装 开本：宽69.3cm×高19.6cm 版框：宽60.8cm×高11.6cm

540000-00000337

༄། །འཕགས་པ་ཤེས་རབ་ཀྱི་ཕ་རོལ་ཏུ་ཕྱིན་པ་སྟོང་ཕྲག་བརྒྱ་པ་ཞེས་བྱ་བ་བཞུགས་སོ། །

ཆ་མི་ཚང་བ། བྲིས་མ། དབུ་ཅན། ཡིག་ཕྲེང་དྲུག་ཅན། གླེགས་བམ། ཤོག་རྒྱ། ཞེང་66.3cm×དཀྱུས་19.3cm སྣེ་ཐིག་རྒྱ། ཞེང་54cm×དཀྱུས་11.6cm

般若波罗蜜多经十万颂

不全 写本 乌金体 6行 梵夹装 开本：宽66.3cm×高19.3cm 版框：宽54cm×高11.6cm

540000-00000338

༄། །འཕགས་པ་ཤེས་རབ་ཀྱི་ཕ་རོལ་ཏུ་ཕྱིན་པ་སྟོང་ཕྲག་བརྒྱ་པ་ཞེས་བྱ་བ་བཞུགས་སོ། ། པོད་ང་པ།

ཆ་མི་ཚང་བ། བྲིས་མ། དབུ་ཅན། ཡིག་ཕྲེང་བདུན་ཅན། གླེགས་བམ། ཤོག་རྒྱ། ཞེང་69.5cm×དཀྱུས་22.1cm སྣེ་ཐིག་རྒྱ། ཞེང་59.1cm×དཀྱུས་8.8cm

般若波罗蜜多经十万颂

不全 写本 乌金体 7行 梵夹装 开本：宽69.5cm×高22.1cm 版框：宽59.1cm×高8.8cm

540000-00000339

༄། །སྣ་ཚོགས། པོད་ཀ་པ།

ཆ་མི་ཚང་བ། བྲིས་མ། དབུ་ཅན། ཡིག་ཕྲེང་བདུན་ཅན། གླེགས་བམ། ཤོག་རྒྱ། ཞེང་69.4cm×དཀྱུས་22.3cm སྣེ་ཐིག་རྒྱ། ཞེང་58cm×དཀྱུས་10.4cm

杂部

不全 写本 乌金体 7行 梵夹装 开本：宽69.4cm×高22.3cm 版框：宽58cm×高10.4cm

540000-00000340

༄༅། །འཕགས་པ་དཀོན་མཆོག་བརྩེགས་པ་ཐེག་པ་ཆེན་པོའི་མདོ། ། པོད་ཇ་པ།

ཆ་མི་ཚང་བ། བྲིས་མ། དབུ་ཅན། ཡིག་ཕྲེང་བདུན་ཅན། གླེགས་བམ། ཤོག་རྒྱ། ཞེང་69.2cm×དཀྱུས་20cm སྙེ་ཐིག་རྒྱ། ཞེང་55.2cm×དཀྱུས་9cm

大乘宝积经

不全 写本 乌金体 7行 梵夹装 开本：宽69.2cm×高20cm 版框：宽55.2cm×高9cm

540000-00000341

༄༅། །འཕགས་པ་ཤེས་རབ་ཀྱི་ཕ་རོལ་ཏུ་ཕྱིན་པ་སྟོང་ཕྲག་བརྒྱ་པ་ཞེས་བྱ་བ་བཞུགས་སོ། ། པོད་ཁ་པ།

ཆ་མི་ཚང་བ། བྲིས་མ། དབུ་ཅན། ཡིག་ཕྲེང་བདུན་ཅན། གླེགས་བམ། ཤོག་རྒྱ། ཞེང་65.7cm×དཀྱུས་18.6cm སྙེ་ཐིག་རྒྱ། ཞེང་55.2cm×དཀྱུས་7.2cm

般若波罗蜜多经十万颂

不全 写本 乌金体 7行 梵夹装 开本：宽65.7cm×高18.6cm 版框：宽55.2cm×高7.2cm

540000-00000342

༄༅། །འཕགས་པ་ཤེས་རབ་ཀྱི་ཕ་རོལ་ཏུ་ཕྱིན་པ་སྟོང་ཕྲག་བརྒྱ་པ་ཞེས་བྱ་བ་བཞུགས་སོ། ། པོད་ཁ་པ།

ཆ་མི་ཚང་བ། བྲིས་མ། དབུ་ཅན། ཡིག་ཕྲེང་བདུན་ཅན། གླེགས་བམ། ཤོག་རྒྱ། ཞེང་70.2cm×དཀྱུས་19.5cm སྙེ་ཐིག་རྒྱ། ཞེང་59.5cm×དཀྱུས་9cm

般若波罗蜜多经十万颂

不全 写本 乌金体 7行 梵夹装 开本：宽70.2cm×高19.5cm 版框：宽59.5cm×高9cm

540000-00000343

༄། །འཕགས་པ་ཡོངས་སུ་མྱ་ངན་ལས་འདས་པ་ཐེག་པ་ཆེན་པོའི་མདོ།། པོད་ན་པ

ཚ་མི་ཚང་བ། བྲིས་མ། དབུ་ཅན། ཡིག་ཕྲེང་བརྒྱད་ཅན། གླེགས་བམ། ཤོག་ཀྱུ། ཞེང་70cm×དཀྱུས་20cm སྙེ་ཐིག་ཀྱུ། ཞེང་60cm×དཀྱུས་10cm

大般涅槃经

不全 写本 乌金体 8行 梵夹装 开本：宽70cm×高20cm 版框：宽60cm×高10cm

540000-00000344

༄། །འཕགས་པ་ཤེས་རབ་ཀྱི་ཕ་རོལ་ཏུ་ཕྱིན་པ་སྟོང་ཕྲག་ཉི་ཤུ་ལྔ་པ་ཞེས་བྱ་བ་བཞུགས་སོ།། པོད་ཁ་པ

ཚ་མི་ཚང་བ། བྲིས་མ། དབུ་ཅན། ཡིག་ཕྲེང་དྲུག་ཅན། གླེགས་བམ། ཤོག་ཀྱུ། ཞེང་69.8cm×དཀྱུས་20.1cm སྙེ་ཐིག་ཀྱུ། ཞེང་62.3cm×དཀྱུས་7.8cm

般若波罗蜜多经两万五千颂

不全 写本 乌金体 6行 梵夹装 开本：宽69.8cm×高20.1cm 版框：宽62.3cm×高7.8cm

540000-00000345

༄། །འཕགས་པ་དཀོན་མཆོག་བརྩེགས་པ་ཐེག་པ་ཆེན་པོའི་མདོ།། པོད་ཚ་པ

ཚ་མི་ཚང་བ། བྲིས་མ། དབུ་ཅན། ཡིག་ཕྲེང་བརྒྱད་ཅན། གླེགས་བམ། ཤོག་ཀྱུ། ཞེང་70.2cm×དཀྱུས་19.8cm སྙེ་ཐིག་ཀྱུ། ཞེང་60.5cm×དཀྱུས་10cm

大乘宝积经

不全 写本 乌金体 8行 梵夹装 开本：宽70.2cm×高19.8cm 版框：宽60.5cm×高10cm

540000-00000346

༄། །འཕགས་པ་ཤེས་རབ་ཀྱི་ཕ་རོལ་ཏུ་ཕྱིན་པ་སྟོང་ཕྲག་བརྒྱ་པ་ཞེས་བྱ་བ་བཞུགས་སོ།།

ཆ་མི་ཚང་བ། བྲིས་མ། དབུ་ཅན། ཡིག་ཕྲེང་བརྒྱད་ཅན། གླེགས་བམ། ཤོག་ཀྱུ། ཞེང་67.8cm×དཀྱུས་19.9cm སྣེ་ཐིག་ཀྱུ། ཞེང་56.5cm×དཀྱུས་8.9cm

般若波罗蜜多经十万颂

不全 写本 乌金体 8行 梵夹装 开本：宽67.8cm×高19.9cm 版框：宽56.5cm×高8.9cm

540000-00000347

༄། །འཕགས་པ་ཤེས་རབ་ཀྱི་ཕ་རོལ་ཏུ་ཕྱིན་པ་སྟོང་ཕྲག་བརྒྱ་པ་ཞེས་བྱ་བ་བཞུགས་སོ།། ཙོད་ན་པ།

460 ཆ་མི་ཚང་བ། བྲིས་མ། དབུ་ཅན། ཡིག་ཕྲེང་བདུན་ཅན། གླེགས་བམ། ཤོག་ཀྱུ། ཞེང་70cm×དཀྱུས་19.5cm སྣེ་ཐིག་ཀྱུ། ཞེང་59.7cm×དཀྱུས་9cm

般若波罗蜜多经十万颂

不全 写本 乌金体 7行 梵夹装 开本：宽70cm×高19.5cm 版框：宽59.7cm×高9cm

540000-00000348

༄། །འཕགས་པ་ཤེས་རབ་ཀྱི་ཕ་རོལ་ཏུ་ཕྱིན་པ་བརྒྱད་སྟོང་པ་ཞེས་བྱ་བ་བཞུགས་སོ།།

ཆ་མི་ཚང་བ། གསེར་བྲིས་མ། དབུ་ཅན། ཡིག་ཕྲེང་བདུན་ཅན། གླེགས་བམ། ཤོག་ཀྱུ། ཞེང་67.6cm×དཀྱུས་23cm སྣེ་ཐིག་ཀྱུ། ཞེང་51cm×དཀྱུས་12.3cm

般若波罗蜜多经八千颂

不全 金汁写本 乌金体 7行 梵夹装 开本：宽67.6cm×高23cm 版框：宽51cm×高12.3cm

540000-00000349

༄། །བསང་མཆོད་སྐོར།།

ཆ་མི་ཚང་བ། བྲིས་མ། དབུ་ཅན། ཡིག་ཕྲེང་བརྒྱད་ཅན། གླེགས་བམ། ཤོག་རྒྱ། ཞེང་32cm×དཀྱུས་13cm སྐྱེ་ཤིག་རྒྱ། ཞེང་30cm×དཀྱུས་8.5cm

煨桑

不全 写本 乌金体 8行 梵夹装 开本：宽32cm×高13cm 版框：宽30cm×高8.5cm

540000-00000350

༄། །འདུས་པ་རིན་པོ་ཆེའི་ཏོགས་ཀྱི་གཟུངས།།

ཆ་མི་ཚང་བ། བྲིས་མ། དབུ་ཅན། ཡིག་ཕྲེང་བརྒྱད་ཅན། གླེགས་བམ། ཤོག་རྒྱ། ཞེང་45cm×དཀྱུས་16.3cm སྐྱེ་ཤིག་རྒྱ། ཞེང་37cm×དཀྱུས་7.8cm

宝星陀罗尼经

不全 写本 乌金体 8行 梵夹装 开本：宽45cm×高16.3cm 版框：宽37cm×高7.8cm

540000-00000351

༄། །འཕགས་པ་ཤེས་རབ་ཀྱི་ཕ་རོལ་ཏུ་ཕྱིན་པ་བརྒྱད་སྟོང་པ་ཞེས་བྱ་བ་བཞུགས་སོ།། པོད་ཆ་པ།

ཆ་མི་ཚང་བ། སྤར་མ། དབུ་ཅན། ཡིག་ཕྲེང་བདུན་ཅན། གླེགས་བམ། ཤོག་རྒྱ། ཞེང་63cm×དཀྱུས་18.8cm སྐྱེ་ཤིག་རྒྱ། ཞེང་57cm×དཀྱུས་11.4cm

般若波罗蜜多经八千颂

不全 刻本 乌金体 7行 梵夹装 开本：宽63cm×高18.8cm 版框：宽57cm×高11.4cm

540000-00000352

༄། །འདུལ་བའི་མདོ། ། བོད་ཏ་པ།

ཆ་མི་ཚང་བ། སྤར་མ། དབུ་ཅན། ཡིག་ཕྲེང་བདུན་ཅན། གླེགས་བམ། ཤོག་གྲྭ། ཞེང་63cm×དཀྱུས་18.8cm སྒྲོ་ཐིག་གྲྭ། ཞེང་57cm×དཀྱུས་11.4cm

律经

不全 刻本 乌金体 7行 梵夹装 开本：宽63cm×高18.8cm 版框：宽57cm×高11.4cm

དུས་རབས་18-19པའི་བྱ་ཡུལ་སྤར་མའི་ལྡེ་ལྷའི་རི་མོ།

18-19 世纪佳玉刻本插图

540000-00000353

༄། །སངས་རྒྱས་ཕལ་པོ་ཆེ་ཞེས་བྱ་བ་ཤིན་ཏུ་རྒྱས་པའི་མདོ་བཞུགས་སོ། ། བོད་ང་པ།

ཆ་མི་ཚང་བ། སྤར་མ། དབུ་ཅན། ཡིག་ཕྲེང་བདུན་ཅན། གླེགས་བམ། ཤོག་གྲྭ། ཞེང་63cm×དཀྱུས་18.8cm སྒྲོ་ཐིག་གྲྭ། ཞེང་57cm×དཀྱུས་11.4cm

大方广佛华严经八十华严

不全 刻本 乌金体 7行 梵夹装 开本：宽63cm×高18.8cm 版框：宽57cm×高11.4cm

540000-00000354

༄། །འདུལ་བ་ཆེན་པའི་མདོ།། པོད་ཉ་པ།

ཆ་མི་ཚང་བ། སྤར་མ། དབུ་ཅན། ཡིག་ཕྲེང་བདུན་ཅན། གླེགས་བམ། ཤོག་གྲྭ། ཞེང་63cm×དཀྱུས་18.8cm སྙེ་ཐིག་གྲྭ། ཞེང་57cm×དཀྱུས་11.4cm

佛说长阿含经大会经

不全 刻本 乌金体 7行 梵夹装 开本：宽63cm×高18.8cm 版框：宽57cm×高11.4cm

540000-00000355

༄། །རྒྱུད་ཀྱི་རྒྱལ་པོ་ཆེན་པོ་སྒྱུ་འཕྲུལ་དྲ་བ་ཞེས་བྱ་བ་བཞུགས་སོ། པོད་ཚ་པ།

ཆ་མི་ཚང་བ། སྤར་མ། དབུ་ཅན། ཡིག་ཕྲེང་བདུན་ཅན། གླེགས་བམ། ཤོག་གྲྭ། ཞེང་63cm×དཀྱུས་18.8cm སྙེ་ཐིག་གྲྭ། ཞེང་57cm×དཀྱུས་11.4cm

佛说瑜伽大教王幻网经

不全 刻本 乌金体 7行 梵夹装 开本：宽63cm×高18.8cm 版框：宽57cm×高11.4cm

540000-00000356

༄། །རྒྱུད་ཀྱི་རྒྱལ་པོ་ཆེན་པོ་སྒྱུ་འཕྲུལ་དྲ་བ་ཞེས་བྱ་བ་བཞུགས་སོ། པོད་ཟ་པ།

ཆ་མི་ཚང་བ། སྤར་མ། དབུ་ཅན། ཡིག་ཕྲེང་བདུན་ཅན། གླེགས་བམ། ཤོག་གྲྭ། ཞེང་63cm×དཀྱུས་18.8cm སྙེ་ཐིག་གྲྭ། ཞེང་57cm×དཀྱུས་11.4cm

佛说瑜伽大教王幻网经

不全 刻本 乌金体 7行 梵夹装 开本：宽63cm×高18.8cm 版框：宽57cm×高11.4cm

540000-00000357

༄༅། །འཕགས་པ་དཀོན་མཆོག་བརྩེགས་པ་ཞེས་ཐེག་པ་ཆེན་པོའི་མདོ། པོད་ཅ་པ།

ཆ་མི་ཚང་བ། སྤར་མ། དབུ་ཅན། ཡིག་ཕྲེང་བདུན་ཅན། གླེགས་བམ། ཤོག་གྲུ། ཞེང་63cm×དཀྱུས་18.8cm སྙེ་ཤིག་གྲུ། ཞེང་57cm×དཀྱུས་11.4cm

大乘宝积经

不全 刻本 乌金体 7行 梵夹装 开本：宽63cm×高18.8cm 版框：宽57cm×高11.4cm

540000-00000358

༄༅། །འཕགས་པ་ཤེས་རབ་ཀྱི་ཕ་རོལ་ཏུ་ཕྱིན་པ་ཉི་ཁྲི་བཞུགས་སོ།། པོད་ག་པ།

 ཆ་མི་ཚང་བ། སྤར་མ། དབུ་ཅན། ཡིག་ཕྲེང་བདུན་ཅན། གླེགས་བམ། ཤོག་གྲུ། ཞེང་63cm×དཀྱུས་18.8cm སྙེ་ཤིག་གྲུ། ཞེང་57cm×དཀྱུས་11.4cm

般若波罗蜜多经两万颂

不全 刻本 乌金体 7行 梵夹装 开本：宽63cm×高18.8cm 版框：宽57cm×高11.4cm

540000-00000359

༄༅། །སངས་རྒྱས་ཕལ་པོ་ཆེ་ཞེས་བྱ་བ་ཤིན་ཏུ་རྒྱས་པའི་མདོ་བཞུགས་སོ།། པོད་ཅ་པ།

ཆ་མི་ཚང་བ། སྤར་མ། དབུ་ཅན། ཡིག་ཕྲེང་བདུན་ཅན། གླེགས་བམ། ཤོག་གྲུ། ཞེང་63cm×དཀྱུས་18.8cm སྙེ་ཤིག་གྲུ། ཞེང་57cm×དཀྱུས་11.4cm

大方广佛华严经八十华严

不全 刻本 乌金体 7行 梵夹装 开本：宽63cm×高18.8cm 版框：宽57cm×高11.4cm

540000-00000360

༄། །འཕགས་པ་ཤེས་རབ་ཀྱི་ཕ་རོལ་ཏུ་ཕྱིན་པ་ཉི་ཁྲི་ཞེས་བྱ་བ་བཞུགས་སོ།། པོད་ཁ་པ།

ཆ་མི་ཚང་བ། སྤར་མ། དབུ་ཅན། ཡིག་ཕྲེང་བདུན་ཅན། གླེགས་བམ། ཤོག་རྒྱ། ཞེང་63cm×དཀྱུས་18.8cm སྣེ་ཐིག་རྒྱ། ཞེང་57cm×དཀྱུས་11.4cm

般若波罗蜜多经两万颂

不全 刻本 乌金体 7行 梵夹装 开本：宽63cm×高18.8cm 版框：宽57cm×高11.4cm

540000-00000361

༄། །འདུལ་བའི་ལུང་ཕྲན་ཚེགས་ཞེས་བྱ་བ་བཞུགས་སོ།། པོད་ན་པ།

ཆ་མི་ཚང་བ། སྤར་མ། དབུ་ཅན། ཡིག་ཕྲེང་བདུན་ཅན། གླེགས་བམ། ཤོག་རྒྱ། ཞེང་63cm×དཀྱུས་18.8cm སྣེ་ཐིག་རྒྱ། ཞེང་57cm×དཀྱུས་11.4cm

律杂事

不全 刻本 乌金体 7行 梵夹装 开本：宽63cm×高18.8cm 版框：宽57cm×高11.4cm

540000-00000362

༄། །སངས་རྒྱས་ཕལ་པོ་ཆེ་ཞེས་བྱ་བ་ཤིན་ཏུ་རྒྱས་པའི་མདོ་བཞུགས་སོ།། པོད་ཁ་པ།

ཆ་མི་ཚང་བ། སྤར་མ། དབུ་ཅན། ཡིག་ཕྲེང་བདུན་ཅན། གླེགས་བམ། ཤོག་རྒྱ། ཞེང་63cm×དཀྱུས་18.8cm སྣེ་ཐིག་རྒྱ། ཞེང་57cm×དཀྱུས་11.4cm

大方广佛华严经八十华严

不全 刻本 乌金体 7行 梵夹装 开本：宽63cm×高18.8cm 版框：宽57cm×高11.4cm

540000-00000363

༄། །འཕགས་པ་ཤེས་རབ་ཀྱི་ཕ་རོལ་ཏུ་ཕྱིན་པ་ཁྲི་བརྒྱད་སྟོང་པ་ཞེས་བྱ་བ་བཞུགས་སོ།། པོད་ཁ་པ།

ཆ་མི་ཚང་བ། སྤར་མ། དབུ་ཅན། ཡིག་ཕྲེང་བདུན་ཅན། གླེགས་བམ། ཤོག་རྒྱ། ཞེང་63cm×དཀྱུས་18.8cm སྙེ་ཐིག་རྒྱ། ཞེང་57cm×དཀྱུས་11.4cm

大般若波罗蜜多经第三会

不全 刻本 乌金体 7行 梵夹装 开本：宽63cm×高18.8cm 版框：宽57cm×高11.4cm

540000-00000364

༄། །འཕགས་པ་བསྐལ་པ་བཟང་པོ་ཞེས་བྱ་བ་ཐེག་པ་ཆེན་པོའི་མདོ་བཞུགས་སོ།། པོད་ཀ་པ།

ཆ་མི་ཚང་བ། སྤར་མ། དབུ་ཅན། ཡིག་ཕྲེང་བདུན་ཅན། གླེགས་བམ། ཤོག་རྒྱ། ཞེང་63cm×དཀྱུས་18.8cm སྙེ་ཐིག་རྒྱ། ཞེང་57cm×དཀྱུས་11.4cm

大乘贤劫经

不全 刻本 乌金体 7行 梵夹装 开本：宽63cm×高18.8cm 版框：宽57cm×高11.4cm

540000-00000365

༄། །འཕགས་པ་ཡོངས་སུ་མྱ་ངན་ལས་འདས་པའི་མདོ་བཞུགས་སོ།། པོད་ཀ་པ།

ཆ་མི་ཚང་བ། སྤར་མ། དབུ་ཅན། ཡིག་ཕྲེང་བདུན་ཅན། གླེགས་བམ། ཤོག་རྒྱ། ཞེང་63cm×དཀྱུས་18.8cm སྙེ་ཐིག་རྒྱ། ཞེང་57cm×དཀྱུས་11.4cm

大般涅槃经

不全 刻本 乌金体 7行 梵夹装 开本：宽63cm×高18.8cm 版框：宽57cm×高11.4cm

540000-00000366

༄། །འདུལ་བའི་ལུང་ཕྲན་ཚེགས་ཞེས་བྱ་བ་བཞུགས་སོ། ། བོད་ཀ་པ།

ཆ་མི་ཚང་བ། སྤར་མ། དབུ་ཅན། ཡིག་ཕྲེང་བདུན་ཅན། གླེགས་བམ། ཤོག་རྒྱ། ཞེང་63cm×དཀྱུས་18.8cm སྙེ་ཐིག་རྒྱ། ཞེང་57cm×དཀྱུས་11.4cm

律杂事

不全 刻本 乌金体 7行 梵夹装 开本：宽63cm×高18.8cm 版框：宽57cm×高11.4cm

540000-00000367

༄། །འཕགས་པ་དཀོན་མཆོག་བརྩེགས་པ་ཞེས་བྱ་བ་ཐེག་པ་ཆེན་པོའི་མདོ། ། བོད་ང་པ།

ཆ་མི་ཚང་བ། སྤར་མ། དབུ་ཅན། ཡིག་ཕྲེང་བདུན་ཅན། གླེགས་བམ། ཤོག་རྒྱ། ཞེང་63cm×དཀྱུས་18.8cm སྙེ་ཐིག་རྒྱ། ཞེང་57cm×དཀྱུས་11.4cm

大乘宝积经

不全 刻本 乌金体 7行 梵夹装 开本：宽63cm×高18.8cm 版框：宽57cm×高11.4cm

540000-00000368

༄། །སངས་རྒྱས་ཕལ་པོ་ཆེ་ཞེས་བྱ་བ་ཤིན་ཏུ་རྒྱས་པ་ཐེག་པ་ཆེན་པོའི་མདོ། ། བོད་ཀ་པ།

ཆ་མི་ཚང་བ། སྤར་མ། དབུ་ཅན། ཡིག་ཕྲེང་བདུན་ཅན། གླེགས་བམ། ཤོག་རྒྱ། ཞེང་63cm×དཀྱུས་18.8cm སྙེ་ཐིག་རྒྱ། ཞེང་57cm×དཀྱུས་11.4cm

大方广佛华严经八十华严

不全 刻本 乌金体 7行 梵夹装 开本：宽63cm×高18.8cm 版框：宽57cm×高11.4cm

540000-00000369

༄། །འཕགས་པ་དཀོན་མཆོག་བརྩེགས་པ་ཞེས་བྱ་བ་ཐེག་པ་ཆེན་པོའི་མདོ།། པོད་ཆ་པ།

ཆ་མི་ཚང་བ། སྤར་མ། དབུ་ཅན། ཡིག་ཕྲེང་བདུན་ཅན། གླེགས་བམ། ཤོག་རྒྱ། ཞེང་63cm×དཀྱུས་18.8cm སྙེ་ཐིག་རྒྱ། ཞེང་57cm×དཀྱུས་11.4cm

大乘宝积经

不全 刻本 乌金体 7行 梵夹装 开本：宽63cm×高18.8cm 版框：宽57cm×高11.4cm

540000-00000370

༄། །འཕགས་པ་དཀོན་མཆོག་བརྩེགས་པ་ཞེས་བྱ་བ་ཐེག་པ་ཆེན་པོའི་མདོ་བཞུགས་སོ།། པོད་ཀ་པ།

ཆ་མི་ཚང་བ། སྤར་མ། དབུ་ཅན། ཡིག་ཕྲེང་བདུན་ཅན། གླེགས་བམ། ཤོག་རྒྱ། ཞེང་63cm×དཀྱུས་18.8cm སྙེ་ཐིག་རྒྱ། ཞེང་57cm×དཀྱུས་11.4cm

大乘宝积经

不全 刻本 乌金体 7行 梵夹装 开本：宽63cm×高18.8cm 版框：宽57cm×高11.4cm

540000-00000371

༄། །སངས་རྒྱས་ཕལ་པོ་ཆེ་ཞེས་བྱ་བ་ཤིན་ཏུ་རྒྱས་པ་ཐེག་པ་ཆེན་པོའི་མདོ་བཞུགས་སོ།། པོད་ཀ་པ།

ཆ་མི་ཚང་བ། སྤར་མ། དབུ་ཅན། ཡིག་ཕྲེང་བདུན་ཅན། གླེགས་བམ། ཤོག་རྒྱ། ཞེང་63cm×དཀྱུས་18.8cm སྙེ་ཐིག་རྒྱ། ཞེང་57cm×དཀྱུས་11.4cm

大方广佛华严经八十华严

不全 刻本 乌金体 7行 梵夹装 开本：宽63cm×高18.8cm 版框：宽57cm×高11.4cm

540000-00000372

༄། །འཕགས་པ་དཀོན་མཆོག་བརྩེགས་པ་ཞེས་བྱ་བ་ཐེག་པ་ཆེན་པོའི་མདོ་བཞུགས་སོ།། པོད་ཁ་པ།

ཆ་མི་ཚང་བ། སྤར་མ། དབུ་ཅན། ཡིག་ཕྲེང་བདུན་ཅན། གླེགས་བམ། ཤོག་གྲུ། ཞེང་63cm×དཀྱུས་18.8cm སྣེ་ཐིག་གྲུ། ཞེང་57cm×དཀྱུས་11.4cm

大乘宝积经

不全 刻本 乌金体 7行 梵夹装 开本：宽63cm×高18.8cm 版框：宽57cm×高11.4cm

540000-00000373

༄། །འདུལ་བའི་ལུང་ཕྲན་ཚེགས་ཞེས་བྱ་བཞུགས་སོ།། པོད་ཅ་པ།

ཆ་མི་ཚང་བ། སྤར་མ། དབུ་ཅན། ཡིག་ཕྲེང་བདུན་ཅན། གླེགས་བམ། ཤོག་གྲུ། ཞེང་63cm×དཀྱུས་18.8cm སྣེ་ཐིག་གྲུ། ཞེང་57cm×དཀྱུས་11.4cm

律杂事

不全 刻本 乌金体 7行 梵夹装 开本：宽63cm×高18.8cm 版框：宽57cm×高11.4cm

540000-00000374

༄། །འཕགས་པ་དཀོན་མཆོག་བརྩེགས་པ་ཞེས་བྱ་བ་ཐེག་པ་ཆེན་པོའི་མདོ་བཞུགས་སོ།། པོད་ག་པ།

ཆ་མི་ཚང་བ། སྤར་མ། དབུ་ཅན། ཡིག་ཕྲེང་བདུན་ཅན། གླེགས་བམ། ཤོག་གྲུ། ཞེང་63cm×དཀྱུས་18.8cm སྣེ་ཐིག་གྲུ། ཞེང་57cm×དཀྱུས་11.4cm

大乘宝积经

不全 刻本 乌金体 7行 梵夹装 开本：宽63cm×高18.8cm 版框：宽57cm×高11.4cm

540000-00000375

༄། །འཕགས་པ་ཤེས་རབ་ཀྱི་ཕ་རོལ་ཏུ་ཕྱིན་པ་ཁྲི་བརྒྱད་སྟོང་པ་བཞུགས་སོ།།　པོད་ཀ་པ།

ཆ་མི་ཚང་བ། སྤར་མ། དབུ་ཅན། ཡིག་ཕྲེང་བདུན་ཅན། གླེགས་བམ། ཤོག་རྒྱ། ཞེང་63cm×དཀྱུས་18.8cm སྒྲེ་ཤིག་རྒྱ། ཞེང་57cm×དཀྱུས་11.4cm

般若波罗蜜多经第三会

不全 刻本 乌金体 7行 梵夹装 开本：宽63cm×高18.8cm 版框：宽57cm×高11.4cm

540000-00000376

༄། །འཕགས་པ་ཡོངས་སུ་མྱ་ངན་ལས་འདས་པའི་ཐེག་པ་ཆེན་པོའི་མདོ་བཞུགས་སོ།།　པོད་ཁ་པ།

ཆ་མི་ཚང་བ། སྤར་མ། དབུ་ཅན། ཡིག་ཕྲེང་བདུན་ཅན། གླེགས་བམ། ཤོག་རྒྱ། ཞེང་63cm×དཀྱུས་18.8cm སྒྲེ་ཤིག་རྒྱ། ཞེང་57cm×དཀྱུས་11.4cm

大般涅槃经

不全 刻本 乌金体 7行 梵夹装 开本：宽63cm×高18.8cm 版框：宽57cm×高11.4cm

540000-00000377

༄། །འཕགས་པ་ཤེས་རབ་ཀྱི་ཕ་རོལ་ཏུ་ཕྱིན་པ་ཉི་ཁྲི་ཞེས་བྱ་བ་བཞུགས་སོ།།　པོད་ཀ་པ།

ཆ་མི་ཚང་བ། སྤར་མ། དབུ་ཅན། ཡིག་ཕྲེང་བདུན་ཅན། གླེགས་བམ། ཤོག་རྒྱ། ཞེང་63cm×དཀྱུས་18.8cm སྒྲེ་ཤིག་རྒྱ། ཞེང་57cm×དཀྱུས་11.4cm

般若波罗蜜多经两万颂

不全 刻本 乌金体 7行 梵夹装 开本：宽63cm×高18.8cm 版框：宽57cm×高11.4cm

540000-00000378

༄། །འདུལ་བའི་ལུང་ཕྲན་ཚེགས་བཞུགས་སོ།། པོད་ཁ་པ།

ཆ་མི་ཚང་བ། སྤར་མ། དབུ་ཅན། ཡིག་ཕྲེང་བདུན་ཅན། གླེགས་བམ། ཤོག་ཀྱུ། ཞེང་63cm×དཀྱུས་18.8cm སྙེ་ཤིག་ཀྱུ། ཞེང་57cm×དཀྱུས་11.4cm

律杂事

不全 刻本 乌金体 7行 梵夹装 开本：宽63cm×高18.8cm 版框：宽57cm×高11.4cm

540000-00000379

༄། །འཕགས་པ་ཤེས་རབ་ཀྱི་ཕ་རོལ་ཏུ་ཕྱིན་པ་བརྒྱད་སྟོང་པ་ཞེས་བྱ་བ་བཞུགས་སོ།། པོད་ཀ་པ།

ཆ་མི་ཚང་བ། སྤར་མ། དབུ་ཅན། ཡིག་ཕྲེང་བདུན་ཅན། གླེགས་བམ། ཤོག་ཀྱུ། ཞེང་63cm×དཀྱུས་18.8cm སྙེ་ཤིག་ཀྱུ། ཞེང་57cm×དཀྱུས་11.4cm

般若波罗蜜多经八千颂

不全 刻本 乌金体 7行 梵夹装 开本：宽63cm×高18.8cm 版框：宽57cm×高11.4cm

540000-00000380

༄། །འདུལ་བ་སུམ་བརྒྱ་པ་བཞུགས་སོ།།

ཆ་མི་ཚང་བ། སྤར་མ། དབུ་ཅན། ཡིག་ཕྲེང་བདུན་ཅན། གླེགས་བམ། ཤོག་ཀྱུ། ཞེང་63cm×དཀྱུས་18.8cm སྙེ་ཤིག་ཀྱུ། ཞེང་57cm×དཀྱུས་11.4cm

毗奈耶三百论

不全 刻本 乌金体 7行 梵夹装 开本：宽63cm×高18.8cm 版框：宽57cm×高11.4cm

540000-00000380

༄༅། །སྤར་མ་སྣ་ཚོགས། །

ཆ་མི་ཚང་བ། སྤར་མ། དབུ་ཅན། ཡིག་ཕྲེང་བདུན་ཅན། གླེགས་བམ། ཤོག་ཀྱུ། ཞེང་63cm×དཀྱུས་18.8cm སྣེ་ཐིག་ཀྱུ། ཞེང་57cm×དཀྱུས་11.4cm

各种刻本文献

不全 刻本 乌金体 7行 梵夹装 开本：宽63cm×高18.8cm 版框：宽57cm×高11.4cm

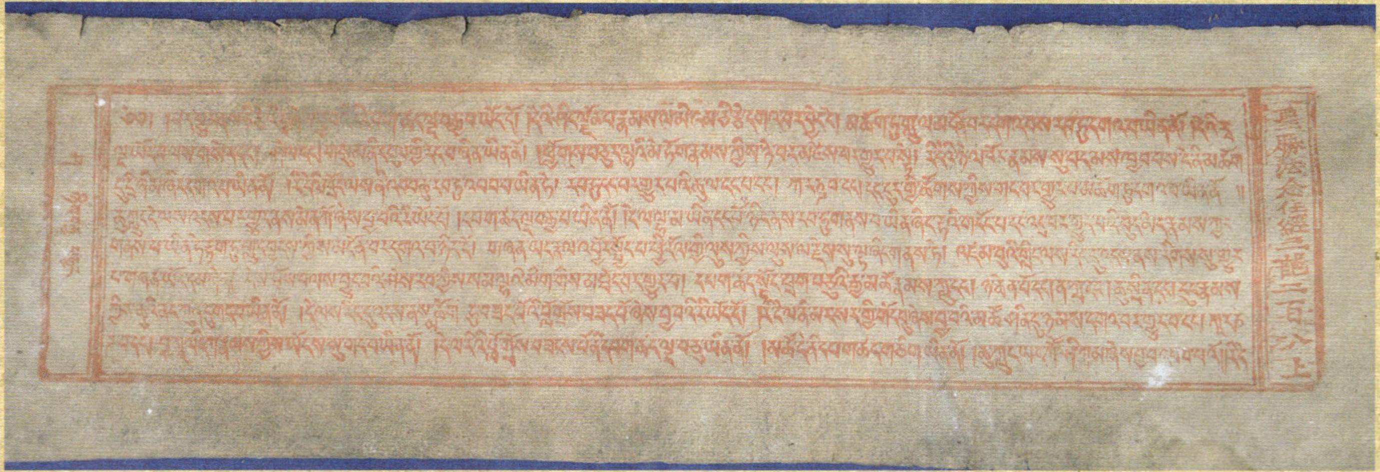

དུས་རབས་18པའི་རྒྱ་ནག་སྤར་མ་མདོ་དྲན་པ་ཉེར་བཞག

18 世纪汉地刻本正法念住经

540000-0000001

༄༅། །འཕགས་པ་ཤེས་རབ་ཀྱི་ཕ་རོལ་ཏུ་ཕྱིན་པ་བརྒྱད་སྟོང་པ་ཞེས་བྱ་བ་བཞུགས་སོ།།

བོད་གཅིག སྤར་མ། དབུ་ཅན། ཡིག་ཕྲེང་བདུན་ཅན། གླེགས་བམ། ཤོག་གྲྭ། ཞེང་65cm×དཀྱུས་19.5cm སྣེ་ཐིག་གྲྭ། ཞེང་57.2cm×དཀྱུས་11cm

般若波罗蜜多经八千颂

1函 刻本 乌金体 7行 梵夹装 开本：宽65cm×高19.5cm 版框：宽57.2cm×高11cm

540000-0000002

༄༅། །འཕགས་པ་ཤེས་རབ་ཀྱི་ཕ་རོལ་ཏུ་ཕྱིན་པ་སྟོང་ཕྲག་བརྒྱ་པ་ཞེས་བྱ་བ་བཞུགས་སོ།།

བོད་གཅིག་ཆ་མི་ཚང་། སྤར་མ། དབུ་ཅན། ཡིག་ཕྲེང་བདུན་ཅན། གླེགས་བམ། ཤོག་གྲྭ། ཞེང་65cm×དཀྱུས་19.5cm སྣེ་ཐིག་གྲྭ། ཞེང་57.2cm×དཀྱུས་11cm

般若波罗蜜多经十万颂

1函不全 刻本 乌金体 7行 梵夹装 开本：宽65cm×高19.5cm 版框：宽57.2cm×高11cm

540000-0000003

༄༅། །འཕགས་པ་ཤེས་རབ་ཀྱི་ཕ་རོལ་ཏུ་ཕྱིན་པ་ཉི་ཁྲི་ཞེས་བྱ་བ་བཞུགས་སོ།།

བོད་གཅིག སྤར་མ། དབུ་ཅན། ཡིག་ཕྲེང་བདུན་ཅན། གླེགས་བམ། ཤོག་གྲྭ། ཞེང་65cm×དཀྱུས་19.5cm སྣེ་ཐིག་གྲྭ། ཞེང་57.2cm×དཀྱུས་11cm

般若波罗蜜多经两万颂

1函 刻本 乌金体 7行 梵夹装 开本：宽65cm×高19.5cm 版框：宽57.2cm×高11cm

540000-0000004

༄༅། །འཕགས་པ་ཤེས་རབ་ཀྱི་ཕ་རོལ་ཏུ་ཕྱིན་པ་བརྒྱད་སྟོང་པ་ཞེས་བྱ་བ་བཞུགས་སོ། །

པོད་གཅིག སྤར་མ། དབུ་ཅན། ཡིག་ཕྲེང་བདུན་ཅན། གླེགས་བམ། ཤོག་ཀྱུ། ཞེང་65cm×དཀྱུས་19.5cm སྣེ་ཐིག་ཀྱུ། ཞེང་57.2cm×དཀྱུས་11cm

般若波罗蜜多经八千颂

1函 刻本 乌金体 7行 梵夹装 开本：宽65cm×高19.5cm 版框：宽57.2cm×高11cm

540000-0000005

༄༅། །འཕགས་པ་ཤེས་རབ་ཀྱི་ཕ་རོལ་ཏུ་ཕྱིན་པ་ཁྲི་བརྒྱད་སྟོང་པ་ཞེས་བྱ་བ་བཞུགས་སོ། །

པོད་གཅིག སྤར་མ། དབུ་ཅན། ཡིག་ཕྲེང་བདུན་ཅན། གླེགས་བམ། ཤོག་ཀྱུ། ཞེང་65cm×དཀྱུས་19.5cm སྣེ་ཐིག་ཀྱུ། ཞེང་57.2cm×དཀྱུས་11cm

大般若波罗蜜多经第三会

1函 刻本 乌金体 7行 梵夹装 开本：宽65cm×高19.5cm 版框：宽57.2cm×高11cm

540000-0000006

༄༅། །འཕགས་པ་ཤེས་རབ་ཀྱི་ཕ་རོལ་ཏུ་ཕྱིན་པ་ཉི་ཁྲི་ཞེས་བྱ་བ་བཞུགས་སོ། །

པོད་གཅིག སྤར་མ། དབུ་ཅན། ཡིག་ཕྲེང་བདུན་ཅན། གླེགས་བམ། ཤོག་ཀྱུ། ཞེང་65cm×དཀྱུས་19.5cm སྣེ་ཐིག་ཀྱུ། ཞེང་57.2cm×དཀྱུས་11cm

般若波罗蜜多经两万颂

1函 刻本 乌金体 7行 梵夹装 开本：宽65cm×高19.5cm 版框：宽57.2cm×高11cm

540000-0000007

༄། །འཕགས་པ་ཤེས་རབ་ཀྱི་ཕ་རོལ་ཏུ་ཕྱིན་པ་ཉི་ཁྲི་ཞེས་བྱ་བ་བཞུགས་སོ།། བོད་ཀ་པ།

བོད་གཅིག སྣར་མ། དབུ་ཅན། ཡིག་ཕྲེང་བདུན་ཅན། གླེགས་བམ། ཤོག་གྲུ། ཞེང་65cm×དཀྱུས་19.5cm སྣེ་ཐིག་གྲུ། ཞེང་57.2cm×དཀྱུས་11cm

般若波罗蜜多经两万颂

1函 刻本 乌金体 7行 梵夹装 开本：宽65cm×高19.5cm 版框：宽57.2cm×高11cm

540000-0000008

༄། །འཕགས་པ་བསྐལ་པ་བཟང་པོ་ཞེས་བྱ་བ་ཐེག་པ་ཆེན་པོའི་མདོ།།

བོད་གཅིག སྣར་མ། དབུ་ཅན། ཡིག་ཕྲེང་བདུན་ཅན། གླེགས་བམ། ཤོག་གྲུ། ཞེང་65cm×དཀྱུས་19.5cm སྣེ་ཐིག་གྲུ། ཞེང་57.2cm×དཀྱུས་11cm

大乘贤劫经

1函 刻本 乌金体 7行 梵夹装 开本：宽65cm×高19.5cm 版框：宽57.2cm×高11cm

540000-0000009

༄། །འཕགས་པ་ཤེས་རབ་ཀྱི་ཕ་རོལ་ཏུ་ཕྱིན་པ་ཉི་ཁྲི་ཞེས་བྱ་བ་བཞུགས་སོ།།

བོད་གཅིག སྣར་མ། དབུ་ཅན། ཡིག་ཕྲེང་བདུན་ཅན། གླེགས་བམ། ཤོག་གྲུ། ཞེང་65cm×དཀྱུས་19.5cm སྣེ་ཐིག་གྲུ། ཞེང་57.2cm×དཀྱུས་11cm

般若波罗蜜多经两万颂

1函 刻本 乌金体 7行 梵夹装 开本：宽65cm×高19.5cm 版框：宽57.2cm×高11cm

540000-0000010

༄། །འཕགས་པ་ཤེས་རབ་ཀྱི་ཕ་རོལ་ཏུ་ཕྱིན་པ་ཉི་ཁྲི་ཞེས་བྱ་བ་བཞུགས་སོ། །

བོད་གཅིག སྣར་མ། དབུ་ཅན། ཡིག་ཕྲེང་བདུན་ཅན། གླེགས་བམ། ཤོག་གྲུ། ཞེང་65cm×དཀྱུས་19.5cm སྣེ་ཐིག་གྲུ། ཞེང་57.2cm×དཀྱུས་11cm

般若波罗蜜多经两万颂

1函 刻本 乌金体 7行 梵夹装 开本：宽65cm×高19.5cm 版框：宽57.2cm×高11cm

540000-0000011

༄། །འཕགས་པ་བསྐལ་པ་བཟང་པོ་ཞེས་བྱ་བ་ཐེག་པ་ཆེན་པོའི་མདོ་བཞུགས་སོ། །

476 ཐོར་བུ། བྲིས་མ། དབུ་ཅན། ཡིག་ཕྲེང་བདུན་ཅན། གླེགས་བམ། ཤོག་གྲུ། ཞེང་62cm×དཀྱུས་16cm སྣེ་ཐིག་གྲུ། ཞེང་54.3cm×དཀྱུས་8cm

大乘贤劫经

散叶 写本 乌金体 7行 梵夹装 开本：宽62cm×高16cm 版框：宽54.3cm×高8cm

540000-0000012

༄། །སྐྱབས་འགྲོ་ཁྲུས་གསོལ།

བོད་གཅིག སྣར་མ། དབུ་ཅན། ཡིག་ཕྲེང་བདུན་ཅན། གླེགས་བམ། ཤོག་གྲུ། ཞེང་65cm×དཀྱུས་19.5cm སྣེ་ཐིག་གྲུ། ཞེང་57.2cm×དཀྱུས་11cm

宗教皈依及洗礼仪轨

1函 刻本 乌金体 7行 梵夹装 开本：宽65cm×高19.5cm 版框：宽57.2cm×高11cm

ལྷོ་ཁ་ས་ཁུལ་ལྷུན་རྩེ་རྫོང་ཙ་ཡུལ་དགོན།
山南地区隆子县杂玉扎寺

540000-0000001

༄། །སློབ་དཔོན་པདྨས་མཛད་པའི་ཐ་མ་ཁའི་ཉེས་དམིགས་བཞུགས་སོ། །

བོད་གཅིག སྤར་མ། དབུ་ཅན། ཡིག་ཕྲེང་ལྔ་ཅན། གླེགས་བམ། ཤོག་ཀྱུ། ཞེང་25cm×དཀྱུས་8.5cm སྣེ་ཐིག་ཀྱུ། ཞེང་21.5cm×དཀྱུས་6cm

莲花生造吸烟罪孽

1函 刻本 乌金体 5行 梵夹装 开本：宽25cm×高8.5cm 版框：宽21.5cm×高6cm

540000-0000002

༄། །འཕགས་པ་རྒྱལ་མཚན་རྩེ་མོའི་དཔུང་རྒྱན་ཞེས་བྱ་བའི་གཟུངས་བཞུགས་སོ། །

བོད་གཅིག སྤར་མ། དབུ་ཅན། ཡིག་ཕྲེང་ལྔ་ཅན། གླེགས་བམ། ཤོག་ཀྱུ། ཞེང་24.8cm×དཀྱུས་7.6cm སྣེ་ཐིག་ཀྱུ། ཞེང་19.4cm×དཀྱུས་5.2cm

佛说无能胜幡王如来庄严陀罗尼经

1函 刻本 乌金体 5行 梵夹装 开本：宽24.8cm×高7.6cm 版框：宽19.4cm×高5.2cm

540000-0000003

༄། །ཐུགས་རྗེ་ཆེན་པོ་ཡི་གེ་དྲུག་པའི་གསོལ་འདེབས་ཀྱི་སྒྲུབ་ཐབས་བྱིན་རླབས་ཅན་བཞུགས་སོ། །

བོད་གཅིག སྤར་མ། དབུ་ཅན། ཡིག་ཕྲེང་དྲུག་ཅན། གླེགས་བམ། ཤོག་ཀྱུ། ཞེང་27.1cm×དཀྱུས་7.9cm སྣེ་ཐིག་ཀྱུ། ཞེང་21.2cm×དཀྱུས་5.5cm

观世音六字真言祈愿修法加持

1函 刻本 乌金体 6行 梵夹装 开本：宽27.1cm×高7.9cm 版框：宽21.2cm×高5.5cm

540000-0000004

༄། །བྱང་ཆུབ་སེམས་པའི་སྤྱོད་པ་ལ་འཇུག་པ་བཞུགས་སོ། །

པོད་གཅིག སྤར་མ། དབུ་ཅན། ཡིག་ཕྲེང་དྲུག་ཅན། གླེགས་བམ། ཤོག་གྲུ། ཞེང་27.1cm×དཀྱུས་7.5cm སྣེ་ཐིག་གྲུ། ཞེང་21cm×དཀྱུས་5.5cm

入菩萨行论

1函 刻本 乌金体 6行 梵夹装 开本：宽27.1cm×高7.5cm 版框：宽21cm×高5.5cm

540000-0000005

༄། །རྩིས་རིག།

ཐོར་བུ། བྲིས་མ། དཔེ་ཚུགས། ཡིག་ཕྲེང་བཞི་ཅན། གླེགས་བམ། ཤོག་གྲུ། ཞེང་27.1cm×དཀྱུས་7.5cm སྣེ་ཐིག་གྲུ། ཞེང་21cm×དཀྱུས་5.5cm

天文历算

散叶 写本 柏簇体 4行 梵夹装 开本：宽27.1cm×高7.5cm 版框：宽21cm×高5.5cm

540000-0000006

༄། །དགོངས་གཏེར་སྒྲོལ་མའི་ཟབ་ཏིག་ལས། མཎྜལ་ཆོ་ག་ཚོགས་གཉིས་སྙིང་པོ་ཞེས་བྱ་བ་བཞུགས་སོ། །

པོད་གཅིག སྤར་མ། དབུ་ཅན། ཡིག་ཕྲེང་ལྔ་ཅན། གླེགས་བམ། ཤོག་གྲུ། ཞེང་26cm×དཀྱུས་7.8cm སྣེ་ཐིག་གྲུ། ཞེང་21.3cm×དཀྱུས་5.5cm

心要掘藏度母之曼荼罗两资粮摄义

1函 刻本 乌金体 5行 梵夹装 开本：宽26cm×高7.8cm 版框：宽21.3cm×高5.5cm

540000-0000007

༄། །གཅོད་ཡུལ་རྒྱུན་ཁྱེར་རྨི་ལམ་ལུང་བསྟན་ཞེས་བཞུགས་སོ།།

པོད་གཅིག སྤར་མ། དབུ་ཅན། ཡིག་ཕྲེང་བཞི་ཅན། གླེགས་བམ། ཤོག་རྒྱ། ཞེང་40.2cm×དཀྱུས་7.5cm སྣེ་ཐིག་རྒྱ། ཞེང་25.7cm×དཀྱུས་4cm

能断派梦解常持

1函 刻本 乌金体 4行 梵夹装 开本：宽40.2cm×高7.5cm 版框：宽25.7cm×高4cm

540000-0000009

༄། །གཟུངས་འདུས།།

པོད་གཅིག སྤར་མ། དབུ་ཅན། ཡིག་ཕྲེང་བདུན་ཅན། གླེགས་བམ། ཤོག་རྒྱ། ཞེང་53.7cm×དཀྱུས་17.7cm སྣེ་ཐིག་རྒྱ། ཞེང་41.5cm×དཀྱུས་10cm

陀罗尼经

1函 刻本 乌金体 7行 梵夹装 开本：宽53.7cm×高17.7cm 版框：宽41.5cm×高10cm

540000-0000010

༄། །གསོལ་འདེབས་ཡིད་བཞིན་ནོར་བུ་བཞུགས་སོ།།

པོད་གཅིག སྤར་མ། དབུ་ཅན། ཡིག་ཕྲེང་ལྔ་ཅན། གླེགས་བམ། ཤོག་རྒྱ། ཞེང་35cm×དཀྱུས་8.2cm སྣེ་ཐིག་རྒྱ། ཞེང་26cm×དཀྱུས་5.1cm

祈愿如意宝

1函 刻本 乌金体 5行 梵夹装 开本：宽35cm×高8.2cm 版框：宽26cm×高5.1cm

540000-0000001

༄། །ཐུགས་རྗེ་ཆེན་པོ་ཡི་གེ་དྲུག་པའི་སྒོམ་བཟླས་གསོལ་འདེབས་དང་བཅས་པ་བྱིན་རླབས་ཅན་ཞེས་བྱ་བ་བཞུགས་སོ། །

པོད་གཅིག བྲིས་མ། དཔེ་ཚུགས། ཡིག་གཟུགས་བཞི་ཅན། ལྟེབས་འགོ་མ། ཤོག་གྲངས། ཞེང་29.7cm×དཀྱུས་13.8cm སྙེ་ཤིག་གྲངས། ཞེང་26cm×དཀྱུས་10.2cm

观世音六字真言修诵祈愿加持

1函 写本 柏簇体 8行 缝绘装 开本：宽29.7cm×高13.8cm 版框：宽26cm×高10.2cm

540000-0000002

༄། །བོད་ཀྱི་བརྡའི་བསྟན་བཅོས་ལེགས་པར་བཤད་པའི་རིན་པོ་ཆེའི་ཟ་མ་ཏོག་བཀོད་པ་ཞེས་བྱ་བ་བཞུགས་སོ། །

ཐོར་བུ། བྲིས་མ། ཚུགས་མ་འཁྱུག། ཡིག་གཟུགས་ལྔ་ཅན། གླེགས་བམ། ཤོག་གྲངས། ཞེང་38.7cm×དཀྱུས་7cm སྙེ་ཤིག་གྲངས། ཞེང་35.8cm×དཀྱུས་4.8cm

正字宝箧

散叶 写本 草写体 5行 梵夹装 开本：宽38.7cm×高7cm 版框：宽35.8cm×高4.8cm

540000-0000003

༄། །གཏོར་བཤད།

པོད་གཅིག སྤར་མ། དབུ་ཅན། ཡིག་གཟུགས་དྲུག་ཅན། གླེགས་བམ། ཤོག་གྲངས། ཞེང་55cm×དཀྱུས་10cm སྙེ་ཤིག་གྲངས། ཞེང་48.2cm×དཀྱུས་6.7cm

讲解朵玛

1函 刻本 乌金体 6行 梵夹装 开本：宽55cm×高10cm 版框：宽48.2cm×高6.7cm

540000-0000004

༄། །སྐག་མགོ་བྱེད་ཚུལ་ཞེས་བྱ་བ་བཞུགས་སོ། །

པོད་གཅིག སྤར་མ། དབུ་ཅན། ཡིག་ཕྲེང་དྲུག་ཅན། གླེགས་བམ། ཤོག་ཀྱུ། ཞེང་36.5cm×དཀྱུས་8.5cm སྣེ་ཤིག་ཀྱུ། ཞེང་34.2cm×དཀྱུས་6.9cm

解除年灾仪轨

1函 刻本 乌金体 6行 梵夹装 开本：宽36.5cm×高8.5cm 版框：宽34.2cm×高6.9cm

540000-0000005

༄། །པད་གླིང་གཏེར་སྟོན་བླ་མ་ནོར་བུ་རྒྱ་མཚོའི་ལས་བྱང་བཞུགས་སོ། །

པོད་གཅིག བྲིས་མ། དཔེ་ཚུགས། ཡིག་ཕྲེང་དྲུག་ཅན། གླེགས་བམ། ཤོག་ཀྱུ། ཞེང་39.9cm×དཀྱུས་7.7cm སྣེ་ཤིག་ཀྱུ། ཞེང་34.1cm×དཀྱུས་4.3cm

白林掘藏上师诺布加措羯磨仪轨

1函 写本 柏簇体 6行 梵夹装 开本：宽39.9cm×高7.7cm 版框：宽34.1cm×高4.3cm

540000-0000006

༄། །བླ་མ་མཆོད་པ། །

པོད་གཅིག་ཆ་མི་ཚང་། བྲིས་མ། དབུ་ཅན། ཡིག་ཕྲེང་བདུན་ཅན། གླེགས་བམ། ཤོག་ཀྱུ། ཞེང་32.1cm×དཀྱུས་9cm སྣེ་ཤིག་ཀྱུ། ཞེང་26.7cm×དཀྱུས་5.3cm

供奉上师

1函不全 写本 乌金体 6行 梵夹装 开本：宽32.1cm×高9cm 版框：宽26.7cm×高5.3cm

540000-0000007

༄། །བསྟན་སྲུང་དམ་ཅན་རྒྱ་མཚོའི་གསོལ་མཆོད་འཕྲིན་ལས་སྨྱུར་གྲུབ་ཅེས་བྱ་བ་བཞུགས་སོ།།

པོད་གཅིག བྲིས་མ། དབུ་ཅན། ཡིག་ཕྲེང་ལྔ་ཅན། གླེགས་བམ། ཤོག་ཀྱུ། ཞེང་32.6cm×དཀྱུས་9cm སྣེ་ཐིག་ཀྱི། ཞེང་24.3cm×དཀྱུས་7cm

护法神吉祥天母供奉仪轨

1函 写本 乌金体 5行 梵夹装 开本：宽32.6cm×高9cm 版框：宽24.3cm×高7cm

540000-0000008

༄། །ལྷ་མོའི་སྐད་འཕྲེང་མདོར་བསྡུས་བཞུགས་སོ།།

པོད་གཅིག བྲིས་མ། དབུ་ཅན། ཡིག་ཕྲེང་དྲུག་ཅན། གླེགས་བམ། ཤོག་ཀྱུ། ཞེང་32cm×དཀྱུས་8.9cm སྣེ་ཐིག་ཀྱི། ཞེང་25.5cm×དཀྱུས་6.2cm

女神仪轨

1函 写本 乌金体 6行 梵夹装 开本：宽32cm×高8.9cm 版框：宽25.5cm×高6.2cm

540000-0000009

༄། །གསོལ་མཆོད།

པོད་གཉིས། བྲིས་མ། དབུ་ཅན། ཡིག་ཕྲེང་ལྔ་ཅན། གླེགས་བམ། ཤོག་ཀྱུ། ཞེང་30cm×དཀྱུས་8.3cm སྣེ་ཐིག་ཀྱི། ཞེང་22.4cm×དཀྱུས་4.8cm

供奉仪轨

2函 写本 乌金体 5行 梵夹装 开本：宽30cm×高8.3cm 版框：宽22.4cm×高4.8cm

540000-0000010

༄། །ཉི་ཀུན་ལོང་སྤྱིའི་རྣམ་ཐར།།

པོད་གཅིག བྲིས་མ། དབུ་ཅན། ཡིག་ཕྲེང་བདུན་ཅན། གླེགས་བམ། ཤོག་རྒྱ། ཞེང་50.5cm×དཀྱུས་9.1cm སྣེ་ཐིག་རྒྱ། ཞེང་40.8cm×དཀྱུས་4.5cm

尼衮隆钦传记

1函 写本 乌金体 7行 梵夹装 开本：宽50.5cm×高9.1cm 版框：宽40.8cm×高4.5cm

540000-0000011

༄། །འཕགས་མ་སྒྲོལ་མ་དཀར་མོའི་བསྙེན་སྒྲུབ་རྗེས་གནང་གི་ཆོ་ག་འཆི་བདག་ལས་རྒྱལ་བཞུགས་སོ།།

པོད་གཅིག བྲིས་མ། དབུ་ཅན། ཡིག་ཕྲེང་ལྔ་ཅན། གླེགས་བམ། ཤོག་རྒྱ། ཞེང་45.2cm×དཀྱུས་8.2cm སྣེ་ཐིག་རྒྱ། ཞེང་38cm×དཀྱུས་7cm

白度母念修许诺仪轨

1函 写本 乌金体 5行 梵夹装 开本：宽45.2cm×高8.2cm 版框：宽38cm×高7cm

540000-0000012

༄། །ཀུན་རིག་རྣམ་པར་སྣང་མཛད་ཀྱི་ཆོ་གའི་ཐུར་འདེབས་བཞུགས་སོ།།

པོད་གཅིག སྤར་མ། དབུ་ཅན། ཡིག་ཕྲེང་བཞི་ཅན། གླེགས་བམ། ཤོག་རྒྱ། ཞེང་40cm×དཀྱུས་9.3cm སྣེ་ཐིག་རྒྱ། ཞེང་33.2cm×དཀྱུས་6.3cm

普明大日如来仪轨补充

1函 刻本 乌金体 4行 梵夹装 开本：宽40cm×高9.3cm 版框：宽33.2cm×高6.3cm

540000-0000013

༄། །བཅོམ་ལྡན་འདས་ངན་སོང་ཐམས་ཅད་ཡོངས་སུ་སྦྱོང་བ་གཟི་བརྗིད་ཀྱི་རྒྱལ་པོ་ཀུན་རིག་རྣམ་པར་སྣང་མཛད་ཀྱི་ཆོ་ག་འི་ངག་འདོན་བཞུགས་སོ།།

བོད་གཅིག སྤར་མ། དབུ་ཅན། ཡིག་ཕྲེང་དྲུག་ཅན། གླེགས་བམ། ཤོག་ཀྱུ། ཞེང་41.4cm×དཀྱུས་9.8cm སྣེ་ཐིག་ཀྱུ། ཞེང་34.7cm×དཀྱུས་7cm

释迦铲除饿鬼普明大日如来仪轨诵读

1函 刻本 乌金体 6行 梵夹装 开本：宽41.4cm×高9.8cm 版框：宽34.7cm×高7cm

540000-0000014

༄། །འཕགས་པ་གསང་འདུས་བཞུགས་སོ།།

བོད་གཅིག སྤར་མ། དབུ་ཅན། ཡིག་ཕྲེང་དྲུག་ཅན། གླེགས་བམ། ཤོག་ཀྱུ། ཞེང་29.6cm×དཀྱུས་8.2cm སྣེ་ཐིག་ཀྱུ། ཞེང་25.8cm×དཀྱུས་5cm

圣密集

1函 刻本 乌金体 6行 梵夹装 开本：宽29.6cm×高8.2cm 版框：宽25.8cm×高5cm

540000-0000015

༄། །བརྒྱད་སྟོང་བཀློག་ཐབས་དངོས་གྲུབ་ཀུན་འབྱུང་བཞུགས་སོ།།

བོད་གཅིག སྤར་མ། དབུ་ཅན། ཡིག་ཕྲེང་དྲུག་ཅན། གླེགས་བམ། ཤོག་ཀྱུ། ཞེང་52.7cm×དཀྱུས་9cm སྣེ་ཐིག་ཀྱུ། ཞེང་49.5cm×དཀྱུས་7cm

般若八千颂诵读法悉地如意

1函 刻本 乌金体 6行 梵夹装 开本：宽52.7cm×高9cm 版框：宽49.5cm×高7cm

540000-0000016

༄། །ལྷ་མོའི་བསྟོད་པ།

བོད་གཅིག ཤུར་མ། དབུ་ཅན། ཡིག་ཕྲིང་དྲུག་ཅན། གླེགས་བམ། ཤོག་རྒྱ། ཞེང་42.2cm×དཀྱུས་7.7cm སྙེ་ཤིག་རྒྱ། ཞེང་38cm×དཀྱུས་6.3cm

颂空行母

1函 刻本 乌金体 6行 梵夹装 开本：宽42.2cm×高7.7cm 版框：宽38cm×高6.3cm

ལྷོ་ཁ་ས་ཁུལ་ལྷུན་རྩེ་རྫོང་བཀའ་ཐོག་དགོན་ཡེ་ཤེས་བསམ་བརྟན་གྱི་ཉར་ཚགས།

山南地区隆子县嘎托寺益西桑旦个人珍藏

540000-0000001

༄། །དཔལ་ལྡན་ལྷ་མོ་དུད་སོལ་མའི་གཏོར་ཆོག་དངོས་གྲུབ་ཀུན་འབྱུང་བཞུགས་སོ། །

བོད་གཅིག བྲིས་མ། དཔེ་ཚུགས། ཡིག་ཕྲེང་ལྔ་ཅན། གླེགས་བམ། ཤོག་རྒྱ། ཞེང་32.6cm×དཀྱུས་8cm སྙེ་ཤིག་རྒྱ། ཞེང་25cm×དཀྱུས་4.3cm

吉祥天母堆玛穗朵玛仪轨悉地如意

1函 写本 柏簇体 5行 梵夹装 开本：宽32.6cm×高8cm 版框：宽25cm×高4.3cm

540000-0000002

༄༅། །མགོན་པོ་སྡེ་བརྒྱད་ཚེ་དྲག་རྒྱལ་མཚན་པད་གླིང་གཏེར་སྟོན་བཅས་ཀྱི་གསོལ་ཁ་བཞུགས་སོ།།

པོད་གཅིག བྲིས་མ། དཔེ་ཚུགས། ཡིག་ཕྲེང་དྲུག་ཅན། གླེགས་བམ། ཤོག་ཀྲ། ཞེང་32cm×དཀྱུས་8cm སྣེ་ཐིག་ཀྲ། ཞེང་25.2cm×དཀྱུས་6.3cm

八部护法次加坚参白林伏藏师祈愿

1函 写本 柏簇体 6行 梵夹装 开本：宽32cm×高8cm 版框：宽25.2cm×高6.3cm

540000-0000003

༄༅། །པད་གླིང་གཏེར་སྟོན་བླ་མ་ནོར་བུ་རྒྱ་མཚོའི་ལས་བྱང་བཞུགས་སོ།།

486 པོད་གཅིག བྲིས་མ། དཔེ་ཚུགས། ཡིག་ཕྲེང་དྲུག་ཅན། གླེགས་བམ། ཤོག་ཀྲ། ཞེང་31.4cm×དཀྱུས་8.9cm སྣེ་ཐིག་ཀྲ། ཞེང་27.2cm×དཀྱུས་6.6cm

白林伏藏上师诺布加措羯磨仪轨

1函 写本 柏簇体 6行 梵夹装 开本：宽31.4cm×高8.9cm 版框：宽27.2cm×高6.6cm

540000-0000004

༄༅། །པད་གླིང་གཏེར་སྟོན་བླ་མ་ནོར་བུ་རྒྱ་མཚོའི་ལས་བྱང་བཞུགས་སོ།།

པོད་གཅིག སྤར་མ། དབུ་ཅན། ཡིག་ཕྲེང་དྲུག་ཅན། གླེགས་བམ། ཤོག་ཀྲ། ཞེང་50cm×དཀྱུས་8.8cm སྣེ་ཐིག་ཀྲ། ཞེང་46cm×དཀྱུས་6cm

白林伏藏上师诺布加措羯磨仪轨

1函 刻本 乌金体 6行 梵夹装 开本：宽50cm×高8.8cm 版框：宽46cm×高6cm

540000-0000005

༄། །ཀུན་བཟང་དགོངས་པ་ཀུན་འདུས་ཀྱི་ཁྲིད་ཡིག་སྙིང་པོ་ཞེས་བྱ་བ་བཞུགས་སོ།།

པོད་གཅིག སྤར་མ། དབུ་ཅན། ཡིག་ཕྲེང་དྲུག་ཅན། གླེགས་བམ། ཤོག་རྒྱ། ཞེང་35cm×དཀྱུས་8.5cm སྣེ་ཐིག་རྒྱ། ཞེང་27.6cm×དཀྱུས་5.5cm

普贤上师言教精要

1函 刻本 乌金体 6行 梵夹装 开本：宽35cm×高8.5cm 版框：宽27.6cm×高5.5cm

540000-0000006

༄། །བསྐྱེད་པའི་རིམ་པ་ཆོ་ག་ཞེས་བྱ་བ་བཞུགས་སོ།།

པོད་གཅིག སྤར་མ། དབུ་ཅན། ཡིག་ཕྲེང་དྲུག་ཅན། གླེགས་བམ། ཤོག་རྒྱ། ཞེང་34cm×དཀྱུས་8.8cm སྣེ་ཐིག་རྒྱ། ཞེང་27cm×དཀྱུས་6cm

生起第仪轨

1函 刻本 乌金体 6行 梵夹装 开本：宽34cm×高8.8cm 版框：宽27cm×高6cm

540000-0000007

༄། །རྣམ་སྲས་མདུང་དམར་ཅན་གྱི་ལས་བྱང་བསྐང་གསོའི་རིམ་པ་རྣམས་བཞུགས་སོ།།

པོད་གཅིག བྲིས་མ། དཔེ་ཚུགས། ཡིག་ཕྲེང་ལྔ་ཅན། གླེགས་བམ། ཤོག་རྒྱ། ཞེང་32.5cm×དཀྱུས་7.8cm སྣེ་ཐིག་རྒྱ། ཞེང་25.1cm×དཀྱུས་4.5cm

多闻天王羯磨酬补仪轨工序

1函 写本 柏簇体 5行 梵夹装 开本：宽32.5cm×高7.8cm 版框：宽25.1cm×高4.5cm

540000-0000008

༄། །པད་མ་གླིང་པའི་རྣམ་ཐར་གསོལ་འདེབས་བཞུགས་སོ།།

པོད་གཅིག སྤར་མ། དབུ་ཅན། ཡིག་ཕྲེང་དྲུག་ཅན། གླེགས་བམ། ཤོག་རྒྱ། ཞེང་24.9cm×དཀྱུས་7.5cm སྣེ་ཐིག་རྒྱ། ཞེང་20cm×དཀྱུས་5.3cm

白玛林巴传记祈愿

1函 刻本 乌金体 6行 梵夹装 开本：宽24.9cm×高7.5cm 版框：宽20cm×高5.3cm

540000-0000009

༄། །རྒྱུན་ཁྱེར་གཏོར་བསྔོ།

པོད་གཅིག སྤར་མ། དབུ་ཅན། ཡིག་ཕྲེང་ལྔ་ཅན། གླེགས་བམ། ཤོག་རྒྱ། ཞེང་23.8cm×དཀྱུས་8.3cm སྣེ་ཐིག་རྒྱ། ཞེང་21cm×དཀྱུས་5cm

常持朵玛及回响

1函 刻本 乌金体 5行 梵夹装 开本：宽23.8cm×高8.3cm 版框：宽21cm×高5cm

540000-0000010

༄། །ཚེས་བཅུའི་གསོལ་འདེབས་བཞུགས་སོ།།

པོད་གཅིག སྤར་མ། དབུ་ཅན། ཡིག་ཕྲེང་དྲུག་ཅན། གླེགས་བམ། ཤོག་རྒྱ། ཞེང་31cm×དཀྱུས་8.5cm སྣེ་ཐིག་རྒྱ། ཞེང་30cm×དཀྱུས་5.8cm

莲花生祈愿

1函 刻本 乌金体 6行 梵夹装 开本：宽31cm×高8.5cm 版框：宽30cm×高5.8cm

540000-0000011

༄། །པེ་ཧར་རྒྱལ་གསོལ་བཞུགས་སོ། །

པོད་གཅིག བྲིས་མ། དབུ་ཅན། ཡིག་ཕྲེང་དྲུག་ཅན། གླེགས་བམ། ཤོག་རྒྱ། ཞེང་32.8cm×དཀྱུས་8cm སྣེ་ཐིག་རྒྱ། ཞེང་25cm×དཀྱུས་5cm

白哈王祈愿

1函 写本 乌金体 6行 梵夹装 开本：宽32.8cm×高8cm 版框：宽25cm×高5cm

540000-0000001

༄། །ཕན་ཡོན་བཞུགས་སོ། །

པོད་གཅིག དངུལ་བྲིས་མ། དཔེ་ཚུགས། ཡིག་ཕྲེང་བཞི་ཅན། གླེགས་བམ། ཤོག་རྒྱ། ཞེང་39.6cm×དཀྱུས་12.2cm སྣེ་ཐིག་རྒྱ། ཞེང་34.5cm×དཀྱུས་7.4cm

功德经

1函 银汁写本 柏簇体 4行 梵夹装 开本：宽39.6cm×高12.2cm 版框：宽34.5cm×高7.4cm

540000-0000002

༄། །འཕགས་པ་ཤེས་རབ་ཀྱི་ཕ་རོལ་ཏུ་ཕྱིན་པ་བརྒྱད་སྟོང་པ། །

པོད་གཅིག གསེར་བྲིས་མ། དཔེ་ཚུགས། ཡིག་ཕྲེང་དྲུག་ཅན། གླེགས་བམ། ཤོག་ཀྱུ། ཞེང་28cm×དཀྱུས་21cm སྣེ་ཐིག་ཀྱུ། ཞེང་24cm×དཀྱུས་17cm

般若波罗蜜多经八千颂

1函 金汁写本 柏簇体 6行 梵夹装 开本：宽28cm×高21cm 版框：宽24cm×高17cm

540000-0000003

༄། །འཕགས་པ་བསྐལ་པ་བཟང་པོ་ཞེས་བྱ་བ་ཐེག་པ་ཆེན་པོའི་མདོ། །

པོད་གཅིག སྤར་མ། དབུ་ཅན། ཡིག་ཕྲེང་དྲུག་ཅན། གླེགས་བམ། ཤོག་ཀྱུ། ཞེང་59cm×དཀྱུས་17.3cm སྣེ་ཐིག་ཀྱུ། ཞེང་46.5cm×དཀྱུས་8.1cm

大乘贤劫经

1函 刻本 乌金体 6行 梵夹装 开本：宽59cm×高17.3cm 版框：宽46.5cm×高8.1cm

540000-0000004

༄། །དཀར་ཆག་དགོས་འདོད་ཀུན་འབྱུང་བཞུགས་སོ། །

པོད་གཅིག སྤར་མ། དབུ་ཅན། ཡིག་ཕྲེང་བདུན་ཅན། གླེགས་བམ། ཤོག་ཀྱུ། ཞེང་52cm×དཀྱུས་15.3cm སྣེ་ཐིག་ཀྱུ། ཞེང་41.5cm×དཀྱུས་9.4cm

闻法录如意宝

1函 刻本 乌金体 7行 梵夹装 开本：宽52cm×高15.3cm 版框：宽41.5cm×高9.4cm

ལྷོ་ཁ་ས་ཁུལ་ལྷུན་རྩེ་རྫོང་རྩ་རི་ཤང་ཅིག་ཅར་དགོན།
山南地区隆子县扎日乡机甲寺

540000-0000001

༄། །རྒྱུད་བཞུགས་སོ། །

པོད་གཅིག སྤར་མ། དབུ་ཅན། ཡིག་ཕྲེང་དྲུག་ཅན། གླེགས་བམ། ཤོག་རྒྱ། ཞེང་63cm×དཀྱུས་19cm སྣེ་ཁྲིག་རྒྱ། ཞེང་55cmདཀྱུས་11cm

续部

1函 刻本 乌金体 6行 梵夹装 开本：宽63cm×高19cm 版框：宽55cm×高11cm

540000-0000002

༄། །སངས་རྒྱས་ཕལ་པོ་ཆེ་ཞེས་བྱ་བ་ཐེག་པ་ཤིན་ཏུ་ཆེན་པོའི་མདོ་བཞུགས་སོ། །

པོད་གཅིག སྤར་མ། དབུ་ཅན། ཡིག་ཕྲེང་དྲུག་ཅན། གླེགས་བམ། ཤོག་རྒྱ། ཞེང་63cm×དཀྱུས་19cm སྣེ་ཁྲིག་རྒྱ། ཞེང་55cm×དཀྱུས་11cm

大乘华严经八十华严

1函 刻本 乌金体 6行 梵夹装 开本：宽63cm×高19cm 版框：宽55cm×高11cm

540000-0000003

༄། །འདུལ་བའི་གཞི་བཞུགས་སོ། །

པོད་གཅིག སྤར་མ། དབུ་ཅན། ཡིག་ཕྲེང་དྲུག་ཅན། གླེགས་བམ། ཤོག་རྒྱ། ཞེང་63cm×དཀྱུས་19cm སྣེ་ཁྲིག་རྒྱ། ཞེང་55cm×དཀྱུས་11cm

律事

1函 刻本 乌金体 6行 梵夹装 开本：宽63cm×高19cm 版框：宽55cm×高11cm

ལྷོ་ཁ་ས་ཁུལ་ལྷུན་རྩེ་རྫོང་རྩ་རི་ཤང་སྒོམ་མཚན་ཡུལ་ཁང་བསྟན་པ་ཡེ་ཤེས་ཀྱི་ཉར་ཚགས།

山南地区隆子县扎日乡洞村多参拉康旦巴益西个人收藏

540000-0000001

༄། །འཕགས་པ་ཤེས་རབ་ཀྱི་ཕ་རོལ་ཏུ་ཕྱིན་པ་བརྒྱད་སྟོང་པ་བཞུགས་སོ། །

པོད་གཅིག བྲིས་མ། དབུ་ཅན། ཡིག་ཕྲེང་དྲུག་ཅན། གླེགས་བམ། ཤོག་རྒྱ། ཞེང་68cm×དཀྱུས་24cm སྣེ་ཤིག་རྒྱ། ཞེང་58cm×དཀྱུས་12.8cm

般若波罗蜜多经八千颂

1函 写本 乌金体 6行 梵夹装 开本：宽68cm×高24cm 版框：宽58cm×高12.8cm

540000-0000002

༄། །གཟུངས་འདུས་བཀྲིས་འོད་འབར་བཞུགས་སོ། །

པོད་གཅིག སྤར་མ། དབུ་ཅན། ཡིག་ཕྲེང་དྲུག་ཅན། གླེགས་བམ། ཤོག་རྒྱ། ཞེང་59cm×དཀྱུས་18cm སྣེ་ཤིག་རྒྱ། ཞེང་52.5cm×དཀྱུས་12cm

陀罗尼经吉祥光耀

1函 刻本 乌金体 7行 梵夹装 开本：宽59cm×高18cm 版框：宽52.5cm×高12cm

ལྷོ་བྲག་རྫོང་། 洛扎县

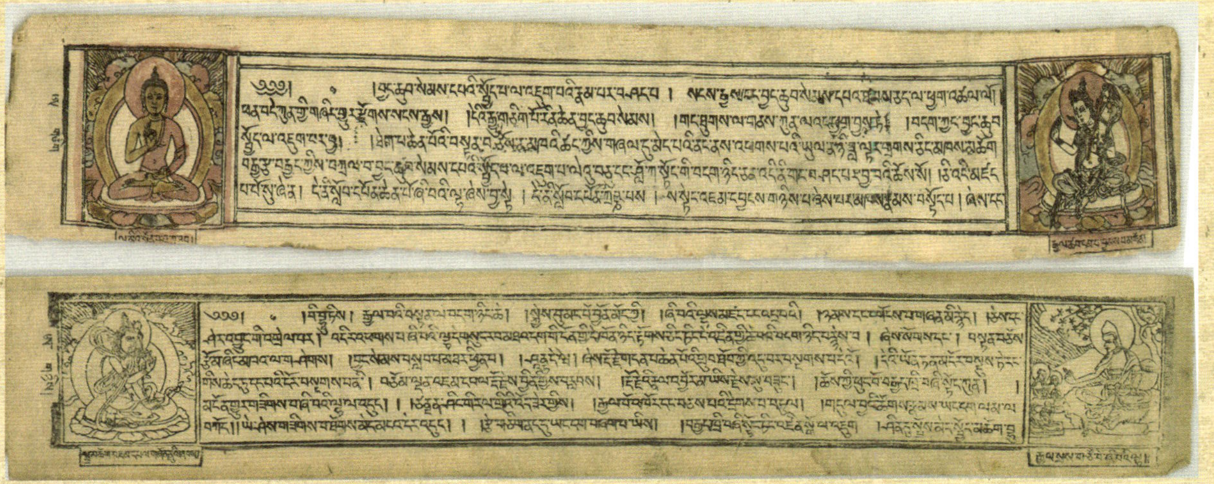

དུས་རབས་17-18པའི་ལྷོ་བྲག་སྤར་མ། 17-18 世纪洛扎刻本

540000-0000001

༄། །འཕགས་པ་ཤེས་རབ་ཀྱི་ཕ་རོལ་ཏུ་ཕྱིན་པ་སྟོང་ཕྲག་བརྒྱ་པ།   པོད་ཀ་པ།

པོད་གཅིག གསེར་བྲིས་མ། དབུ་ཅན། ཡིག་ཕྲེང་བརྒྱད་ཅན། གླེགས་བམ། ཤོག་ཀྱུ། ཞེང་70cm×དཀྱུས་29.6cm སྙེ་ཐིག་ཀྱུ། ཞེང་62.4cm×དཀྱུས་12.8cm

般若波罗蜜多十万颂

k函 金汁写本 乌金体 8行 梵夹装 开本：宽70cm×高29.6cm 版框：宽62.4cm×高12.8cm

540000-0000002

༄། །འཕགས་པ་ཤེས་རབ་ཀྱི་ཕ་རོལ་ཏུ་ཕྱིན་པ་སྟོང་ཕྲག་བརྒྱ་པ།   པོད་ཀ་པ།

པོད་གཅིག བྲིས་མ། དབུ་ཅན། ཡིག་ཕྲེང་བདུན་ཅན། གླེགས་བམ། ཤོག་ཀྱུ། ཞེང་69.6cm×དཀྱུས་22.2cm སྙེ་ཐིག་ཀྱུ། ཞེང་60cm×དཀྱུས་10.2cm

般若波罗蜜多十万颂

k函 写本 乌金体 7行 梵夹装 开本：宽69.6cm×高22.2cm 版框：宽60cm×高10.2cm

540000-0000003

༄། །གུ་རུ་པདྨ་འབྱུང་གནས་ཀྱི་སྐྱེས་རབས་རྣམ་པར་ཐར་པ་ཞེས་བྱ་བ་བཞུགས་སོ། །

པོད་གཅིག གསེར་དངུལ་བྲིས་མ་དང་བྲིས་མ། དབུ་ཅན། ཡིག་ཕྲེང་ལྔ་ཅན། གླེགས་བམ། ཤོག་ཀྱུ། ཞེང་52.3cm×དཀྱུས་14.9cm སྙེ་ཐིག་ཀྱུ། ཞེང་45.9cm×དཀྱུས་7.2cm

莲花生大师传记

1函 金银汁写本和墨汁写本 乌金体 5行 梵夹装 开本：宽52.3cm×高14.9cm 版框：宽45.9cm×高7.2cm

ལྷོ་ཁ་ས་ཁུལ་ལྷོ་བྲག་རྫོང་གྲོ་བོ་དགོན།
山南地区洛扎县卓瓦寺

540000-0000001

༄། །ཤེས་རབ་ཀྱི་ཕ་རོལ་ཏུ་ཕྱིན་པ་སྟོང་ཕྲག་བརྒྱ་པ། །

པོད་གཅིག གསེར་བྲིས་མ་དང་སྣག་ཚ་བྲིས་མ། དབུ་ཅན། ཡིག་ཕྲེང་བདུན་ཅན། གླེགས་བམ། ཤོག་རྒྱ། ཞེང་66.9cm×དཀྱུས་19.5cm སྙེ་ཤིག་རྒྱ། ཞེང་54.4cm×དཀྱུས་7.7cm

般若波罗蜜多十万颂

1函 金汁写本和墨汁写本 乌金体 4行 梵夹装 开本：宽66.9cm×高19.5cm 版框：宽54.4cm×高7.7cm

540000-0000002

༄། །འཕགས་པ་དོན་ཡོད་ཞགས་པའི་སྙིང་པོ་ཞེས་བྱ་བ་ཐེག་པ་ཆེན་པོའི་མདོ། །

པོད་གཅིག བྲིས་མ། དཔེ་ཚུགས། ཡིག་ཕྲེང་ལྔ་ཅན། གླེགས་བམ། ཤོག་རྒྱ། ཞེང་30.3cm×དཀྱུས་8.5cm སྙེ་ཤིག་རྒྱ། ཞེང་8.7cm×དཀྱུས་6.1cm

佛一切不空羂索咒心经

1函 写本 柏族体 5行 梵夹装 开本：宽30.3cm×高8.5cm 版框：宽8.7cm×高6.1cm

540000-0000003

༄། །གསུང་སྣ་ཚོགས། །

པོད་གཅིག བྲིས་མ། དཔེ་ཚུགས། ཡིག་ཕྲེང་བརྒྱད་ཅན། གླེགས་བམ། ཤོག་རྒྱ། ཞེང་59.9cm×དཀྱུས་10cm སྙེ་ཤིག་རྒྱ། ཞེང་56.5cm×དཀྱུས་7.5cm

杂部

1函 写本 柏簇体 8行 梵夹装 开本：宽59.9cm×高10cm 版框：宽56.5cm×高7.5cm

540000-0000004

༄། །ཚེ་དཔག་ཏུ་མེད་པའི་སྙིང་པོ་ཆེའི་དབང་བསྒྱུར་བ་ཞེས་བྱ་བའི་གཟུངས་བཞུགས་སོ།།

པོད་གཅིག བྲིས་མ། དབུ་ཅན། ཡིག་ཕྲེང་བདུན་ཅན། གླེགས་བམ། ཤོག་ཀྱུ། ཞེང་60.8cm×དཀྱུས་18.6cm སྙེ་ཐིག་ཀྱུ། ཞེང་52.7cm×དཀྱུས་11.3cm

阿弥陀佛陀罗尼经

1函 写本 乌金体 7行 梵夹装 开本：宽60.8cm×高18.6cm 版框：宽52.7cm×高11.3cm

ལྷོ་ཁ་ས་ཁུལ་ལྷོ་བྲག་རྫོང་མཁར་ཆུ་དགོན།

山南地区洛扎县卡秋寺

540000-0000001

༄། །འཕགས་པ་སངས་རྒྱས་ཀྱི་ས་ཞེས་བྱ་བ་ཐེག་པ་ཆེན་པོའི་མདོ།།

པོད་གཅིག བྲིས་མ། དབུ་ཅན། ཡིག་ཕྲེང་བཅུ་གཅིག་ཅན། གླེགས་བམ། ཤོག་ཀྱུ། ཞེང་74.7cm×དཀྱུས་46.5cm སྙེ་ཐིག་ཀྱུ། ཞེང་64.3cm×དཀྱུས་20.1cm

佛说佛地经

1函 写本 乌金体 11行 梵夹装 开本：宽74.7cm×高46.5cm 版框：宽64.3cm×高20.1cm

540000-0000002

༄། །ཤེས་རབ་ཀྱི་ཕ་རོལ་ཏུ་ཕྱིན་པ་སྟོང་ཕྲག་བརྒྱ་པ།།

པོད་གཅིག བྲིས་མ། དབུ་ཅན། ཡིག་ཕྲེང་བདུན་ནས་བརྒྱད་ཅན། གླེགས་བམ། ཤོག་ཀྱུ། ཞེང་67.2cm×དཀྱུས་19.5cm སྙེ་ཐིག་ཀྱུ། ཞེང་57cm×དཀྱུས་9.9cm

般若波罗蜜多经十万颂

1函 写本 乌金体 7-8行 梵夹装 开本：宽67.2cm×高19.5cm 版框：宽57cm×高9.9cm

540000-0000003

༄། །ཤེས་རབ་ཀྱི་ཕ་རོལ་ཏུ་ཕྱིན་པ། །

བོད་གཅིག གསེར་བྲིས་མ། དབུ་ཅན། ཡིག་ཕྲེང་བརྒྱད་ཅན། གླེགས་བམ། ཤོག་གྲྭ། ཞེང་68.4cm×དཀྱུས་26.4cm སྙེ་ཤིག་གྲྭ། ཞེང་59.3cm×དཀྱུས་10.1cm

般若波罗蜜多经

1函 金汁写本 乌金体 8行 梵夹装 开本：宽68.4cm×高26.4cm 版框：宽59.3cm×高10.1cm

540000-0000004

༄། །དྲི་མེད་བཤགས་རྒྱུད་བཞུགས་སོ། །

བོད་གཅིག བྲིས་མ། དབུ་ཅན། ཡིག་ཕྲེང་ལྔ་ཅན། གླེགས་བམ། ཤོག་གྲྭ། ཞེང་40.2cm×དཀྱུས་12.5cm སྙེ་ཤིག་གྲྭ། ཞེང་33.3cm×དཀྱུས་6.1cm

无垢忏悔续

1函 写本 乌金体 5行 梵夹装 开本：宽40.2cm×高12.5cm 版框：宽33.3cm×高6.1cm

540000-0000005

༄། །འཕགས་པ་བསྐལ་པ་བཟང་པོ་ཞེས་བྱ་བའི་ཐེག་པ་ཆེན་པོའི་མདོ། །

བོད་གཅིག བྲིས་མ། དབུ་ཅན། ཡིག་ཕྲེང་བདུན་ཅན། གླེགས་བམ། ཤོག་གྲྭ། ཞེང་61.8cm×དཀྱུས་15.5cm སྙེ་ཤིག་གྲྭ། ཞེང་57.3cm×དཀྱུས་11.2cm

大乘贤劫经

1函 写本 乌金体 6-8行 梵夹装 开本：宽61.8cm×高15.5cm 版框：宽57.3cm×高11.2cm

540000-0000006

༄༅། །འཕགས་པ་ཤེས་རབ་ཀྱི་ཕ་རོལ་ཏུ་ཕྱིན་པ་བརྒྱད་སྟོང་པ། །   བོད་ཀ་པ།

བོད་གཅིག གསེར་དངུལ་བྲིས་མ་དང་སྣག་ཚ་བྲིས་མ། དབུ་ཅན། ཡིག་ཕྲེང་ལྔ་ཅན། གླེགས་བམ། ཤོག་རྒྱ། ཞེང་57.9cm×དཀྱུས་17.7cm སྣེ་ཐིག་རྒྱ། ཞེང་50cm×དཀྱུས་9cm

般若波罗蜜多经八千颂

k函 金银汁写本和墨汁写本 乌金体 5行 梵夹装 开本：宽57.9cm×高17.7cm 版框：宽50cm×高9cm

540000-0000007

༄༅། །འཕགས་པ་ཤེས་རབ་ཀྱི་ཕ་རོལ་ཏུ་ཕྱིན་པ་བརྒྱད་སྟོང་པ། །

 བོད་གཅིག བྲིས་མ། དབུ་ཅན། ཡིག་ཕྲེང་བརྒྱད་ཅན། གླེགས་བམ། ཤོག་རྒྱ། ཞེང་61.4cm×དཀྱུས་16.9cm སྣེ་ཐིག་རྒྱ། ཞེང་56.1cm×དཀྱུས་9.9cm

般若波罗蜜多经八千颂

1函 写本 乌金体 8行 梵夹装 开本：宽61.4cm×高16.9cm 版框：宽56.1cm×高9.9cm

གུ་རུའི་རྣམ་ཐར་ཞལ་ཁེབས་ལྡེ་བརྩེགས་ཅན།

莲花生传记首叶护帘

540000-0000001

༄། །གསུང་ཐོར་བུ། །

བོད་གཅིག བྲིས་མ། དབུ་ཅན་དང་དཔེ་ཚུགས། ཡིག་ཕྲེང་དྲུག་ནས་བདུན་ཅན། གླེགས་བམ། ཤོག་རྒྱ། ཞེང་48.8cm×དཀྱུས་7.5cm སྣེ་ཤིག་རྒྱ། ཞེང་42.9cm×དཀྱུས་3.2cm

散叶

1函 写本 乌金体和柏簇体 6-7行 梵夹装 开本：宽48.8cm×高7.5cm 版框：宽42.9cm×高3.2cm

540000-0000002

༄། །འཕགས་པ་ཤེས་རབ་ཀྱི་ཕ་རོལ་ཏུ་ཕྱིན་པ་བརྒྱད་སྟོང་པ། ། བོད་ཀ་པ།

བོད་གཅིག བྲིས་མ། དབུ་ཅན། ཡིག་ཕྲེང་བདུན་ཅན། གླེགས་བམ། ཤོག་རྒྱ། ཞེང་70cm×དཀྱུས་24.8cm སྣེ་ཤིག་རྒྱ། ཞེང་57.8cm×དཀྱུས་9.7cm

般若波罗蜜多经八千颂

k函 写本 乌金体 7行 梵夹装 开本：宽70cm×高24.8cm 版框：宽57.8cm×高9.7cm

540000-0000003

༄། །འཕགས་པ་ཡོངས་སུ་མྱ་ངན་ལས་འདས་པ་ཆེན་པོའི་མདོ། །

བོད་གཅིག གསེར་དངུལ་བྲིས་མ། དབུ་ཅན། ཡིག་ཕྲེང་བདུན་ཅན། གླེགས་བམ། ཤོག་རྒྱ། ཞེང་65.5cm×དཀྱུས་19.5cm སྣེ་ཤིག་རྒྱ། ཞེང་58.2cm×དཀྱུས་12.4cm

佛说大般涅槃经

1函 金银汁写本 乌金体 7行 梵夹装 开本：宽65.5cm×高19.5cm 版框：宽58.2cm×高12.4cm

540000-0000004

༄། །འཕགས་པ་དཀོན་མཆོག་སྤྲིན་ཞེས་བྱ་བ་ཐེག་པ་ཆེན་པོའི་མདོ། །

པོད་གཅིག གསེར་དངུལ་བྲིས་མ། དབུ་ཅན། ཡིག་ཕྲེང་བདུན་ཅན། གླེགས་བམ། ཤོག་རྒྱ། ཞེང་65.3cm×དཀྱུས་19.4cm སྣེ་ཐིག་རྒྱ། ཞེང་58.1cm×དཀྱུས་10.2cm

大方广宝云经

1函 金银汁写本 乌金体 10行 梵夹装 开本：宽65.3cm×高19.4cm 版框：宽58.1cm×高10.2cm

540000-0000005

༄། །འཕགས་པ་ཤེས་རབ་ཀྱི་ཕ་རོལ་ཏུ་ཕྱིན་པ་སྟོང་ཕྲག་བརྒྱ་པ། །

པོད་གཅིག བྲིས་མ། དབུ་ཅན། ཡིག་ཕྲེང་བདུན་ཅན། གླེགས་བམ། ཤོག་རྒྱ། ཞེང་70.4cm×དཀྱུས་24.2cm སྣེ་ཐིག་རྒྱ། ཞེང་59.6cm×དཀྱུས་10.1cm

般若波罗蜜多经十万颂

1函 写本 乌金体 7行 梵夹装 开本：宽70.4cm×高24.2cm 版框：宽59.6cm×高10.1cm

540000-0000006

༄། །འཕགས་པ་ཤེས་རབ་ཀྱི་ཕ་རོལ་ཏུ་ཕྱིན་པ་སྟོང་ཕྲག་ཉི་ཤུ་ལྔ་པ། །

པོད་གཅིག གསེར་དངུལ་བྲིས་མ། དབུ་ཅན། ཡིག་ཕྲེང་བདུན་ཅན། གླེགས་བམ། ཤོག་རྒྱ། ཞེང་65.1cm×དཀྱུས་18.8cm སྣེ་ཐིག་རྒྱ། ཞེང་58cm×དཀྱུས་10.2cm

般若波罗蜜多经两万五千颂

1函 金银汁写本 乌金体 7行 梵夹装 开本：宽65.1cm×高18.8cm 版框：宽58cm×高10.2cm

540000-0000007

༄། །འཕགས་པ་ཤེས་རབ་ཀྱི་ཕ་རོལ་ཏུ་ཕྱིན་པ་སྟོང་ཕྲག་བརྒྱ་པ། །

བོད་གཅིག གསེར་བྲིས་མ། དབུ་ཅན། ཡིག་ཕྲེང་བདུན་ཅན། གླེགས་བམ། ཤོག་ཀྱུ། ཞེང་70.5cm×དཀྱུས་25.9cm སྣེ་ཐིག་ཀྱུ། ཞེང་62.4cm×དཀྱུས་14.6cm

般若波罗蜜多经十万颂

1函 金汁写本 乌金体 8行 梵夹装 开本：宽70.5cm×高25.9cm 版框：宽62.4cm×高14.6cm

540000-0000008

༄། །ཤེར་ཕྱིན། །

བོད་གཅིག གསེར་དངུལ་བྲིས་མ། དབུ་ཅན། ཡིག་ཕྲེང་བདུན་ཅན། གླེགས་བམ། ཤོག་ཀྱུ། ཞེང་65.5cm×དཀྱུས་19.4cm སྣེ་ཐིག་ཀྱུ། ཞེང་57.1cm×དཀྱུས་10.9cm

般若波罗蜜多经

1函 金银汁写本 乌金体 7行 梵夹装 开本：宽65.5cm×高19.4cm 版框：宽57.1cm×高10.9cm

540000-0000009

༄། །སངས་རྒྱས་ཕལ་པོ་ཆེ་ཞེས་བྱ་བ་ཤིན་ཏུ་རྒྱས་པ་ཆེན་པོའི་མདོ། །

བོད་གཅིག བྲིས་མ། དབུ་ཅན། ཡིག་ཕྲེང་བདུན་ཅན། གླེགས་བམ། ཤོག་ཀྱུ། ཞེང་68.8cm×དཀྱུས་20cm སྣེ་ཐིག་ཀྱུ། ཞེང་58cm×དཀྱུས་9.2cm

大方广佛华严经八十华严

1函 写本 乌金体 7行 梵夹装 开本：宽68.8cm×高20cm 版框：宽58cm×高9.2cm

540000-0000010

༄། །གཟུངས་འདུས། །

བོད་གཅིག བྲིས་མ། དབུ་ཅན། ཡིག་ཕྲེང་དྲུག་ཅན། གླེགས་བམ། ཤོག་ཀྱུ། ཞེང་56.3cm×དཀྱུས་15.2cm སྣེ་ཐིག་ཀྱུ། ཞེང་46cm×དཀྱུས་6.7cm

陀罗尼经

1函 写本 乌金体 6行 梵夹装   开本：宽56.3cm×高15.2cm 版框：宽46cm×高6.7cm

540000-0000011

༄། །འཕགས་པ་ཤེས་རབ་ཀྱི་ཕ་རོལ་ཏུ་ཕྱིན་པ་སྟོང་ཕྲག་བརྒྱ་པ། །

བོད་གཅིག བྲིས་མ། དབུ་ཅན། ཡིག་ཕྲེང་བརྒྱད་ཅན། གླེགས་བམ། ཤོག་ཀྱུ། ཞེང་67.4cm×དཀྱུས་20.2cm སྣེ་ཐིག་ཀྱུ། ཞེང་56.1cm×དཀྱུས་11cm

般若波罗蜜多经十万颂

1函 写本 乌金体 8行 梵夹装   开本：宽67.4cm×高20.2cm 版框：宽56.1cm×高11cm

540000-0000012

༄། །འདུལ་བ་ཀུན་ལས་བཏུས་པ་ཞེས་བྱ་བ་བཞུགས་སོ། །   བོད་ན་པ།

ཐོར་བུ། བྲིས་མ། དབུ་ཅན། ཡིག་ཕྲེང་བརྒྱད་ཅན། གླེགས་བམ། ཤོག་ཀྱུ། ཞེང་67cm×དཀྱུས་21cm སྣེ་ཐིག་ཀྱུ། ཞེང་47.6cm×དཀྱུས་12cm

毗奈耶大集

散叶 写本 乌金体 8行 梵夹装 开本：宽67cm×高21cm 版框：宽47.6cm×高12cm

540000-0000013

༄། །འཕགས་པ་གླང་རུ་ལུང་བསྟན་བཞུགས་སོ།།

པོད་གཅིག སྤར་མ། དབུ་ཅན། ཡིག་ཕྲེང་བདུན་ཅན། གླེགས་བམ། ཤོག་གྲྭ། ཞེང་53cm×དཀྱུས་10.5cm སྙེ་ཐིག་གྲྭ། ཞེང་47cm×དཀྱུས་9.1cm

牛角授记大乘经

1函 刻本 乌金体 7行 梵夹装 开本：宽53cm×高10.5cm 版框：宽47cm×高9.1cm

540000-0000014

༄། །གཟུངས་སྔགས་བསྡུས་པ།།

ཐོར་བུ། བྲིས་མ། དབུ་ཅན། ཡིག་ཕྲེང་བདུན་ཅན། གླེགས་བམ། ཤོག་གྲྭ། ཞེང་58cm×དཀྱུས་15cm སྙེ་ཐིག་གྲྭ། ཞེང་52cm×དཀྱུས་12cm

陀罗尼经

散叶 写本 乌金体 7行 梵夹装 开本：宽58cm×高15cm 版框：宽52cm×高12cm

540000-0000015

༄། །འཕགས་པ་ཤེས་རབ་ཀྱི་ཕ་རོལ་ཏུ་ཕྱིན་ཉི་ཁྲི་བཞུགས་སོ།།

ཐོར་བུ། གསེར་བྲིས་མ། དབུ་ཅན། ཡིག་ཕྲེང་བདུན་ཅན། གླེགས་བམ། ཤོག་གྲྭ། ཞེང་70cm×དཀྱུས་26cm སྙེ་ཐིག་གྲྭ། ཞེང་60cm×དཀྱུས་11cm

般若波罗蜜多经两万颂

散叶 金汁写本 乌金体 7行 梵夹装 开本：宽70cm×高26cm 版框：宽60cm×高11cm

540000-0000016

༄། །འཕགས་པ་ཤེས་རབ་ཀྱི་ཕ་རོལ་ཏུ་ཕྱིན་པ་བརྒྱད་སྟོང་པ་ཞེས་བྱ་བ་བཞུགས་སོ།།　　པོད་ཀ་པ།

པོད་གཅིག　གསེར་བྲིས་མ། དབུ་ཅན། ཡིག་ཕྲེང་བརྒྱད་ཅན། གླེགས་བམ།　ཤོག་ཀྱུ། ཞེང་74cm×དཀྱུས་29.5cm སྣེ་ཤིག་ཀྱུ། ཞེང་64.2cm×དཀྱུས་11.4cm

般若波罗蜜多经八千颂

1函　金汁写本　乌金体　8行　梵夹装　开本：宽74cm×高29.5cm　版框：宽64.2cm×高11.4cm

540000-0000017

༄། །འཕགས་པ་ཤེས་རབ་ཀྱི་ཕ་རོལ་ཏུ་ཕྱིན་པ་ཉི་ཁྲི་ལྔ་སྟོང་ཞེས་བྱ་བ་བཞུགས་སོ།།

 ཐོར་བུ། བྲིས་མ། དབུ་ཅན། ཡིག་ཕྲེང་ལྔ་ཅན། གླེགས་བམ།　ཤོག་ཀྱུ། ཞེང་68.6cm×དཀྱུས་24cm སྣེ་ཤིག་ཀྱུ། ཞེང་61cm×དཀྱུས་8.4cm

般若波罗蜜多经两万五千颂

散叶　写本　乌金体　5行　梵夹装　开本：宽68.6cm×高24cm　版框：宽61cm×高8.4cm

540000-0000018

༄། །སངས་རྒྱས་ཕལ་པོ་ཆེ་ཞེས་བྱ་བ་ཤིན་ཏུ་རྒྱས་པ་ཐེག་པ་ཆེན་པོའི་མདོ།།　　པོད་ཀ་པ།

པོད་གཉིས། གསེར་དངུལ་བྲིས་མ། དབུ་ཅན། ཡིག་ཕྲེང་བདུན་ཅན། གླེགས་བམ།　ཤོག་ཀྱུ། ཞེང་65.5cm×དཀྱུས་19.6cm སྣེ་ཤིག་ཀྱུ། ཞེང་59cm×དཀྱུས་11cm

大方广佛华严八十华严

2函　金银汁写本　乌金体　7行　梵夹装　开本：宽65.5cm×高19.6cm　版框：宽59cm×高11cm

540000-0000019

༄༅། །འཕགས་པ་ཡོངས་སུ་མྱ་ངན་ལས་འདས་པའི་མདོ་བཞུགས་སོ། ། བོད་ཉ་པ།

བོད་གཅིག གསེར་བྲིས་མ། དབུ་ཅན། ཡིག་ཕྲེང་བཞི་ཅན། གླེགས་བམ། ཤོག་གྲྭ། ཞེང་65.3cm×དཀྱུས་19.8cm སྣེ་ཐིག་གྲྭ། ཞེང་55.3cm×དཀྱུས་16.5cm

大般涅槃经

1函 金汁写本 乌金体 4行 梵夹装 开本：宽65.3cm×高19.8cm 版框：宽55.3cm×高16.5cm

540000-0000020

༄༅། །འཕགས་པ་དད་པའི་སྟོབས་བསྐྱེད་པ་ལ་འཇུག་པའི་ཕྱག་རྒྱ་ཞེས་བྱ་བ་ཐེག་པ་ཆེན་པོའི་མདོ།

ཐོར་བུ། གསེར་བྲིས་མ། དབུ་ཅན། ཡིག་ཕྲེང་བཞི་ཅན། གླེགས་བམ། ཤོག་གྲྭ། ཞེང་65.6cm×དཀྱུས་19.5cm སྣེ་ཐིག་གྲྭ། ཞེང་31cm×དཀྱུས་10cm

心力入印法门经

散叶 金汁写本 乌金体 4行 梵夹装 开本：宽65.6cm×高19.5cm 版框：宽31cm×高10cm

540000-0000021

༄༅། །འཕགས་པ་ཤེས་རབ་ཀྱི་ཕ་རོལ་ཏུ་ཕྱིན་པ་བརྒྱད་སྟོང་པ་ཞེས་བྱ་བ་བཞུགས་སོ། ། བོད་ཀ་པ།

བོད་གཉིས་ཆ་མི་ཚང་བ། གསེར་བྲིས་མ། དབུ་ཅན། ཡིག་ཕྲེང་བདུན་ཅན། གླེགས་བམ། ཤོག་གྲྭ། ཞེང་68cm×དཀྱུས་25.8cm སྣེ་ཐིག་གྲྭ། ཞེང་61cm×དཀྱུས་12.5cm

般若波罗蜜多经八千颂

2函不全 金汁写本 乌金体 7行 梵夹装 开本：宽68cm×高25.8cm 版框：宽61cm×高12.5cm

540000-0000022

༄། །སངས་རྒྱས་ཀྱི་སྙིང་པོ་ཞེས་བྱ་བའི་གཟུངས།།

ཐོར་བུ། བྲིས་མ། དབུ་ཅན། ཡིག་ཕྲེང་བདུན་ཅན། གླེགས་བམ། ཤོག་རྒྱ། ཞེང་62.3cm×དཀྱུས་17cm སྣེ་ཐིག་རྒྱ། ཞེང་52.5cm×དཀྱུས་10cm

佛说要义陀罗尼经

散叶 写本 乌金体 6行 梵夹装 开本：宽62.3cm×高17cm 版框：宽52.5cm×高10cm

540000-0000023

༄། །འཕགས་པ་ཤེས་རབ་ཀྱི་ཕ་རོལ་ཏུ་ཕྱིན་པ་བརྒྱད་སྟོང་པ་ཞེས་བྱ་བ་བཞུགས་སོ།།

པོད་གཅིག གསེར་བྲིས་མ། དབུ་ཅན། ཡིག་ཕྲེང་བདུན་ཅན། གླེགས་བམ། ཤོག་རྒྱ། ཞེང་68cm×དཀྱུས་26cm སྣེ་ཐིག་རྒྱ། ཞེང་61cm×དཀྱུས་13cm

般若波罗蜜多经八千颂

1函 金汁写本 乌金体 7行 梵夹装 开本：宽68cm×高26cm 版框：宽61cm×高13cm

540000-0000024

༄། །འཕགས་པ་ཤེས་རབ་ཀྱི་ཕ་རོལ་ཏུ་ཕྱིན་པ་བརྒྱད་སྟོང་པ་ཞེས་བྱ་བ་བཞུགས་སོ།།

པོད་གཅིག གསེར་དངུལ་བྲིས་མ། དབུ་ཅན། ཡིག་ཕྲེང་བདུན་ཅན། གླེགས་བམ། ཤོག་རྒྱ། ཞེང་65.4cm×དཀྱུས་9.5cm སྣེ་ཐིག་རྒྱ། ཞེང་53cm×དཀྱུས་11.2cm

般若波罗蜜多经八千颂

1函 金银汁写本 乌金体 7行 梵夹装 开本：宽65.4cm×高9.5cm 版框：宽53cm×高11.2cm

540000-0000025

༄༅། །འཕགས་པ་ཤེས་རབ་ཀྱི་ཕ་རོལ་ཏུ་ཕྱིན་པ་བརྒྱད་སྟོང་པ་ཞེས་བྱ་བ་བཞུགས་སོ། །

པོད་གཅིག གསེར་དངུལ་བྲིས་མ། དབུ་ཅན། ཡིག་ཕྲེང་བདུན་ཅན། གླེགས་བམ། ཤོག་ཀྱུ། ཞེང་72.4cm×དཀྱུས་25.5cm སྣེ་ཐིག་ཀྱི། ཞེང་64cm×དཀྱུས་11.8cm

般若波罗蜜多经八千颂

1函 金银汁写本 乌金体 7行 梵夹装 开本：宽72.4cm×高25.5cm 版框：宽64cm×高11.8cm

540000-0000026

༄༅། །འཕགས་པ་ཤེས་རབ་ཀྱི་ཕ་རོལ་ཏུ་ཕྱིན་པ་བརྒྱད་སྟོང་པ་ཞེས་བྱ་བ་བཞུགས་སོ། །　པོད་ཀ་པ།

ཐོར་བུ། གསེར་བྲིས་མ། དབུ་ཅན། ཡིག་ཕྲེང་བདུན་ཅན། གླེགས་བམ། ཤོག་ཀྱུ། ཞེང་72cm×དཀྱུས་29cm སྣེ་ཐིག་ཀྱི། ཞེང་61.5cm×དཀྱུས་12.4cm

般若波罗蜜多经八千颂

散叶 金汁写本 乌金体 7行 梵夹装 开本：宽72cm×高29cm 版框：宽61.5cm×高12.4cm

540000-0000027

༄༅། །འཕགས་པ་ཤེས་རབ་ཀྱི་ཕ་རོལ་ཏུ་ཕྱིན་པ་བརྒྱད་སྟོང་པ་ཞེས་བྱ་བ་བཞུགས་སོ། །　པོད་ཀ་པ།

པོད་གཅིག་ཆ་མི་ཚང་། བྲིས་མ། དབུ་ཅན། ཡིག་ཕྲེང་བརྒྱད་ཅན། གླེགས་བམ། ཤོག་ཀྱུ། ཞེང་71cm×དཀྱུས་25.5cm སྣེ་ཐིག་ཀྱི། ཞེང་63cm×དཀྱུས་15.3cm

般若波罗蜜多经八千颂

1函不全 写本 乌金体 8行 梵夹装 开本：宽71cm×高25.5cm 版框：宽63cm×高15.3cm

540000-0000028

༄༅། །འཕགས་པ་ཤེས་རབ་ཀྱི་ཕ་རོལ་ཏུ་ཕྱིན་པ་བརྒྱད་སྟོང་པ་ཞེས་བྱ་བ་བཞུགས་སོ།།　　པོད་ཀ་པ།

པོད་གཅིག་ཆ་མི་ཚང་། གསེར་བྲིས་མ། དབུ་ཅན། ཡིག་ཕྲེང་བརྒྱད་ཅན། གླེགས་བམ།　ཤོག་རྒྱ། ཞེང་69.6cm×དཀྱུས་27.6cm སྣེ་ཐིག་རྒྱ། ཞེང་64cm×དཀྱུས་17cm

般若波罗蜜多经八千颂

1函不全 金汁写本 乌金体 8行 梵夹装　开本：宽69.6cm×高27.6cm 版框：宽64cm×高17cm

540000-0000029

༄༅། །འཕགས་པ་ཤེས་རབ་ཀྱི་ཕ་རོལ་ཏུ་ཕྱིན་པ་སྟོང་ཕྲག་བརྒྱ་པ་ཞེས་བྱ་བ་བཞུགས་སོ།།　　པོད་ཐ་པ།

ཐོར་བུ། གསེར་དངུལ་བྲིས་མ། དབུ་ཅན། ཡིག་ཕྲེང་བདུན་ཅན། གླེགས་བམ།　ཤོག་རྒྱ། ཞེང་65.4cm×དཀྱུས་19.3cm སྣེ་ཐིག་རྒྱ། ཞེང་57cm×དཀྱུས་11cm

般若波罗蜜多经十万颂

散叶 金银汁写本 乌金体 7行 梵夹装　开本：宽65.4cm×高19.3cm 版框：宽57cm×高11cm

540000-0000030

༄༅། །འདུལ་བའི་གཞི། །　པོད་ཆ་པ།

པོད་གཅིག་ཆ་མི་ཚང་། གསེར་དངུལ་བྲིས་མ། དབུ་ཅན། ཡིག་ཕྲེང་བདུན་ཅན། གླེགས་བམ།　ཤོག་རྒྱ། ཞེང་66cm×དཀྱུས་20cm སྣེ་ཐིག་རྒྱ། ཞེང་59.5cm×དཀྱུས་18cm

律根本

1函不全 金银汁写本 乌金体 7行 梵夹装　开本：宽66cm×高20cm 版框：宽59.5cm×高18cm

540000-0000031

༄༅། །འཕགས་པ་གཙུག་ཏོར་རྣམ་པར་རྒྱལ་བའི་གཟུངས། ། བོད་ཤ་པ།

པོད་གཅིག གསེར་དངུལ་བྲིས་མ། དབུ་ཅན། ཡིག་ཕྲེང་བདུན་ཅན། གླེགས་བམ། ཤོག་རྒྱ། ཞེང་65.3cm×དཀྱུས་19.2cm སྣེ་ཐིག་རྒྱ། ཞེང་57.7cm×དཀྱུས་12cm

尊胜佛母陀罗尼经

1函 金银汁写本 乌金体 7行 梵夹装 开本：宽65.3cm×高19.2cm 版框：宽57.7cm×高12cm

540000-0000020

༄༅། །སངས་རྒྱས་ཕལ་པོ་ཆེ་ཞེས་བྱ་བ་ཤིན་ཏུ་རྒྱས་པའི་ཐེག་པ་ཆེན་པོའི་མདོ། ། བོད་ཙ་པ།

པོད་གཅིག་ཆ་མི་ཚང་། གསེར་དངུལ་བྲིས་མ། དབུ་ཅན། ཡིག་ཕྲེང་བདུན་ཅན། གླེགས་བམ། ཤོག་རྒྱ། ཞེང་65.5cm×དཀྱུས་19.4cm སྣེ་ཐིག་རྒྱ། ཞེང་57.8cm×དཀྱུས་11cm

大方广佛华严八十华严

1函不全 金银汁写本 乌金体 7行 梵夹装 开本：宽65.5cm×高19.4cm 版框：宽57.8cm×高11cm

540000-0000032

༄༅། །འདུལ་བ་རྣམ་འབྱེད། ། བོད་ག་པ།

པོད་གཅིག་ཆ་མི་ཚང་། གསེར་དངུལ་བྲིས་མ། དབུ་ཅན། ཡིག་ཕྲེང་བདུན་ཅན། གླེགས་བམ། ཤོག་རྒྱ། ཞེང་65.7cm×དཀྱུས་17.5cm སྣེ་ཐིག་རྒྱ། ཞེང་59cm×དཀྱུས་12cm

律分别

1函不全 金银汁写本 乌金体 7行 梵夹装 开本：宽65.7cm×高17.5cm 版框：宽59cm×高12cm

540000-0000033

༄། །འཕགས་པ་སྒོ་དྲུག་པ་ཞེས་བྱ་བའི་གཟུངས། ། བོད་ན་པ།

པོད་གཅིག་ཆ་མི་ཚང་། གསེར་དངུལ་བྲིས་མ། དབུ་ཅན། ཡིག་ཕྲེང་བདུན་ཅན། གླེགས་བམ། ཤོག་རྒྱ། ཞེང་65.7cm×དཀྱུས་17.5cm སྣེ་ཐིག་རྒྱ། ཞེང་59cm×དཀྱུས་12cm

六门陀罗尼经

1函不全 金银汁写本 乌金体 7行 梵夹装 开本：宽65.7cm×高17.5cm 版框：宽59cm×高12cm

540000-0000034

༄། །འཕགས་པ་ཤེས་རབ་ཀྱི་ཕ་རོལ་ཏུ་ཕྱིན་པ་སྟོང་ཕྲག་བརྒྱ་པ་ཞེས་བྱ་བ་བཞུགས་སོ། ། བོད་པ་པ།

པོད་གཅིག་ཆ་མི་ཚང་། གསེར་དངུལ་བྲིས་མ། དབུ་ཅན། ཡིག་ཕྲེང་བདུན་ཅན། གླེགས་བམ། ཤོག་རྒྱ། ཞེང་65.7cm×དཀྱུས་17.5cm སྣེ་ཐིག་རྒྱ། ཞེང་59cm×དཀྱུས་12cm

般若波罗蜜多经十万颂

1函不全 金银汁写本 乌金体 7行 梵夹装 开本：宽65.7cm×高17.5cm 版框：宽59cm×高12cm

540000-0000035

༄། །འཕགས་པ་ཤེས་རབ་ཀྱི་ཕ་རོལ་ཏུ་ཕྱིན་པ་བརྒྱད་སྟོང་པ་ཞེས་བྱ་བ་བཞུགས་སོ། །

པོད་གཅིག་ཆ་མི་ཚང་། གསེར་བྲིས་མ། དབུ་ཅན། ཡིག་ཕྲེང་བདུན་ཅན། གླེགས་བམ། ཤོག་རྒྱ། ཞེང་79cm×དཀྱུས་32cm སྣེ་ཐིག་རྒྱ། ཞེང་69cm×དཀྱུས་14cm

般若波罗蜜多经八千颂

1函不全 金汁写本 乌金体 7行 梵夹装 开本：宽79cm×高32cm 版框：宽69cm×高14cm

540000-0000036

༄། །འཕགས་པ་ཤེས་རབ་ཀྱི་ཕ་རོལ་ཏུ་ཕྱིན་པ་བརྒྱད་སྟོང་པ་ཞེས་བྱ་བ་བཞུགས་སོ། །

པོད་གཅིག་ཆ་མི་ཚང་། གསེར་བྲིས་མ། དབུ་ཅན། ཡིག་ཕྲེང་བདུན་ཅན། གླེགས་བམ། ཤོག་ཀྱི། ཞེང་71.2cm×དཀྱུས་27.5cm སྣེ་ཐིག་ཀྱི། ཞེང་62cm×དཀྱུས་13.7cm

般若波罗蜜多经八千颂

1函不全 金汁写本 乌金体 7行 梵夹装 开本：宽71.2cm×高27.5cm 版框：宽62cm×高13.7cm

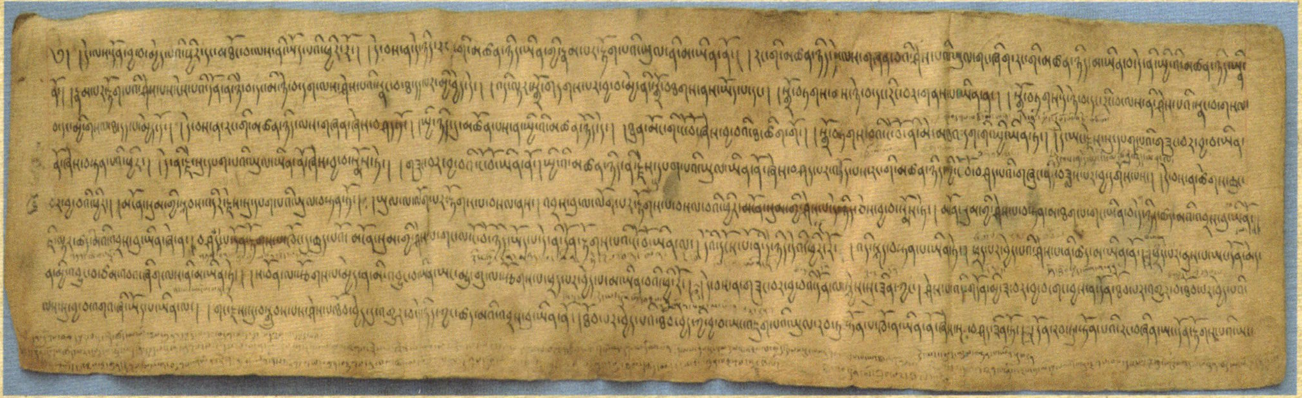

540000-0000001

༄། །འཕགས་པ་ཤེས་རབ་ཀྱི་ཕ་རོལ་ཏུ་ཕྱིན་པ་སྟོང་ཕྲག་བརྒྱ་པ། །

བོད་གཅིག བྲིས་མ། དབུ་ཅན། ཡིག་ཕྲེང་བདུན་ཅན། གླེགས་བམ། ཤོག་ཀྱུ། ཞེང་66.9cm×དཀྱུས་19.4cm སྣེ་ཐིག་ཀྱུ། ཞེང་56.2cm×དཀྱུས་9.1cm

般若波罗蜜多经十万颂

1函 写本 乌金体 7行 梵夹装 开本：宽66.9cm×高19.4cm 版框：宽56.2cm×高9.1cm

540000-0000002

༄། །གུ་རུ་པདྨ་འབྱུང་གནས་ཀྱི་སྐྱེས་རབས་རྣམ་པར་ཐར་པ་ཞེས་བྱ་བ་བཞུགས་སོ། །

བོད་གཅིག བྲིས་མ། དབུ་ཅན། ཡིག་ཕྲེང་དྲུག་ཅན། གླེགས་བམ། ཤོག་ཀྱུ། ཞེང་60cm×དཀྱུས་11.2cm སྣེ་ཐིག་ཀྱུ། ཞེང་54.4cm×དཀྱུས་7.2cm

莲花生大师传

1函 写本 乌金体 6行 梵夹装 开本：宽60cm×高11.2cm 版框：宽54.4cm×高7.2cm

540000-0000003

༄། །གསུང་ཐོར་བུ། །

བོད་གཅིག བྲིས་མ། དབུ་ཅན། ཡིག་ཕྲེང་བདུན་ཅན། གླེགས་བམ། ཤོག་ཀྱུ། ཞེང་67.8cm×དཀྱུས་18.5cm སྣེ་ཐིག་ཀྱུ། ཞེང་55.3cm×དཀྱུས་11.4cm

杂部

1函 写本 乌金体 6-8行 梵夹装 开本：宽67.8cm×高18.5cm 版框：宽55.3cm×高11.4cm

513

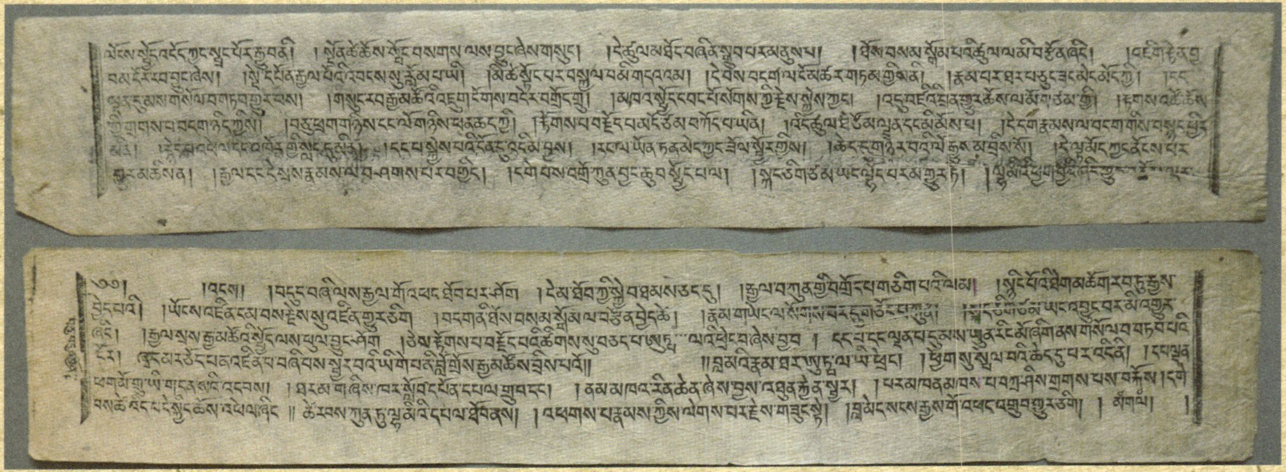

དུས་རབས་17པའི་སྣེ་གདོང་པར་མ་གཞིས་ཁའི་སྤར་མ།

17 世纪乃东刻本

540000-0000001

༄། །ཤེས་རབ་ཀྱི་ཕ་རོལ་ཏུ་ཕྱིན་པ་ཉམས་སུ་ལེན་པའི་མན་ངག་རིམ་ལྔ་གསལ་སྒྲོན་ཞེས་བྱ་བ་བཞུགས་སོ། །

བོད་གཞིག སྤར་མ། དབུ་ཅན། ཡིག་ཕྲེང་དྲུག་ཅན། གླེགས་བམ། ཤོག་ཀྱུ། ཞེང་28.2cm×དཀྱུས་8.2cm སྣེ་ཐིག་ཀྱུ། ཞེང་25.1cm×དཀྱུས་4.5cm

般若波罗蜜多实践秘诀五次第明灯

1函 刻本 乌金体 6行 梵夹装 开本：宽28.2cm×高8.2cm 版框：宽25.1cm×高4.5cm

540000-0000002

༄། །ཉམས་གྲོལ་ལག་བཅངས་སུ་གཏོད་པའི་མན་ངག་ཟབ་མོ་ཚང་ལ་མ་ནོར་མཆོངས་མེད་ཆོས་ཀྱི་རྒྱལ་པོའི་ཐུགས་བཅུད་བྱང་ཆུབ་ལམ་གྱི་རིམ་པའི་ཉམས་ཁྲིད་ཀྱི་ཟིན་བྲིས་གསུང་རབ་ཀུན་གྱི་བཅུད་བསྡུས་གདམས་ངག་བདུད་རྩིའི་སྙིང་པོ་ཞེས་བྱ་བ་བཞུགས་སོ། །

སྤར་འདི་འབྲུམ་སྟེང་བཀྲ་ཤིས་ཆོས་གླིང་དུ་བཞུགས།

བོད་གཞིག སྤར་མ། དབུ་ཅན། ཡིག་ཕྲེང་དྲུག་ཅན། གླེགས་བམ། ཤོག་ཀྱུ། ཞེང་54.3cm×དཀྱུས་8.5cm སྣེ་ཐིག་ཀྱུ། ཞེང་48.3cm×དཀྱུས་5.6cm

菩提道次第广论实践笔录一切典籍要义教诲甘露

1函 扎西曲林刻本 乌金体 6行 梵夹装 开本：宽54.3cm×高8.5cm 版框：宽48.3cm×高5.6cm

540000-0000003

༄། །དཀོན་མཆོག་གསུམ་གྱི་ཡོན་ཏན་རྗེས་སུ་དྲན་པའི་ཚུལ་རྣམ་པར་བཤད་པ་ཐུབ་བསྟན་གསལ་བའི་སྒྲོན་མེ་ཞེས་བྱ་བ་བཞུགས་སོ།།

པོད་གཅིག སྤར་མ། དབུ་ཅན། ཡིག་ཕྲེང་དྲུག་ཅན། གླེགས་བམ། ཤོག་ཀྱུ། ཞེང་54.3cm×དཀྱུས་8.5cm སྙེ་ཤིག་ཀྱུ། ཞེང་48.3cm×དཀྱུས་5.6cm

三宝功德回忆明解 教法明灯

1函 刻本 乌金体 6行 梵夹装 开本：宽54.3cm×高8.5cm 版框：宽48.3cm×高5.6cm

540000-0000004

༄། །བྱང་ཆུབ་ལམ་གྱི་རིམ་པའི་དམར་ཁྲིད་ཐམས་ཅད་མཁྱེན་པར་འགྲོ་བའི་མྱུར་ལམ་ཞེས་བྱ་བ་བཞུགས་སོ།།

རྗེ་བཙུན་བླ་མ་རིན་པོ་ཆེ་ཆོས་ཀྱི་རྒྱལ་པོ་ཆེན་པོ་བློ་བཟང་འཇམ་དཔལ་ལྷུན་གྲུབ་རྒྱ་མཚོ་དཔལ་བཟང་པོས་སྦྱར།
སྤར་འདི་ཆུ་བཟང་རི་ཁྲོད་དུ་བཞུགས།

པོད་གཅིག སྤར་མ། དབུ་ཅན། ཡིག་ཕྲེང་བདུན་ཅན། གླེགས་བམ། ཤོག་ཀྱུ། ཞེང་54cm×དཀྱུས་8.2cm སྙེ་ཤིག་ཀྱུ། ཞེང་48.3cm×དཀྱུས་5.9cm

菩提道次第广论诠释速成佛之道

1函 曲桑日追刻本 乌金体 6-8行 梵夹装 开本：宽54cm×高8.2cm 版框：宽48.3cm×高5.9cm

540000-0000005

༄། །དཔལ་རྡོ་རྗེ་འཇིགས་བྱེད་ཆེན་པོའི་བསྐྱེད་རིམ་དངོས་གྲུབ་གཏེར་མཛོད་བཞུགས་སོ།།

པོད་གཅིག སྤར་མ། དབུ་ཅན། ཡིག་ཕྲེང་བདུན་ཅན། གླེགས་བམ། ཤོག་ཀྱུ། ཞེང་53.5cm×དཀྱུས་9.1cm སྙེ་ཤིག་ཀྱུ། ཞེང་45.3cm×དཀྱུས་6.5cm

大威德金刚生起第悉地宝藏

1函 刻本 乌金体 7行 梵夹装 开本：宽53.5cm×高9.1cm 版框：宽45.3cm×高6.5cm

540000-0000006

༄༅། །རྗེ་བཙུན་འཇམ་དཔལ་དབྱངས་ཀྱི་ལམ་གྱི་གནད་རྗེ་རེ་མདའ་པ་ལ་ཤོག་དྲིལ་དུ་ཕུལ་བ་བཞུགས་སོ།།

པོད་གཅིག སྤར་མ། དབུ་ཅན། ཡིག་ཕྲེང་དྲུག་ཅན། གླེགས་བམ། ཤོག་རྒྱ། ཞེང་56.5cm×དཀྱུས་10.2cm སྣེ་ཐིག་རྒྱ། ཞེང་49cm×དཀྱུས་6.2cm

至尊文殊之道难解呈上师仁达瓦之教授

1函 刻本 乌金体 6行 梵夹装 开本：宽56.5cm×高10.2cm 版框：宽49cm×高6.2cm

540000-0000007

༄༅། །སྲད་བརྒྱུད་ལུགས་ཀྱི་དགའ་ལྡན་འཕོ་ཁྲིད་བརྗེད་བྱང་མི་ཕམ་བླ་མའི་ཞལ་ལུང་ཞེས་བྱ་བ་བཞུགས་སོ།།

པོད་གཅིག སྤར་མ། དབུ་ཅན། ཡིག་ཕྲེང་དྲུག་ཅན། གླེགས་བམ། ཤོག་རྒྱ། ཞེང་53.1cm×དཀྱུས་8.2cm སྣེ་ཐིག་རྒྱ། ཞེང་47cm×དཀྱུས་6.5cm

赛派甘丹转灵与众不同弥孜玛密解

1函 刻本 乌金体 6行 梵夹装 开本：宽53.1cm×高8.2cm 版框：宽47cm×高6.5cm

540000-0000008

༄༅། །ཐབས་ཤེས་ཟུང་འབྲེལ་གྱི་རྣལ་འབྱོར་ཟབ་མོ་གཅོད་ཀྱི་མན་ངག་དང་ནམ་མཁའི་སྒོ་འབྱེད་ཀྱི་དབང་བཤད་ཟིན་ཐོར་བཀོད་པ་བཅས་བཞུགས་སོ།།

པོད་གཅིག སྤར་མ། དབུ་ཅན། ཡིག་ཕྲེང་དྲུག་ཅན། གླེགས་བམ། ཤོག་རྒྱ། ཞེང་56.7cm×དཀྱུས་9.9cm སྣེ་ཐིག་རྒྱ། ཞེང་49.4cm×དཀྱུས་6.2cm

方便智慧瑜伽甚深能断方法及开辟天界加持笔录

1函 刻本 乌金体 6行 梵夹装 开本：宽56.7cm×高9.9cm 版框：宽49.4cm×高6.2cm

540000-0000009

༄༅། །རྒྱལ་ཚབ་ཆོས་རྗེས་རྗེའི་དྲུང་དུ་གསན་པའི་ཚད་མའི་བརྗེད་བྱང་ཆེན་མོ་བཞུགས་སོ།།

བོད་གཅིག སྤར་མ། དབུ་ཅན། ཡིག་ཕྲེང་དྲུག་ཅན། གླེགས་བམ། ཤོག་གྲུ། ཞེང་55.9cm×དཀྱུས་10.2cm སྣེ་ཐིག་གྲུ། ཞེང་49.4cm×དཀྱུས་6.2cm

杰措曲杰在宗喀巴大师座前听受因明之详细备忘录

1函 刻本 乌金体 6行 梵夹装 开本：宽55.9cm×高10.2cm 版框：宽49.4cm×高6.2cm

540000-0000010

༄༅། །རྒྱལ་ཚབ་ཆོས་རྗེས་རྗེའི་དྲུང་དུ་གསན་པའི་ཤེས་རབ་ལེའུའི་ཟིན་བྲིས་བཞུགས་སོ།།

517 བོད་གཅིག སྤར་མ། དབུ་ཅན། ཡིག་ཕྲེང་དྲུག་ཅན། གླེགས་བམ། ཤོག་གྲུ། ཞེང་56.6cm×དཀྱུས་9.8cm སྣེ་ཐིག་གྲུ། ཞེང་49cm×དཀྱུས་6.5cm

杰措曲杰在宗喀巴大师座前听受菩提行经智慧品时笔录

1函 刻本 乌金体 6行 梵夹装 开本：宽56.6cm×高9.8cm 版框：宽49cm×高6.5cm

540000-0000011

༄༅། །སྤྱན་རས་གཟིགས་ཕྱག་བཞི་པ་བརྟེན་པའི་སྒྲུབ་ཐབས།།

བོད་གཅིག སྤར་མ། དབུ་ཅན། ཡིག་ཕྲེང་བདུན་ཅན། གླེགས་བམ། ཤོག་གྲུ། ཞེང་49.3cm×དཀྱུས་8.7cm སྣེ་ཐིག་གྲུ། ཞེང་42.7cm×དཀྱུས་6.7cm

依四臂观音菩萨的修法

1函 刻本 乌金体 7行 梵夹装 开本：宽49.3cm×高8.7cm 版框：宽42.7cm×高6.7cm

540000-0000012

༄། །གསུང་ཐོར་བུ།།

པོད་གཅིག གསེར་དངུལ་བྲིས་མ། དབུ་ཅན། ཡིག་ཕྲེང་བརྒྱད་ཅན། གླེགས་བམ། ཤོག་ཀྱུ། ཞེང་70.7cm×དཔངས་23.8cm སྣེ་ཐིག་ཀྱུ། ཞེང་60cm×དཔངས་14.2cm

散叶

1函 金银汁写本 乌金体 8行 梵夹装 开本：宽70.7cm×高23.8cm 版框：宽60cm×高14.2cm

540000-0000013

༄། །གསུང་ཐོར་བུ།།

པོད་གཅིག གསེར་དངུལ་བྲིས་མ། དབུ་ཅན། ཡིག་ཕྲེང་བདུན་ཅན། གླེགས་བམ། ཤོག་ཀྱུ། ཞེང་63.3cm×དཔངས་17.9cm སྣེ་ཐིག་ཀྱུ། ཞེང་55cm×དཔངས་9.8cm

散叶

1函 金银汁写本 乌金体 7行 梵夹装 开本：宽63.3cm×高17.9cm 版框：宽55cm×高9.8cm

540000-0000014

༄། །འཕགས་པ་ཤེས་རབ་ཀྱི་ཕ་རོལ་ཏུ་ཕྱིན་པ།།

པོད་གཅིག གསེར་དངུལ་བྲིས་མ། དབུ་ཅན། ཡིག་ཕྲེང་བརྒྱད་ཅན། གླེགས་བམ། ཤོག་ཀྱུ། ཞེང་70.9cm×དཔངས་27.7cm སྣེ་ཐིག་ཀྱུ། ཞེང་60.2cm×དཔངས་15.1cm

般若波罗蜜多经

k函 金银汁写本 乌金体 8行 梵夹装 开本：宽70.9cm×高27.7cm 版框：宽60.2cm×高15.1cm

540000-0000015

༄། །གསུང་ཐོར་བུ།

བོད་གཅིག གསེར་དངུལ་བྲིས་མ། དབུ་ཅན། ཡིག་ཕྲེང་ལྔ་ཅན། གླེགས་བམ། ཤོག་ཀྱུ། ཞེང་31.9cm×དཀྱུས་10cm སྣེ་ཐིག་ཀྱུ། ཞེང་16.3cm×དཀྱུས་6.1cm

散叶

1函 金银汁写本 乌金体 5行 梵夹装 开本：宽31.9cm×高10cm 版框：宽16.3cm×高6.1cm

540000-0000016

༄། །དབྱངས་ཡིག།

བོད་གཅིག བྲིས་མ། དབུ་ཅན། ཡིག་ཕྲེང་གཉིས་ཅན། གླེགས་བམ། ཤོག་ཀྱུ། ཞེང་52.3cm×དཀྱུས་9cm སྣེ་ཐིག་ཀྱུ། ཞེང་49.5cm×དཀྱུས་5.8cm

佛教乐谱

1函 写本 乌金体 2行 梵夹装 开本：宽52.3cm×高9cm 版框：宽49.5cm×高5.8cm

540000-0000017

༄། །དབྱངས་ཡིག།

བོད་གཅིག བྲིས་མ། དབུ་ཅན། ཡིག་ཕྲེང་བཞི་ཅན། གླེགས་བམ། ཤོག་ཀྱུ། ཞེང་51.3cm×དཀྱུས་10.3cm སྣེ་ཐིག་ཀྱུ། ཞེང་49.5cm×དཀྱུས་5.8cm

佛教乐谱

1函 写本 乌金体 4行 梵夹装 开本：宽51.3cm×高10.3cm 版框：宽49.5cm×高5.8cm

540000-0000000

༄། །གཏོར་ཆོག །

བོད་གཅིག བྲིས་མ། དབུ་ཅན། ཤོག་ངེད་དྲུག་ཅན། གློགས་བམ། ཤོག་གྲྭ། ཞེང་55.7cm×དཀྱུས་9.6cm སྐོ་ཐིག་གྲྭ། ཞེང་49.2cm×དཀྱུས་4.7cm

佛教朵玛仪轨

1函 写本 乌金体 6行 梵夹装 开本：宽55.7cm×高9.6cm 版框：宽49.2cm×高4.7cm

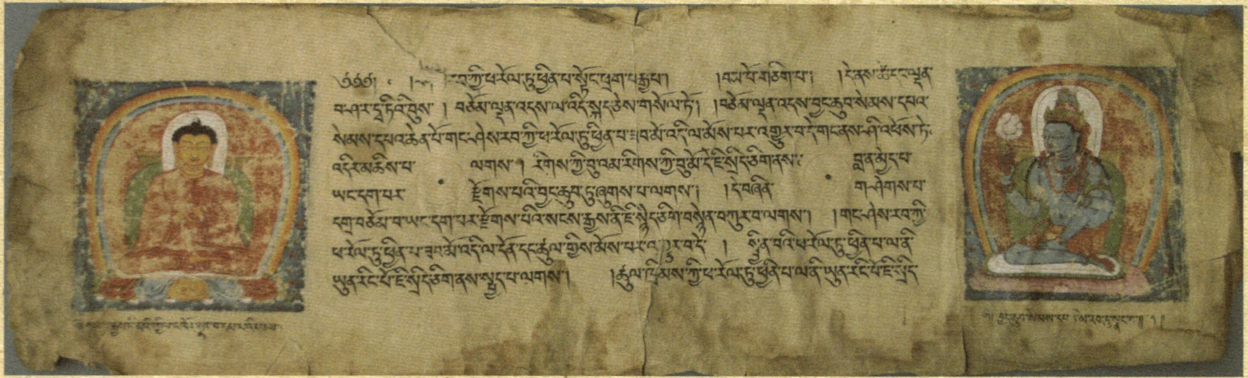

དུས་རབས་13པའི་གསུང་རབ་བྲིས་མ།

13世纪写本文献

ལྷོ་ཁ་ས་ཁུལ་སྣ་གདོང་རྫོང་ཟབ་དམར་ཀེ་རུ་ལྷ་ཁང་།

山南地区乃东县吉茹拉康

540000-0000001

༄། །འཕགས་པ་ཤེས་རབ་ཀྱི་ཕ་རོལ་ཏུ་ཕྱིན་པ་སྟོང་ཕྲག་བརྒྱ་པ།། པོད་ཏ་པ།

པོད་གཅིག བྲིས་མ། དབུ་ཅན། ཡིག་ཕྲེང་བདུན་ཅན། གླེགས་བམ། ཤོག་རྒྱ། ཞེང་67cm×དཀྱུས་19cm སྣེ་ཐིག་རྒྱ། ཞེང་56cm×དཀྱུས་10cm

般若波罗蜜多经十万颂

t函 写本 乌金体 7行 梵夹装 开本：宽67cm×高19cm 版框：宽56cm×高10cm

540000-0000002

༄། །འཕགས་པ་ཤེས་རབ་ཀྱི་ཕ་རོལ་ཏུ་ཕྱིན་པ་ཁྲི་བརྒྱད་སྟོང་པ།།

པོད་གཅིག བྲིས་མ། དབུ་ཅན་དང་དཔེ་ཚུགས། ཡིག་ཕྲེང་དྲུག་ནས་བདུན་ཅན། གླེགས་བམ། ཤོག་རྒྱ། ཞེང་58cm×དཀྱུས་12.2cm སྣེ་ཐིག་རྒྱ། ཞེང་53.6cm×དཀྱུས་7.6cm

大般若波罗蜜多经第三会

1函 写本 乌金体和柏簇体 6-7行 梵夹装 开本：宽58cm×高12.2cm 版框：宽53.6cm×高7.6cm

540000-0000003

༄། །འཕགས་པ་དཀོན་མཆོག་བརྩེགས་པའི་མདོ།།

པོད་གཅིག བྲིས་མ། དབུ་ཅན་དང་དཔེ་ཚུགས། ཡིག་ཕྲེང་དྲུག་ནས་དགུ་ཅན། གླེགས་བམ། ཤོག་རྒྱ། ཞེང་64.7cm×དཀྱུས་13cm སྣེ་ཐིག་རྒྱ། ཞེང་58cm×དཀྱུས་8.5cm

大乘宝积经

1函 写本 乌金体和柏簇体 6-9行 梵夹装 开本：宽64.7cm×高13cm 版框：宽58cm×高8.5cm

540000-0000004

༄། །དམ་པའི་ཆོས་པད་མ་དཀར་པོ།།

བོད་གཅིག ཁྲིས་མ། དབུ་ཅན་དང་དཔེ་ཚུགས། ཡིག་ཕྲེང་བདུན་ཅན། གླེགས་བམ། ཤོག་ཀྱ། ཞེང་48.6cm×དཀྱུས་12.1cm སྙེ་ཤིག་ཀྱ། ཞེང་41.3cm×དཀྱུས་5.7cm

妙法莲花经

1函 写本 乌金体和柏簇体 7行 梵夹装 开本：宽48.6cm×高12.1cm 版框：宽41.3cm×高5.7cm

540000-0000005

༄། །བཻཌཱུར་དཀར་པོ།།

བོད་གཅིག ཁྲིས་མ། དབུ་ཅན། ཡིག་ཕྲེང་དྲུག་ནས་བདུན་ཅན། གླེགས་བམ། ཤོག་ཀྱ། ཞེང་58.4cm×དཀྱུས་9.7cm སྙེ་ཤིག་ཀྱ། ཞེང་52cm×དཀྱུས་6.7cm

白琉璃宝鉴

1函 写本 乌金体 6-7行 梵夹装 开本：宽67.8cm×高18.5cm 版框：宽55.3cm×高11.4cm

540000-0000006

༄། །འཕགས་པ་ཤེས་རབ་ཀྱི་ཕ་རོལ་ཏུ་ཕྱིན་པ་སྟོང་ཕྲག་ཉེར་ལྔ་པ།།

བོད་གཅིག ཁྲིས་མ། དབུ་ཅན། ཡིག་ཕྲེང་བརྒྱད་ཅན། གླེགས་བམ། ཤོག་ཀྱ། ཞེང་71.4cm×དཀྱུས་25.5cm སྙེ་ཤིག་ཀྱ། ཞེང་59cm×དཀྱུས་12.4cm

般若波罗蜜多经两万五千颂

1函 写本 乌金体 8行 梵夹装 开本：宽71.4cm×高25.5cm 版框：宽59cm×高12.4cm

540000-0000007

༄༅། །འཕགས་པ་ཤེས་རབ་ཀྱི་ཕ་རོལ་ཏུ་ཕྱིན་པ་སྟོང་ཕྲག་བརྒྱ་པ།།

པོད་གཅིག བྲིས་མ། དབུ་ཅན། ཡིག་ཕྲེང་བརྒྱད་ཅན། གླེགས་བམ། ཤོག་ཀྱུ། ཞེང་75.6cm×དཀྱུས་26.3cm སྣེ་ཐིག་ཀྱུ། ཞེང་64.1cm×དཀྱུས་11.2cm

般若波罗蜜多十万颂

1函 写本 乌金体 8行 梵夹装 开本：宽75.6cm×高26.3cm 版框：宽64.1cm×高11.2cm

540000-0000008

༄༅། །འཕགས་པ་ཤེས་རབ་ཀྱི་ཕ་རོལ་ཏུ་ཕྱིན་པ་སྟོང་ཕྲག་ལྔ་པ།།

པོད་གཅིག བྲིས་མ། དཔེ་ཚུགས། ཡིག་ཕྲེང་བདུན་ནས་བཅུ་གཉིས་ཅན། གླེགས་བམ། ཤོག་ཀྱུ། ཞེང་59.9cm×དཀྱུས་15.3cm སྣེ་ཐིག་ཀྱུ། ཞེང་54.8cm×དཀྱུས་9cm

般若波罗蜜多五千颂

1函 写本 柏簇体 7-12行 梵夹装 开本：宽59.9cm×高15.3cm 版框：宽54.8cm×高9cm

540000-0000009

༄༅། །འཕགས་པ་དཀོན་མཆོག་བརྩེགས་པ་ཆེན་པོའི་མདོ།། པོད་ང་པ།

པོད་གཅིག བྲིས་མ། དབུ་ཅན། ཡིག་ཕྲེང་བརྒྱད་ཅན། གླེགས་བམ། ཤོག་ཀྱུ། ཞེང་64.5cm×དཀྱུས་17cm སྣེ་ཐིག་ཀྱུ། ཞེང་57.5cm×དཀྱུས་6.3cm

大乘宝积经论

ng函 写本 乌金体 8行 梵夹装 开本：宽64.5cm×高17cm 版框：宽57.5cm×高6.3cm

540000-0000010

༄། །འཕགས་པ་ཤེས་རབ་ཀྱི་ཕ་རོལ་ཏུ་ཕྱིན་པ་ཁྲི་བརྒྱད་སྟོང་པ།། པོད་ཀ་པ།

པོད་གཅིག བྲིས་མ། དབུ་ཅན་དང་དཔེ་ཚུགས། ཡིག་ཕྲེང་བདུན་ཅན། གླེགས་བམ། ཤོག་གྲྭ། ཞེང་59cm×དཀྱུས་14.2cm སྙེ་ཐིག་གྲྭ། ཞེང་53.3cm×དཀྱུས་11cm

大般若波罗蜜多经第三会

k函 写本 乌金体和柏簇体 7-11行 梵夹装 开本：宽59cm×高14.2cm 版框：宽53.3cm×高11cm

540000-0000011

༄། །འཕགས་པ་ཤེས་རབ་ཀྱི་ཕ་རོལ་ཏུ་ཕྱིན་པ་ཁྲི་བརྒྱད་སྟོང་པ།། པོད་ཁ་པ།

 པོད་གཅིག བྲིས་མ། དབུ་ཅན། ཡིག་ཕྲེང་བདུན་ཅན། གླེགས་བམ། ཤོག་གྲྭ། ཞེང་63.7cm×དཀྱུས་11.1cm སྙེ་ཐིག་གྲྭ། ཞེང་59.1cm×དཀྱུས་6.3cm

大般若波罗蜜多经第三会

kh函 写本 乌金体 7行 梵夹装 开本：宽63.7cm×高11.1cm 版框：宽59.1cm×高6.3cm

540000-0000012

༄། །འཕགས་པ་དཀོན་མཆོག་བརྩེགས་པ་ཆེན་པོའི་མདོ།། པོད་ང་པ།

པོད་གཅིག བྲིས་མ། དབུ་ཅན་དང་དཔེ་ཚུགས། ཡིག་ཕྲེང་བདུན་ནས་དགུ་ཅན། གླེགས་བམ། ཤོག་གྲྭ། ཞེང་64.4cm×དཀྱུས་12.9cm སྙེ་ཐིག་གྲྭ། ཞེང་58.3cm×དཀྱུས་6.7cm

大乘宝积经论

ng函 写本 乌金体和柏簇体 7-9行 梵夹装 开本：宽64.4cm×高12.9cm 版框：宽58.3cm×高6.7cm

540000-0000013

༄། །འཕགས་མ་འོད་ཟེར་ཅན་ཞེས་བྱ་བའི་གཟུངས། །

པོད་གཅིག བྲིས་མ། དབུ་ཅན། ཡིག་ཕྲེང་དྲུག་ཅན། གླེགས་བམ། ཤོག་རྒྱ། ཞེང་64.7cm×དཀྱུས་13cm སྙེ་ཤིག་རྒྱ། ཞེང་58cm×དཀྱུས་8.5cm

圣读诵摩利支天陀罗尼经

1函 写本 乌金体 6行 梵夹装 开本：宽64.7cm×高13cm 版框：宽58cm×高8.5cm

540000-0000014

༄། །ཤེས་རབ་ཀྱི་ཕ་རོལ་ཏུ་ཕྱིན་པ་སྟོང་ཕྲག་ཉི་ཤུ་ལྔ་པ། ། པོད་ག་པ།

པོད་གཅིག བྲིས་མ། དབུ་ཅན། ཡིག་ཕྲེང་བརྒྱད་ཅན། གླེགས་བམ། ཤོག་རྒྱ། ཞེང་67cm×དཀྱུས་17.2cm སྙེ་ཤིག་རྒྱ། ཞེང་60.5cm×དཀྱུས་11cm

般若波罗蜜多经两万五千颂

g函 写本 乌金体 8行 梵夹装 开本：宽67cm×高17.2cm 版框：宽60.5cm×高11cm

540000-0000015

༄། །འཕགས་པ་དཀོན་མཆོག་བརྩེགས་པ་ཞེས་པའི་མདོ། ། པོད་ག་པ།

རྒྱ་གར་གྱི་མཁན་པོ་ཛི་ལེན་དྲ་བོ་དྷི་དང་ཛཱི་ན་མི་ཏྲ་དང་། ཞུ་ཆེན་གྱི་ལོ་ཙྪ་བ་བན་དེ་ཡེ་ཤེས་སྡེས་བསྒྱུར་ཅིང་ཞུས་ཏེ་གཏན་ལ་ཕབ་པ།

པོད་གཅིག བྲིས་མ། དབུ་ཅན། ཡིག་ཕྲེང་དྲུག་ཅན། གླེགས་བམ། ཤོག་རྒྱ། ཞེང་64.7cm×དཀྱུས་16.3cm སྙེ་ཤིག་རྒྱ། ཞེང་57.1cm×དཀྱུས་8.3cm

大乘宝积经论

g函 写本 乌金体 6行 梵夹装 开本：宽64.7cm×高16.3cm 版框：宽57.1cm×高8.3cm

540000-0000016

༄། །འཕགས་པ་ཡངས་པའི་གྲོང་ཁྱེར་དུ་འཇུག་པའི་མདོ།།　བོད་ན་པ

བོད་གཅིག　ཁྲིས་མ། དབུ་ཅན། ཡིག་ཕྲེང་བདུན་ཅན། གླེགས་བམ།　ཤོག་གྲུ། ཞེང་60cm×དཀྱུས་16cm སྣེ་ཐིག་གྲུ། ཞེང་51.3cm×དཀྱུས་12cm

圣菩萨入羊尖城经

n函 写本 乌金体 7行 梵夹装　开本：宽60cm×高16cm 版框：宽51.3cm×高12cm

540000-0000017

༄། །འཕགས་པ་ཤེས་རབ་ཀྱི་ཕ་རོལ་ཏུ་ཕྱིན་པ་སྟོང་ཕྲག་བརྒྱ་པ།།　བོད་ན་པ

བོད་གཅིག　ཁྲིས་མ། དབུ་ཅན། ཡིག་ཕྲེང་བདུན་ཅན། གླེགས་བམ།　ཤོག་གྲུ། ཞེང་65.5cm×དཀྱུས་19.8cm སྣེ་ཐིག་གྲུ། ཞེང་56.8cm×དཀྱུས་9.8cm

般若波罗蜜多经十万颂

n函 写本 乌金体 7行 梵夹装　开本：宽65.5cm×高19.8cm 版框：宽56.8cm×高9.8cm

540000-0000018

༄། །འཕགས་པ་རྣམ་པར་འཕྲུལ་པའི་རྒྱལ་པོས་ཞུས་པ་ཞེས་བྱ་བ་ཐེག་པ་ཆེན་པོའི་མདོ།།　བོད་བ་པ

བོད་གཅིག　ཁྲིས་མ། དབུ་ཅན། ཡིག་ཕྲེང་བདུན་ཅན། གླེགས་བམ།　ཤོག་གྲུ། ཞེང་64.5cm×དཀྱུས་18.3cm སྣེ་ཐིག་གྲུ། ཞེང་45cm×དཀྱུས་12.5cm

圣自在王菩萨经

b函 写本 乌金体 7行 梵夹装　开本：宽64.5cm×高18.3cm 版框：宽45cm×高12.5cm

540000-0000019

༄། །འཕགས་པ་ཤེས་རབ་ཀྱི་ཕ་རོལ་ཏུ་ཕྱིན་པ་སྟོང་ཕྲག་བརྒྱ་པ། ། པོད་ཏ་པ།

པོད་གཅིག བྲིས་མ། དབུ་ཅན། ཡིག་ཕྲེང་བདུན་ཅན། གླེགས་བམ། ཤོག་རྒྱ། ཞེང་66.8cm×དཀྱུས་17.5cm སྣེ་ཐིག་རྒྱ། ཞེང་57.6cm×དཀྱུས་8.7cm

般若波罗蜜多经十万颂

t函 写本 乌金体 7行 梵夹装 开本：宽66.8cm×高17.5cm 版框：宽57.6cm×高8.7cm

540000-0000020

༄། །འཕགས་པ་ཤེས་རབ་ཀྱི་ཕ་རོལ་ཏུ་ཕྱིན་པ་སྟོང་ཕྲག་ཉི་ཤུ་ལྔ་པ། ། པོད་ག་པ།

527 པོད་གཅིག བྲིས་མ། དབུ་ཅན། ཡིག་ཕྲེང་དྲུག་ཅན། གླེགས་བམ། ཤོག་རྒྱ། ཞེང་69cm×དཀྱུས་21cm སྣེ་ཐིག་རྒྱ། ཞེང་56.7cm×དཀྱུས་9.8cm

般若波罗蜜多经两万五千颂

g函 写本 乌金体 6行 梵夹装 开本：宽69cm×高21cm 版框：宽56.7cm×高9.8cm

540000-0000021

༄། །འཕགས་པ་ཤེས་རབ་ཀྱི་ཕ་རོལ་ཏུ་ཕྱིན་པ་སྟོང་ཕྲག་བརྒྱ་པ། ། པོད་ཆ་པ།

པོད་གཅིག བྲིས་མ། དབུ་ཅན། ཡིག་ཕྲེང་བདུན་ཅན། གླེགས་བམ། ཤོག་རྒྱ། ཞེང་69.9cm×དཀྱུས་19.9cm སྣེ་ཐིག་རྒྱ། ཞེང་59.7cm×དཀྱུས་9.3cm

般若波罗蜜多经十万颂

ch函 写本 乌金体 7行 梵夹装 开本：宽69.9cm×高19.9cm 版框：宽59.7cm×高9.3cm

540000-0000022

༄། །ཤིན་ཏུ་རྒྱས་པ་ཆེན་པའི་མདོ་སངས་རྒྱས་ཕལ་པོ་ཆེ་ཞེས་བྱ་བ་བཞུགས་སོ། །པོད་ག་པ།

པོད་གཅིག བྲིས་མ། དབུ་ཅན། ཡིག་ཕྲེང་དྲུག་ཅན། གླེགས་བམ། ཤོག་རྒྱ། ཞེང་64cm×དཀྱུས་17.4cm སྣེ་ཐིག་རྒྱ། ཞེང་53cm×དཀྱུས་8.7cm

大方广佛华严经八十华严

g函 写本 乌金体 6行 梵夹装 开本：宽64cm×高17.4cm 版框：宽53cm×高8.7cm

540000-0000023

༄། །འཕགས་པ་ཤེས་རབ་ཀྱི་ཕ་རོལ་ཏུ་ཕྱིན་པ་སྟོང་ཕྲག་བརྒྱ་པ། །པོད་ཉ་པ།

པོད་གཅིག བྲིས་མ། དབུ་ཅན། ཡིག་ཕྲེང་བདུན་ཅན། གླེགས་བམ། ཤོག་རྒྱ། ཞེང་68.6cm×དཀྱུས་18.7cm སྣེ་ཐིག་རྒྱ། ཞེང་57.7cm×དཀྱུས་11cm

般若波罗蜜多经十万颂

ny函 写本 乌金体 7行 梵夹装 开本：宽68.6cm×高18.7cm 版框：宽57.7cm×高11cm

540000-0000024

༄། །འཕགས་པ་ཤེས་རབ་ཀྱི་ཕ་རོལ་ཏུ་ཕྱིན་པ་སྟོང་ཕྲག་བརྒྱ་པ། །པོད་ཁ་པ།

པོད་གཅིག བྲིས་མ། དབུ་ཅན། ཡིག་ཕྲེང་བརྒྱད་ཅན། གླེགས་བམ། ཤོག་རྒྱ། ཞེང་64.6cm×དཀྱུས་23.7cm སྣེ་ཐིག་རྒྱ། ཞེང་59.8cm×དཀྱུས་9.8cm

般若波罗蜜多经十万颂

kh函 写本 乌金体 8行 梵夹装 开本：宽64.6cm×高23.7cm 版框：宽59.8cm×高9.8cm

540000-0000025

༄༅། །འཕགས་པ་ཤེས་རབ་ཀྱི་ཕ་རོལ་ཏུ་ཕྱིན་པ་སྟོང་ཕྲག་བརྒྱ་པ། ། པོད་ག་པ།

པོད་གཅིག ཕྲིས་མ། དབུ་ཅན། ཡིག་ཕྲེང་བདུན་ཅན། གླེགས་བམ། ཤོག་གྲུ། ཞེང་72.9cm×དཀྱུས་25.9cm སྣེ་ཤིག་གྲུ། ཞེང་62.2cm×དཀྱུས་7.2cm

般若波罗蜜多经十万颂

g函 写本 乌金体 7行 梵夹装 开本：宽72.9cm×高25.9cm 版框：宽62.2cm×高7.2cm

540000-0000026

༄༅། །འཕགས་པ་ཤེས་རབ་ཀྱི་ཕ་རོལ་ཏུ་ཕྱིན་པ་སྟོང་ཕྲག་བརྒྱ་པ། ། པོད་ག་པ།

པོད་གཅིག ཕྲིས་མ། དབུ་ཅན། ཡིག་ཕྲེང་བཅུ་ཅན། གླེགས་བམ། ཤོག་གྲུ། ཞེང་67cm×དཀྱུས་21.2cm སྣེ་ཤིག་གྲུ། ཞེང་59cm×དཀྱུས་14cm

般若波罗蜜多经十万颂

g函 写本 乌金体 10行 梵夹装 开本：宽67cm×高21.2cm 版框：宽59cm×高14cm

540000-0000027

༄༅། །མདོ། པོད་ཀ་པ།

པོད་གཅིག ཕྲིས་མ། དབུ་ཅན། ཡིག་ཕྲེང་བདུན་ཅན། གླེགས་བམ། ཤོག་གྲུ། ཞེང་69.6cm×དཀྱུས་19cm སྣེ་ཤིག་གྲུ། ཞེང་63.7cm×དཀྱུས་13.1cm

经部

k函 写本 乌金体 6-8行 梵夹装 开本：宽69.6cm×高19cm 版框：宽63.7cm×高13.1cm

540000-0000028

༄། །འཕགས་པ་ཤེས་རབ་ཀྱི་ཕ་རོལ་ཏུ་ཕྱིན་པ་སྟོང་ཕྲག་ཉི་ཤུ་ལྔ་པ། །པོད་ག་པ།

པོད་གཅིག བྲིས་མ། དབུ་ཅན། ཡིག་ཕྲེང་བདུན་ཅན། གླེགས་བམ། ཤོག་གྲུ། ཞེང་69.3cm×དཀྱུས་20cm སྣེ་ཐིག་གྲུ། ཞེང་58.2cm×དཀྱུས་12cm

般若波罗蜜多经两万五千颂

g函 写本 乌金体 7行 梵夹装 开本：宽69.3cm×高20cm 版框：宽58.2cm×高12cm

540000-0000029

༄། །གསུང་ཐོར་བུ།

པོད་གཅིག བྲིས་མ། དབུ་ཅན། ཡིག་ཕྲེང་བདུན་ཅན། གླེགས་བམ། ཤོག་གྲུ། ཞེང་69.3cm×དཀྱུས་20.4cm སྣེ་ཐིག་གྲུ། ཞེང་57.1cm×དཀྱུས་9.3cm

杂部

1函 写本 乌金体 7行 梵夹装 开本：宽69.3cm×高20.4cm 版框：宽57.1cm×高9.3cm

540000-0000030

༄། །འཕགས་པ་ཤེས་རབ་ཀྱི་ཕ་རོལ་ཏུ་ཕྱིན་པ་སྟོང་ཕྲག་བརྒྱ་པ། །པོད་ཉ་པ།

པོད་གཅིག བྲིས་མ། དབུ་ཅན། ཡིག་ཕྲེང་དགུ་ཅན། གླེགས་བམ། ཤོག་གྲུ། ཞེང་69.1cm×དཀྱུས་23.5cm སྣེ་ཐིག་གྲུ། ཞེང་64cm×དཀྱུས་13.5cm

般若波罗蜜多十万颂

ny函 写本 乌金体 9行 梵夹装 开本：宽69.1cm×高23.5cm 版框：宽64cm×高13.5cm

540000-0000031

༄། །འཕགས་པ་ཤེས་རབ་ཀྱི་ཕ་རོལ་ཏུ་ཕྱིན་པ་སྟོང་ཕྲག་བརྒྱ་པ། ། པོད་ཐ་པ།

པོད་གཅིག བྲིས་མ། དབུ་ཅན། ཡིག་ཕྲེང་བརྒྱད་ཅན། གླེགས་བམ། ཤོག་ཀྱུ། ཞེང་75cm×དཀྱུས་22.5cm སྙེ་ཐིག་ཀྱུ། ཞེང་57cm×དཀྱུས་13cm

般若波罗蜜多经十万颂

th函 写本 乌金体 8行 梵夹装 开本：宽75cm×高22.5cm 版框：宽57cm×高13cm

540000-0000032

༄། །འཕགས་པ་བཅོམ་ལྡན་འདས་ཀྱི་ཡེ་ཤེས་རྒྱས་པའི་མདོ། ། པོད་ཇ་པ།

པོད་གཅིག བྲིས་མ། དབུ་ཅན། ཡིག་ཕྲེང་བརྒྱད་ཅན། གླེགས་བམ། ཤོག་ཀྱུ། ཞེང་72.4cm×དཀྱུས་21.5cm སྙེ་ཐིག་ཀྱུ། ཞེང་61.3cm×དཀྱུས་10.1cm

释迦牟尼盛智慧经

j函 写本 乌金体 8行 梵夹装 开本：宽72.4cm×高21.5cm 版框：宽61.3cm×高10.1cm

540000-0000033

༄། །འཕགས་པ་ཤེས་རབ་ཀྱི་ཕ་རོལ་ཏུ་ཕྱིན་པ་སྟོང་ཕྲག་བརྒྱ་པ། ། པོད་ཕ་པ།

པོད་གཅིག བྲིས་མ། དབུ་ཅན། ཡིག་ཕྲེང་བརྒྱད་ཅན། གླེགས་བམ། ཤོག་ཀྱུ། ཞེང་67.8cm×དཀྱུས་23cm སྙེ་ཐིག་ཀྱུ། ཞེང་57.6cm×དཀྱུས་12.8cm

般若波罗蜜多经十万颂

ph函 写本 乌金体 8行 梵夹装 开本：宽67.8cm×高23cm 版框：宽57.6cm×高12.8cm

540000-0000034

༄། །མདོ།

བོད་གཅིག ཐྲིས་མ། དབུ་ཅན། ཡིག་ཕྲེང་བརྒྱད་ཅན། གླེགས་བམ། ཤོག་གྲངས། ཞེང་62.2cm×དཀྱུས་23cm སྣེ་ཐིག་གྲངས། ཞེང་53cm×དཀྱུས་12.2cm

经部

1函 写本 乌金体 8行 梵夹装 开本：宽62.2cm×高23cm 版框：宽53cm×高12.2cm

540000-0000035

༄། །འཕགས་པ་ཤེས་རབ་ཀྱི་ཕ་རོལ་ཏུ་ཕྱིན་པ་སྟོང་ཕྲག་བརྒྱ་པ། །

བོད་གཅིག ཐྲིས་མ། དབུ་ཅན། ཡིག་ཕྲེང་བདུན་ཅན། གླེགས་བམ། ཤོག་གྲངས། ཞེང་65cm×དཀྱུས་18cm སྣེ་ཐིག་གྲངས། ཞེང་55.5cm×དཀྱུས་10cm

般若波罗蜜多经十万颂

1函 写本 乌金体 7行 梵夹装 开本：宽65cm×高18cm 版框：宽55.5cm×高10cm

540000-0000036

༄། །འཕགས་པ་ཤིན་ཏུ་རྒྱས་པ་ཆེན་པོའི་སྡེ་ཉི་མའི་སྙིང་པོ་ཞེས་བྱ་བའི་མདོ། ། བོད་ང་པ

བོད་གཅིག ཐྲིས་མ། དབུ་ཅན། ཡིག་ཕྲེང་དགུ་ཅན། གླེགས་བམ། ཤོག་གྲངས། ཞེང་64.3cm×དཀྱུས་17.4cm སྣེ་ཐིག་གྲངས། ཞེང་58cm×དཀྱུས་11cm

大乘大方等日藏经

ny函 写本 乌金体 9行 梵夹装 开本：宽64.3cm×高17.4cm 版框：宽58cm×高11cm

540000-0000037

༄། །འཕགས་པ་ཤེས་རབ་ཀྱི་ཕ་རོལ་ཏུ་ཕྱིན་པ་སྟོང་ཕྲག་བརྒྱ་པ།   བོད་ཁ་པ།

བོད་གཅིག བྲིས་མ། དབུ་ཅན། ཡིག་ཕྲེང་བརྒྱད་ཅན། གླེགས་བམ། ཤོག་གྱི། ཞེང་69cm×དཀྱུས་23cm སྣེ་ཤིག་གྱི། ཞེང་58cm×དཀྱུས་12.5cm

般若波罗蜜多经十万颂

kh函 写本 乌金体 8行 梵夹装 开本：宽69cm×高23cm 版框：宽58cm×高12.5cm

540000-0000038

༄། །ཤིན་ཏུ་རྒྱས་པ་ཆེན་པོའི་མདོ་ལས་སངས་རྒྱས་ཕལ་པོ་ཆེ་ཞེས་བྱ་བ་བཞུགས་སོ།། བོད་ཁ་པ།

533 བོད་གཅིག བྲིས་མ། དབུ་ཅན། ཡིག་ཕྲེང་བདུན་ཅན། གླེགས་བམ། ཤོག་གྱི། ཞེང་70cm×དཀྱུས་13.7cm སྣེ་ཤིག་གྱི། ཞེང་62cm×དཀྱུས་11.8cm

大方广佛华严经八十华严

kh函 写本 乌金体 7行 梵夹装 开本：宽70cm×高13.7cm 版框：宽62cm×高11.8cm

540000-0000039

༄། །འཕགས་པ་ཤེས་རབ་ཀྱི་ཕ་རོལ་ཏུ་ཕྱིན་པ་སྟོང་ཕྲག་བརྒྱ་པ།   བོད་ཕ་པ།

བོད་གཅིག བྲིས་མ། དབུ་ཅན། ཡིག་ཕྲེང་བརྒྱད་ཅན། གླེགས་བམ། ཤོག་གྱི། ཞེང་68.3cm×དཀྱུས་19.9cm སྣེ་ཤིག་གྱི། ཞེང་57.5cm×དཀྱུས་10.8cm

般若波罗蜜多经十万颂

ph函 写本 乌金体 8行 梵夹装 开本：宽68.3cm×高19.9cm 版框：宽57.5cm×高10.8cm

540000-0000040

༄། །འཕགས་པ་ཤེས་རབ་ཀྱི་ཕ་རོལ་ཏུ་ཕྱིན་པ་སྟོང་ཕྲག་བརྒྱ་པ།།

པོད་གཅིག ཤྲིས་མ། དབུ་ཅན། ཡིག་ཕྲེང་བརྒྱད་ཅན། གླེགས་བམ། ཤོག་རྒྱ། ཞེང་69.7cm×དཀྱུས་19.6cm སྣེ་ཐིག་རྒྱ། ཞེང་59.5cm×དཀྱུས་10.1cm

般若波罗蜜多经十万颂

1函 写本 乌金体 8行 梵夹装 开本：宽69.7cm×高19.6cm 版框：宽59.5cm×高10.1cm

540000-0000041

༄། །འཕགས་པ་ཤེས་རབ་ཀྱི་ཕ་རོལ་ཏུ་ཕྱིན་པ་སྟོང་ཕྲག་བརྒྱ་པ།། པོད་ཉ་པ།

པོད་གཅིག ཤྲིས་མ། དབུ་ཅན། ཡིག་ཕྲེང་བདུན་ཅན། གླེགས་བམ། ཤོག་རྒྱ། ཞེང་71cm×དཀྱུས་21cm སྣེ་ཐིག་རྒྱ། ཞེང་59.7cm×དཀྱུས་12.6cm

般若波罗蜜多十万颂

ny函 写本 乌金体 6-8行 梵夹装 开本：宽71cm×高21cm 版框：宽59.7cm×高12.6cm

540000-0000042

༄། །འཕགས་པ་ཤེས་རབ་ཀྱི་ཕ་རོལ་ཏུ་ཕྱིན་པ་སྟོང་ཕྲག་བརྒྱ་པ།། པོད་ན་པ།

པོད་གཅིག ཤྲིས་མ། དབུ་ཅན། ཡིག་ཕྲེང་བདུན་ཅན། གླེགས་བམ། ཤོག་རྒྱ། ཞེང་69.9cm×དཀྱུས་18.3cm སྣེ་ཐིག་རྒྱ། ཞེང་61.3cm×དཀྱུས་14cm

般若波罗蜜多经十万颂

n函 写本 乌金体 8行 梵夹装 开本：宽69.9cm×高18.3cm 版框：宽61.3cm×高14cm

540000-0000043

༄། །ཨོ་རྒྱན་གུ་རུ་པདྨ་འབྱུང་གནས་ཀྱི་སྐྱེས་རབས་རྣམ་པར་ཐར་པ་རྒྱས་པར་བཀོད་པ་པདྨ་བཀའི་ཐང་ཡིག་ཅེས་བྱ་བ་བཞུགས་སོ། །

པོད་གཅིག གསེར་བྲིས་མ་དང་སྣག་ཚ་བྲིས་མ། དབུ་ཅན་དང་དཔེ་ཚུགས། ཡིག་ཕྲེང་བདུན་ཅན། གླེགས་བམ། ཤོག་ཀྱུ། ཞེང་66cm×དཀྱུས་14cm སྣེ་ཤིག་ཀྱུ། ཞེང་59cm×དཀྱུས་9cm

莲花生传

1函 金汁写本和墨汁写本 乌金体和柏簇体 6-8行 梵夹装 开本：宽66cm×高14cm 版框：宽59cm×高9cm

540000-0000044

༄། །འཕགས་པ་ཤེས་རབ་ཀྱི་ཕ་རོལ་ཏུ་ཕྱིན་པ་སྟོང་ཕྲག་བརྒྱ་པ། ། པོད་ཅ་པ།

པོད་གཅིག བྲིས་མ། དབུ་ཅན། ཡིག་ཕྲེང་བདུན་ཅན། གླེགས་བམ། ཤོག་ཀྱུ། ཞེང་67cm×དཀྱུས་21cm སྣེ་ཤིག་ཀྱུ། ཞེང་58cm×དཀྱུས་11cm

般若波罗蜜多经十万颂

c函 写本 乌金体 7行 梵夹装 开本：宽67cm×高21cm 版框：宽58cm×高11cm

540000-0000045

༄། །འཕགས་པ་ཤེས་རབ་ཀྱི་ཕ་རོལ་ཏུ་ཕྱིན་པ་སྟོང་ཕྲག་བརྒྱ་པ། ། པོད་ཆ་པ།

པོད་གཅིག བྲིས་མ། དབུ་ཅན། ཡིག་ཕྲེང་བདུན་ཅན། གླེགས་བམ། ཤོག་ཀྱུ། ཞེང་70.2cm×དཀྱུས་23.1cm སྣེ་ཤིག་ཀྱུ། ཞེང་60.4cm×དཀྱུས་10.9cm

般若波罗蜜多经十万颂

ch函 写本 乌金体 7行 梵夹装 开本：宽70.2cm×高23.1cm 版框：宽60.4cm×高10.9cm

540000-0000046

༄། །འཕགས་པ་ཤེས་རབ་ཀྱི་ཕ་རོལ་ཏུ་ཕྱིན་པ་སྟོང་ཕྲག་བརྒྱ་པ། །ཡོད་ཐ་པ།

པོད་གཅིག བྲིས་མ། དབུ་ཅན། ཡིག་ཕྲེང་བརྒྱད་ཅན། གླེགས་བམ། ཤོག་གྲྭ། ཞེང་61.1cm×དཀྱུས་23.3cm སྣེ་ཐིག་གྲྭ། ཞེང་53.2cm×དཀྱུས་11.1cm

般若波罗蜜多经十万颂

th函 写本 乌金体 8行 梵夹装 开本：宽61.1cm×高23.3cm 版框：宽53.2cm×高11.1cm

540000-0000047

༄། །འཕགས་པ་ཤེས་རབ་ཀྱི་ཡེ་ཤེས་གསལ་བ་ཞེས་བྱ་བའི་མདོ། །

པོད་གཅིག བྲིས་མ། དཔེ་ཚུགས། ཡིག་ཕྲེང་བརྒྱད་ཅན། གླེགས་བམ། ཤོག་གྲྭ། ཞེང་44.5cm×དཀྱུས་8cm སྣེ་ཐིག་གྲྭ། ཞེང་40cm×དཀྱུས་7cm

般若智慧殊圣

1函 写本 柏簇体 8行 梵夹装 开本：宽44.5cm×高8cm 版框：宽40cm×高7cm

540000-0000048

༄། །ཆོ་ག་ཕྱག་ལེན་སྐོར། །

པོད་གཅིག བྲིས་མ། དབུ་ཅན། ཡིག་ཕྲེང་བདུན་ཅན། གླེགས་བམ། ཤོག་གྲྭ། ཞེང་26.4cm×དཀྱུས་6.1cm སྣེ་ཐིག་གྲྭ། ཞེང་25.5cm×དཀྱུས་5.5cm

宗教仪轨

1函 写本 乌金体 7行 梵夹装 开本：宽26.4cm×高6.1cm 版框：宽25.5cm×高5.5cm

540000-0000049

༄། །འཕགས་པ་ཤེས་རབ་ཀྱི་ཕ་རོལ་ཏུ་ཕྱིན་པ་སྟོང་ཕྲག་བརྒྱ་པ། ། བོད་ཆ་པ།

བོད་གཅིག བྲིས་མ། དབུ་ཅན། ཡིག་ཕྲེང་བརྒྱད་ཅན། གླེགས་བམ། ཤོག་ཀྱུ། ཞེང་70.4cm×དཀྱུས་23cm སྣེ་ཐིག་ཀྱུ། ཞེང་57cm×དཀྱུས་13cm

般若波罗蜜多经十万颂

ch函 写本 乌金体 8行 梵夹装 开本：宽70.4cm×高23cm 版框：宽57cm×高13cm

540000-0000050

༄། །འཕགས་པ་ཤེས་རབ་ཀྱི་ཕ་རོལ་ཏུ་ཕྱིན་པ་སྟོང་ཕྲག་བརྒྱ་པ། ། བོད་པ་པ།

བོད་གཅིག བྲིས་མ། དབུ་ཅན། ཡིག་ཕྲེང་བརྒྱད་ཅན། གླེགས་བམ། ཤོག་ཀྱུ། ཞེང་69.9cm×དཀྱུས་22.7cm སྣེ་ཐིག་ཀྱུ། ཞེང་56.8cm×དཀྱུས་11cm

般若波罗蜜多经十万颂

p函 写本 乌金体 8行 梵夹装 开本：宽69.9cm×高22.7cm 版框：宽56.8cm×高11cm

540000-0000051

༄། །འཕགས་པ་ཤེས་རབ་ཀྱི་ཕ་རོལ་ཏུ་ཕྱིན་པ་སྟོང་ཕྲག་བརྒྱ་པ། ། བོད་ཉ་པ།

བོད་གཅིག བྲིས་མ། དབུ་ཅན། ཡིག་ཕྲེང་བརྒྱད་ཅན། གླེགས་བམ། ཤོག་ཀྱུ། ཞེང་61.1cm×དཀྱུས་23cm སྣེ་ཐིག་ཀྱུ། ཞེང་53.2cm×དཀྱུས་10cm

般若波罗蜜多经十万颂

ny函 写本 乌金体 8行 梵夹装 开本：宽61.1cm×高23cm 版框：宽53.2cm×高10cm

540000-0000052

༄། །འཕགས་པ་ཤེས་རབ་ཀྱི་ཕ་རོལ་ཏུ་ཕྱིན་པ་སྟོང་ཕྲག་བརྒྱ་པ། ། ཡོད་ན་པ།

པོད་གཅིག བྲིས་མ། དབུ་ཅན། ཡིག་ཕྲེང་བདུན་ཅན། གླེགས་བམ། ཤོག་རྒྱ། ཞེང་67cm×དཀྱུས་23cm སྙེ་ཐིག་རྒྱ། ཞེང་58cm×དཀྱུས་13cm

般若波罗蜜多经十万颂

n函 写本 乌金体 7行 梵夹装 开本：宽67cm×高23cm 版框：宽58cm×高13cm

540000-0000053

༄། །འཕགས་པ་ཤེས་རབ་ཀྱི་ཕ་རོལ་ཏུ་ཕྱིན་པ་སྟོང་ཕྲག་བརྒྱ་པ། ། ཡོད་པ་པ།

པོད་གཅིག བྲིས་མ། དབུ་ཅན། ཡིག་ཕྲེང་བདུན་ཅན། གླེགས་བམ། ཤོག་རྒྱ། ཞེང་68.3cm×དཀྱུས་20.5cm སྙེ་ཐིག་རྒྱ། ཞེང་57.5cm×དཀྱུས་11cm

般若波罗蜜多经十万颂

p函 写本 乌金体 7行 梵夹装 开本：宽68.3cm×高20.5cm 版框：宽57.5cm×高11cm

540000-0000054

༄། །འཕགས་པ་རྒྱ་ཆེར་རོལ་པ་ཞེས་བྱ་བ་ཐེག་པ་ཆེན་པོ་མདོ། །

རྒྱ་གར་གྱི་མཁན་པོ་འཛི་ན་མི་ཏྲ་དང་དཱ་ན་ཤཱི་ལ་དང་། མུ་ནེ་བར་མ་དང་ཞུ་ཆེན་གྱི་ལོ་ཙ་བ་བན་དེ་ཡེ་ཤེས་བསྡེས་བསྒྱུར་ཞུས་ཏེ་གཏན་ལ་ཕབ་པའོ།

པོད་གཅིག བྲིས་མ། དབུ་ཅན། ཡིག་ཕྲེང་བདུན་ཅན། གླེགས་བམ། ཤོག་རྒྱ། ཞེང་69.3cm×དཀྱུས་22.7cm སྙེ་ཐིག་རྒྱ། ཞེང་59.3cm×དཀྱུས་11.3cm

方广大庄严经

1函 写本 乌金体 7行 梵夹装 开本：宽69.3cm×高22.7cm 版框：宽59.3cm×高11.3cm

གསུང་རབ་ཕྱིས་མའི་དཔེ་ཞབས་ལྷ་སྐུ།
写本文献扉页画像

540000-0000055

༄༅། །འཕགས་པ་ཤེས་རབ་ཀྱི་ཕ་རོལ་ཏུ་ཕྱིན་པ་སྟོང་ཕྲག་བརྒྱ་པ།།　　པོད་ན་པ།

པོད་གཅིག　ཕྱིས་མ། དབུ་ཅན། ཡིག་ཕྲེང་བརྒྱད་ཅན། གླེགས་བམ།　ཤོག་རྒྱ། ཞེང་66.8cm×དཀྱུས་19cm སྣེ་ཐིག་རྒྱ། ཞེང་57.8cm×དཀྱུས་10.9cm

般若波罗蜜多经十万颂

n函　写本　乌金体　8行　梵夹装　开本：宽66.8cm×高19cm　版框：宽57.8cm×高10.9cm

540000-0000056

༄། །འཕགས་པ་ཤེས་རབ་ཀྱི་ཕ་རོལ་ཏུ་ཕྱིན་པ་སྟོང་ཕྲག་ཉི་ཤུ་ལྔ་པ། ། པོད་ག་པ།

པོད་གཅིག བྲིས་མ། དབུ་ཅན། ཡིག་ཕྲེང་བརྒྱད་ཅན། གླེགས་བམ། ཤོག་གྲྭ། ཞེང་68.1cm×དཀྱུས་23cm སྙེ་ཐིག་གྲྭ། ཞེང་58.7cm×དཀྱུས་13cm

般若波罗蜜多经两万五千颂

g函 写本 乌金体 8行 梵夹装 开本：宽68.1cm×高23cm 版框：宽58.7cm×高13cm

540000-0000057

༄། །འཕགས་པ་ཤེས་རབ་ཀྱི་ཕ་རོལ་ཏུ་ཕྱིན་པ་སྟོང་ཕྲག་བརྒྱ་པ། །

པོད་གཅིག བྲིས་མ། དབུ་ཅན། ཡིག་ཕྲེང་བརྒྱད་ཅན། གླེགས་བམ། ཤོག་གྲྭ། ཞེང་69cm×དཀྱུས་18.6cm སྙེ་ཐིག་གྲྭ། ཞེང་57.1cm×དཀྱུས་10.5cm

般若波罗蜜多经十万颂

1函 写本 乌金体 8行 梵夹装 开本：宽69cm×高18.6cm 版框：宽57.1cm×高10.5cm

540000-0000058

༄། །གསུང་ཐོར་བུ། །

པོད་གཅིག བྲིས་མ། དབུ་ཅན། ཡིག་ཕྲེང་བརྒྱད་ཅན། གླེགས་བམ། ཤོག་གྲྭ། ཞེང་62.5cm×དཀྱུས་18.1cm སྙེ་ཐིག་གྲྭ། ཞེང་54.2cm×དཀྱུས་9.1cm

散叶

1函 写本 乌金体 7行 梵夹装 开本：宽62.5cm×高18.1cm 版框：宽54.2cm×高9.1cm

540000-0000059

༄། །འཕགས་པ་ཤེས་རབ་ཀྱི་ཕ་རོལ་ཏུ་ཕྱིན་པ་བརྒྱད་སྟོང་པ།། བོད་ཀ་པ

བོད་གཅིག བྲིས་མ། དབུ་ཅན། ཡིག་ཕྲེང་བརྒྱད་ཅན། གླེགས་བམ། ཤོག་རྒྱ། ཞེང་66.3cm×དཀྱུས་23cm སྣེ་ཐིག་རྒྱ། ཞེང་59cm×དཀྱུས་13cm

般若波罗蜜多经八千颂

k函 写本 乌金体 8行 梵夹装 开本：宽66.3cm×高23cm 版框：宽59cm×高13cm

540000-0000060

༄། །འཕགས་པ་ཤེས་རབ་ཀྱི་ཕ་རོལ་ཏུ་ཕྱིན་པ་བརྒྱད་སྟོང་པ།། བོད་ཀ་པ

བོད་གཅིག བྲིས་མ། དབུ་ཅན། ཡིག་ཕྲེང་བརྒྱད་ཅན། གླེགས་བམ། ཤོག་རྒྱ། ཞེང་69.9cm×དཀྱུས་20cm སྣེ་ཐིག་རྒྱ། ཞེང་60cm×དཀྱུས་12.5cm

般若波罗蜜多经八千颂

k函 写本 乌金体 8行 梵夹装 开本：宽69.9cm×高20cm 版框：宽60cm×高12.5cm

540000-0000061

༄། །འཕགས་པ་ཤེས་རབ་ཀྱི་ཕ་རོལ་ཏུ་ཕྱིན་པ་སྟོང་ཕྲག་ཉི་ཤུ་ལྔ་པ།། བོད་ཀ་པ

བོད་གཅིག བྲིས་མ། དབུ་ཅན། ཡིག་ཕྲེང་བརྒྱད་ཅན། གླེགས་བམ། ཤོག་རྒྱ། ཞེང་64.7cm×དཀྱུས་22.2cm སྣེ་ཐིག་རྒྱ། ཞེང་55.5cm×དཀྱུས་22cm

般若波罗蜜多经两万五千颂

k函 写本 乌金体 8行 梵夹装 开本：宽64.7cm×高22.2cm 版框：宽55.5cm×高22cm

540000-0000062

༄། །འཕགས་པ་ཤེས་རབ་ཀྱི་ཕ་རོལ་ཏུ་ཕྱིན་པ་བརྒྱད་སྟོང་པ།། བོད་ཀ་པ།

བོད་གཅིག བྲིས་མ། དབུ་ཅན། ཡིག་ཕྲེང་བདུན་ཅན། གླེགས་བམ། ཤོག་གྲུ། ཞེང་69.8cm×དཀྱུས་19.8cm སྣེ་ཐིག་གྲུ། ཞེང་58.2cm×དཀྱུས་10.9cm

般若波罗蜜多经八千颂

k函 写本 乌金体 7行 梵夹装 开本：宽69.8cm×高19.8cm 版框：宽58.2cm×高10.9cm

540000-0000063

༄། །གསུང་ཐོར་བུ།།

 བོད་གཅིག བྲིས་མ། དབུ་ཅན། ཡིག་ཕྲེང་བརྒྱད་ཅན། གླེགས་བམ། ཤོག་གྲུ། ཞེང་70.3cm×དཀྱུས་18.4cm སྣེ་ཐིག་གྲུ། ཞེང་61.3cm×དཀྱུས་9.9cm

散叶

1函 写本 乌金体 8行 梵夹装 开本：宽70.3cm×高18.4cm 版框：宽61.3cm×高9.9cm

540000-0000064

༄། །འཕགས་པ་དཀོན་མཆོག་བརྩེགས་པ་ཆེན་པོའི་མདོ།། བོད་ཁ་པ།

བོད་གཅིག བྲིས་མ། དབུ་ཅན། ཡིག་ཕྲེང་བརྒྱད་ཅན། གླེགས་བམ། ཤོག་གྲུ། ཞེང་67.8cm×དཀྱུས་22.4cm སྣེ་ཐིག་གྲུ། ཞེང་57.7cm×དཀྱུས་13.2cm

大乘宝积经

kh函 写本 乌金体 8行 梵夹装 开本：宽67.8cm×高22.4cm 版框：宽57.7cm×高13.2cm

540000-0000065

༄༅། །འཕགས་པ་ཤེས་རབ་ཀྱི་ཕ་རོལ་ཏུ་ཕྱིན་པ་སྟོང་ཕྲག་ཉི་ཤུ་ལྔ་པ། །

པོད་གཅིག བྲིས་མ། དབུ་ཅན། ཡིག་ཕྲེང་བརྒྱད་ཅན། གླེགས་བམ། ཤོག་གྲྭ། ཞེང་69.9cm×དཀྱུས་22.5cm སྣེ་ཐིག་གྲྭ། ཞེང་60cm×དཀྱུས་13cm

般若波罗蜜多两万五千颂

1函 写本 乌金体 8行 梵夹装 开本：宽69.9cm×高22.5cm 版框：宽60cm×高13cm

540000-0000066

༄༅། །འཕགས་པ་ཤེས་རབ་ཀྱི་ཕ་རོལ་ཏུ་ཕྱིན་པ་སྟོང་ཕྲག་ཉི་ཤུ་ལྔ་པ། ། པོད་ཁ་པ།

པོད་གཅིག བྲིས་མ། དབུ་ཅན། ཡིག་ཕྲེང་བརྒྱད་ཅན། གླེགས་བམ། ཤོག་གྲྭ། ཞེང་71cm×དཀྱུས་24.7cm སྣེ་ཐིག་གྲྭ། ཞེང་59cm×དཀྱུས་11.9cm

般若波罗蜜多经两万五千颂

kh函 写本 乌金体 8行 梵夹装 开本：宽71cm×高24.7cm 版框：宽59cm×高11.9cm

540000-0000067

༄༅། །འཕགས་པ་ཤེས་རབ་ཀྱི་ཕ་རོལ་ཏུ་ཕྱིན་པ་སྟོང་ཕྲག་བརྒྱ་པ། ། པོད་ཆ་པ།

པོད་གཅིག བྲིས་མ། དབུ་ཅན། ཡིག་ཕྲེང་བདུན་ཅན། གླེགས་བམ། ཤོག་གྲྭ། ཞེང་68.4cm×དཀྱུས་19.5cm སྣེ་ཐིག་གྲྭ། ཞེང་59.6cm×དཀྱུས་11cm

般若波罗蜜多经十万颂

ch函 写本 乌金体 6-8行 梵夹装 开本：宽68.4cm×高19.5cm 版框：宽59.6cm×高11cm

540000-0000068

༄། །འཕགས་པ་ཤེས་རབ་ཀྱི་ཕ་རོལ་ཏུ་ཕྱིན་པ་སྟོང་ཕྲག་བརྒྱ་པ། ། ཡོད་ཆ་པ།

པོད་གཅིག བྲིས་མ། དབུ་ཅན། ཡིག་ཕྲེང་བརྒྱད་ཅན། གླེགས་བམ། ཤོག་ཀྱུ། ཞེང་67.4cm×དཀྱུས་18.9cm སྙེ་ཤིག་ཀྱུ། ཞེང་57.8cm×དཀྱུས་10.3cm

般若波罗蜜多经十万颂

ch函 写本 乌金体 8行 梵夹装 开本：宽67.4cm×高18.9cm 版框：宽57.8cm×高10.3cm

540000-0000069

༄། །འཕགས་པ་རྒྱ་ཆེན་རོལ་པ་བྱ་བ་ཐེག་པ་ཆེན་པོའི་མདོ། །

 པོད་གཅིག བྲིས་མ། དབུ་ཅན། ཡིག་ཕྲེང་བདུན་ཅན། གླེགས་བམ། ཤོག་ཀྱུ། ཞེང་67.8cm×དཀྱུས་18.5cm སྙེ་ཤིག་ཀྱུ། ཞེང་55.3cm×དཀྱུས་11.4cm

大方广大庄严经

1函 写本 乌金体 6-8行 梵夹装 开本：宽67.8cm×高18.5cm 版框：宽55.3cm×高11.4cm

540000-0000070

༄། །འཕགས་པ་ཤེས་རབ་ཀྱི་ཕ་རོལ་ཏུ་ཕྱིན་པ་སྟོང་ཕྲག་བརྒྱ་པ། ། ཡོད་ཆ་པ།

པོད་གཅིག བྲིས་མ། དབུ་ཅན། ཡིག་ཕྲེང་བརྒྱད་ཅན། གླེགས་བམ། ཤོག་ཀྱུ། ཞེང་68cm×དཀྱུས་19.5cm སྙེ་ཤིག་ཀྱུ། ཞེང་58.8cm×དཀྱུས་7.7cm

般若波罗蜜多经十万颂

ch函 写本 乌金体 8行 梵夹装 开本：宽68cm×高19.5cm 版框：宽58.8cm×高7.7cm

540000-0000071

༄། །འཕགས་པ་ཤེས་རབ་ཀྱི་ཕ་རོལ་ཏུ་ཕྱིན་པ་སྟོང་ཕྲག་བརྒྱ་པ། ། པོད་ཉ་པ།

པོད་གཅིག བྲིས་མ། དབུ་ཅན། ཡིག་ཕྲེང་བརྒྱད་ཅན། གླེགས་བམ། ཤོག་གྲྭ། ཞེང་66.3cm×དཀྱུས་19.4cm སྣེ་ཤིག་གྲྭ། ཞེང་57.2cm×དཀྱུས་10cm

般若波罗蜜多经十万颂

ny函 写本 乌金体 8行 梵夹装 开本：宽66.3cm×高19.4cm 版框：宽57.2cm×高10cm

540000-0000072

༄། །འཕགས་པ་ཤེས་རབ་ཀྱི་ཕ་རོལ་ཏུ་ཕྱིན་པ་སྟོང་ཕྲག་བརྒྱ་པ། །

པོད་གཅིག བྲིས་མ། དབུ་ཅན། ཡིག་ཕྲེང་བདུན་ཅན། གླེགས་བམ། ཤོག་གྲྭ། ཞེང་73.2cm×དཀྱུས་25cm སྣེ་ཤིག་གྲྭ། ཞེང་62.5cm×དཀྱུས་12.5cm

般若波罗蜜多经十万颂

1函 写本 乌金体 7行 梵夹装 开本：宽73.2cm×高25cm 版框：宽62.5cm×高12.5cm

540000-0000073

༄། །འཕགས་པ་ཤེས་རབ་ཀྱི་ཕ་རོལ་ཏུ་ཕྱིན་པ་སྟོང་ཕྲག་བརྒྱ་པ། ། པོད་ག་པ།

པོད་གཅིག བྲིས་མ། དབུ་ཅན། ཡིག་ཕྲེང་བདུན་ཅན། གླེགས་བམ། ཤོག་གྲྭ། ཞེང་67.8cm×དཀྱུས་20.1cm སྣེ་ཤིག་གྲྭ། ཞེང་56.7cm×དཀྱུས་8.9cm

般若波罗蜜多经十万颂

g函 写本 乌金体 7行 梵夹装 开本：宽67.8cm×高20.1cm 版框：宽56.7cm×高8.9cm

540000-0000074

༄༅། །འཕགས་པ་ཤེས་རབ་ཀྱི་ཕ་རོལ་ཏུ་ཕྱིན་པ་སྟོང་ཕྲག་བརྒྱ་པ། ། པོད་ཐ་པ།

པོད་གཅིག ཁྲིས་མ། དབུ་ཅན། ཡིག་ཕྲེང་བདུན་ཅན། གླེགས་བམ། ཤོག་ཀྱུ། ཞེང་67.3cm×དཀྱུས་18.7cm སྣེ་ཐིག་ཀྱུ། ཞེང་60cm×དཀྱུས་10cm

般若波罗蜜多经十万颂

th函 写本 乌金体 7行 梵夹装 开本：宽67.3cm×高18.7cm 版框：宽60cm×高10cm

540000-0000075

༄༅། །འཕགས་པ་ཤེས་རབ་ཀྱི་ཕ་རོལ་ཏུ་ཕྱིན་པ་སྟོང་ཕྲག་བརྒྱ་པ། ། པོད་ཀ་པ།

546 པོད་གཅིག ཁྲིས་མ། དབུ་ཅན། ཡིག་ཕྲེང་བརྒྱད་ཅན། གླེགས་བམ། ཤོག་ཀྱུ། ཞེང་61.3cm×དཀྱུས་23cm སྣེ་ཐིག་ཀྱུ། ཞེང་51.9cm×དཀྱུས་13cm

般若波罗蜜多经十万颂

k函 写本 乌金体 8行 梵夹装 开本：宽67.8cm×高18.5cm 版框：宽55.3cm×高11.4cm

540000-0000076

༄༅། །ཡང་དག་པར་སྦྱོང་བའི་ཚུལ་ནམ་མཁའི་མདོག་གིས་འདུལ་བའི་བཟོད་པ་ཞེས་བྱ་བ་ཐེག་པ་ཆེན་པོའི་མདོ། །

པོད་གཅིག ཁྲིས་མ། དབུ་ཅན། ཡིག་ཕྲེང་བརྒྱད་ཅན། གླེགས་བམ། ཤོག་ཀྱུ། ཞེང་66cm×དཀྱུས་19.8cm སྣེ་ཐིག་ཀྱུ། ཞེང་56.4cm×དཀྱུས་10cm

正行虚空调伏忍辱经

1函 写本 乌金体 8行 梵夹装 开本：宽66cm×高19.8cm 版框：宽56.4cm×高10cm

540000-0000077

༄། །འཕགས་པ་ཤེས་རབ་ཀྱི་ཕ་རོལ་ཏུ་ཕྱིན་པ་སྟོང་ཕྲག་བརྒྱ་པ།། པོད་ཛ་པ།

པོད་གཅིག ཤྲིས་མ། དབུ་ཅན། ཡིག་ཕྲེང་བརྒྱད་ཅན། གླེགས་བམ། ཤོག་ཀྱུ། ཞེང་66cm×དཀྱུས་17.8cm སྣེ་ཐིག་ཀྱུ། ཞེང་60cm×དཀྱུས་12.9cm

般若波罗蜜多经十万颂

j函 写本 乌金体 8行 梵夹装 开本：宽66cm×高17.8cm 版框：宽60cm×高12.9cm

540000-0000078

༄། །འཕགས་པ་ཤེས་རབ་ཀྱི་ཕ་རོལ་ཏུ་ཕྱིན་པ་སྟོང་ཕྲག་བརྒྱ་པ།། པོད་ཀ་པ།

པོད་གཅིག ཤྲིས་མ། དབུ་ཅན། ཡིག་ཕྲེང་དགུ་ཅན། གླེགས་བམ། ཤོག་ཀྱུ། ཞེང་64.9cm×དཀྱུས་17.9cm སྣེ་ཐིག་ཀྱུ། ཞེང་59cm×དཀྱུས་10.1cm

般若波罗蜜多经十万颂

k函 写本 乌金体 9行 梵夹装 开本：宽64.9cm×高17.9cm 版框：宽59cm×高10.1cm

540000-0000079

༄། །འཕགས་པ་ཤེས་རབ་ཀྱི་ཕ་རོལ་ཏུ་ཕྱིན་པ་སྟོང་ཕྲག་བརྒྱ་པ།། པོད་ང་པ།

པོད་གཅིག ཤྲིས་མ། དབུ་ཅན། ཡིག་ཕྲེང་དགུ་ཅན། གླེགས་བམ། ཤོག་ཀྱུ། ཞེང་65.3cm×དཀྱུས་16cm སྣེ་ཐིག་ཀྱུ། ཞེང་62.1cm×དཀྱུས་11.5cm

般若波罗蜜多经十万颂

ny函 写本 乌金体 9行 梵夹装 开本：宽65.3cm×高16cm 版框：宽62.1cm×高11.5cm

540000-0000080

༄། །འཕགས་པ་ཤེས་རབ་ཀྱི་ཕ་རོལ་ཏུ་ཕྱིན་པ་སྟོང་ཕྲག་བརྒྱ་པ། །བོད་ན་པ།

བོད་གཅིག ཐྲིས་མ། དབུ་ཅན། ཡིག་ཕྲེང་དགུ་ཅན། གླེགས་བམ། ཤོག་རྒྱ། ཞེང་70cm×དཀྱུས་20.2cm སྣེ་ཐིག་རྒྱ། ཞེང་61.8cm×དཀྱུས་13cm

般若波罗蜜多经十万颂

n函 写本 乌金体 9行 梵夹装 开本：宽70cm×高20.2cm 版框：宽61.8cm×高13cm

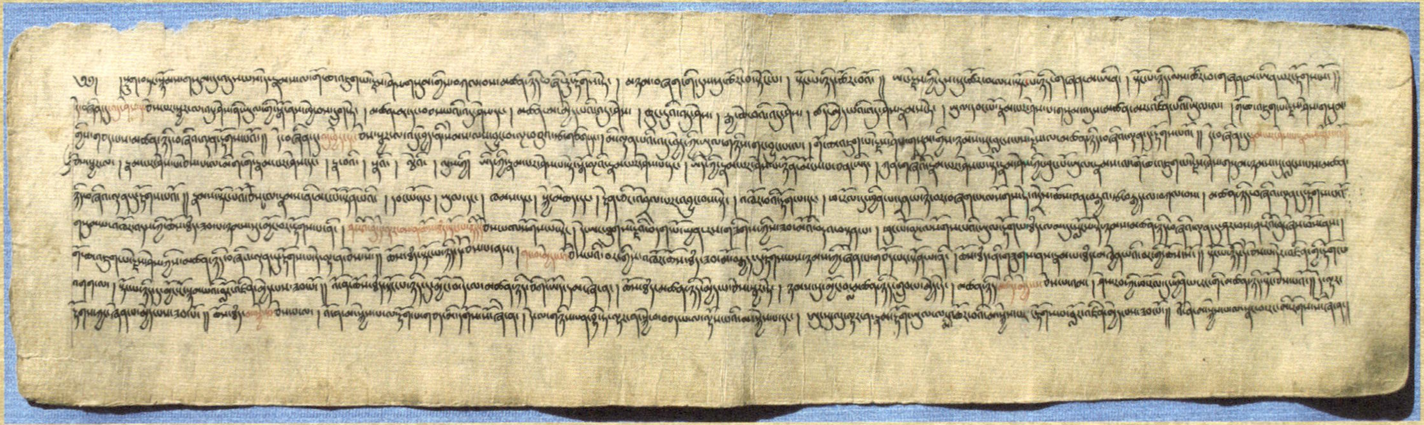

540000-0000081

༄། །འཕགས་པ་ཤེས་རབ་ཀྱི་ཕ་རོལ་ཏུ་ཕྱིན་པ་སྟོང་ཕྲག་བརྒྱ་པ། ། བོད་ཏ་པ།

བོད་གཅིག བྲིས་མ། དབུ་ཅན། ཡིག་ཕྲེང་བརྒྱད་ཅན། གླེགས་བམ། ཤོག་ཀྱུ། ཞེང་70cm×དཀྱུས་18.5cm སྣེ་ཐིག་ཀྱུ། ཞེང་61.1cm×དཀྱུས་10cm

般若波罗蜜多经十万颂

t函 写本 乌金体 8行 梵夹装 开本：宽70cm×高18.5cm 版框：宽61.1cm×高10cm

540000-0000082

༄། །འཕགས་པ་ཤེས་རབ་ཀྱི་ཕ་རོལ་ཏུ་ཕྱིན་པ་སྟོང་ཕྲག་བརྒྱ་པ། ། བོད་ཏ་པ།

549 བོད་གཅིག བྲིས་མ། དབུ་ཅན། ཡིག་ཕྲེང་བརྒྱད་ཅན། གླེགས་བམ། ཤོག་ཀྱུ། ཞེང་69.9cm×དཀྱུས་22.2cm སྣེ་ཐིག་ཀྱུ། ཞེང་57.2cm×དཀྱུས་10.2cm

般若波罗蜜多经十万颂

t函 写本 乌金体 8行 梵夹装 开本：宽69.9cm×高22.2cm 版框：宽57.2cm×高10.2cm

540000-0000083

༄། །འཕགས་པ་ཤེས་རབ་ཀྱི་ཕ་རོལ་ཏུ་ཕྱིན་པ་སྟོང་ཕྲག་བརྒྱ་པ། ། བོད་ད་པ།

བོད་གཅིག བྲིས་མ། དབུ་ཅན། ཡིག་ཕྲེང་བརྒྱད་ཅན། གླེགས་བམ། ཤོག་ཀྱུ། ཞེང་67.9cm×དཀྱུས་23cm སྣེ་ཐིག་ཀྱུ། ཞེང་56.6cm×དཀྱུས་12.4cm

般若波罗蜜多经十万颂

d函 写本 乌金体 8行 梵夹装 开本：宽67.9cm×高23cm 版框：宽56.6cm×高12.4cm

540000-0000084

༄། །འཕགས་པ་རྡོ་རྗེའི་རི་རབ་ཆེན་པོའི་ཁང་པ་བརྩེགས་པའི་གཟུངས། ། བོད་ཁ་པ།

བོད་གཅིག བྲིས་མ། དབུ་ཅན། ཡིག་ཕྲེང་བདུན་ཅན། གླེགས་བམ། ཤོག་ཀྱུ། ཞེང་63.8cm×དཀྱུས་17.9cm སྣེ་ཐིག་ཀྱུ། ཞེང་58.5cm×དཀྱུས་9cm

大金刚秒高山楼阁陀罗尼经

kh函 写本 乌金体 7行 梵夹装 开本：宽63.8cm×高17.9cm 版框：宽58.5cm×高9cm

540000-0000085

༄། །འཕགས་པ་ཤེས་རབ་ཀྱི་ཕ་རོལ་ཏུ་ཕྱིན་པ་ཤེར་ཕྱིན་སྟོང་ཕྲག་བརྒྱ་པ། ། བོད་ཏ་པ།

བོད་གཅིག བྲིས་མ། དབུ་ཅན། ཡིག་ཕྲེང་བརྒྱད་ཅན། གླེགས་བམ། ཤོག་ཀྱུ། ཞེང་70.2cm×དཀྱུས་22.7cm སྣེ་ཐིག་ཀྱུ། ཞེང་57.1cm×དཀྱུས་11.1cm

般若波罗蜜多经十万颂

t函 写本 乌金体 8行 梵夹装 开本：宽70.2cm×高22.7cm 版框：宽57.1cm×高11.1cm

540000-0000086

༄། །འཕགས་པ་ཤེས་རབ་ཀྱི་ཕ་རོལ་ཏུ་ཕྱིན་པ་སྟོང་ཕྲག་བརྒྱ་པ། ། བོད་ག་པ།

བོད་གཅིག བྲིས་མ། དབུ་ཅན། ཡིག་ཕྲེང་བདུན་ཅན། གླེགས་བམ། ཤོག་ཀྱུ། ཞེང་72.3cm×དཀྱུས་22.8cm སྣེ་ཐིག་ཀྱུ། ཞེང་58.8cm×དཀྱུས་11cm

般若波罗蜜多经十万颂

g函 写本 乌金体 7行 梵夹装 开本：宽72.3cm×高22.8cm 版框：宽58.8cm×高11cm

540000-0000087

༄། །འཕགས་པ་རྒྱ་ཆེར་རོལ་པ་ཞེས་བྱ་བ་ཐེག་པ་ཆེན་པོའི་མདོ།། པོད་ཁ་པ།

པོད་གཅིག བྲིས་མ། དབུ་ཅན། ཡིག་ཕྲེང་དགུ་ཅན། གླེགས་བམ། ཤོག་རྒྱ། ཞེང་72cm×དཀྱུས་23cm སྣེ་ཐིག་རྒྱ། ཞེང་62.8cm×དཀྱུས་15cm

大方广大庄严经

kh函 写本 乌金体 9行 梵夹装 开本：宽72cm×高23cm 版框：宽62.8cm×高15cm

540000-0000088

༄། །འཕགས་པ་ཤེས་རབ་ཀྱི་ཕ་རོལ་ཏུ་ཕྱིན་པ་སྟོང་ཕྲག་བརྒྱ་པ།། པོད་པ་པ།

པོད་གཅིག བྲིས་མ། དབུ་ཅན། ཡིག་ཕྲེང་བརྒྱད་ཅན། གླེགས་བམ། ཤོག་རྒྱ། ཞེང་66cm×དཀྱུས་22.4cm སྣེ་ཐིག་རྒྱ་ ཞེང་57cm×དཀྱུས་12.2cm

般若波罗蜜多经十万颂

p函 写本 乌金体 8行 梵夹装 开本：宽66cm×高22.4cm 版框：宽57cm×高12.2cm

540000-0000089

༄། །འཕགས་པ་ཤེས་རབ་ཀྱི་ཕ་རོལ་ཏུ་ཕྱིན་པ་སྟོང་ཕྲག་བརྒྱ་པ།། པོད་ག་པ།

པོད་གཅིག བྲིས་མ། དབུ་ཅན། ཡིག་ཕྲེང་བརྒྱད་ཅན། གླེགས་བམ། ཤོག་རྒྱ། ཞེང་61.2cm×དཀྱུས་15.9cm སྣེ་ཐིག་རྒྱ། ཞེང་55cm×དཀྱུས་10.3cm

般若波罗蜜多经十万颂

g函 写本 乌金体 8行 梵夹装 开本：宽61.2cm×高15.9cm 版框：宽55cm×高10.3cm

540000-0000090

༄། །འཕགས་པ་སྦྱིན་པའི་ཕ་རོལ་ཏུ་ཕྱིན་པ་ཞེས་བྱ་བ་ཐེག་པ་ཆེན་པོའི་མདོ། །པོད་ག་པ།

པོད་གཅིག བྲིས་མ། དབུ་ཅན། ཡིག་ཕྲེང་བརྒྱད་ཅན། གླེགས་བམ། ཤོག་ཀྱུ། ཞེང་62.8cm×དཀྱུས་16.2cm སྣེ་ཁྲིག་ཀྱུ། ཞེང་55.7cm×དཀྱུས་11cm

佛说般若布施经

g函 写本 乌金体 8 梵夹装 开本：宽62.8cm×高16.2cm 版框：宽55.7m×高11cm

540000-0000091

༄། །འཕགས་པ་ཤེས་རབ་ཀྱི་ཕ་རོལ་ཏུ་ཕྱིན་པ་སྟོང་ཕྲག་བརྒྱ་པ། ། པོད་ཇ་པ།

པོད་གཅིག བྲིས་མ། དབུ་ཅན། ཡིག་ཕྲེང་བརྒྱད་ཅན། གླེགས་བམ། ཤོག་ཀྱུ། ཞེང་68.5cm×དཀྱུས་18.6cm སྣེ་ཁྲིག་ཀྱུ། ཞེང་61.3cm×དཀྱུས་10.3cm

般若波罗蜜多经十万颂

j函 写本 乌金体 8行 梵夹装 开本：宽68.5cm×高18.6cm 版框：宽61.3cm×高10.3cm

540000-0000092

༄། །འཕགས་པ་ཤིན་ཏུ་རྒྱས་པ་ཆེན་པོའི་སྡེ་ཉི་མའི་སྙིང་པོའི་མདོ། ། པོད་ཅ་པ།

པོད་གཅིག བྲིས་མ། དབུ་ཅན། ཡིག་ཕྲེང་བདུན་ཅན། གླེགས་བམ། ཤོག་ཀྱུ། ཞེང་67.1cm×དཀྱུས་19.9cm སྣེ་ཁྲིག་ཀྱུ། ཞེང་57.7cm×དཀྱུས་9cm

大乘大方等日藏经

c函 写本 乌金体 7行 梵夹装 开本：宽67.1cm×高19.9cm 版框：宽57.7cm×高9cm

540000-0000093

༄། །འཕགས་པ་ཤེས་རབ་ཀྱི་ཕ་རོལ་ཏུ་ཕྱིན་པ་སྟོང་ཕྲག་བརྒྱ་པ།། པོད་ཀ་པ།

པོད་གཅིག བྲིས་མ། དབུ་ཅན། ཡིག་ཕྲེང་བརྒྱད་ཅན། གླེགས་བམ། ཤོག་རྒྱ། ཞེང་67.1cm×དཀྱུས་19.8cm སྣེ་ཐིག་རྒྱ། ཞེང་57.8cm×དཀྱུས་10.3cm

般若波罗蜜多经十万颂

k函 写本 乌金体 8行 梵夹装 开本：宽67.1cm×高19.8cm 版框：宽57.8cm×高10.3cm

540000-0000094

༄། །འཕགས་པ་དཀོན་མཆོག་བརྩེགས་པ་ཆེན་པོའི་མདོ།།

པོད་གཅིག བྲིས་མ། དབུ་ཅན། ཡིག་ཕྲེང་བརྒྱད་ཅན། གླེགས་བམ། ཤོག་རྒྱ། ཞེང་65.9cm×དཀྱུས་19.9cm སྣེ་ཐིག་རྒྱ། ཞེང་56.5cm×དཀྱུས་10cm

大乘宝积经论

ch函 写本 乌金体 8行 梵夹装 开本：宽65.9cm×高19.9cm 版框：宽56.5cm×高10cm

540000-0000095

༄། །འཕགས་པ་ཤེས་རབ་ཀྱི་ཕ་རོལ་ཏུ་ཕྱིན་པ་སྟོང་ཕྲག་བརྒྱ་པ།། པོད་ཐ་པ།

པོད་གཅིག བྲིས་མ། དབུ་ཅན། ཡིག་ཕྲེང་བརྒྱད་ཅན། གླེགས་བམ། ཤོག་རྒྱ། ཞེང་75cm×དཀྱུས་18.5cm སྣེ་ཐིག་རྒྱ། ཞེང་61cm×དཀྱུས་12cm

般若波罗蜜多经十万颂

th函 写本 乌金体 8行 梵夹装 开本：宽75cm×高18.5cm 版框：宽61cm×高12cm

540000-0000096

༄༅། །འཕགས་པ་ཤེས་རབ་ཀྱི་ཕ་རོལ་ཏུ་ཕྱིན་པ་སྟོང་ཕྲག་བརྒྱ་པ།།　 པོད་ཛ་པ།

པོད་གཅིག　 བྲིས་མ།　དབུ་ཅན།　ཡིག་ཕྲེང་དགུ་ཅན།　གླེགས་བམ།　ཤོག་གྱུ　ཞེང་70.8cm×དཀྱུས་20.6cm　སྣེ་ཐིག་གྱུ　ཞེང་59.5cm×དཀྱུས་11.4cm

般若波罗蜜多经十万颂

j函 写本 乌金体 9行 梵夹装　开本：宽70.8cm×高20.6cm 版框：宽59.5cm×高11.4cm

540000-0000097

༄༅། །འཕགས་པ་ཤེས་རབ་ཀྱི་ཕ་རོལ་ཏུ་ཕྱིན་པ་སྟོང་ཕྲག་བརྒྱ་པ།།　པོད་ཛ་པ།

 པོད་གཅིག　བྲིས་མ།　དབུ་ཅན།　ཡིག་ཕྲེང་བདུན་ཅན།　གླེགས་བམ།　ཤོག་གྱུ　ཞེང་69.9cm×དཀྱུས་23.4cm　སྣེ་ཐིག་གྱུ　ཞེང་62.9cm×དཀྱུས་12cm

般若波罗蜜多经十万颂

j函 写本 乌金体 7行 梵夹装　开本：宽69.9cm×高23.4cm 版框：宽62.9cm×高12cm

540000-0000098

༄༅། །འཕགས་པ་ཤེས་རབ་ཀྱི་ཕ་རོལ་ཏུ་ཕྱིན་པ་སྟོང་ཕྲག་བརྒྱ་པ།།　པོད་ཕ་པ།

པོད་གཅིག　བྲིས་མ།　དབུ་ཅན།　ཡིག་ཕྲེང་བདུན་ཅན།　གླེགས་བམ།　ཤོག་གྱུ　ཞེང་68.6cm×དཀྱུས་20cm　སྣེ་ཐིག་གྱུ　ཞེང་58.3cm×དཀྱུས་10cm

般若波罗蜜多经十万颂

ph函 写本 乌金体 7行 梵夹装　开本：宽68.6cm×高20cm 版框：宽58.3cm×高10cm

540000-0000099

༄། །འཕགས་པ་ཤེས་རབ་ཀྱི་ཕ་རོལ་ཏུ་ཕྱིན་པ་སྟོང་ཕྲག་བརྒྱ་པ།།

པོད་གཅིག བྲིས་མ། དབུ་ཅན། ཡིག་ཕྲེང་བརྒྱད་ཅན། གླེགས་བམ། ཤོག་རྒྱ། ཞེང་69.9cm×དཀྱུས་20.3cm སྣེ་ཐིག་རྒྱ། ཞེང་59.8cm×དཀྱུས་10cm

般若波罗蜜多经十万颂

1函 写本 乌金体 8行 梵夹装 开本：宽69.9cm×高20.3cm 版框：宽59.8cm×高10cm

540000-0000100

༄། །འཕགས་པ་ཤེས་རབ་ཀྱི་ཕ་རོལ་ཏུ་ཕྱིན་པ་སྟོང་ཕྲག་བརྒྱ་པ།།

པོད་གཅིག བྲིས་མ། དབུ་ཅན། ཡིག་ཕྲེང་བརྒྱད་ཅན། གླེགས་བམ། ཤོག་རྒྱ། ཞེང་70.1cm×དཀྱུས་22.4cm སྣེ་ཐིག་རྒྱ། ཞེང་57.3cm×དཀྱུས་12.5cm

般若波罗蜜多经十万颂

1函 写本 乌金体 8行 梵夹装 开本：宽70.1cm×高22.4cm 版框：宽57.3cm×高12.5cm

540000-0000101

༄། །འཕགས་པ་ཤེས་རབ་ཀྱི་ཕ་རོལ་ཏུ་ཕྱིན་པ་སྟོང་ཕྲག་བརྒྱ་པ།། པོད་ཐ་པ།

པོད་གཅིག བྲིས་མ། དབུ་ཅན། ཡིག་ཕྲེང་བདུན་ཅན། གླེགས་བམ། ཤོག་རྒྱ། ཞེང་66.8cm×དཀྱུས་19.8cm སྣེ་ཐིག་རྒྱ། ཞེང་55.7cm×དཀྱུས་8.6cm

般若波罗蜜多经十万颂

th函 写本 乌金体 7行 梵夹装 开本：宽66.8cm×高19.8cm 版框：宽55.7cm×高8.6cm

540000-0000102

༄། །འཕགས་པ་ཤེས་རབ་ཀྱི་ཕ་རོལ་ཏུ་ཕྱིན་པ་སྟོང་ཕྲག་བརྒྱ་པ། པོད་ཀ་པ།

པོད་གཅིག བྲིས་མ། དབུ་ཅན། ཡིག་ཕྲེང་བརྒྱད་ཅན། གླེགས་བམ། ཤོག་རྒྱ། ཞེང་75cm×དཀྱུས་25cm སྣེ་ཐིག་རྒྱ། ཞེང་63.5cm×དཀྱུས་12cm

般若波罗蜜多经十万颂

k函 写本 乌金体 8行 梵夹装 开本：宽75cm×高25cm 版框：宽63.5cm×高12cm

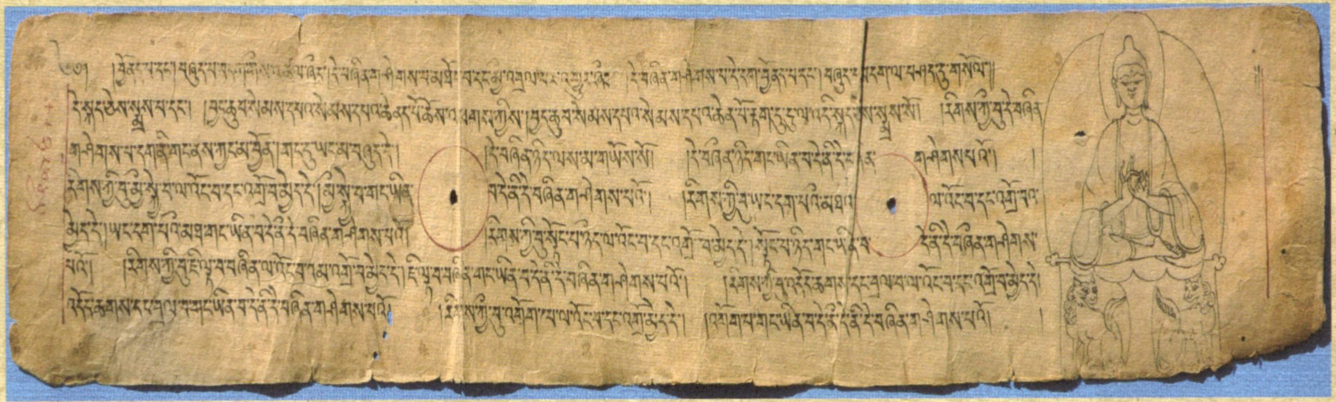

དུས་རབས་11པའི་གསུང་རབ་བྲིས་མའི་ལྡེ་ཤྭ་རྣམ་པར་སྣང་མཛད།

11世纪写本文献扉页大日如来像

540000-0000103

༄། །འཕགས་པ་ཤེས་རབ་ཀྱི་ཕ་རོལ་ཏུ་ཕྱིན་པ་སྟོང་ཕྲག་བརྒྱ་པ། །

བོད་གཅིག ཁྲིས་མ། དབུ་ཅན། ཡིག་ཕྲེང་བརྒྱད་ཅན། གླེགས་བམ། ཤོག་རྒྱ། ཞེང་68.2cm×དཔངས་23.6cm སྣེ་ཐིག་རྒྱ། ཞེང་61.5cm×དཔངས་13cm

般若波罗蜜多经十万颂

1函 写本 乌金体 8行 梵夹装 开本：宽68.2cm×高23.6cm 版框：宽61.5cm×高13cm

540000-0000104

༄། །འཕགས་པ་ཤེས་རབ་ཀྱི་ཕ་རོལ་ཏུ་ཕྱིན་པ་སྟོང་ཕྲག་བརྒྱ་པ། ། བོད་ཇ་པ།

བོད་གཅིག ཁྲིས་མ། དབུ་ཅན། ཡིག་ཕྲེང་བརྒྱད་ཅན། གླེགས་བམ། ཤོག་རྒྱ། ཞེང་70.2cm×དཔངས་18.6cm སྣེ་ཐིག་རྒྱ། ཞེང་61cm×དཔངས་10cm

般若波罗蜜多经十万颂

j函 写本 乌金体 8行 梵夹装 开本：宽70.2cm×高18.6cm 版框：宽61cm×高10cm

540000-0000105

༄། །རིགས་སྔགས་ཀྱི་རྒྱལ་པོ་ཆེན་མོ་རྒྱལ་བ་ཅན་ཞེས་བྱ་བའི་གཟུངས། ། བོད་ཀ་པ།

བོད་གཅིག ཁྲིས་མ། དབུ་ཅན། ཡིག་ཕྲེང་བདུན་ཅན། གླེགས་བམ། ཤོག་རྒྱ། ཞེང་68.2cm×དཔངས་19.6cm སྣེ་ཐིག་རྒྱ། ཞེང་58.3cm×དཔངས་10.8cm

明咒大王陀罗尼经

k函 写本 乌金体 7行 梵夹装 开本：宽68.2cm×高19.6cm 版框：宽58.3cm×高10.8cm

540000-0000106

༄། །འཕགས་པ་ཤེས་རབ་ཀྱི་ཕ་རོལ་ཏུ་ཕྱིན་པ་སྟོང་ཕྲག་བརྒྱ་པ།། པོད་མ་པ།

པོད་གཅིག བྲིས་མ། དབུ་ཅན། ཡིག་ཕྲེང་བདུན་ཅན། གླེགས་བམ། ཤོག་གྲྭ། ཞེང་66.7cm×དཀྱུས་19.7cm སྣེ་ཐིག་གྲྭ། ཞེང་55.6cm×དཀྱུས་9.5cm

般若波罗蜜多经十万颂

m函 写本 乌金体 7行 梵夹装 开本：宽66.7cm×高19.7cm 版框：宽55.6cm×高9.5cm

540000-0000107

༄། །འཕགས་པ་ཤེས་རབ་ཀྱི་ཕ་རོལ་ཏུ་ཕྱིན་པ་སྟོང་ཕྲག་བརྒྱ་པ།། པོད་ཉ་པ།

པོད་གཅིག བྲིས་མ། དབུ་ཅན། ཡིག་ཕྲེང་བརྒྱད་ཅན། གླེགས་བམ། ཤོག་གྲྭ། ཞེང་68.8cm×དཀྱུས་20.1cm སྣེ་ཐིག་གྲྭ། ཞེང་58.3cm×དཀྱུས་11.5cm

般若波罗蜜多经十万颂

ny函 写本 乌金体 8行 梵夹装 开本：宽68.8cm×高20.1cm 版框：宽58.3cm×高11.5cm

540000-0000108

༄། །འཕགས་པ་ཤེས་རབ་ཀྱི་ཕ་རོལ་ཏུ་ཕྱིན་པ་སྟོང་ཕྲག་བརྒྱ་པ།། པོད་ཐ་པ།

པོད་གཅིག བྲིས་མ། དབུ་ཅན། ཡིག་ཕྲེང་བདུན་ཅན། གླེགས་བམ། ཤོག་གྲྭ། ཞེང་67.2cm×དཀྱུས་22.8cm སྣེ་ཐིག་གྲྭ། ཞེང་58.5cm×དཀྱུས་12.7cm

般若波罗蜜多经十万颂

th函 写本 乌金体 6-8行 梵夹装 开本：宽67.2cm×高22.8cm 版框：宽58.5cm×高12.7cm

540000-0000109

༄། །འཕགས་པ་ཤེས་རབ་ཀྱི་ཕ་རོལ་ཏུ་ཕྱིན་པ་སྟོང་ཕྲག་བརྒྱ་པ། །པོད་པ་པ།

པོད་གཅིག བྲིས་མ། དབུ་ཅན། ཡིག་ཕྲེང་བདུན་ཅན། གླེགས་བམ། ཤོག་གྲྭ། ཞེང་64.5cm×དཀྱུས་18.3cm སྙེ་ཤིག་གྲྭ། ཞེང་56.5cm×དཀྱུས་8.9cm

般若波罗蜜多经十万颂

p函 写本 乌金体 7行 梵夹装 开本：宽64.5cm×高18.3cm 版框：宽56.5cm×高8.9cm

540000-0000110

༄། །འཕགས་པ་གླང་རུ་ལུང་བསྟན་པ་ཞེས་བྱ་བ་ཐེག་པ་ཆེན་པོའི་མདོ། །

 པོད་གཅིག བྲིས་མ། དབུ་ཅན། ཡིག་ཕྲེང་བདུན་ཅན། གླེགས་བམ། ཤོག་གྲྭ། ཞེང་62cm×དཀྱུས་18.8cm སྙེ་ཤིག་གྲྭ། ཞེང་53.1cm×དཀྱུས་8.7cm

牛角授记大乘经

1函 写本 乌金体 7行 梵夹装 开本：宽62cm×高18.8cm 版框：宽53.1cm×高8.7cm

540000-0000111

༄། །འཕགས་པ་ཤེས་རབ་ཀྱི་ཕ་རོལ་ཏུ་ཕྱིན་པ་སྟོང་ཕྲག་བརྒྱ་པ། །པོད་ང་པ།

པོད་གཅིག བྲིས་མ། དབུ་ཅན། ཡིག་ཕྲེང་བརྒྱད་ཅན། གླེགས་བམ། ཤོག་གྲྭ། ཞེང་64.9cm×དཀྱུས་17.5cm སྙེ་ཤིག་གྲྭ། ཞེང་57.3cm×དཀྱུས་11cm

般若波罗蜜多十万颂

j函 写本 乌金体 8行 梵夹装 开本：宽64.9cm×高17.5cm 版框：宽57.3cm×高11cm

540000-0000112

༄༅། །ལས་རྣམ་པར་འབྱེད་པ།།

བོད་གཅིག ཁྲིས་མ། དབུ་ཅན། ཡིག་ཕྲེང་བདུན་ཅན། གླེགས་བམ། ཤོག་རྒྱ། ཞེང་60.2cm×དཀྱུས་17.8cm སྣེ་ཐིག་རྒྱ། ཞེང་51.9cm×དཀྱུས་9.3cm

业分别经

1函 写本 乌金体 7行 梵夹装 开本：宽60.2cm×高17.8cm 版框：宽51.9cm×高9.3cm

540000-0000113

༄༅། །འཕགས་པ་ཤེས་རབ་ཀྱི་ཕ་རོལ་ཏུ་ཕྱིན་པ་སྟོང་ཕྲག་བརྒྱ་པ།། བོད་ཅ་པ

བོད་གཅིག ཁྲིས་མ། དབུ་ཅན། ཡིག་ཕྲེང་དགུ་ཅན། གླེགས་བམ། ཤོག་རྒྱ། ཞེང་67.8cm×དཀྱུས་18.5cm སྣེ་ཐིག་རྒྱ། ཞེང་55.3cm×དཀྱུས་11.4cm

般若波罗蜜多经十万颂

c函 写本 乌金体 9行 梵夹装 开本：宽67.8cm×高18.5cm 版框：宽55.3cm×高11.4cm

540000-0000114

༄༅། །འཕགས་པ་ཤེས་རབ་ཀྱི་ཕ་རོལ་ཏུ་ཕྱིན་པ་སྟོང་ཕྲག་བརྒྱ་པ།། བོད་ཕ་པ

བོད་གཅིག ཁྲིས་མ། དབུ་ཅན། ཡིག་ཕྲེང་བརྒྱད་ཅན། གླེགས་བམ། ཤོག་རྒྱ། ཞེང་67.8cm×དཀྱུས་21.2cm སྣེ་ཐིག་རྒྱ། ཞེང་56.1cm×དཀྱུས་12.9cm

般若波罗蜜多经十万颂

ph函 写本 乌金体 8行 梵夹装 开本：宽67.8cm×高21.2cm 版框：宽56.1cm×高12.9cm

540000-0000115

༄༅། །འཕགས་པ་ཤེས་རབ་ཀྱི་ཕ་རོལ་ཏུ་ཕྱིན་པ་སྟོང་ཕྲག་བརྒྱ་པ། ། པོད་ཀ་པ།

པོད་གཅིག བྲིས་མ། དབུ་ཅན། ཡིག་ཕྲེང་བདུན་ཅན། གླེགས་བམ། ཤོག་ཀྱུ། ཞེང་67.9cm×དཀྱུས་22.7cm སྣེ་ཐིག་ཀྱུ། ཞེང་57cm×དཀྱུས་12cm

般若波罗蜜多经十万颂

k函 写本 乌金体 7行 梵夹装 开本：宽67.9cm×高22.7cm 版框：宽57cm×高12cm

540000-0000116

༄༅། །འཕགས་པ་དཀོན་མཆོག་བརྩེགས་པ་ཆེན་པོའི་མདོ། ། པོད་ཅ་པ།

 པོད་གཅིག བྲིས་མ། དབུ་ཅན། ཡིག་ཕྲེང་དགུ་ཅན། གླེགས་བམ། ཤོག་ཀྱུ། ཞེང་70.7cm×དཀྱུས་20.7cm སྣེ་ཐིག་ཀྱུ། ཞེང་59.5cm×དཀྱུས་13.1cm

大乘宝积经

c函 写本 乌金体 9行 梵夹装 开本：宽70.7cm×高20.7cm 版框：宽59.5cm×高13.1cm

540000-0000117

༄༅། །འཕགས་པ་ཤེས་རབ་ཀྱི་ཕ་རོལ་ཏུ་ཕྱིན་པ་སྟོང་ཕྲག་བརྒྱ་པ། ། པོད་ཅ་པ།

པོད་གཅིག བྲིས་མ། དབུ་ཅན། ཡིག་ཕྲེང་བརྒྱད་ཅན། གླེགས་བམ། ཤོག་ཀྱུ། ཞེང་68.5cm×དཀྱུས་19.7cm སྣེ་ཐིག་ཀྱུ། ཞེང་61.2cm×དཀྱུས་11cm

般若波罗蜜多经十万颂

c函 写本 乌金体 8行 梵夹装 开本：宽68.5cm×高19.7cm 版框：宽61.2cm×高11cm

540000-0000118

༄། །གསུང་ཐོར་བུ།

པོད་གཅིག བྲིས་མ། དབུ་ཅན། ཡིག་ཕྲེང་བརྒྱད་ཅན། གླེགས་བམ། ཤོག་ཀྱུ། ཞེང་65.2cm×དཀྱུས་23.6cm སྣེ་ཐིག་ཀྱུ། ཞེང་54.5cm×དཀྱུས་10.1cm

散叶

1函 写本 乌金体 8行 梵夹装 开本：宽65.2cm×高23.6cm 版框：宽54.5cm×高10.1cm

540000-0000119

༄། །འཕགས་པ་བྱམས་པས་ཞུས་པ་ཞེས་བྱ་བ་ཐེག་པ་ཆེན་པོའི་མདོ།། པོད་ཉ་པ།

562 པོད་གཅིག བྲིས་མ། དབུ་ཅན། ཡིག་ཕྲེང་དྲུག་ཅན། གླེགས་བམ། ཤོག་ཀྱུ། ཞེང་67.3cm×དཀྱུས་20cm སྣེ་ཐིག་ཀྱུ། ཞེང་55.3cm×དཀྱུས་10cm

佛说弥勒问经

ny函 写本 乌金体 6行 梵夹装 开本：宽67.3cm×高20cm 版框：宽55.3cm×高10cm

540000-0000120

༄། །མདོ།།

པོད་གཅིག བྲིས་མ། དབུ་ཅན། ཡིག་ཕྲེང་བདུན་ཅན། གླེགས་བམ། ཤོག་ཀྱུ། ཞེང་68.2cm×དཀྱུས་20cm སྣེ་ཐིག་ཀྱུ། ཞེང་57.4cm×དཀྱུས་9.5cm

经部

1函 写本 乌金体 7行 梵夹装 开本：宽68.2cm×高20cm 版框：宽57.4cm×高9.5cm

540000-0000121

༄༅། རྫོགས་པ་ཆེན་པོ་ཡེ་ཤེས་གསལ་བར་སྟོན་པའི་རྒྱུད་ཕྱི་མ།། པོད་ཀ་པ།

པོད་གཅིག བྲིས་མ། དབུ་ཅན། ཡིག་ཕྲེང་བརྒྱད་ཅན། གླེགས་བམ། ཤོག་གྲུ། ཞེང་65.1cm×དཀྱུས་23.6cm སྣེ་ཤིག་གྲུ། ཞེང་54.5cm×དཀྱུས་10.3cm

大圆满智慧明见后续

k函 写本 乌金体 8行 梵夹装 开本：宽65.4cm×高23.6cm 版框：宽54.5cm×高10.3cm

540000-0000122

༄༅། རྫོགས་པ་ཆེན་པོ་ཡེ་ཤེས་གསལ་བར་སྟོན་པའི་རྒྱུད་ཕྱི་མ།། པོད་ཁ་པ།

པོད་གཅིག བྲིས་མ། དབུ་ཅན། ཡིག་ཕྲེང་བརྒྱད་ཅན། གླེགས་བམ། ཤོག་གྲུ། ཞེང་65.1cm×དཀྱུས་24cm སྣེ་ཤིག་གྲུ་ ཞེང་54.5cm×དཀྱུས་11.5cm

大圆满智慧明见后续

kh函 写本 乌金体 8行 梵夹装 开本：宽65.1cm×高24cm 版框：宽54.5cm×高11.5cm

540000-0000123

༄༅། རྫོགས་པ་ཆེན་པོ་ཡེ་ཤེས་གསལ་བར་སྟོན་པའི་རྒྱུད་ཕྱི་མ།། པོད་ང་པ།

པོད་གཅིག བྲིས་མ། དབུ་ཅན། ཡིག་ཕྲེང་བརྒྱད་ཅན། གླེགས་བམ། ཤོག་གྲུ། ཞེང་64.5cm×དཀྱུས་23.4cm སྣེ་ཤིག་གྲུ། ཞེང་53.7cm×དཀྱུས་12cm

大圆满智慧明见后续

ng函 写本 乌金体 8行 梵夹装 开本：宽64.5cm×高23.4cm 版框：宽53.7cm×高12cm

540000-0000124

༄། །འཕགས་པ་ཤེས་རབ་ཀྱི་ཕ་རོལ་ཏུ་ཕྱིན་པ་སྟོང་ཕྲག་བརྒྱ་པ། །

པོད་གཅིག བྲིས་མ། དབུ་ཅན། ཡིག་ཕྲེང་བདུན་ཅན། གླེགས་བམ། ཤོག་གྲྭ ཞིང་71cm×དཀྱུས་24cm སྣེ་ཐིག་གྲྭ ཞིང་59.5cm×དཀྱུས་13.5cm

般若波罗蜜多经十万颂

1函 写本 乌金体 7行 梵夹装 开本：宽67.8cm×高18.5cm 版框：宽55.3cm×高11.4cm

540000-0000125

༄། །འཕགས་པ་ཤེས་རབ་ཀྱི་ཕ་རོལ་ཏུ་ཕྱིན་པ་སྟོང་ཕྲག་བརྒྱ་པ། । པོད་ན་པ།

པོད་གཅིག བྲིས་མ། དབུ་ཅན། ཡིག་ཕྲེང་བདུན་ཅན། གླེགས་བམ། ཤོག་གྲྭ ཞིང་67.7cm×དཀྱུས་22.7cm སྣེ་ཐིག་གྲྭ ཞིང་57cm×དཀྱུས་14cm

般若波罗蜜多经十万颂

n函 写本 乌金体 6-8行 梵夹装 开本：宽67.7cm×高22.7cm 版框：宽57cm×高14cm

540000-0000126

༄། །འཕགས་པ་ཤེས་རབ་ཀྱི་ཕ་རོལ་ཏུ་ཕྱིན་པ་སྟོང་ཕྲག་བརྒྱ་པ། །

པོད་གཅིག བྲིས་མ། དབུ་ཅན། ཡིག་ཕྲེང་བདུན་ཅན། གླེགས་བམ། ཤོག་གྲྭ ཞིང་70.9cm×དཀྱུས་23.7cm སྣེ་ཐིག་གྲྭ ཞིང་59.3cm×དཀྱུས་12cm

般若波罗蜜多经十万颂

1函 写本 乌金体 7行 梵夹装 开本：宽70.9cm×高23.7cm 版框：宽59.3cm×高12cm

540000-0000127

༄༅། །འཕགས་པ་ཤེས་རབ་ཀྱི་ཕ་རོལ་ཏུ་ཕྱིན་པ་སྟོང་ཕྲག་བརྒྱ་པ། །བོད་ཇ་པ།

བོད་གཅིག བྲིས་མ། དབུ་ཅན། ཡིག་ཕྲེང་བདུན་ཅན། གླེགས་བམ། ཤོག་རྒྱ། ཞེང་68.2cm×དཀྱུས་19.4cm སྣེ་ཐིག་རྒྱ། ཞེང་59.5cm×དཀྱུས་12.5cm

般若波罗蜜多经十万颂

j函 写本 乌金体 7行 梵夹装 开本：宽58.2cm×高19.4cm 版框：宽59.5cm×高12.5cm

540000-0000128

༄༅། །འཕགས་པ་ཤེས་རབ་ཀྱི་ཕ་རོལ་ཏུ་ཕྱིན་པ་བརྒྱད་སྟོང་པ། །བོད་ཀ་པ།

བོད་གཅིག བྲིས་མ། དབུ་ཅན། ཡིག་ཕྲེང་བརྒྱད་ཅན། གླེགས་བམ། ཤོག་རྒྱ། ཞེང་68.7cm×དཀྱུས་21cm སྣེ་ཐིག་རྒྱ། ཞེང་58.5cm×དཀྱུས་13.2cm

般若波罗蜜多经八千颂

k函 写本 乌金体 8行 梵夹装 开本：宽68.7cm×高21cm 版框：宽58.5cm×高13.2cm

540000-0000129

༄༅། །འཕགས་པ་ཤེས་རབ་ཀྱི་ཕ་རོལ་ཏུ་ཕྱིན་པ་སྟོང་ཕྲག་བརྒྱ་པའི་གཟུངས། །བོད་ག་པ།

བོད་གཅིག བྲིས་མ། དབུ་ཅན། ཡིག་ཕྲེང་བརྒྱད་ཅན། གླེགས་བམ། ཤོག་རྒྱ། ཞེང་67.5cm×དཀྱུས་21cm སྣེ་ཐིག་རྒྱ། ཞེང་58.5cm×དཀྱུས་14cm

般若波罗蜜多经十万颂陀罗尼经

g函 写本 乌金体 8行 梵夹装 开本：宽67.5cm×高21cm 版框：宽58.5cm×高14cm

540000-0000130

༄། །རྩ་བའི་རྒྱུད་ཅེས་བྱ་བ་བཤད་པ་རྫོགས་པའི་རྒྱལ་པོ་ཞེས་བྱ་བ་བཞུགས་སོ།། པོད་ཝ་པ།

པོད་གཅིག བྲིས་མ། དབུ་ཅན། ཡིག་ཕྲེང་བདུན་ཅན། གླེགས་བམ། ཤོག་ཀྱུ། ཞེང་61.5cm×དཀྱུས་17.9cm སྙེ་ཤིག་ཀྱུ། ཞེང་52.6cm×དཀྱུས་10cm

续部之根续正觉王

w函 写本 乌金体 7行 梵夹装 开本：宽61.5cm×高17.9cm 版框：宽52.6cm×高10cm

540000-0000131

༄། །འཕགས་པ་བྱམས་པའི་ཞིང་གི་སྐྲ་ཆེན་པོ་ཞེས་བྱ་བ་ཐེག་པ་ཆེན་པོའི་མདོ།། པོད་ཅ་པ།

པོད་གཅིག བྲིས་མ། དབུ་ཅན། ཡིག་ཕྲེང་བདུན་ཅན། གླེགས་བམ། ཤོག་ཀྱུ། ཞེང་61cm×དཀྱུས་16.3cm སྙེ་ཤིག་ཀྱུ། ཞེང་54.9cm×དཀྱུས་8.3cm

大宝积经摩诃迦叶会等二十三

c函 写本 乌金体 7行 梵夹装 开本：宽61cm×高16.3cm 版框：宽54.9cm×高8.3cm

540000-0000132

༄། །འཕགས་པ་ཤེས་རབ་ཀྱི་ཕ་རོལ་ཏུ་ཕྱིན་པ་སྟོང་ཕྲག་བརྒྱ་པ།། པོད་ཀ་པ།

པོད་གཅིག བྲིས་མ། དབུ་ཅན། ཡིག་ཕྲེང་བརྒྱད་ཅན། གླེགས་བམ། ཤོག་ཀྱུ། ཞེང་66cm×དཀྱུས་18.5cm སྙེ་ཤིག་ཀྱུ། ཞེང་58.6cm×དཀྱུས་12cm

般若波罗蜜多经十万颂

k函 写本 乌金体 8行 梵夹装 开本：宽66cm×高18.5cm 版框：宽58.6cm×高12cm

540000-0000133

༄༅། །འཕགས་པ་ཤེས་རབ་ཀྱི་ཕ་རོལ་ཏུ་ཕྱིན་པ་སྟོང་ཕྲག་བརྒྱ་པ། ། པོད་ད་པ།

པོད་གཅིག བྲིས་མ། དབུ་ཅན། ཡིག་ཕྲེང་བདུན་ཅན། གླེགས་བམ། ཤོག་ཀྱུ། ཞེང་69.2cm×དཀྱུས་19.3cm སྣེ་ཐིག་ཀྱུ། ཞེང་56.2cm×དཀྱུས་9.5cm

般若波罗蜜经多十万颂

d函 写本 乌金体 7行 梵夹装 开本：宽69.2cm×高19.3cm 版框：宽56.2cm×高9.5cm

540000-0000134

༄༅། །ཤིན་ཏུ་རྒྱས་པ་ཆེན་པོའི་མདོ་སངས་རྒྱས་ཕལ་པོ་ཆེ་ཞེས་བྱ་བ་བཞུགས་སོ། ། པོད་ཀ་པ།

པོད་གཅིག བྲིས་མ། དབུ་ཅན། ཡིག་ཕྲེང་བདུན་ནས་དགུ་ཅན། གླེགས་བམ། ཤོག་ཀྱུ། ཞེང་66.4cm×དཀྱུས་19cm སྣེ་ཐིག་ཀྱུ། ཞེང་57.3cm×དཀྱུས་12cm

大方广佛华严经八十华严

k函 写本 乌金体 7-9行 梵夹装 开本：宽66.4cm×高19cm 版框：宽57.3cm×高12cm

540000-0000135

༄༅། །འཕགས་པ་ཤེས་རབ་ཀྱི་ཕ་རོལ་ཏུ་ཕྱིན་པ་སྟོང་ཕྲག་བརྒྱ་པ། ། པོད་ཀ་པ།

པོད་གཅིག བྲིས་མ། དབུ་ཅན། ཡིག་ཕྲེང་བརྒྱད་ཅན། གླེགས་བམ། ཤོག་ཀྱུ། ཞེང་65cm×དཀྱུས་22cm སྣེ་ཐིག་ཀྱུ། ཞེང་57.6cm×དཀྱུས་34cm

般若波罗蜜多经十万颂

k函 写本 乌金体 8行 梵夹装 开本：宽65cm×高22cm 版框：宽57.6cm×高34cm

540000-0000136

༄། །འཕགས་པ་ཤེས་རབ་ཀྱི་ཕ་རོལ་ཏུ་ཕྱིན་པ་སྟོང་ཕྲག་བརྒྱ་པ། །པོད་ཉ་པ།

པོད་གཅིག བྲིས་མ། དབུ་ཅན། ཡིག་ཕྲེང་བདུན་ཅན། གླེགས་བམ། ཤོག་རྒྱ། ཞེང་68.9cm×དཀྱུས་22.9cm སྣེ་ཤིག་རྒྱ། ཞེང་59.3cm×དཀྱུས་11.5cm

般若波罗蜜多经十万颂

ny函 写本 乌金体 7行 梵夹装 开本：宽68.9cm×高22.9cm 版框：宽59.3cm×高11.5cm

540000-0000137

༄། །འཕགས་པ་ཆོས་ཡང་དག་པར་སྡུད་པ་ཞེས་བྱ་བ་ཐེག་པ་ཆེན་པོའི་མདོ། །པོད་ཞ་པ།

པོད་གཅིག བྲིས་མ། དབུ་ཅན། ཡིག་ཕྲེང་བརྒྱད་ཅན། གླེགས་བམ། ཤོག་རྒྱ། ཞེང་63.5cm×དཀྱུས་21.7cm སྣེ་ཤིག་རྒྱ། ཞེང་51cm×དཀྱུས་12.5cm

佛说正法集经

zh函 写本 乌金体 8行 梵夹装 开本：宽63.5cm×高21.7cm 版框：宽51cm×高12.5cm

540000-0000139

༄། །འཕགས་པ་ཤེས་རབ་ཀྱི་ཕ་རོལ་ཏུ་ཕྱིན་པ་བརྒྱད་སྟོང་པ། །པོད་ཀ་པ།

པོད་གཅིག བྲིས་མ། དབུ་ཅན། ཡིག་ཕྲེང་བརྒྱད་ཅན། གླེགས་བམ། ཤོག་རྒྱ། ཞེང་66.7cm×དཀྱུས་19cm སྣེ་ཤིག་རྒྱ། ཞེང་58.2cm×དཀྱུས་11cm

般若波罗蜜多经八千颂

k函 写本 乌金体 8行 梵夹装 开本：宽66.7cm×高19cm 版框：宽58.2cm×高11cm

540000-0000140

༄། །འཕགས་པ་ཤེས་རབ་ཀྱི་ཕ་རོལ་ཏུ་ཕྱིན་པ་སྟོང་ཕྲག་བརྒྱ་པ།། པོད་ཏ་པ།

པོད་གཅིག བྲིས་མ། དབུ་ཅན། ཡིག་ཕྲེང་བདུན་ཅན། གླེགས་བམ། ཤོག་ཀྱུ། ཞེང་69cm×དཀྱུས་19.9cm སྣེ་ཐིག་ཀྱི། ཞེང་57.2cm×དཀྱུས་9.9cm

般若波罗蜜多经十万颂

t函 写本 乌金体 7行 梵夹装 开本：宽69cm×高19.9cm 版框：宽57.2cm×高9.9cm

540000-0000141

༄། །སངས་རྒྱས་ཕལ་པོ་ཆེ་ཞེས་བྱ་བ་ཤིན་ཏུ་རྒྱས་པའི་མདོ།། པོད་ཙ་པ།

པོད་གཅིག བྲིས་མ། དབུ་ཅན། ཡིག་ཕྲེང་བདུན་ཅན། གླེགས་བམ། ཤོག་ཀྱུ། ཞེང་66.3cm×དཀྱུས་19cm སྣེ་ཐིག་ཀྱི། ཞེང་57.3cm×དཀྱུས་9.5cm

大方广佛华严经八十华严

c函 写本 乌金体 7行 梵夹装 开本：宽66.3cm×高19cm 版框：宽57.3cm×高9.5cm

540000-0000142

༄། །འཕགས་པ་ཤེས་རབ་ཀྱི་ཕ་རོལ་ཏུ་ཕྱིན་པ་སྟོང་ཕྲག་བརྒྱ་པ།། པོད་ཙ་པ།

པོད་གཅིག བྲིས་མ། དབུ་ཅན། ཡིག་ཕྲེང་བརྒྱད་ཅན། གླེགས་བམ། ཤོག་ཀྱུ། ཞེང་70.4cm×དཀྱུས་20.3cm སྣེ་ཐིག་ཀྱི། ཞེང་59.2cm×དཀྱུས་12.2cm

般若波罗蜜多经十万颂

c函 写本 乌金体 8行 梵夹装 开本：宽70.4cm×高20.3cm 版框：宽59.2cm×高12.2cm

540000-0000143

༄༅། །འཕགས་པ་ཤེས་རབ་ཀྱི་ཕ་རོལ་ཏུ་ཕྱིན་པ་སྟོང་ཕྲག་བརྒྱ་པ། །པོད་ཆ་པ།

པོད་གཅིག བྲིས་མ། དབུ་ཅན། ཡིག་ཕྲེང་བདུན་ཅན། གླེགས་བམ། ཤོག་གྲུ། ཞེང་67.2cm×དཀྱུས་17.6cm སྣེ་ཐིག་གྲུ། ཞེང་60cm×དཀྱུས་9cm

般若波罗蜜多经十万颂

ch函 写本 乌金体 7行 梵夹装 开本：宽67.2cm×高17.6cm 版框：宽60cm×高9cm

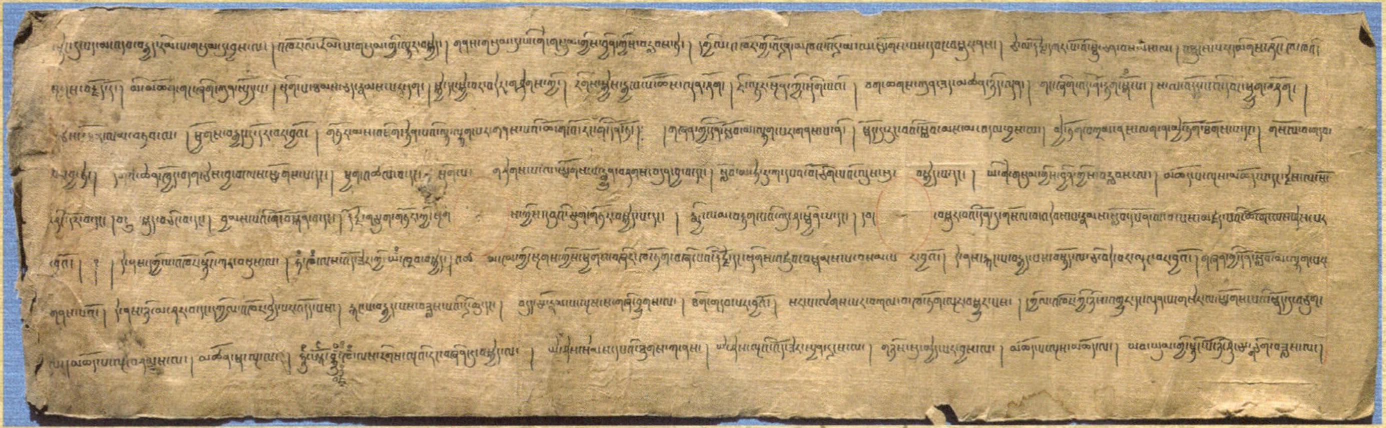

དུས་རབས་10-11པའི་གསུང་རབ་བྲིས་མ།

10-11 世纪写本文献

540000-0000144

༄། །འཕགས་པ་ཤེས་རབ་ཀྱི་ཕ་རོལ་ཏུ་ཕྱིན་སྟོང་ཕྲག་བརྒྱ་པ། །པོད་ག་པ།

པོད་གཅིག བྲིས་མ། དབུ་ཅན། ཡིག་ཕྲེང་བརྒྱད་ཅན། གླེགས་བམ། ཤོག་གྲྭ། ཞེང་70.2cm×དཀྱུས་20.2cm སྣེ་ཐིག་གྲྭ། ཞེང་61cm×དཀྱུས་12.5cm

般若波罗蜜多经十万颂

g函 写本 乌金体 8行 梵夹装 开本：宽70.2cm×高20.2cm 版框：宽61cm×高12.5cm

540000-0000145

༄། །འཕགས་པ་ཤེས་རབ་ཀྱི་ཕ་རོལ་ཏུ་ཕྱིན་པ་སྟོང་ཕྲག་བརྒྱ་པ། ། པོད་ཀ་པ།

པོད་གཅིག བྲིས་མ། དབུ་ཅན། ཡིག་ཕྲེང་བདུན་ཅན། གླེགས་བམ། ཤོག་གྲྭ། ཞེང་69cm×དཀྱུས་23cm སྣེ་ཐིག་གྲྭ། ཞེང་59.1cm×དཀྱུས་11.6cm

般若波罗蜜多经十万颂

k函 写本 乌金体 7行 梵夹装 开本：宽69cm×高23cm 版框：宽59.1cm×高11.6cm

540000-0000146

༄། །འཕགས་པ་སེང་གེའི་སྒྲ་བསྒྲགས་པ་ཞེས་བྱ་བ་ཐེག་པ་ཆེན་པོའི་མདོ། ། པོད་ན་པ།

རྒྱ་གར་མཁན་པོ་བི་དྱ་ཀ་ར་སིང་ཧ་དང་ལོ་ཙཱ་བ་བན་དེ་སྦྲ་ཛེ་ཡེ་ཤེས་སྙིང་པོ་བསྒྱུར།

པོད་གཅིག བྲིས་མ། དབུ་ཅན། ཡིག་ཕྲེང་བརྒྱད་ཅན། གླེགས་བམ། ཤོག་གྲྭ། ཞེང་68.8cm×དཀྱུས་23.3cm སྣེ་ཐིག་གྲྭ། ཞེང་61.3cm×དཀྱུས་13.6cm

大方广狮子吼经(佛说德护长者经)

n函 写本 乌金体 8行 梵夹装 开本：宽68.8cm×高23.3cm 版框：宽61.3cm×高13.6cm

540000-0000147

༄། །འཕགས་པ་བསྐལ་པ་བཟང་པོ་ཞེས་བྱ་བ་ཐེག་པ་ཆེན་པོའི་མདོ། །པོད་ཀ་པ།

པོད་གཅིག བྲིས་མ། དབུ་ཅན། ཡིག་ཕྲེང་བརྒྱད་ཅན། གླེགས་བམ། ཤོག་གྲུ། ཞེང་66.8cm×དཀྱུས་23.3cm སྣེ་ཐིག་གྲུ། ཞེང་59.5cm×དཀྱུས་13.5cm

大乘贤劫经

k函 写本 乌金体 8行 梵夹装 开本：宽66.8cm×高23.3cm 版框：宽59.5cm×高13.5cm

540000-0000148

༄། རྫོགས་པ་ཆེན་པོ་ཡེ་ཤེས་གསལ་བར་སྟོན་པའི་རྒྱུད་ཕྱི་མ། །པོད་ཙ་པ།

པོད་གཅིག བྲིས་མ། དབུ་ཅན། ཡིག་ཕྲེང་བརྒྱད་ཅན། གླེགས་བམ། ཤོག་གྲུ། ཞེང་65cm×དཀྱུས་23.5cm སྣེ་ཐིག་གྲུ། ཞེང་54.3cm×དཀྱུས་12cm

大圆满智慧明见后续

c函 写本 乌金体 8行 梵夹装 开本：宽65cm×高23.5cm 版框：宽54.3cm×高12cm

540000-0000149

༄། །འཕགས་པ་ཤེས་རབ་ཀྱི་ཕ་རོལ་ཏུ་ཕྱིན་པ་སྟོང་ཕྲག་བརྒྱ་པ། །པོད་ཆ་པ།

པོད་གཅིག བྲིས་མ། དབུ་ཅན། ཡིག་ཕྲེང་བརྒྱད་ཅན། གླེགས་བམ། ཤོག་གྲུ། ཞེང་67.3cm×དཀྱུས་20cm སྣེ་ཐིག་གྲུ། ཞེང་58cm×དཀྱུས་11.5cm

般若波罗蜜多经十万颂

ch函 写本 乌金体 8行 梵夹装 开本：宽67.3cm×高20cm 版框：宽58cm×高11.5cm

540000-0000150

༄། །འཕགས་པ་ཤེས་རབ་ཀྱི་ཕ་རོལ་ཏུ་ཕྱིན་པ་བརྒྱད་སྟོང་པ། ། བོད་ཀ་པ།

བོད་གཅིག བྲིས་མ། དབུ་ཅན། ཡིག་ཕྲེང་བདུན་ཅན། གླེགས་བམ། ཤོག་ཀྱུ། ཞེང་71cm×དཀྱུས་24.4cm སྣེ་ཐིག་ཀྱུ། ཞེང་60.5cm×དཀྱུས་14cm

般若波罗蜜多经八千颂

k函 写本 乌金体 7行 梵夹装 开本：宽71cm×高24.4cm 版框：宽60.5cm×高14cm

540000-0000151

༄། །འཕགས་པ་ཤེས་རབ་ཀྱི་ཕ་རོལ་ཏུ་ཕྱིན་པ་སྟོང་ཕྲག་བརྒྱ་པ། ། བོད་ཀ་པ།

བོད་གཅིག བྲིས་མ། དབུ་ཅན། ཡིག་ཕྲེང་བདུན་ཅན། གླེགས་བམ། ཤོག་ཀྱུ། ཞེང་67.5cm×དཀྱུས་19.2cm སྣེ་ཐིག་ཀྱུ། ཞེང་58.5cm×དཀྱུས་10.7cm

般若波罗蜜多经十万颂

k函 写本 乌金体 7行 梵夹装 开本：宽67.5cm×高19.2cm 版框：宽58.5cm×高10.7cm

540000-0000152

༄། །འཕགས་པ་ཤིན་ཏུ་རྒྱས་པ་ཆེན་པོའི་མདོ། ། བོད་ང་པ།

བོད་གཅིག བྲིས་མ། དབུ་ཅན། ཡིག་ཕྲེང་བདུན་ཅན། གླེགས་བམ། ཤོག་ཀྱུ། ཞེང་71.2cm×དཀྱུས་23cm སྣེ་ཐིག་ཀྱུ། ཞེང་61cm×དཀྱུས་12.5cm

大乘大方等日藏经

ng函 写本 乌金体 7行 梵夹装 开本：宽71.2cm×高23cm 版框：宽61cm×高12.5cm

540000-0000153

༄། །འཕགས་པ་ཤེས་རབ་ཀྱི་ཕ་རོལ་ཏུ་ཕྱིན་པ་བརྒྱད་སྟོང་པ།། པོད་ཀ་པ།

པོད་གཅིག བྲིས་མ། དབུ་ཅན། ཡིག་ཕྲེང་བརྒྱད་ཅན། གླེགས་བམ། ཤོག་གྲྭ། ཞེང་70cm×དཀྱུས་23.7cm སྣེ་ཐིག་གྲྭ། ཞེང་60.1cm×དཀྱུས་12.5cm

般若波罗蜜多经八千颂

k函 写本 乌金体 8行 梵夹装 开本：宽70cm×高23.7cm 版框：宽60.1cm×高12.5cm

540000-0000154

༄། །འཕགས་པ་ཤེས་རབ་ཀྱི་ཕ་རོལ་ཏུ་ཕྱིན་པ་སྟོང་ཕྲག་བརྒྱ་པ།། པོད་ཛ་པ།

པོད་གཅིག བྲིས་མ། དབུ་ཅན། ཡིག་ཕྲེང་བདུན་ཅན། གླེགས་བམ། ཤོག་གྲྭ། ཞེང་66.9cm×དཀྱུས་22.9cm སྣེ་ཐིག་གྲྭ། ཞེང་58.3cm×དཀྱུས་10.1cm

般若波罗蜜多经十万颂

j函 写本 乌金体 7行 梵夹装 开本：宽66.9cm×高22.9cm 版框：宽58.3cm×高10.1cm

540000-0000155

༄། །འཕགས་པ་ཤེས་རབ་ཀྱི་ཕ་རོལ་ཏུ་ཕྱིན་པ་སྟོང་ཕྲག་བརྒྱ་པ།། པོད་བ་པ།

པོད་གཅིག བྲིས་མ། དབུ་ཅན། ཡིག་ཕྲེང་བདུན་ཅན། གླེགས་བམ། ཤོག་གྲྭ། ཞེང་67.1cm×དཀྱུས་23.1cm སྣེ་ཐིག་གྲྭ། ཞེང་58.1cm×དཀྱུས་11cm

般若波罗蜜多经十万颂

b函 写本 乌金体 7行 梵夹装 开本：宽67.1cm×高23.1cm 版框：宽58.1cm×高11cm

540000-0000156

༄༅། །འཕགས་པ་ཤེས་རབ་ཀྱི་ཕ་རོལ་ཏུ་ཕྱིན་པ་སྟོང་ཕྲག་བརྒྱ་པ།། པོད་ཆ་པ།

པོད་གཅིག བྲིས་མ། དབུ་ཅན། ཡིག་ཕྲེང་བརྒྱད་ཅན། གླེགས་བམ། ཤོག་རྒྱ། ཞེང་68.4cm×དཀྱུས་19.9cm སྣེ་ཐིག་རྒྱ། ཞེང་59.9cm×དཀྱུས་10.3cm

般若波罗蜜多经十万颂

ch函 写本 乌金体 8行 梵夹装 开本：宽68.4cm×高19.9cm 版框：宽59.9cm×高10.3cm

540000-0000157

༄༅། །འཕགས་པ་ཤེས་རབ་ཀྱི་ཕ་རོལ་ཏུ་ཕྱིན་པ་སྟོང་ཕྲག་ཉི་ཤུ་ལྔ་པ།། པོད་ཀ་པ།

པོད་གཅིག བྲིས་མ། དབུ་ཅན། ཡིག་ཕྲེང་བརྒྱད་ཅན། གླེགས་བམ། ཤོག་རྒྱ། ཞེང་68.2cm×དཀྱུས་22.8cm སྣེ་ཐིག་རྒྱ། ཞེང་59.9cm×དཀྱུས་12cm

般若波罗蜜多经两万五千颂

k函 写本 乌金体 8行 梵夹装 开本：宽68.2cm×高22.8cm 版框：宽59.9cm×高12cm

540000-0000158

༄༅། །འཕགས་པ་ཤེས་རབ་ཀྱི་ཕ་རོལ་ཏུ་ཕྱིན་པ་སྟོང་ཕྲག་བརྒྱ་པ།། པོད་ཀ་པ།

པོད་གཅིག བྲིས་མ། དབུ་ཅན། ཡིག་ཕྲེང་བདུན་ཅན། གླེགས་བམ། ཤོག་རྒྱ། ཞེང་70.9cm×དཀྱུས་22.5cm སྣེ་ཐིག་རྒྱ། ཞེང་62.5cm×དཀྱུས་10.1cm

般若波罗蜜多经十万颂

k 写本 乌金体 7行 梵夹装 开本：宽70.9cm×高22.5cm 版框：宽62.5cm×高10.1cm

540000-0000159

༄། །འཕགས་པ་ཤེས་རབ་ཀྱི་ཕ་རོལ་ཏུ་ཕྱིན་པ་སྟོང་ཕྲག་བརྒྱ་པ།།　པོད་ཏ་པ།

པོད་གཅིག བྲིས་མ། དབུ་ཅན། ཡིག་ཕྲེང་བརྒྱད་ཅན། གླེགས་བམ།　ཤོག་ཀྱུ། ཞེང་70.1cm×དཀྱུས་21.1cm སྣེ་ཐིག་ཀྱུ། ཞེང་60cm×དཀྱུས་11cm

般若波罗蜜多经十万颂

t 写本 乌金体 8行 梵夹装　开本：宽70.1cm×高21.1cm 版框：宽60cm×高11cm

540000-0000160

༄། །བྱང་ཆུབ་སེམས་དཔའི་སྤྱོད་པ་ལ་འཇུག་པ་ཞེས་བྱ་བ་བཞུགས་སོ།།

པོད་གཅིག བྲིས་མ། དབུ་ཅན། ཡིག་ཕྲེང་བརྒྱད་ཅན། གླེགས་བམ།　ཤོག་ཀྱུ། ཞེང་66.3cm×དཀྱུས་19.5cm སྣེ་ཐིག་ཀྱུ། ཞེང་56.6cm×དཀྱུས་10.1cm

入菩萨行论

1函 写本 乌金体 8行 梵夹装　开本：宽66.3cm×高19.5cm 版框：宽56.6cm×高10.1cm

540000-0000161

༄། །འཕགས་པ་བསྐལ་པ་བཟང་པོ་ཞེས་བྱ་བ་ཐེག་པ་ཆེན་པོའི་མདོ།།　པོད་ཀ་པ།

པོད་གཅིག བྲིས་མ། དབུ་ཅན། ཡིག་ཕྲེང་བདུན་ཅན། གླེགས་བམ།　ཤོག་ཀྱུ། ཞེང་67cm×དཀྱུས་22.8cm སྣེ་ཐིག་ཀྱུ། ཞེང་60.1cm×དཀྱུས་11.9cm

大乘贤劫经

k 写本 乌金体 8行 梵夹装　开本：宽67cm×高22.8cm 版框：宽60.1cm×高11.9cm

540000-0000162

༄༅། །འཕགས་པ་ཤེས་རབ་ཀྱི་ཕ་རོལ་ཏུ་ཕྱིན་པ་སྟོང་ཕྲག་བརྒྱ་པ།　　པོད་ཅ་པ།

པོད་གཅིག བྲིས་མ། དབུ་ཅན། ཡིག་ཕྲེང་བཅུ་ཅན། གླེགས་བམ། ཤོག་རྒྱ། ཞེང་66.8cm×དཀྱུས་21.7cm སྣེ་ཐིག་རྒྱ། ཞེང་58.7cm×དཀྱུས་12.5cm

般若波罗蜜多经十万颂

c函 写本 乌金体 10行 梵夹装　开本：宽66.8cm×高21.7cm 版框：宽58.7cm×高12.5cm

540000-0000163

༄༅། །འཕགས་པ་ཤེས་རབ་ཀྱི་ཕ་རོལ་ཏུ་ཕྱིན་པ་བརྒྱད་སྟོང་པ། །

པོད་གཅིག བྲིས་མ། དབུ་ཅན། ཡིག་ཕྲེང་བརྒྱད་ཅན། གླེགས་བམ། ཤོག་རྒྱ། ཞེང་67.9cm×དཀྱུས་21cm སྣེ་ཐིག་རྒྱ། ཞེང་56.5cm×དཀྱུས་12.7cm

般若波罗蜜多经八千颂

1函 写本 乌金体 8行 梵夹装　开本：宽67.9cm×高21cm 版框：宽56.5cm×高12.7cm

540000-0000164

༄༅། །འཕགས་པ་ཤེས་རབ་ཀྱི་ཕ་རོལ་ཏུ་ཕྱིན་པ་སྟོང་ཕྲག་བརྒྱ་པ། །　　པོད་ཆ་པ།

པོད་གཅིག བྲིས་མ། དབུ་ཅན། ཡིག་ཕྲེང་བདུན་ཅན། གླེགས་བམ། ཤོག་རྒྱ། ཞེང་70.1cm×དཀྱུས་22.5cm སྣེ་ཐིག་རྒྱ། ཞེང་61.9cm×དཀྱུས་10.8cm

般若波罗蜜多经十万颂

ch 写本 乌金体 7行 梵夹装　开本：宽70.1cm×高22.5cm 版框：宽61.9cm×高10.8cm

540000-0000165

༄། །འཕགས་པ་ཤེས་རབ་ཀྱི་ཕ་རོལ་ཏུ་ཕྱིན་པ་སྟོང་ཕྲག་བརྒྱ་པ། ། པོད་ད་པ།

པོད་གཅིག བྲིས་མ། དབུ་ཅན། ཡིག་ཕྲེང་དགུ་ཅན། གླེགས་བམ། ཤོག་གྲྭ། ཞེང་70.3cm×དཀྱུས་20.8cm སྣེ་ཐིག་གྲྭ། ཞེང་60.4cm×དཀྱུས་12cm

般若波罗蜜多经十万颂

d函 写本 乌金体 9行 梵夹装 开本：宽70.3cm×高20.8cm 版框：宽60.4cm×高12cm

540000-0000166

༄། །འཕགས་པ་དེ་བཞིན་གཤེགས་པའི་ཡེ་ཤེས་ཀྱི་ཕྱག་རྒྱའི་ཏིང་ངེ་འཛིན་ཞེས་བྱ་བ་ཐེག་པ་ཆེན་པོའི་མདོ། ། པོད་ད་པ།

པོད་གཅིག བྲིས་མ། དབུ་ཅན། ཡིག་ཕྲེང་བརྒྱད་ཅན། གླེགས་བམ། ཤོག་གྲྭ། ཞེང་62.5cm×དཀྱུས་23.4cm སྣེ་ཐིག་གྲྭ། ཞེང་54.6cm×དཀྱུས་11cm

佛说如来智印三摩地经

d函 写本 乌金体 8行 梵夹装 开本：宽62.5cm×高23.4cm 版框：宽54.6cm×高11cm

540000-0000167

༄། །འཕགས་པ་ཤེས་རབ་ཀྱི་ཕ་རོལ་ཏུ་ཕྱིན་པ་སྟོང་ཕྲག་བརྒྱ་པ། ། པོད་ཀ་པ།

པོད་གཅིག བྲིས་མ། དབུ་ཅན། ཡིག་ཕྲེང་བརྒྱད་ཅན། གླེགས་བམ། ཤོག་གྲྭ། ཞེང་70.1cm×དཀྱུས་22.2cm སྣེ་ཐིག་གྲྭ། ཞེང་57.1cm×དཀྱུས་10.9cm

般若波罗蜜多经十万颂

k函 写本 乌金体 8行 梵夹装 开本：宽70.1cm×高22.2cm 版框：宽57.1cm×高10.9cm

540000-0000168

༄། །འཕགས་པ་ཤེས་རབ་ཀྱི་ཕ་རོལ་ཏུ་ཕྱིན་པ་སྟོང་ཕྲག་བརྒྱ་པ། །   པོད་ཏ་པ།

པོད་གཅིག བྲིས་མ། དབུ་ཅན། ཡིག་ཕྲེང་དགུ་ཅན། གླེགས་བམ།   ཤོག་ཀྱུ། ཞེང་67.2cm×དཀྱུས་18.5cm སྣེ་ཤིག་ཀྱུ། ཞེང་60cm×དཀྱུས་9.8cm

般若波罗蜜多经十万颂

t函 写本 乌金体 9行 梵夹装 开本：宽67.2cm×高18.5cm 版框：宽60cm×高9.8cm

540000-0000169

༄། །འཕགས་པ་ཤེས་རབ་ཀྱི་ཕ་རོལ་ཏུ་ཕྱིན་པ་སྟོང་ཕྲག་བརྒྱ་པ། །   པོད་ཕ་པ།

པོད་གཅིག བྲིས་མ། དབུ་ཅན། ཡིག་ཕྲེང་བདུན་ཅན། གླེགས་བམ།   ཤོག་ཀྱུ། ཞེང་69.7cm×དཀྱུས་23cm སྣེ་ཤིག་ཀྱུ། ཞེང་59.1cm×དཀྱུས་10cm

般若波罗蜜多经十万颂

ph函 写本 乌金体 7行 梵夹装 开本：宽69.7cm×高23cm 版框：宽59.1cm×高10cm

540000-0000170

༄། །འཕགས་པ་ཤེས་རབ་ཀྱི་ཕ་རོལ་ཏུ་ཕྱིན་པ་སྟོང་ཕྲག་ཉི་ཤུ་ལྔ་པ། །   པོད་ང་པ།

པོད་གཅིག བྲིས་མ། དབུ་ཅན། ཡིག་ཕྲེང་བརྒྱད་ཅན། གླེགས་བམ།   ཤོག་ཀྱུ། ཞེང་67.5cm×དཀྱུས་22.6cm སྣེ་ཤིག་ཀྱུ། ཞེང་57.7cm×དཀྱུས་11.8cm

般若波罗蜜多经两万五千颂

ng函 写本 乌金体 8行 梵夹装 开本：宽67.5cm×高22.6cm 版框：宽57.7cm×高11.8cm

540000-0000171

༄། །འཕགས་པ་སངས་རྒྱས་ཕལ་པོ་ཆེ་ཞེས་བྱ་བ་ལས་ཤིན་ཏུ་རྒྱས་པའི་ཆེན་པོའི་མདོ།། པོད་ཁ་པ།

པོད་གཅིག བྲིས་མ། དབུ་ཅན། ཡིག་ཕྲེང་བདུན་ཅན། གླེགས་བམ། ཤོག་གྲྭ། ཞེང་64.1cm×དཀྱུས་17.5cm སྣེ་ཐིག་གྲྭ། ཞེང་53.9cm×དཀྱུས་7.1cm

大方广佛华严经八十华严

kh函 写本 乌金体 7行 梵夹装 开本：宽64.1cm×高17.5cm 版框：宽53.9cm×高7.1cm

540000-0000172

༄། །འཕགས་པ་ཤེས་རབ་ཀྱི་ཕ་རོལ་ཏུ་ཕྱིན་པ་སྟོང་ཕྲག་བརྒྱ་པ།། པོད་ཁ་པ།

པོད་གཅིག བྲིས་མ། དབུ་ཅན། ཡིག་ཕྲེང་བཅུ་ཅན། གླེགས་བམ། ཤོག་གྲྭ། ཞེང་67.8cm×དཀྱུས་21.7cm སྣེ་ཐིག་གྲྭ། ཞེང་60cm×དཀྱུས་12cm

般若波罗蜜多经十万颂

kh函 写本 乌金体 10行 梵夹装 开本：宽67.8cm×高21.7cm 版框：宽60cm×高12cm

540000-0000173

༄། །འཕགས་པ་ཤེས་རབ་ཀྱི་ཕ་རོལ་ཏུ་ཕྱིན་པ་སྟོང་ཕྲག་བརྒྱ་པ།། པོད་ཏ་པ།

པོད་གཅིག བྲིས་མ། དབུ་ཅན། ཡིག་ཕྲེང་བདུན་ཅན། གླེགས་བམ། ཤོག་གྲྭ། ཞེང་65.8cm×དཀྱུས་20.3cm སྣེ་ཐིག་གྲྭ། ཞེང་55.9cm×དཀྱུས་10cm

般若波罗蜜多经十万颂

t函 写本 乌金体 7行 梵夹装 开本：宽65.8cm×高20.3cm 版框：宽55.9cm×高10cm

540000-0000174

༄། །འཕགས་པ་ཤེས་རབ་ཀྱི་ཕ་རོལ་ཏུ་ཕྱིན་པ་སྟོང་ཕྲག་བརྒྱ་པ། ། པོད་ཐ་པ།

པོད་གཅིག ཤྲིས་མ། དབུ་ཅན། ཡིག་ཕྲེང་བདུན་ཅན། གླེགས་བམ། ཤོག་ཀྱུ། ཞིང་62.7cm×དཀྱུས་16cm སྙེ་ཐིག་ཀྱུ། ཞིང་55.9cm×དཀྱུས་10.1cm

般若波罗蜜多经十万颂

th函 写本 乌金体 10行 梵夹装 开本：宽62.7cm×高16cm 版框：宽55.9cm×高10.1cm

540000-0000175

༄། །འཕགས་པ་ཤེས་རབ་ཀྱི་ཕ་རོལ་ཏུ་ཕྱིན་པ་སྟོང་ཕྲག་བརྒྱ་པ། ། པོད་ཇ་པ།

པོད་གཅིག ཤྲིས་མ། དབུ་ཅན། ཡིག་ཕྲེང་བརྒྱད་ཅན། གླེགས་བམ། ཤོག་ཀྱུ། ཞིང་69.2cm×དཀྱུས་23.1cm སྙེ་ཐིག་ཀྱུ། ཞིང་60.1cm×དཀྱུས་11.8cm

般若波罗蜜多经十万颂

j函 写本 乌金体 8行 梵夹装 开本：宽69.2cm×高23.1cm 版框：宽60.1cm×高11.8cm

540000-0000176

༄། །འཕགས་པ་ཤེས་རབ་ཀྱི་ཕ་རོལ་ཏུ་ཕྱིན་པ་སྟོང་ཕྲག་ཉི་ཤུ་ལྔ་པ། ། པོད་ག་པ།

པོད་གཅིག ཤྲིས་མ། དབུ་ཅན། ཡིག་ཕྲེང་བདུན་ཅན། གླེགས་བམ། ཤོག་ཀྱུ། ཞིང་66.6cm×དཀྱུས་17.1cm སྙེ་ཐིག་ཀྱུ། ཞིང་60.3cm×དཀྱུས་9.8cm

般若波罗蜜多经两万五千颂

g函 写本 乌金体 7行 梵夹装 开本：宽66.6cm×高17.1cm 版框：宽60.3cm×高9.8cm

540000-0000177

༄༅། །འཕགས་པ་ཤེས་རབ་ཀྱི་ཕ་རོལ་ཏུ་ཕྱིན་པ་སྟོང་ཕྲག་བརྒྱ་པ། པོད་ན་པ།

པོད་གཅིག བྲིས་མ། དབུ་ཅན། ཡིག་ཕྲེང་བརྒྱད་ཅན། གླེགས་བམ། ཤོག་རྒྱ། ཞེང་69.9cm×དཀྱུས་19.2cm སྙེ་ཤིག་རྒྱ། ཞེང་61.6cm×དཀྱུས་10.1cm

般若波罗蜜多经十万颂

n函 写本 乌金体 8行 梵夹装 开本：宽69.9cm×高19.2cm 版框：宽61.6cm×高10.1cm

540000-0000178

༄༅། །འཕགས་པ་ཤེས་རབ་ཀྱི་ཕ་རོལ་ཏུ་ཕྱིན་པ་སྟོང་ཕྲག་བརྒྱ་པ། པོད་ཀ་པ།

པོད་གཅིག བྲིས་མ། དབུ་ཅན། ཡིག་ཕྲེང་བརྒྱད་ཅན། གླེགས་བམ། ཤོག་རྒྱ། ཞེང་67.8cm×དཀྱུས་18.4cm སྙེ་ཤིག་རྒྱ། ཞེང་57.8cm×དཀྱུས་8.8cm

般若波罗蜜多经十万颂

k函 写本 乌金体 8行 梵夹装 开本：宽67.8cm×高18.4cm 版框：宽57.8cm×高8.8cm

540000-0000179

༄༅། །འཕགས་པ་ལས་ཀྱི་སྒྲིབ་པ་རྒྱུན་གཅོད་པ་ཞེས་བྱ་བ་ཐེག་པ་ཆེན་པོའི་མདོ།།

པོད་གཅིག བྲིས་མ། དབུ་ཅན། ཡིག་ཕྲེང་བདུན་ཅན། གླེགས་བམ། ཤོག་རྒྱ། ཞེང་66.9cm×དཀྱུས་17.7cm སྙེ་ཤིག་རྒྱ། ཞེང་60cm×དཀྱུས་9cm

大乘三聚忏悔经

1函 写本 乌金体 7行 梵夹装 开本：宽66.9cm×高17.7cm 版框：宽60cm×高9cm

540000-0000180

༄། །སྙིང་རྗེ་ཆེན་པོའི་པདྨ་དཀར་པོ་ཞེས་བྱ་བ་ཐེག་པ་ཆེན་པོའི་མདོ།།

པོད་གཅིག བྲིས་མ། དབུ་ཅན། ཡིག་ཕྲེང་བརྒྱད་ཅན། གླེགས་བམ། ཤོག་གྲྭ། ཞེང་67.2cm×དཀྱུས་18.4cm སྣེ་ཐིག་གྲྭ། ཞེང་59cm×དཀྱུས་10cm

大悲妙法莲花经

1函 写本 乌金体 8行 梵夹装 开本：宽67.2cm×高18.4cm 版框：宽59cm×高10cm

540000-0000181

༄། །འཕགས་པ་དཀོན་མཆོག་བརྩེགས་པ་ཆེན་པོའི་མདོ།། པོད་ཆ་པ།

 པོད་གཅིག བྲིས་མ། དབུ་ཅན། ཡིག་ཕྲེང་བདུན་ཅན། གླེགས་བམ། ཤོག་གྲྭ། ཞེང་67.7cm×དཀྱུས་19.9cm སྣེ་ཐིག་གྲྭ། ཞེང་58.2cm×དཀྱུས་9.1cm

大乘宝积经

ch函 写本 乌金体 7行 梵夹装 开本：宽67.7cm×高19.9cm 版框：宽58.2cm×高9.1cm

540000-0000182

༄། །འཕགས་པ་ཕ་རོལ་ཏུ་ཕྱིན་པ་ལྔ་བསྡུན་པ་ཞེས་བྱ་བ་ཐེག་པ་ཆེན་པོའི་མདོ།།

པོད་གཅིག བྲིས་མ། དབུ་ཅན། ཡིག་ཕྲེང་བདུན་ཅན། གླེགས་བམ། ཤོག་གྲྭ། ཞེང་64.4cm×དཀྱུས་18.8cm སྣེ་ཐིག་གྲྭ། ཞེང་57.7cm×དཀྱུས་9.9cm

大乘般若波罗蜜多五经（佛说内藏百宝经）

1函 写本 乌金体 7行 梵夹装 开本：宽64.4cm×高18.8cm 版框：宽57.7cm×高9.9cm

540000-0000183

༄། །འཕགས་པ་ཤེས་རབ་ཀྱི་ཕ་རོལ་ཏུ་ཕྱིན་པ་སྟོང་ཕྲག་བརྒྱ་པ།   བོད་བ་པ།

བོད་གཅིག བྲིས་མ། དབུ་ཅན། ཡིག་ཕྲེང་བདུན་ཅན། གླེགས་བམ། ཤོག་ཀྱ། ཞེང་70.8cm×དཀྱུས་22.4cm སྙེ་ཐིག་ཀྱ། ཞེང་60.1cm×དཀྱུས་21.5cm

般若波罗蜜多经十万颂

b函 写本 乌金体 7行 梵夹装 开本：宽70.8cm×高22.4cm 版框：宽60.1cm×高21.5cm

540000-0000184

༄། །འཕགས་པ་ཤེས་རབ་ཀྱི་ཕ་རོལ་ཏུ་ཕྱིན་པ་སྟོང་ཕྲག་བརྒྱ་པ།   བོད་ཏ་པ།

བོད་གཅིག བྲིས་མ། དབུ་ཅན། ཡིག་ཕྲེང་བརྒྱད་ཅན། གླེགས་བམ། ཤོག་ཀྱ། ཞེང་67cm×དཀྱུས་19.6cm སྙེ་ཐིག་ཀྱ། ཞེང་55.9cm×དཀྱུས་11.4cm

般若波罗蜜多经十万颂

t函 写本 乌金体 7行 梵夹装 开本：宽67cm×高19.6cm 版框：宽55.9cm×高11.4cm

540000-0000185

༄། །འཕགས་པ་ཤེས་རབ་ཀྱི་ཕ་རོལ་ཏུ་ཕྱིན་པ་སྟོང་ཕྲག་བརྒྱ་པ།   བོད་ཏ་པ།

བོད་གཅིག བྲི་མ། དབུ་ཅན། ཡིག་ཕྲེང་བརྒྱད་ཅན། གླེགས་བམ། ཤོག་ཀྱ། ཞེང་68.2cm×དཀྱུས་19.6cm སྙེ་ཐིག་ཀྱ། ཞེང་58.2cm×དཀྱུས་10cm

般若波罗蜜多经十万颂

t函 写本 乌金体 8行 梵夹装 开本：宽68.2cm×高19.6cm 版框：宽58.2cm×高10cm

540000-0000186

༄། །འཕགས་པ་ཤེས་རབ་ཀྱི་ཕ་རོལ་ཏུ་ཕྱིན་པ་སྟོང་ཕྲག་བརྒྱ་པ། ། པོད་ང་པ།

པོད་གཅིག བྲིས་མ། དབུ་ཅན། ཡིག་ཕྲེང་བརྒྱད་ཅན། གླེགས་བམ། ཤོག་ཀྱུ། ཞེང་67.9cm×དཀྱུས་19.6cm སྣེ་ཤིག་ཀྱུ། ཞེང་58.7cm×དཀྱུས་10.1cm

般若波罗蜜多经十万颂

ng函 写本 乌金体 8行 梵夹装 开本：宽67.9cm×高19.6cm 版框：宽58.7cm×高10.1cm

540000-0000187

༄། །འཕགས་པ་དམ་པའི་ཆོས་དྲན་པ་ཉེ་བར་བཞག་པ། །

པོད་གཅིག བྲིས་མ། དབུ་ཅན། ཡིག་ཕྲེང་བདུན་ཅན། གླེགས་བམ། ཤོག་ཀྱུ། ཞེང་66cm×དཀྱུས་19.5cm སྣེ་ཤིག་ཀྱུ། ཞེང་57cm×དཀྱུས་10cm

正法念处经

1函 写本 乌金体 7行 梵夹装 开本：宽66cm×高19.5cm 版框：宽57cm×高10cm

540000-0000188

༄། །སངས་རྒྱས་ཕལ་པོ་ཆེ་ཞེས་བྱ་བ་ཤིན་ཏུ་རྒྱས་པ་ཆེན་པོའི་མདོ། །

པོད་གཅིག བྲིས་མ། དབུ་ཅན། ཡིག་ཕྲེང་དྲུག་ཅན། གླེགས་བམ། ཤོག་ཀྱུ། ཞེང་69.1cm×དཀྱུས་19.8cm སྣེ་ཤིག་ཀྱུ། ཞེང་58cm×དཀྱུས་8.1cm

大方广佛华严经八十华严

1函 写本 乌金体 6行 梵夹装 开本：宽69.1cm×高19.8cm 版框：宽58cm×高8.1cm

540000-0000189

༄། །འཕགས་པ་ཤེས་རབ་ཀྱི་ཕ་རོལ་ཏུ་ཕྱིན་པ་སྟོང་ཕྲག་ཉེར་ལྔ་པ།

པོད་གཅིག བྲིས་མ། དབུ་ཅན། ཡིག་ཕྲེང་བརྒྱད་ཅན། གླེགས་བམ། ཤོག་ཀྱུ། ཞེང་65.9cm×དཀྱུས་21.9cm སྣེ་ཐིག་ཀྱི། ཞེང་57.8cm×དཀྱུས་12.5cm

般若波罗蜜多两万五千颂

1函 写本 乌金体 8行 梵夹装 开本：宽65.9cm×高21.9cm 版框：宽57.8cm×高12.5cm

540000-0000190

༄། །འཕགས་པ་ཤེས་རབ་ཀྱི་ཕ་རོལ་ཏུ་ཕྱིན་པ་སྟོང་ཕྲག་བརྒྱ་པ། པོད་ཅ་པ།

པོད་གཅིག བྲིས་མ། དབུ་ཅན། ཡིག་ཕྲེང་བརྒྱད་ཅན། གླེགས་བམ། ཤོག་ཀྱུ། ཞེང་66.2cm×དཀྱུས་20cm སྣེ་ཐིག་ཀྱི། ཞེང་57cm×དཀྱུས་10.3cm

般若波罗蜜多经十万颂

c函 写本 乌金体 8行 梵夹装 开本：宽66.2cm×高20cm 版框：宽57cm×高10.3cm

540000-0000191

༄། །འཕགས་པ་དཔའ་བར་འགྲོ་བའི་ཏིང་ངེ་འཛིན་ཞེས་བྱ་བ་ཐེག་པ་ཆེན་པོའི་མདོ། པོད་ཏ་པ།

པོད་གཅིག བྲིས་མ། དབུ་ཅན། ཡིག་ཕྲེང་བརྒྱད་ཅན། གླེགས་བམ། ཤོག་ཀྱུ། ཞེང་67cm×དཀྱུས་18cm སྣེ་ཐིག་ཀྱི། ཞེང་58.1cm×དཀྱུས་11cm

佛说首楞严三昧经

t函 写本 乌金体 8行 梵夹装 开本：宽67cm×高18cm 版框：宽58.1cm×高11cm

540000-000192

༄། །འཕགས་པ་ཤེས་རབ་ཀྱི་ཕ་རོལ་ཏུ་ཕྱིན་པ་སྟོང་ཕྲག་ཉི་ཤུ་ལྔ། པོད་ང་པ།

པོད་གཅིག བྲིས་མ། དབུ་ཅན། ཡིག་ཕྲེང་བདུན་ཅན། གླེགས་བམ། ཤོག་ཀྱི། ཞེང་67cm×དཀྱུས་17.9cm སྣེ་ཐིག་ཀྱི། ཞེང་57.9cm×དཀྱུས་9.2cm

般若波罗蜜多经两万五千颂

ng函 写本 乌金体 7行 梵夹装 开本：宽67cm×高17.9cm 版框：宽57.9cm×高9.2cm

540000-0000193

༄། །སངས་རྒྱས་ཕལ་པོ་ཆེ་ཞེས་བྱ་བ་ཤིན་ཏུ་རྒྱས་པ་ཆེན་པོའི་མདོ།།

པོད་གཅིག བྲིས་མ། དབུ་ཅན། ཡིག་ཕྲེང་བདུན་ཅན། གླེགས་བམ། ཤོག་ཀྱི། ཞེང་63.1cm×དཀྱུས་17.7cm སྣེ་ཐིག་ཀྱི། ཞེང་54cm×དཀྱུས་8.7cm

大方广佛华严经八十华严

1函 写本 乌金体 7行 梵夹装 开本：宽63.1cm×高17.7cm 版框：宽54cm×高8.7cm

540000-0000194

༄། །རྫོགས་པ་ཆེན་པོ་ཀུན་ཏུ་བཟང་པོ་ཡེ་ཤེས་གསལ་བར་སྟོན་པའི་རྒྱུད་ཕྱི་མ་ཞེས་བྱ་བ་བཞུགས་སོ།། པོད་ཡ་པ།

སློབ་དཔོན་བ་སུ་དྷ་ར་དང་གནུབས་པ་སངས་རྒྱས་ཡེ་ཤེས་ཀྱི་བསྒྱུར།

པོད་གཅིག བྲིས་མ། དབུ་ཅན། ཡིག་ཕྲེང་བརྒྱད་ཅན། གླེགས་བམ། ཤོག་ཀྱི། ཞེང་65.8cm×དཀྱུས་23.6cm སྣེ་ཐིག་ཀྱི། ཞེང་55.2cm×དཀྱུས་10.1cm

大圆满普贤智慧明见后续

y函 写本 乌金体 8行 梵夹装 开本：宽65.8cm×高23.6cm 版框：宽55.2cm×高10.1cm

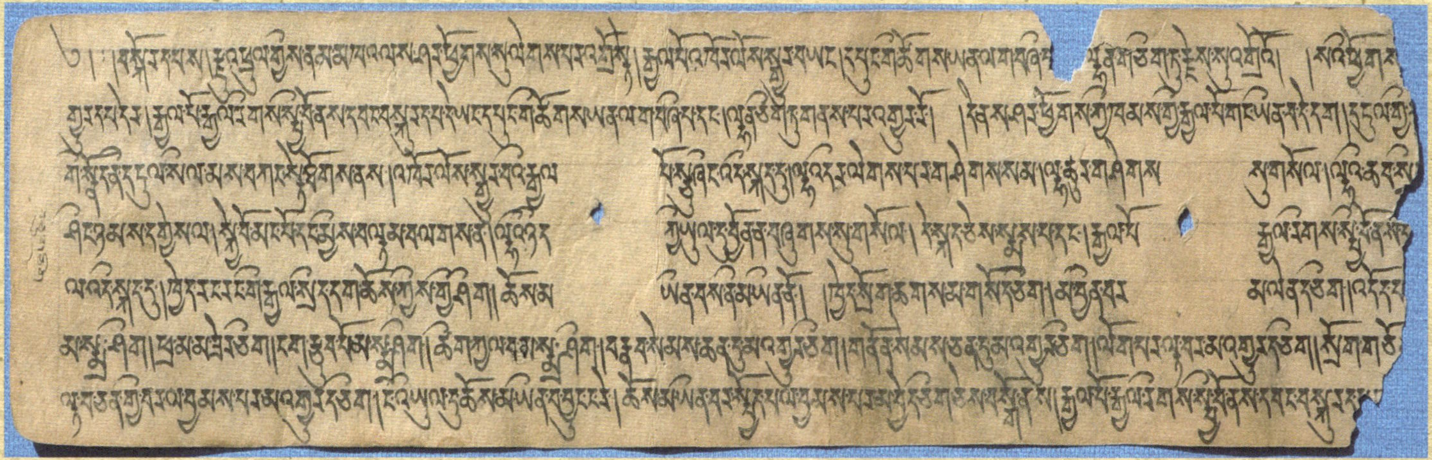

དུས་རབས་10-11པའི་གནའ་དཔེ་ཕྱིས་མ།

11-12 世纪写本文献

540000-0000195

༄། །འཕགས་པ་ཤེས་རབ་ཀྱི་ཕ་རོལ་ཏུ་ཕྱིན་པ་སྟོང་ཕྲག་བརྒྱ་པ། །

པོད་གཅིག ཕྱིས་མ། དབུ་ཅན། ཡིག་ཕྲེང་བདུན་ཅན། གླེགས་བམ། ཤོག་རྒྱ། ཞེང་67cm×དཀྱུས་23cm སྣེ་ཐིག་རྒྱ། ཞེང་58.4cm×དཀྱུས་11.2cm

般若波罗蜜多经十万颂

1函 写本 乌金体 7行 梵夹装 开本：宽67cm×高23cm 版框：宽58.4cm×高11.2cm

540000-0000196

༄། །སངས་རྒྱས་ཕལ་པོ་ཆེ་ཞེས་བྱ་བ་ཤིན་ཏུ་རྒྱས་པ་ཆེན་པོའི་མདོ། །

པོད་གཅིག བྲིས་མ། དབུ་ཅན། ཡིག་ཕྲེང་དྲུག་ཅན། གླེགས་བམ། ཤོག་རྒྱ། ཞེང་69.2cm×དཀྱུས་21.1cm སྙེ་ཐིག་རྒྱ། ཞེང་58.3cm×དཀྱུས་7.5cm

大方广佛华严经八十华严

1函 写本 乌金体 6行 梵夹装 开本：宽69.2cm×高21.1cm 版框：宽58.3cm×高7.5cm

540000-0000197

༄། །འཕགས་པ་ཤེས་རབ་ཀྱི་ཕ་རོལ་ཏུ་ཕྱིན་པ་སྟོང་ཕྲག་བརྒྱ་པ། ། པོད་ཐ་པ།

པོད་གཅིག བྲིས་མ། དབུ་ཅན། ཡིག་ཕྲེང་དགུ་ཅན། གླེགས་བམ། ཤོག་རྒྱ། ཞེང་70.1cm×དཀྱུས་20.7cm སྙེ་ཐིག་རྒྱ། ཞེང་60cm×དཀྱུས་11.6cm

般若波罗蜜多经十万颂

th函 写本 乌金体 9行 梵夹装 开本：宽70.1cm×高20.7cm 版框：宽60cm×高11.6cm

540000-0000198

༄། །འཕགས་པ་ཤེས་རབ་ཀྱི་ཕ་རོལ་ཏུ་ཕྱིན་པ་སྟོང་ཕྲག་བརྒྱ་པ། ། པོད་ཀ་པ།

པོད་གཅིག བྲིས་མ། དབུ་ཅན། ཡིག་ཕྲེང་བརྒྱད་ཅན། གླེགས་བམ། ཤོག་རྒྱ། ཞེང་68.1cm×དཀྱུས་19.8cm སྙེ་ཐིག་རྒྱ། ཞེང་58.5cm×དཀྱུས་10.1cm

般若波罗蜜多经十万颂

k函 写本 乌金体 8行 梵夹装 开本：宽68.1cm×高19.8cm 版框：宽58.5cm×高10.1cm

540000-0000199

༄། །འཕགས་པ་ཤེས་རབ་ཀྱི་ཕ་རོལ་ཏུ་ཕྱིན་པ་སྟོང་ཕྲག་བརྒྱ་པ། ། བོད་ཏ་པ།

བོད་གཅིག ཁྲིས་མ། དབུ་ཅན། ཡིག་ཕྲེང་བརྒྱད་ཅན། གླེགས་བམ། ཤོག་གྲྭ། ཞེང་68.5cm×དཀྱུས་20.1cm སྣེ་ཐིག་གྲྭ། ཞེང་58.5cm×དཀྱུས་10.3cm

般若波罗蜜多经十万颂

t函 写本 乌金体 8行 梵夹装 开本：宽68.5cm×高20.1cm 版框：宽58.5cm×高10.3cm

540000-0000200

༄། །འཕགས་པ་ཤེས་རབ་ཀྱི་ཕ་རོལ་ཏུ་ཕྱིན་པ་སྟོང་ཕྲག་བརྒྱ་པ། ། བོད་ག་པ།

བོད་གཅིག ཁྲིས་མ། དབུ་ཅན། ཡིག་ཕྲེང་དགུ་ཅན། གླེགས་བམ། ཤོག་གྲྭ། ཞེང་71.2cm×དཀྱུས་20.1cm སྣེ་ཐིག་གྲྭ། ཞེང་63.3cm×དཀྱུས་11.5cm

般若波罗蜜多经十万颂

g函 写本 乌金体 9行 梵夹装 开本：宽71.2cm×高20.1cm 版框：宽63.3cm×高11.5cm

540000-0000201

༄། །འཕགས་པ་ཤེས་རབ་ཀྱི་ཕ་རོལ་ཏུ་ཕྱིན་པ་སྟོང་ཕྲག་བརྒྱ་པ། ། བོད་ཅ་པ།

བོད་གཅིག ཁྲིས་མ། དབུ་ཅན། ཡིག་ཕྲེང་བདུན་ཅན། གླེགས་བམ། ཤོག་གྲྭ། ཞེང་69.1cm×དཀྱུས་20cm སྣེ་ཐིག་གྲྭ། ཞེང་58.7cm×དཀྱུས་8.8cm

般若波罗蜜多经十万颂

c函 写本 乌金体 6-8行 梵夹装 开本：宽69.1cm×高20cm 版框：宽58.7cm×高8.8cm

540000-0000202

༄༅། །གསུང་ཐོར་བུ།

བོད་གཅིག ཐྲིས་མ། དབུ་ཅན། ཡིག་ཕྲེང་བརྒྱད་ཅན། གླེགས་བམ། ཤོག་རྒྱ། ཞེང་66.6cm×དཀྱུས་22.1cm སྣེ་ཐིག་རྒྱ། ཞེང་58cm×དཀྱུས་11.9cm

散叶

1函 写本 乌金体 8行 梵夹装 开本：宽66.6cm×高22.1cm 版框：宽58cm×高11.9cm

540000-0000203

༄༅། །འཕགས་པ་ཤེས་རབ་ཀྱི་ཕ་རོལ་ཏུ་ཕྱིན་པ་སྟོང་ཕྲག་བརྒྱ་པ།། བོད་ཀ་པ།

 བོད་གཅིག ཐྲིས་མ། དབུ་ཅན། ཡིག་ཕྲེང་བརྒྱད་ཅན། གླེགས་བམ། ཤོག་རྒྱ། ཞེང་69.8cm×དཀྱུས་18.5cm སྣེ་ཐིག་རྒྱ། ཞེང་61.5cm×དཀྱུས་10.9cm

般若波罗蜜多经十万颂

k函 写本 乌金体 8行 梵夹装 开本：宽69.8cm×高18.5cm 版框：宽61.5cm×高10.9cm

540000-0000204

༄༅། །འཕགས་པ་ཤེས་རབ་ཀྱི་ཕ་རོལ་ཏུ་ཕྱིན་པ་སྟོང་ཕྲག་ཉི་ཤུ་ལྔ་པ།། བོད་ག་པ།

བོད་གཅིག ཐྲིས་མ། དབུ་ཅན། ཡིག་ཕྲེང་བདུན་ཅན། གླེགས་བམ། ཤོག་རྒྱ། ཞེང་68.3cm×དཀྱུས་19.7cm སྣེ་ཐིག་རྒྱ། ཞེང་57.9cm×དཀྱུས་8.8cm

般若波罗蜜多经两万五千颂

g函 写本 乌金体 7行 梵夹装 开本：宽68.3cm×高19.7cm 版框：宽57.9cm×高8.8cm

540000-0000205

༄༅། །འཕགས་པ་ཤེས་རབ་ཀྱི་ཕ་རོལ་ཏུ་ཕྱིན་པ་སྟོང་ཕྲག་བརྒྱ་པ།། པོད་ཛ་པ།

པོད་གཅིག བྲིས་མ། དབུ་ཅན། ཡིག་ཕྲེང་བདུན་ཅན། གླེགས་བམ། ཤོག་གྲུ། ཞེང་68.2cm×དཀྱུས་20.2cm སྣེ་ཐིག་གྲུ། ཞེང་57.2cm×དཀྱུས་8.2cm

般若波罗蜜多经十万颂

j函 写本 乌金体 7行 梵夹装 开本：宽68.2cm×高20.2cm 版框：宽57.2cm×高8.2cm

540000-0000206

༄༅། །འཕགས་པ་ཤེས་རབ་ཀྱི་ཕ་རོལ་ཏུ་ཕྱིན་པ་རྡོ་རྗེ་གཅོད་པ་ཞེས་བྱ་བ་ཐེག་པ་ཆེན་པོའི་མདོ།།

པོད་གཅིག གསེར་དངུལ་བྲིས་མ། དབུ་ཅན། ཡིག་ཕྲེང་བདུན་ཅན། གླེགས་བམ། ཤོག་གྲུ། ཞེང་68cm×དཀྱུས་17.5cm སྣེ་ཐིག་གྲུ། ཞེང་56.7cm×དཀྱུས་10.1cm

大般若波罗蜜多经第九会

1函 金银汁写本 乌金体 7行 梵夹装 开本：宽68cm×高17.5cm 版框：宽56.7cm×高10.1cm

540000-0000207

༄༅། །འཕགས་པ་དཀོན་མཆོག་བརྩེགས་པ་ཆེན་པོའི་མདོ།།

པོད་གཅིག བྲིས་མ། དབུ་ཅན། ཡིག་ཕྲེང་བརྒྱད་ཅན། གླེགས་བམ། ཤོག་གྲུ། ཞེང་67.3cm×དཀྱུས་23.2cm སྣེ་ཐིག་གྲུ། ཞེང་57.4cm×དཀྱུས་22.2cm

大乘宝积经

1函 写本 乌金体 8行 梵夹装 开本：宽67.3cm×高23.2cm 版框：宽57.4cm×高22.2cm

540000-0000208

༄། །རྙིང་མ་རྒྱུད་འབུམ།། པོད་ན་པ།

པོད་གཅིག བྲིས་མ། དབུ་ཅན། ཡིག་ཕྲེང་བརྒྱད་ཅན། གླེགས་བམ། ཤོག་ཀྱུ། ཞེང་65.6cm×དཀྱུས་23.7cm སྣེ་ཐིག་ཀྱུ། ཞེང་55.2cm×དཀྱུས་10.2cm

旧续

n函 写本 乌金体 8行 梵夹装 开本：宽65.6cm×高23.7cm 版框：宽55.2cm×高10.2cm

540000-0000209

༄། །ཤེས་རབ་ཀྱི་ཕ་རོལ་ཏུ་ཕྱིན་པ་སྟོང་ཕྲག་བརྒྱ་པ།།

པོད་གཅིག བྲིས་མ། དབུ་ཅན། ཡིག་ཕྲེང་བདུན་ཅན། གླེགས་བམ། ཤོག་ཀྱུ། ཞེང་73cm×དཀྱུས་25.5cm སྣེ་ཐིག་ཀྱུ། ཞེང་62.9cm×དཀྱུས་10.2cm

般若波罗蜜多经十万颂

1函 写本 乌金体 7行 梵夹装 开本：宽73cm×高25.5cm 版框：宽62.9cm×高10.2cm

540000-0000210

༄། །ཤེས་རབ་ཀྱི་ཕ་རོལ་ཏུ་ཕྱིན་པ་སྟོང་ཕྲག་བརྒྱ་པ།། པོད་ཆ་པ།

པོད་གཅིག བྲིས་མ། དབུ་ཅན། ཡིག་ཕྲེང་བརྒྱད་ཅན། གླེགས་བམ། ཤོག་ཀྱུ། ཞེང་75.1cm×དཀྱུས་26.1cm སྣེ་ཐིག་ཀྱུ། ཞེང་63cm×དཀྱུས་11.4cm

般若波罗蜜多经十万颂

ch函 写本 乌金体 8行 梵夹装 开本：宽75.1cm×高26.1cm 版框：宽63cm×高11.4cm

540000-0000211

༄། །ཤེས་རབ་ཀྱི་ཕ་རོལ་ཏུ་ཕྱིན་པ་སྟོང་ཕྲག་བརྒྱ་པ། ། བོད་ང་པ།

བོད་གཅིག བྲིས་མ། དབུ་ཅན། ཡིག་ཕྲེང་བརྒྱད་ཅན། གླེགས་བམ། ཤོག་གྲུ། ཞེང་68.8cm×དཀྱུས་22.9cm སྣེ་ཐིག་གྲུ། ཞེང་59.1cm×དཀྱུས་12.1cm

般若波罗蜜多经十万颂

ng函 写本 乌金体 8行 梵夹装 开本：宽68.8cm×高22.9cm 版框：宽59.1cm×高12.1cm

540000-0000212

༄། །སངས་རྒྱས་ཕལ་པོ་ཆེ་ཞེས་བྱ་བ་ཤིན་ཏུ་རྒྱས་པ་ཆེན་པོའི་མདོ། ། བོད་ང་པ།

བོད་གཅིག བྲིས་མ། དབུ་ཅན། ཡིག་ཕྲེང་བརྒྱད་ཅན། གླེགས་བམ། ཤོག་གྲུ། ཞེང་66.4cm×དཀྱུས་19.3cm སྣེ་ཐིག་གྲུ། ཞེང་57.4cm×དཀྱུས་10.9cm

大方广佛华严经八十华严

ng函 写本 乌金体 8行 梵夹装 开本：宽66.4cm×高19.3cm 版框：宽57.4cm×高10.9cm

540000-0000213

༄། །འཕགས་པ་ཤེས་རབ་ཀྱི་ཕ་རོལ་ཏུ་ཕྱིན་པ་སྟོང་ཕྲག་བརྒྱ་པ། །

བོད་གཅིག བྲིས་མ། དབུ་ཅན། ཡིག་ཕྲེང་བརྒྱད་ཅན། གླེགས་བམ། ཤོག་གྲུ། ཞེང་61.6cm×དཀྱུས་23.5cm སྣེ་ཐིག་གྲུ། ཞེང་51.6cm×དཀྱུས་11.2cm

般若波罗蜜多经十万颂

1函 写本 乌金体 8行 梵夹装 开本：宽61.6cm×高23.5cm 版框：宽51.6cm×高11.2cm

540000-0000214

༄། །འཕགས་པ་ཤེས་རབ་ཀྱི་ཕ་རོལ་ཏུ་ཕྱིན་པ་སྟོང་ཕྲག་བརྒྱ་པ།། བོད་ཉ་པ

བོད་གཅིག བྲིས་མ། དབུ་ཅན། ཡིག་ཕྲེང་བརྒྱད་ཅན། གླེགས་བམ། ཤོག་གྱི། ཞེང་68.1cm×དཀྱུས་23.4cm སྣེ་ཐིག་གྱི། ཞེང་59.8cm×དཀྱུས་11.9cm

般若波罗蜜多经十万颂

ny函 写本 乌金体 8行 梵夹装 开本：宽68.1cm×高23.4cm 版框：宽59.8cm×高11.9cm

540000-0000215

༄། །རྙིང་མ་རྒྱུད་འབུམ།།

བོད་གཅིག བྲིས་མ། དབུ་ཅན། ཡིག་ཕྲེང་བརྒྱད་ཅན། གླེགས་བམ། ཤོག་གྱི། ཞེང་65.2cm×དཀྱུས་23.5cm སྣེ་ཐིག་གྱི། ཞེང་54.6cm×དཀྱུས་10.1cm

旧续

1函 写本 乌金体 8行 梵夹装 开本：宽65.2cm×高23.5cm 版框：宽54.6cm×高10.1cm

540000-0000216

༄། །འདུས་པ་ཆེན་པོ་ཐེག་པ་ཆེན་པོའི་མདོ།། བོད་ཝ་པ

བོད་གཅིག བྲིས་མ། དབུ་ཅན། ཡིག་ཕྲེང་བདུན་ཅན། གླེགས་བམ། ཤོག་གྱི། ཞེང་66.2cm×དཀྱུས་19.8cm སྣེ་ཐིག་གྱི། ཞེང་55.9cm×དཀྱུས་9.7cm

大乘大集经

v函 写本 乌金体 7行 梵夹装 开本：宽66.2cm×高19.8cm 版框：宽55.9cm×高9.7cm

540000-0000217

༄། །འཕགས་པ་ཤེས་རབ་ཀྱི་ཕ་རོལ་ཏུ་ཕྱིན་པ་སྟོང་ཕྲག་བརྒྱ་པ། ། པོད་ཅ་པ།

པོད་གཅིག ཕྲིས་མ། དབུ་ཅན། ཡིག་ཕྲེང་བརྒྱད་ཅན། གླེགས་བམ། ཤོག་ཀྱུ། ཞེང་76.1cm×དཀྱུས་26.2cm སྣེ་ཐིག་ཀྱུ། ཞེང་63.2cm×དཀྱུས་10.1cm

般若波罗蜜多经十万颂

c函 写本 乌金体 8行 梵夹装 开本：宽76.1cm×高26.2cm 版框：宽63.2cm×高10.1cm

540000-0000218

༄། །འཕགས་པ་ཤེས་རབ་ཀྱི་ཕ་རོལ་ཏུ་ཕྱིན་པ་སྟོང་ཕྲག་བརྒྱ་པ། ། པོད་ཆ་པ།

པོད་གཅིག ཕྲིས་མ། དབུ་ཅན། ཡིག་ཕྲེང་དགུ་ཅན། གླེགས་བམ། ཤོག་ཀྱུ། ཞེང་71.5cm×དཀྱུས་20.1cm སྣེ་ཐིག་ཀྱུ། ཞེང་62.5cm×དཀྱུས་13.1cm

般若波罗蜜多经十万颂

ch函 写本 乌金体 9行 梵夹装 开本：宽71.5cm×高20.1cm 版框：宽62.5cm×高13.1cm

540000-0000219

༄། །སངས་རྒྱས་ཕལ་པོ་ཆེ་ཞེས་བྱ་བ་ཤིན་ཏུ་རྒྱས་པ་ཆེན་པོའི་མདོ། ། པོད་ག་པ།

པོད་གཅིག ཕྲིས་མ། དབུ་ཅན། ཡིག་ཕྲེང་བདུན་ཅན། གླེགས་བམ། ཤོག་ཀྱུ། ཞེང་68.5cm×དཀྱུས་18.7cm སྣེ་ཐིག་ཀྱུ། ཞེང་59.6cm×དཀྱུས་9.2cm

大方广佛华严经八十华严

g函 写本 乌金体 7行 梵夹装 开本：宽68.5cm×高18.7cm 版框：宽59.6cm×高9.2cm

540000-0000220

༄། །བྱང་ཆུབ་སེམས་དཔའི་སྡེ་སྣོད་ཅེས་བྱ་བ་ཐེག་པ་ཆེན་པོའི་མདོ།། པོད་ཀ་པ།

པོད་གཅིག གསེར་དངུལ་བྲིས་མ། དབུ་ཅན། ཡིག་ཕྲེང་བདུན་ཅན། གླེགས་བམ། ཤོག་གྲུ། ཞེང་64.6cm×དཀྱུས་24.6cm སྣེ་ཐིག་གྲུ། ཞེང་57cm×དཀྱུས་10cm

大宝积经菩萨藏会第二十

k函 金汁写本 乌金体 8行 梵夹装 开本：宽64.6cm×高24.6cm 版框：宽57cm×高10cm

540000-0000221

༄། །འཕགས་པ་ཤེས་རབ་ཀྱི་ཕ་རོལ་ཏུ་ཕྱིན་པ་སྟོང་ཕྲག་བརྒྱ་པ།། པོད་ན་པ།

པོད་གཅིག བྲིས་མ། དབུ་ཅན། ཡིག་ཕྲེང་བརྒྱད་ཅན། གླེགས་བམ། ཤོག་གྲུ། ཞེང་70cm×དཀྱུས་19.2cm སྣེ་ཐིག་གྲུ། ཞེང་62.5cm×དཀྱུས་9.9cm

般若波罗蜜多经十万颂

n函 写本 乌金体 8行 梵夹装 开本：宽70cm×高19.2cm 版框：宽62.5cm×高9.9cm

540000-0000222

༄། །འཕགས་པ་ཤེས་རབ་ཀྱི་ཕ་རོལ་ཏུ་ཕྱིན་པ་སྟོང་ཕྲག་བརྒྱ་པ།། པོད་ཐ་པ།

པོད་གཅིག བྲིས་མ། དབུ་ཅན། ཡིག་ཕྲེང་བདུན་ཅན། གླེགས་བམ། ཤོག་གྲུ། ཞེང་67cm×དཀྱུས་18.4cm སྣེ་ཐིག་གྲུ། ཞེང་59.7cm×དཀྱུས་8.7cm

般若波罗蜜多经十万颂

th函 写本 乌金体 7行 梵夹装 开本：宽67cm×高18.4cm 版框：宽59.7cm×高8.7cm

540000-0000223

༄། །འཕགས་པ་ཤེས་རབ་ཀྱི་ཕ་རོལ་ཏུ་ཕྱིན་པ་སྟོང་ཕྲག་བརྒྱ་པ།།   པོད་ང་པ།

པོད་གཅིག བྲིས་མ། དབུ་ཅན། ཡིག་ཕྲེང་བརྒྱད་ཅན། གླེགས་བམ།   ཤོག་ཀྱུ། ཞེང་70.8cm×དཀྱུས་18.5cm སྣེ་ཐིག་ཀྱུ། ཞེང་60.8cm×དཀྱུས་10cm

般若波罗蜜多经十万颂

ng函 写本 乌金体 8行 梵夹装   开本：宽70.8cm×高18.5cm 版框：宽60.8cm×高10cm

540000-0000224

༄། །ཤིན་ཏུ་རྒྱས་པ་ཆེན་པོའི་མདོ་སངས་རྒྱས་ཕལ་པོ་ཆེ་ཞེས་བྱ་བ།།   པོད་ང་པ།

པོད་གཅིག བྲིས་མ། དབུ་ཅན། ཡིག་ཕྲེང་དགུ་ཅན། གླེགས་བམ།   ཤོག་ཀྱུ། ཞེང་63.6cm×དཀྱུས་16.1cm སྣེ་ཐིག་ཀྱུ། ཞེང་58.4cm×དཀྱུས་10.9cm

大方广佛华严经八十华严

ng函 写本 乌金体 9行 梵夹装   开本：宽63.6cm×高16.1cm 版框：宽58.4cm×高10.9cm

540000-0000225

༄། །འཕགས་པ་ཤེས་རབ་ཀྱི་ཕ་རོལ་ཏུ་ཕྱིན་པ་ཁྲི་བརྒྱད་སྟོང་པ།།   པོད་ང་པ།

པོད་གཅིག བྲིས་མ། དབུ་ཅན། ཡིག་ཕྲེང་བདུན་ཅན། གླེགས་བམ།   ཤོག་ཀྱུ། ཞེང་67.6cm×དཀྱུས་18.9cm སྣེ་ཐིག་ཀྱུ། ཞེང་58.3cm×དཀྱུས་9cm

大般若波罗蜜多经第三会

ng函 写本 乌金体 7行 梵夹装   开本：宽67.6cm×高18.9cm 版框：宽58.3cm×高9cm

540000-0000226

༄། །འཕགས་པ་རྔ་བོ་ཆེ་ཆེན་པོའི་ལེའུ་ཞེས་བྱ་བ་ཐེག་པ་ཆེན་པོའི་མདོ། །   པོད་ཝ་པ།

པོད་གཅིག བྲིས་མ། དབུ་ཅན། ཡིག་ཕྲེང་བརྒྱད་ཅན། གླེགས་བམ།   ཤོག་ཀྱི། ཞེང་67.9cm×དཀྱུས་19.8cm སྣེ་ཐིག་ཀྱི། ཞེང་58.5cm×དཀྱུས་11cm

大法鼓经

w函 写本 乌金体 8行 梵夹装 开本：宽67.9cm×高19.8cm 版框：宽58.5cm×高11cm

540000-0000227

༄། །འཕགས་པ་ཤེས་རབ་ཀྱི་ཕ་རོལ་ཏུ་ཕྱིན་པ་སྟོང་ཕྲག་བརྒྱ་པ། །   པོད་ཁ་པ།

པོད་གཅིག བྲིས་མ། དབུ་ཅན། ཡིག་ཕྲེང་དགུ་ཅན། གླེགས་བམ།   ཤོག་ཀྱི། ཞེང་70cm×དཀྱུས་20.2cm སྣེ་ཐིག་ཀྱི། ཞེང་60.1cm×དཀྱུས་11.5cm

般若波罗蜜多经十万颂

kh函 写本 乌金体 9行 梵夹装 开本：宽70cm×高20.2cm 版框：宽60.1cm×高11.5cm

540000-0000228

༄། །ཤིན་ཏུ་རྒྱས་པ་ཆེན་པོའི་མདོ་སངས་རྒྱས་ཕལ་པོ་ཆེ་ཞེས་བྱ་བ། །   པོད་ཅ་པ།

པོད་གཅིག བྲིས་མ། དབུ་ཅན། ཡིག་ཕྲེང་བདུན་ཅན། གླེགས་བམ།   ཤོག་ཀྱི། ཞེང་69cm×དཀྱུས་21.5cm སྣེ་ཐིག་ཀྱི། ཞེང་59.5cm×དཀྱུས་9.6cm

大方广佛华严经八十华严

ch函 写本 乌金体 7行 梵夹装 开本：宽69cm×高21.5cm 版框：宽59.5cm×高9.6cm

540000-0000229

༄། །འཕགས་པ་ཤེས་རབ་ཀྱི་ཕ་རོལ་ཏུ་ཕྱིན་པ་སྟོང་ཕྲག་བརྒྱ་པ།། པོད་ན་པ།

པོད་གཅིག བྲིས་མ། དབུ་ཅན། ཡིག་ཕྲེང་དགུ་ཅན། གླེགས་བམ། ཤོག་ཀྱུ། ཞེང་62.2cm×དཀྱུས་17.1cm སྣེ་ཐིག་ཀྱུ། ཞེང་55.1cm×དཀྱུས་10.8cm

般若波罗蜜多经十万颂

n函 写本 乌金体 9行 梵夹装 开本：宽62.2cm×高17.1cm 版框：宽55.1cm×高10.8cm

540000-0000230

༄། །འཕགས་པ་ཤེས་རབ་ཀྱི་ཕ་རོལ་ཏུ་ཕྱིན་པ་སྟོང་ཕྲག་བརྒྱ་པ།། པོད་ཉ་པ།

 པོད་གཅིག བྲིས་མ། དབུ་ཅན། ཡིག་ཕྲེང་བརྒྱད་ཅན། གླེགས་བམ། ཤོག་ཀྱུ། ཞེང་67cm×དཀྱུས་20.2cm སྣེ་ཐིག་ཀྱུ། ཞེང་57.7cm×དཀྱུས་11.5cm

般若波罗蜜多经十万颂

ny函 写本 乌金体 8行 梵夹装 开本：宽67cm×高20.2cm 版框：宽57.7cm×高11.5cm

540000-0000231

༄། །འཕགས་པ་གསེར་འོད་དམ་པའི་མདོ།།

པོད་གཅིག བྲིས་མ། དབུ་ཅན། ཡིག་ཕྲེང་དྲུག་ཅན། གླེགས་བམ། ཤོག་ཀྱུ། ཞེང་64.2cm×དཀྱུས་17.7cm སྣེ་ཐིག་ཀྱུ། ཞེང་53.9cm×དཀྱུས་7.5cm

圣金光明经

1函 写本 乌金体 6行 梵夹装 开本：宽64.2cm×高17.7cm 版框：宽53.9cm×高7.5cm

540000-0000232

༄། །འཕགས་པ་ཤེས་རབ་ཀྱི་ཕ་རོལ་ཏུ་ཕྱིན་པ་སྟོང་ཕྲག་བརྒྱ་པ། ། པོད་ཇ་པ།

བོད་གཅིག བྲིས་མ། དབུ་ཅན། ཡིག་ཕྲེང་བཅུ་ཅན། གླེགས་བམ། ཤོག་གྲྭ། ཞེང་67.1cm×དཀྱུས་21.5cm སྣེ་ཐིག་གྲྭ། ཞེང་59cm×དཀྱུས་13cm

般若波罗蜜多经十万颂

j函 写本 乌金体 10行 梵夹装 开本：宽67.1cm×高21.5cm 版框：宽59cm×高13cm

540000-0000233

༄། །འཕགས་པ་ཤེས་རབ་ཀྱི་ཕ་རོལ་ཏུ་ཕྱིན་པ་སྟོང་ཕྲག་བརྒྱ་པ། ། པོད་མ་པ།

བོད་གཅིག བྲིས་མ། དབུ་ཅན། ཡིག་ཕྲེང་བདུན་ཅན། གླེགས་བམ། ཤོག་གྲྭ། ཞེང་67.4cm×དཀྱུས་20.1cm སྣེ་ཐིག་གྲྭ། ཞེང་57.6cm×དཀྱུས་9.2cm

般若波罗蜜多经十万颂

m函 写本 乌金体 7行 梵夹装 开本：宽67.4cm×高20.1cm 版框：宽57.6cm×高9.2cm

540000-0000234

༄། །འཕགས་པ་ཤེས་རབ་ཀྱི་ཕ་རོལ་ཏུ་ཕྱིན་པ་སྟོང་ཕྲག་བརྒྱ་པ། ། པོད་ཇ་པ།

བོད་གཅིག བྲིས་མ། དབུ་ཅན། ཡིག་ཕྲེང་བརྒྱད་ཅན། གླེགས་བམ། ཤོག་གྲྭ། ཞེང་69.7cm×དཀྱུས་22.9cm སྣེ་ཐིག་གྲྭ། ཞེང་57.8cm×དཀྱུས་11.1cm

般若波罗蜜多经十万颂

m函 写本 乌金体 8行 梵夹装 开本：宽67.7cm×高22.9cm 版框：宽57.8cm×高11.1cm

540000-0000235

༄། །འཕགས་པ་ཤེས་རབ་ཀྱི་ཕ་རོལ་ཏུ་ཕྱིན་པ་སྟོང་ཕྲག་བརྒྱ་པ།། པོད་ང་པ།

པོད་གཅིག བྲིས་མ། དབུ་ཅན། ཡིག་ཕྲེང་བདུན་ཅན། གླེགས་བམ། ཤོག་ཀྱུ། ཞེང་67.2cm×དཀྱུས་23cm སྣེ་ཐིག་ཀྱུ། ཞེང་58.4cm×དཀྱུས་11.1cm

般若波罗蜜多经十万颂

ng函 写本 乌金体 7行 梵夹装 开本：宽67.2cm×高23cm 版框：宽58.4cm×高11.1cm

540000-0000236

༄། །འཕགས་པ་ཤེས་རབ་ཀྱི་ཕ་རོལ་ཏུ་ཕྱིན་པ་སྟོང་ཕྲག་བརྒྱ་པ།། པོད་ཇ་པ།

 པོད་གཅིག བྲིས་མ། དབུ་ཅན། ཡིག་ཕྲེང་བདུན་ཅན། གླེགས་བམ། ཤོག་ཀྱུ། ཞེང་70.8cm×དཀྱུས་24.5cm སྣེ་ཐིག་ཀྱུ། ཞེང་60.2cm×དཀྱུས་9.3cm

般若波罗蜜多经十万颂

j函 写本 乌金体 7行 梵夹装 开本：宽70.8cm×高24.5cm 版框：宽60.2cm×高9.3cm

540000-0000237

༄། །ཤིན་ཏུ་རྒྱས་པ་ཆེན་པོའི་མདོ་སངས་རྒྱས་ཕལ་པོ་ཆེ་ཞེས་བྱ་བ་བཞུགས་སོ།། པོད་ཅ་པ།

པོད་གཅིག བྲིས་མ། དབུ་ཅན། ཡིག་ཕྲེང་བདུན་ཅན། གླེགས་བམ། ཤོག་ཀྱུ། ཞེང་69.4cm×དཀྱུས་18.8cm སྣེ་ཐིག་ཀྱུ། ཞེང་60.4cm×དཀྱུས་7.4cm

大方广佛华严经八十华严

c函 写本 乌金体 6-8行 梵夹装 开本：宽69.4cm×高18.8cm 版框：宽60.4cm×高7.4cm

540000-0000238

༄༅། །འཕགས་པ་བྱང་ཆུབ་སེམས་དཔའི་སྤྱོད་པ་བསྟན་པ་ཞེས་བྱ་བ་ཐེག་པ་ཆེན་པོའི་མདོ།།

པོད་གཅིག གསེར་དངུལ་བྲིས་མ། དབུ་ཅན། ཡིག་ཕྲེང་བརྒྱད་ཅན། གླེགས་བམ། ཤོག་ཀྱི། ཞེང་70.1cm×དཀྱུས་27.5cm སྣེ་ཐིག་ཀྱི། ཞེང་60.5cm×དཀྱུས་12.3cm

宝授菩萨菩提行经

1函 金汁写本 乌金体 8行 梵夹装 开本：宽70.1cm×高27.5cm 版框：宽60.5cm×高12.3cm

དུས་རབས་11པའི་གསུང་རབ་བྲིས་མ།

11 世纪写本文献

540000-0000239

༄། །འཕགས་པ་ཤེས་རབ་ཀྱི་ཕ་རོལ་ཏུ་ཕྱིན་པ་སྟོང་ཕྲག་བརྒྱ་པ།། པོད་ཏ་པ།

པོད་གཅིག བྲིས་མ། དབུ་ཅན། ཡིག་ཕྲེང་བདུན་ཅན། གླེགས་བམ། ཤོག་ཀྱུ། ཞེང་69.5cm×དཀྱུས་23.2cm སྣེ་ཐིག་ཀྱུ། ཞེང་59.4cm×དཀྱུས་10cm

般若波罗蜜多经十万颂

t函 写本 乌金体 7行 梵夹装 开本：宽69.5cm×高23.2cm 版框：宽59.4cm×高10cm

540000-0000240

༄། །འཕགས་པ་ཤེས་རབ་ཀྱི་ཕ་རོལ་ཏུ་ཕྱིན་པ་སྟོང་ཕྲག་བརྒྱ་པ།། པོད་ད་པ།

604 པོད་གཅིག བྲིས་མ། དབུ་ཅན། ཡིག་ཕྲེང་བརྒྱད་ཅན། གླེགས་བམ། ཤོག་ཀྱུ། ཞེང་64.7cm×དཀྱུས་19.6cm སྣེ་ཐིག་ཀྱུ། ཞེང་60.6cm×དཀྱུས་11.5cm

般若波罗蜜多经十万颂

d函 写本 乌金体 8行 梵夹装 开本：宽64.7cm×高19.6cm 版框：宽60.6cm×高11.5cm

540000-0000241

༄། །རྫོགས་པ་ཆེན་པོ་འཁོར་བ་རྩད་ནས་གཅོད་པ་ཆོས་སྐུ་སྐྱེ་མེད་རིག་པའི་རྒྱུད་ཅེས་བྱ་བ།།

པོད་གཅིག བྲིས་མ། དབུ་ཅན། ཡིག་ཕྲེང་བརྒྱད་ཅན། གླེགས་བམ། ཤོག་ཀྱུ། ཞེང་65.4cm×དཀྱུས་23.6cm སྣེ་ཐིག་ཀྱུ། ཞེང་54.4cm×དཀྱུས་11.4cm

大圆满根除世间法身无生续

1函 写本 乌金体 8行 梵夹装 开本：宽65.4cm×高23.6cm 版框：宽54.4cm×高11.4cm

540000-0000242

༄༅། །འཕགས་པ་གླང་རུ་ལུང་བསྟན་ཞེས་བྱ་བ་ཐེག་པ་ཆེན་པོའི་མདོ། །

བོད་གཅིག བྲིས་མ། དབུ་ཅན། ཡིག་ཕྲེང་དྲུག་ཅན། གླེགས་བམ། ཤོག་གྲྭ། ཞེང་57.6cm×དཀྱུས་15.3cm སྣེ་ཐིག་གྲྭ། ཞེང་51.7cm×དཀྱུས་7.6cm

牛角授记大乘经

1函 写本 乌金体 6行 梵夹装 开本：宽57.6cm×高15.3cm 版框：宽51.7cm×高7.6cm

540000-0000243

༄༅། །འདུལ་བ་ཕྲན་ཚེགས་ཀྱི་གཞི། །   བོད་ཐ་པ།

བོད་གཅིག བྲིས་མ། དབུ་ཅན། ཡིག་ཕྲེང་བདུན་ཅན། གླེགས་བམ། ཤོག་གྲྭ། ཞེང་66.9cm×དཀྱུས་17.4cm སྣེ་ཐིག་གྲྭ། ཞེང་58.3cm×དཀྱུས་9.1cm

毗奈耶杂事

th函 写本 乌金体 7行 梵夹装 开本：宽66.9cm×高17.4cm 版框：宽58.3cm×高9.1cm

540000-0000244

༄༅། །འཕགས་པ་རྔ་བོ་ཆེན་པོ་ཞེས་བྱ་བའི་མདོ། །   བོད་ཕ་པ།

བོད་གཅིག བྲིས་མ། དབུ་ཅན། ཡིག་ཕྲེང་བདུན་ཅན། གླེགས་བམ། ཤོག་གྲྭ། ཞེང་64.9cm×དཀྱུས་19.4cm སྣེ་ཐིག་གྲྭ། ཞེང་54.4cm×དཀྱུས་9.3cm

大法鼓经

ph函 写本 乌金体 7行 梵夹装 开本：宽64.9cm×高19.4cm 版框：宽54.4cm×高9.3cm

540000-0000245

༄། །འཕགས་པ་ཤེས་རབ་ཀྱི་ཕ་རོལ་ཏུ་ཕྱིན་པ་སྟོང་ཕྲག་བརྒྱ་པ། ། པོད་ཀ་པ།

པོད་གཅིག བྲིས་མ། དབུ་ཅན། ཡིག་ཕྲེང་དགུ་ཅན། གླེགས་བམ། ཤོག་གྲྭ། ཞེང་64.9cm×དཀྱུས་16.9cm སྣེ་ཐིག་གྲྭ། ཞེང་57.9cm×དཀྱུས་10.3cm

般若波罗蜜多经十万颂

k函 写本 乌金体 9行 梵夹装 开本：宽64.9cm×高16.9cm 版框：宽57.9cm×高10.3cm

540000-0000246

༄། །འཕགས་པ་ཤེས་རབ་ཀྱི་ཕ་རོལ་ཏུ་ཕྱིན་པ་སྟོང་ཕྲག་བརྒྱ་པ། ། པོད་ན་པ།

པོད་གཅིག བྲིས་མ། དབུ་ཅན། ཡིག་ཕྲེང་བརྒྱད་ཅན། གླེགས་བམ། ཤོག་གྲྭ། ཞེང་66.4cm×དཀྱུས་19.4cm སྣེ་ཐིག་གྲྭ། ཞེང་57.7cm×དཀྱུས་10.3cm

般若波罗蜜多经十万颂

n函 写本 乌金体 8行 梵夹装 开本：宽66.4cm×高19.4cm 版框：宽57.7cm×高10.3cm

540000-0000247

༄། །འཕགས་པ་ཤེས་རབ་ཀྱི་ཕ་རོལ་ཏུ་ཕྱིན་པ་ཁྲི་བརྒྱད་སྟོང་པ། ། པོད་ཁ་པ།

པོད་གཅིག བྲིས་མ། དབུ་ཅན། ཡིག་ཕྲེང་དགུ་ཅན། གླེགས་བམ། ཤོག་གྲྭ། ཞེང་60.2cm×དཀྱུས་17.9cm སྣེ་ཐིག་གྲྭ། ཞེང་55.5cm×དཀྱུས་11.7cm

大般若波罗蜜多经第三会

kh函 写本 乌金体 9行 梵夹装 开本：宽60.2cm×高17.9cm 版框：宽55.5cm×高11.7cm

540000-0000248

༄། །འཕགས་པ་ཤེས་རབ་ཀྱི་ཕ་རོལ་ཏུ་ཕྱིན་པ་སྟོང་ཕྲག་བརྒྱ་པ། ། པོད་ཆ་པ།

པོད་གཅིག བྲིས་མ། དབུ་ཅན། ཡིག་ཕྲེང་བདུན་ཅན། གླེགས་བམ། ཤོག་ཀྱ། ཞེང་67.6cm×དཀྱུས་22.7cm སྣེ་ཤིག་ཀྱ། ཞེང་58.1cm×དཀྱུས་10.1cm

般若波罗蜜多经十万颂

ch函 写本 乌金体 7行 梵夹装 开本：宽67.6cm×高22.7cm 版框：宽58.1cm×高10.1cm

540000-0000249

༄། །འཕགས་པ་ཤེས་རབ་ཀྱི་ཕ་རོལ་ཏུ་ཕྱིན་པ་སྟོང་ཕྲག་བརྒྱ་པ། ། པོད་ཐ་པ།

པོད་གཅིག བྲིས་མ། དབུ་ཅན། ཡིག་ཕྲེང་བརྒྱད་ཅན། གླེགས་བམ། ཤོག་ཀྱ། ཞེང་66.1cm×དཀྱུས་17.2cm སྣེ་ཤིག་ཀྱ། ཞེང་61cm×དཀྱུས་10.1cm

般若波罗蜜多经十万颂

th函 写本 乌金体 8行 梵夹装 开本：宽66.1cm×高17.2cm 版框：宽61cm×高10.1cm

540000-0000250

༄། །སངས་རྒྱས་ཕལ་པོ་ཆེ་ཞེས་བྱ་བ་ཤིན་ཏུ་རྒྱས་པ་ཆེན་པོའི་མདོ། ། པོད་ཅ་པ།

པོད་གཅིག བྲིས་མ། དབུ་ཅན། ཡིག་ཕྲེང་བདུན་ཅན། གླེགས་བམ། ཤོག་ཀྱ། ཞེང་64.2cm×དཀྱུས་17.8cm སྣེ་ཤིག་ཀྱ། ཞེང་55.5cm×དཀྱུས་8.2cm

大方广佛华严经八十华严

c函 写本 乌金体 7行 梵夹装 开本：宽64.2cm×高17.8cm 版框：宽55.5cm×高8.2cm

540000-0000251

༄། །འཕགས་པ་ཤེས་རབ་ཀྱི་ཕ་རོལ་ཏུ་ཕྱིན་པ་སྟོང་ཕྲག་བརྒྱ་པ། ། པོད་ཉ་པ།

པོད་གཅིག བྲིས་མ། དབུ་ཅན། ཡིག་ཕྲེང་བདུན་ཅན། གླེགས་བམ། ཤོག་ཀྱི། ཞེང་67.5cm×དཀྱུས་19.1cm སྣེ་ཐིག་ཀྱི། ཞེང་56.6cm×དཀྱུས་9.2cm

般若波罗蜜多经十万颂

ny函 写本 乌金体 7行 梵夹装 开本：宽67.5cm×高19.1cm 版框：宽56.6cm×高9.2cm

540000-0000252

༄། །འཕགས་པ་ཤེས་རབ་ཀྱི་ཕ་རོལ་ཏུ་ཕྱིན་པ་སྟོང་ཕྲག་བརྒྱ་པ། ། པོད་ག་པ།

པོད་གཅིག བྲིས་མ། དབུ་ཅན། ཡིག་ཕྲེང་དགུ་ཅན། གླེགས་བམ། ཤོག་ཀྱི། ཞེང་66.4cm×དཀྱུས་18.3cm སྣེ་ཐིག་ཀྱི། ཞེང་59.4cm×དཀྱུས་11.1cm

般若波罗蜜多经十万颂

g函 写本 乌金体 9行 梵夹装 开本：宽66.4cm×高18.3cm 版框：宽59.4cm×高11.1cm

540000-0000253

༄། །འཕགས་པ་ཤེས་རབ་ཀྱི་ཕ་རོལ་ཏུ་ཕྱིན་པ་སྟོང་ཕྲག་ཉི་ཤུ་ལྔ་པ། ། པོད་ཁ་པ།

པོད་གཅིག བྲིས་མ། དབུ་ཅན། ཡིག་ཕྲེང་བདུན་ཅན། གླེགས་བམ། ཤོག་ཀྱི། ཞེང་59.5cm×དཀྱུས་18.8cm སྣེ་ཐིག་ཀྱི། ཞེང་60.3cm×དཀྱུས་9.2cm

般若波罗蜜多经两万五千颂

kh函 写本 乌金体 7行 梵夹装 开本：宽59.5cm×高18.8cm 版框：宽60.3cm×高9.2cm

540000-0000254

༄། །འཕགས་པ་ཤེས་རབ་ཀྱི་ཕ་རོལ་ཏུ་ཕྱིན་པ་སྟོང་ཕྲག་ཉི་ཤུ་ལྔ་པ།   པོད་ཀ་པ།

པོད་གཅིག བྲིས་མ། དབུ་ཅན། ཡིག་ཕྲེང་བདུན་ཅན། གླེགས་བམ། ཤོག་ཀྱུ། ཞེང་69.5cm×དཀྱུས་22.7cm སྣེ་ཐིག་ཀྱུ། ཞེང་59.3cm×དཀྱུས་10.2cm

般若波罗蜜多经两万五千颂

k函 写本 乌金体 7行 梵夹装 开本：宽69.5cm×高22.7cm 版框：宽59.3cm×高10.2cm

540000-0000255

༄། །སངས་རྒྱས་ཕལ་པོ་ཆེ་ཞེས་བྱ་བ་ཤིན་ཏུ་རྒྱས་པ་ཆེན་པོའི་མདོ།།   པོད་ཀ་པ།

609 པོད་གཅིག བྲིས་མ། དབུ་ཅན། ཡིག་ཕྲེང་དྲུག་ཅན། གླེགས་བམ། ཤོག་ཀྱུ། ཞེང་68.8cm×དཀྱུས་19.9cm སྣེ་ཐིག་ཀྱུ། ཞེང་58.8cm×དཀྱུས་7.7cm

大方广佛华严经八十华严

k函 写本 乌金体 6行 梵夹装 开本：宽68.8cm×高19.9cm 版框：宽58.8cm×高7.7cm

540000-0000256

༄། །འཕགས་པ་རྒྱ་ཆེར་རོལ་པ་ཐེག་པ་ཆེན་པོའི་མདོ།།

པོད་གཅིག བྲིས་མ། དབུ་ཅན། ཡིག་ཕྲེང་བརྒྱད་ཅན། གླེགས་བམ། ཤོག་ཀྱུ། ཞེང་68.3cm×དཀྱུས་22.6cm སྣེ་ཐིག་ཀྱུ། ཞེང་59.5cm×དཀྱུས་11.4cm

方广大庄严经

1函 写本 乌金体 8行 梵夹装 开本：宽68.3cm×高22.6cm 版框：宽59.5cm×高11.4cm

540000-0000257

༄༅། །འཕགས་པ་དཀོན་མཆོག་བརྩེགས་པ་ཆེན་པོའི་ཆོས་ཀྱི་རྣམ་གྲངས་གོ་ཆའི་བཀོད་པ་བསྟན་པ་ཞེས་བྱ་བ་ཐེག་པ་ཆེན་པོའི་མདོ།། པོད་ཁ་པ།

པོད་གཅིག བྲིས་མ། དབུ་ཅན། ཡིག་ཕྲེང་བརྒྱད་ཅན། གླེགས་བམ། ཤོག་རྒྱ། ཞེང་68.3cm×དཀྱུས་17.6cm སྙེ་ཐིག་རྒྱ། ཞེང་59.3cm×དཀྱུས་10cm

大宝积经被甲庄严会第七

kh函 写本 乌金体 8行 梵夹装 开本：宽68.3cm×高17.6cm 版框：宽59.3cm×高10cm

540000-0000258

༄༅། །འཕགས་པ་ཤེས་རབ་ཀྱི་ཕ་རོལ་ཏུ་ཕྱིན་པ་སྟོང་ཕྲག་བརྒྱ་པ།། པོད་ང་པ།

པོད་གཅིག བྲིས་མ། དབུ་ཅན། ཡིག་ཕྲེང་བརྒྱད་ཅན། གླེགས་བམ། ཤོག་རྒྱ། ཞེང་69.5cm×དཀྱུས་22.8cm སྙེ་ཐིག་རྒྱ། ཞེང་57.4cm×དཀྱུས་11.2cm

般若波罗蜜多经十万颂

ng函 写本 乌金体 8行 梵夹装 开本：宽69.5cm×高22.8cm 版框：宽57.4cm×高11.2cm

540000-0000259

༄༅། །འཕགས་པ་ཤེས་རབ་ཀྱི་ཕ་རོལ་ཏུ་ཕྱིན་པ་སྟོང་ཕྲག་བརྒྱ་པ།། པོད་ན་པ།

པོད་གཅིག བྲིས་མ། དབུ་ཅན། ཡིག་ཕྲེང་བརྒྱད་ཅན། གླེགས་བམ། ཤོག་རྒྱ། ཞེང་70.2cm×དཀྱུས་22.9cm སྙེ་ཐིག་རྒྱ། ཞེང་57.8cm×དཀྱུས་11.1cm

般若波罗蜜多经十万颂

n函 写本 乌金体 8行 梵夹装 开本：宽70.2cm×高22.9cm 版框：宽57.8cm×高11.1cm

540000-0000260

༄། །ཤིན་ཏུ་རྒྱས་པ་ཆེན་པོའི་མདོ་སངས་རྒྱས་ཕལ་པོ་ཆེ་ཞེས་བྱ་བ་བཞུགས་སོ།།　པོད་ཁ་པ།

པོད་གཅིག　བྲིས་མ།　དབུ་ཅན།　ཡིག་ཕྲེང་བདུན་ཅན།　གླེགས་བམ།　ཤོག་གྲྭ། ཞེང་65.4cm×དཀྱུས་17.9cm　སྙེ་ཐིག་གྲྭ། ཞེང་56cm×དཀྱུས་9.1cm

大方广佛华严经八十华严

kh函　写本　乌金体　7行　梵夹装　开本：宽65.4cm×高17.9cm　版框：宽56cm×高9.1cm

དུས་རབས་12པའི་མངའ་བདག་མགོན་ཉིའི་ཐུགས་དམ་གྱི་མཛད་བྱང་། 12 世纪

俄达衮乃御经题记

ལྷོ་ཁ་ས་ཁུལ་སྣེ་གདོང་རྫོང་ཆོས་སྡེ་འོག་དགོན།

山南地区乃东县曲德沃寺

540000-0000001

༄། །གསུང་འབོར་སྒྲུ།།

བོད་གཅིག གསེར་བྲིས་མ། དབུ་ཅན། ཡིག་ཕྲེང་དྲུག་ཅན། གླེགས་བམ། ཤོག་རྒྱ། ཞེང་73cm×དཀྱུས་22.4cm སྣེ་ཐིག་རྒྱ། ཞེང་61cm×དཀྱུས་8cm

散叶

1函 金汁写本 乌金体 6行 梵夹装 开本：宽73cm×高22.4cm 版框：宽61cm×高8cm

540000-0000002

༄། །གསུང་འབོར་སྒྲུ།།

བོད་གཅིག གསེར་དངུལ་བྲིས་མ་དང་སྣག་ཚ་བྲིས་མ། དབུ་ཅན། ཡིག་ཕྲེང་བདུན་ནས་བརྒྱད་ཅན། གླེགས་བམ། ཤོག་རྒྱ། ཞེང་63cm×དཀྱུས་20.5cm སྣེ་ཐིག་རྒྱ། ཞེང་55.1cm×དཀྱུས་11.3cm

散叶

1函 金汁写本和墨汁写本 乌金体 7-8行 梵夹装 开本：宽63cm×高20.5cm 版框：宽55.1cm×高11.3cm

540000-0000001

༄། །གཡའ་བཟང་ཆོས་འབྱུང་བསྟན་པ་གསལ་བྱེད་བཞུགས་སོ། །

པོད་གཅིག བྲིས་མ། དཔེ་ཚུགས། ཡིག་ཕྲེང་དྲུག་ཅན། གླེགས་བམ། ཤོག་ཀྱུ། ཞེང་27.2cm×དཀྱུས་5.4cm སྣེ་ཤིག་ཀྱུ། ཞེང་23.2cm×དཀྱུས་2.4cm

雅桑教法史

1函 写本 柏簇体 6行 梵夹装 开本：宽27.2cm×高5.4cm 版框：宽23.2cm×高2.4cm

613 540000-0000002

༄། །རྒྱལ་བ་སྣུབས་འདུལ་ཆེན་པོའི་རྣམ་ཐར། །

པོད་གཅིག བྲིས་མ། དཔེ་ཚུགས། ཡིག་ཕྲེང་བདུན་ཅན། གླེགས་བམ། ཤོག་ཀྱུ། ཞེང་36cm×དཀྱུས་5.6cm སྣེ་ཤིག་ཀྱུ། ཞེང་6cm×དཀྱུས་2.6cm

法王努堆大师传记

1函 写本 柏族体 6行 梵夹装 开本：宽36cm×高5.6cm 版框：宽6cm×高2.6cm

ལྷོ་ཁ་ས་ཁུལ་སྣེ་གདོང་རྫོང་ཡུམ་བུ་ལྷ་ཁང་།

山南地区乃东县雍布拉康

540000-0000001

༄། །གསུང་ཐོར་བུ། །

པོད་གཅིག བྲིས་མ། དབུ་ཅན། ཡིག་ཕྲེང་བདུན་ཅན། གླེགས་བམ།   ཤོག་གྲྭ། ཞེང་63.2cm×དཀྱུས་15.3cm སྣེ་ཤིག་གྲྭ། ཞེང་55.7cm×དཀྱུས་8cm

经部

1函 写本 乌金体 7行 梵夹装 开本：宽63.2cm×高15.3cm 版框：宽55.7cm×高8cm

540000-0000002

༄། །མདོ་སྡེ་བསྐལ་བཟང་ཞེས་བྱ་བ་བཞུགས་སོ།། ། པོད་ཁ་པ།

པོད་གཅིག བྲིས་མ། དབུ་ཅན། ཡིག་ཕྲེང་བརྒྱད་ཅན། གླེགས་བམ། ཤོག་གྲྭ། ཞེང་60.8cm×དཀྱུས་20.4cm སྣེ་ཤིག་གྲྭ། ཞེང་50cm×དཀྱུས་9.4cm

大乘贤劫经

kh函 写本 乌金体 8行 梵夹装 开本：宽60.8cm×高20.4cm 版框：宽50cm×高9.4cm

540000-0000003

༄། །འཕགས་པ་ལང་ཀར་གཤེགས་པའི་མདོ།། ། པོད་ཞ་པ།

པོད་གཅིག གསེར་དངུལ་བྲིས་མ། དབུ་ཅན། ཡིག་ཕྲེང་བདུན་ཅན། གླེགས་བམ།   ཤོག་གྲྭ། ཞེང་63.4cm×དཀྱུས་15.3cm སྣེ་ཤིག་གྲྭ། ཞེང་56.6cm×དཀྱུས་7.5cm

大乘楞严经

zh函 金银汁写本 乌金体 7行 梵夹装 开本：宽63.4cm×高15.3cm 版框：宽56.6cm×高7.5cm

540000-0000004

༄། །མདོ་ཀུན་ལས་བཏུས་པ།། བོད་ཕ་པ།

བོད་གཅིག གསེར་བྲིས་མ། དབུ་ཅན། ཡིག་ཕྲེང་བདུན་ཅན། གླེགས་བམ། ཤོག་རྒྱ། ཞེང་70cm×དཀྱུས་26cm སྙེ་ཐིག་རྒྱ། ཞེང་58.5cm×དཀྱུས་10cm

大乘宝要议论经

ph函 金汁写本 乌金体 7行 梵夹装 开本：宽70cm×高26cm 版框：宽58.5cm×高10cm

540000-0000005

༄། །མདོ་ཆེན་པོ་རྒྱལ་མཚན་དམ་པ།། བོད་ཐ་པ།

བོད་གཅིག གསེར་དངུལ་བྲིས་མ། དབུ་ཅན། ཡིག་ཕྲེང་བདུན་ཅན། གླེགས་བམ། ཤོག་རྒྱ། ཞེང་66.6cm×དཀྱུས་15.7cm སྙེ་ཐིག་རྒྱ། ཞེང་57.5cm×དཀྱུས་7.4cm

杂阿含经第九百八十一经部

th函 金银汁写本 乌金体 6-8行 梵夹装 开本：宽66.6cm×高15.7cm 版框：宽57.5cm×高7.4cm

ལྷོ་ཁ་ས་ཁུལ་སྣེ་གདོང་རྫོང་བཀྲ་ཤིས་ཆོས་སྡེ་དགོན།

山南地区乃东县扎西曲德寺

540000-0000001

༄། །འཕགས་པ་འཇམ་དཔལ་གྱི་མཚན་ཡང་དག་པར་བརྗོད་པའི་ཕན་ཡོན་དང་བཅས་པ་བཞུགས་སོ།།

བོད་གཅིག སྤར་མ། དབུ་ཅན། ཡིག་ཕྲེང་བདུན་ཅན། གླེགས་བམ། ཤོག་རྒྱ། ཞེང་65cm×དཀྱུས་15.5cm སྙེ་ཐིག་རྒྱ། ཞེང་54.3cm×དཀྱུས་9.5cm

佛说文殊菩萨名赞功效

1函 刻本 乌金体 7行 梵夹装 开本：宽65cm×高15.5cm 版框：宽54.3cm×高9.5cm

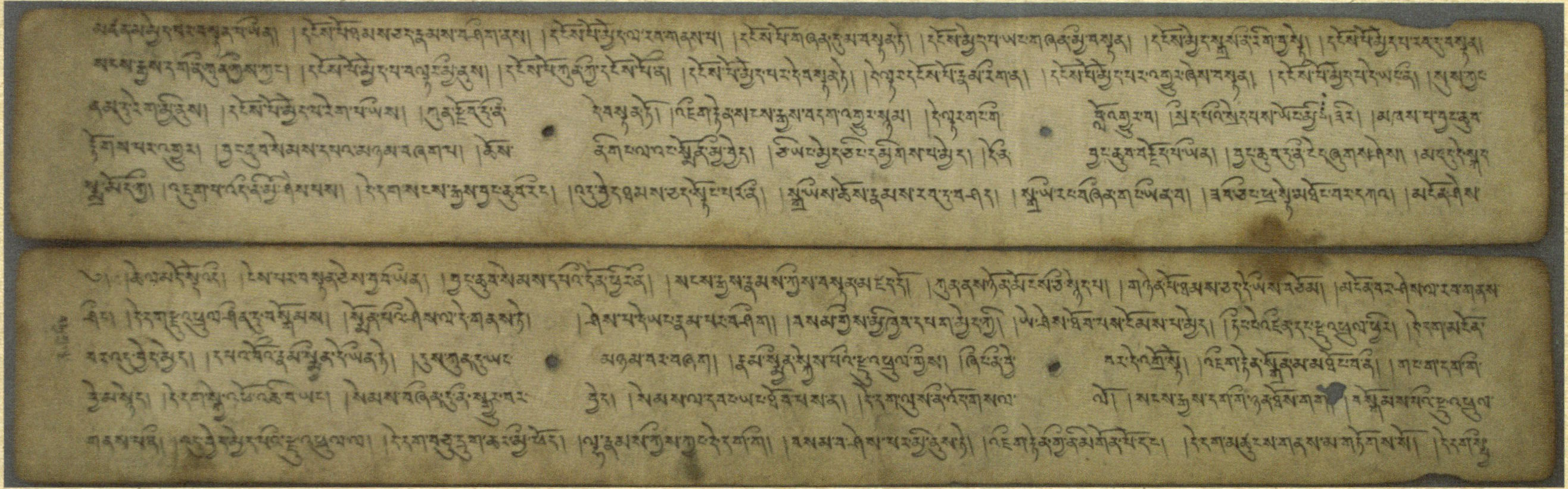

དུས་རབས་10-12པའི་གསུང་རབ་བྲིས་མ།

10-12 世纪写本文献

འཕྱོངས་རྒྱས་རྫོང་། 琼结县

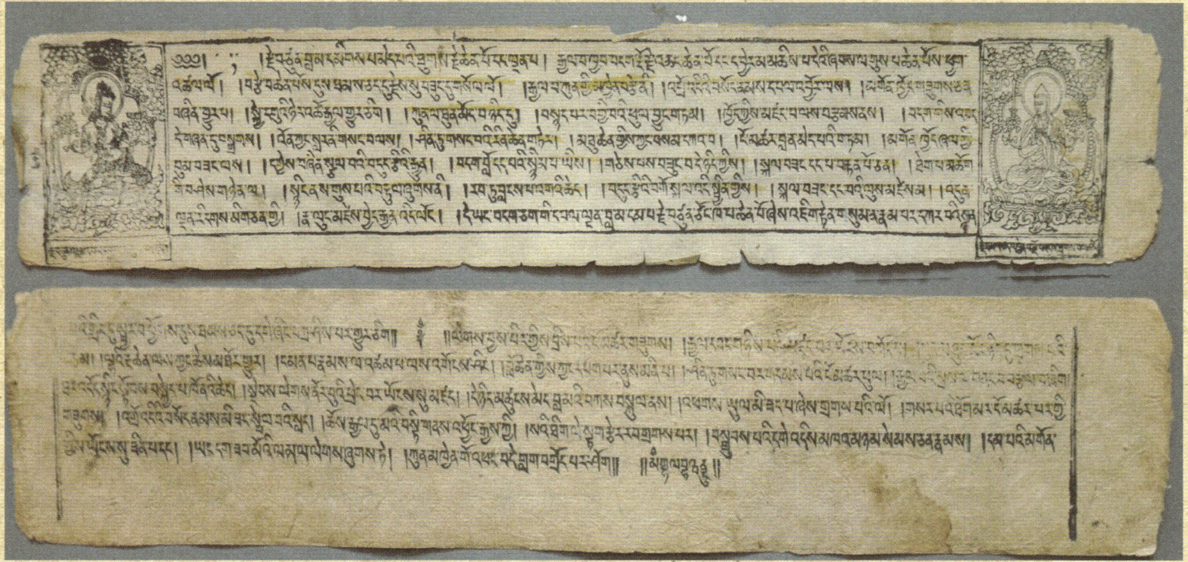

དུས་རབས་16པའི་འཕྱོངས་རྒྱས་སྤར་མ་རྗེ་ཙོང་ཁ་པའི་གསང་རྣམ།

16 世纪琼结刻本宗喀巴秘传

ལྷོ་ཁ་ས་ཁུལ་འཕྱོངས་རྒྱས་རྫོང་དཔའ་བོ་བསམ་གཏན་གླིང་དགོན།
山南地区琼结县巴吾桑日林寺

540000-0000001

༄།།ལྷོ་རྒྱུད་བསྟན་པའི་གསལ་བྱེད་དཔའ་བོ་དགོན་གྱི་མཆོག་སྤྲུལ་ངག་དབང་བློ་བཟང་བསྟན་པའི་རྒྱལ་མཚན་དཔལ་བཟང་པོའི་སྐུ་འཕྲེང་རིམ་བྱོན་དང་འབྲེལ་བའི་ཞབས་བརྟན་གསོལ་འདེབས་འདོད་དོན་ལྷུན་གྲུབ་ཅེས་བྱ་བ་བཞུགས་སོ།།

པོད་གཅིག སྤར་མ། དབུ་ཅན། ཡིག་ཕྲེང་ལྔ་ཅན། གླེགས་བམ། ཤོག་རྒྱ། ཞེང་27.4cm×དཀྱུས་7.1cm སྡེ་ཐིག་རྒྱ། ཞེང་19.7cm×དཀྱུས་4.8cm

南传佛教教主巴乌寺活佛阿旺洛桑丹白坚参白桑历代转世及永驻祈愿诵·如意自成

1函 刻本 乌金体 5行 梵夹装 开本：宽27.4cm×高7.1cm 版框：宽19.7cm×高4.8cm

ལྷོ་ཁ་ས་ཁུལ་འཕྱོངས་རྒྱས་རྫོང་ཚེ་རིང་ལྗོངས་དགོན་ཁྲི་ཟིལ་གྱི་ཉར་ཚགས།
山南地区琼结县次仁炯寺迟色个人收藏

540000-0000001

༄།།ཀློང་ཆེན་ནམ་མཁའི་རྣལ་འབྱོར་གྱི་གསུང་འབུམ་ཐོར་བུ་ལས་བསྐྱེད་རྫོགས་སྒོམ་ཕྱོགས་དྲིས་ལན་དང་ཞལ་གདམས་རྣམས་ཕྱོགས་སུ་བསྒྲིབས་པ་བཞུགས་སོ།།

པོད་གཅིག སྤར་མ། དབུ་ཅན། ཡིག་ཕྲེང་དྲུག་ཅན། གླེགས་བམ། ཤོག་རྒྱ། ཞེང་34.8cm×དཀྱུས་7cm སྡེ་ཐིག་རྒྱ། ཞེང་25cm×དཀྱུས་5.6cm

隆庆虚空瑜伽文集之生满修法问答及教诲集

1函 刻本 乌金体 6行 梵夹装 开本：宽34.8cm×高7cm 版框：宽25cm×高5.6cm

ལྷོ་ཁ་ས་ཁུལ་འཕྱོངས་རྒྱས་རྫོང་ཚེ་རིང་ལྗོངས་དགོན་བསོད་ནམས་བདེ་ཆེན་གྱི་ཉར་ཚགས།
山南地区琼结县次仁炯寺索南德庆个人收藏

540000-0000001

༄། །རྗེ་བཙུན་མི་ལའི་མགུར་འབུམ། །

པོད་གཅིག སྤར་མ། དབུ་ཅན། ཡིག་ཕྲེང་དྲུག་ཅན། གླེགས་བམ། ཤོག་རྒྱ། ཞེང་54cm×དཀྱུས་8.3cm སྙེ་ཤིག་རྒྱ། ཞེང་48cm×དཀྱུས་6cm

至尊米拉日巴道歌

1函 刻本 乌金体 6行 梵夹装　开本：宽54cm×高8.3cm 版框：宽48cm×高6cm

619 ལྷོ་ཁ་ས་ཁུལ་འཕྱོངས་རྒྱས་རྫོང་ཚེ་རིང་ལྗོངས་དགོན་བཀྲ་བཟང་མཁའ་འགྲོའི་ཉར་ཚགས།
山南地区琼结县次仁炯寺扎桑卡卓个人收藏

540000-0000001

༄། །ཤེས་རབ་ལེའུའི་མཆན་འགྲེལ་བཞུགས་སོ། །

པོད་གཅིག བྲིས་མ། དབུ་ཅན། ཡིག་ཕྲེང་དྲུག་ཅན། གླེགས་བམ། ཤོག་རྒྱ། ཞེང་38.8cm×དཀྱུས་7.9cm སྙེ་ཤིག་རྒྱ། ཞེང་17.2cm×དཀྱུས་3.4cm

入菩萨行论智慧品诠释

1函 写本 乌金体 6行 梵夹装　开本：宽38.8cm×高7.9cm 版框：宽17.2cm×高3.4cm

540000-0000001

༄། །བུ་སྟོན་ཐམས་ཅད་མཁྱེན་པས་མཛད་པའི་དབྱངས་ཆར་གྲིས་རྩིས་སོ་དག་པར་གསལ་བའི་མན་ངག་བཅས་ཉེར་མཁོ་སྣ་ཚོགས་བཞུགས་སོ།
པོད་གཅིག བྲིས་མ། ཚུགས་མ་འཁྱུག། ཡིག་ཕྲེང་དྲུག་ཅན། གླེགས་བམ། ཤོག་རྒྱ། ཞེང་16.8cm×དཀྱུས་5.9cm སྣེ་ཐིག་རྒྱ། ཞེང་16cm×དཀྱུས་3.5cm

布顿遍知造韵律算明晰常用诀窍等

1函 写本 草写体 6行 梵夹装 开本：宽16.8cm×高5.9cm 版框：宽16cm×高3.5cm

540000-0000002

༄། །རྗེ་བཙུན་རྡོ་རྗེ་རྣལ་འབྱོར་མ་ན་རོ་མཁའ་སྤྱོད་ཀྱི་ཉམས་ལེན་རྒྱུན་འཁྱེར་མདོར་བསྡུས་བཞུགས་སོ།།
པོད་གཅིག བྲིས་མ། དབུ་ཅན། ཡིག་ཕྲེང་དྲུག་ཅན། གླེགས་བམ། ཤོག་རྒྱ། ཞེང་26cm×དཀྱུས་8cm སྣེ་ཐིག་རྒྱ། ཞེང་22.5cm×དཀྱུས་5cm

至尊金刚瑜伽母那若空行实践常持摄义

1函 写本 乌金体 6行 梵夹装 开本：宽26cm×高8cm 版框：宽22.5cm×高5cm

540000-0000003

༄། །རྒྱལ་པོ་ཆེན་པོ་རྣམ་ཐོས་སྲས་ལ་བརྟེན་པའི་ནོར་དང་ཚེ་དཔལ་གཡང་འགུག་ཅིང་བསྒྲུབ་པའི་ཆོ་ག་དགོས་འདོད་ཀྱི་ཆར་འབབས་པའི་རྒྱ་འཛིན་ཞེས་བྱ་བ་བཞུགས་སོ།།
པོད་གཅིག བྲིས་མ། དབུ་ཅན། ཡིག་ཕྲེང་བདུན་ཅན། ལྟེབས་མགོ་མ། ཤོག་རྒྱ། ཞེང་31cm×དཀྱུས་12cm སྣེ་ཐིག་རྒྱ། ཞེང་19cm×དཀྱུས་7.8cm

依大王多闻天招财引福修法仪轨如意降雨

1函 写本 乌金体 7行 缝绘装 开本：宽31cm×高12cm 版框：宽19cm×高7.8cm

540000-0000004

༄། །ཤར་ཕྱོགས་དྭགས་པོ་གྲྭ་ཚང་གིས་ཚོགས་འདོན་ཆོས་སྤྱོད་ཉེར་མཁོ་འགའ་བཞུགས་སོ།།

པོད་གཅིག བྲིས་མ། དབུ་ཅན། ཡིག་ཕྲེང་དྲུག་ཅན། གླེགས་བམ། ཤོག་ཀྱི། ཞེང་50.5cm×དཀྱུས་9.9cm སྣེ་ཤོག་ཀྱི། ཞེང་46.7cm×དཀྱུས་6.7cm

东部达布扎仓会供法会法行必备

1函 写本 乌金体 6行 梵夹装 开本：宽50.5cm×高9.9cm 版框：宽46.7cm×高6.7cm

540000-0000005

༄། །ཀ་ཤིན་རྩིས།།

པོད་གཅིག བྲིས་མ། དབུ་ཅན། གླེགས་བམ། ཤོག་ཀྱི། ཞེང་22.5cm×དཀྱུས་7.9cm སྣེ་ཤོག་ཀྱི། ཞེང་20cm×དཀྱུས་6cm

死丧卜算

1函 写本 乌金体 梵夹装 开本：宽22.5cm×高7.9cm 版框：宽20cm×高6cm

540000-0000006

༄། །ཐུགས་རྗེ་ཆེན་པོ་ཡི་གེ་དྲུག་པའི་གསོལ་འདེབས་ཀྱི་སྒྲུབ་ཐབས་བྱིན་རླབས་ཅན་བཞུགས་སོ། །

པོད་གཅིག བྲིས་མ། དབུ་ཅན། ཡིག་ཕྲེང་ལྔ་ཅན། གླེགས་བམ། ཤོག་ཀྱུ། ཞེང་23.5cm×དཀྱུས་7.5cm སྣེ་ཐིག་ཀྱུ། ཞེང་12cm×དཀྱུས་4.9cm

观音菩萨六字真言祈愿修法加持

1函 写本 乌金体 5行 梵夹装 开本：宽23.5cm×高7.5cm 版框：宽12cm×高4.9cm

540000-0000007

༄། །བློ་སྦྱོང་དོན་བདུན་མའི་སྙིང་པོ་བཞུགས་སོ། །

 པོད་གཅིག བྲིས་མ། དབུ་ཅན། ཡིག་ཕྲེང་ལྔ་ཅན། གླེགས་བམ། ཤོག་ཀྱུ། ཞེང་23.5cm×དཀྱུས་7.5cm སྣེ་ཐིག་ཀྱུ། ཞེང་17cm×དཀྱུས་4cm

修心七事要义

1函 写本 乌金体 5行 梵夹装 开本：宽23.5cm×高7.5cm 版框：宽17cm×高4cm

540000-0000008

༄། །རྗེ་བཙུན་བློ་བཟང་ཆོས་ཀྱི་རྒྱལ་མཚན་གྱིས་མཛད་པའི་འབྱུང་བཞི་གཏོར་མ་བཞུགས་སོ། །

པོད་གཅིག བྲིས་མ། དབུ་ཅན། ཡིག་ཕྲེང་དྲུག་ཅན། གླེགས་བམ། ཤོག་ཀྱུ། ཞེང་30cm×དཀྱུས་9.9cm སྣེ་ཐིག་ཀྱུ། ཞེང་26.9cm×དཀྱུས་9.7cm

班禅罗桑曲杰造四素食团仪轨

1函 写本 乌金体 6行 梵夹装 开本：宽30cm×高9.9cm 版框：宽26.9cm×高9.7cm

ལྷོ་ཁ་ས་ཁུལ་འཕྱོངས་རྒྱས་རྫོང་རི་བོ་བདེ་ཆེན་དགོན་དགའ་དབང་བསྟན་པའི་ཉར་ཚགས།

山南地区琼结县日乌德庆寺阿旺旦巴个人收藏

540000-0000001

༄། །བརྒྱ་བཞིའི་ཆོ་ག་གོང་ས་ལྔ་པ་ཆེན་པོའི་མཆོག་གིས་མཛད་པ་བཞུགས་སོ།།

པོད་གཅིག བྲིས་མ། དབུ་ཅན། ཡིག་ཕྲེང་ལྔ་ཅན། གླེགས་བམ། ཤོག་གྲུ། ཞེང་33.2cm×དཀྱུས་10cm སྣེ་ཤིག་གྲུ། ཞེང་20cm×དཀྱུས་6cm

五世达赖喇嘛著四百禳灾仪轨

1函 写本 乌金体 5行 梵夹装 开本：宽33.2cm×高10cm 版框：宽20cm×高6cm

623 540000-0000002

༄། །དགྲ་ལྷའི་དབང་བསྟོད་ལྷ་དབང་ལ་གསང་བའི་བདག་པོས་གནང་བ་བཞུགས་སོ།།

པོད་གཅིག བྲིས་མ། དཔེ་ཚུགས། ཡིག་ཕྲེང་བརྒྱད་ཅན། གླེགས་བམ། ཤོག་གྲུ། ཞེང་37.5cm×དཀྱུས་16.9cm སྣེ་ཤིག་གྲུ། ཞེང་31.5cm×དཀྱུས་11cm

秘教主赐给自在天战神礼赞

1函 写本 柏簇体 8行 梵夹装 开本：宽37.5cm×高16.9cm 版框：宽31.5cm×高11cm

ལྷོ་ཁ་ས་ཁུལ་འཕྱོངས་རྒྱས་རྫོང་རི་བོ་བདེ་ཆེན་དགོན་དོན་ལྡན་གྱི་ཉར་ཚགས།

山南地区琼结县日乌德庆寺多旦个人收藏

540000-0000001

༄། །ཆོས་སྡེ་ཆེན་པོ་རི་བོ་བདེ་ཆེན་གྱི་ཐུན་མོང་མ་ཡིན་པའི་སྨོན་ལམ་ཕྱོགས་སྒྲིགས་སུ་མཛད་པའི་དབྱངས་ཡིག།

པོད་གཅིག བྲིས་མ། དབུ་ཅན། ཡིག་ཕྲེང་གསུམ་ཅན། གླེགས་བམ། ཤོག་གྲྭ། ཞེང་54.8cm×དཀྱུས་9.1cm སྣེ་ཐིག་གྲྭ། ཞེང་50cm×དཀྱུས་7cm

曲德庆布日乌德庆寺殊圣祈愿文集曲谱

1函 写本 乌金体 3行 梵夹装 开本：宽54.8cm×高9.1cm 版框：宽50cm×高7cm

540000-0000002

༄། །དཔལ་ལྡན་ཆོས་སྐྱོང་སྲུང་མའི་ཚོགས་ལ་མཆོད་གཏོར་འབུལ་བའི་རིམ་པ་ ཟིན་བྲིས་སུ་བཏབ་པ།།

པོད་གཅིག བྲིས་མ། དཔེ་ཚུགས། ཡིག་ཕྲེང་བརྒྱད་ཅན། གླེགས་བམ། ཤོག་གྲྭ། ཞེང་53.5cm×དཀྱུས་10cm སྣེ་ཐིག་གྲྭ། ཞེང་49cm×དཀྱུས་7.3cm

吉祥诸护法神供施仪轨工序笔录

1函 写本 柏簇体 8行 梵夹装 开本：宽53.5cm×高10cm 版框：宽49cm×高7.3cm

ལྷོ་ཁ་ས་ཁུལ་འཕྱོངས་རྒྱས་རྫོང་རི་བོ་བདེ་ཆེན་དགོན་བཀྲ་ཤིས་ཉི་མའི་ཉར་ཚགས།

山南地区琼结县日乌德庆寺扎西尼玛个人收藏

540000-0000001

༄། །ལྷུན་གྲུབ་བདེ་བ་ཆེན་པོའི་གསུང་།།

པོད་གཅིག བྲིས་མ། དབུ་ཅན། ཡིག་ཕྲེང་བརྒྱད་ཅན། གླེགས་བམ། ཤོག་རྒྱ། ཞེང་48.5cm×དཀྱུས་9cm སྣེ་ཐིག་རྒྱ། ཞེང་42.3cm×དཀྱུས་4.8cm

伦珠德庆文集

1函 写本 乌金体 8行 梵夹装 开本：宽48cm×高9cm 版框：宽42.3cm×高4.8cm

ལྷོ་ཁ་ས་ཁུལ་འཕྱོངས་རྒྱས་རྫོང་ཐང་པོ་ཆེ་དགོན།

山南地区琼结县唐布寺

540000-0000001

༄། །མདོ་སྡེ་རྒྱན་གྱི་བཤད་པ།།

པོད་གཅིག སྤར་མ། དབུ་ཅན། ཡིག་ཕྲེང་བདུན་ཅན། གླེགས་བམ། ཤོག་རྒྱ། ཞེང་64.5cm×དཀྱུས་15cm སྣེ་ཐིག་རྒྱ། ཞེང་55cm×དཀྱུས་10cm

大乘庄严经论

k函 刻本 乌金体 7行 梵夹装 开本：宽64.5cm×高15cm 版框：宽55cm×高10cm

540000-0000002

༄། །འཕགས་པ་ཤེས་རབ་ཀྱི་ཕ་རོལ་ཏུ་ཕྱིན་པ་བརྒྱད་སྟོང་པ་བཞུགས་སོ།།

བོད་གཅིག སྤར་མ། དབུ་ཅན། ཡིག་ཕྲེང་བདུན་ཅན། གླེགས་བམ། ཤོག་གྲུ། ཞེང་59.5cm×དཀྱུས་13cm སྣེ་ཐིག་གྲུ། ཞེང་51cm×དཀྱུས་10cm

般若波罗蜜多经八千颂

1函 刻本 乌金体 7行 梵夹装 开本：宽59.5cm×高13cm 版框：宽51cm×高10cm

540000-0000003

༄། །དཔལ་གསང་བ་འདུས་པ་ཞེས་བྱ་བ་རྒྱུད་ཀྱི་རྒྱལ་པོ་ཆེན་པོ།།

བོད་གཅིག བྲིས་མ། དབུ་ཅན། ཡིག་ཕྲེང་ལྔ་ཅན། གླེགས་བམ། ཤོག་གྲུ། ཞེང་24.9cm×དཀྱུས་8.2cm སྣེ་ཐིག་གྲུ། ཞེང་13cm×དཀྱུས་5cm

密集事续大王经

1函 写本 乌金体 5行 梵夹装 开本：宽24.9cm×高8.2cm 版框：宽13cm×高5cm

540000-0000004

༄། །ཁྲ་འབྲུག་གནས་སྲུང་གླིང་ཆེན་ཚངས་པ་ཆེན་པོས་དཔོན་བློན་འཁོར་བཅས་ཀྱི་མཆོད་བསྟོད་བསྐང་བཤགས་འཕྲིན་བསྐུལ་གྱི་རིམ་པ་ཆ་ཚང་འཕྲིན་ལས་འདོད་འཇོ་བསམ་འཕེལ་དབང་གི་རྒྱལ་པོ་ཞེས་བྱ་བ་བཞུགས་སོ།།

བོད་གཅིག སྤར་མ། དབུ་ཅན། ཡིག་ཕྲེང་དྲུག་ཅན། གླེགས་བམ། ཤོག་གྲུ། ཞེང་67.8cm×དཀྱུས་18.5cm སྣེ་ཐིག་གྲུ། ཞེང་55.3cm×དཀྱུས་11.4cm

昌珠寺护法帝释天眷属礼赞及酬忏仪轨整套工序·功业如意大宝王

1函 刻本 乌金体 6行 梵夹装 开本：宽67.8cm×高18.5cm 版框：宽55.3cm×高11.4cm

540000-0000005

༄། །ཤེས་རབ་ཀྱི་ཕ་རོལ་ཏུ་ཕྱིན་པའི་བླ་མ་བརྒྱུད་པ་ལ་གསོལ་བ་འདེབས་པའི་རིམ་པ་བསྟོད་ཚིགས་རྒྱན་གྱི་ཕྲེང་བ་ཞེས་བྱ་བ་བཞུགས་སོ། །

པོད་གཅིག བྲིས་མ། དབུ་ཅན། ཡིག་ཕྲེང་བདུན་ཅན། གླེགས་བམ། ཤོག་ཀྱུ། ཞེང་26.8cm×དཀྱུས་8.5cm སྣེ་ཐིག་ཀྱུ། ཞེང་10cm×དཀྱུས་5.8cm

般若上师传承祈愿工序·赞美宝串

1函 写本 乌金体 7行 梵夹装 开本：宽26.8cm×高8.5cm 版框：宽10cm×高5.8cm

540000-0000006

༄། །བྱང་ཆུབ་ལམ་གྱི་རིམ་པའི་ཁྲིད་ཡིག་ཡང་གསལ་སྒྲོན་མེ་ཞེས་བྱ་བ་བཞུགས་སོ། །

པོད་གཅིག བྲིས་མ། དབུ་ཅན། ཡིག་ཕྲེང་དྲུག་ཅན། གླེགས་བམ། ཤོག་ཀྱུ། ཞེང་27.5cm×དཀྱུས་8.9cm སྣེ་ཐིག་ཀྱུ། ཞེང་15cm×དཀྱུས་5cm

菩提道次第注释明灯

1函 写本 乌金体 6行 梵夹装 开本：宽27.5cm×高8.9cm 版框：宽15cm×高5cm

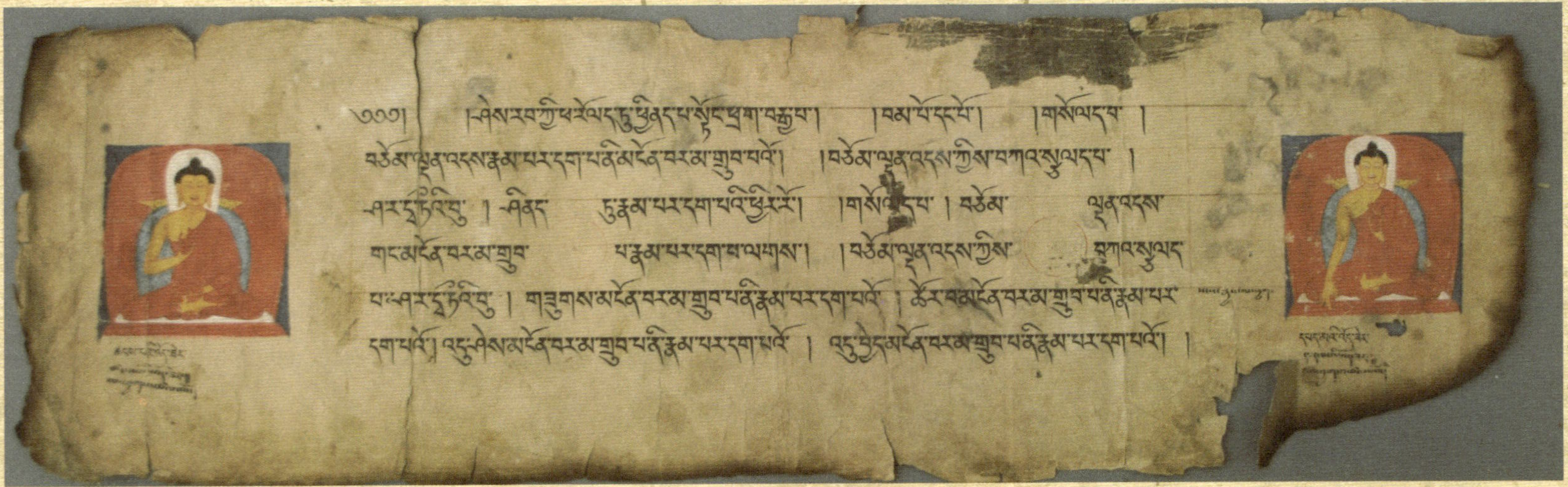

དུས་རབས་13པའི་ཤེར་ཕྱིན་སྟོང་ཕྲག་བརྒྱ་པ་བྲིས་མ།

13 世纪写本般若波罗蜜多经十万颂

དུས་རབས་17པའི་ཨེ་ཁྲིས་ཀྱི་གསུང་རབ་
17 世纪哎赤体缮写文献

ལྷོ་ཁ་ས་ཁུལ་ཆུ་གསུམ་རྫོང་གློག་ཆོས་སྡེ་དགོན།
山南地区曲松县洛曲德寺

540000-0000001

༄། །ཤེས་རབ་ཀྱི་ཕ་རོལ་ཏུ་ཕྱིན་པ།།

པོད་གཅིག བྲིས་མ། དབུ་ཅན། ཡིག་ཕྲེང་བདུན་ཅན། གླེགས་བམ། ཤོག་ཀྱུ། ཞེང་72.9cm×དཀྱུས་23.1cm སྣེ་ཐིག་ཀྱུ། ཞེང་58.2cm×དཀྱུས་9.5cm

般若波罗蜜多经

1函 写本 乌金体 8行 梵夹装 开本：宽72.9cm×高23.1cm 版框：宽58.2cm×高9.5cm

ལྷོ་ཁ་ས་ཁུལ་ཆུ་གསུམ་རྫོང་རི་སྒོ་ཆོས་སྡེ་དགོན།
山南地区曲松县日果曲德寺

540000-0000001

༄། །ཤེས་རབ་ཀྱི་ཕ་རོལ་ཏུ་ཕྱིན་པ་སྟོང་ཕྲག་བརྒྱ་པ།།

པོད་གཅིག བྲིས་མ། དབུ་ཅན། ཡིག་ཕྲེང་དགུ་ཅན། གླེགས་བམ། ཤོག་ཀྱུ། ཞེང་66.6cm×དཀྱུས་25.3cm སྣེ་ཐིག་ཀྱུ། ཞེང་57.9cm×དཀྱུས་15.2cm

般若波罗蜜多经十万颂

1函 写本 乌金体 9行 梵夹装 开本：宽66.6cm×高25.3cm 版框：宽57.9cm×高15.2cm

540000-0000002

༄། །ཤེས་རབ་ཀྱི་ཕ་རོལ་ཏུ་ཕྱིན་པ།།

པོད་གཅིག བྲིས་མ། དབུ་ཅན། ཡིག་ཕྲེང་བརྒྱད་ཅན། གླེགས་བམ། ཤོག་རྒྱ། ཞེང་62.7cm×དཀྱུས་21.1cm སྣེ་ཤིག་རྒྱ། ཞེང་53cm×དཀྱུས་11.4cm

般若波罗蜜多经

1函 写本 乌金体 8行 梵夹装 开本：宽62.7cm×高21.1cm 版框：宽53cm×高11.4cm

540000-0000003

༄། །ཤེས་རབ་ཀྱི་ཕ་རོལ་ཏུ་ཕྱིན་པ་སྟོང་ཕྲག་བརྒྱ་པ།།

631 པོད་གཅིག གསེར་དངུལ་བྲིས་མ་དང་སྣག་ཚ་བྲིས་མ། དབུ་ཅན། ཡིག་ཕྲེང་བཞི་ནས་བཅུ་གསུམ་ཅན། གླེགས་བམ། ཤོག་རྒྱ། ཞེང་62cm×དཀྱུས་21cm སྣེ་ཤིག་རྒྱ། ཞེང་52.5cm×དཀྱུས་11cm

般若波罗蜜多经十万颂

1函 金银汁写本和墨汁写本 乌金体 4-13行 梵夹装 开本：宽62cm×高21cm 版框：宽52.5cm×高11cm

540000-0000004

༄། །མདོ་སྡེ་བསྐལ་པ་བཟང་པོ་ཞེས་བྱ་བ་བཞུགས་སོ།།

པོད་གཅིག བྲིས་མ། དབུ་ཅན། ཡིག་ཕྲེང་བརྒྱད་ཅན། གླེགས་བམ། ཤོག་རྒྱ། ཞེང་77cm×དཀྱུས་24.5cm སྣེ་ཤིག་རྒྱ། ཞེང་62.5cm×དཀྱུས་13cm

贤劫经

chi函 写本 乌金体 8行 梵夹装 开本：宽77cm×高24.5cm 版框：宽62.5cm×高13cm

540000-0000005

༄། །འདུལ་བ། །

བོད་གཅིག མཚལ་པར། དབུ་ཅན། ཡིག་ཕྲེང་བདུན་ཅན། གླེགས་བམ། ཤོག་ཀྱུ། ཞེང་58.5cm×དཀྱུས་11.5cm སྙེ་ཤིག་ཀྱུ། ཞེང་48.8cm×དཀྱུས་7.1cm

律部

1函 朱砂刻本 乌金体 7行 梵夹装 开本：宽58.5cm×高11.5cm 版框：宽48.8cm×高7.1cm

540000-0000006

༄། །འདུལ་བ། །

བོད་གཅིག ཁྲིས་མ། དཔེ་ཚུགས། ཡིག་ཕྲེང་དྲུག་ཅན། གླེགས་བམ། ཤོག་ཀྱུ། ཞེང་58.2cm×དཀྱུས་9.8cm སྙེ་ཤིག་ཀྱུ། ཞེང་54cm×དཀྱུས་5.4cm

律部

1函 写本 柏簇体 6行 梵夹装 开本：宽58.2cm×高9.8cm 版框：宽54cm×高5.4cm

540000-0000007

༄། །བླ་མ་ཉེ་བར་བསྙེན་པའི་སྒྲུབ་པ་ཉམས་ལེན་གྱི་རིམ་པ་གསལ་བ་བྱིན་རླབས་ཀྱི་འདོད་འཇོ་ཞེས་བྱ་བ་བཞུགས་སོ། །

བོད་གཅིག ཁྲིས་མ། དབུ་ཅན། ཡིག་ཕྲེང་བདུན་ཅན། གླེགས་བམ། ཤོག་ཀྱུ། ཞེང་51.4cm×དཀྱུས་8.3cm སྙེ་ཤིག་ཀྱུ། ཞེང་45.2cm×དཀྱུས་6.5cm

释迦光造拜上师修法实践次第明晰·加持如意

1函 写本 乌金体 7行 梵夹装 开本：宽51.4cm×高8.3cm 版框：宽45.2cm×高6.5cm

540000-0000008

༄། །གཞུང་ཐོར་བུ། །

པོད་གཅིག བྲིས་མ། དབུ་ཅན། ཡིག་ཕྲེང་དགུ་ཅན། གླེགས་བམ། ཤོག་རྒྱ། ཞེང་71.4cm×དཀྱུས་25.5cm སྣེ་ཐིག་རྒྱ། ཞེང་58.7cm×དཀྱུས་15.1cm

散叶

1函 写本 乌金体 9行 梵夹装 开本：宽71.4cm×高25.5cm 版框：宽58.7cm×高15.1cm

540000-0000009

༄། །དབུ་མ་འཇུག་པ། །

པོད་གཅིག བྲིས་མ། དབུ་ཅན། ཡིག་ཕྲེང་ལྔ་ཅན། གླེགས་བམ། ཤོག་རྒྱ། ཞེང་64.2cm×དཀྱུས་10.6cm སྣེ་ཐིག་རྒྱ། ཞེང་57.4cm×དཀྱུས་7cm

入中观论

1函 写本 乌金体 5行 梵夹装 开本：宽64.2cm×高10.6cm 版框：宽57.4cm×高7cm

540000-0000010

༄། །སློབ་དཔོན་ཤཱཀྱ་འོད་ཀྱིས་མཛད་པའི་འགྲེལ་པ་འོད་ལྡན་བྱ་བ་བཞུགས་སོ། །

པོད་གཅིག བྲིས་མ། དཔེ་ཚུགས། ཡིག་ཕྲེང་དགུ་ཅན། གླེགས་བམ། ཤོག་རྒྱ། ཞེང་67cm×དཀྱུས་11cm སྣེ་ཐིག་རྒྱ། ཞེང་62cm×དཀྱུས་7cm

毗奈耶三百颂注释·光耀

1函 写本 柏簇体 9行 梵夹装 开本：宽67cm×高11cm 版框：宽62cm×高7cm

540000-0000001

༄། །བདེན་པ་གཉིས་ལ་འཇུག་པ་བཞུགས་སོ། །

བོད་གཅིག བྲིས་མ། དབུ་ཅན། ཡིག་ཕྲེང་བཞི་ཅན། གླེགས་བམ། ཤོག་གྲྭ། ཞེང་62cm×དཀྱུས་11.5cm སྣེ་ཐིག་གྲྭ། ཞེང་53.3cm×དཀྱུས་8.4cm

入二谛论

1函 写本 乌金体 4行 梵夹装 开本：宽62cm×高11.5cm 版框：宽53.3cm×高8.4cm

540000-0000002

634 **༄། །བླ་མ་ཉེ་བར་བསྟེན་པོའི་ཐབས་ལེན། །**

བོད་གཅིག བྲིས་མ། དབུ་ཅན། ཡིག་ཕྲེང་བདུན་ཅན། གླེགས་བམ། ཤོག་གྲྭ། ཞེང་51.7cm×དཀྱུས་8.9cm སྣེ་ཐིག་གྲྭ། ཞེང་41.5cm×དཀྱུས་6.6cm

拜上师践行论

1函 写本 乌金体 7行 梵夹装 开本：宽51.7cm×高8.9cm 版框：宽41.5cm×高6.6cm

540000-0000003

༄། །འཕགས་པ་ཤེས་རབ་ཀྱི་ཕ་རོལ་ཏུ་ཕྱིན་པ་བརྒྱད་སྟོང་པ། །

བོད་གཅིག བྲིས་མ། དབུ་ཅན། ཡིག་ཕྲེང་བརྒྱད་ཅན། གླེགས་བམ། ཤོག་གྲྭ། ཞེང་64.4cm×དཀྱུས་20.5cm སྣེ་ཐིག་གྲྭ། ཞེང་39.2cm×དཀྱུས་12.2cm

般若波罗蜜多经八千颂

1函 写本 乌金体 8行 梵夹装 开本：宽64.4cm×高20.5cm 版框：宽39.2cm×高12.2cm

540000-0000004

༄། །འཕགས་པ་ཤེས་རབ་ཀྱི་ཕ་རོལ་ཏུ་ཕྱིན་པ་སྟོང་ཕྲག་བརྒྱ་པ། ། བོད་ཉ་པ

བོད་གཅིག གསེར་དངུལ་བྲིས་མ། དབུ་ཅན། ཡིག་ཕྲེང་བཞི་ཅན། གླེགས་བམ། ཤོག་གྲྭ། ཞེང་66.6cm×དཀྱུས་25.1cm སྣེ་ཐིག་གྲྭ། ཞེང་55.4cm×དཀྱུས་14.8cm

般若波罗蜜多经十万颂

ny函 金银汁写本 乌金体 4行 梵夹装 开本：宽66.6cm×高25.1cm 版框：宽55.4cm×高14.8cm

540000-0000005

༄། །བསླབ་བྱ་བོད་སོག་ཤན་སྦྱར་མ། །

བོད་གཅིག བྲིས་མ། དབུ་ཅན། ཡིག་ཕྲེང་བཞི་ཅན། གླེགས་བམ། ཤོག་གྲྭ། ཞེང་21.1cm×དཀྱུས་7.3cm སྣེ་ཐིག་གྲྭ། ཞེང་16.1cm×དཀྱུས་5.3cm

教诲藏蒙合璧

1函 写本 乌金体 4行 梵夹装 开本：宽21.1cm×高7.3cm 版框：宽16.1cm×高5.3cm

540000-0000006

༄། །རྙིང་མ་རྒྱུད་འབུམ། །

བོད་གཅིག ཚལ་པར། དབུ་ཅན། ཡིག་ཕྲེང་བདུན་ཅན། གླེགས་བམ། ཤོག་གྲྭ། ཞེང་58.5cm×དཀྱུས་11.9cm སྣེ་ཐིག་གྲྭ། ཞེང་49cm×དཀྱུས་7.1cm

续部

1函 彩刻本 乌金体 7行 梵夹装 开本：宽58.5cm×高11.9cm 版框：宽49cm×高7.1cm

540000-0000007

༄། །ཤེས་རབ་ཀྱི་ཕ་རོལ་ཏུ་ཕྱིན་པ།།

བོད་གཅིག བྲིས་མ། དབུ་ཅན། ཡིག་ཕྲེང་བཅུ་བཞི་ཅན། གླེགས་བམ། ཤོག་གྲངས། ཞེང་61.5cm×དཀྱུས་17cm སྙེ་ཤིག་གྲངས། ཞེང་52cm×དཀྱུས་14cm

般若波罗蜜多经

1函 写本 乌金体 14行 梵夹装 开本：宽61.5cm×高17cm 版框：宽52cm×高14cm

540000-0000008

༄། །གསུང་འབོར་བུ།།

བོད་གཅིག སྤར་མ། དབུ་ཅན། ཡིག་ཕྲེང་བདུན་ཅན། གླེགས་བམ། ཤོག་གྲངས། ཞེང་64.5cm×དཀྱུས་11.9cm སྙེ་ཤིག་གྲངས། ཞེང་57.5cm×དཀྱུས་6.9cm

散叶

1函 刻本 乌金体 7行 梵夹装 开本：宽64.5cm×高11.9cm 版框：宽57.5cm×高6.9cm

540000-0000009

༄། །གསུང་འབོར་བུ།།

བོད་གཅིག བྲིས་མ། དཔེ་ཚུགས། ཡིག་ཕྲེང་དགུ་ཅན། གླེགས་བམ། ཤོག་གྲངས། ཞེང་58.7cm×དཀྱུས་9.2cm སྙེ་ཤིག་གྲངས། ཞེང་54.4cm×དཀྱུས་5.6cm

散叶

1函 写本 柏簇体 9行 梵夹装 开本：宽58.7cm×高9.2cm 版框：宽54.4cm×高5.6cm

540000-0000010

༄། །གསུང་ཐོར་བུ། ཐོད་ཀ་པ།

བོད་གཅིག བྲིས་མ། དབུ་ཅན། ཡིག་ཕྲེང་བདུན་ཅན། གླེགས་བམ། ཤོག་གྲྭ ཞེང་67.8cm×དཀྱུས་18.5cm སྣེ་ཐིག་གྲྭ ཞེང་55.3cm×དཀྱུས་11.4cm

散叶

k函 写本 乌金体 7行 梵夹装 开本：宽67.8cm×高18.5cm 版框：宽55.3cm×高11.4cm

540000-0000011

༄། །གསུང་ཐོར་བུ།

བོད་གཅིག བྲིས་མ། དབུ་ཅན། ཡིག་ཕྲེང་བདུན་ཅན། གླེགས་བམ། ཤོག་གྲྭ ཞེང་67.8cm×དཀྱུས་18.5cm སྣེ་ཐིག་གྲྭ ཞེང་55.3cm×དཀྱུས་11.4cm

散叶

1函 写本 乌金体 7行 梵夹装 开本：宽67.8cm×高18.5cm 版框：宽55.3cm×高11.4cm

540000-0000012

༄། །ཤེས་རབ་ཀྱི་ཕ་རོལ་ཏུ་ཕྱིན་པ་བརྒྱད་སྟོང་པ།

བོད་གཅིག བྲིས་མ། དཔེ་ཚུགས། ཡིག་ཕྲེང་དྲུག་ཅན། གླེགས་བམ། ཤོག་གྲྭ ཞེང་67.8cm×དཀྱུས་18.5cm སྣེ་ཐིག་གྲྭ ཞེང་55.3cm×དཀྱུས་11.4cm

般若波罗蜜多经八千颂

1函 写本 柏簇体 6行 梵夹装 开本：宽67.8cm×高18.5cm 版框：宽55.3cm×高11.4cm

540000-0000013

༄༅། །ཤེས་རབ་ཀྱི་ཕ་རོལ་ཏུ་ཕྱིན་པ་ཉི་ཁྲི། །བོད་ཁ་པ།

བོད་གཅིག ཧོར་སྤར་མ། དབུ་ཅན། ཡིག་ཕྲེང་ལྔ་ཅན། གླེགས་བམ། ཤོག་རྒྱ། ཞེང་67.8cm×དཀྱུས་18.5cm སྣེ་ཐིག་རྒྱ། ཞེང་55.3cm×དཀྱུས་11.4cm

般若波罗蜜多经两万颂

kh函 元刻本 乌金体 5行 梵夹装 开本：宽67.8cm×高18.5cm 版框：宽55.3cm×高11.4cm

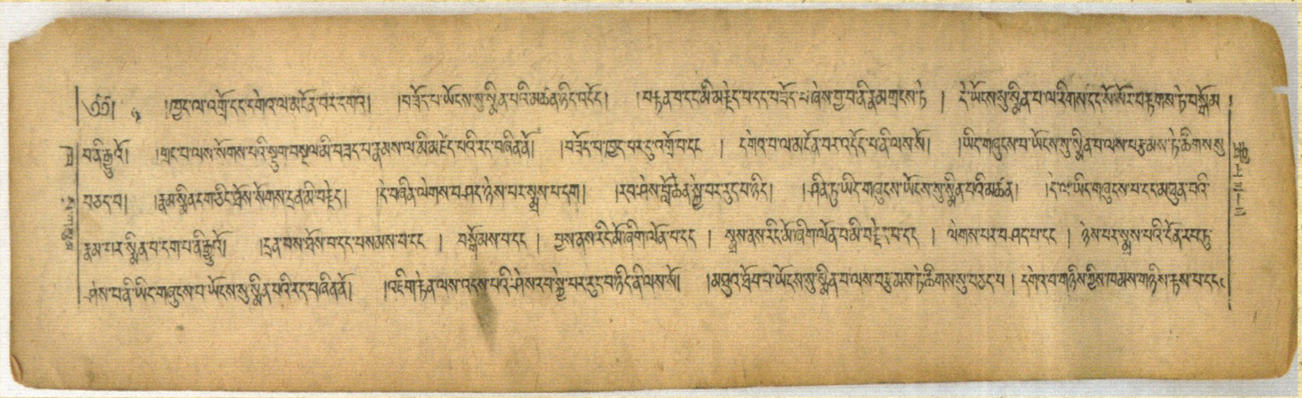

དུས་རབས་13པའི་ཧོར་སྤར་མ་མངོན་རྟོགས་རྒྱན།

13 世纪元代刻本现观庄严论

540000-0000001

༄། །འཕགས་པ་ཤེས་རབ་ཀྱི་ཕ་རོལ་ཏུ་ཕྱིན་པ་སྟོང་ཕྲག་བརྒྱ་པ། །

པོད་གཅིག བྲིས་མ། དབུ་ཅན། ཡིག་ཕྲེང་དྲུག་ཅན། གླེགས་བམ། ཤོག་རྒྱ། ཞེང་69.5cm×དཀྱུས་23.5cm སྣེ་ཐིག་རྒྱ། ཞེང་55.2cm×དཀྱུས་12.5cm

般若波罗蜜多经十万颂

1函 写本 乌金体 6行 梵夹装 开本：宽69.5cm×高23.5cm 版框：宽55.2cm×高12.5cm

540000-0000002

639 **༄། །ཤེས་རབ་ཀྱི་ཕ་རོལ་ཏུ་ཕྱིན་པ། །**

པོད་གཅིག བྲིས་མ། དབུ་ཅན། ཡིག་ཕྲེང་བདུན་ཅན། གླེགས་བམ། ཤོག་རྒྱ། ཞེང་69.8cm×དཀྱུས་23.1cm སྣེ་ཐིག་རྒྱ། ཞེང་56.1cm×དཀྱུས་10.3cm

般若波罗蜜多经

1函 写本 乌金体 7行 梵夹装 开本：宽69.8cm×高23.1cm 版框：宽56.1cm×高10.3cm

540000-0000003

༄། །ཤེས་རབ་ཀྱི་ཕ་རོལ་ཏུ་ཕྱིན་པ། །

པོད་གཅིག བྲིས་མ། དབུ་ཅན། ཡིག་ཕྲེང་དྲུག་ཅན། གླེགས་བམ། ཤོག་རྒྱ། ཞེང་69.8cm×དཀྱུས་23.1cm སྣེ་ཐིག་རྒྱ། ཞེང་56.1cm×དཀྱུས་10.3cm

般若波罗蜜多经

1函 写本 乌金体 6行 梵夹装 开本：宽67.8cm×高18.5cm 版框：宽55.3cm×高11.4cm

540000-0000004

༄། །འཕགས་པ་ཤེས་རབ་ཀྱི་ཕ་རོལ་ཏུ་ཕྱིན་པ་སྟོང་ཕྲག་བརྒྱ་པ། །

ཐོར་བུ། བྲིས་མ། དབུ་ཅན། ཡིག་ཕྲེང་བཅུ་གཅིག་ཅན། གླེགས་བམ།

般若波罗蜜多经十万颂

写本 乌金体 11行 梵夹装

540000-0000005

༄། །གསུང་སྣ་ཚོགས། །

པོད་གཅིག བྲིས་མ། དབུ་ཅན། ཡིག་ཕྲེང་ལྔ་ཅན། གླེགས་བམ། ཤོག་རྒྱ། ཞེང་42.5cm×དཀྱུས་12.3cm སྣེ་ཐིག་རྒྱ། ཞེང་36cm×དཀྱུས་7.5cm

 杂部

1函 写本 乌金体 5行 梵夹装 开本：宽42.5cm×高12.3cm 版框：宽36cm×高7.5cm

540000-0000006

༄། །དཔེ་རྙིང་མཛོད་ཁྲང་།

བྲིས་མ། དཔེ་ཚུགས། ཡིག་ཕྲེང་དྲུག་ཅན། གླེགས་བམ། ཤོག་རྒྱ། ཞེང་67.8cm×དཀྱུས་18.5cm སྣེ་ཐིག་རྒྱ། ཞེང་55.3cm×དཀྱུས་11.4cm

各种尾跋题记

写本 柏簇体 6行 梵夹装 开本：宽67.8cm×高18.5cm 版框：宽55.3cm×高11.4cm

540000-0000007

༄༅། །ཤེས་རབ་ཀྱི་ཕ་རོལ་ཏུ་ཕྱིན་པ།།

བོད་གཅིག བྲིས་མ། དཔེ་ཚུགས། ཡིག་ཕྲེང་དྲུག་ཅན། གླེགས་བམ། ཤོག་གྲུ། ཞེང་68cm×དཀྱུས་21cm སྣེ་ཤིག་གྲུ། ཞེང་56.8cm×དཀྱུས་8.5cm

般若波罗蜜多经

1函 写本 柏簇体 6行 梵夹装 开本：宽68cm×高21cm 版框：宽56.8cm×高8.5cm

540000-0000008

༄༅། །ཤེས་རབ་ཀྱི་ཕ་རོལ་ཏུ་ཕྱིན་པ་ཉི་ཁྲི་ལྔ་སྟོང་།།

བོད་གཅིག བྲིས་མ། དཔེ་ཚུགས། ཡིག་ཕྲེང་བརྒྱད་ཅན། གླེགས་བམ། ཤོག་གྲུ། ཞེང་67.8cm×དཀྱུས་18.5cm སྣེ་ཤིག་གྲུ། ཞེང་55.3cm×དཀྱུས་11.4cm

般若波罗蜜多经两万五千颂

1函 写本 柏簇体 8行 梵夹装 开本：宽67.8cm×高18.5cm 版框：宽55.3cm×高11.4cm

540000-0000009

༄༅། །ཤེས་རབ་ཀྱི་ཕ་རོལ་ཏུ་ཕྱིན་པ་འཕགས་པ་རྡོ་རྗེ་གཅོད་པ།།

བོད་གཅིག བྲིས་མ། དཔེ་ཚུགས། ཡིག་ཕྲེང་བརྒྱད་ཅན། གླེགས་བམ། ཤོག་གྲུ། ཞེང་67.8cm×དཀྱུས་18.5cm སྣེ་ཤིག་གྲུ། ཞེང་55.3cm×དཀྱུས་11.4cm

大般若波罗蜜多经第九会

1函 写本 柏簇体 8行 梵夹装 开本：宽67.8cm×高18.5cm 版框：宽55.3cm×高11.4cm

540000-0000010

༄། །འཕགས་པ་ཤེས་རབ་ཀྱི་ཕ་རོལ་ཏུ་ཕྱིན་པ་སྟོང་ཕྲག་བརྒྱ་པ། །

བོད་གཅིག ཀྲིས་མ། དཔེ་ཚུགས། ཡིག་བྲིས་བདུན་ཅན། གླེགས་བམ།

般若波罗蜜多十万颂

1函 写本 柏簇体 7行 梵夹装

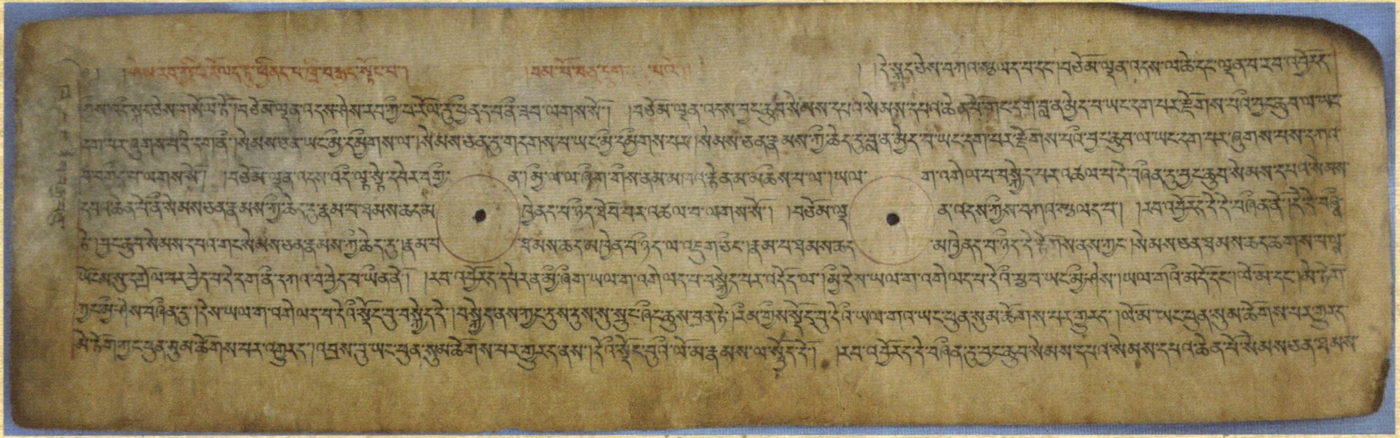

དུས་རབས་11-12པའི་ཤེར་ཕྱིན་ཀྲིས་མ།

11-12 世纪般若波罗蜜多第三会

ཟངས་རི་རྫོང་། 桑日县

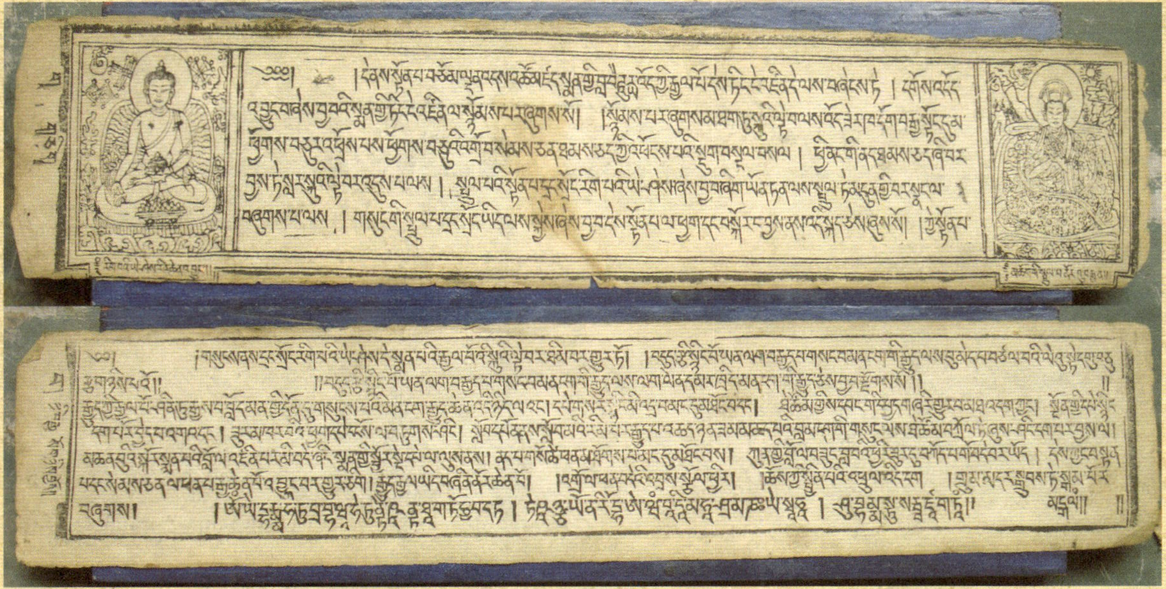

17-18དྭགས་ལྷ་སྒམ་པོའི་སྤར་མ།

17-18 世纪达拉岗布刻本

540000-0000001

༄། །དཔལ་ཕག་མོ་གྲུབ་པའི་བཀའ་འབུམ་པོ་ཏི་ཀ་པའི་དཀར་ཆག །

པོད་གཅིག བྲིས་མ། དཔེ་ཚུགས། ཡིག་ཕྲེང་བདུན་ཅན། གླེགས་བམ། ཤོག་གྲྭ། ཞེང་27.2cm×དཀྱུས་3.3cm

具德帕摩竹巴文集（k函）目录

1函 写本 柏簇体 梵夹装 开本：宽67.8cm×高18.5cm

540000-0000002

༄། །ཆོས་རྗེ་ཕག་མོ་གྲུབ་པའི་རྣམ་པར་ཐར་པ་ཆོས་རྗེ་འབྲི་གུང་པས་མཛད་པ་བཞུགས་སོ། །

པོད་གཅིག བྲིས་མ། དཔེ་ཚུགས། ཡིག་ཕྲེང་དྲུག་ཅན། གླེགས་བམ། ཤོག་གྲྭ། ཞེང་43.8cm×དཀྱུས་9.9cm སྣེ་ཐིག་གྲྭ། ཞེང་37.5cm×དཀྱུས་5cm

法王止贡巴造法王帕摩竹巴传记

1函 写本 柏簇体 6行 梵夹装 开本：宽43.8cm×高9.9cm 版框：宽37.5cm×高5cm

བཀའ་བརྒྱུད་གསེར་ཕྲེང་དབུ་ཞབས་ལྷ་སྐུ།
噶举派文集扉页画像

ལྷོ་ཁ་ས་ཁུལ་ཟངས་རི་རྫོང་འོལ་ཁ་ཆོས་ལུང་དགོན།
山南地区桑日县沃卡曲隆寺

540000-0000001

༄༅། །འཕགས་པ་ཤེས་རབ་ཀྱི་ཕ་རོལ་ཏུ་ཕྱིན་པ་བརྒྱད་སྟོང་པ།།

པོད་གཅིག བྲིས་མ། དབུ་ཅན། ཡིག་ཕྲེང་བརྒྱད་ཅན། ལྦུབས་མགོ་མ། ཤོག་རྒྱ། ཞེང་67.8cm×དཀྱུས་18.5cm སྣེ་ཐིག་རྒྱ། ཞེང་55.3cm×དཀྱུས་11.4cm

般若波罗蜜多经八千颂

1函 写本 乌金体 8行 缝绘装 开本：宽67.8cm×高18.5cm 版框：宽55.3cm×高11.4cm

540000-0000002

༄། །འཕགས་པ་ཤེས་རབ་ཀྱི་ཕ་རོལ་ཏུ་ཕྱིན་པ་སྟོང་ཕྲག་བརྒྱ་པ། །

བོད་གཅིག གསེར་བྲིས་མ། དབུ་ཅན། ཡིག་ཕྲེང་བརྒྱད་ཅན། གླེགས་བམ། ཤོག་ཀྱུ། ཞེང་67.3cm×དཀྱུས་21.5cm སྣེ་ཐིག་ཀྱུ། ཞེང་58.5cm×དཀྱུས་11.5cm

般若波罗蜜多经十万颂

1函 金汁写本 乌金体 8行 梵夹装 开本：宽67.3cm×高21.5cm 版框：宽58.5cm×高11.5cm

540000-0000003

༄། །གསུང་ཐོར་བུ། །

བོད་གཅིག བྲིས་མ། དབུ་ཅན། ཡིག་ཕྲེང་བདུན་ཅན། གླེགས་བམ། ཤོག་ཀྱུ། ཞེང་67.8cm×དཀྱུས་18.5cm སྣེ་ཐིག་ཀྱུ། ཞེང་55.3cm×དཀྱུས་11.4cm

散叶

1函 写本 乌金体 6-8行 梵夹装 开本：宽67.8cm×高18.5cm 版框：宽55.3cm×高11.4cm

གྲ་ནང་རྫོང་། 扎囊县

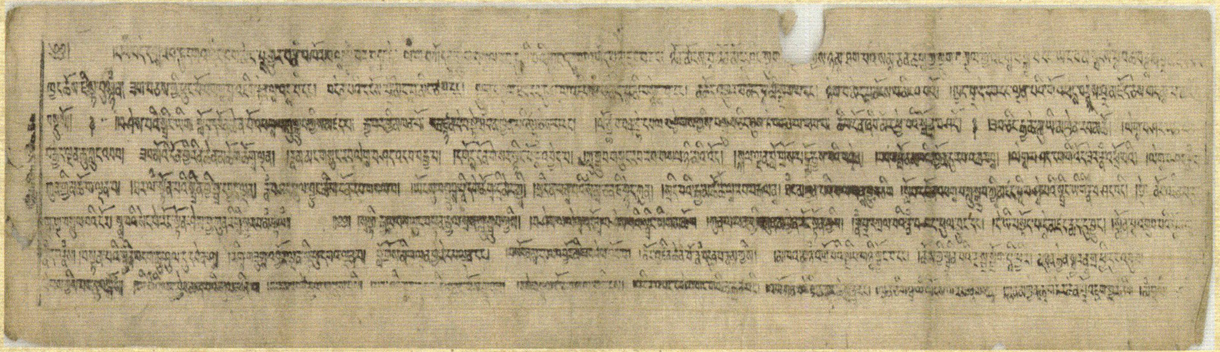

དུས་རབས་16-17པའི་གྲ་ནང་སྤར་མ་སློབ་དཔོན་ཀླུ་སྒྲུབ་ཀྱི་བཤེས་སྤྲིངས།

16-17 世纪扎囊刻本龙树造致亲友信

ལྷོ་ཁ་ས་ཁུལ་གྲ་ནང་རྫོང་མཚོ་རྒྱལ་བླ་མཚོ་དགོན།

山南地区扎囊县措杰拉措寺

540000-0000001

༄༅། །ཕྱག་ཆེན་སྔོན་འགྲོའི་བཞི་སྦྱོར་དང་དངོས་གཞིའི་ཁྲིད་རིམ་མདོར་བསྡུས་ངེས་དོན་སྒྲོན་མེ། །

པོད་གཅིག སྤར་མ། དབུ་ཅན། ཡིག་ཕྲེང་དྲུག་ཅན། དཔེ་གཟུགས་སྐྱེ་རིང་། ཤོག་རྒྱ། ཞེང་46.6cm×དཀྱུས་9.5cm སྐྱེ་ཐིག་རྒྱ། ཞེང་37.5cm×དཀྱུས་5.5cm

大手印先行四合和正理次第简明了义明灯

1函 刻本 吾坚体 6行 梵夹装 开本：宽46.6cm×高9.5cm 版框：宽37.5cm×高5.5cm

540000-0000002

༄། །རྫོགས་པ་ཆེན་པོ་ཀློང་ཆེན་སྙིང་ཐིག་གི་སྔོན་འགྲོའི་ཁྲིད་ཡིག་ཀུན་བཟང་བླ་མའི་ཞལ་ལུང་ཞེས་བྱ་བ་བཞུགས་སོ། །

པོད་གཅིག སྤར་མ། དབུ་ཅན། ཡིག་ཕྲེང་དྲུག་ཅན། དཔེ་གཟུགས་སྐྱེ་རིང་། ཤོག་རྒྱ། ཞེང་46.6cm×དཀྱུས་9.5cm སྐྱེ་ཐིག་རྒྱ། ཞེང་37.5cm×དཀྱུས་5.5cm

大圆满隆庆大师心要先行讲义普贤上师言教

1函 刻本 吾坚体 6行 梵夹装 开本：宽46.6cm×高9.5cm 版框：宽37.5cm×高5.5cm

540000-0000001

༄། །འཕགས་པ་ཤེས་རབ་ཀྱི་ཕ་རོལ་ཏུ་ཕྱིན་པ་བརྒྱད་སྟོང་པ། །

པོད་གཅིག གསེར་འབྲི་མ། དབུ་ཅན། ཡིག་ཕྲེང་གསུམ་ཅན། དཔེ་གཟུགས་སྣེ་རིང་། ཤོག་རྒྱ། ཞེང་69cm×དཀྱུས་24cm སྣེ་ཐིག་རྒྱ། ཞེང་64.5cm×དཀྱུས་17cm

般若波罗密多经八千颂

1函 金汁写本 吾坚体 3行 梵夹装 开本：宽69cm×高24cm 版框：宽64.5cm×高17cm

540000-0000002

649 **༄། །པད་མ་བཀའ་ཐང་། །**

པོད་གཅིག དངུལ་འབྲི་མ། དབུ་ཅན་དང་ལཉྪ། ཡིག་ཕྲེང་བདུན་ཅན། དཔེ་གཟུགས་སྣེ་རིང་། ཤོག་རྒྱ། ཞེང་53.3cm×དཀྱུས་21cm སྣེ་ཐིག་རྒྱ། ཞེང་44.5cm×དཀྱུས་12.5cm

莲花生传

1函 银汁写本 吾坚体和天城体 7行 梵夹装 开本：宽53.3cm×高21cm 版框：宽44.5cm×高12.5cm

540000-0000003

༄། །འཕགས་པ་བསྐལ་པ་བཟང་པོ་ཞེས་བྱ་བ་ཐེག་པ་ཆེན་པོའི་མདོ། །

པོད་གཅིག གསེར་དངུལ་འབྲི་མ། དབུ་ཅན། ཡིག་ཕྲེང་བརྒྱད་ཅན། དཔེ་གཟུགས་སྣེ་རིང་། ཤོག་རྒྱ། ཞེང་72cm×དཀྱུས་22.5cm སྣེ་ཐིག་རྒྱ། ཞེང་58cm×དཀྱུས་13.5cm

大乘贤劫经

1函 金银汁写本 吾坚体 8行 梵夹装 开本：宽72cm×高22.5cm 版框：宽58cm×高13.5cm

540000-0000004

༄༅། །འཕགས་པ་སངས་རྒྱས་ཕལ་པོ་ཆེ་ཞེས་བྱ་བ་ཤིན་ཏུ་རྒྱས་པའི་མདོ། ། པོད་ཀ་པ།

པོད་གཅིག་ཆ་མི་ཚང་། བྲིས་མ། དབུ་ཅན། ཡིག་ཕྲེང་ལྔ་ཅན། གླེགས་བམ། ཤོག་རྒྱ། ཞེང་74cm×དཀྱུས་25cm སྙེ་ཐིག་རྒྱ། ཞེང་45.7cm×དཀྱུས་14.8cm

大乘华严经八十华严

1函不全 写本 乌金体 5行 梵夹装 开本：宽74cm×高25cm 版框：宽45.7cm×高14.8cm

540000-0000005

༄༅། །ལེགས་སྦྱར་གྱི་སྐད་བཀློག་ཐབས་ཚིག་ཉུང་དོན་གསལ། །

པོད་གཅིག བྲིས་མ། དཔེ་ཚུགས། ཡིག་ཕྲེང་དྲུག་ཅན། གླེགས་བམ། ཤོག་རྒྱ། ཞེང་28cm×དཀྱུས་21cm སྙེ་ཐིག་རྒྱ། ཞེང་24cm×དཀྱུས་17cm

梵文诵读言简意赅

1函 写本 柏簇体 6行 梵夹装 开本：宽28cm×高21cm 版框：宽24cm×高17cm

ལྷོ་ཁ་ས་ཁུལ་གྲ་ནང་རྫོང་མགར་རྩེ་དགོན།

山南地区扎囊县嘎泽寺

540000-0000001

༄༅། །ཕྱག་ཆེན་སྔོན་འགྲོ་བཞི་སྦྱོར་དང་དངོས་གཞིའི་ཁྲིད་རིམ་མདོར་བསྡུས་ངེས་དོན་སྒྲོན་མེ་ཞེས་བྱ་བ་བཞུགས་སོ། །

པོད་གཅིག སྤར་མ། དབུ་ཅན། ཡིག་ཕྲེང་དྲུག་ཅན། དཔེ་གཟུགས་སྙེ་རིང་། ཤོག་རྒྱ། ཞེང་46.6cm×དཀྱུས་9.5cm སྙེ་ཐིག་རྒྱ། ཞེང་37.5cm×དཀྱུས་5.5cm

大手印先行四合和正理次第简明了义明灯

1函 刻本 吾坚体 6行 梵夹装 开本：宽46.6cm×高9.5cm 版框：宽37.5cm×高5.5cm

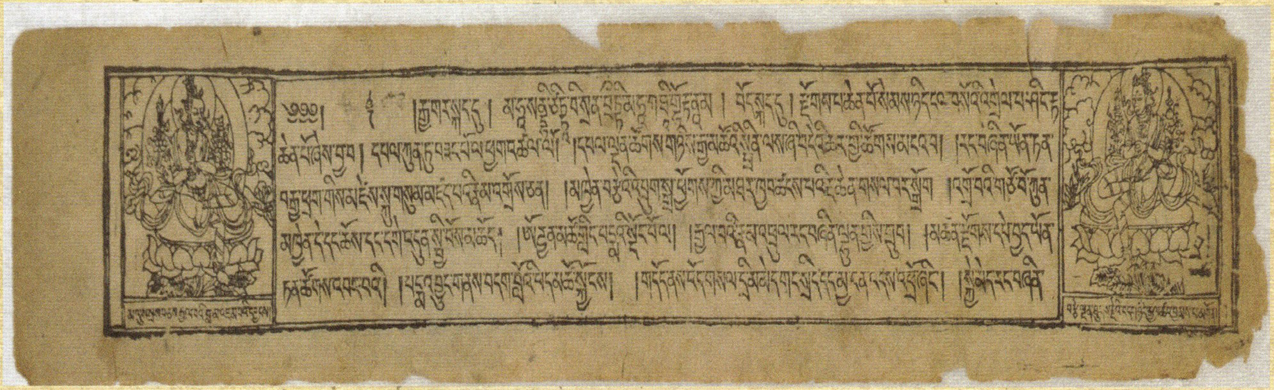

 གྲ་ནང་སྤར་མ་རྫོགས་པ་ཆེན་པོ་སེམས་ཉིད་ངལ་གསོ།

扎囊刻本大圆满心修法

ལྷོ་ཁ་ས་ཁུལ་གྲ་ནང་རྫོང་སྨིན་གྲོལ་གླིང་དགོན།

山南地区扎囊县敏珠林寺

540000-0000001

༄། །འཕགས་པ་བསྐལ་པ་བཟང་པོ་ཞེས་བྱ་བ་ཐེག་པ་ཆེན་པོའི་མདོ། ། པོད་ཀ་པ།

པོད་གཅིག གསེར་དངུལ་འབྱི་མ། དབུ་ཅན། ཡིག་ཕྲེང་བདུན་ཅན། དཔེ་གཟུགས་སྣེ་རིང་། ཤོག་རྒྱ། ཞེང་51cm×དཀྱུས་21.3cm སྣེ་ཐིག་རྒྱ། ཞེང་43cm×དཀྱུས་12.3cm

大乘贤劫经

k函 金银汁写本 吾坚体 7行 梵夹装 开本：宽51cm×高21.3cm 版框：宽43cm×高12.3cm

540000-0000002

༄། །འཕགས་པ་བསྐལ་པ་བཟང་པོ་ཞེས་བྱ་བ་ཐེག་པ་ཆེན་པོའི་མདོ།། པོད་ཁ་པ།

པོད་གཅིག གསེར་དངུལ་འབྲི་མ། དབུ་ཅན། ཡིག་ཕྲེང་བདུན་ཅན། དཔེ་གཟུགས་སྣེ་རིང་། ཤོག་ཀྱུ། ཞེང་51cm×དཀྱུས་21.3cm སྣེ་ཐིག་ཀྱི། ཞེང་43cm×དཀྱུས་12.3cm

大乘贤劫经

kh函 金银汁写本 吾坚体 7行 梵夹装 开本：宽51cm×高21.3cm 版框：宽43cm×高12.3cm

540000-0000003

༄། །ཐུབ་དབང་སྙིང་ཏིག་གི་སྔོན་འགྲོ།།

པོད་གཅིག འབྲི་མ། དཔེ་ཚུགས། ཡིག་ཕྲེང་དྲུག་ཅན། དཔེ་གཟུགས་སྣེ་རིང་། ཤོག་ཀྱུ། ཞེང་37.5cm×དཀྱུས་7.5cm སྣེ་ཐིག་ཀྱི། ཞེང་29.2cm×དཀྱུས་5cm

释迦心要先行

1函 写本 柏簇体 6行 梵夹装 开本：宽46.6cm×高9.5cm 版框：宽37.5cm×高5.5cm

540000-0000004

༄། །གསོ་རིག་ཡན་ལག་བརྒྱད་ལྡན་ལས་གཅེས་བསྡུས་འཆི་མེད་ནོར་བུའི་འཕྲེང་བ།།

པོད་གཅིག འབྲི་མ། དཔེ་ཚུགས། ཡིག་ཕྲེང་བདུན་ཅན། དཔེ་གཟུགས་སྣེ་རིང་། ཤོག་ཀྱུ། ཞེང་44.2cm×དཀྱུས་7cm སྣེ་ཐིག་ཀྱི། ཞེང་36.6cm×དཀྱུས་4.2cm

医学八支之精要长寿宝串

1函 写本 柏簇体 7行 梵夹装 开本：宽44.2cm×高7cm 版框：宽36.6cm×高4.2cm

540000-0000005

༄། །གཉན་ནད་བཅོས་ཐབས།།

བོད་གཅིག འབྲི་མ། དཔེ་ཚུགས། ཡིག་ཕྲེང་བདུན་ཅན། དཔེ་གཟུགས་སྣེ་རིང་། ཤོག་གྲྭ ཞེང་34.7cm×དཀྱུས་7.5cm སྣེ་ཐིག་གྲྭ ཞེང་31cm×དཀྱུས་4.5cm

治疗疫疠方法

1函 写本 柏簇体 7行 梵夹装 开本：宽34.7cm×高7.5cm 版框：宽31cm×高4.5cm

540000-0000006

༄། །ཆོས་ཐམས་ཅད་གཞུང་ལམ་གཅིག་ཏུ་སྟོན་པ་རྫོགས་པ་ཆེན་པོ་སེམས་ཉིད་ངལ་གསོའི་འགྲེལ་པ་ཤིང་རྟ་ཆེན་པོ་ཞེས་བྱ་བ་བཞུགས་སོ།།

བོད་གཅིག སྤར་མ། དབུ་ཅན། ཡིག་ཕྲེང་བདུན་ཅན། དཔེ་གཟུགས་སྣེ་རིང་། ཤོག་གྲྭ ཞེང་52cm×དཀྱུས་9cm སྣེ་ཐིག་གྲྭ ཞེང་47cm×དཀྱུས་6.2cm

一切教理大圆满心修注释发轫

1函 刻本 吾坚体 7行 梵夹装 开本：宽52cm×高9cm 版框：宽47cm×高6.2cm

540000-0000007

༄། །རྫོགས་ཆེན་བསམ་གཏན་ངལ་གསོ་ཞེས་བྱ་བ་བཞུགས་སོ།།

བོད་གཉིས། སྤར་མ། དབུ་ཅན། ཡིག་ཕྲེང་དྲུག་ཅན། གླེགས་བམ། ཤོག་གྲྭ ཞེང་52cm×དཀྱུས་9cm སྣེ་ཐིག་གྲྭ ཞེང་47cm×དཀྱུས་6.2cm

大圆满心修法

2函 刻本 乌金体 6行 梵夹装 开本：宽52cm×高9cm 版框：宽47cm×高6.2cm

540000-0000008

༄། །བསླབ་བྱའི་ཤོག་དྲིལ་ཁག་གཉིས།

ཤོག་དྲིལ། བྲིས་མ། ཚུགས་མ་འཁྱུག ཤོག་གྲྭ། ཞེང་18cm×དཀྱུས་23cm

教诲卷子

卷子 写本 草写体 开本：宽18cm×高23cm

ལྷོ་ཁ་ས་ཁུལ་གྲ་ནང་རྫོང་སྟེང་ས་པོ་ཆེ་དགོན།

山南地区扎囊县顶布齐寺

540000-0000001

༄། །འཕགས་པ་ཤེས་རབ་ཀྱི་ཕ་རོལ་ཏུ་ཕྱིན་པ་སྟོང་ཕྲག་བརྒྱ་པ། །

པོད་གཅིག གསེར་དངུལ་བྲིས་མ། དབུ་ཅན། ཡིག་ཕྲེང་བརྒྱད་ཅན། གླེགས་བམ། ཤོག་གྲྭ། ཞེང་76cm×དཀྱུས་24.5cm སྣེ་ཐིག་གྲྭ། ཞེང་60cm×དཀྱུས་12.5cm

般若波罗蜜多经十万颂

1函 金银汁写本 乌金体 8行 梵夹装 开本：宽76cm×高24.5cm 版框：宽60cm×高12.5cm

540000-0000002

༄། །ཤེས་རབ་ཀྱི་ཕ་རོལ་ཏུ་ཕྱིན་པ། །

པོད་གཅིག བྲིས་མ། དབུ་ཅན། ཡིག་ཕྲེང་བདུན་ཅན། གླེགས་བམ། ཤོག་གྲྭ། ཞེང་69cm×དཀྱུས་12cm སྣེ་ཐིག་གྲྭ། ཞེང་58.5cm×དཀྱུས་10cm

般若波罗蜜多经

1函 写本 乌金体 7行 梵夹装 开本：宽69cm×高12cm 版框：宽58.5cm×高10cm

655

540000-0000003

༄། །འཕགས་པ་ཤེས་རབ་ཀྱི་ཕ་རོལ་ཏུ་ཕྱིན་པ་བརྒྱད་སྟོང་པ། །

པོད་གཅིག ཐྲིས་མ། དབུ་ཅན། ཡིག་ཕྲེང་བརྒྱད་ཅན། གླེགས་བམ། ཤོག་ཀྱུ། ཞེང་70.3cm×དཀྱུས་18.4cm སྣེ་ཐིག་ཀྱུ། ཞེང་63.1cm×དཀྱུས་9.6cm

般若波罗蜜多经八千颂

1函 写本 乌金体 8行 梵夹装 开本：宽70.3cm×高18.4cm 版框：宽63.1cm×高9.6cm

540000-0000004

༄། །མདོ་མང་། །

པོད་གཅིག ཕྲར་མ། དབུ་ཅན། ཡིག་ཕྲེང་བདུན་ཅན། གླེགས་བམ། ཤོག་ཀྱུ། ཞེང་63.4cm×དཀྱུས་15.5cm སྣེ་ཐིག་ཀྱུ། ཞེང་56.7cm×དཀྱུས་11.1cm

经部

1函 刻本 乌金体 7行 梵夹装 开本：宽63.4cm×高15.5cm 版框：宽56.7cm×高11.1cm

540000-0000005

༄། །འཕགས་པ་བསྐལ་པ་བཟང་པོ་ཞེས་བྱ་བའི་མདོ། ། པོད་ཀ་པ།

པོད་གཅིག ཐྲིས་མ། དབུ་ཅན། ཡིག་ཕྲེང་བརྒྱད་ཅན། གླེགས་བམ། ཤོག་ཀྱུ། ཞེང་54.5cm×དཀྱུས་22.5cm སྣེ་ཐིག་ཀྱུ། ཞེང་44.3cm×དཀྱུས་12.5cm

大乘贤劫经

k函 写本 乌金体 8行 梵夹装 开本：宽54.5cm×高22.5cm 版框：宽44.3cm×高12.5cm

540000-0000006

༄། །འཕགས་པ་ཤེས་རབ་ཀྱི་ཕ་རོལ་ཏུ་ཕྱིན་པ་སྟོང་ཕྲག་ཉི་ཤུ་ལྔ་པ།

པོད་གཅིག བྲིས་མ། དབུ་ཅན། ཡིག་ཕྲེང་བདུན་ཅན། གླེགས་བམ། ཤོག་ཀྱུ། ཞེང་65.5cm×དཀྱུས་21.1cm སྙེ་ཤིག་ཀྱུ། ཞེང་60cm×དཀྱུས་10cm

般若波罗蜜多经两万五千颂

1函 写本 乌金体 7行 梵夹装 开本：宽65.5cm×高21.1cm 版框：宽60cm×高10cm

540000-0000007

༄། །ཀླུ་འབུམ་དཀར་ནག་ཁྲ་གསུམ། བོད་ཁ་པ།

པོད་གཅིག པར་མ། དབུ་ཅན། ཡིག་ཕྲེང་བརྒྱད་ཅན། གླེགས་བམ། ཤོག་ཀྱུ། ཞེང་57.6cm×དཀྱུས་12.3cm སྙེ་ཤིག་ཀྱུ། ཞེང་50cm×དཀྱུས་10.4cm

龙蚌经三论

kh函 刻本 乌金体 8行 梵夹装 开本：宽57.6cm×高12.3cm 版框：宽50cm×高10.4cm

540000-0000008

༄། །བདེ་མཆོག་སྙན་རྒྱུད།

པོད་གཅིག བྲིས་མ། དཔེ་ཚུགས། ཡིག་ཕྲེང་བདུན་ཅན། གླེགས་བམ། ཤོག་ཀྱུ། ཞེང་37cm×དཀྱུས་7cm སྙེ་ཤིག་ཀྱུ། ཞེང་32.5cm×དཀྱུས་4cm

极乐耳传

1函 写本 柏簇体 7行 梵夹装 开本：宽37cm×高7cm 版框：宽32.5cm×高4cm

ལྷོ་ཁ་ས་ཁུལ་གྲ་ནང་རྫོང་བྱམས་པ་གླིང་དགོན།

山南地区扎囊县强巴林寺

540000-0000001

༄། །སངས་རྒྱས་ཀྱི་མཚན་ལྔ་སྟོང་བཞི་བརྒྱ་ལྔ་བཅུ་ཙ་གསུམ་པ།།

པོད་གཅིག བྲིས་མ། དབུ་ཅན། ཡིག་ཕྲེང་བདུན་ཅན། གླེགས་བམ། ཤོག་ཀྲུ། ཞེང་69.5cm×དཀྱུས་22.4cm སྣེ་ཐིག་ཀྲུ། ཞེང་59 7cm×དཀྱུས་9.8cm

五千五百佛名神咒除障灭罪经

1函 写本 乌金体 7行 梵夹装 开本：宽69.5cm×高22.4cm 版框：宽59.7cm×高9.8cm

540000-0000002

༄། །འཕགས་པ་ཤེས་རབ་ཀྱི་ཕ་རོལ་ཏུ་ཕྱིན་པ་བརྒྱད་སྟོང་པ།། པོད་ཀ་པ།

པོད་གཅིག གསེར་བྲིས་མ། དབུ་ཅན། ཡིག་ཕྲེང་བརྒྱད་ཅན། གླེགས་བམ། ཤོག་ཀྲུ། ཞེང་71.3cm×དཀྱུས་28.8cm སྣེ་ཐིག་ཀྲུ། ཞེང་61.5cm×དཀྱུས་11cm

般若波罗蜜多经八千颂

k函 金汁写本 乌金体 8行 梵夹装 开本：宽71.3cm×高28.8cm 版框：宽61.5cm×高11cm

540000-0000003

༄། །ཤེས་རབ་ཀྱི་ཕ་རོལ་ཏུ་ཕྱིན་པ།། པོད་ཀ་པ།

པོད་གཅིག གསེར་བྲིས་མ། དབུ་ཅན། ཡིག་ཕྲེང་བརྒྱད་ཅན། གླེགས་བམ། ཤོག་ཀྲུ། ཞེང་87.3cm×དཀྱུས་42.3cm སྣེ་ཐིག་ཀྲུ། ཞེང་67cm×དཀྱུས་18.6cm

般若波罗蜜多经

k函 金汁写本 乌金体 8行 梵夹装 开本：宽87cm×高42.3cm 版框：宽67cm×高18.6cm

540000-0000004

༄། །ཤེས་རབ་ཀྱི་ཕ་རོལ་ཏུ་ཕྱིན་པ། །བོད་ཀ་པ།

བོད་གཅིག བྲིས་མ། དབུ་ཅན། ཡིག་ཕྲེང་བདུན་ཅན། གླེགས་བམ། ཤོག་གྲུ། ཞེང་69.2cm×དཀྱུས་22.8cm སྣེ་ཐིག་གྲུ། ཞེང་59cm×དཀྱུས་10cm

般若波罗蜜多经

k函 写本 乌金体 7行 梵夹装 开本：宽69.2cm×高22.8cm 版框：宽59cm×高10cm

540000-0000005

༄། །འཕགས་པ་ཤེས་རབ་ཀྱི་ཕ་རོལ་ཏུ་ཕྱིན་པ་སྟོང་ཕྲག་བརྒྱ་པ། །བོད་ཛ་པ།

བོད་གཅིག བྲིས་མ། དབུ་ཅན། ཡིག་ཕྲེང་བརྒྱད་ཅན། གླེགས་བམ། ཤོག་གྲུ། ཞེང་68.8cm×དཀྱུས་22.7cm སྣེ་ཐིག་གྲུ། ཞེང་60cm×དཀྱུས་10.1cm

般若波罗蜜多经十万颂

j函 写本 乌金体 8行 梵夹装 开本：宽68.8cm×高22.7cm 版框：宽60cm×高10.1cm

540000-0000006

༄། །འཕགས་པ་ཤེས་རབ་ཀྱི་ཕ་རོལ་ཏུ་ཕྱིན་པ་སྟོང་ཕྲག་བརྒྱ་པ། །བོད་ཉ་པ།

བོད་གཅིག བྲིས་མ། དབུ་ཅན། ཡིག་ཕྲེང་བདུན་ཅན། གླེགས་བམ། ཤོག་གྲུ། ཞེང་67.4cm×དཀྱུས་21.1cm སྣེ་ཐིག་གྲུ། ཞེང་57.4cm×དཀྱུས་10.3cm

般若波罗蜜多经十万颂

ny函 写本 乌金体 7行 梵夹装 开本：宽67.4cm×高21.1cm 版框：宽57.4cm×高10.3cm

540000-0000007

༄། །འཕགས་པ་ཤེས་རབ་ཀྱི་ཕ་རོལ་ཏུ་ཕྱིན་པ་སྟོང་ཕྲག་བརྒྱ་པ། ། ཐོད་ཐ་པ།

ཐོད་གཅིག བྲིས་མ། དབུ་ཅན། ཡིག་ཕྲེང་བརྒྱད་ཅན། གླེགས་བམ། ཤོག་རྒྱ། ཞེང་64.2cm×དཀྱུས་18cm སྙེ་ཐིག་རྒྱ། ཞེང་56cm×དཀྱུས་11cm

般若波罗蜜多经十万颂

th函 写本 乌金体 8行 梵夹装 开本：宽64.2cm×高18cm 版框：宽56cm×高11cm

དུས་རབས་18པའི་ཤེར་ཕྱིན་བྲིས་མའི་དབུ་ཤོག

18 世纪般若写本首叶

540000-0000008

༄། །འཕགས་པ་ཤེས་རབ་ཀྱི་ཕ་རོལ་ཏུ་ཕྱིན་པ་བརྒྱད་སྟོང་པ།། བོད་ཀ་པ།

བོད་གཅིག ཐྲིས་མ། དབུ་ཅན། ཡིག་ཕྲེང་བདུན་ཅན། གླེགས་བམ། ཤོག་རྒྱ། ཞེང་69.5cm×དཀྱུས་23.2cm སྙེ་ཐིག་རྒྱ། ཞེང་59.7cm×དཀྱུས་10cm

般若波罗蜜多经八千颂

k函 写本 乌金体 7行 梵夹装 开本：宽69.5cm×高23.2cm 版框：宽59.7cm×高10cm

ལྷོ་ཁ་ས་ཁུལ་གྲ་ནང་རྫོང་གསང་སྔགས་ཆོས་འཁོར་གླིང་དགོན།
山南地区扎囊县桑阿曲果林寺

540000-0000001

༄། །ཆོས་དབྱིངས་རིན་པོ་ཆེའི་མཛོད་ཅེས་བྱ་བ་བཞུགས་སོ།།

བོད་གཅིག འབྲི་མ། དཔེ་ཚུགས། ཡིག་ཕྲེང་ལྔ་ཅན། དཔེ་གཟུགས་སྙེ་རིང་། ཤོག་རྒྱ། ཞེང་33.5cm×དཀྱུས་7.5cm སྙེ་ཐིག་རྒྱ། ཞེང་24cm×དཀྱུས་4.7cm

法界宝藏

1函 写本 柏簇体 5行 梵夹装 开本：宽33.5cm×高7.5cm 版框：宽24cm×高4.7cm

540000-0000002

༄། །ཙཱ་རིའི་གསོལ་འདེབས་རྡོ་མོ་ཆེ་བཞུགས་སོ།།

བོད་གཅིག འབྲི་མ། དཔེ་ཚུགས། ཡིག་ཕྲེང་ལྔ་ཅན། དཔེ་གཟུགས་སྙེ་རིང་། ཤོག་རྒྱ། ཞེང་27cm×དཀྱུས་6.8cm སྙེ་ཐིག་རྒྱ། ཞེང་24cm×དཀྱུས་4.5cm

圣地杂日祈愿文

1函 写本 柏簇体 5行 梵夹装 开本：宽27cm×高6.8cm 版框：宽24cm×高4.5cm

540000-0000003

༄། །འཕགས་པ་རྟོགས་པ་ཆེན་པོ་ཡོངས་སུ་རྫུས་པའི་མདོ་བཞུགས་སོ།།

པོད་གཅིག སྤར་མ། དབུ་ཅན། ཡིག་ཕྲེང་ལྔ་ཅན། དཔེ་གཟུགས་སྒྲེ་རིང་། ཤོག་ཀྱུ། ཞེང་31cm×དཀྱུས་8cm སྒྲེ་ཐིག་ཀྱུ། ཞེང་21cm×དཀྱུས་5cm

佛说大悟圆满经

1函 刻本 吾坚体 5行 梵夹装 开本：宽31cm×高8cm 版框：宽21cm×高5cm

540000-0000004

༄། །ཤེས་རབ་ཀྱི་ཕ་རོལ་ཏུ་ཕྱིན་པ།། པོད་ཀ་པ།

པོད་གཅིག གསེར་བྲིས་མ། དབུ་ཅན། ཡིག་ཕྲེང་བརྒྱད་ཅན། གླེགས་བམ། ཤོག་ཀྱུ། ཞེང་64.2cm×དཀྱུས་21cm སྒྲེ་ཐིག་ཀྱུ། ཞེང་56cm×དཀྱུས་12.5cm

般若波罗蜜多经

k函 金汁写本 乌金体 8行 梵夹装 开本：宽64.2cm×高21cm 版框：宽56cm×高12.5cm

540000-0000005

༄། །སྨན་བཙུན་ཆེན་མོ་རྡོ་རྗེ་གཡུ་སྒྲོན་མའི་ཆོག་བྲིས་དངོས་གྲུབ་ཅེས་བྱ་བ་བཞུགས་སོ།།

པོད་གཅིག བྲིས་མ། དཔེ་ཚུགས། ཡིག་ཕྲེང་ལྔ་ཅན། གླེགས་བམ། ཤོག་ཀྱུ། ཞེང་46cm×དཀྱུས་7.2cm སྒྲེ་ཐིག་ཀྱུ། ཞེང་36.8cm×དཀྱུས་5cm

勉尊多吉玉珍仪轨悉地

1函 写本 柏簇体 5行 梵夹装 开本：宽46cm×高7.2cm 版框：宽36.8cm×高5cm

540000-0000006

༄། །ཆོས་དབྱིངས་རིན་པོ་ཆེའི་མཛོད་ཅེས་བྱ་བ་བཞུགས་སོ། །

བོད་གཅིག བྲིས་མ། དཔེ་ཚུགས། ཡིག་ཕྲེང་དྲུག་ཅན། གླེགས་བམ། ཤོག་ཀྱུ། ཞེང་33.5cm×དཀྱུས་7.5cm སྙེ་ཐིག་ཀྱུ། ཞེང་24cm×དཀྱུས་4.7cm

法界宝藏

1函 写本 柏簇体 6行 梵夹装 开本：宽33.5cm×高7.5cm 版框：宽24cm×高4.7cm

540000-0000007

༄། །ཙཱ་རིའི་གསོལ་འདེབས་དྷོ་མོ་ཆེ་བཞུགས་སོ། །

བོད་གཅིག བྲིས་མ། དཔེ་ཚུགས། ཡིག་ཕྲེང་ལྔ་ཅན། སྦྱིབས་མགོ་མ། ཤོག་ཀྱུ། ཞེང་27cm×དཀྱུས་6.8cm སྙེ་ཐིག་ཀྱུ། ཞེང་24cm×དཀྱུས་4.5cm

圣地杂日祈愿文

1函 写本 柏簇体 5行 缝绘装 开本：宽27cm×高6.8cm 版框：宽24cm×高4.5cm

540000-0000007

༄། །འཕགས་པ་རྫོགས་པ་ཆེན་པོ་ཡོངས་སུ་རྒྱས་པའི་མདོ་བཞུགས་སོ། །

བོད་གཅིག སྤར་མ། དབུ་ཅན། ཡིག་ཕྲེང་ལྔ་ཅན། གླེགས་བམ། ཤོག་ཀྱུ། ཞེང་31cm×དཀྱུས་8cm སྙེ་ཐིག་ཀྱུ། ཞེང་24cm×དཀྱུས་5cm

佛说大悟圆满经

1函 刻本 乌金体 5行 梵夹装 开本：宽31cm×高8cm 版框：宽24cm×高5cm

540000-0000001

༄། །སྨན་ལྷའི་ཆོ་ག །

བོད་གཅིག བྲིས་མ། དཔེ་ཚུགས། ཡིག་གྲིབ་བདུན་ཅན། གླེགས་བམ། ཤོག་ཀྱུ། ཞེང་42.8cm×དཀྱུས་7.2cm སྙེ་ཤིག་ཀྱུ། ཞེང་40cm×དཀྱུས་5cm

药师佛仪轨

1函 写本 柏簇体 7行 梵夹装 开本：宽42.8cm×高7.2cm 版框：宽40cm×高5cm

540000-0000002

༄། །ཟབ་ཆོས་ཞི་ཁྲོ་དགོངས་པ་རང་གྲོལ་ལས་སྔོན་དུ་འགྲོ་བའི་ཆོས་སྤྱོད་བག་ཆགས་རང་གྲོལ་བཞུགས་སོ། །

བོད་གཅིག བྲིས་མ། དཔེ་ཚུགས། ཡིག་གྲིབ་ལྔ་ཅན། གླེགས་བམ། ཤོག་ཀྱུ། ཞེང་42.8cm×དཀྱུས་7.2cm སྙེ་ཤིག་ཀྱུ། ཞེང་40cm×དཀྱུས་5cm

深教静怒教义自解·先行法事影响自解

1函 写本 柏簇体 5行 梵夹装 开本：宽42.8cm×高7.2cm 版框：宽40cm×高5cm

540000-0000003

༄། །ཨུ་རྒྱན་གུ་རུ་པདྨ་འབྱུང་གནས་ཀྱི་སྐྱེས་རབས་རྣམ་པར་ཐར་པ་རྒྱས་པར་བཀོད་པ་པདྨ་བཀའི་ཐང་ཡིག་ཅེས་བྱ་བ་བཞུགས་སོ། །

བོད་གཅིག སྤར་མ། དབུ་ཅན། ཡིག་གྲིབ་དྲུག་ཅན། གླེགས་བམ། ཤོག་ཀྱུ། ཞེང་58.6cm×དཀྱུས་10cm སྙེ་ཤིག་ཀྱུ། ཞེང་50.4cm×དཀྱུས་6.6cm

莲花生传记

1函 刻本 乌金体 6行 梵夹装 开本：宽58.6cm×高10cm 版框：宽50.4cm×高6.6cm

ཪོ་མཚར་ཁྱད་འཕགས་ཀྱི་ལྡེ་ལྡིའི་རི་མོ།

精美扉页

གསུང་རབ་བྲིས་མའི་ལྷ་སྐུའི་རི་མོ་ཆོས་རྒྱལ་ཁྲི་སྲོང་ལྡེ་བཙན།

写本文献插图法王赤松德赞

540000-0000001

༄། །སློབ་དཔོན་པདྨ་འབྱུང་གནས་ཀྱི་འབྱུངས་རབས།།

པོད་གཅིག བྲིས་མ། དབུ་ཅན། ཡིག་ཕྲེང་བདུན་ཅན། གླེགས་བམ། ཤོག་གྲྭ། ཞེང་50.3cm×དཀྱུས་10cm སྣེ་ཐིག་གྲྭ། ཞེང་46.1cm×དཀྱུས་11.4cm

莲花生大师传记

1函 写本 乌金体 7行 梵夹装 开本：宽50.3cm×高10cm 版框：宽46.1cm×高11.4cm

540000-0000002

666

༄། །འཕགས་པ་ཐར་པ་ཆེན་པོའི་མདོ།། པོད་ཀ་པ།

པོད་གཅིག བྲིས་མ། དབུ་ཅན། ཡིག་ཕྲེང་ལྔ་ཅན། གླེགས་བམ། ཤོག་གྲྭ། ཞེང་41.5cm×དཀྱུས་13.3cm སྣེ་ཐིག་གྲྭ། ཞེང་34.5cm×དཀྱུས་5.5cm

圣解脱经

k函 写本 乌金体 5行 梵夹装 开本：宽41.5cm×高13.3cm 版框：宽34.5cm×高5.5cm

540000-0000003

༄། །ཡོ་གའི་དབྱངས་ཀྱི་རེའུ་མིག་གང་གཱའི་ཆུ་རྒྱུན་ཞེས་བྱ་བ་བཞུགས་སོ།།

པོད་གཅིག བྲིས་མ། དབུ་ཅན། ཡིག་ཕྲེང་དྲུག་ཅན། གླེགས་བམ། ཤོག་གྲྭ། ཞེང་46cm×དཀྱུས་8.2cm སྣེ་ཐིག་གྲྭ། ཞེང་39cm×དཀྱུས་4.3cm

瑜伽诵谱表恒河水流

1函 写本 乌金体 6行 梵夹装 开本：宽46cm×高8.2cm 版框：宽39cm×高4.3cm

540000-0000004

༄། །ཀྱཻ་རྡོ་རྗེ་ཡབ་ཡུམ་གྱི་ལུས་ཀྱིས་སེམས་འཛིན་གྱི་དམིགས་པ་བསྒོམ་ཚུལ་བཞུགས་སོ། །

བོད་གཅིག ཁྲིས་མ། ཚུགས་མ་འཁྱུག། ཡིག་ཕྲེང་བདུན་ཅན། ལྟེབས་མགོ་མ། ཤོག་ཀྱུ། ཞེང་25.2cm×དཀྱུས་8.1cm སྣེ་ཐིག་ཀྱུ། ཞེང་22.2cm×དཀྱུས་5.5cm

呼金刚佛母身心修法

1函 写本 草写体 6-8行 缝绘装 开本：宽25.2cm×高8.1cm 版框：宽22.2cm×高5.5cm

540000-0000005

༄། །ཀླུ་ཡིག་ཐོ་དེབ་མུན་སེལ་དྲན་གསོའི་སྒྲོན་མེ། །

བོད་གཅིག ཁྲིས་མ། དཔེ་ཚུགས། ཡིག་ཕྲེང་དྲུག་ཅན། གླེགས་བམ། ཤོག་ཀྱུ། ཞེང་47.1cm×དཀྱུས་7.3cm སྣེ་ཐིག་ཀྱུ། ཞེང་44cm×དཀྱུས་4cm

龙文记录除愚昧回忆明灯

1函 写本 柏簇体 6行 梵夹装 开本：宽47.1cm×高7.3cm 版框：宽44cm×高4cm

540000-0000006

༄། །རྟ་དཔྱད་མཐོང་བས་ཀུན་གསལ་མེ་ལོང་། །

བོད་གཅིག ཁྲིས་མ། དཔེ་ཚུགས། ཡིག་ཕྲེང་བརྒྱད་ཅན། གླེགས་བམ། ཤོག་ཀྱུ། ཞེང་29.1cm×དཀྱུས་9.9cm སྣེ་ཐིག་ཀྱུ། ཞེང་24.1cm×དཀྱུས་6cm

治马病明镜

1函 写本 柏簇体 8行 梵夹装 开本：宽67.8cm×高18.5cm 版框：宽55.3cm×高11.4cm

540000-0000007

༄། །མཁའ་འགྲོ་ལྔ་རིགས་བསྡུས་པའི་དཀྱིལ་འཁོར་ཆོ་གའི་ཚིག་དོན་རབ་གསལ་ཞེས་བྱ་བ་བཞུགས་སོ། །

པོད་གཅིག བྲིས་མ། དཔེ་ཚུགས། ཡིག་ཕྲེང་བདུན་ཅན། གླེགས་བམ། ཤོག་རྒྱ། ཞེང་46.3cm×དཀྱུས་7.7cm སྣེ་ཐིག་རྒྱ། ཞེང་40cm×དཀྱུས་5cm

五种空行母集坛城仪轨词义明晰

1函 写本 柏簇体 7行 梵夹装 开本：宽46.3cm×高7.7cm 版框：宽40cm×高5cm

540000-0000008

༄། །ཚོགས་ཆེན་མདོ་དབུས་གཉིས་ཀྱིས་མཆོད་འབུལ་སྐུ་མཆེད་ཆེན་མོ་དུས་འཁོར་བཅས་ཀྱི་ཟིན་ཐྲིས། །

 པོད་གཅིག བྲིས་མ། དཔེ་ཚུགས། ཡིག་ཕྲེང་བདུན་ཅན། གླེགས་བམ། ཤོག་རྒྱ། ཞེང་30.9cm×དཀྱུས་6.8cm སྣེ་ཐིག་རྒྱ། ཞེང་27.2cm×དཀྱུས་4.5cm

大殿内外供奉及时轮仪轨记录

1函 写本 柏簇体 7行 梵夹装 开本：宽30.9cm×高6.8cm 版框：宽27.2cm×高4.5cm

540000-0000009

༄། །སྐར་རྩིས་གཟའ་སྐར་གྱི་ཁམས། །

པོད་གཅིག བྲིས་མ། དཔེ་ཚུགས། ཡིག་ཕྲེང་དྲུག་ཅན། གླེགས་བམ། ཤོག་རྒྱ། ཞེང་26.2cm×དཀྱུས་8.2cm སྣེ་ཐིག་རྒྱ། ཞེང་21.5cm×དཀྱུས་4cm

天文历算

1函 写本 柏簇体 6行 梵夹装 开本：宽26.2cm×高8.2cm 版框：宽21.5cm×高4cm

540000-0000010

༄། །ཕྱུ་འཕྲིན་ནོར་བུ་མཆོག་རྒྱལ་གྱི་གཡང་སྒྲུབ་ཚོ་ག་འདོད་དགུའི་ཆར་འབེབས་ཞེས་བྱ་བ་བཞུགས་སོ།།

པོད་གཅིག བྲིས་མ། དཔེ་ཚུགས། ཡིག་ཕྲེང་བདུན་ཅན། གླེགས་བམ། ཤོག་གྲུ། ཞེང་31.1cm×དཀྱུས་9.9cm སྙེ་ཐིག་གྲུ། ཞེང་26cm×དཀྱུས་6cm

恰陈宝王招财引福仪轨如意降雨

1函 写本 柏簇体 7行 梵夹装 开本：宽31.1cm×高9.9cm 版框：宽26cm×高6cm

540000-0000011

༄། །རྗེ་བཙུན་མི་ལ་རས་པའི་རྣམ་ཐར།།

པོད་གཅིག སྤར་མ། དབུ་ཅན། ཡིག་ཕྲེང་བདུན་ཅན། གླེགས་བམ། ཤོག་གྲུ། ཞེང་47.3cm×དཀྱུས་7.6cm སྙེ་ཐིག་གྲུ། ཞེང་42cm×དཀྱུས་5.2cm

至尊米拉日巴传记

1函 刻本 乌金体 7行 梵夹装 开本：宽47.3cm×高7.6cm 版框：宽42cm×高5.2cm

540000-0000012

༄། །དཔལ་རྡོ་རྗེ་གཞོན་ནུའི་སྒྲུབ་ཐབས་ཀྱི་ཡང་སྙིང་ལྷན་སྐྱེས་གསལ་བ་ཞེས་བྱ་བ་བཞུགས་སོ།།

པོད་གཅིག བྲིས་མ། དབུ་ཅན། ཡིག་ཕྲེང་ལྔ་ཅན། གླེགས་བམ། ཤོག་གྲུ། ཞེང་25.9cm×དཀྱུས་8.6cm སྙེ་ཐིག་གྲུ། ཞེང་20.9cm×དཀྱུས་4cm

吉祥金刚童子修法精要自成辨析

1函 写本 乌金体 5行 梵夹装 开本：宽25.9cm×高8.6cm 版框：宽20.9cm×高4cm

540000-0000013

༄། །བསྙེན་པ་དགུ་སྐོར་བཞུགས་སོ། །

པོད་གཅིག བྲིས་མ། དབུ་ཅན། ཡིག་ཕྲེང་བརྒྱད་ཅན། གླེགས་བམ། ཤོག་རྒྱ། ཞེང་23.1cm×དཀྱུས་8cm སྣེ་ཤིག་རྒྱ། ཞེང་20cm×དཀྱུས་4.5cm

准巴九论

1函 写本 乌金体 8行 梵夹装 开本：宽23.1cm×高8cm 版框：宽20cm×高4.5cm

540000-0000014

༄། །ཐུགས་རྗེ་ཆེན་པོའི་ཚེ་འདས་ཀྱི་ཕན་གདགས། །

 པོད་གཅིག བྲིས་མ། དཔེ་ཚུགས། ཡིག་ཕྲེང་དགུ་ཅན། གླེགས་བམ། ཤོག་རྒྱ། ཞེང་23cm×དཀྱུས་8.3cm སྣེ་ཤིག་རྒྱ། ཞེང་20.1cm×དཀྱུས་5cm

观世音死者求福

1函 写本 柏簇体 9行 梵夹装 开本：宽23cm×高8.3cm 版框：宽20.1cm×高5cm

540000-0000015

༄། །ཐུགས་རྗེ་ཆེན་པོའི་དབང་བསྐུར་བའི་ཆོ་ག་བཞུགས་སོ། །

པོད་གཅིག བྲིས་མ། དཔེ་ཚུགས། ཡིག་ཕྲེང་བརྒྱད་ཅན། གླེགས་བམ། ཤོག་རྒྱ། ཞེང་23cm×དཀྱུས་8.3cm སྣེ་ཤིག་རྒྱ། ཞེང་19.9cm×དཀྱུས་5.8cm

观世音菩萨加持仪轨

1函 写本 柏簇体 8行 梵夹装 开本：宽23cm×高8.3cm 版框：宽19.9cm×高5.8cm

540000-0000016

༄། །སྙན་སྒྲུབ་རིན་པོ་ཆེའི་ཕྲེང་བ། །

པོད་གཅིག ཁྲིས་མ། དཔེ་ཚུགས། ཡིག་ཕྲེང་དགུ་ཅན། གླེགས་བམ། ཤོག་རྒྱ། ཞེང་23cm×དཀྱུས་8.4cm སྣེ་ཤིག་རྒྱ། ཞེང་20cm×དཀྱུས་5.5cm

观世音菩萨调伏众生炼丹

1函 写本 柏簇体 9行 梵夹装 开本：宽23cm×高8.4cm 版框：宽20cm×高5.5cm

540000-0000017

༄། །ཐུགས་རྗེ་ཆེན་པོའི་བསྙེན་བསྒྲུབ། །

པོད་གཅིག ཁྲིས་མ། དཔེ་ཚུགས། ཡིག་ཕྲེང་དགུ་ཅན། གླེགས་བམ། ཤོག་རྒྱ། ཞེང་22.5cm×དཀྱུས་8.4cm སྣེ་ཤིག་རྒྱ། ཞེང་19.4cm×དཀྱུས་5.6cm

观世音菩萨念修法

1函 写本 柏簇体 9行 梵夹装 开本：宽22.5cm×高8.4cm 版框：宽19.4cm×高5.6cm

540000-0000018

༄། །འགྲོ་བ་འདུལ་བའི་མཆོད་འབུལ་བཞུགས་སོ། །

པོད་གཅིག ཁྲིས་མ། དཔེ་ཚུགས། ཡིག་ཕྲེང་བདུན་ཅན། གླེགས་བམ། ཤོག་རྒྱ། ཞེང་22.5cm×དཀྱུས་7.6cm སྣེ་ཤིག་རྒྱ། ཞེང་19.9cm×དཀྱུས་4.1cm

观世音菩萨调伏众生大供施

1函 写本 柏簇体 7行 梵夹装 开本：宽22.5cm×高7.6cm 版框：宽19.9cm×高4.1cm

540000-0000019

༄། །ཐུགས་རྗེ་ཆེན་པོའི་བསྙེན་བསྒྲུབ་ཀྱི་ཁྲིད་ཆེན་པོ་བཞུགས་སོ། །

པོད་གཅིག བྲིས་མ། དཔེ་ཚུགས། ཡིག་ཕྲེང་དགུ་ཅན། གླེགས་བམ། ཤོག་རྒྱ། ཞེང་23.1cm×དཀྱུས་8.4cm སྣེ་ཐིག་རྒྱ། ཞེང་20cm×དཀྱུས་5.5cm

观世音菩萨念修导论

1函 写本 柏簇体 9行 梵夹装 开本：宽23.1cm×高8.4cm 版框：宽20cm×高5.5cm

540000-0000020

༄། །སྨན་སྒྲུབ་བཞུགས་སོ། །

པོད་གཅིག བྲིས་མ། དཔེ་ཚུགས། ཡིག་ཕྲེང་དགུ་ཅན། གླེགས་བམ། ཤོག་རྒྱ། ཞེང་23.1cm×དཀྱུས་8.4cm སྣེ་ཐིག་རྒྱ། ཞེང་20cm×དཀྱུས་5.5cm

观世音菩萨调伏众生炼丹

1函 写本 柏簇体 9行 梵夹装 开本：宽23.1cm×高8.4cm 版框：宽20cm×高5.5cm

540000-0000021

༄། །བླ་མའི་རྣལ་འབྱོར་གྱི་ཆོ་ག་བཞུགས་སོ། །

པོད་གཅིག བྲིས་མ། དཔེ་ཚུགས། ཡིག་ཕྲེང་དྲུག་ཅན། གླེགས་བམ། ཤོག་རྒྱ། ཞེང་44.5cm×དཀྱུས་5.1cm སྣེ་ཐིག་རྒྱ། ཞེང་40.3cm×དཀྱུས་3cm

上师瑜伽仪轨

1函 写本 柏簇体 6行 梵夹装 开本：宽44.5cm×高5.1cm 版框：宽40.3cm×高3cm

540000-0000022

༄། །རྗེ་བཙུན་རྡོ་རྗེ་རྣལ་འབྱོར་མ་ནཱ་རོ་མཁའ་སྤྱོད་མའི་སྦྱིན་སྲེག་གི་ཆོ་ག་མཁའ་སྤྱོད་གྲུབ་པའི་དགའ་སྟོན།།

པོད་གཅིག བྲིས་མ། དཔེ་ཚུགས། ཡིག་ཕྲེང་བདུན་ཅན། གླེགས་བམ། ཤོག་རྒྱ། ཞེང་46cm×དཀྱུས་7.8cm སྣེ་ཐིག་རྒྱ། ཞེང་41.1cm×དཀྱུས་4.4cm

至尊金刚成就母那若空行母火供仪轨修空行者喜宴

1函 写本 柏簇体 7行 梵夹装 开本：宽46cm×高7.8cm 版框：宽41.1cm×高4.4cm

540000-0000023

༄། །འཇིགས་བྲལ་དཔའ་བོ་ཀུན་མཁྱེན་རྗེ་བླ་མའི། ཕྱག་བཏབ་བརྒྱུད་སྡེའི་ཕྱག་ལེན་རིམ་གསལ་དང་། ཚོགས་དཔོན་རྡོ་རྗེ་སློབ་དཔོན་དང་། དབུ་མཛད་གཉིས་ཀྱི་ཕྱག་ལེན་མཛད་སྒོ་རྣམས། རིམ་པར་བརྒྱུད་པའི་མན་ངག་བཞུགས་སོ།།

པོད་གཅིག བྲིས་མ། དཔེ་ཚུགས། ཡིག་ཕྲེང་བདུན་ཅན། གླེགས་བམ། ཤོག་རྒྱ། ཞེང་47.5cm×དཀྱུས་8.5cm སྣེ་ཐིག་རྒྱ། ཞེང་43cm×དཀྱུས་6cm

无畏勇者遍知上师造续部实践次第及金刚上师、领诵师二者实践仪式工序传承诀窍

1函 写本 柏簇体 7行 梵夹装 开本：宽47.5cm×高8.5cm 版框：宽43cm×高6cm

540000-0000024

༄། །དཔལ་མཆོག་ཞི་བ་མདུང་། ནག་ཆེན། མིང་པོ་གསུམ། སྲིང་མོ་བཞི་རྣམས་ཀྱི་དབང་གི་ཟིན་བྲིས།

པོད་གཅིག བྲིས་མ། དཔེ་ཚུགས། ཡིག་ཕྲེང་དྲུག་ཅན། གླེགས་བམ། ཤོག་རྒྱ། ཞེང་42.8cm×དཀྱུས་7.5cm སྣེ་ཐིག་རྒྱ། ཞེང་39.1cm×དཀྱུས་5cm

圣吉祥喜娃僮、囊钦、三兄弟和四姊妹加持记录

1函 写本 柏簇体 6行 梵夹装 开本：宽42.8cm×高7.5cm 版框：宽39.1cm×高5cm

བོན་དཔེ་གཙང་མ་ཀླུ་འབུམ་གྱི་ལྷེ་ལྷའི་རི་མོ།
苯教龙蚌经插图

540000-0000025

༄། །ལམ་འབྲས་ཀྱི་བརྗོད་དོན་གསལ་བ་བཞུགས་སོ། །

པོད་གཅིག ཕྲིས་མ། དཔེ་ཚུགས། ཡིག་ཕྲེང་བདུན་ཅན། གླེགས་བམ། ཤོག་ཀྱུ། ཞེང་48.5cm×དཀྱུས་18.5cm སྣེ་ཐིག་ཀྱུ། ཞེང་42.2cm×དཀྱུས་11.4cm

道果文义辨析

1函 写本 柏簇体 7行 梵夹装 开本：宽48.5cm×高18.5cm 版框：宽42.2cm×高11.4cm

540000-0000026

༄། །ཐུན་མོང་རྟེན་འབྲེལ་སྒྲིག་བྱེད་པའི་ལྷ་རྣམས་མཉེས་བྱེད་བསང་ཆོག་བཞུགས་སོ། །

བོད་གཅིག བྲིས་མ། དཔེ་ཚུགས། ཡིག་ཕྲེང་བདུན་ཅན། གླེགས་བམ། ཤོག་རྒྱ། ཞེང་30.9cm×དཀྱུས་9.3cm སྣེ་ཐིག་རྒྱ། ཞེང་27cm×དཀྱུས་5.8cm

结共同良缘-喜悦诸神煨桑仪轨

1函 写本 柏簇体 7行 梵夹装 开本：宽30.9cm×高9.3cm 版框：宽27cm×高5.8cm

540000-0000027

༄། །གསེར་འོད་ཧ་སྒྲ་བ་ཞེས་བྱ་བའི་གཟུངས་བཞུགས་སོ། །

བོད་གཅིག སྤར་མ། དབུ་ཅན། ཡིག་ཕྲེང་ལྔ་ཅན། གླེགས་བམ། ཤོག་རྒྱ། ཞེང་24.5cm×དཀྱུས་6.3cm སྣེ་ཐིག་རྒྱ། ཞེང་21.3cm×དཀྱུས་5.5cm

金光明鼓声陀罗尼经

1函 刻本 乌金体 5行 梵夹装 开本：宽24.5cm×高6.3cm 版框：宽21.3cm×高5.5cm

540000-0000028

༄། །གཟུངས་སྔགས། །

བོད་གཅིག བྲིས་མ། དཔེ་ཚུགས། ཡིག་ཕྲེང་དྲུག་ཅན། གླེགས་བམ། ཤོག་རྒྱ། ཞེང་20.3cm×དཀྱུས་8.2cm སྣེ་ཐིག་རྒྱ། ཞེང་17.1cm×དཀྱུས་5.1cm

最胜佛顶陀罗尼经

1函 写本 柏簇体 6行 梵夹装 开本：宽20.3cm×高8.2cm 版框：宽17.1cm×高5.1cm

540000-0000029

༄། །མགོན་པོ་ཁྲོ་བཅུའི་བླ་བརྒྱུད་ཆར་འབེབས་བཞུགས་སོ།།

པོད་གཅིག བྲིས་མ། དབུ་ཅན། ཡིག་ཕྲེང་ལྔ་ཅན། གླེགས་བམ། ཤོག་རྒྱ། ཞེང་25.1cm×དཀྱུས་8.1cm སྐྱེ་ཤིག་རྒྱ། ཞེང་18.8cm×དཀྱུས་3.9cm

十大忿怒护法神上师传承降雨

1函 写本 乌金体 5行 梵夹装 开本：宽25.1cm×高8.1cm 版框：宽18.8cm×高3.9cm

540000-0000030

༄། །བསྙེན་སྒྲུབ་ཀྱི་སྐབས་སུ་རྒྱལ་པོ་བཞི་ལ་གཏོར་མ་འབུལ་ཆོག་བཞུགས་སོ།།

 པོད་གཅིག བྲིས་མ། ཚུགས་མ་འཁྱུག། ཡིག་ཕྲེང་དྲུག་ཅན། གླེགས་བམ། ཤོག་རྒྱ། ཞེང་23.8cm×དཀྱུས་8.5cm སྐྱེ་ཤིག་རྒྱ། ཞེང་21cm×དཀྱུས་5.8cm

念修之时四大天王供食子仪轨

1函 写本 草写体 6行 梵夹装 开本：宽23.8cm×高8.5cm 版框：宽21cm×高5.8cm

540000-0000031

༄། །སྒྲོལ་དཀར་གྱི་རྒྱུན་ཁྱེར་ཤིན་ཏུ་བསྡུས་པ་བཞུགས་སོ།།

པོད་གཅིག བྲིས་མ། དབུ་ཅན། ཡིག་ཕྲེང་དྲུག་ཅན། གླེགས་བམ། ཤོག་རྒྱ། ཞེང་23.9cm×དཀྱུས་7cm སྐྱེ་ཤིག་རྒྱ། ཞེང་21.3cm×དཀྱུས་4cm

白度母仪轨常持略论

1函 写本 乌金体 6行 梵夹装 开本：宽23.9cm×高7cm 版框：宽21.3cm×高4cm

540000-0000032

༄། །རྒྱ་ནག་སྐག་བཟློག་ཅེས་བྱ་བའི་གཟུངས།།

པོད་གཅིག བྲིས་མ། དབུ་ཅན། ཡིག་ཕྲེང་ལྔ་ཅན། གླེགས་བམ། ཤོག་གྲུ། ཞེང་18.3cm×དཀྱུས་5.6cm སྣེ་ཤིག་གྲུ། ཞེང་15.9cm×དཀྱུས་3.1cm

汉地除囊灾陀罗尼经

1函 写本 乌金体 5行 梵夹装 开本：宽18.3cm×高5.6cm 版框：宽15.9cm×高3.1cm

540000-0000033

༄། །ཁྲི་གཞོན་འཆར་ཀ་མ་བཞུགས་སོ།།

677 པོད་གཅིག བྲིས་མ། དཔེ་ཚུགས། ཡིག་ཕྲེང་དྲུག་ཅན། གླེགས་བམ། ཤོག་གྲུ། ཞེང་28.3cm×དཀྱུས་8cm སྣེ་ཤིག་གྲུ། ཞེང་24cm×དཀྱུས་5.1cm

长寿佛赞颂诗偈·朝阳

1函 写本 柏簇体 6行 梵夹装 开本：宽28.3cm×高8cm 版框：宽24cm×高5.1cm

540000-0000034

༄། །གཏོར་མ་བཞིའི་ཞལ་གདམས་བཞུགས་སོ།།

པོད་གཅིག བྲིས་མ། དཔེ་ཚུགས། ཡིག་ཕྲེང་དྲུག་ཅན། གླེགས་བམ། ཤོག་གྲུ། ཞེང་30cm×དཀྱུས་7cm སྣེ་ཤིག་གྲུ། ཞེང་26cm×དཀྱུས་3.8cm

四团食子教诲

1函 写本 柏簇体 6行 梵夹装 开本：宽30cm×高7cm 版框：宽26cm×高3.8cm

540000-0000035

༄། །དཔལ་མཆོག་གྱི་སྤར་རྒྱག་ལུག་དང་ལྷ་མཚན་འགོད་ལུགས་བཞུགས་སོ།།

བོད་གཅིག བྲིས་མ། ཚུགས་མ་འཁྱུག། ཡིག་ཕྲེང་བདུན་ཅན། གླེགས་བམ།   ཤོག་རྒྱ། ཞེང་33.3cm×དཀྱུས་8cm སྣེ་ཐིག་རྒྱ། ཞེང་29.5cm×དཀྱུས་5cm

诸神临摹及名文记法

1函 写本 草写体 7行 梵夹装 开本：宽33.3cm×高8cm 版框：宽29.5cm×高5cm

540000-0000036

༄། །བརྡ་གཅིག་རྒྱུད་ཀྱི་རིམ་པ་ཞེས་བྱ་བ་བཞུགས་སོ།།

བོད་གཅིག བྲིས་མ། དཔེ་ཚུགས། ཡིག་ཕྲེང་ལྔ་ཅན། གླེགས་བམ།   ཤོག་རྒྱ། ཞེང་32.7cm×དཀྱུས་6.2cm སྣེ་ཐིག་རྒྱ། ཞེང་27.1cm×དཀྱུས་3.3cm

一句续次第论

1函 写本 柏簇体 5行 梵夹装 开本：宽32.7cm×高6.2cm 版框：宽27.1cm×高3.3cm

540000-0000037

༄། །ས་ཆོག་གི་སྐོར།།

བོད་གཅིག བྲིས་མ། དབུ་ཅན། ཡིག་ཕྲེང་དྲུག་ཅན། གླེགས་བམ།   ཤོག་རྒྱ། ཞེང་44.2cm×དཀྱུས་6.9cm སྣེ་ཐིག་རྒྱ། ཞེང་38.5cm×དཀྱུས་4cm

破土动工仪轨

1函 写本 乌金体 6行 梵夹装 开本：宽44.2cm×高6.9cm 版框：宽38.5cm×高4cm

540000-0000038

༄། །དཔལ་གདོང་བཞི་དཀར་པོའི་ཚེ་སྒྲུབ་ཀྱི་མན་ངག་ཟླ་བའི་ཆུ་རྒྱུན།།

པོད་གཅིག བྲིས་མ། དཔེ་ཚུགས། ཡིག་ཕྲེང་བདུན་ཅན། གླེགས་བམ། ཤོག་ཀྱུ། ཞེང་45.2cm×དཀྱུས་7.2cm སྣེ་ཤིག་ཀྱུ། ཞེང་40cm×དཀྱུས་4.3cm

大梵天长寿修法诀窍·海水

1函 写本 柏簇体 7行 梵夹装 开本：宽45.2cm×高7.2cm 版框：宽40cm×高4.3cm

540000-0000039

༄། །གཏེར་སྟོན་རས་གླིང་པའི་བཀའ་འབུམ་ལས་མི་ཕྱུགས་གང་ཡིན་གྱི་ནད་བཅོས་ཐབས།།

679 པོད་གཅིག བྲིས་མ། དཔེ་ཚུགས། ཡིག་ཕྲེང་ལྔ་ཅན། གླེགས་བམ། ཤོག་ཀྱུ། ཞེང་27.7cm×དཀྱུས་7cm སྣེ་ཤིག་ཀྱུ། ཞེང་25cm×དཀྱུས་5.8cm

伏藏大师热林巴文集之人畜治病方术

1函 写本 柏簇体 5行 梵夹装 开本：宽27.7cm×高7cm 版框：宽25cm×高5.8cm

540000-0000040

༄། །ཆོ་ག་ཕྱག་ལེན།།

པོད་གཅིག བྲིས་མ། དཔེ་ཚུགས། ཡིག་ཕྲེང་བདུན་ཅན། གླེགས་བམ། ཤོག་ཀྱུ། ཞེང་28.6cm×དཀྱུས་9.5cm སྣེ་ཤིག་ཀྱུ། ཞེང་24cm×དཀྱུས་6cm

宗教仪轨

1函 写本 柏簇体 9行 梵夹装 开本：宽28.6cm×高9.5cm 版框：宽24cm×高6cm

540000-0000081

༄། །མ་མོའི་འབྲུགས་བསྐོང་བཞུགས་སོ།།

པོད་གཅིག སྤར་མ། དབུ་ཅན། ཡིག་ཕྲེང་ལྔ་ཅན། གླེགས་བམ། ཤོག་ཀྱུ། ཞེང་32.2cm×དཀྱུས་7.7cm སྣེ་ཐིག་ཀྱུ། ཞེང་25.8cm×དཀྱུས་4.8cm

邬摩天女酬补仪轨

1函 刻本 乌金体 5行 梵夹装 开本：宽32.2cm×高7.7cm 版框：宽25.8cm×高4.8cm

540000-0000082

༄། །དཀར་ཆག་མཐོང་བ་དོན་ལྡན་བཞུགས་སོ།།

 པོད་གཅིག བྲིས་མ། དབུ་ཅན། ཡིག་ཕྲེང་བརྒྱད་ཅན། གླེགས་བམ། ཤོག་ཀྱུ། ཞེང་41.6cm×དཀྱུས་12.9cm སྣེ་ཐིག་ཀྱུ། ཞེང་35.3cm×དཀྱུས་7.8cm

典籍目录利见

1函 写本 乌金体 8行 梵夹装 开本：宽41.6cm×高12.9cm 版框：宽35.3cm×高7.8cm

540000-0000083

༄། །འཕགས་པ་འདའ་ཀ་ཡེ་ཤེས་ཞེས་བྱ་བ་ཐེག་པ་ཆེན་པོའི་མདོ།།

པོད་གཅིག བྲིས་མ། དབུ་ཅན། ཡིག་ཕྲེང་དྲུག་ཅན། གླེགས་བམ། ཤོག་ཀྱུ། ཞེང་30.3cm×དཀྱུས་10.5cm སྣེ་ཐིག་ཀྱུ། ཞེང་23.2cm×དཀྱུས་5cm

临终智大乘经

1函 写本 乌金体 6行 梵夹装 开本：宽30.3cm×高10.5cm 版框：宽23.2cm×高5cm

540000-0000084

༄། །རྒྱུགས་ངན།

པོད་གཅིག བྲིས་མ། དཔེ་ཚུགས། ཡིག་ཕྲེང་བདུན་ཅན། གླེགས་བམ། ཤོག་གྲྭ། ཞེང་31.2cm×དཀྱུས་9cm སྙེ་ཤིག་གྲྭ། ཞེང་26.6cm×དཀྱུས་5.8cm

赈仪

1函 写本 柏簇体 7行 梵夹装 开本：宽31.2cm×高9cm 版框：宽26.6cm×高5.8cm

540000-0000085

༄། །འཕགས་པ་ཚེ་དཔག་ཏུ་མེད་པ་ཆེན་པོའི་མདོ་བཞུགས་སོ། །

པོད་གཅིག བྲིས་མ། དབུ་ཅན། ཡིག་ཕྲེང་བདུན་ཅན། གླེགས་བམ། ཤོག་གྲྭ། ཞེང་20.5cm×དཀྱུས་5.7cm སྙེ་ཤིག་གྲྭ། ཞེང་18.5cm×དཀྱུས་3.3cm

大乘长寿经

1函 写本 乌金体 5行 梵夹装 开本：宽20.5cm×高5.7cm 版框：宽18.5cm×高3.3cm

540000-0000086

༄། །ས་ལུགས་ཀྱི་ཆོ་ག་ཕྱག་ལེན། །

པོད་གཅིག བྲིས་མ། དཔེ་ཚུགས། ཡིག་ཕྲེང་དྲུག་ཅན། གླེགས་བམ། ཤོག་གྲྭ། ཞེང་33.2cm×དཀྱུས་6.5cm སྙེ་ཤིག་གྲྭ། ཞེང་27.2cm×དཀྱུས་3.5cm

萨迦派仪轨

1函 写本 柏簇体 6行 梵夹装 开本：宽33.2cm×高6.5cm 版框：宽27.2cm×高3.5cm

540000-0000087

༄། །དཔལ་མཆོག་རིགས་བསྡུས་ཀྱི་བུམ་བསྒྲུབ་བཞུགས་སོ།།

བོད་གཅིག བྲིས་མ། དཔེ་ཚུགས། ཡིག་ཕྲེང་བརྒྱད་ཅན། གླེགས་བམ། ཤོག་རྒྱ། ཞེང་28.8cm×དཀྱུས་7.3cm སྣེ་ཐིག་རྒྱ། ཞེང་26cm×དཀྱུས་4.7cm

吉祥胜乐类集修宝瓶

1函 写本 柏簇体 7行 梵夹装 开本：宽28.8cm×高7.3cm 版框：宽26cm×高4.7cm

540000-0000088

༄། །དཔལ་མཆོག་ཕྱོགས་གཏོར་བྱས་པའི་ཟིན་བྲིས།།

བོད་གཅིག བྲིས་མ། ཚུགས་མ་འཁྱུག། ཡིག་ཕྲེང་དྲུག་ཅན། གླེགས་བམ། ཤོག་རྒྱ། ཞེང་28.5cm×དཀྱུས་6.7cm སྣེ་ཐིག་རྒྱ། ཞེང་24.6cm×དཀྱུས་4.1cm

吉祥胜乐四方食子记录

1函 写本 草写体 6行 梵夹装 开本：宽28.5cm×高6.7cm 版框：宽24.6cm×高4.4cm

540000-0000089

༄། །ཟངས་གླིང་མའི་འཁོར་ལོའི་ཞལ་གདམས་ལས་ས་སྐྱའི་ཕྱག་སྲོལ་གསལ་བའི་མེ་ལོང་བཞུགས་སོ།།

བོད་གཅིག བྲིས་མ། དབུ་ཅན། ཡིག་ཕྲེང་ལྔ་ཅན། གླེགས་བམ། ཤོག་རྒྱ། ཞེང་30cm×དཀྱུས་6.9cm སྣེ་ཐིག་རྒྱ། ཞེང་26.1cm×དཀྱུས་3.8cm

桑林玛法轮教诲之萨迦派仪轨实践明镜

1函 写本 乌金体 5行 梵夹装 开本：宽30cm×高6.9cm 版框：宽26.1cm×高3.8cm

540000-0000090

༄། །ན་རོ་མཁའ་སྤྱོད་ཀྱི་རྡོ་རྗེ་སེམས་དཔའི་སྒོམ་བཟླས་བཞུགས་སོ། །

པོད་གཅིག བྲིས་མ། དཔེ་ཚུགས། ཡིག་ཕྲེང་ལྔ་ཅན། གླེགས་བམ། ཤོག་རྒྱ། ཞེང་35cm×དཀྱུས་5.6cm སྙེ་ཤིག་རྒྱ། ཞེང་30cm×དཀྱུས་2.9cm

那若空行金刚勇士修诵

1函 写本 柏簇体 5行 梵夹装 开本：宽35cm×高5.6cm 版框：宽30cm×高2.9cm

540000-0000091

༄། །རྣལ་འབྱོར་གྱི་དབང་ཕྱུག་བིརྺ་པའི་བྱིན་རླབས་མན་ངག་བར་ཆད་ཀུན་སེལ་བཞུགས་སོ། །

པོད་གཅིག བྲིས་མ། དཔེ་ཚུགས། ཡིག་ཕྲེང་བརྒྱད་ཅན། གླེགས་བམ། ཤོག་རྒྱ། ཞེང་33.2cm×དཀྱུས་6.4cm སྙེ་ཤིག་རྒྱ། ཞེང་29.2cm×དཀྱུས་4.2cm

瑜伽师比瓦巴加持秘诀·皆除障

1函 写本 柏簇体 8行 梵夹装 开本：宽33.2cm×高6.4cm 版框：宽29.2cm×高4.2cm

540000-0000092

༄། །གཡང་སྐྱབས་ཆོ་ག་འདོད་དགུའི་ཆར་འབེབས། །

པོད་གཅིག བྲིས་མ། དཔེ་ཚུགས། ཡིག་ཕྲེང་ལྔ་ཅན། གླེགས་བམ། ཤོག་རྒྱ། ཞེང་35.2cm×དཀྱུས་7.3cm སྙེ་ཤིག་རྒྱ། ཞེང་32.2cm×དཀྱུས་4.6cm

招财引福仪轨如意降雨

1函 写本 柏簇体 5行 梵夹装 开本：宽35.2cm×高7.3cm 版框：宽32.2cm×高4.6cm

540000-0000093

༄། །ཙ་ཏུར་མུ་ཁའི་འཕྲུལ་འཁོར་གསལ་བྱེད་མི་མཐུན་ཕྱོགས་འཇོམས་བཞུགས་སོ།།

བོད་གཅིག བྲིས་མ། དཔེ་ཚུགས། ཡིག་ཕྲེང་དྲུག་ཅན། གླེགས་བམ། ཤོག་རྒྱ། ཞེང་30cm×དཀྱུས་7.3cm སྣེ་ཤིག་རྒྱ། ཞེང་26.2cm×དཀྱུས་4cm

罪恶边缘辨析计

1函 写本 柏簇体 6行 梵夹装 开本：宽30cm×高7.3cm 版框：宽26.2cm×高4cm

540000-0000094

༄། །དཔའ་བོ་འཇིགས་བྱེད་པའི་ཆོ་ག།

 བོད་གཅིག བྲིས་མ། དཔེ་ཚུགས། ཡིག་ཕྲེང་དྲུག་ཅན། གླེགས་བམ། ཤོག་རྒྱ། ཞེང་30cm×དཀྱུས་7cm སྣེ་ཤིག་རྒྱ། ཞེང་26cm×དཀྱུས་4cm

大威德勇士仪轨

1函 写本 柏簇体 6行 梵夹装 开本：宽30cm×高7cm 版框：宽26cm×高4cm

540000-0000095

༄། །ནག་པོ་མགོ་གསུམ་གྱི་སྟོའི་ཆོ་ག་བཞུགས་སོ།།

བོད་གཅིག བྲིས་མ། དཔེ་ཚུགས། ཡིག་ཕྲེང་དྲུག་ཅན། གླེགས་བམ། ཤོག་རྒྱ། ཞེང་26.7cm×དཀྱུས་7.3cm སྣེ་ཤིག་རྒྱ། ཞེང་18cm×དཀྱུས་4cm

黑三头食物仪轨

1函 写本 柏簇体 6行 梵夹装 开本：宽26.7cm×高7.3cm 版框：宽18cm×高4cm

540000-0000096

༄། །ཤེས་རབ་ཀྱི་ཕ་རོལ་ཏུ་ཕྱིན་པ་སྟོང་ཕྲག་བརྒྱ་པའི་དོན་མ་ནོར་བར་བསྡུས་པ།།

བོད་གཅིག བྲིས་མ། དབུ་ཅན། ཡིག་ཕྲེང་ལྔ་ཅན། གླེགས་བམ། ཤོག་རྒྱ། ཞེང་20.5cm×དཀྱུས་8cm སྣེ་ཐིག་རྒྱ། ཞེང་18.5cm×དཀྱུས་6cm

般若波罗蜜多十万颂摄义

1函 写本 乌金体 5行 梵夹装 开本：宽20.5cm×高8cm 版框：宽18.5cm×高6cm

540000-0000097

༄། །འཕགས་པ་སྡོང་པོ་རྒྱན་གྱི་མཆོག་ཅེས་བྱ་བའི་གཟུངས་བཞུགས་སོ།།

བོད་གཅིག བྲིས་མ། དབུ་ཅན། ཡིག་ཕྲེང་ལྔ་ཅན། གླེགས་བམ། ཤོག་རྒྱ། ཞེང་18.3cm×དཀྱུས་5.7cm སྣེ་ཐིག་རྒྱ། ཞེང་15.5cm×དཀྱུས་3.2cm

圣宝树最胜庄严陀罗尼经

1函 写本 乌金体 5行 梵夹装 开本：宽18.3cm×高5.7cm 版框：宽15.5cm×高3.2cm

540000-0000098

༄། །ཆོ་ག་ཕྱག་ལེན་སྐོར།།

བོད་གཅིག བྲིས་མ། དཔེ་ཚུགས། ཡིག་ཕྲེང་ལྔ་ཅན། གླེགས་བམ། ཤོག་རྒྱ། ཞེང་22.7cm×དཀྱུས་6.2cm སྣེ་ཐིག་རྒྱ། ཞེང་18.3cm×དཀྱུས་2.9cm

佛教仪轨

1函 写本 柏簇体 5行 梵夹装 开本：宽22.7cm×高6.2cm 版框：宽18.3cm×高2.9cm

540000-0000099

༄། །སྙིང་པོ་བཀོད་པའི་རྒྱན་གྱི་སྙིང་པོ་བཞུགས་སོ།།

པོད་གཅིག བྲིས་མ། དབུ་ཅན། ཡིག་ཕྲེང་ལྔ་ཅན། གླེགས་བམ། ཤོག་ཀྱུ། ཞེང་20.6cm×དཀྱུས་5.7cm སྣེ་ཐིག་ཀྱུ། ཞེང་18.6cm×དཀྱུས་3.2cm

华严经心陀罗尼

1函 写本 乌金体 5行 梵夹装 开本：宽20.6cm×高5.7cm 版框：宽18.6cm×高3.2cm

540000-0000100

༄། །ཚོ་ག་ཕྱག་ལེན་སྐོར།།

པོད་གཅིག བྲིས་མ། ཚུགས་མ་འཁྱུག། ཡིག་ཕྲེང་དྲུག་ཅན། གླེགས་བམ། ཤོག་ཀྱུ། ཞེང་31cm×དཀྱུས་8.7cm སྣེ་ཐིག་ཀྱུ། ཞེང་28cm×དཀྱུས་5cm

佛教仪轨

1函 写本 草写体 6行 梵夹装 开本：宽31cm×高8.7cm 版框：宽28cm×高5cm

540000-0000101

༄། །ཚོ་ག་ཕྱག་ལེན་སྐོར།།

པོད་གཅིག བྲིས་མ། དབུ་ཅན། ཡིག་ཕྲེང་བདུན་ཅན། གླེགས་བམ། ཤོག་ཀྱུ། ཞེང་35.6cm×དཀྱུས་8.4cm སྣེ་ཐིག་ཀྱུ། ཞེང་31.5cm×དཀྱུས་5.5cm

佛教仪轨

1函 写本 乌金体 7行 梵夹装 开本：宽35.6cm×高8.4cm 版框：宽31.5cm×高5.5cm

540000-0000102

༄། །འཕགས་པ་སྤྱན་རས་གཟིགས་དབང་ཕྱུག་ཡིད་བཞིན་འཁོར་ལོས་བསྒྱུར་བའི་སྒྲུབ་ཐབས་བཞུགས་སོ། །

པོད་གཅིག བྲིས་མ། དཔེ་ཚུགས། ཡིག་ཕྲེང་བདུན་ཅན། གླེགས་བམ། ཤོག་ཀྱུ། ཞེང་21.2cm×དཀྱུས་7.3cm སྣེ་ཐིག་ཀྱུ། ཞེང་17cm×དཀྱུས་4.4cm

观世音自在菩萨如意轮修法

1函 写本 柏簇体 7行 梵夹装 开本：宽21.2cm×高7.3cm 版框：宽17cm×高4.4cm

540000-0000103

༄། །དཔལ་མ་ཧཱ་ཀཱ་ལ་གུར་གྱི་མགོན་པོའི་བླ་བརྒྱུད་གསོལ་འདེབས་དང་བསྐངས་པ་བཅས་སྲིད་གསུམ་ང་རོའི་སྒྲ་དབྱངས།

པོད་གཅིག བྲིས་མ། དཔེ་ཚུགས། ཡིག་ཕྲེང་དྲུག་ཅན། གླེགས་བམ། ཤོག་ཀྱུ། ཞེང་32.2cm×དཀྱུས་7.3cm སྣེ་ཐིག་ཀྱུ། ཞེང་26.3cm×དཀྱུས་5cm

吉祥玛哈嘎拉宝账护法神传承上师祈愿和酬补仪轨三界妙音

1函 写本 柏簇体 6行 梵夹装 开本：宽32.2cm×高7.3cm 版框：宽26.3cm×高5cm

540000-0000104

༄། །ཕ་དམ་པ་སངས་རྒྱས་ཀྱི་མཛད་པའི་འབྱུང་བཞིའི་གཏོར་མ་བཞུགས་སོ། །

པོད་གཅིག བྲིས་མ། དཔེ་ཚུགས། ཡིག་ཕྲེང་དྲུག་ཅན། གླེགས་བམ། ཤོག་ཀྱུ། ཞེང་26.9cm×དཀྱུས་7.5cm སྣེ་ཐིག་ཀྱུ། ཞེང་21.6cm×དཀྱུས་5cm

帕·当巴桑杰造四素食子仪轨

1函 写本 柏簇体 6行 梵夹装 开本：宽26.9cm×高7.5cm 版框：宽21.6cm×高5cm

540000-0000105

༄། །གསུང་ཐོར་བུ། །

པོད་གཅིག བྲིས་མ། དཔེ་ཚུགས། ཡིག་ཕྲེང་བདུན་ཅན། གླེགས་བམ། ཤོག་གྲྭ ཞེང་35.6cm×དཀྱུས་8cm སྣེ་ཤིག་གྲྭ ཞེང་29.9cm×དཀྱུས་3.8cm

散叶

1函 写本 柏簇体 7行 梵夹装 开本：宽35.6cm×高8cm 版框：宽29.9cm×高3.8cm

540000-0000106

༄། །དགྲ་བགེགས་སྒྲོལ་མཛོད། །

པོད་གཅིག བྲིས་མ། དཔེ་ཚུགས། ཡིག་ཕྲེང་དྲུག་ཅན། ལྟེབས་མགོ་མ། ཤོག་གྲྭ ཞེང་27cm×དཀྱུས་8.2cm སྣེ་ཤིག་གྲྭ ཞེང་23.2cm×དཀྱུས་5.3cm

解除敌障

1函 写本 柏簇体 6行 缝绘装 开本：宽27cm×高8.2cm 版框：宽23.2cm×高5.3cm

540000-0000107

༄། །རྗེ་ཆེན་པོའི་ཕྱུགས་གཙོ་བོར་བྱས་ཏེ་མདོར་བསྡུས་པའི་ཚུལ་གྱིས་ཉམས་སུ་ལེན་པ། །

པོད་གཅིག བྲིས་མ། དབུ་ཅན། ཡིག་ཕྲེང་ལྔ་ཅན། གླེགས་བམ། ཤོག་གྲྭ ཞེང་29.9cm×དཀྱུས་6.4cm སྣེ་ཤིག་གྲྭ ཞེང་25.9cm×དཀྱུས་4cm

大师正理为主修法摄义

1函 写本 乌金体 5行 梵夹装 开本：宽29.9cm×高6.4cm 版框：宽25.9cm×高4cm

540000-0000108

༄། །གསུང་ཐོར་བུ། །

བོད་གཅིག བྲིས་མ། དཔེ་ཚུགས། ཡིག་ཕྲེང་བདུན་ཅན། གླེགས་བམ། ཤོག་གྲྭ། ཞེང་30cm×དཀྱུས་8.5cm སྣེ་ཐིག་གྲྭ། ཞེང་26.4cm×དཀྱུས་4.4cm

散叶

1函 写本 柏簇体 7行 梵夹装 开本：宽30cm×高8.5cm 版框：宽26.4cm×高4.4cm

540000-0000109

༄། །གོང་བསྟོད་མཆོད་དབྱངས་ཀྱི་བརྗེད་བྱང་། །

689 བོད་གཅིག བྲིས་མ། དཔེ་ཚུགས། གླེགས་བམ། ཤོག་གྲྭ། ཞེང་38.8cm×དཀྱུས་8cm སྣེ་ཐིག་གྲྭ། ཞེང་35cm×དཀྱུས་6.8cm

赞颂上师曲谱备忘录

1函 写本 柏簇体 梵夹装 开本：宽38.8cm×高8cm 版框：宽35cm×高6.8cm

540000-0000110

༄། །བླ་མ་ཞི་ཁྲོ་ཚེ་བསྒྲུབ་དང་དབང་བསྐུར་གྱི་ཆོ་ག་འཆི་མེད་རྡོ་རྗེའི་རྒྱ་མདུད། །

བོད་གཅིག བྲིས་མ། དཔེ་ཚུགས། ཡིག་ཕྲེང་དྲུག་ཅན། གླེགས་བམ། ཤོག་གྲྭ། ཞེང་28.9cm×དཀྱུས་9.3cm སྣེ་ཐིག་གྲྭ། ཞེང་24.6cm×དཀྱུས་11.4cm

上师静猛修长寿及加持仪轨·长寿金刚结

1函 写本 柏簇体 6行 梵夹装 开本：宽67.8cm×高18.5cm 版框：宽55.3cm×高11.4cm

540000-0000111

༄། །དཔལ་དུས་ཀྱི་འཁོར་ལོའི་སྒྲུབ་ཐབས་དངོས་གྲུབ་ཀྱི་འདོད་འཇོ།།

པོད་གཅིག བྲིས་མ། དཔེ་ཚུགས། ཡིག་ཕྲེང་བདུན་ཅན། གླེགས་བམ། ཤོག་ཀྲྭ། ཞེང་42.1cm×དཀྱུས་8.3cm སྣེ་ཐིག་ཀྲྭ། ཞེང་39cm×དཀྱུས་5.2cm

吉祥时轮修法·悉地如意

1函 写本 柏簇体 7行 梵夹装 开本：宽42.1cm×高8.3cm 版框：宽39cm×高5.2cm

540000-0000112

༄། །གསུང་ཐོར་བུ།།

པོད་གཅིག བྲིས་མ། དཔེ་ཚུགས། ཡིག་ཕྲེང་བདུན་ཅན། གླེགས་བམ། ཤོག་ཀྲྭ། ཞེང་67.8cm×དཀྱུས་18.5cm སྣེ་ཐིག་ཀྲྭ། ཞེང་55.3cm×དཀྱུས་11.4cm

散叶

1函 写本 柏簇体 7行 梵夹装 开本：宽67.8cm×高18.5cm 版框：宽55.3cm×高11.4cm

540000-0000113

༄། །གསུང་ཐོར་བུ།།

པོད་གཅིག བྲིས་མ། དཔེ་ཚུགས། ཡིག་ཕྲེང་བདུན་ཅན། གླེགས་བམ། ཤོག་ཀྲྭ། ཞེང་47.5cm×དཀྱུས་7.3cm སྣེ་ཐིག་ཀྲྭ། ཞེང་13.3cm×དཀྱུས་4.9cm

散叶

1函 写本 柏簇体 8行 梵夹装 开本：宽67.8cm×高18.5cm 版框：宽55.3cm×高11.4cm

540000-0000114

༄༅། །རྒྱལ་བ་ལྔ་པ་ངག་དབང་བློ་བཟང་རྒྱ་མཚོའི་གསུང་། །

བོད་གཅིག བྲིས་མ། དཔེ་ཚུགས། ཡིག་ཕྲེང་བདུན་ཅན། གླེགས་བམ། ཤོག་རྒྱ། ཞེང་48.2cm×དཀྱུས་8.3cm སྙེ་ཐིག་རྒྱ། ཞེང་42.3cm×དཀྱུས་4.8cm

五世达赖喇嘛文集

1函 写本 柏簇体 7行 梵夹装 开本：宽48.2cm×高8.3cm 版框：宽42.3cm×高4.8cm

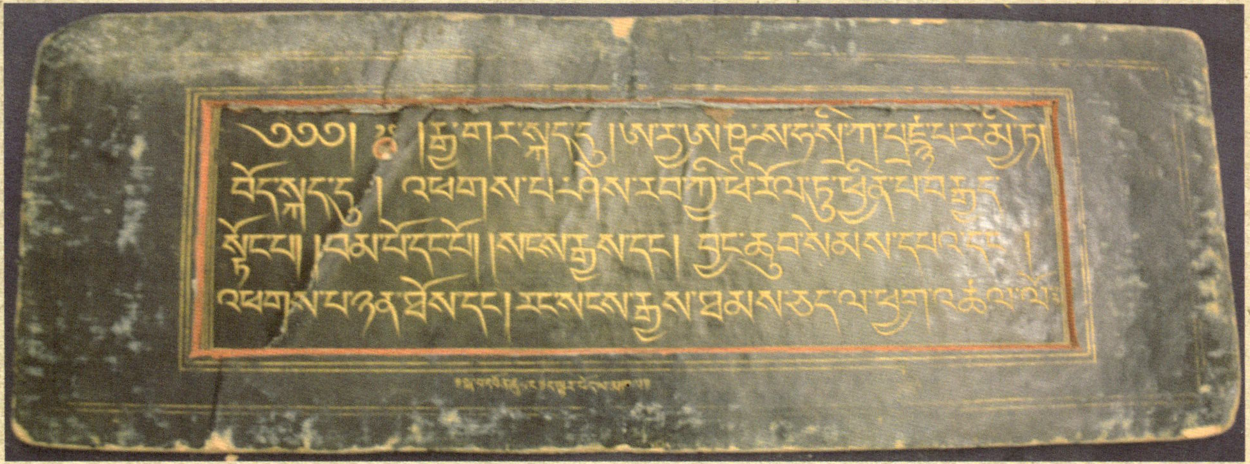

དུས་རབས་18པའི་ཤེར་ཕྱིན་མཐིང་ཤོག་གསེར་བྲིས།

18 世纪蓝靛纸金汁写本

540000-0000115

༄། །བོད་ཀྱི་བརྡའི་བསྟན་བཅོས་ལེགས་པར་བཤད་པ་རིན་པོ་ཆེའི་ཟ་མ་ཏོག་ཞེས་བྱ་བ་བཞུགས་སོ།།

བོད་གཅིག བྲིས་མ། དཔེ་ཚུགས། ཡིག་ཕྲེང་བརྒྱད་ཅན། གླེགས་བམ། ཤོག་གྲུ། ཞེང་47.7cm×དཀྱུས་7.9cm སྣེ་ཤིག་གྲུ། ཞེང་8.3cm×དཀྱུས་4.8cm

语言学宝篋

1函 写本 柏簇体 8行 梵夹装 开本：宽47.7cm×高7.9cm 版框：宽8.3cm×高4.8cm

540000-0000116

༄། །གསུང་ཐོར་བུ།།

བོད་གཅིག བྲིས་མ། དཔེ་ཚུགས། ཡིག་ཕྲེང་བདུན་ཅན། གླེགས་བམ། ཤོག་གྲུ། ཞེང་50cm×དཀྱུས་7.3cm སྣེ་ཤིག་གྲུ། ཞེང་43.2cm×དཀྱུས་4cm

散叶

1函 写本 柏簇体 7行 梵夹装 开本：宽67.8cm×高18.5cm 版框：宽55.3cm×高11.4cm

540000-0000117

༄། །ཁྲིད་ཡིག་སྦས་དོན་གསལ་བའི་བསྡུས་དོན།།

བོད་གཅིག བྲིས་མ། དཔེ་ཚུགས། ཡིག་ཕྲེང་བདུན་ཅན། གླེགས་བམ། ཤོག་གྲུ། ཞེང་51cm×དཀྱུས་8.7cm སྣེ་ཤིག་གྲུ། ཞེང་43.2cm×དཀྱུས་4cm

讲授隐义摄义

1函 写本 柏簇体 7行 梵夹装 开本：宽51cm×高8.7cm 版框：宽43.2cm×高4cm

540000-0000118

༄། །ནཱ་རོ་མཁའ་སྤྱོད་ཀྱི་མཎྜལ་གྱི་ཆོ་ག་རྗེ་ཀུན་དགའ་ཚུལ་ཁྲིམས་ཀྱི་མཛད་པ་བཞུགས། །

པོད་གཅིག བྲིས་མ། དཔེ་ཚུགས། ཡིག་ཕྲེང་དྲུག་ཅན། གླེགས་བམ། ཤོག་གྲྭ། ཞེང་46.8cm×དཀྱུས་7.1cm སྣེ་ཐིག་གྲྭ། ཞེང་34.3cm×དཀྱུས་4.9cm

至尊衮噶崔成造那若空行曼荼罗仪轨

1函 写本 柏簇体 6行 梵夹装 开本：宽46.8cm×高7.1cm 版框：宽34.3cm×高4.9cm

540000-0000119

༄། །དཔལ་མཆོག་རིགས་བསྡུས་པའི་དཀྱིལ་འཁོར་ཆོ་གའི་ལས་ཀྱི་རིམ་པ་གསུང་རྒྱུན་གྱི་དྲི་མ་མེད་པ་རིན་པོ་ཆེའི་ཕྲེང་བ།

693 པོད་གཅིག བྲིས་མ། དཔེ་ཚུགས། ཡིག་ཕྲེང་བདུན་ཅན། གླེགས་བམ། ཤོག་གྲྭ། ཞེང་51.7cm×དཀྱུས་8cm སྣེ་ཐིག་གྲྭ། ཞེང་46cm×དཀྱུས་4.5cm

殊圣坛城仪轨简略工序口传·无垢宝串

1函 写本 柏簇体 7行 梵夹装 开本：宽51.7cm×高8cm 版框：宽46cm×高4.5cm

540000-0000120

༄། །དཔལ་རྡོ་རྗེ་རྣམ་པར་འཇོམས་པ་ལྷ་གཅིག་བུམ་གཅིག་གི་སྒྲུབ་ཐབས་ཟིན་ཐིག། །

པོད་གཅིག བྲིས་མ། དཔེ་ཚུགས། ཡིག་ཕྲེང་དྲུག་ཅན། གླེགས་བམ། ཤོག་གྲྭ། ཞེང་50cm×དཀྱུས་7.2cm སྣེ་ཐིག་གྲྭ། ཞེང་46cm×དཀྱུས་4.5cm

吉祥金刚催破拉吉宝瓶修法笔记

1函 写本 柏簇体 6行 梵夹装 开本：宽50cm×高7.2cm 版框：宽46cm×高4.5cm

540000-0000161

༄། །བདག་མེད་ལུས་དཀྱིལ་བཞུགས་སོ།།

པོད་གཅིག བྲིས་མ། དཔེ་ཚུགས། ཡིག་ཕྲེང་ལྔ་ཙམ། གླེགས་བམ། ཤོག་ཀྱུ། ཞེང་43.2cm×དཀྱུས་7.5cm སྣེ་ཐིག་ཀྱུ། ཞེང་38.6cm×དཀྱུས་3cm

无我身坛城仪轨

1函 写本 柏簇体 5行 梵夹装 开本：宽43.2cm×高7.5cm 版框：宽38.6cm×高3cm

540000-0000162

༄། །དཔལ་མཆོག་རིགས་བསྡུས་ཀྱི་བུམ་བསྒྲུབ་ཟིན་བྲིས་བཞུགས་སོ།།

པོད་གཅིག བྲིས་མ། དཔེ་ཚུགས། ཡིག་ཕྲེང་བདུན་ཙམ། གླེགས་བམ། ཤོག་ཀྱུ། ཞེང་49.6cm×དཀྱུས་8.2cm སྣེ་ཐིག་ཀྱུ། ཞེང་46.6cm×དཀྱུས་4.8cm

胜乐之修宝瓶笔记

1函 写本 柏簇体 7行 梵夹装 开本：宽49.6cm×高8.2cm 版框：宽46.6cm×高4.8cm

540000-0000163

༄། །འོད་གསལ་གྱི་འཆར་སྒོ་ངོས་འཛིན་བཞུགས་སོ།།

པོད་གཅིག བྲིས་མ། དཔེ་ཚུགས། ཡིག་ཕྲེང་བདུན་ཙམ། གླེགས་བམ། ཤོག་ཀྱུ། ཞེང་38.9cm×དཀྱུས་7.5cm སྣེ་ཐིག་ཀྱུ། ཞེང་34.2cm×དཀྱུས་3.8cm

伟色吉凶论

1函 写本 柏簇体 7行 梵夹装 开本：宽38.9cm×高7.5cm 版框：宽34.2cm×高3.8cm

540000-0000164

༄། །དཔལ་དུས་ཀྱི་འཁོར་ལོའི་གར་གྱི་འཁྲིག་ཐབས་བཞུགས་སོ། །

པོད་གཅིག བྲིས་མ། དཔེ་ཚུགས། ཡིག་ཕྲེང་བདུན་ཅན། གླེགས་བམ། ཤོག་ཀྱུ། ཞེང་52cm×དཀྱུས་8.5cm སྣེ་ཐིག་ཀྱུ། ཞེང་46.7cm×དཀྱུས་5cm

吉祥时轮跳神姿势

1函 写本 柏簇体 7行 梵夹装 开本：宽52cm×高8.5cm 版框：宽46.7cm×高5cm

540000-0000165

༄། །དཔལ་རྡོ་རྗེ་འཇིགས་བྱེད་ཀྱི་འཕྲིན་ལས་བཞིའི་སྦྱིན་སྲེག་དངོས་གྲུབ་བཞུགས་སོ། །

པོད་གཅིག བྲིས་མ། དཔེ་ཚུགས། ཡིག་ཕྲེང་བཅུ་གཉིས་ཅན། གླེགས་བམ། ཤོག་ཀྱུ། ཞེང་52cm×དཀྱུས་8.3cm སྣེ་ཐིག་ཀྱུ། ཞེང་46cm×དཀྱུས་5cm

吉祥大威德四业火供仪轨悉地

1函 写本 柏簇体 12行 梵夹装 开本：宽52cm×高8.3cm 版框：宽46cm×高5cm

540000-0000166

༄། །དཔལ་དུས་ཀྱི་འཁོར་ལོའི་ཆོ་གའི་མཆོད་སྤྲིན་རྒྱ་མཚོ་བཞུགས་སོ། །

པོད་གཅིག བྲིས་མ། དཔེ་ཚུགས། ཡིག་ཕྲེང་དྲུག་ཅན། གླེགས་བམ། ཤོག་ཀྱུ། ཞེང་49.2cm×དཀྱུས་7.5cm སྣེ་ཐིག་ཀྱུ། ཞེང་44.7cm×དཀྱུས་4cm

吉祥时轮仪轨供云之海

1函 写本 柏簇体 6行 梵夹装 开本：宽49.2cm×高7.5cm 版框：宽44.7cm×高4cm

540000-0000167

༄༅། །དཔལ་རྡོ་རྗེའི་ནག་པོ་ཆེན་པོ་ལྷ་ལྔ། བདུན་མ། བརྒྱད་མ། བཅུ་གཉིས་མ། བཅུ་བདུན་མ། སོ་ལྔའི་བསྒྲུབ་ཐབས་བདུད་ལས་རྣམ་པར་རྒྱལ་བ་ཞེས་བཞུགས་སོ།།

པོད་གཅིག བྲིས་མ། དཔེ་ཚུགས། ཡིག་ཕྲེང་བརྒྱད་ཅན། གླེགས་བམ། ཤོག་གྲྭ། ཞེང་44.7cm×དཀྱུས་8.2cm སྣེ་ཤིག་གྲྭ། ཞེང་40.2cm×དཀྱུས་5.1cm

吉祥黑金刚及五神等修法战胜无敌

1函 写本 柏簇体 8行 梵夹装 开本：宽44.7cm×高8.2cm 版框：宽40.2cm×高5.1cm

540000-0000168

༄༅། །མཁའ་འགྲོ་མ་སེངྒེའི་གདོང་པ་ཅན་གྱི་ཕྱིའི་སྒྲུབ་ཐབས་བཞུགས་སོ།།

696 པོད་གཅིག བྲིས་མ། དཔེ་ཚུགས། ཡིག་ཕྲེང་བདུན་ཅན། གླེགས་བམ། ཤོག་གྲྭ། ཞེང་47.4cm×དཀྱུས་8.9cm སྣེ་ཤིག་གྲྭ། ཞེང་42.6cm×དཀྱུས་5.7cm

空行母狮子面外修法

1函 写本 柏簇体 7行 梵夹装 开本：宽47.4cm×高8.9cm 版框：宽42.6cm×高5.7cm

540000-0000169

༄༅། །ཀྱེ་རྡོ་རྗེ་ལུས་དཀྱིལ་གྱི་བྱིན་རླབས་བཞུགས་སོ།།

པོད་གཅིག བྲིས་མ། དཔེ་ཚུགས། ཡིག་ཕྲེང་བརྒྱད་ཅན། གླེགས་བམ། ཤོག་གྲྭ། ཞེང་46.6cm×དཀྱུས་8cm སྣེ་ཤིག་གྲྭ། ཞེང་41.5cm×དཀྱུས་4.8cm

呼金刚之身坛城悉地

1函 写本 柏簇体 8行 梵夹装 开本：宽46.6cm×高8cm 版框：宽41.5cm×高4.8cm

540000-0000170

༄། །རྒྱུད་ཐམས་ཅད་ཀྱི་སྙིང་པོ་འཁོར་འདས་དབྱེར་མེད་ཅེས་བྱ་བ་བཞུགས་སོ། །

པོད་གཅིག བྲིས་མ། དཔེ་ཚུགས། ཡིག་ཕྲེང་དྲུག་ཅན། གླེགས་བམ། ཤོག་གྲྭ། ཞེང་47.7cm×དཀྱུས་7.1cm སྣེ་ཐིག་གྲྭ། ཞེང་40cm×དཀྱུས་4.5cm

一切续部要义有寂无别

1函 写本 柏簇体 6行 梵夹装 开本：宽47.7cm×高7.1cm 版框：宽40cm×高4.5cm

540000-0000171

༄། །སློབ་དཔོན་པདྨ་མཛད་པའི་མི་ཁ་དགྲ་ཟློག་ཅེས་བྱ་བ་བཞུགས་སོ། །

 པོད་གཅིག བྲིས་མ། དཔེ་ཚུགས། ཡིག་ཕྲེང་དགུ་ཅན། གླེགས་བམ། ཤོག་གྲྭ། ཞེང་28.4cm×དཀྱུས་8.9cm སྣེ་ཐིག་གྲྭ། ཞེང་25.1cm×དཀྱུས་5cm

莲花生大师造咒骂回遮

1函 写本 柏簇体 9行 梵夹装 开本：宽28.4cm×高8.9cm 版框：宽25.1cm×高5cm

540000-0000172

༄། །མཁའ་འགྲོ་ལྔ་རིགས་བསྡུས་པའི་དཀྱིལ་འཁོར་དུ་དབང་བསྐུར་བའི་ཆོ་ག་ཚིག་དོན་རབ་གསལ་ཞེས་བྱ་བ་བཞུགས་སོ། །

པོད་གཅིག བྲིས་མ། དཔེ་ཚུགས། ཡིག་ཕྲེང་བདུན་ཅན། གླེགས་བམ། ཤོག་གྲྭ། ཞེང་45.9cm×དཀྱུས་7.6cm སྣེ་ཐིག་གྲྭ། ཞེང་40.1cm×དཀྱུས་4.8cm

五种空行要义集坛城加持仪轨词义明晰

1函 写本 柏簇体 7行 梵夹装 开本：宽45.9cm×高7.6cm 版框：宽40.1cm×高4.8cm

540000-0000173

༄། །ཡོ་གའི་གཏད་ཡིག་མཐོང་བ་དོན་ཅན།།

བོད་གཅིག ཁྲིས་མ། དཔེ་ཚུགས། ཡིག་ཕྲེང་བདུན་ཅན། གླེགས་བམ། ཤོག་ཀྱུ། ཞེང་46.8cm×དཀྱུས་8cm སྙེ་ཤིག་ཀྱུ། ཞེང་41.4cm×དཀྱུས་6.3cm

瑜伽待议利见

1函 写本 柏簇体 7行 梵夹装 开本：宽46.8cm×高8cm 版框：宽41.4cm×高6.3cm

540000-0000174

༄། །ཀྱཻ་རྡོ་རྗེའི་ལུས་དཀྱིལ་གྱི་ཁྲིན་ཐབས་བླ་མ་དམ་པས་མཛད་པ་བཞུགས་སོ།།

བོད་གཅིག ཁྲིས་མ། དཔེ་ཚུགས། ཡིག་ཕྲེང་བདུན་ཅན། གླེགས་བམ། ཤོག་ཀྱུ། ཞེང་45.5cm×དཀྱུས་7.7cm སྙེ་ཤིག་ཀྱུ། ཞེང་39.7cm×དཀྱུས་4.7cm

呼金刚之身坛城仪轨悉地上师造

1函 写本 柏簇体 7行 梵夹装 开本：宽45.5cm×高7.7cm 版框：宽39.7cm×高4.7cm

540000-0000175

༄། །ཀྱཻ་རྡོར་བསྙེན་པ་རབ་གསལ་དམ་པའི་ཞལ་གྱི་བདུད་རྩི་ཞེས་བྱ་བ་བཞུགས་སོ།།

བོད་གཅིག ཁྲིས་མ། དཔེ་ཚུགས། ཡིག་ཕྲེང་བདུན་ཅན། གླེགས་བམ། ཤོག་ཀྱུ། ཞེང་41.9cm×དཀྱུས་7.8cm སྙེ་ཤིག་ཀྱུ། ཞེང་37.2cm×དཀྱུས་5cm

呼金刚念修明晰上师口传甘露

1函 写本 柏簇体 7行 梵夹装 开本：宽41.9cm×高7.8cm 版框：宽37.2cm×高5cm

540000-0000176

༄། །གུར་རིགས་བསྡུས་ཀྱི་བགེགས་གཞོལ་སྐྱང་སྐབས་ཟུར་དོན་བཞུགས་སོ།།

པོད་གཅིག བྲིས་མ། དབུ་ཅན། ཡིག་ཕྲེང་དྲུག་ཅན། གླེགས་བམ། ཤོག་ཀྱུ། ཞེང་41.5cm×དཀྱུས་7.4cm སྣེ་ཐིག་ཀྱུ། ཞེང་36cm×དཀྱུས་4.2cm

宝账护法除障法姿势

1函 写本 乌金体 6行 梵夹装 开本：宽41.5cm×高7.4cm 版框：宽36cm×高4.2cm

540000-0000177

༄། །དཔལ་མཆོག་དབང་གི་ཟིན་བྲིས་གསུང་རྒྱུན་དྲི་མེད་རབ་གསལ་བཞུགས་སོ།།

པོད་གཅིག བྲིས་མ། དཔེ་ཚུགས། ཡིག་ཕྲེང་བདུན་ཅན། གླེགས་བམ། ཤོག་ཀྱུ། ཞེང་51.1cm×དཀྱུས་7.8cm སྣེ་ཐིག་ཀྱུ། ཞེང་47cm×དཀྱུས་4.8cm

吉祥胜乐加持笔录口传无垢明晰

1函 写本 柏簇体 7行 梵夹装 开本：宽51.1cm×高7.8cm 版框：宽47cm×高4.8cm

540000-0000178

༄། །དཔལ་མགོན་གདོང་བཞི་ཅན་གྱི་རྗེས་གནང་གོ་བདེ་ཀློགས་ཆོག་ཏུ་བཀོད་པ་བཞུགས་སོ།།

པོད་གཅིག བྲིས་མ། དཔེ་ཚུགས། ཡིག་ཕྲེང་བདུན་ཅན། གླེགས་བམ། ཤོག་ཀྱུ། ཞེང་43.8cm×དཀྱུས་8.2cm སྣེ་ཐིག་ཀྱུ། ཞེང་37.3cm×དཀྱུས་4.5cm

吉祥四面护法神许诺明晰诵读

1函 写本 柏簇体 7行 梵夹装 开本：宽43.8cm×高8.2cm 版框：宽37.3cm×高4.5cm

540000-0000179

༄། །སྒྲོལ་མ་ཉེར་གཅིག་མ་མཚན་ཁྲོར་བསྒྲུབ་པ།།

བོད་གཅིག བྲིས་མ། དཔེ་ཚུགས། ཡིག་ཕྲེང་དྲུག་ཅན། གླེགས་བམ། ཤོག་གྲྭ། ཞེང་38.9cm×དཀྱུས་6.6cm སྣེ་ཤིག་གྲྭ། ཞེང་33.4cm×དཀྱུས་3.3cm

二十一度母日夜静猛修法

1函 写本 柏簇体 6行 梵夹装 开本：宽38.9cm×高6.6cm 版框：宽33.4cm×高3.3cm

540000-0000180

༄། །རྡོ་རྗེ་གུར་རིགས་བསྡུས་པ་མཁའ་འགྲོ་ལྔའི་སྒྲུབ་ཐབས་བཞུགས་སོ།།

བོད་གཅིག བྲིས་མ། དཔེ་ཚུགས། ཡིག་ཕྲེང་བརྒྱད་ཅན། གླེགས་བམ། ཤོག་གྲྭ། ཞེང་48.8cm×དཀྱུས་7.8cm སྣེ་ཤིག་གྲྭ། ཞེང་43.9cm×དཀྱུས་4.2cm

金刚宝账类集五种空行修法

1函 写本 柏簇体 8行 梵夹装 开本：宽48.8cm×高7.8cm 版框：宽43.9cm×高4.2cm

540000-0000181

༄། །རྡོ་རྗེའི་ཚིག་ཀང་གི་བསྡུས་དོན་ཟིན་བྲིས་བཞུགས་སོ།།

བོད་གཅིག བྲིས་མ། དཔེ་ཚུགས། ཡིག་ཕྲེང་བརྒྱད་ཅན། གླེགས་བམ། ཤོག་གྲྭ། ཞེང་45.5cm×དཀྱུས་7.8cm སྣེ་ཤིག་གྲྭ། ཞེང་41cm×དཀྱུས་51cm

金刚词义摄要笔录

1函 写本 柏簇体 8行 梵夹装 开本：宽45.5cm×高7.8cm 版框：宽41cm×高51cm

540000-0000182

༄། །ལྷ་མོ་གདུགས་དཀར་ཅན་གྱི་གཏོར་བཟློག་དང་ཟོར་ཆོག་གི་ལས་རྣམས་འཕྲིན་ལས་བཞིའི་འདོད་འཇོ། །

པོད་གཅིག བྲིས་མ། དཔེ་ཚུགས། ཡིག་ཕྲེང་བདུན་ཅན། གླེགས་བམ། ཤོག་གྲྭ། ཞེང་44.8cm×དཔངས་7.2cm སྣེ་ཐིག་གྲྭ། ཞེང་41cm×དཔངས་4.1cm

白伞盖天母食子及回遮、驱魔等仪轨业及四业如意

1函 写本 柏簇体 7行 梵夹装 开本：宽44.8cm×高7.2cm 版框：宽41cm×高4.1cm

540000-0000183

༄། །ཐུབ་དབང་གནས་བརྟན་འཁོར་དང་བཅས་པ་ལ་མཆོད་ཅིང་གསོལ་བ་གདབ་པའི་སྒོ་ནས་ཡུལ་ཁྱད་པར་ཅན་ལ་ཞབས་བརྟན་བཞུགས་འབུལ་ཚུལ་ཐུབ་བསྟན་རྒྱས་བྱེད་ཅེས་བྱ་བ་བཞུགས་སོ། །

701 པོད་གཅིག བྲིས་མ། དཔེ་ཚུགས། ཡིག་ཕྲེང་བདུན་ཅན། གླེགས་བམ། ཤོག་གྲྭ། ཞེང་39.7cm×དཔངས་8.1cm སྣེ་ཐིག་གྲྭ། ཞེང་35.9cm×དཔངས་4.7cm

依释迦及诸弟子等供奉祈祷献圣地永驻仪轨胜教

1函 写本 柏簇体 6-8行 梵夹装 开本：宽39.7cm×高8.1cm 版框：宽35.9cm×高4.7cm

540000-0000184

༄། །དཔལ་མཆོག་ཟིན་བྲིས་ཞི་མདུང་མིང་པོ་ནག་ཆེན་བཅས་པའི་དབང་ཟིན་བྲིས། །

པོད་གཅིག བྲིས་མ། དཔེ་ཚུགས། ཡིག་ཕྲེང་དྲུག་ཅན། གླེགས་བམ། ཤོག་གྲྭ། ཞེང་41.6cm×དཔངས་6.2cm སྣེ་ཐིག་གྲྭ། ཞེང་37cm×དཔངས་3.8cm

吉祥胜乐笔录西堆兄长大黑等加持仪轨笔记

1函 写本 柏簇体 6行 梵夹装 开本：宽41.6cm×高6.2cm 版框：宽37cm×高3.8cm

540000-0000185

༄། །རྡོ་རྗེ་གདན་ས་ཆེན་པོ་དང་དགེ་ཆུ་བ་ཆུ་བོ་གཉིས་འདྲིས་ཀྱི་ལམ་འབྲས་འཆད་ལུགས་ཀྱི་ཟིན་བྲིས་བཞུགས་སོ།།

པོད་གཅིག བྲིས་མ། དཔེ་ཚུགས། ཡིག་ཕྲེང་བདུན་ཅན། གླེགས་བམ། ཤོག་ཀྱུ། ཞེང་38.8cm×དཀྱུས་8cm སྣེ་ཐིག་ཀྱུ། ཞེང་28cm×དཀྱུས་6cm

多吉丹萨娃衮噶郎杰白桑及格曲娃道果合成正理讲法笔录

1函 写本 柏簇体 7行 梵夹装 开本：宽38.8cm×高8cm 版框：宽28cm×高6cm

540000-0000186

༄། །དཔལ་རྡོ་རྗེ་ནག་པོ་ཆེན་པོའི་སྲུང་འཁོར་བྲག་རྫོང་མའི་ཉམས་ལེན་སྙན་བརྒྱུད་ཡིད་བཞིན་ནོར་བུ།།

པོད་གཅིག བྲིས་མ། ཚུགས་མ་འཁྱུག། ཡིག་ཕྲེང་དྲུག་ཅན། གླེགས་བམ། ཤོག་ཀྱུ། ཞེང་38.8cm×དཀྱུས་7.8cm སྣེ་ཐིག་ཀྱུ། ཞེང་34.8cm×དཀྱུས་4.2cm

吉祥金刚大黑天护法眷属扎宗玛实践口传如意宝

1函 写本 草写体 6行 梵夹装 开本：宽38.8cm×高7.8cm 版框：宽34.8cm×高4.2cm

540000-0000187

༄། །ཀྱེ་རྡོ་རྗེའི་ལུས་དཀྱིལ་གྱི་ཕྲིན་ཆབས་བླ་མ་དམ་པ་བསོད་ནམས་རྒྱལ་མཚན་གྱིས་མཛད་པ་བཞུགས་སོ།།

པོད་གཅིག བྲིས་མ། དཔེ་ཚུགས། ཡིག་ཕྲེང་བདུན་ཅན། གླེགས་བམ། ཤོག་ཀྱུ། ཞེང་40cm×དཀྱུས་7.1cm སྣེ་ཐིག་ཀྱུ། ཞེང་35.1cm×དཀྱུས་4.3cm

喜金刚之身坛城仪轨悉地上师索朗坚赞造

1函 写本 柏簇体 7行 梵夹装 开本：宽40cm×高7.1cm 版框：宽35.1cm×高4.3cm

540000-0000188

༄། །བཅོམ་ལྡན་འདས་དེ་བཞིན་གཤེགས་པའི་གཙུག་ཏོར་ནས་བྱུང་བའི་གདུགས་དཀར་ལྷ་ཡུམ་མ་བཞུགས་སོ། །

པོད་གཅིག བྲིས་མ། དཔེ་ཚུགས། ཡིག་ཕྲེང་དྲུག་ཅན། གླེགས་བམ། ཤོག་གྲྭ། ཞེང་33.6cm×དཀྱུས་8.4cm སྙེ་ཤིག་གྲྭ། ཞེང་25.6cm×དཀྱུས་4cm

大佛顶如来之白伞盖天母陀罗尼经

1函 写本 柏簇体 6行 梵夹装 开本：宽33.6cm×高8.4cm 版框：宽25.6cm×高4cm

540000-0000189

༄། །ངག་བྱིན་རླབས་དང་ཕྲེང་བའི་བྱིན་རླབས་ཁག་གཉིས་བཞུགས་སོ། །

པོད་གཅིག བྲིས་མ། དཔེ་ཚུགས། ཡིག་ཕྲེང་བརྒྱད་ཅན། གླེགས་བམ། ཤོག་གྲྭ། ཞེང་38cm×དཀྱུས་8cm སྙེ་ཤིག་གྲྭ། ཞེང་34.9cm×དཀྱུས་5.5cm

言语加持和佛珠加持

1函 写本 柏簇体 8行 梵夹装 开本：宽38cm×高8cm 版框：宽34.9cm×高5.5cm

540000-0000190

༄། །རྗེ་བཙུན་རྡོ་རྗེ་ཆེན་པོ་བློ་གསལ་རྒྱ་མཚོ་གྲགས་པ་དཔལ་བཟང་པོའི་གསུང་། །

པོད་གཅིག བྲིས་མ། དཔེ་ཚུགས། ཡིག་ཕྲེང་དགུ་ཅན། གླེགས་བམ། ཤོག་གྲྭ། ཞེང་42.3cm×དཀྱུས་7.5cm སྙེ་ཤིག་གྲྭ། ཞེང་38.2cm×དཀྱུས་5.2cm

至尊多吉钦布洛赛加措扎巴文集

1函 写本 柏簇体 9行 梵夹装 开本：宽42.3cm×高7.5cm 版框：宽38.2cm×高5.2cm

540000-0000191

༄། །ལམ་དུས་ཀྱི་དབང་གི་ཆོ་ག་གསལ་བའི་མེ་ལོང་ཞེས་བྱ་བ་བཞུགས་སོ།།

བོད་གཅིག བྲིས་མ། དཔེ་ཚུགས། ཡིག་ཕྲེང་དྲུག་ཅན། གླེགས་བམ། ཤོག་གྲྭ། ཞེང་38.7cm×དཀྱུས་7.7cm སྣེ་ཐིག་གྲྭ། ཞེང་33.2cm×དཀྱུས་4cm

依道时加持仪轨明镜

1函 写本 柏簇体 6行 梵夹装 开本：宽38.7cm×高7.7cm 版框：宽33.2cm×高4cm

540000-0000192

༄། །དཔལ་དུས་ཀྱི་འཁོར་ལོའི་ཆོ་ག་ཡོངས་རྫོགས་ཀྱི་ཕྱག་ལེན་བཞུགས་སོ།།

བོད་གཅིག བྲིས་མ། དཔེ་ཚུགས། ཡིག་ཕྲེང་བདུན་ཅན། གླེགས་བམ། ཤོག་གྲྭ། ཞེང་47.5cm×དཀྱུས་7.8cm སྣེ་ཐིག་གྲྭ། ཞེང་43.1cm×དཀྱུས་4.8cm

胜乐时轮皆仪轨实践

1函 写本 柏簇体 7行 梵夹装 开本：宽47.5cm×高7.8cm 版框：宽43.1cm×高4.8cm

540000-0000193

༄། །གཙུག་ཏོར་རྣམ་པར་རྒྱལ་བའི་སྟོང་མཆོད་ཀྱི་ཆོ་གའི་རིམ་པ་ངག་འདོན་རབ་གསལ་བདུད་རྩིའི་ཆུ་རྒྱུན་ཞེས་བྱ་བ་བཞུགས་སོ།།

བོད་གཅིག བྲིས་མ། དབུ་ཅན། ཡིག་ཕྲེང་དྲུག་ཅན། གླེགས་བམ། ཤོག་གྲྭ། ཞེང་32.8cm×དཀྱུས་7.8cm སྣེ་ཐིག་གྲྭ། ཞེང་26.1cm×དཀྱུས་4.9cm

尊胜佛母千盏灯供仪轨工序易诵·甘露水流

1函 写本 乌金体 6行 梵夹装 开本：宽32.8cm×高7.8cm 版框：宽26.1cm×高4.9cm

540000-0000194

༄། །རྡོ་རྗེ་འཛིན་པ་རྣམས་ཀྱི་ཐུགས་དམ་རྒྱུན་མའི་སྔགས་རྣམས་ལ་མཆན་བུ་ཅུང་ཟད་བཏབ་པ་ཞེས་བྱ་བ་བཞུགས་སོ། །

པོད་གཅིག བྲིས་མ། དཔེ་ཚུགས། ཡིག་ཕྲེང་དྲུག་ཅན། གླེགས་བམ། ཤོག་ཀྱུ། ཞེང་45.6cm×དཀྱུས་7.1cm སྙེ་ཐིག་ཀྱུ། ཞེང་41.2cm×དཀྱུས་5.3cm

诸持金刚誓言常用咒语注释

1函 写本 柏簇体 6行 梵夹装 开本：宽45.6cm×高7.1cm 版框：宽41.2cm×高5.3cm

540000-0000195

༄། །སྣང་བ་སྐྱོ་བའི་ངེས་བྱུང་རིང་མོ་བཞུགས་སོ། །

705 པོད་གཅིག བྲིས་མ། དཔེ་ཚུགས། ཡིག་ཕྲེང་བདུན་ཅན། གླེགས་བམ། ཤོག་ཀྱུ། ཞེང་41.5cm×དཀྱུས་7.5cm སྙེ་ཐིག་ཀྱུ། ཞེང་35.3cm×དཀྱུས་5cm

看破红尘教诲

1函 写本 柏簇体 7行 梵夹装 开本：宽41.5cm×高7.5cm 版框：宽35.3cm×高5cm

540000-0000196

༄། །བྱང་ཆུབ་ཆེན་པོའི་མཆོད་རྟེན་གྱི་ཐིག་བུ་རིན་པོ་ཆེས་མཛད་པ་བཞུགས་སོ། །

པོད་གཅིག བྲིས་མ། དཔེ་ཚུགས།། ཡིག་ཕྲེང་བཅུ་གཅིག་ཅན། གླེགས་བམ། ཤོག་ཀྱུ། ཞེང་37.5cm×དཀྱུས་7.3cm སྙེ་ཐིག་ཀྱུ། ཞེང་33.9cm×དཀྱུས་4.9cm

布顿大师缮造大菩提塔度量

1函 写本 柏簇体 11行 梵夹装 开本：宽37.5cm×高7.3cm 版框：宽33.9cm×高4.9cm

540000-0000197

༄༅། །རྡོ་རྗེའི་ཚིག་རྐང་གི་བསྡུས་དོན་ཟིན་བྲིས་བཞུགས་སོ། །

པོད་གཅིག བྲིས་མ། དཔེ་ཚུགས། ཡིག་ཕྲེང་བདུན་ཅན། གླེགས་བམ། ཤོག་རྒྱ། ཞེང་47cm×དཀྱུས་7.2cm སྙེ་ཐིག་རྒྱ། ཞེང་40cm×དཀྱུས་4.1cm

金刚偈句摄义笔录

1函 写本 柏簇体 7行 梵夹装 开本：宽47cm×高7.2cm 版框：宽40cm×高4.1cm

540000-0000198

༄༅། །དཔལ་རྡོ་རྗེ་གཞོན་ནུའི་སྒོ་ནས་གཏོར་ཟློག་དགྲ་བགེགས་ཀུན་འཇོམས་ཀྱིས་ལྷན་ཐབས་བཞུགས་སོ། །

པོད་གཅིག བྲིས་མ། དཔེ་ཚུགས། ཡིག་ཕྲེང་ལྔ་ཅན། གླེགས་བམ། ཤོག་རྒྱ། ཞེང་51.7cm×དཀྱུས་8.7cm སྙེ་ཐིག་རྒྱ། ཞེང་46cm×དཀྱུས་4cm

依金刚童子食子回遮皆除障·补充

1函 写本 柏簇体 5行 梵夹装 开本：宽51.7cm×高8.7cm 版框：宽46cm×高4cm

540000-0000199

༄༅། །དཔལ་ཀྱེ་རྡོ་རྗེའི་བསྙེན་པ་ཁ་སྐོང་སྦྱིན་སྲེག་གི་ཟིན་བྲིས་རྣམ་པར་དག་པའི་དགག་སྒྲུབ་དང་བཅས་པ་བཞུགས་སོ། །

པོད་གཅིག བྲིས་མ། དཔེ་ཚུགས། ཡིག་ཕྲེང་དྲུག་ཅན། གླེགས་བམ། ཤོག་རྒྱ། ཞེང་52cm×དཀྱུས་7.9cm སྙེ་ཐིག་རྒྱ། ཞེང་44.3cm×དཀྱུས་4.3cm

喜金刚近念补充火供仪轨笔录正理破立

1函 写本 柏簇体 6行 梵夹装 开本：宽52cm×高7.9cm 版框：宽44.3cm×高4.3cm

540000-0000200

༄། །ལམ་དུས་ཀྱི་དབང་གི་ཆོ་ག་ཞེས་བྱ་བ་བཞུགས་སོ།།

བོད་གཅིག ཕྲིས་མ། དཔེ་ཚུགས། ཡིག་ཕྲེང་བདུན་ཅན། གླེགས་བམ། ཤོག་རྒྱ། ཞེང་49.6cm×དཀྱུས་8cm སྙེ་ཐིག་རྒྱ། ཞེང་43.2cm×དཀྱུས་4.3cm

依道时加持仪轨

1函 写本 柏簇体 7行 梵夹装 开本：宽49.6cm×高8cm 版框：宽43.2cm×高4.3cm

540000-0000241

༄། །མཎྜལ་བཟླས་ལུང་བཞུགས་སོ།།

བོད་གཅིག ཕྲིས་མ། དཔེ་ཚུགས། ཡིག་ཕྲེང་དྲུག་ཅན། གླེགས་བམ། ཤོག་རྒྱ། ཞེང་50cm×དཀྱུས་7.7cm སྙེ་ཐིག་རྒྱ། ཞེང་43cm×དཀྱུས་5.8cm

供曼茶罗念诵

1函 写本 柏簇体 6行 梵夹装 开本：宽50cm×高7.7cm 版框：宽43cm×高5.8cm

540000-0000242

༄། །ཀྱཻ་རྗེ་དབང་པོ་ཆེན་པོ་ལྷ་བཅུ་གཉིས་ཀྱི་རྗེས་གནང་བྱ་ཚུལ་བཞུགས་སོ།།

བོད་གཅིག ཕྲིས་མ། དཔེ་ཚུགས། ཡིག་ཕྲེང་བདུན་ཅན། གླེགས་བམ། ཤོག་རྒྱ། ཞེང་45.2cm×དཀྱུས་8.2cm སྙེ་ཐིག་རྒྱ། ཞེང་38.2cm×དཀྱུས་4.5cm

喜金刚十二神许诺

1函 写本 柏簇体 7行 梵夹装 开本：宽45.2cm×高8.2cm 版框：宽38.2cm×高4.5cm

540000-0000243

༄། །བསྐང་གསོའི་རིམ་པ་བཞུགས་སོ། །

པོད་གཅིག བྲིས་མ། དཔེ་ཚུགས། ཡིག་ཕྲེང་བདུན་ཅན། གླེགས་བམ། ཤོག་ཀྱུ། ཞེང་48.6cm×དཀྱུས་8.4cm སྙེ་ཤིག་ཀྱུ། ཞེང་43.5cm×དཀྱུས་5.4cm

酬补工序

1函 写本 柏簇体 7行 梵夹装 开本：宽48.6cm×高8.4cm 版框：宽43.5cm×高5.4cm

540000-0000244

༄། །དུས་ཀྱི་འཁོར་ལོ་ལྷ་དགུའི་མངོན་རྟོགས་བཞུགས་སོ། །

པོད་གཅིག བྲིས་མ། དཔེ་ཚུགས། ཡིག་ཕྲེང་བདུན་ཅན། གླེགས་བམ། ཤོག་ཀྱུ། ཞེང་51cm×དཀྱུས་7.1cm སྙེ་ཤིག་ཀྱུ། ཞེང་45.1cm×དཀྱུས་4.6cm

时轮九神现观

1函 写本 柏簇体 7行 梵夹装 开本：宽51cm×高7.1cm 版框：宽45.1cm×高4.6cm

540000-0000245

༄། །མཁའ་འགྲོ་མའི་སྒྲུབ་ཐབས། །

པོད་གཅིག བྲིས་མ། དཔེ་ཚུགས། ཡིག་ཕྲེང་དྲུག་ཅན། གླེགས་བམ། ཤོག་ཀྱུ། ཞེང་52cm×དཀྱུས་8.9cm སྙེ་ཤིག་ཀྱུ། ཞེང་47.2cm×དཀྱུས་4cm

空行母修法

1函 写本 柏簇体 6行 梵夹装 开本：宽52cm×高8.9cm 版框：宽47.2cm×高4cm

540000-0000246

༄༅། །ལམ་འབྲས་རྡོ་རྗེའི་ཚིག་རྐང་བཞུགས་སོ།།

བོད་གཅིག སྤར་མ། དབུ་ཅན། ཡིག་ཕྲེང་བཅུ་གཅིག་ཅན། གླེགས་བམ། ཤོག་ཀྱུ། ཞེང་47.5cm×དཀྱུས་7.5cm སྙེ་ཤིག་ཀྱུ། ཞེང་44.8cm×དཀྱུས་4.9cm

道果金刚偈句

1函 刻本 乌金体 11行 梵夹装 开本：宽47.5cm×高7.5cm 版框：宽44.8cm×高4.9cm

540000-0000247

༄༅། །མ་ཎིའི་དབྱངས་ཡིག་མཁའ་འགྲོ་དགྱེས་པའི་ནོར་བུའི་ཕྲེང་བ།།

བོད་གཅིག བྲིས་མ། དཔེ་ཚུགས། ཡིག་ཕྲེང་བརྒྱད་ཅན། གླེགས་བམ། ཤོག་ཀྱུ། ཞེང་49.5cm×དཀྱུས་7.4cm སྙེ་ཤིག་ཀྱུ། ཞེང་43cm×དཀྱུས་4.9cm

玛尼呗谱空行欢喜宝串

1函 写本 柏簇体 8行 梵夹装 开本：宽49.5cm×高7.4cm 版框：宽43cm×高4.9cm

540000-0000248

༄༅། །བླ་མའི་རྣལ་འབྱོར་བཞུགས་སོ།།

བོད་གཅིག བྲིས་མ། དཔེ་ཚུགས། ཡིག་ཕྲེང་བདུན་ཅན། གླེགས་བམ། ཤོག་ཀྱུ། ཞེང་45.8cm×དཀྱུས་7.6cm སྙེ་ཤིག་ཀྱུ། ཞེང་41.1cm×དཀྱུས་4.2cm

上师瑜伽

1函 写本 柏簇体 7行 梵夹装 开本：宽45.8cm×高7.6cm 版框：宽41.1cm×高4.2cm

540000-0000249

༄། །རྒྱུད་སྡེ་བཞིའི་ཆོ་ག་བཞུགས་སོ།།

པོད་གཅིག བྲིས་མ། དཔེ་ཚུགས། ཡིག་ཕྲེང་ལྔ་ཅན། གླེགས་བམ། ཤོག་ཀྱུ། ཞེང་44.2cm×དཀྱུས་6cm སྣེ་ཐིག་ཀྱུ། ཞེང་39.2cm×དཀྱུས་3.5cm

四续仪轨

1函 写本 乌金体 5行 梵夹装 开本：宽44.2cm×高6cm 版框：宽39.2cm×高3.5cm

540000-0000250

༄། །དཔལ་དུས་ཀྱི་འཁོར་ལོའི་ས་ཆོག་ཟིན་བྲིས་བཞུགས་སོ།།

པོད་གཅིག བྲིས་མ། དཔེ་ཚུགས། ཡིག་ཕྲེང་བརྒྱད་ཅན། གླེགས་བམ། ཤོག་ཀྱུ། ཞེང་46.6cm×དཀྱུས་8.2cm སྣེ་ཐིག་ཀྱུ། ཞེང་42.2cm×དཀྱུས་5.5cm

吉祥时轮破土仪轨笔录

1函 写本 柏簇体 8行 梵夹装 开本：宽46.6cm×高8.2cm 版框：宽42.2cm×高5.5cm

540000-0000251

༄། །རྗེ་བཙུན་རྡོ་རྗེ་རྣལ་འབྱོར་མའི་སྙན་བརྒྱུད་ཀྱི་ཉམས་ལེན་རྡོ་རྗེ་དབང་ཕྱུག་གི་གསུང་བཞུགས་སོ།།

པོད་གཅིག བྲིས་མ། དཔེ་ཚུགས། ཡིག་ཕྲེང་བརྒྱད་ཅན། གླེགས་བམ། ཤོག་ཀྱུ། ཞེང་43cm×དཀྱུས་7.5cm སྣེ་ཐིག་ཀྱུ། ཞེང་38cm×དཀྱུས་5cm

至尊金刚瑜伽母耳传实践多吉自在造

1函 写本 柏簇体 8行 梵夹装 开本：宽43cm×高7.5cm 版框：宽38cm×高5cm

540000-0000252

༄། །དཔལ་དུས་ཀྱི་འཁོར་ལོའི་སྔོན་འགྲོའི་ཟིན་བྲིས་བཞུགས་སོ།།

པོད་གཅིག བྲིས་མ། དཔེ་ཚུགས། ཡིག་ཕྲེང་བརྒྱད་ཅན། གླེགས་བམ། ཤོག་ཀྱུ། ཞེང་53.1cm×དཀྱུས་8.2cm སྙེ་ཤིག་ཀྱུ། ཞེང་48.6cm×དཀྱུས་4.8cm

吉祥时轮先行笔录

1函 写本 柏簇体 8行 梵夹装 开本：宽53.1cm×高8.2cm 版框：宽48.6cm×高4.8cm

540000-0000253

༄། །སྐབས་གསུམ་པའི་རྩ་ཊཱིཀ་མཚོན་པ་དོན་ལྡན་ཞེས་བྱ་བ་བཞུགས་སོ།།

པོད་གཅིག བྲིས་མ། དཔེ་ཚུགས། ཡིག་ཕྲེང་བཅུ་གཅིག་ཅན། གླེགས་བམ། ཤོག་ཀྱུ། ཞེང་54.8cm×དཀྱུས་8.9cm སྙེ་ཤིག་ཀྱུ། ཞེང་51.6cm×དཀྱུས་6.5cm

第三品根注利见

1函 写本 柏簇体 9行 梵夹装 开本：宽54.8cm×高8.9cm 版框：宽51.6cm×高6.5cm

540000-0000254

༄། །རྣལ་འབྱོར་རྒྱུད་ཀྱི་ས་ཆོག་རྒྱས་པའི་ཚུལ་མཐོང་བ་དོན་ལྡན་བཞུགས་སོ།།

པོད་གཅིག བྲིས་མ། དཔེ་ཚུགས། ཡིག་ཕྲེང་བདུན་ཅན། གླེགས་བམ། ཤོག་ཀྱུ། ཞེང་53.5cm×དཀྱུས་7.8cm སྙེ་ཤིག་ཀྱུ། ཞེང་46cm×དཀྱུས་4.4cm

瑜伽续破土仪轨广论·利见

1函 写本 柏簇体 7行 梵夹装 开本：宽53.5cm×高7.8cm 版框：宽46cm×高4.4cm

540000-0000255

༄༅། །ཆོས་འབྱུང་རྒྱལ་རབས་གསལ་བའི་མེ་ལོང་།།

པོད་གཅིག བྲིས་མ། དཔེ་ཚུགས། ཡིག་ཕྲེང་བརྒྱད་ཅན། གླེགས་བམ། ཤོག་རྒྱ། ཞེང་49cm×དཀྱུས་8.4cm སྙེ་ཤིག་རྒྱ། ཞེང་44cm×དཀྱུས་5.8cm

西藏王统记

1函 写本 柏簇体 8行 梵夹装 开本：宽49cm×高8.4cm 版框：宽44cm×高5.8cm

540000-0000256

༄༅། །དཔལ་དུས་ཀྱི་འཁོར་ལོའི་དབང་ཆོག་གི་ཟིན་བྲིས་འཇུག་བདེ་བར་བཀོད་པ་བཞུགས་སོ།།

པོད་གཅིག བྲིས་མ། དཔེ་ཚུགས། ཡིག་ཕྲེང་བརྒྱད་ཅན། གླེགས་བམ། ཤོག་རྒྱ། ཞེང་54.8cm×དཀྱུས་8.2cm སྙེ་ཤིག་རྒྱ། ཞེང་48.5cm×དཀྱུས་5.3cm

胜乐时轮加持仪轨笔录易入

1函 写本 柏簇体 8行 梵夹装 开本：宽54.8cm×高8.2cm 版框：宽48.5cm×高5.3cm

540000-0000257

༄༅། །བྱིན་རླབས་ཀྱི་ཟིན་བྲིས་གཏི་ཐུག་ཁྲིགས་ཆགས་བཞུགས་སོ།།

པོད་གཅིག བྲིས་མ། དཔེ་ཚུགས། ཡིག་ཕྲེང་བདུན་ཅན། གླེགས་བམ། ཤོག་རྒྱ། ཞེང་50.2cm×དཀྱུས་8cm སྙེ་ཤིག་རྒྱ། ཞེང་45.5cm×དཀྱུས་4.7cm

加持仪轨次第笔录简略

1函 写本 柏簇体 7行 梵夹装 开本：宽50.2cm×高8cm 版框：宽45.5cm×高4.7cm

540000-0000258

༄། །རྡོ་རྗེ་རྣལ་འབྱོར་མའི་སྒྲུབ་ཐབས་བཞུགས་སོ།།

པོད་གཅིག སྤར་མ། དབུ་ཅན། ཡིག་ཕྲེང་བདུན་ཅན། གླེགས་བམ། ཤོག་གྲྭ། ཞེང་49.5cm×དཀྱུས་8.3cm སྙེ་ཐིག་གྲྭ། ཞེང་46cm×དཀྱུས་5.7cm

金刚瑜伽母修法

1函 刻本 乌金体 7行 梵夹装 开本：宽49.5cm×高8.3cm 版框：宽46cm×高5.7cm

540000-0000259

༄། །སོ་སོར་ཐར་པའི་སྡོམ་པ་གཏན་ལ་དབབ་པ་འདུལ་བ་རྒྱ་མཚོའི་སྙིང་པོ་བསྡུས་པ་བཞུགས་སོ།།

713 པོད་གཅིག བྲིས་མ། དབུ་ཅན་དང་དཔེ་ཚུགས།། ལྟེབས་འཁྱིག་མ། ཤོག་གྲྭ། ཞེང་50cm×དཀྱུས་65.8cm

别解脱戒定制戒律之海摄要

1函 写本 乌金体和柏簇体经折装 开本：宽50cm×高65.8cm

540000-0000260

༄། །ཀྱེ་རྡོ་རྗེའི་མངོན་པར་རྟོགས་པ་ཡན་ལག་དྲུག་པ་བཞུགས་སོ།།

པོད་གཅིག བྲིས་མ། དཔེ་ཚུགས། ཡིག་ཕྲེང་བཅུ་གཅིག་ཅན། གླེགས་བམ། ཤོག་གྲྭ། ཞེང་51.8cm×དཀྱུས་8cm སྙེ་ཐིག་གྲྭ། ཞེང་44cm×དཀྱུས་4.9cm

喜金刚现观六枝

1函 写本 柏簇体 6行 梵夹装 开本：宽51.8cm×高8cm 版框：宽44cm×高4.9cm

540000-0000261

༄། །བཅོམ་ལྡན་རྡོ་རྗེ་གཞོན་ནུའི་སྒྲུབ་ཐབས་ངེས་དོན་ཐིག་ལེ་བྱ་བ་དང་རིག་འཛིན་དཀར་བདུད་དམ་ཅན་བཅུ་གཉིས་བཅས་ཀྱི་གཏོར་མའི་བསྔོ་བ་བཞུགས་སོ།།

པོད་གཅིག བྲིས་མ། དཔེ་ཚུགས། ཡིག་ཕྲེང་དྲུག་ཅན། གླེགས་བམ། ཤོག་ཀྱུ། ཞེང་45.2cm×དཀྱུས་7.3cm སྣེ་ཐིག་ཀྱུ། ཞེང་41.6cm×དཀྱུས་4.7cm

释迦金刚童子修法了义精华及仁增噶推十二护法神食子回向

1函 写本 柏簇体 6行 梵夹装　开本：宽45.2cm×高7.3cm 版框：宽41.6cm×高4.7cm

540000-0000262

༄། །ཀྱེ་རྡོ་རྗེའི་དཀྱིལ་འཁོར་ཆོ་གའི་ཟིན་བྲིས།།

714 པོད་གཅིག བྲིས་མ། དཔེ་ཚུགས། ཡིག་ཕྲེང་བདུན་ཅན། གླེགས་བམ། ཤོག་ཀྱུ། ཞེང་45.5cm×དཀྱུས་7.2cm སྣེ་ཐིག་ཀྱུ། ཞེང་42cm×དཀྱུས་4.7cm

喜金刚坛城仪轨

1函 写本 柏簇体 7行 梵夹装　开本：宽45.5cm×高7.2cm 版框：宽42cm×高4.7cm

540000-0000263

༄། །དཔལ་ཀྱེའི་རྡོ་རྗེའི་དཀྱིལ་འཁོར་དུ་བདག་ཉིད་འཇུག་པའི་ཆོ་གའི་དགའ་དོན་རབ་གསལ་བཞུགས་སོ།།

པོད་གཅིག སྤར་མ། དབུ་ཅན། ཡིག་ཕྲེང་བདུན་ཅན། གླེགས་བམ། ཤོག་ཀྱུ། ཞེང་49.5cm×དཀྱུས་8cm སྣེ་ཐིག་ཀྱུ། ཞེང་46.5cm×དཀྱུས་5.6cm

喜金刚坛城自入仪轨喜宴念诵明晰

1函 刻本 乌金体 7行 梵夹装　开本：宽49.5cm×高8cm 版框：宽46.5cm×高5.6cm

540000-0000264

༄། །རྗེ་བཙུན་དཔལ་ནག་པོ་ཆེན་པོ་ལ་བསྟོད་པ།།

པོད་གཅིག བྲིས་མ། དཔེ་ཚུགས། ཡིག་ཕྲེང་དྲུག་ཅན། གླེགས་བམ། ཤོག་ཀྱུ། ཞེང་45.3cm×དཀྱུས་8cm སྣེ་ཤིག་ཀྱུ། ཞེང་40.2cm×དཀྱུས་4.2cm

至尊大黑天颂

1函 写本 柏簇体 6行 梵夹装 开本：宽45.3cm×高8cm 版框：宽40.2cm×高4.2cm

540000-0000265

༄། །འཕགས་པ་ཤེས་རབ་ཀྱི་ཕ་རོལ་ཏུ་ཕྱིན་པ་བརྒྱད་སྟོང་པ།།

པོད་གཅིག གསེར་དངུལ་བྲིས་མ། དབུ་ཅན། ཡིག་ཕྲེང་བདུན་ཅན། གླེགས་བམ། ཤོག་ཀྱུ། ཞེང་68.2cm×དཀྱུས་22.4cm སྣེ་ཤིག་ཀྱུ། ཞེང་49.1cm×དཀྱུས་12.3cm

般若波罗蜜多经八千颂

1函 金银汁写本 乌金体 7行 梵夹装 开本：宽68.2cm×高22.4cm 版框：宽49.1cm×高12.3cm

540000-0000266

༄། །འཕགས་པ་ཤེས་རབ་ཀྱི་ཕ་རོལ་ཏུ་ཕྱིན་པ་བརྒྱད་སྟོང་པ།།

པོད་གཅིག གསེར་བྲིས་མ། དབུ་ཅན། ཡིག་ཕྲེང་བཅུ་གཅིག་ཅན། གླེགས་བམ། ཤོག་ཀྱུ། ཞེང་69.1cm×དཀྱུས་22.5cm སྣེ་ཤིག་ཀྱུ། ཞེང་53.5cm×དཀྱུས་12cm

般若波罗蜜多经八千颂

1函 金汁写本 乌金体 11行 梵夹装 开本：宽69.1cm×高22.5cm 版框：宽53.5cm×高12cm

540000-0000268

༄། །གཡུང་དྲུང་ཐེག་པ་ཆེན་པོའི་མདོ།།

བོད་གཅིག བྲིས་མ། དབུ་ཅན། ཡིག་ཕྲེང་ལྔ་ཅན། གླེགས་བམ། ཤོག་གྲྭ། ཞེང་46.2cm×དཀྱུས་6cm སྣེ་ཐིག་གྲྭ། ཞེང་39.2cm×དཀྱུས་5.8cm

苯教大乘经

1函 写本 乌金体 5行 梵夹装 开本：宽46.2cm×高6cm 版框：宽39.2cm×高5.8cm

540000-0000269

༄། །འཕགས་པ་ཤེས་རབ་ཀྱི་ཕ་རོལ་ཏུ་ཕྱིན་པ་བརྒྱད་སྟོང་པ།། བོད་ཀ་པ

716 བོད་གཅིག གསེར་བྲིས་མ། དབུ་ཅན། ཡིག་ཕྲེང་བརྒྱད་ཅན། གླེགས་བམ། ཤོག་གྲྭ། ཞེང་70.2cm×དཀྱུས་25.5cm སྣེ་ཐིག་གྲྭ། ཞེང་60.2cm×དཀྱུས་13.5cm

般若波罗蜜多经八千颂

k函 金汁写本 乌金体 8行 梵夹装 开本：宽70.2cm×高25.5cm 版框：宽60.2cm×高13.5cm

540000-0000270

༄། །མགོན་དཀར་ཡིད་བཞིན་ནོར་བུའི་གཡང་འགུགས།།

བོད་གཅིག བྲིས་མ། དབུ་ཅན། ཡིག་ཕྲེང་དྲུག་ཅན། ལྟེབས་སྒྲིག་མ། ཤོག་གྲྭ། ཞེང་23.4cm×དཀྱུས་8.4cm སྣེ་ཐིག་གྲྭ། ཞེང་17cm×དཀྱུས་6cm

白怙主如意招财引福

1函 写本 乌金体 6行 经折装 开本：宽23.4cm×高8.4cm 版框：宽17cm×高6cm

540000-0000271

༄། །ཕུར་བཟློག་གཏོར་འཕངས་དམོད་བཅོལ།།

པོད་གཅིག བྲིས་མ། དཔེ་ཚུགས། ཡིག་ཕྲེང་དྲུག་ཅན། གླེགས་བམ། ཤོག་གྲྭ། ཞེང་24cm×དཀྱུས་7.4cm སྣེ་ཤིག་གྲྭ། ཞེང་20cm×དཀྱུས་5cm

橛回遮及施食子

1函 写本 柏簇体 6行 梵夹装 开本：宽24cm×高7.4cm 版框：宽20cm×高5cm

540000-0000272

༄། །དབང་པོ་རབ་འབྲིང་གསུམ་དགྲི་བའི་ཁྲིད་རིམ་གསལ་བྱེད་ཞུང་ཏུ་ནམ་གསལ་བཞུགས་སོ།།

པོད་གཅིག བྲིས་མ། དཔེ་ཚུགས། ཡིག་ཕྲེང་བརྒྱད་ཅན། གླེགས་བམ། ཤོག་གྲྭ། ཞེང་41cm×དཀྱུས་7.6cm སྣེ་ཤིག་གྲྭ། ཞེང་39.2cm×དཀྱུས་5.4cm

引领不同根器者次第摄要

1函 写本 柏簇体 8行 梵夹装 开本：宽41cm×高7.6cm 版框：宽39.2cm×高5.4cm

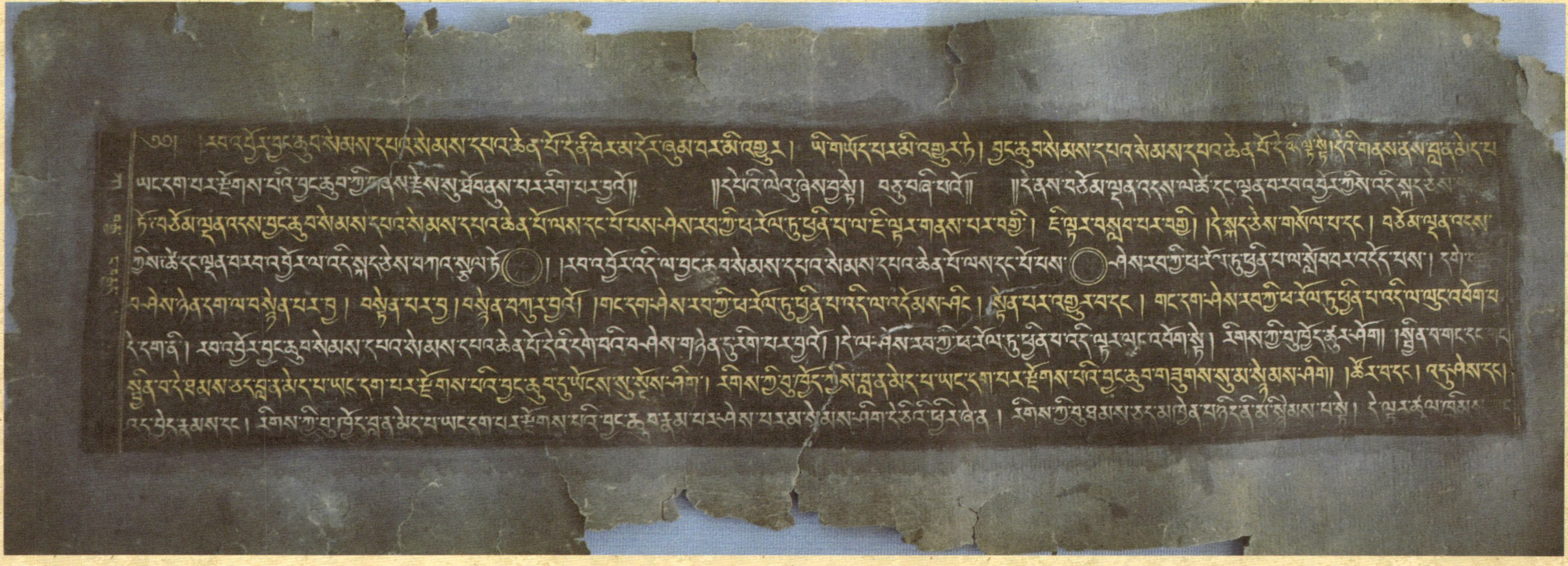

དུས་རབས་17-18པའི་མཐིང་ཤོག་གསེར་བྲིས།

17-18 世纪蓝靛纸金银汁写本文献